真实再现杜月笙一生的兴衰起落

杜月笙全传

任中原⊙编著

中国华侨出版社

图书在版编目(CIP)数据

杜月笙全传/任中原编著. —北京：中国华侨出版社，2012.6（2021.6重印）

ISBN 978-7-5113-2360-6

I.①杜… Ⅱ.①任… Ⅲ.①杜月笙（1888～1951）—传记 Ⅳ.①K828.9

中国版本图书馆CIP数据核字（2012）第080131号

杜月笙全传

编　　著：任中原

出 版 人：方　鸣

责任编辑：姜　婷

封面设计：王明贵

文字编辑：于海娣

美术编辑：宇　枫

经　　销：新华书店

开　　本：1020mm×1200mm　　1/10　　印张：36　　字数：771千字

印　　刷：北京德富泰印务有限公司

版　　次：2012年6月第1版　　2021年6月第7次印刷

书　　号：ISBN 978-7-5113-2360-6

定　　价：59.80元

中国华侨出版社　　北京市朝阳区静安里26号通成达大厦三层　　邮编：100028

法律顾问：陈鹰律师事务所

发 行 部：（010）88866079　　传　真：（010）88877396

网　　址：www.oveaschin.com

E-mail：oveaschin@sina.com

如果发现印装质量问题，影响阅读，请与印刷厂联系调换。

前言

　　旧中国的上海，十里洋场，风云变幻，灯红酒绿中酝酿着柔情，也潜藏着杀机。这里不仅是外国冒险家的乐园，也是黑社会存在的沃土。旧上海不仅有外国势力控制下的租界，更有黑社会严密控制下的方方面面，在上海滩如果不与黑社会打交道，任何人都无法立足，杜月笙就是当时上海黑社会的领袖。

　　杜月笙是20世纪上半叶上海滩上最富有传奇性的一个人物。生意场上，他机灵诡诈，善敛财，会散财。社交场上，他善于处理与各派军阀之间的关系，善解人意、附庸风雅，笼络社会上各种人物，从政治要人、文人墨客到帮会骨干，无所不有。他从一个小瘪三混进十里洋场，成为上海最大的黑帮帮主；他文质彬彬，却心狠手辣，杀人如麻；他为虎作伥，却又有着鲜明的爱国心；他狡猾、奸诈，却又很讲义气；他出身贫民窟，却成为涉足娱乐、文化、教育、金融、新闻各业的财富大亨；他出入于黑白两道，游刃于商界、政界……

　　杜月笙所塑造的黑帮神话，早已成为人们津津乐道的话题，其人其事也因历史的重重迷雾越发充满传奇。在那样一个时代，如果没有勇敢和智谋，是无法立足于十里洋场的；如果没有权力的支持和放纵，瘪三是永远成不了黑帮大亨的……杜月笙由一个水果店的小伙计而成为上海皇帝，成为旧中国黑社会首屈一指的老大，靠的不只是那股傲视群雄、蛮横霸道的"狠劲儿"，更重要的是机灵诡诈、善于结交的纵横捭阖之才，而其骨子里的江湖义气，更是让他的一生充满了传奇色彩。

　　杜月笙自幼父母双亡，被迫离开家乡到上海求生存。他先在水果店当小伙计，后为出人头地加入青帮。不久，他进黄公馆做青帮大亨黄金荣的手下。在黄公馆，杜月笙有目的地表现自己，参与拼杀和争斗，获得黄金荣的赏识和重用，从而踏上了不一样的人生。在这条人生道路上，杜月笙通过贩卖鸦片、开设赌场等手段大肆敛财，然后又用这些钱财笼络社会各种人物，结交他们为己所用。同时，他又涉足金融、航运、工业、报业、教育等众多领域，终使自己成为上海滩声名显赫的青帮大亨。

在发迹、晋身过程中，杜月笙如此如鱼得水，除了他过人的投机钻营本领与玩弄权术的狡诈外，真正依赖的法宝、王牌，就是"取之于土（烟土），用之如土（粪土）"。 杜月笙长袖善舞，上下通吃。对前清遗老、军阀政客、党国高层、社会名流，乃至金融工商巨子，无不执礼甚恭，倾力结交，或结拜为把兄弟，或收为门生弟子，给予经济支援，或月奉规银，养为食客。而蒋氏集团高层如孔祥熙、宋子文、戴笠等，无不为杜氏豪门密友……他不仅在法、英租界及上海地方军阀中左右逢源；还巴结上黎元洪，蒋介石也说"我都不敢惹他"！他上及政权极巅，下与三教九流打得火热，力贯中西，路路通达！有这样一张足以操纵政界、工商金融界的关系网，有法租界做靠山，有帮会黑势力垫底，杜月笙在上海滩可谓纵横捭阖、无往不胜。

本书是迄今为止最全面的描述杜月笙从水果商贩成为"上海皇帝"的传记，以杜月笙的生平为主线，以珍贵的档案、史料为基础，客观真实地讲述了杜月笙曲折跌宕、惊世骇俗的一生，揭示了旧中国帮会势力与各派政治力量及其内部各系之间既联盟又彼此倾轧的黑幕，并从个人与时代的关系切入，由杜月笙的崛起、发展到衰落，从一个侧面反映出曲折、变化中的民国历史。

目 录

第一章 少年多磨难

第二章   投入青帮的怀抱

第三章   传奇的开始

第四章 赌场初露峥嵘

第五章 罪恶之花，奠基之业

第六章 烟土路上多波折

第七章 三大亨重排座次

第八章　没有摆不平的事

第九章　长袖善舞，八面玲珑

第十章　革命浪潮中摇摆

第十一章　鱼跃龙门，成为国民党新贵

第十二章　精心营造豪门关系网

第十三章　攀附、勾结外国权贵

第十四章　　贩毒销毒，财源滚滚

第十五章　进军实业界

第十六章　沽名钓誉，衣锦还乡

第十七章　乱世中的大"英雄"

第十八章　硝烟中崛起的黑帮政客

第十九章　淞沪会战，积极劳军

第二十章　组建军队，为党国效力

第二十九章　日暮途穷

第三十章　病逝香江

第一章

少年多磨难

悲苦的童年

杜月笙的家乡高桥镇旧名天灯下，又称天灯头。高桥镇距离上海只有三十六里，但与熙熙攘攘的上海有天壤之别，镇上的好多人从没有去过上海。

高桥镇有两三千户人家，大多是农民、小商人、泥水土木匠。其中有两个泥水木匠师傅，一个姓谢，一个姓周，还算得上殷实富户。而所谓殷实，也只不过是家境小康，衣食无忧。

一条名叫界滨的潺潺溪流把高桥镇分为南北两区，滨北属宝山县境，滨南系上海县管辖。杜月笙的故居杜家花园就在滨南，籍隶上海。

说是杜家花园，其实是美化了它，它不过是一栋冬凉夏暖、四面通风、采光良好的平房，中间一个客堂，东西各有两小间卧室。杜文清两兄弟一家一半，同屋各炊。

1888年的阴历七月十五，中元节，也就是传说中的鬼节。晚上，一轮又大又圆的明月高悬在天空，静静地照射着杜家花园。

杜家花园的破平房里一片忙乱，女人长时间声嘶力竭的喊叫和呻吟后，接生婆把啼哭不止的婴儿递到疲惫不堪的女人怀里，"恭喜恭喜，文清媳妇，是个男伢哎。"接生婆喜滋滋地说。

杜文清的媳妇朱氏看看怀中的婴孩，虚弱地笑笑，无力地对接生婆说："阿婆，麻烦你托人告诉他爹一声，再让他给孩子取个名吧。"

杜文清当时正在二十多里外的杨树浦做小生意。他原来在高桥镇的一家茶馆当"堂倌"，后来到了浦西，在杨树浦的码头当上了一名"杆子手"，给海关衙门做杂事。

稍微有了点积蓄后，杜文清和人合伙开了一家米店，做起了老板。米店统共两开间的铺面，前客堂算是屯米的仓房，临街的店面搭起几块铺板算是柜台，后客堂一室半明半暗的半间是老板的寝室。

上海通商后，外国人接踵而来，在外商倾轧下，上海小商人终日战战兢兢、苟延残喘，时时都有破产倒闭的可能。杜文清的米店规模极小，他缺乏资本，又不善经营，经常是有一点风吹草动就处于险象环生中，有时甚至都无法接济家用，只能靠朱氏在老家帮人洗衣服糊口。

年纪轻轻的夫妻俩已经尝到了很多生活的不易，因此杜文清知道孩子出生后，并没有多少初为人父的喜悦，只是觉得肩头的担子更重了。

"中元节晚上生的，那就叫月生吧。"杜文清对报信的说。

杜文清不会想到，多少年后，这个名字被学者章太炎改为"月笙"，而叫杜月笙的那个人，威震了整个上海滩。

他怎么会有那么高的奢望呢？他只希望自己的孩子能好好活下去，有口饱饭，长大了娶个手脚勤快、吃苦耐劳的媳妇。然而，杜文清很快发现，这个看似不高的理想实现起来却是那么艰难。

1889年春夏之交，上海一带阴雨连绵，一连下了整整45天的雨。仓储的棉花、稻米大量的发霉腐烂。上海四乡也流行起瘟疫。瘟疫又逢灾年，病亡者、饿死者满目皆是。贫苦人家无不处于饥饿的威

1

胁之中。

在高桥的杜月笙母子也一样无以为食，衰弱饥饿的母亲无奈抱着襁褓中的孩子，步行二十余里，满怀希望到杨树浦投奔丈夫。

杨树浦已初见繁华，鳞次栉比的店铺，好几个工厂烟囱林立，宽敞的马路、急驶的黄包车上坐着衣冠楚楚的绅士或满身飘香的女人。可是这繁华离他们那么遥远。

杜文清的店里情形很坏，他的小米店本就是本小利微，天灾之下，米价一日数涨，米卖出去，根本就无力进货。妻儿的到来，带给他的不是团聚的喜悦，而是生活的忧虑。而朱氏也很快就发现，她这个米店老板娘竟然也会为无米发愁。

怎么办呢？总得活下去。当时的杨树浦已经开了几个纱厂，朱氏听说申星纱厂要招女工，就和丈夫商量要去工厂做工，来缓一缓困境。

杜文清一开始坚决不同意，因为朱氏常年营养不良，身体虚弱。孩子也才一岁多点，正需要母亲照顾，而且当时的朱氏又怀有了身孕，行动不便。除此外，杜文清还觉得身为男人，还要挺着大肚子的妻子辛辛苦苦去做工，这实在是他内心无法忍受的事。

然而吃饭比脸面更重要。小小的米店颠簸在风雨飘摇之中，随时都有倒闭的危险，生存还是死亡？成了一个严峻的问题。

杜文清无奈答应了妻子的要求，但这很快成为一个让他悔恨不已的决定。

当时的纱厂，工作条件极其恶劣，厂内潮湿憋闷，犹如蒸笼，女工每天要站着辛苦工作十几个小时，连健康女人都叫苦不迭，何况一个虚弱的孕妇？但为了支撑家，朱氏以惊人的意志坚持了下来，没有多长时间，她已经是骨瘦如柴了。

夫妻俩好容易撑到第二年夏天，上海又流行起霍乱。杜文清的店堂里三天两头点着艾蒿烟熏，霍乱的魔掌总算没有伸到杜家人头上。然而，一个更大的灾难却来了。

朱氏十月怀胎再次生产，一个女婴呱呱落地。由于极度衰弱，加上失血过多，朱氏没有来得及交代一句话，就撒手人寰，奔另一个世界而去。

杜文清号啕大哭，痛不欲生。他倾其所有，买了一口薄皮白木棺材，一手抱着一个孩子，雇人把朱氏的灵柩抬回高桥。因无钱烧葬亡妻，只得将灵柩浮在杜家花园不远的田埂上，取来些稻草捆在棺木周围以"遮挡"日晒雨淋。

乱世中，一个贫困的单身男子带着两个嗷嗷待哺的孩子，活着真是比死去更痛苦。然而，为了失去母亲的一对小儿女，还得咬牙活下去。

杜文清一面要为生计奔波，一面要哺育两个幼小的孩子。刚刚出生的女儿，没有奶，他只能喂一些米糊，孩子经常饿得大哭。他常常觉得筋疲力尽，很难再坚持下去。

这时有朋友告诉他，有一个姓黄的宁波商人想要一个女孩，朋友劝杜文清把孩子送出去。送出去，才是给孩子一条活路吧？杜文清忍痛把女儿送给了宁波商人。

好多年后，杜月笙历尽沧桑，成为呼风唤雨的大亨、威震上海的沪上闻人。他一再公开宣称，希望能够找到失散的妹妹，他所知道的唯一线索——他妹妹当年是被一位黄姓的宁波商人抱走的。从此以后，经常有人报告假消息，甚至有人冒充。上海人常说：上海滩没有杜先生办不到的事，然而一直到杜月笙在香港病逝，都没能了却这个心愿。

妹妹被送走，当时的杜月笙并不解期间悲痛，他只是觉得很孤单。父亲每日匆匆忙忙，根本没时间陪他，甚至衣食起居也常常乏于照顾。

这时，一位年轻女性悄然走近了杜家父子的生活，杜月笙只记得她姓张。

张氏对自幼失去母亲的杜月笙视若己出，无微不至的照顾和呵护，她给与的温暖，就如黑暗中的光亮、寒冷中的阳光照进了他小小的心灵。偎依在张氏身旁的时光，是杜月笙最为幸福快乐的童年记忆。

生活虽然依旧贫困，可有父母亲的百般疼爱，渐晓人事的杜月笙满心欢喜，以为生活可以这样永远圆满下去。

然而上天对他的考验还远远没有结束，或者说刚刚拉开序幕。

1892年，杜月笙5岁，上海大旱，一连数月，烈日高照，滴雨未下，田地都裂开了缝儿。颗粒无收的农民纷纷逃荒乞食，江南一些小镇竟然出现饥民抢米风潮。

杜文清整日为米源东奔西走，忙得焦头烂额，终因操劳过度，一病不起。阴历十二月初九，天降大雪，天气奇冷，杜文清终于撑不过去，抛下弱妻幼子，告别了这个让他举步维艰的世界。

小小的杜月笙眼睁睁看着亲人一个个离开自己，却无能为力，除了难过之外还有无比的惶恐。

死者终是解脱了，生者还要艰难的活下去。张氏看着身边幼小无助的月笙，心里满是凄惶迷茫，一个孤身女人，在这困世当中自己讨生活尚且不易，又该怎样才能带大一个小孩子呢？

可是看看孩子稚嫩的脸，依恋的眼神，心里又有百般的心疼和不舍。

坚强善良的张氏带着月笙回到杨树浦，继续惨淡经营小小的米店。她节衣缩食，送月笙去上私塾，她相信月笙的聪明，她更渴望能改变这种为衣食奔波发愁的生活。

可是穷苦人再卑微的愿望，在残酷的命运面前也往往显得过于宏大。1893年3月，一场突如其来的冰雹，最终砸碎了张氏的所有梦想。

这场冰雹，几十年未遇，大者如拳，小者如豆，把上海四周的禾苗全都砸得稀烂。风雨飘摇中艰难存活了几年的杜家米店再也支撑不下去了，张氏被迫关门歇业，带着7岁的杜月笙回到了高桥。

高桥能给他们的也不过是一个勉强能遮风避雨的栖身之处，杜家没有土地，想活命只能自己想法子。张氏在杜家荒芜的花园里种些菜，四处给人洗脏衣服，辛苦赚得几文钱，常常是吃了上顿没下顿。

即使这样，好强的张氏也从来不向任何人乞怜，她甚至仍坚持从牙缝里每月挤出五角钱来送月笙读书。她常常指着田埂上杜月笙父母已经腐烂不堪的棺材告诫杜月笙：咱家穷，连你爹娘都葬不起，让人耻笑，你好好念书，长大有出息，过好日子。

父母无法入土为安，始终是杜月笙心中的伤痛和屈辱，发达后，杜月笙找来风水先生，想给父母找一块风水宝地，入土安葬。但是风水先生却告诉他，这就是宝地，只能浮葬，否则的话就会破坏风水。杜月笙有些不信，又找来几个风水先生，却都异口同声这么说。后来杜月笙在家乡大造祠堂，无比风光招摇，也依然没有把父母的灵柩下葬。

一个穷乡下孩子能够读书，实在是件奢侈的事。月笙觉得很骄傲，每天都昂着头高高兴兴奔向学堂。但是，高桥不过是个小地方，镇上也没什么富户，哪里有那么多脏衣服可洗，在第五个月需要交费的时候，母亲已是囊中空空，再筹不出一分钱了。杜月笙为期5个月的学童生涯就此结束了。

发迹后的杜月笙一直遗憾自己没多读几天书，常对自己门下提起这段往事。他后来还创办了正始中学，自任董事长，国民党的高官陈群任校长。学校聘请中外名师，专门招收那些成绩优良没钱读书的穷孩子，他的三个儿子也都曾在这里就读。

不过，在他的童年，穷人家的孩子上不起学也算不得什么大事，只要有口饭吃，有母亲在身边，他也就基本满足了。

然而上天注定要让他面对更大的失去，他必须再一次尝受生离死别。

1895年的一天，继母出门后就再也没有回来。杜月笙哭泣着痴痴等了几日后终于确信，这个家，从此就只剩下他一个人了。

在最初的惊慌失措和悲伤之后，杜月笙终于认识到不是坐在地上哭泣就能等来救援的，他不得不擦干泪痕，不得不学会坚强。

无依无靠的杜月笙很快就发现最大的考验还不是失去亲人，而是失去亲人后怎样活下去。

他先是到对门的堂兄家蹭口饭，堂兄杜金龙在上海的马路上摆摊，做些纸烟生意。所谓纸烟店并不卖纸张或烟草，而是摆在马路旁兑换钱币的小摊子。上海五方杂处，币值繁多，有银子、有铜钱、有纸钞、有鹰洋，市民买日常用品，就得找纸烟摊兑换零钱，于是这种小生意应运而生，店主整天守着摊子，赚的是蝇头小利。

堂哥常年不在家，堂嫂那里也常是缺米少油，一天两天还好，几天下来，堂嫂的脸已经越来越难看。杜月笙生性敏感，他乖巧地离开了那个不欢迎他的座位，再也不涎着脸去那里蹭饭了。

高桥镇上还有他的娘舅家。娘舅朱扬声靠做泥水匠谋生，日子过得也很艰难，多一张嘴，哪怕是个小孩子也会增加很多负担。

杜月笙年龄虽小，却已经很懂得看人脸色。他不多说一句话，只是拼命干活，他认为只要这样，就能赢得舅父舅母的欢心，就能在这个家中安安稳稳地住下去。可是，娘舅一家，除了外婆，没人愿意给他一点好脸色。每天等待他的，不是白眼就是严厉责骂，要么就是一顿暴打。

舅父舅母始终认为他是个吃闲饭的，抛不掉的累赘。杜月笙10岁那年，上海一带刮起狂风，无数庄稼被毁，米价大涨，最贵的时候，每石涨到七千二百文。舅舅家常常是吃了上顿没下顿，杜月笙不敢多吃，常常饿得头昏眼花。

舅父舅母看他更不顺眼了，脸色越来越阴沉，尤其舅母整天抱怨嘟囔，指桑骂槐。老迈的外婆暗暗掉泪，却什么都帮不上，杜月笙觉得那碗饭越来越难以下咽了。

一天吃饭时，杜月笙不小心撒了点米，舅母立即就给了他一顿暴风骤雨般的打骂。这里已经是容不下他了。杜月笙放下碗，流着泪默默离开了这个一直视他为累赘的家，开始了自己的流浪生涯。

高桥镇上的"小瘪三"

杜月笙开始在高桥镇上乞讨了，每敲开一扇门，每伸出一次手，每陪一次笑脸，对他来说都是一种考验，因为他面对的往往只是白眼、漠然、冷嘲热讽。每一次，那种带着不耐和厌烦扔出来的食物对他来说都意味着侮辱，可是，不伸出手就有可能饿死。

杜月笙幼小的心一次一次被刺伤，变得冰冷。偶尔，阿婆阿嫂一抹善意的微笑、一句亲切的关问都让他觉得无比温暖。

好多个孤独的夜晚，杜月笙躺在杜家花园阴冷的房间里，饥肠辘辘的流着泪看着窗外的月光，思念早逝的父母。在无数个绝望的时刻，杜月笙不止一次乞求上天，希望能吃口饱饭，好好活下去。

可是结果是那么令人失望，没有人替他擦干泪痕，没有人为他点亮明灯，没有人来为他送来衣食，一切只能靠他自己。

杜月笙的弟子回忆他时说：杜先生对他弟子的生活状况了如指掌，有人遇到困难，他一定能够及时伸出援手，而他的赠与，都是亲手相送，从来都不假与第三人之手，因此受惠的人分外觉得温暖感激。

是的，因为他经历过，知道在困境中的人也需要一份尊严，他深深被伤害过，也更知道温暖的力量。

在乞讨的过程中，杜月笙很快结识了高桥镇上一些游手好闲的小瘪三。不容于家人的小瘪三再顽劣，也到底是孩子，有未泯的善心，他们同情无家可归的杜月笙，把他引为同类，也带他发现了另外谋食的渠道。

高桥镇风缓滩平，从海门、舟山来的江浙渔民常在这里停歇，久而久之，街市便兴旺起来。在众多的店铺当中，有不少的"赌棚子"。近代上海是中国的第一赌城，这股风自然也吹到了离它很近的高桥镇，一些在上海讨生活的汉子闲得发慌，就常抓几把骰子玩玩，因此，赌棚生意颇为兴隆。

杜月笙结识这批孩子之后，就开始和他们整日在茶馆、赌棚浪荡，硬讨、软求、明抢、暗偷，到手什么吃什么，不计手段，不顾尊严和脸面。

不过，杜月笙和别的瘪三不同，也正因为不同，他才没有一直只是个瘪三。

在这种为生存而挣扎的生活中，杜月笙一直是个非常用心的孩子，他揣摩人的语言和心思，思量着用什么样的方法才可以多得到一些吃食，什么样的方式才可以得到同伴的友好和帮助。

多年后，上海滩流传着一句话：杜月笙会做人。这种做人的技能，他在高桥镇的流浪生涯中就开始练习了，生存的智慧，只有在为生存而打拼的困境中才能磨练出来的。

在继母刚刚失踪的时候，他还是个不知所措的孩童，而经过几年流浪生活之后，他已经成为一个自信能靠自己的能力存活的少年。

一次偶然的事件，让杜月笙发现，在吃口饱饭外他还可以有别的理想，更崇高一点的理想。

13岁的一天，杜月笙又在赌棚游荡，一个大人开玩笑说："嗨，小子，你整天在这瞎晃悠，怎么样，玩一把吧？"

一句话说得杜月笙心很痒，每每看见有人转手间赢得大把的钱，他总是满眼艳羡，只是苦于手中没钱。

离开赌棚后，那人轻蔑的话一直在他心中盘旋。哼，不就是嫌我在那晃悠吗？玩一把，谁不会呢。那种简单的玩法，聪明的他早就烂熟于心。

但是拿什么下注呢？长这么大，他手里还从没有过一文钱，他不会赚，也没人给。突然，杜月笙想起，在他破败的祖屋里还有父母留下的一些旧衣服和简单的家具，这些东西放在那也没用，还不如换一些钱下一注，运气好的话说不定还能赢一笔。

杜月笙把家里凡是能卖钱的破烂家什匆匆收拾了一下，拿出去换了几毛钱。杜月笙把钱小心揣在身上，雄赳赳、气昂昂，底气十足地朝赌棚走去。

在赌棚的大人和玩伴们惊异的目光中，杜月笙故作平静的把钱掏出来，"啪"拍在桌子上，"老板，开骰子。"小瘪三们早已围上来，满脸羡慕地看着他。

杜月笙心中有一种奇异的满足，同时也很紧张，心里默念：阿弥陀佛，观音菩萨，城隍老爷，让我只赢不输啊。

实在是幸运，初次开赌，杜月笙竟然真的赢了几毛钱。伙伴们一阵欢呼，簇拥着杜月笙走出赌棚。

赢了钱，杜月笙很豪爽地请难兄难弟的客。平时，杜月笙总是个讨巧卖乖的配角，可是今日，他干了其他孩子都没有干过的事，他成了大方的东家，成了他们艳羡的对象。杜月笙内心的喜悦无法形容。

这一天对杜月笙的一生来说是意味深长的，命运之神一直对他阴沉着脸，可是这天，他好像看见了命运之神的微笑。

之前的他不过是一个无人过问的孤儿，亲戚们都嫌弃的累赘，小心翼翼讨生活的小瘪三，在这样的生活中他早已忘了脸面二字。突然之间，他竟然尝到了被人重视、被人刮目相看、被人尊重簇拥的滋味。杜月笙有了很多感慨，有脸面的感觉原来这么好啊，这才是该追求的东西。杜月笙好像看见另一个自己，心里无限满足欢喜。

多年后，成功了的杜月笙对身边人说，做人有三碗面最难吃：人面、场面、情面。他做事时刻不忘的就是面子二字。

那种轻而易举来钱的刺激和被人簇拥的内心膨胀，使杜月笙与赌博结下了不解之缘。若干年后，杜月笙不仅自己开了全上海最豪华的赌窟，更是经常在家里设赌，赌资每晚都是几万几十万的。

第一次尝到甜头后，少年杜月笙开始时常出入赌棚了，赢了，就慷慨的请同伴们吃一顿，输了，就接着拿家里的东西卖，他很快成了高桥镇小瘪三们吃三喝四的头儿。

渐渐地，家里所有能卖的破衣烂裳、旧家具、瓶瓶罐罐、锅碗瓢盆都被他卖光了。在高桥镇父老乡亲眼里，他就是一个败家子，无可救药胆大妄为的小混混。原本人们对他还有些同情，可现在只剩下了鄙视和厌恶，大人们甚至禁绝自己的孩子和杜月笙玩。

杜月笙觉得心里很憋闷，他尝了些风光，但到头来更多的还是被人厌弃瞧不起。不，我才不要永远做瘪三，被你们这么小看。我一定也能风风光光，在人之上。

可是，在高桥，除了到茶馆、赌棚里晃悠讨食，他又能做什么呢？杜月笙想到了上海，高桥镇离上海近，好多人都在那里做工，也带回来好多传奇的故事。杜月笙早就听说那里富有繁华，五光十色，应有尽有，好多两手空空的人到那里都发了大财。他很想去闯一闯。

终于有一天，杜月笙鼓起勇气对堂嫂说，他想把属于他名下的祖屋卖了，好去上海找份活做。

堂嫂听了自然一百个反对，赶紧找来杜月笙的舅父朱扬声。朱扬声听了大怒，他早就觉得这个整天浪荡、小小年纪就赌的外甥给他丢脸，家里的东西全卖光了，现在竟敢想着卖祖屋，真是彻头彻尾的败家子。

朱扬声把他一顿暴打，之后还不解恨，又把他绑起来吊在树上。路过的人都对杜月笙指指点点，杜月笙故意装作不在乎，心里却羞愤得只想钻到地里。最后，还是那帮瘪三死党，把杜月笙从树上解救下来。

祖屋没卖成，反而招来一顿毒打，成为被人耻笑的对象，本来还可以在小兄弟们面前有点威望，可现在也丢光了脸，杜月笙更是下决心要离开高桥了。

他觉得高桥镇已经没有什么值得他留恋的东西，唯一有些不舍的是自己的外婆。高桥镇给他的大多是冷漠、轻视和屈辱，只有外婆，虽然没有什么能力，却一直竭尽所能的关心他，给他一些温暖。

杜月笙向外婆说明去上海的打算后，老人想起早逝的女儿，外孙身世孤苦，自己也没帮上他多少忙，任由他流浪长大，现在小小年纪又要奔走他乡，不由心疼愧疚地大哭。上海是人生地不熟的花花世界，一个十几岁的孩子在那里能做什么呢？可是留在高桥镇，她也实在无能为力。闯一闯吧，是死是活，就听天由命了。

外婆颠着小脚，东奔西走，百般央告才找到一位乡邻写了封策函，介绍杜月笙到一家水果店里去当学徒，谋口饭吃。

1902年春天，14岁的杜月笙背着一个小小的包裹，离开了高桥镇。

年迈的外婆执意要送他，一路絮絮叨叨不停地叮嘱。走了十多里，外婆实在走不动了，杜月笙一再劝她回去，外婆拉着杜月笙的手久久不肯松开，此时一别，何日相见？还能不能见呢？外婆放声大哭。

杜月笙不由也哭了，发狠地说："外婆，高桥人人都看不起我，我将来回来，一定要一身光鲜，风风光光，起家业，建祠堂，不然，我发誓永不回高桥。"

外婆自然不会相信他的大话，哭着说："孩子，你只要好好活下来就好。"

外婆没有想到也没有看到，若干年后的杜月笙不仅实现了这句话，而且，他回乡建祠堂的那一天成为轰动整个上海滩的盛况，被上海滩的人们津津乐道多年。

十六铺的小学徒

14岁的少年，话说得再慷慨激昂，再是对未来满心热烈的期许，心里也是有很多的忐忑和恐惧的。

在乡里人的闲谈中，上海是个遍地黄金的世界，好多两手空空的人到了那里都一夜巨富，但他也听说好多人在那里活不下去。可是，不管怎样，他都下决心要好好拼一拼，他要出人头地，不再让人唾骂鄙视。

杜月笙默默地坐在船一角，直视着前方，满怀心事。

下了船，映入他眼帘的先是那面旧城墙，自明清以来，一直没做什么修补，衰败苍老。城墙外有一条护城壕，壕里是破旧窄仄的小平房，壕外是租界，也正在修建中，并没有多少高楼大厦。第一眼看到的上海多少令杜月笙有点失望。

杜月笙要去的水果店在十六铺，举世闻名的十六铺。

今天，杜月笙时代的十六铺已经不复存在，一个堪与旧金山、悉尼等著名城市标志相媲美的新十六铺标志已经诞生，在上海世博会期间，当年破旧的十六铺华丽"转身"，成为集旅游、休闲、商业于一体的城市时尚的新地标。

但是关于十六铺的记忆永远不会磨灭。十六铺是上海的水上门户，清咸丰、同治年间，为了抵御太平军，地方官员搞起了团练组织——将上海县城厢内外的商号建立了一种联保联防的"铺"，一共建了16个，这也就是十六铺名称的由来。

由于位于上海的水陆交通要冲，十六铺逐渐发展成远东最大的码头，它见证了上海从一个小渔村走向繁华大都市的历程，也目睹了少年杜月笙所有的酸辛与无奈、罪恶与欢欣。

杜月笙刚到上海时，十六铺是上海最繁华的地带。江上，太古、怡和、招商、宁绍等中外大轮船公司的船舶往来不断，樯桅如林、船灯如星。江边是人声鼎沸、阵阵喧嚣的各大码头。陆上车马相接、货值如山，各种各样的店铺鳞次栉比。

然而，在一派繁华的背后，隐藏着更多的是阴暗和罪恶。

鸦片战争后，由于外商的入侵，大批的农民和手工业者破产，他们被迫背井离乡，寻找生路。在选择出路时，迅速发展的上海，被人们描述成层楼林立、城开不夜、远离战争的黄金世界，成千上万的移民涌进这里。

大量的人想找个工作，也意味着大量的人会找不到工作。上海成为全国无业人口最多的地方，在贫苦和饥饿的折磨下，好多人只得从事乞讨、偷窃、抢劫、贩毒、卖淫等活动。

这些在阴暗角落中存活的人群很快发现十六铺是他们活动的极佳场所，十六铺不仅繁华，更重要的是它处于华界和法界的交界处。

华界和法界俨然是两个世界，各有各的规则，各有各的衙门，各有各的法律，互不干涉。在华界偷了东西，只要跑到法界，就可平安无事。这种真空无人地带，就像著名的金三角一样，成为犯罪分子的风水宝地，十六铺成为流氓、乞丐、地痞等社会沉渣麇集的地方，小街巷里也满是小赌场、小烟馆、公开和秘密的妓院，以及嫖妓和抽烟一体的烟火间。

初来乍到的杜月笙除了惊异满目的热闹繁华外，自然不会留意到这些，更不会想到有一天自己会深陷其间。

杜月笙在琳琅满目的店铺中打听了好半天，才找到他要去的鸿源生水果行。他有些胆怯地向老板递上策函。正在忙碌的老板漫不经心收起策函，打量一眼杜月笙，小伙子虽然瘦弱，但是看起来还是有股机灵劲儿。

"好，你先做个学徒吧。学徒的规矩呢，想来你也知道，你在我这学生意，我管你吃住，看你平时表现，月底发一块或两块的零用钱。"杜月笙忙不迭地点点头，什么都没做过，能有个管吃住的地方，月底还有钱，他已经满足了。

鸿源生做的是中盘批发，生意很不错，老板从大盘水果行批来各色水果，再转卖给小一点的水果店、水果摊和挑卖水果的小贩，有时候，为了挣更多的钱，他们也派人直接到轮船上去批卖或者推销。

杜月笙是乡下人，年纪又小，对生意也还什么都不懂，刚一开始难免受人小看欺负，生意上的事也一点沾不上边，只是被人指使来指使去，别人不愿意干的都推给他。只有一个叫王国生的对他还算友好，时常和他聊几句，点拨点拨。

一个孩子在全然陌生、孤立无援的环境中，哪怕是一个小小的指引，一点微不足道的善意，都会把他给打动。杜月笙对这个宽厚的大哥非常感激，总是尽力帮他多做点活，作为回报。

至于冷漠、小看，对杜月笙来说都算不得什么，在高桥时他就已经习惯了，这反而时时提醒他莫忘自己出人头地的宏愿。

杜月笙处处小心，察言观色，尽力讨好取悦每一个人。干起活来更是不叫苦不叫累，任劳任怨，帮老板娘带孩子，做饭洗涮，甚至倒夜壶、刷马桶的活儿也都是他的。杜月笙常常是天不亮就起床，半夜三更等别人都睡了，才能摊开地铺休息。

没有人可以诉苦，他也没觉得多苦。比起每晚饥肠辘辘得睡不着，绞尽脑汁琢磨着明天去哪里弄吃的日子，他觉得这已经很好了。只是，那个风光发达的梦想是那么模糊那么遥远。

看着杜月笙能吃苦耐劳，为人又乖巧，老板开始派杜月笙做些跑街的工作。其实，也不过是些到大水果行或者码头提提货、到小摊店送送货的粗活。杜月笙由此一点点见识了真正的十六铺。

十六铺是何等藏污纳垢之地，各路渣滓软骗硬抢、揸油调包、敲诈勒索。小少年跑街，被人偷、被人抢、被人敲诈、被人揸油调包的事难免发生，回去后自然会被老板斥骂责打，杜月笙只能忍气吞声。

杜月笙觉得当这个挨骂受气的小学徒实在是憋屈，何时才是出头之日呢？

潦倒混日的"莱阳梨"

旧上海盛行赌博，这股风历史悠久，从明清时就开始流行，开埠之后更是愈吹愈烈。在上海的人，不管有钱没钱都喜欢赌，所以上海的赌场遍地开花，甚至麦田、船上、客栈，荒郊野坟都有赌场。赌博方法更是集中外之大成，不仅有中国的牌九、麻将、花会、白鸽票、天九、十三张、诗牌、诗韵、套签子、斗鸡、斗蟋蟀等，还有西洋的三十六门转盘、扑克、赛狗、跑马、回力球、彩票、打气枪等，令人眼花缭乱。

杜月笙从13岁那年起，就开始沉迷这项活动。在十六铺看到遍地都是的赌摊、五花八门的赌术，他早已心痒得难受，跃跃欲试。只是刚来时苦于手中没钱，于是一再告诫自己不要忘记在家乡所遭受的屈辱，强按住心中的赌虫。

有一次，杜月笙挨了老板的责骂，心里极其不爽，手头正好有几个月底老板发的零用钱，看见街上有玩"套签子"的，就实在忍不住心动了。

"套签子"是流行于街头巷尾的一种小本钱的赌博，赌具为三根骨针，其中一根骨针的下端有一个针洞，针洞用一根细红线系住，另两根则空着，赌客用小铜圈套系红线的骨针，如套中一赔三，套不中自然就输了本钱。还有一种是铁桶内摇32支牌九，上方下尖，赌客庄家各抽5支，出两幅大牌，比较大小。庄家一手抱签筒，一手挽着竹篮，竹篮里装着花生糖果，可以赌果品，也可以赌现钱。

杜月笙觉得这种赌，即使输了也没什么关系。当时的他，还不知道自己的赌瘾有多大，这次开赌后，就再难以收手了。

月底发的那几个小钱很快就用完了，实在控制不住心瘾，杜月笙就开始动别的脑筋。老板经常派他提货送货，提货送货自然免不了钱过手，钱一过手，自然就有了机会。一有点儿钱，杜月笙就悄悄跑出去赌。

时间长了，老板不免有所察觉，心里疑惑着，对杜月笙也就冷眼看待了。只是因为没有证据，也碍于荐人的情面，没有立即把他赶出去。但是杜月笙很快又干了一件出格的事，让老板觉得再不能手下留情了。

1904年，杜月笙17岁时，日俄为争夺中国东北开战，腐朽的清政府竟然无耻地宣布中立。消息传来，国人震动，上海的革命党人率领民众举行了一次次示威游行。

队伍经过十六铺时，革命者喊的那些慷慨激昂的口号让没念过几天书的杜月笙懵懵懂懂的。看到那么多人摇旗呐喊，群情激奋，路人纷纷在两旁指指点点地观看，杜月笙觉得着实风光，就忍不住跑到队伍当中，跟着喊了两嗓子。

这两嗓子不打紧，喊出了远近两个截然不同的结果。

杜月笙去世后，他门人做悼文追述他一生功绩时，说他自此时就萌发民族国家思想，热心投身革命，这真是不折不扣的吹捧高抬。

近的结果呢，就比较惨了，杜月笙余兴未消地跑回鸿源生，看到的是老板那张阴云密布的脸。老板说："我们的庙小，安安稳稳做生意就好，容不下你这尊神，你另谋高就吧。"

杜月笙傻眼了，这点小事就赶他走？分明是借口。可他知道求也没用，于是收拾收拾自己简单的衣物，一脸倔强地离开了。

可是，去哪里呢？上海这么大，没有自己的一个落脚之处，灯火万盏，没有一盏是为自己点亮，无数扇门，没有一个可以为自己开启，熙熙攘攘的人群，没有一个是可以依靠的亲人。又要开始流浪，又要开始为口吃的绞尽脑汁了，又要重拾旧业做个瘪三了。

上海究竟是上海，不仅做瘪三人数多，找到同伴很容易，而且花样也要比高桥多得多。比如：抛宫顶。跟在一个人后面，到人群热闹的地方一挤，飞快地摘下对方的礼帽，然后转身一扬手，那顶帽子就像今天人们玩的飞碟一样，准确地落在远处一个同伙的手里。"宫顶"到手，到旧货摊上一卖，可以得点钱。

不过对杜月笙来说，常常是宫顶没到手，却招来一顿臭骂，敲诈不上钱，招到一顿打，挨饿受冻更是家常便饭，日子就像噩梦一样总也醒不来。

白眼，唾骂，杜月笙早已经麻木了。偶尔想起离家时对外婆说的大话，不由得自己也要嘲笑自己一番。

正在杜月笙心灰意冷、无比沮丧的时候，一根救命的稻草出现了。

有一天，饥肠辘辘的杜月笙在街上瞎转的时候，碰到了一个熟人——张恒大水果行的账房黄永祥。在杜月笙给鸿源生跑街的时候，和黄永祥打过几次交道，黄永祥比杜月笙大不了几岁，父母早逝，两人很谈得来。

黄永祥看到衣衫褴褛、满脸菜色的杜月笙，忙问他现在怎样。杜月笙强撑着脸面，不肯说，在黄永祥一再追问下，才嗫嚅着说出实情。

黄永祥想了想，安慰杜月笙说："月生别急，我和老板说说，把卖不掉的一些水果给你，你削削皮，在街上贱卖几个钱吧。"

杜月笙感激得不知所措，几乎要掉下泪来。

杜月笙是个懂得报恩的人，在发迹后就立刻聘用黄永祥做他的账房，黄永祥老了后，又雇用他的儿子。

有了黄永祥的帮忙，十六铺上多了一个在人群中钻来钻去吆喝着卖梨的"水果月生"。杜月笙很快练就了一手绝技：嘴里和别人说话的时候，手指飞快地动着，一眨眼功夫，均匀地削下一圈圈果皮，粗细深浅如一，一刀到尾不断不折，完完整整地扣在果肉上。

杜月笙还有一个绰号叫"莱阳梨"，这源于他削梨子的绝技。一只烂梨子，经他几下子一削，就变成了一个白生生的工艺品。笑吟吟的脸、晶莹剔透的梨子、恳切的眼神，让人很难拒绝。他的水果生意那是相当的好。

杜月笙成名后，上海滩也没忘记他的绰号、常常他带朋友去某地吃花酒赌钱，汽车刚一停下（杜的车牌号77777，上海滩上最风光的一个号），一群和早年的他一样的小瘪三，就会蜂拥地围过来，嘴里边喊"莱阳梨，多给点"，边伸出手来。杜月笙于是赶紧让手下人给钱，还要多给。

他有时也会向人表演削水果的绝技。抗战时期，他在四川军阀范绍曾家里，当着满屋贵客，漫不经心地拿起一个梨，谈笑间，左手把梨右手拿刀，转眼间已将一片梨皮成螺旋形削下。旁边一个客人看得惊讶，赞叹说："杜先生，你这手削皮的本领真了不起。"知道杜月笙身世的人都有些紧张，怕杜月笙不高兴，心里怪这人说话冒失。杜月笙只是淡淡笑笑说："老兄，亏你还是外面跑的人物，我是卖水果出身的，你竟然不知道吗？"

一道从十六铺摸打滚爬出来的老友顾嘉棠，常常不做声地笑着拿一个梨递到面前，他也心照不宣地笑笑，飞快地削起来。

莱阳梨只有没钱人才会买，货源又不稳定。杜月笙过的依然是朝不保夕的生活。在没饭吃的时候，他还干一些抛宫顶、摔暖瓶之类的"副业"，依然是一个被人鄙视的小瘪三。

青岛闯世界

杜月笙终日为生计奔波，接触了形形色色的人：有带着黑帽，穿着礼服，操着满口英文的洋人；有穿着旗袍的贵妇、名优；也有穿着便衣，趾高气扬的巡捕房探员。他见到最多的还是衣衫褴褛的穷人、乞丐。杜月笙憧憬能过上上等人的日子，出入洋房，坐拥美女，前后朋友拥簇，但现实总是那么的残酷，在他的身边围绕着的始终是一些困苦、落魄的穷朋友。他最为要好的一个朋友名叫阿二，是浴德池的抒脚师傅。阿二来自乡下，父母都是贫农，或许是因为两人背景、遭遇相同，杜月笙和阿二成了知心的朋友。杜月笙每当没有生意的时候，都会去浴德池洗个澡，顺便和阿二聊聊天。

这天，杜月笙见生意惨淡，就收了摊子，去浴德池找阿二。到了浴德池后，却怎么也找不到阿二，伙计告诉他，阿二已经有一个多星期没有来上班了。杜月笙担心阿二哮喘发作，就连忙又寻到了阿二的住处，但房租太太告诉他，阿二有一段时间没有回家了。杜月笙忧心忡忡，担心阿二会出事。没过多久，他就意外地收到了一封信，来信人正是阿二。杜月笙大喜，迫不及待地拆开信封。阿二在信中说，他现在身在青岛，正在一家木行里当伙计。杜月笙对青岛这个地方并不熟悉，但得知阿二混得很好，心里也着实替他高兴。

这天晚上，杜月笙辗转难眠，想想阿二，再想想自己，就不由得悲从中来。论智谋、论才干阿二都不如自己，可是人家现在混得风生水起，而自己呢，仍旧在上海滩穷困潦倒，遭人白眼。如此想着，不觉已经天明。杜月笙定下心来，决计也要到外面闯荡一番。但去哪里呢？杜月笙想了好久，也没有丝毫头绪，最后决定到城隍庙求签，希望城隍老爷能够指点迷津。

城隍庙香火很旺，善男信女拎着瓜果、香纸来来往往，络绎不绝。杜月笙抢得头香，虔诚地跪拜，希望城隍老爷能够保佑自己兴旺发达。随后，杜月笙便在城隍庙内溜达，不经意间在庙门口遇见了一个算命的先生——张半仙。杜月笙想询问自己的前程，就抽了一支签递给了他。张半仙沉吟半响，突然眼前一亮，告诉杜月笙，只要往东北方向去，会得到贵人相助，之后，便能发达富贵，前途无量了。杜月笙狂喜，塞给了张半仙一枚银元，扬长而去。

回到家里，杜月笙却陷入了迷茫：张半仙虽然告诉他的福地是在东北方向，但到底是东北方向的那个地方呢？杜月笙思来想去，最后认定是青岛。为什么这么认为呢？一则，因为青岛正好在上海的东北方向，其二，阿二又恰好在青岛，可以彼此之间有个照应。杜月笙打定主意，连夜买了船票。翌日，杜月笙背着包袱，登船往青岛而去。

青岛当时早已经沦为德国的租界。早在1897年，德皇威廉二世借口两名传教士在山东菏泽被杀，下令德军舰队侵入胶州湾，强占了青岛。腐败无能的清政府一味妥协，最后与德国签订了丧权辱国的中德《胶澳租界条约》，青岛正式沦为德国的殖民地。德国为了将青岛建设成为所谓的"模范殖民地"，投入了大量的资金、技术，致使短短的几年之间，青岛发生了天翻地覆的变化。这里商铺栉比、洋楼林立，大街上熙熙攘攘，拉黄包车的吆喝声，汽车的鸣笛声再加上小贩的叫卖声，热闹非凡。这里有短褂长衫黄种人，也有白皮肤、蓝眼睛的外国人。较之于上海滩的十里洋场，这里更显得少了几分旖旎、香艳，多了几分的典雅和雍容。

杜月笙下船后，就被眼前的一片繁华景象所震惊，暗暗庆幸自己来对了地方。阿二热情地接待了他。老朋友见面，自然有说不完的话。阿二告诉杜月笙，他现在已经升为木行的账房先生了。杜月笙听了，既为他感到高兴，又觉得羡慕，心里暗暗发誓，一定要出人头地，做出一番成绩。

第二天，阿二把杜月笙引荐给木行的老板。老板见他眉清目秀，反应灵敏，就收留他做了木行的伙计。杜月笙的工作主要是向客户推销木行的木材、家具等，每月有几块银元的薪水。虽说并不是很多，但已经足以让他感到高兴了。由于杜月笙十来岁就开始闯荡上海，常年与各行各业的人打交道，很会察言观色，再加上他头脑灵活，口齿伶俐，很快就替木行接下了一单又一单的生意。

老板看在眼里，喜在心头，对杜月笙也更为器重，让他全权负责木行的大小事情。然而，老板却怎么也想不到，这个自己视为心腹的年轻人不久后干了一件十分出格的事情，让自己在众人面前抬不起头来。

木行老板先后纳了七房姨太太。七姨太很年轻，才二十来岁，生得丰满迷人，又精通多国语言，因此深得老板的宠爱。七姨太正当韶龄，而老板已经垂垂老矣，再加上常年奔波在外，闺房寂寞，免不得生出了几分心思。她听说木行新来了一位伙计，很有才干，便一直想见其一面。中秋这天，老板在公馆设宴款待有功之人，杜月笙也在其列。在路上，阿二一再地告诫杜月笙要注意分寸，不可失礼。然而，到了公馆后，杜月笙见到了貌美如花的七姨太，把阿二的忠告抛诸脑后，一双眼睛直勾勾地盯着七姨太。七姨太眼波如水，含漾着笑意，也不住地瞟向杜月笙。

在上海滩受尽了人家的白眼，何曾像现在这样有一个人柔情款款地望着自己。杜月笙第一次有了心动的感觉。他猛然想起，张半仙曾经说过，自己在东北方向会得贵人相助。难道七姨太就是那个贵人？如此想着，心神一定，话也就多了起来。

席间，他妙语横生，逗得众人哄堂大笑。七姨太掩口轻笑，暗送秋波。酒酣耳热之际，两人更是失去矜持，在众人面前眉来眼去，传递情意。还好阿二机警，看出了苗头，及时地制止了杜月笙。夜半席散，杜月笙怅然离去。这一夜，杜月笙难眠，一闭上眼睛，眼前浮现的总是七姨太那如花的笑颜。

没过几天，老板去了济南，饱受相思煎熬的杜月笙突然接到了七姨太的来信，约他第二天晚上去她的房间见面。杜月笙异常激动，仿佛已经看见了七姨太正笑盈盈地向自己招手。杜月笙一整天都坐卧不宁，既紧张，又满怀期待地盼望着第二天的到来。

第二天，杜月笙早早地起床，安排了人负责木行的生意，自己则回房间装扮一新，焦急地等待着夜幕的降临。好不容易熬到晚上，杜月笙像只狸猫一样悄悄地去了七姨太的房间。七姨太刚刚洗完澡，身上仅裹着一件白色的浴巾。她那丰腴曼妙的身子在浴巾下若隐若现，浑身散发着阵阵的香气。杜月笙只觉得欲火升腾，把持不住，一把抱住七姨太，但七姨太却轻轻地挣脱了他。她毕竟是见过世面的人，知道如何取悦男人。她取来杯子，和杜月笙喝了"交杯酒"，然后彼此说说情话，最后才半推半就地与杜月笙成了好事。

杜月笙初尝禁果，大觉新奇和刺激，自此以后，常常偷偷地和七姨太幽会。七姨太也越来越依恋杜月笙了，一天，她告诉杜月笙，她不想呆在青岛了，想跟着杜月笙去上海。杜月笙当然是求之不得，但一想到自己在上海养活自己都显艰难，何况要养活身娇肉贵的七姨太呢，心里不禁黯然。七姨太却告诉他不用担心，盘缠、生活资费等物由她来想办法。杜月笙大喜，当下和她商定了出走计划。他却不知，他和七姨太密会之事，早就被人发现，并且已经报知身在济南的老板了。

爱情的滋润，让杜月笙失去了该有的判断和思考，当他喜滋滋地憧憬着和七姨太一起生活的美好景象时，一场暴风雨正在等待着他。这天，杜月笙和席卷了木行巨款的七姨太悄然赶往码头，准备离开青岛。还没到码头，就被连夜赶了回来的木行老板和几个随从拦住。

老板非常恼怒，上前给了杜月笙几巴掌，然后一顿痛骂，让他滚出青岛，回上海去。杜月笙望了眼泪如雨下的七姨太，他心里阵阵刺痛，痛恨自己没本事保护自己心爱的女人。

这件事对杜月笙来说，是一个不小的挫折，但同时也让他认识到，一个人没有身份、地位的时候，是多么的无奈、又是多么的无助。杜月笙一身潦倒地回到了上海。

第二章

投入青帮的怀抱

找到了"组织"

杜月笙又开始了穷困潦倒的生活。不过，杜月笙也是常有幸运的，在他潦倒度日的时候，他在鸿源生时的师兄王国生对他伸出了援手。

王国生离开了鸿源生后，在家人的帮助下开了一个叫潘园盛的水果行，正缺人手。王国生知道杜月笙是个机灵人，看他依旧贫困潦倒，就热诚地拉他到自己的店铺帮忙。

善良宽厚的王国生给杜月笙的待遇很是不错，按月领一份薪水，逢年过节还要派送红包。而且王国生从来不拿老板的脸色对他，总是客客气气，犹如兄弟，杜月笙像是找到了家一样。

这样的生活算不上多么富贵，但是吃得饱，穿得暖，住得安稳，比起之前那种苦不堪言的生活，杜月笙感到很满足。

摸摸饱饱的肚皮，杜月笙时常偷着乐，然后悄悄告诉自己，一定要好好干，保住这衣暖饭足的安稳日子，更要报答王国生的恩情。

如果杜月笙始终能保有这么良好的心态，满足于这种安稳的日子，安安分分地干下去，若干年后他或许也会有自己的水果行，上海滩就会多一位精明能干的水果商。但是，命运不允许他这么平淡。

在十六铺，杜月笙没有一个亲人没有任何依靠，所以他不仅懂得珍惜友情的温暖，更懂得多个朋友多条路的道理。但凡对他有点帮助的人，他总是倾情回报，虽然总是穷困潦倒，可一有点小钱他就会招呼穷兄弟们去吃顿饱饭，所以，在杜月笙来到十六铺的几年中，结识了不少朋友。

长期为生存苦苦挣扎，独自面对各色人等，杜月笙已学会去体察人情世故，也练就了比较敏锐的判断力，加上早年又当过高桥镇瘪三的小头头，杜月笙总是显得比同伴们要成熟和机智。遇到什么事情，他总是有不少点子，同伴们闹了什么别扭纠纷，杜月笙也总能够抓住要害，入条入理地把事情摆平。

慢慢地，杜月笙在同伴中有了一些声望，同伴们都尊称他为"月生哥"，遇到什么事情，他们都喜欢说："让月生哥来评评理。"在艰难的生活中找不到一点尊严的杜月笙很享受这种感觉。

他的这些朋友，除了一些卖水果的同行外，基本都是些混迹十六铺的流浪儿、小瘪三和小混混。这些流离失所、无人管教的孩子为了生存下去，常常不得不靠乞讨、敲诈、偷盗、抢劫为生，本来就没有多少是非观念，再加上旧上海又是一个充满欲望和罪恶、崇尚金钱的大染缸，更让他们分不清黑白对错。

他们虽然也羡慕杜月笙现在安稳的生活，但是也并没有觉得有多么了不得。大把的金钱，前呼后拥、吃喝享乐、肆意嫖赌那才叫畅快，所以，他们的理想不是做一个安分守己的水果商，而是做一个可以对众人吆三喝四、为威作福、雄霸一方的霸主。英雄不论出处，有钱不讲手段，他们最崇拜的人就是从小混混起家的黄金荣。

有几个年岁比较大的朋友常常在杜月笙面前得意地吹嘘他们的嫖经和赌经。女人，对于一个正值青春萌动期的青年人来说，实在是莫大的诱惑。而赌，对于杜月笙这个资深赌徒来说，吸引力更不待言。

杜月笙难免蠢蠢欲动，可一想起这难得的安稳生活和王国生的知遇之恩，他就犹豫了。他很怕自己会丢掉饭碗，失去来之不易的温饱生活，愧对困境中帮衬他的王国生。杜月笙强按捺住心头的冲动，回绝了同伴们。

几次游说不成，同伴们开始嘲笑他。对这帮朋友的友情，杜月笙是非常珍惜的，在白眼和嫌弃中长大的他，也很在乎在他们当中的那点声望和"月生哥"的地位。杜月笙看着同伴们轻视的眼神，脑子一热，去就去，有什么了不起的。

这一步，对于杜月笙来说意义深远。从此杜月笙往属于他的道路上一步步走去了。

嫖，杜月笙还可以有节有制。赌就不行了，一旦在赌台旁坐一次，杜月笙就发现自己对赌是绝对缺少免疫力。他先从路旁的小赌摊开始，套签子、掷骰子、押单双。这种赌法简单，输赢也太小，杜月笙觉得不过瘾，就又钻进赌棚玩高级一点玩法，推牌九、搓麻将，一度还迷上了输赢28倍的花会。渐渐地，他一天不吃不喝可以，一日不赌就难以度过了。

杜月笙过上了一种典型的流氓生活。当然，他小的时候就已经是个流氓了，不然也不会被舅舅赶出家门。不过，这时杜月笙的流氓生活已经跟几年前有了很大的不同，他由一个无意间走上流氓道路的少年变成了一个有意识地向流氓道路靠拢的成年流氓。

在杜月笙转战于各个赌摊赌棚的时候，认识了一个绰号叫"套签子福生"的人。"套签子福生"大名叫陈世昌，小名福生，早年一手挽篮子，一手抱着骨签子在小东门一带摆摊设赌，后来混出点小名堂，开了一个稍大一点的赌场，成为一个小有势力的流氓。

杜月笙常去他的赌场，陈世昌对乖巧机灵的杜月笙也很喜欢，两个人很快相熟起来。

有一天，一个叫袁珊宝的朋友很热切地叫住了他。袁珊宝是上海小东门人，在潘园盛隔壁一家水果行当学徒，袁珊宝臂力过人，打起架来不要命，对无依无靠的杜月笙却历来热忱友善，杜月笙自然引为挚友。

袁珊宝压低声音有点神秘地对杜月笙说：月生，你知道吗？那个"套签子福生"是青帮的人，"通"字辈的。

"青帮的？"杜月笙睁大了眼睛。

在十六铺摸拿滚爬这几年，提的货送的货常常被人抢；卖个莱阳梨还要被人强收保护费，交不出就是一顿暴打；为和其他的小混混们争地盘抢生意更是不知受过多少气，吃过多少亏，挨过多少打，上过多少次当，受过多少委屈。杜月笙心里无时不在想找个靠山，有个强人罩着，只是苦于不知道任何门路，不认识任何高人。

原来，门路就在脚下，高人就在眼前，杜月笙感到很振奋。他无比热切地渴望投入青帮的怀抱。

青帮的演变

加入青帮是杜月笙一生中一个重要的转折点，他后来更是一跃成为上海青帮大帮主，被誉为"三百年来帮会第一人"，因此，我们必须先来了解一下青帮的来龙去脉。

青帮并不是到了近代才出现的，而是由来已久，只不过因为青帮素来采取的是秘密结社的方式来进行活动，故其真实状况鲜为人知。

根据学者的研究，中国古代的秘密社会组织可以分为两大类，即秘密教门和秘密会党。秘密教门以宗教信仰的面貌出现，以师徒递传的方式组成，以宗教迷信作为维系内部团结的纽带。因为这里宗教组织没有得到官方的承认，所以又被称为"民间教门"；又因为其活动的秘密性质，所以也被称为"秘密教门"。青帮的前身罗教就是中国古代秘密教门的代表，此外，白莲教、闻香教、八卦教等也都属于秘密教门一类的组织。与秘密教门师徒相递的结社方式不同，秘密会党是以异姓结拜兄弟的形式出现的，通常以歃血结盟、焚表（即焚烧写有誓词的表文）结拜的方式来加入组织，以江湖义气作为维系内部团结的纽带，要求会众忠于誓言，恪守规约，严守会内机密。中国古代秘密会党的典型代表之一就是洪门，此外还有三点会、边钱会等。

提到青帮的起源，就不能不提到一个人，他就是罗清。根据现存的青帮秘籍，青帮自身一般都认为明代罗清是其始祖，因罗清曾拜金纯（号碧峰）为师，故又推金纯为第一代祖师。

罗清虽然被视作青帮的始祖，但是罗清创立的其实是罗教，而不是青帮，罗教发展为青帮是很久以后的事情了，然而不可否认的是，罗教在漕运水手中的流传是与青帮的形成是直接相关的。

罗清在世时，曾当过运粮军人，因此罗教在运粮水手中得以传播，是很自然的事情。继罗清之后，对罗教在漕运水手中的传播起重大作用的是翁岩、钱坚、潘清三人。根据清代文献记载："明代时有密云人钱姓、翁姓，松江潘姓三人流寓杭州，共兴罗教，即于该地各建一庵，供奉佛像，吃素念经，于是有钱庵、翁庵、潘庵之名。因该处逼近粮船水次，有水手人等借居其中，以至日久相率皈教。"另有记载说："漕船北运之初，此二人（指翁、钱）沿途为人治病舍药，讽经祈禳，劝人持斋守法，死者敛钱瘗之，久而相率皈依。"由此可见，罗教开始在漕运水手中盛行起来，是明末清初的事情。需要注意的是，那时翁、钱、潘三人设庵传教，主要是通过宗教慈善活动进行的，并没有在水手中拉帮结伙之意。到康熙、雍正年间，水手罗教庵堂普遍兴建，形成了杭州和苏州两大中心。在杭州最盛时共有70余庵。雍正五年（1727年），浙江巡抚李卫查禁时，杭州北新关有庵堂30余处。至乾隆三十三年（1768年）再次查禁时，罗教庵堂仍有20余处。各庵都以始建人或改建人之姓氏命名。钱庵建立最早，且未经改建，故称"老庵"；翁庵由万姓人改建，故改称"万庵"；潘庵经王姓人改建，故称"王庵"。各新建庵对于三庵都有一定的从属关系。如李庵、刘庵、八仙珠庵、盘珠庵、刘庵、李庵、周庵、阎庵、石庵，"俱系钱庵分出"；刘庵、李庵、王庵、章庵、黄庵、虞庵、彭庵，"皆自翁庵分出"；清凉庵、王庵、刘庵，"系由潘庵分出"。江苏苏州的罗教经堂分为两大支。一支是罗教的分支石佛口王姓传下来的大乘教，有削筋墩老堂及分出之南堂、北堂、阎堂和罗桥经堂；另一支则是罗教正宗无为教，"由淮安钱姓传至凤阳阎姓，递传至苏州"，有西来庵及分出之马庵、阎庵和楼下经堂。各堂"所传徒弟及招接入教人等仍系粮船水手及内河驾船之人"。这些庵堂都是在康熙中叶以后建立的。淮安在历史上是漕粮交兑之所，由此看来，苏州的罗教庵堂与杭州的钱庵是可能有某种渊源关系的。

水手罗教庵堂的功能最初主要是传习罗教。供奉罗像、罗经的礼拜地方是庵堂的主要部分，如翁、钱、潘三人在杭州建庵之时，只是"供奉佛像，吃素念经"。庵堂的附属部分是供水手居住之所，因该处逼近粮船水次，有水手人等借居其中，以致日久很多水手都皈依了罗教，由此而产生了其他功能："复因不敷（水手）居住，醵资兴建数十庵之多，庵外各置余地，以资守庵人日用，并为水手身故义（土冢）。每年粮船回空，其闲散水手皆寄寓各庵。"因此，庵堂的附属部分急剧扩大，苏州的10个罗教庵堂，构建的住屋竟达100余间。

水手罗教庵堂的发展与其他民间宗教庵堂的发展模式是相似的。如明代的长生教、元代的白莲忏堂以及20世纪在新加坡兴起的先天道庵堂，都是由田产或其他财产、信徒居住之所以及礼拜堂这样几个部分构成的。

由此可见，从雍正年间到乾隆中叶，水手罗家虽然遭到打击，但是并没有完全褪去其宗教色彩。雍正五年（1727年）李卫仅仅没收了庵堂的经卷和佛像，改为水手居住的"公所"，以为这样一来就可以改变庵堂的性质，但这实在是个愚蠢的措施，并没有达到预期的效果。有鉴于此，乾隆三十三年（1768年）清政府采取断然措施，没收经卷、铲平庵堂、驱散水手，这成为清代水手罗教向青帮转变的一个重要转折点。但必须指出，罗教与水手的单纯结合，只能形成一种宗教组织，而不能形成一个帮会组织。罗教之转变为青帮，还有待于漕运水手内部组织的变化。水手罗教转变为青帮，与明清两代漕运制度的变化有着密切关系。

漕运，即利用水道转运粮食，特指中国历代封建王朝为了供给宫廷消费、百官俸禄、军饷开支和民食调剂而将征自田赋的部分粮食运往京师或其他指定地点的经济调遣，这种粮食称为漕粮，运输的方式包括河运和海运，而在水道不通处，也辅以陆运。狭义的漕运仅指通过运河并沟通天然河道转运漕粮的河运而言。秦始皇北征匈奴时，曾自山东沿海一带运军粮往北河（今内蒙古乌加河一带），这可以看作是历史上最早的漕运。西汉开始，漕运变成国家的一项固定的经济制度，每年都将黄河流域所征的粮食运往关中，也就是都城长安地区。然而漕运路途遥远，又要经过三门峡河险，耗费巨大，后来汉武帝时期开凿了与渭河平行的人工运河漕渠，这才大大缩短了水运的路程。东汉时期，就更加便利了，因为建都洛阳，漕运路程较近，又不需经过河险，所以在很大程度上减缓了漕运的困难。隋代在自东向西调运漕粮之外，还从长江流域征粮调往北方。隋炀帝动员大量人力开凿通济渠，联结了黄河、淮河与长江三大水系，形成了沟通南北的新的漕运通道，也奠定了后世作为漕运主渠的大运河的基础。此后历代也都很重视漕运，为此，疏浚了南粮北调所需的水路网道，并且建立了漕运仓储制度。清咸丰五年（1855年）黄河改道，运河淤塞，漕运开始越来越艰难，同时随着商品经济的发展，漕运也逐渐变得不再是必需之举。光绪二十七年（1901年），清政府停止了漕运。历代漕运保证了京师和北方军民粮食的需求，有利于经济的发展和政治的稳定，但是辛苦的徭役和高昂的运费也给人民带来了沉重的负担。在历史上，青帮的形成正是与漕运的种种弊端紧密相关的。

明代漕运，"法凡三变，初支运，次兑运，支运相参，至支运悉变为长运而制定。"这里提到了漕运的几种方式："支运"，就是在淮安、徐州、德州、通州等段，由官军节节接运；"兑运"，就是由官军代运漕粮，百姓付予相应的路费和耗米；"长运"，就是由官军承担漕粮的全部运输。

综观明代漕运制度的演变，民运部分日益减少，而军运漕粮占主导地位，并最终取代了民运。明初的军运费用基本上由财政负担。但兑运、长运法实行以后，运粮军队按照规定从人民那里取得的运输费用，是否能应付实际开支，就成为一个大问题。于是，"军与民兑米，往往恃强勒索"，因官军有耗米行脚收入，故"司仓者多苛取，甚至有额外罚"。总之，各种弊端层出不穷，军运制度到明末已是岌岌可危了。

清初承袭明制，每5年编审一次运粮军籍，以阻止运军逃亡，维持军运制度，但毫无效果。到康熙中叶，军运制度终于发生了重大变革："康熙初每船运军十名，至三十五年（1696年）改定为一名，余九名选募水手充之。"这一变化对于水手帮会的形成具有重要意义。这时因为：第一，漕运水手的主要成份由军人变成了雇佣劳动者，原来的军事组织系统的管理办法不再适用，这就为粮船水手行帮组织的出现创造了有利条件；第二，由于存在着雇佣关系，就此而产生了雇佣和退雇、工钱多少、雇佣者内部的争雇及协调等一系列问题，需要水手们加强彼此间的团结；第三，这些雇佣劳动者主要是游民，没有家庭可以依靠，他们的归次住所、养老病死都需要水手之间的相互扶助。水手行帮组织正是适应了这些需要而产生的。

由于有关水手行帮组织的史料很少，我们目前尚无法确定它出现的确切年代。有的学者考证："粮米帮始于康熙四十五年（1706年）"，这个说法大约是可靠的，因为那正是运军制度改革十年之后的时间。根据我们现在掌握的材料看，嘉庆、道光年间在船帮中出现了一些类似包工头的"揽头"或"荐头"，他们是"一船水手之领袖，或数船之领袖也"。招募水手，处理事务，必须经过揽头的同意，负责押运的运丁无权过问船上事务。这表明水手行帮那时已经初步形成。但是，由于这些行帮组织不像江浙船帮那样有罗教作为组织凭借，远没有发展到足以垄断整个船帮的规模。而水手罗教与江浙船帮中的水手行帮相结合，则直接导致了青帮的产生。

从康熙三十五年（1696年）以后水手成份的改变，到水手行帮组织的酝酿、产生，罗教在江浙水手中的流传到雍正五年（1727年）的初次打击，宗教色彩逐渐淡化。这是两个互相交错的历史发展过程，青帮并不是水手罗教宗教色彩淡化过程的自然结果，而是这一过程与水手行帮组织的发展过程相结合的产物。

水手罗教的宗教色彩淡化，与水手成分的改变有着直接关系。雇佣水手的流动性较大，不像运粮军丁那样，与罗教庵堂有着长期的联系。嘉庆年间有人供称，江南船帮习教的人每年七八月间送香火钱到北京虎坊桥翠花胡同罗教佛堂，但清政府并没能找到这个佛堂，这说明水手罗教早已脱离了与原来教主的联系。乾隆十八年（1753年）水手缪世选在通州遇到罗清的后裔罗明中，"两下都要起身，也不曾拜从他"，并没有施行教徒对教主的礼节。经过雍正五年（1727年）李卫的取缔，许多罗教庵堂的经卷、神像被没收，后来的管庵人对罗教的教义、经典也淡忘了。这使得罗教庵堂的宗教职能相对削弱，而作为"粮船水手回空居住之处"的功能相对增强，加速了水手罗教与水手行帮组织的融合过程。因各庵对于翁、钱、潘三个祖庵各有其从属关系，很自然地在江浙船帮内部形成了三大派系。乾隆三十三年（1768年）清政府对庵堂的取缔，迫使水手罗教把庵堂由陆地迁移到船上，出现了所谓的"香火船"。以香火船为中心，形成了具有宗教特色的水手行帮组织——青帮。

青帮分为翁、钱、潘三支，它们的传法与成份各有不同，反映了它们与水手行帮组织结合过程的相异之处。根据青帮秘籍记载："翁祖传贤不传子（字），钱祖传头不传子（字），潘祖传子（字）

不传贤。"所谓"传贤"、"传头",实际上就是收揽头、荐头为徒,而直接招收水手行帮中的头目为徒人被称为"老官",他们可以迅速控制一条船、几条船以至整个船帮。因此,翁、钱二支,虽然"不甚收徒",但在江浙船帮中的势力却极大,而潘庵一支则"广收义士为徒",没有充分利用原有的行帮头目以控制水手,收徒虽多,但势力却较弱。青帮各支与水手行帮结合的程度、特点不同,对于后期青帮的发展影响极大。由于翁、钱两支较多地依赖于原来的水手行帮组织,在漕运船帮衰落下去以后,这两支便随之衰落,而潘庵一支则获得了迅速发展。

清代漕船雇佣水手,要求身家清白。由于翁、钱二支收徒的要求严格,因此,清政府对于青帮各支的观感也截然不同。陈文述写道:"揽头之外,另有二种,一曰老鹤。老鹤者,老官也,即老庵也。一曰拜师,则所来咸称徒弟,新庵亦称潘庵也,潘庵之先本潘姓,老庵之先本翁、钱二姓。……迄今翁、钱两姓之徒,尚守其教,曾经犯案及滋事之人皆不收录,所来水手,尚听约束,是名老庵。潘则饮博淫盗,一切无禁,故人乐从之。积恶之滑贼,叛案之逆犯,日久稽诛之巨盗,杀人亡命之凶徒,胥混迹焉。是老鹤所部,贤于拜师者矣。"看来翁、钱二支的收徒规矩,是根据官府的法令而立下的。

青帮作为罗教与水手行帮相结合的产物,还反映在其香堂仪式上面。青帮的香堂仪式分小香堂、满香堂各种,仪式虽有繁简之别,但基本程序是一致的。入帮弟子由引进师引进,然后由传道师主持仪式,供奉翁、钱、潘三祖,唱焚香歌,拜本师,授以帮规、青帮知识,最后焚纸送祖归山。青帮的请祖焚香赞词、上供烧纸以及送祖礼仪基本上是模仿一般中国宗教的仪式,这是罗教的产物。而在香堂仪式上传授有关漕运的知识,如漕运各帮的名称、各省兑粮的米数、码头名称等,则是漕运水手内部旧有师徒关系的反映。这部分知识后来演变为青帮秘密知识的一个组成部分,在特殊情况下用以考察是否帮内人的身份。

香火船是早期青帮的权力中心。掌管香火船的称为"当家",为一帮之首。由于翁、钱、潘三大帮各有其分支,同一大帮的分帮首领往往以香火船作为其议事场所,所以从香火船的分布大致可以看出青帮对于漕运水手的控制面。根据青帮秘籍记载,拥有香火船的主要有以下一些船帮:江淮四、兴武四、兴武五、嘉白、杭三、苏前、湖州头、常淮卫、正阳卫、吉安卫、德安卫、蓝山半帮等。而在同一船帮内又往往有多只香火船,这是青帮不同派别犬牙交错的表现形式。有的船帮规模较大,当家的往往有几个,分头船当家、腰船当家、后船当家。从香火船的分布情况来看,除正阳卫、德安卫、吉安卫和蓝山半帮外,其余均属江浙船帮。这与水手罗教传播的范围是大致相符的。清末民初"礼""大""通"三辈的青帮头面人物,几乎都是江浙船帮中的遗老遗少。因此,并不是所有的清廷船帮都转化为青帮,只有一部分与罗教发生密切联系并混合生长的、主要是江浙地区的船帮演变成了青帮。

在长期的发展过程中,青帮内部逐渐形成了公认的十大帮规:

一、不准欺师灭祖;

二、不准扰乱帮规;

三、不准蔑视前人;

四、不准江湖乱道;

五、不准扒灰放笼;

六、不准引水带跳;

七、不准奸盗邪淫;

八、不准以卑为尊;

九、不准开闸放水;

十、不准欺软凌弱。

作为清朝漕运水手的行帮组织,早期青帮的基本斗争方向仍局限于经济范围。首先是进行贩私活动。漕船贩私自明代以来即屡见不鲜。封建政府也采取过一些变通措施,准许军丁和水手贩运一定数量的"土宜"。运河是南北重要的交通运输线,一到漕运时节,商人托运、军丁水手自贩,往往使漕船超过法定的载量,造成搁浅,威胁漕粮运输。同时,漕船私贩淞盐北上,回空时又夹带芦盐南下,也威胁着清政府的食盐销售制度。为了防止上述弊端,清政府对漕船的稽查十分严格。而要逃避和抗拒稽查，必须依靠水手内部的紧密团结。

第二，索添工价。漕运水手的工价十分低廉，并遭到层层盘剥。"粮船水手，每年身工不过七千余文，原不足敷养赡"，而从兑费中提出贿赂领运千总、坐粮厅验米费用以及仓场经纪的费用即达二千六百两之巨。因此，水手"索加身工，纠众殴官，习以为常，恬不为怪"。在索添工价的斗争中，青帮起了重要作用。如道光五年（1825年）各帮在水运途中联合索添工价，浙江嘉白帮、杭三帮老官首先"传出一纸，名曰溜子，索添价值"，接着十余帮水手先后效尤，迫使运弁旗丁答应他们的要求。

第三，竞争就业机会。各个水手帮派之间虽然有其共同的利益关系，但是，当漕粮运输逐渐减少，他们之间竞争就业机会的斗争势必激烈起来。水手帮会成为水手内部竞争的天然的组织凭借。不过，水手行帮的上述斗争在乾隆以前几乎谈不上什么规模，直到道光年间才逐渐频繁和扩大。

青帮在政治上的消极态度是由其依附于清朝漕运制度的经济地位所决定的。他们"霸占帮职，视同己业"，这就势必把漕运看成自己的私利，竭力加以维护，并通过严厉的家礼、家法来保证漕运任务的完成，而把斗争局限于索添工价、抗拒查私、竞争就业等狭隘的范围。长期的走私经商活动、无休止的帮派斗争也使以游民为基础的青帮滋长了好逸恶劳、投机取巧、恃强凌弱等流氓恶习。以虔诚的罗教徒为主体的水手行帮，随着时间的推移，正日益失去其纯朴的本色，而转化为流氓集团。

上海的青帮

鸦片战争后，中国的海面上开始有外国的船舰耀武扬威，他们的船个头更高，马力更大，跑得更快。统治者发现，海运比漕运更省时省力省钱，清政府于是渐渐冷落了漕运。

1855年，黄河发生洪灾，运河改道，漕运被迫完全终止。在大运河上威风了100多年的漕船帮这下傻了眼，扯下曾经高高飘扬的旗帜，拉下粗大的桅杆，茫然四顾，不能再运粮了，干什么呢？

这场变故对于漕船帮来说是场名副其实的灾难，大约四五万名水手失去了固定职业，加上为大运河漕运沿途提供服务的人在内，不下数十万。

失去饭碗后的水手好多都参加了反清的太平军和捻军，或者当了土匪，自然更是被清政府视为眼中钉，严厉打压，漕船帮面临着土崩瓦解的危机。

但是，漕船帮的人不甘心立刻消声匿迹，上天也不允许他们这么快就退出历史舞台。

19世纪七八十年代，在苏北出现了一个叫安清道友的组织，让奄奄一息的漕船帮起死回生了。

由于清政府允许漕运水手在运输粮食时干私活，比如带点货物什么的，所以漕船帮就利用这个便利，从盐价较低的北方偷偷运带私盐到南方，因此结识了好多盐枭。苏北的漕船帮的失业水手们不久就和当地的盐枭们联合起来，组成了一个新组织。为了掩人耳目，他们叫它"安清道友"。

19世纪末，在青帮举步维艰的发展过程中，出现了一位传奇人物：徐宝山。

徐宝山，江苏镇江人，出身贫寒，15岁就游食四方，广交朋友。据说此人身材魁梧，武艺超群，刀枪棍棒无所不精。因其力大无比，经常以寡敌众，遂得浑名"徐老虎"。年轻时徐宝山在当地参加了轰动一时"仙女庙劫案"，后被清政府捉拿并发遣甘肃，途经山东时成功逃脱，随后即潜入江湖成为一大盐枭。徐宝山加入青帮后，广收门徒，盛时党徒曾有10000多人。

在近代青帮发展历程中，徐宝山实在是位关键性的人物，不过，在他去世后，苏北的青帮就大不如以前了，青帮好多分子都转战上海，其中包括他的两个得意门生：张仁奎和高世奎。最终，上海成为青帮分子的最大聚集地，当然，也成为他们的衰败之地。

上海开埠之后，很快成为全国海运的中心，失业的青帮水手和船工们觉得又找到了谋生的机会。对他们而言，回家乡当杂工做土匪流氓，或者在苏北做私盐贩子，都没有一个安稳的饭碗更为诱惑——没有谁愿意整天在提心吊胆中过日子。

那些帮会头子也对这里充满了向往，上海是传说中遍地黄金的传奇之城，他们渴望来这里淘金并扩大自己的势力，于是，大量抱着无数期待和幻想的水手、船工和把头涌进上海。但他们很快发现，他们错了，等待他们的是莫测的命运。

上海的确有很多的码头，也有很多的活可干，但是更有那么多双眼巴巴地盯着。能够找到正儿八经、安安稳稳工作的幸运儿很少，更多的人是流落街头。

面对着生存的威胁，他们好多人加入到偷抢、敲诈勒索的行列。为了更多的机会和活动地盘，他们又与"地头蛇"流氓势力相结合，为了在与流氓地痞团伙的争斗和矛盾中取胜，青帮不再固守漕运人员的界限，开始在游民中吸收门徒。与流氓合流，身无他技的青帮开始从事贩毒赌博、开设妓院、走私军火、行劫窝赃、贩卖人口、绑票勒索等罪恶勾当。

民国初年，上海青帮中辈分最高的是"大"字辈的"老头子"，如张仁奎、高士奎、樊瑾成、袁克文、张树声、王德邻、刘登阶、曹幼珊、汪禹丞、步章武、徐朗西、陈其美等，总共也就十几位。袁克文是袁世凯的二公子，清末民初的"名士"，文采风流都是数一数二的；张树声，是冯玉祥西北军中的著名将领；徐朗西和陈其美是孙中山的得力干将；张仁奎做了几十年的通海镇守使，为人正派，官望也不错。

大字辈以下的青帮中人就少有什么"高人"了，多是从事烟、赌、娟、盗、绑、杀的黑道流氓，比如"通"字辈的金廷荪、顾嘉棠、叶焯山、高鑫宝、马祥生、金九龄、季云卿、张啸林等人。通字辈下面才是"悟"字辈，就是杜月笙这一辈的。

需要指出的是，上海的青帮成员除了这些流氓地痞之外，还有很多普通劳动者。那些幸运的就业者们面对残酷的现实，也纷纷拜师交友，希望通过帮会的势力来保住饭碗，避免卷入失业者的洪流。据最保守的估计，当时上海的工人中20%都是帮会成员，其中大部分为青帮。

投入"组织"的怀抱

杜月笙和袁珊宝商量，一定要找到陈世昌，百般恳切，求他收他们为徒。

两人向陈世昌说明来意后，陈世昌眯着眼，打量着杜月笙和袁珊宝。袁珊宝膀大腰粗，是块好料，杜月笙单薄瘦弱，不过好在他机灵乖巧，胆子大，也还不错。陈世昌有心收下这两个小伙子，不过还是要拿一拿姿态。陈世昌故意端着脸慢吞吞地对他们说："加入青帮可什么好处都没有，清规戒律倒是不少，你们可要想好了。"

两个热切的小伙子连忙点头："想好了，想好了，早就盼着这一天呢。"

"那好吧，"陈世昌压低声音，"三日后开香堂。那天半夜，你们在八仙桥的小庙等我。"

陈世昌怎么会想到，这个他不经意间收下的小徒弟，在多年后竟然会坐上上海青帮的头把交椅，成为拥有徒众二三十万的大帮主呢？

告别陈世昌后，杜月笙觉得心里很兴奋，没想到陈世昌这么痛快就会答应了他。听说青帮开香堂收门徒的仪式很神秘庄严，会是什么样的呢？杜月笙每时每刻都期待着。

需要说明的是，早期加入青帮可不是一件容易的事，有着非常严格的程序。一般来讲，想要投身青帮，必须有青帮前辈进行引导，而且本人必须得写出一份入帮志愿书，内中要详切地陈述自己的入帮动机和意愿，这样，介绍人就可以带着这份志愿书来交给"引见师"。那些有了入帮意愿却尚未正式入帮的人称为"空子"（又作"倥子"），而所谓引见师，也就是带着"空子"去跟"老头子"见面的人。引见师如果表示满意，就会再给他介绍一个"布道师"。这个布道师负责给"空子"讲述青帮的历史、宗旨、规定等，从而让"空子"在入帮之前能够对青帮的情况有一个大体的了解。这一"培训"过程结束之后，如果布道师觉着"空子"的表现还算合格，那么就可以准备一份正式的拜师帖子了。拜师帖子一般都是在正中写上"信守不渝"这四个大字，"信守不渝"的上面写的是"拜投某某某老夫子大人门下"，下面写的是"自心情愿"四个字，而师父名字的旁边还得写上自己的曾祖、祖父和父亲三代人的姓名，在"信守不渝"的旁边要写上引见师和传道师的名号，在帖子的末尾则写上本人的署名。另外，拜师帖子的反面一般还会写着一句誓词："一祖流传，万世千秋，水往东流，永不回顾！"同时，跟拜师帖子附在一起的还得有一份赞敬金，其额数的多少视本人的具体情况而定，大多是10元或者20元钱。

接下来，也就是正式的拜师步骤了，因为在拜师仪式中要进行焚香叩拜，所以青帮称此为"开香堂"。由于开香堂的仪式较为繁琐，因此"老头子"一般不会单独给一个人或者三两个人开香堂，而是等想要拜师的人凑够了一定人数时，再共同举行一场隆重的拜师仪式。开香堂的时候，为了壮大声势，同时也为了帮内人相互认识一下，"老头子"一般都会邀请一些帮内的前辈和好友前来助威，因此每次开香堂都可以看成青帮人士之间的一场盛大集会。

经过了这些程序，"空子"也就正式成为青帮中人了。

杜月笙不识几个字，偷偷托相熟的识字多点的朋友写好帖子。为了表明自己的诚心，把身边所有的钱都包好红包，只等着迎接那神圣的一刻了。

三天后的夜里，杜月笙和袁珊宝怀着激动和虔诚的心情来到陈世昌所说的小庙（青帮收徒，一开始是在船上，被迫转为秘密组织后，为了安全起见，就选择荒郊野外的小庙）。庙内，陈世昌和他邀请的捧场面、"赶香堂"的各位前辈都到齐了。

庙外，除了杜月笙和袁珊宝，还有十来个人，基本都是混在十六铺上的熟面孔，打架斗狠的角儿。

等了一会，点齐人数，引见师带领这一队空子到达门前，伸手在门上轻轻敲三下然后又四下，里面有人高声问："你是何人？"

按照青帮的规矩，在开香堂的仪式中，任何人都不能答错一个字。因此，引见师不慌不忙而又非常谨慎地报出了自己的姓名，随即又说道："我今天是带人特地来赶香堂的。"

里面又问道："此地抱香而上，你可有三帮九代？"

引见师答道："有！"

里面接着问："你带钱来了吗？"

引见师再答："129文，内有一文小钱。"

这几句对答，完全是照着青帮的规矩进行的，并无分毫差错，因此里面的陈世昌就吩咐庙祝（即寺庙中掌管香火的人）打开庙门。随即，引见师便把这十几个前来拜师的人领到了神案之前。等他们全都进来，庙祝就又将两扇庙门稳稳地关好。

杜月笙抬眼一瞧，只见大殿里香烟缭绕，烛火摇曳，又见到神台上放着17位祖师的牌位，正当中的一位是"敕封供上达下摩祖师之禅位"，而"老头子"陈世昌正端坐在一张靠背椅上，他的两旁则排列着两行陈世昌邀请来撑场面的青帮前辈。

杜月笙正看得愣神的时候，有人端来了一盆水，从本命师（也就是杜月笙等人所要叩拜的"老头子"）起，按着辈分次序，一一净手。他满心虔敬地洗了又洗。

大家按照规矩净好手之后，又有一大海碗的水被人端了过来，接着大家又从本命师依次传下去，一人一口。喝过净水，就算斋戒过了，从而可以专心致志地迎接神祖了。

随后，抱香师走出行列，高声唱起了请祖诗："历代祖师下山来，红毡铺地步莲台，普度弟子帮中进，万朵莲花遍地开。"在抱香师唱诗的同时，杜月笙随着其他人在各祖师的牌位前焚香叩拜。

唱诗之后，抱香师宣布："本命师参祖！"

这时，陈世昌离座就位，面向神坛，先默默念了一首神诗，然后自报家门道："祖师在上，弟子上海县人陈世昌，给诸位祖师敬香。"他报完姓名之后，又行了一个三磕头的大礼，而在他的背后，在场的所有人也全都跟着陈世昌一同向着神坛叩头。

接下来，杜月笙等新人就跟随着引进师参拜本命师陈世昌，再依次参见在场的各位青帮前辈。而后，杜月笙等人又每人手持三炷香，一齐跪在地上，恭听传道师介绍帮内的历史。待传道师介绍完毕，本命师陈世昌俯望着那些跪在地上的新人问道："你们进帮，是出于情愿，还是人劝啊？"

新人们异口同声地回答："出于情愿！"

听了这话，陈世昌就厉声教训道："既是自愿，要听明白，本青帮不请不带，不来不怪，来者受戒，进帮容易出帮难，千金买不进，万金买不出！"

新人们诺诺连声地回答："是，是！"

至此，拜师仪式也就基本结束了，不过，如果本命愿意，一般还会有最后的一项，那就是本命师训话，也就是给新徒弟上青帮的第一课。

青帮规则强调遵从前辈，保守秘密，严禁通奸和偷盗，同时也掺杂了不少儒家仁义礼智信的说教。其中他们最看重的是"侠义"二字，早期的青帮成员就认为自己是豪侠，路见不平、拔刀相助的英雄，是不仅为自己，也是为其他被压迫者和被剥削者出头的好汉。

和早期的青帮相比，上海的青帮虽然变化很大，干着不少见不得光的勾当，但是，"侠"字仍然是他们所强调的，有难同当，有福同享，同生死共患难就是他们的信条。那种该出手时就出手，该出钱时就出钱，该玩命时就玩命的慷慨之士仍然是他们最崇拜的偶像。

杜月笙无比认真地听着，生怕错过一个字。这是自从他8岁离开学堂后上的第一课，也是最重要的一课。在这一课上，他学到了不少东西。

从其他人的故事中，杜月笙觉得自己参透了青帮的部分奥妙：要想在帮内取得信服，赢得拥戴，最好先做到一个"侠"字。

成名后的杜月笙历来以对朋友挥金如土、注重情义著称，因为他懂得，帮内首推的一个字就是"侠"。他能够在卧虎藏龙的青帮中脱颖而出，成为一呼百应的头面人物与此有很大关系。

从阴暗荒凉的小庙出来，夜已经很深了。同参弟兄们依然很兴奋，吵吵嚷嚷说个不停。只有杜月笙很沉默，他抬头看看天，仿佛看到了自己微弱的希望。

污泥中的小泥鳅

知道杜月笙加入青帮后，王国生开始让杜月笙专任跑街。上十六铺码头提货销货，到同行间送货收款，都是杜月笙的事。

在当小学徒的时候，杜月笙也干过跑街，不过那时的小跑街常常受人欺负，可现在加入了青帮就不同了，刚刚还对他怒目相向的恶汉，说几句切口"盘考"一番，很快就变成笑脸相迎的兄弟了。与人打架受人欺负，也有更多的人帮忙出头了，这些都让他感到无比振奋。

杜月笙的跑街工作基本是路路畅通，加上他为人机巧，善于和人打交道，在十六铺许多家水果行的跑街中，他成了干得最出色的一个。王国生觉得自己没看错人，心里很满意。他没想到，他的烦恼也很快就来了。

每天在各家水果店间跑来跑去，这可不是杜月笙心目中的理想生活，他向往的是为所欲为、畅意江湖的生涯。现在，就凭每月拿那么几个钱，莫说发家风光，就是拥有个王国生这样的小水果店，也不知道要辛辛苦苦奋斗多少年。

在他心里，要想发财，唯赌则灵。

杜月笙又开始沉迷于赌了，杜月笙在赌博方面的精神头儿是很少能有人比的，他常常忘了白天黑夜，一连两三天不下台桌是常事。

流连于赌台的杜月笙自然不能尽心尽力工作了，潘园盛水果店常找不到杜月笙的人，甚至三五天不见他的人影。王国生很着急，看见熬得双眼通红、哈欠连天的杜月笙，就忍不住责怪："月生，玩归玩，可总得有个限度，总不能这么通宵达旦的，连生意都做不成。"杜月笙连声应着，可是赌瘾上来又实在熬不住，还是照去不误。

当小店员的那几个钱，自然不够杜月笙赌的，很快他的便囊中空空了。他开始挪用店里的钱，只要有钱过手，他就先拿来赌一把，赢了的话，公款归公，剩下的钱就和兄弟们好好吃一顿。输了呢？反正有赌不为输，又去偷偷挪用店里的钱，希望赢一把赶紧弥补亏空。

可是越着急赢钱越是输，亏空弄得越来越大。想想王国生在他落魄街头的时候拉他一把，不仅给他一份安稳的工作，还待他亲同兄弟，真可谓是恩重如山，而自己不仅没有好好报答，反而给他偷偷弄了这么多亏空，杜月笙觉得实在没脸面对王国生。他索性再不回王国生的水果店，又一次开始流落街头。

重新游荡于十六铺街头的杜月笙不再像上次那样感到那么凄惶无助了，这全因他是帮会一员。

刚从潘园盛出来时，杜月笙做过"花会"的"航船"。

花会是一种流毒甚广的赌博方式。花会一共有36门色，每色由一古人的名字、官名和属相组成。比如：林太平为皇帝为龙，王坤山为宰相为虎，黄志高为宰相为黄狗。内容离奇荒诞，毫无意义，但赌徒们却视为金科玉律。设赌者将写着这些人名的花布扎紧高悬梁上，赌客选一个人名并注上所押的赌注，投入一个木柜里。等大家都押完注，忽然炮竹喧天，台前的人把彩筒一抽，布卷徐徐展开，花神的名赫然出现，押中了的照赌注赔28倍。花会一天开两筒，因为赌徒众多，怕官府干涉和流氓集团的"黑吃黑"，花会一直处于秘密或半秘密的状态。

为了招揽赌客，赌场就派出大批能说会道的兜揽者，称之为"航船"。男航船专跑商号、店铺、伙计、小摊贩、手工艺人、车夫；女航船专跑女宅，引诱女眷、女厨、女佣、老妈子、小丫头。

杜月笙初做航船时还老老实实，拉到生意，就规规矩矩往彩筒里送，后来就做手脚挪用赌客的赌本。这下可好，杜月笙赔不出钱，又怕赌客追究，一旦秘密被揭穿，就有可能吃赌场打手的棍棒，心虚的杜月笙不敢再去花会了。

花会不敢再去，可还有江湖上的兄弟们呢，找他们自有门路。

前面已经说过，近代上海的青帮已经流氓化了，尤其是混迹于十六铺的那些青帮分子，大多干的是坑蒙拐骗偷、敲诈勒索的勾当。杜月笙与他们为伍，能吃的也不过是这口饭，杜月笙聪明，很快就摸清了其中门道。

比如，在轮船上接"小货"（茶房水手从香港等处带来的走私货物）。碰上店家派出接收这种小货的伙计，杜月笙一帮人就蜂拥而上，恶狠狠地说："你们都是背上背了招牌的（指有店家依靠的），我们是日吃太阳，夜吃露水的。"店伙们碰上他们，只有自认晦气，被迫把货物留给这帮"日吃太阳，夜吃露水"的恶煞。有时候杜月笙他们接到这帮小货还不付现款，当轮船要离开码头时，就躲起来不见面。

还有一种勾当，是在黄浦江上拉船。上海附近，平湖、嘉定一带，常有农民用小船运一些瓜果、蔬菜来上海贩卖，杜月笙等人常在半途把小船拦住，口称要买，跳上船去，把小船故意弄得摇晃不定，如果农民说已经有了老主顾，他们就把锚抛在江里，强横霸道，非到农民答应不可，然后他们再转手去卖，赚好几倍的价钱。

一段时间下来，黑道江湖的十八班武艺，杜月笙基本上已是样样精通了。像在轮船上下岸的时候，混在搬运工人中乘机掠夺偷窃，或者趁一个月黑风高的夜，拦住单身旅客，强行索要所谓"码头开销"。

1911年，杜月笙的大名出现在报纸上。

捕房解冒探索诈杜月生至案请讯。人和栈伙吕和生，茶房朱彩心禀称寓客带有烟具吸烟，杜月生等二人前来，指商人栈中私售洋烟，言如能出洋五元，可免拘解公堂，否则，定当重罚。商人系生意人，不欲多事，当给杜月生五元，有账簿书明为凭。杜供：小的与张阿四同去，实系张起意，现张不知匿在何处，小的分用一元。余洋均张取去是实。

从这则报道中我们可以看到，杜月笙敲诈的手段已经很老道，被抓获时又自己一身担当，让他的同伴张阿四逃脱。应对巡捕时更是狡猾，不仅巧妙地推卸罪责，还可以少交赃款。

显然，经过一段时间的"磨砺"，杜月笙已经成为一个标准的流氓、恶棍了。他依然慷慨、聪明、打起架很勇敢，但最让同伴们钦佩的是杜月笙无论什么时候都表现得很沉着。他看起来比他的同龄人要成熟很多，他几乎没有过大怒或大喜，说话不多，脸上的表情总是很平静，制定起作案计划来总是周到细致，无论在什么状况下，他总是头脑比别人更为冷静、更有担当。慢慢地，杜月笙成了十六铺小有名气的流氓小头目，同伴们对他充满了由衷的热爱和尊敬。

在杜月笙初闯江湖的这段生涯中，仍然孜孜不倦于他最钟爱的赌博。有的时候赌的一点钱都没了，他忠心耿耿的兄弟比如袁珊宝等，就心甘情愿地把衣服当掉，换点钱让他接着去赌。

这份"患难情义"，杜月笙自然永远不会忘怀，把袁珊宝视为终生挚友，亲逾兄弟。袁珊宝对杜月笙亦是毕生追随，杜月笙在华格臬路营建豪宅时，袁珊宝就盖了一幢房子在李梅路，和杜月笙的住宅前后相连，以便可以和杜月笙经常走动。

同伴们这种死心塌地的拥戴和追随，常常让杜月笙感到几分满足和虚荣。每每作案成功，带着兄弟们吃顿饱饭，甚至偶尔领着他们大摇大摆地出入赌场花丛时，他的心头也总是会有一丝自得。

但是杜月笙心里更明白，比起被巡捕追拿时的惶恐、作案时的忐忑、与同伙血战时的恐惧、饥肠辘辘时的无奈，那点小风光实在是微不足道、不值一提。最让他感到难以忍受的是，每当衣冠楚楚的人士看到他和他的兄弟们时，眼里总是写满了戒备和鄙夷，这种眼神总是把他深深刺伤，让他感到愤怒和屈辱。他在心里暗暗发誓：一定要出人头地，体面风光地走在众人面前。

第三章

传奇的开始

黄金荣的早年生涯

在杜月笙的生命历程中，黄金荣是个非常重要的人物，甚至可以说，没有黄金荣，就没有后来的杜月笙。

黄金荣的父亲黄炳泉曾在苏州城当捕快，很有一些名气。后来黄炳泉因为办错了案，被炒了鱿鱼，满怀失意来到上海淘金。黄炳泉没有想到，上海没有成全他，反而成为他儿子的福地。

黄金荣小时身子羸弱，整日哭啼，算命先生指点迷津说：只有送到寺庙寄养一段时间，托佑佛祖，黄金荣才能够保命，爱子如命的父母赶紧照办，所以黄金荣还有个"小和尚"的绰号。

黄金荣长大后，望子成龙的黄炳泉将他送进私塾，但是黄金荣顽皮好动，看见书本就头疼，读书对他说是一件苦不堪言的事，他很快就成为辍学少年。不过黄金荣对写字倒是情有独钟，晚年他曾得意地回忆：十五六岁他赚到的第一笔钱，就是过年给人写斗大的福字。

少年黄金荣对读书不上路，但是对麻将却颇有天赋，大人搓麻时黄金荣就在背后兴致勃勃地观战，常常大人还没看出好牌，他就在背后喊一嗓子：和了。后来他索性上了麻将桌，直接参与赌博。

17岁时，父亲看黄金荣不学无术，为了能让他将来有个谋生之计，就把他送到姐夫的裱画店。但是，调浆糊、裁纸张，闷在屋里干杂活的生活对于黄金荣来说简直是无聊透顶。好不容易熬了三年满师后，父亲又托人让他进了一家百年老店萃华堂，结果没干多长时间，黄金荣就半途开溜了。

父亲无奈而愤怒地问："你到底想做什么？"黄金荣坚定地表态，他绝对不走姐夫的路。他觉得那不会有多大出息。事实上，他想做的是父亲的职业：捕快。昔日父亲的捕头威风，黑白两道上来往的各路好汉，捉贼拿盗的刺激，那才是黄金荣向往的生活。子承父业也是好事，黄炳泉便想方设法给他在上海县城衙门谋了个捕快职位。

在县衙门当个小捕快远远没有他想象中的风光。刚入行的小捕快，累活苦活当然少不了，那时的上海隶属松江府，黄金荣经常要押解犯人或押送公务到松江府，上海到松江，来回70多公里，黄金荣经常是背着雨伞，提着灯笼，凌晨三四点就出发，等办完公务回来，已经是夜里八九点钟了。捕快工作既枯燥又辛苦，黄金荣很快又辞职不干了。

不久后，父亲黄炳泉也离开了人世，本来还算得上小康之家的黄家马上坠入贫困，黄母靠给人洗衣服为生。

无所事事的黄金荣只得自寻出路。人往往到了适合自己的环境就会茁壮地成长，黄金荣也不例外，他很快发现，上海有一个地方对于天性难驯、无拘无束的他来说简直就是天堂。

那就是洋泾浜。

上海延安东路原来是一条宽阔的河流：洋泾浜，是英、法租界的交界线。这一带车水马龙，商贾云集，茶楼酒肆遍地都是。和十六铺一样，这里也是藏污纳垢之地，妓院、赌场、燕子窝比比皆是。

由于洋泾浜是英、法租界的交接处，河南的法租界巡捕不能涉足桥北英租界，河北的英租界也不能越界捕人，一河相隔，形同两国，因此这里成为地痞流氓们大施威风的风水宝地。

经常来洋泾滨的商贾、旅贩和农民，为了免遭麻烦，就主动向流氓行贿送礼来寻求庇护。这些流氓中的有势力者往往成为团伙帮派的头目，逐渐形成流氓中的小金字塔，小地盘服从大地盘，小头目服从大头目，产生出盘根错节的地方恶势力。

黄金荣凭蛮力、头脑和社会经验，拳打脚踢，在洋泾滨为非作歹，不久就闯出一片自己的小天地。

上海的租界

提到黄金荣的大亨生涯，就不能不提到上海的租界，因为没有上海的租界，就不会有后来的流氓大亨黄金荣。黄金荣之所以能够一度成为中国近代史上首屈一指的流氓大亨，靠的是三个背景，一个是帮会的背景，一个是国民党的背景，还有一个就是租界的背景。黄金荣攀附上国民党，那是1927年四·一二事变之后的事情了，当时黄金荣已经六十岁了，而在此之前，他就是凭借自己在帮会界和上海法租界的强大影响力而发迹的。因此，要想很好地审视黄金荣的一生，就必须对中国帮会的情况和近代租界的历史有一定的了解。现在，我们就来介绍一下上海租界的历史。

所谓"租界"，顾名思义，简单的理解也就是租用的地界，而详细讲来，这个词并不像字面含义那样简单，而是专门指国家之间所建立的一种特别的土地使用关系。一般的，两个国家在议订租地或租界章程后，在其中一国的领土上为拥有行政自治权和治外法权（领事裁判权）的另一国设立的合法的外国人居住地，就是"租界"。租界的出现虽然是以两个国家之间协商的方式来确定的，但是这种协商一般来讲都不是平等的，因为显而易见，一块土地成为"租界"以后，本国政府也就失去了对该地的管辖权，因此，租界虽然名义上还是本国的领土，但实际上却成了外国人完全占有的地方，这是对于国家主权的严重践踏。而且，与一般的租借方式不同的是，"租界"这种"租"法一般都是不会付给租金的，或者只付给很少量的象征性的"租金"，所谓的"租界"实际上就是以暴力为后盾的一种强行占有。

对中国近代历史稍有了解的人对"租界"这个词都不会感到陌生，因为这个词语是跟中国近代的百年屈辱史密切联系在一起的。实际上，租界也并非中国所特有，在其他一些殖民地或半殖民地国家也出现过。

1840年，英国以战争的方式敲开了中国的大门，一场持续两年的鸦片战争以中国的彻底失败而告终，由此诞生的一个直接后果就是中国近代史上的第一个不平等条约——中英《南京条约》的诞生。《南京条约》当中非常重要的一项内容就是中国要向英国开放通商口岸，这次开放的通商口岸共有五个沿海城市，其中就包括上海。

上海通商之后，便有大量的外国了涌了进来，他们为了在中国建立活动据点，从而为各种侵略活动提供更多的方便，就迫切地需要一块属于自己的专用地。于是，1845年，中国领土上的第一个"租界"就在上海诞生了。

1845年，清政府苏松太兵备道宫慕久与英国领事巴富尔于这年的11月29日签订了《上海土地章程》。根据这个章程，南至洋泾浜（现在的延安东路）、北至李家场（现在的北京东路）、东至黄浦江、西至界路（现在的河南中路，1846年确定）的一块面积约830亩的土地被租借给英国，每亩年租金1500文。显然，这1500文租金不过是为了表示，这块土地英国可是有偿使用的，并不是"白占"。

这就是在中国出现的第一个租界——上海英租界。刚开始的时候，英国人还仅仅是在这块土地上居住和从事商业、宗教等方面的活动，而这块土地的领土主权、土地管辖权、司法权和行政权等还是归清政府掌管的，也就是说，起初的租界还真的就仅仅是"租界"而已。不过，很快问题就出现了。随着住在上海城内的外国侨民陆续迁入租界，巴富尔以防止华洋纠纷为名，与宫慕久协商后又规定，租界内不准中国居民居住，而后，规定进一步改得更加苛刻，华人只被允许白天进入租界做买卖，晚上必须回城，就连英国人雇的华人佣人也不得与主人同住。这样，英租界就逐渐具有了英国人专属领地的意味。

在英国人的带头作用下，1848年，美国人也在上海成立了一个租界，而第二年法国人也在英美两国租界的南面成立了自己的租界。就这样，上海在短短的几年间出现了英、美、法三块租界。从此之后，租界就在中国沿海各地以及几个主要的内陆城市相继出现。据统计，到1911年清政府灭亡前夕，中国共在10个城市出现了来自十余个国家的27块租界。

在中国这些设有外国租界的城市当中，出现租界最多的是天津，最多时有9个国家在天津设立租界，天津简直就成了中国的租界博物馆。

随着外国来华人员的增多以及活动范围的扩大，后来租界的性质就很不同于上海英租界刚刚设立时候的情形了。在上海英租界成立之后，英国当局不断要求增大权益，多次单方面修改《上海土地章程》，尤其是当发生动乱之际，更是乘机大肆扩张租界的管辖权。例如，1853年9月，上海爆发了小刀会起义，上海县城被起义队伍所占领，上海县令袁祖德被杀，道台吴健彰也被逮捕。这样，清政府在上海的统治就陷入了瘫痪，而英、美、法几国则乘中国局面混乱之际得渔人之利。9月9日，英美两国驻上海领事就派兵占领了中国海关，实行所谓的"领事代征制"。为了迫使清政府承认这一既成事实，第二年4月4日，英美两国联合出动军队，在泥城（即周泾浜，现在的西藏中路一带）向中国军队发动了攻击，击溃了驻守在那里的由江苏按察使吉尔杭阿所率领的清军。泥城之败使得清政府万分惧怕，而法国人也搭便车，一同参与进来。谈判的结果是，中国海关要聘请英美法三国税务司人员各一名，这就意味着中国的海关主权为外国殖民者所攫取。这一制度由上海开始，迅速扩及全国，这样，外国殖民者就全面把持了中国的海关，这种状况一直延续了半个多世纪，其中英国人赫德一人掌管中国海关主权的时间就长达50年之久。而就在小刀会起义的第二年，英美法几国联合强迫上海道台接受他们事先就已经单方面拟定好了的《上海英美法租界地皮章程》，也就是通常所称的《1854年土地章程》。这个章程对1845年中英之间的《上海土地章程》所做的一个最为显著的改变，就是取消了"华洋分居"的规定。他们为什么要这么做呢？原来，在小刀会起义期间，有大量的难民躲入租界避险，这令几国殖民者十分惶恐，他们最为担心的还不是这么多的中国人闯进来会打扰他们正常的生活，而是担忧事后清政府会以此为由将租界收回。可是，他们很快就发现，清政府根本就没有收回租界的意图，而与此同时，他们发现允许中国人在租界内居住还是有好处的，因为在与中国社会的某些上层人员接触的过程中他们感受到，华洋之间还存在着某种共同的利益，当然，这指的是那一小部分的上层社会的中国人而言。殖民者觉得与这些上层中国人进行较多的来往是能够给自身带来更多的好处，另外，他们心中怀有一个阴谋，那就是一旦中国人被允许进入租界，那么租界的人口就会大量增加，这就为日后租界的扩张埋下了伏笔，租界当局也以境内居民复杂为由而要求设立警卫机关和司法机关。由此，租界就几乎完全成了中国域内的"国中之国"。

1845年，上海英租界刚刚设立时的面积是830多亩，当时在上海居住的英国人还很少。据有关记载，租界成立两年之后，在那里居住的外侨也仅有100多人，100多人使用830多亩的土地是绰绰有余了，但是英国人并不满足于此，他们从一开始就伺机扩大租界的面积。很快，机会就来了。1848年，上海出现了"青浦教案"事件。这是怎么一回事呢？

1848年3月8日黎明时分，英国伦敦布道会教士麦都思、慕维廉和医生雒威林三人乘船到青浦县城去从事传教活动，向群众散发"善书"。不知怎地，有几个看守漕船的山东籍水手在向他们讨取"善书"的时候却遭到了拒绝，于是双方发生了冲突，一个水手被雒威林用手杖打伤了头部。见有同伴受伤，这些水手的火气就大了起来，回到船上叫了更多的水手来围攻这几个英国人。这几个英国人见势不妙，急忙开溜，但是跑到离县城东门外不到半里路的地方，就被追来的40多个手持撑篙、锄头、棍棒、铁链等器具的漕船水手给截住了。接着，这三个英国人就遭到了一顿猛击。不多时，青浦县县令听到了消息，赶忙派人来制止，这才从愤怒的水手中救出了三个英国人。县令一面派人将三个受伤的英国人送回上海，一面下令捉拿"凶犯"。很快，两名领头的水手就被官兵给带走了。

本来这就是一次中国人与英国人之间所发生的普通的纠纷罢了，闹事者归案之后，再给予受害一方一定的赔偿也就可以了，但是，英国领事阿礼国却意识到，这件事大有文章可做，因为他正可以此为突破口，为英国租界谋求更多的利益。阿礼国马上要求中国政府更大规模地捕捉"凶犯"，同时给予受伤的英国人以更多的超额的赔偿，其要求显然是非常过分的，令中国政府难以接受。于是，阿礼国马上命令英国进入上海的船只停止向中国交纳总关税，同时又派出军舰阻止漕船离港，并且还命副领事乘军舰到南京去要挟两江总督李星沅。这样一来，那些漕船水手也就难免会在心中产生巨大的恐慌。

其实，依据当时中英两国的相关协定，麦都思等三个英国人到青浦来传教属于违约远行，因为他们已经超出了当时所被允许的英国人在华的活动范围，但是阿礼国对此却一口否认，狡辩说中国应当对此次事件负完全责任。在清政府严词拒绝其无理要求之后，阿礼国就公然动用武力进行威胁。当时清政府因为在鸦片战争中的失败而非常惧怕英国人的军舰，所以只得被迫屈从。于是，在阿礼国的强压之下，清政府抓获了倪万年、王明付、刘玉发等10名漕船水手，将他们压到了黄浦。在提审前，这些"罪犯"还得一律在江海关前站笼一个月。阿礼国担心清朝官员对他们有所怜惜，所以又要求派英国官员去监视，使得那些水手吃尽了苦头。

"青浦教案"事件所造成的严重后果并不仅限于此，英国人乘此机会要挟清政府，将上海英租界扩展到了苏州河以南和周泾浜（现在的西藏中路）以东，面积增加到2820亩，是原来的3倍还多。此外，在此次事件当中，英国军舰公然驶入中国的内河。由此开始，中国的内河航运主权也逐渐丧失。

扩大租界范围的当然并不仅仅是英国，见到英国人扩张租界获得了成功，美国人也就坐不住了。1848年美国最初在上海虹口设立租界之时并没有议定范围，但实际上在英国租界进行扩张的同时，美国也将租界的领地做了大幅度的延展。1863年6月，美国更是自恃协助清军镇压太平天国有功，要求与清政府正式划定上海租界的界线，当然，在划界的过程中，租界的面积较此前增加了不少。这一年的9月，英租界和美租界进行了合并，统称英美租界，又称公共租界，由一个共同的工部局来管理。当时公共租界的总面积是7865亩。1893年，公共租界工部局通过越界筑路的方式，强迫上海道台对租界的北界进行了大幅度的延伸，使得公共租界的总面积增加至10606亩。1899年，英美租界又改称为国际公共租界，但是一般仍习称之为公共租界。但是，主要的变化并不是名字的改变，而是更名的同时租界的面积再一次扩大，并且这一次扩张的规模远远超越了前几次。扩张之后，东起杨树浦到周家嘴角，西至静安寺，南至八仙桥，北到上海、宝山两县的交界处，都是公共租界的范围，其总面积达到了33500亩。

与公共租界的情形相似，上海法租界也经历了由小到大的扩张过程。1849年上海法租界初设之时，其范围是城河浜（现在的人民路）以北、洋泾浜（现在的延安东路）以南、关帝庙褚家桥（现在的西藏南路附近）和广东潮州会馆（现在的龙潭路附近）以西，面积为986亩。1861年，法国人将其东南界址推进到小东门外的城河地区，面积增加到1124亩。1900年，法国乘八国联军侵华之际对上海法租界再一次进行了扩张。此后，东起城河浜，西到顾家宅关帝庙（现在的重庆中路和重庆南路北段），南自丁公桥、晏公庙、打铁浜（现在的方浜西路、西门路、顺昌路、太仓路），北至北长浜（现在的延安东路西段和延安中路的东段），都是法租界的属地，面积达到了2135亩。清政府灭亡之后，法租界当局与袁世凯进行政治交易，于1914年又将上海法租界向西推进到徐家汇一带，使得其面积达到了15150亩之多。

上海的法租界和英美公共租界经过几次扩张，后来其总面积达到了48650亩之多，这个数字对于现在的城区面积来说也许很普通，然而对于城市化程度极低的中国近代社会，四万多亩的土地还是相当大的。就当时的上海来讲，两块租界不仅占据了大部分的上海城区，而且其占据的都是上海最为繁华的地区，相形之下，清政府所控制的南市和闸北两块地界都处于一种边缘化的状态。

有人会有疑问，既然外国租界也允许中国人居住和活动，那么租界和华界又有什么实质的差别呢？表面上看来，似乎外国租界的存在对于中国人的正常活动没有多大的影响，可是实际上租界对中国人的伤害却非常大。租界与华界的根本不同就在于，租界当局享有领事裁判权、治外法权等种种特权。这也就意味着，"租界"尽管名义上还是中国的领土，可实际上却成了外国人在中国的海外领地，中国人在租界活动，就相当于在外国活动一样，因此称租界为"国中之国"是极为恰当的。

租界对于中国的伤害绝不仅仅是在一个城市占据几千、几万亩的土地那么简单，可以说，租界就是外国殖民者在中国策划种种侵略活动的大本营。

外国租界当局在中国所从事的主要罪恶活动之一就是大规模地走私商品和贩卖毒品。鉴于清政府与列强签订的不平等条约，清政府对外国商品征收的关税已经很低，但是，外国商人依然通过种种的不正当手段来逃避关税，在这一过程中，租界无疑对那些非法的外国商人起到了很强的掩护作用。上海吴淞口外的趸船就是外国商人从事走私活动的基地。进口时，他们先把私货卸到趸船上，然后再将商船开进上海港进行报关，接着再设法把卸到趸船上的私货运到上海；出口时，他们将大量的丝绸、茶叶等商品先用小船偷运到吴淞口的趸船上，商船结关之后，他们再将那些货物运到商船上驶出上海港。此外，他们还通过以多报少、以高报低等方式来偷税漏税。比如说蚕丝，通常是以包为单位来计算关税的，走私的外国商人把原本是两包的蚕丝打成了一包，结果就可以少交一半的关税。此外，有些外国商人还会通过行贿的方式与清政府官员进行串通从而偷逃税款。更有甚者，有一些刁钻的外国商人会在进口商品之后以该商品不能脱售为名，将其再运出去。当然，运出去的可就不是原来的商品了，包装一样，可里面的东西却换了，本来里面装的是出口的商品，结果他们却以退货为名逃脱了关税，不仅原本出口的商品不用交税了，他们还会去讨要先前交过的进口商品的关税，可谓一举两得。据统计，1850年在上海从事贸易的所有洋行中，只有区区5家交足了关税。由此可见，当时洋行的走私活动是多么的猖獗。对于这种情况，英国驻上海领事阿礼国曾直言不讳地说："我不得不承认……关于忠实征收中国皇帝在对外贸易上应得的一切海关税饷，条约已无异于废纸。"有人会问，既然外国商人的走私活动如此猖狂，清政府就视之漠然吗？其实，当时中国上至皇帝，下至地方官员，对于洋人都是要敬畏三分的，都坚持多一事不如少一事的态度，因此明明知道有洋人在犯罪，也是能不管就不管的。

与普通商品的走私相比，对中国危害更大的则是非法的鸦片贸易。尽管清政府在鸦片战争中战败，可即便是依据《南京条约》、《望厦条约》等不平等条约的规定，各国商人也是不能够在中国从事鸦片贸易的。《1854年土地章程》也规定，外国商人不准开设包括鸦片烟馆之类的"公店"。可实际的情形却与条约的规定大相径庭，当时在中国从事贸易的外国商人，很难找到一个不经营鸦片生意的，因为比起其他货物来，贩卖鸦片的利润要高得多。《中华帝国对外关系史》的作者马士曾揭露说："在中国的英美商家每一个人都充分利用了他们的资力去做毒品这项生意。"而为外国商人的鸦片贸易提供庇护的也正是租界当局。当时鸦片贸易的规模有多大？据记载，仅1848年和1849年两年当中，运送到上海的鸦片总值就达到了2285万银圆，比《南京条约》所规定的中国给英国的赔款2100万银圆还要多。由此可见，以租界为保护伞的外国商人对中国的经济掠夺是相当惊人的，并且鸦片不仅仅掠走了中国人的钱财，还严重摧残了中国人的身体，腐蚀了中国人的精神。

而与商品走私和贩卖毒品比起来，以租界为据点的殖民者在中国犯下的另一桩罪行可谓有过之而无不及的，就是大规模地掠夺华工。很多人知道广州、汕头、厦门等广东、福建一带是外国人贩运华工相当猖獗的地方，可实际上这种令人发指的罪恶活动远不仅仅限于广东和福建，在上海，外国人抢掠华工的事情也是屡见不鲜。上海通商之后，涌来的外国人越来越多，其中的绝大多数都是为"淘金"而来的，其"淘金"的主要方式之一就是贩卖华工。当时很多外国人口贩子在租界当局的庇护下，以开酒店为幌子，每每见到有合适的中国人前来饮酒用餐，就会在酒菜之中投下蒙汗药，这些中国人也就成了他们的囊中之物了。尤其令人惊骇的是，绑掠中国人的并不全是那些外国人口贩子，还有一些中国人为了钱而受雇于外国人绑架自己的同胞，这就使得受害者的规模扩大了。

那些中国人尽管是以各种不同的方式落入外国人之手的，但此后的遭遇却大致相同，他们会先被关押在"巴腊坑"里。巴腊坑是拘禁奴隶或犯人的场所。那些梦想着到外国当上等工人的中国人落入外国人口贩子的手中之后，所遭受的就是奴隶或者罪犯的待遇。他们被关押一定时间之后，当外国人口贩子觉得掠来的中国人的数量已经够装一船了，就会把他们转运到轮船上。在船中，他们是被锁在密不透风的夹板舱里的，那里的环境根本就不是人所能够忍受得了的，因此，华工在贩运途中的死亡率是非常高的，待轮船抵达目的地的时候，尚存活者往往不及一半，而其中还有很多是已经病得很严重的。

当然，以上并不是租界之罪恶的全部，居住在租界的外国人对中国人所做的其他坏事还有很多。比如说，趁火打劫就是洋人的拿手好戏，因为当时清政府的统治已经相当腐败，各地人民所举行的反清活动非常频繁，每到清政府与反清武装交手之际，也就到了洋人坐收渔利的大好时机。

租界并不仅仅为外国人的做恶提供了庇护之所，因为租界的存在，还使得很多中国无赖仰仗着洋人的势力而为恶一方，黄金荣就是依托上海法租界的势力而崛起的帮会流氓的杰出代表。可以说，中国的帮会势力之所以在上海会发达到空前的程度，与上海租界的支持和庇护是密不可分的。从后来的历史中我们也可以看到，租界消失之后，上海的帮会势力就迅速地走向了衰落。

结拜弟兄

早就已经是半个流氓的黄金荣，从捕快职务上退下来之后，很快就跟郑家木桥一带的小瘪三们混得火热。当然，黄金荣做郑家木桥小瘪三的时间并不很长，因为不久之后他就进入了法租界巡捕房，当上了堂堂正正的便衣探员，不过，即便是离开了这块是非混杂之地，黄金荣此后却一直都跟这块地方有着密切的联系，他身在衙门，却又与流氓为伍，是脚跨两界，黑白通吃。黄金荣实际上是一个很精明的人，若不然，他日后也不会坐上那样的高位。黄金荣身上所具有的那种精明，在他混迹于郑家木桥一带的时候就已经有了充分的表现。当时在郑家木桥一带混饭吃的大小流氓简直数以千计，同样是流氓，他们之间却还是有着很大区别的，黄金荣就是流氓当中非常与众不同的一个，跟普通的流氓比起来，黄金荣最为突出的特点就是，他有着"远大的志向"。黄金荣当时虽然表面上看起来也就是一个毫不起眼的小瘪三，可是他却藏有"远大的志向"。有句俗话叫做"有志者事竟成"，这句话当然是鼓励人们应当树立正面的远大志向，只要有了这种坚定的意志，做事就一定能够成功。其实，不仅做好事如此，做坏事也是一样的。一个人如果一门心思要做一件坏事，那最后也是肯定能做成的，对于黄金荣来说就是如此。黄金荣想做的是什么呢？他想当一个流氓，当然，绝不是瘪三一类的小流氓，而是能够一呼百应的流氓头领。黄金荣不仅产生了这样的想法，而且还会将自己的理想付诸行动，从而取得最后的成功。

黄金荣不满足于只当一个小流氓，但他也知道，摆脱这种小瘪三的身份，不是依靠天上掉馅饼所能够实现的，而必须依靠自己切实的努力和艰苦的奋斗。黄金荣意识到，想要成为一个大流氓，一个最好的办法就是不能只做流氓，还要使自己具备另一种更为堂皇的身份，比如说，当一个巡捕，而这也正是黄金荣当时汲汲以求的，他正想着如何能够到洋人手下去做事，如何能够进入租界的巡捕房当差。那样一来，他可就神气多了，他在衙门里可以是巡捕里的流氓，而出了衙门则可以成为流氓中的巡捕。一想到这里，黄金荣心里就美得不得了，甚至做梦的时候想到了这事都会乐醒。可是，梦做得美，并不代表现实情况就好，进入租界巡捕房并非一件易事，他必须得耐心地等待时机。在这等待期间，他就得暂时完全跟郑家木桥的小瘪三为伍。

混的时间一长，黄金荣对郑家木桥一带的小瘪三们方方面面的情况都了如指掌，这为他以后当上巡捕在此地办案提供了极大的便利。在此期间，黄金荣了解到，在那里混迹的小瘪三是分很多层次的，要想控制住这些小瘪三，就必须控制住他们的头领人物才可以。当然，那个时候他还没有那个实力，可是一旦他具备了那样的实力，也就是他在郑家木桥称王称霸、大显身手的时候了。黄金荣进入法租界巡捕房开始在郑家木桥办案之后，首先要做的一件事就是收买当地小瘪三中的头领人物。经过一番认真调查，黄金荣最后看中了两个最为得力的人手，接着就跟他们结为拜把兄弟，这两个人就是丁顺华与程子卿。按照年龄，黄金荣为老大，丁顺华为老二，程子卿为老三。三人结成流氓集团之后，很快就成为"郑家木桥小瘪三"中的霸主。

丁顺华，原本是上海南汇地区的农民，但他不是一个普通的农民，不仅长得身强力壮，更重要的是练得一身好功夫，三四个健壮的人一起上也不是他的对手。然而，当初丁顺华走的还是正路，他做着朴实的小生意，但是，他每日摇着柴船到洋泾浜来做生意的时候却屡屡遭到"郑家木桥小瘪三"的勒索。起初的时候，丁顺华不想惹他们，可是没有料到，自己的"绥靖"政策使得那些小瘪三变得肆无忌惮，以为他丁顺华是个软货。有一次，丁顺华在郑家木桥再次遭到一伙小瘪三的打劫，丁顺华忍无可忍，情急之下，抡圆了拳头，几下子就把那帮"小瘪三"打得哭爹喊娘。这下，小瘪三可知道丁顺华的厉害了。但是，打劫丁顺华的不仅仅是几个无能的小瘪三而已，他们的背后有着一个庞大的团伙，丁顺华身手虽好，怎奈好虎架不住群狼，当他下一次出现在郑家木桥的时候，上一次吃了亏的几个小瘪三找来了更多的瘪三，而且还特地请来了几个瘪三中的"高手"。这下子，可轮到丁顺华吃亏了，而更重要的是，以后只要他还在郑家木桥做生意，就免不了要受到这群小瘪三的骚扰和纠缠，这让丁顺华非常恼火。正当他一筹莫展的时候，一个人的出现彻底改变了丁顺华的命运，这个人就是程子卿。

程子卿，生于1882年，小黄金荣14岁，江苏镇江人，因皮肤黝黑，得了一个绰号"黑皮子卿"。程子

27

卿早时读过几年私塾，后来因为家贫而辍学，去米店当学徒。程子卿长得很瘦，但是力气却大得很，扛着一二百斤重的两袋米，一口气就能走上十多里路。然而，尽管程子卿力气很大，在米店做学徒也很卖力，可是他却很快发现，当学徒的那一丁点儿的收入连起码的温饱都难以保证，因此，他干脆离开米店，跑到上海来闯码头。当时上海的码头中最热闹的一处就是郑家木桥，所以他就看中了郑家木桥的繁华，打算到那里去谋生。

来到郑家木桥之后，程子卿偶然遇到丁顺华，两个人的年纪差不多，处境也很相似，不仅都很贫穷，程子卿初来之时也时常受到那些小瘪三的盘剥，另外，两人还都有那么一把子力气，因而彼此大有惺惺相惜之感，很快就成为莫逆之交。

程子卿和丁顺华交上朋友之后，首先需要解决的一个问题就是如何摆脱那些小瘪三的欺侮。丁顺华打算采取躲的办法，可是程子卿认为那种办法太软弱了，而且他觉得，即使到了别的地方，也未免会遇到同样的情况，所以，他建议"以暴制暴"。丁顺华开始还有所顾虑，可是程子卿的意志很坚定，他耐心地给丁顺华分析了当时社会的形势，他明确指出，像他俩这样的穷人，如果走普通的道路谋生，这一辈子都不会有什么出息的，莫如顺势而行，不做弱者，而成为强者。最终，丁顺华为程子卿所说服，两人又联合了各自的一些朋友，仗着他们不凡的本领，合力将郑家木桥一带的小瘪三们逐一摆平，不久之后，就发展壮大为"郑家木桥小瘪三"中的首领人物。这时，他们已经完全摆脱了受人欺侮的境地，反而变成了欺压他人的恶霸。在丁顺华和程子卿的带领下，数以千计的小瘪三敲诈勒索，偷盗抢劫，无恶不作。当时，来此地贩运各种农产品的零散农民，都要给他们交上一笔"买路钱"才可以通行，而洋泾浜两岸的那些商家们，也要向他们交纳一笔数额可观的"保护费"方可平安无事。勒索之外，抢劫也是他们的"家常便饭"，他们还给抢劫活动立下了很多名目，诸如"抛顶宫"、"剥猪猡"、"剥田鸡"、"背娘舅"等等，这些名目听起来十分新奇，可是它们所代表的实际含义是什么呢？"抛顶宫"，指的就是抢劫路人的高级呢帽；"剥猪猡"，指的就是抢剥路人的衣服；"剥田鸡"，指的就是抢剥小孩的绒线衣；"背娘舅"，指的就是用绳套住被害人脖颈后，再背到角落里，待其昏迷即抢剥其衣服……如此种种，手法繁多，可见这些小瘪三对于抢劫活动之精熟。

郑家木桥一带的治安本来就不怎么好，现在又冒出了以丁顺华、程子卿为首的更富组织性的势力强大的流氓团伙，更搅得当地的老百姓和过往客商不得安宁。法租界的巡捕房三天两头就会接到报案，但面对这一桥跨两界的特殊情况，巡捕们所能做的也无过于耸耸肩、摊摊手，他们实在是无能为力啊。可是事情也不尽然，流氓的嚣张对于巡捕来说也并非完全是一件坏事，有的巡捕就能够很好地做到让流氓的势力为己所用，黄金荣就是其中的一个代表。

那么，黄金荣是如何进入法租界巡捕房的呢？

上海租界的巡捕

出现在上海的第一个租界是英租界。英租界刚刚设立的时候并没有巡捕，而只是根据《上海土地章程》的规定，英国人可以在租界雇佣更夫。更夫所做的事情大家都熟悉，就是夜间的时候里里外外照看一下宅院，没事巡逻，有事报警。最初的更夫只有几个人，因为当时英租界一共也没有多少外国人居住。这些更夫由一个更长带领，更长的人选由英国领事和上海道台共同确定，而由英国领事来管辖。这也表明租界最初设立的时候，中国政府还是享有很多主权的。1848年，随着英国租界面积的扩大和人口的增多，更夫的数量也增加到20人，更长也增加了1个人。这种情况一直持续到1853年，该年，上海爆发了小刀会起义，有大批中国人涌入租界避难，为了维持治安，英租界当局从香港请来了8名欧洲籍的警察，这就是租界出现警卫力量的开端。一年之后，殖民者在与中国政府签订《上海英法美租界地皮章程》时有意将更夫与警察的身份混淆在一起，其目的就是为了增强租界的警备力量。由此，原来只管打更的更夫就变成了配备武装的警察。而同一年的"租地人会议"进一步规定，要筹款15000元来建设租界的巡捕房。从此开始，中国政府就失去了对租界的警卫管辖权。

租界最初的巡捕除了原来的几个中国籍的更夫外，都是具有欧洲籍的。据记载，欧洲巡捕最初的人数是30人，后来1862年由于太平军东征，其人数增加至164人，到1870年又回落至112人。因为欧洲本籍的警力有限，所以租界当局就考虑招收外籍的巡捕，当然，首先考虑的就是中国人，此外，还有来自印度、日本等地的巡捕。1865年，英美公共租界首次招募华人巡捕，此后，华人巡捕的数量逐渐增加。到1882年，公共租界华捕的数量达到了182人，义和团运动的时候激增至571人。到1909年则已经达到了1149人，同时，印度籍的巡捕也已达到了数百人之多。进入20世纪之后，上海租界的日本侨民越来越多，所以公共租界又逐渐地招收了一些日本人来做巡捕。到1934年，任职于公共租界巡捕房的日本巡捕也达到了256人之多。据1930年的统计，公共租界的警卫人员共有4879人，其中华人占的比重最大，有3477人。而到了1937年上海沦陷前夕，公共租界全部13个巡捕房的工作人员更是达到了6452人。

以上是英美公共租界巡捕人数的变动情况，与之相应，上海法租界的巡捕也经历了从无到有、由少至多的发展过程。1856年，法租界成立了第一个巡捕房，当时仅有3个欧洲巡捕，其费用是由上海道台来支付的。第二年3月，因为上海道台拒绝继续支付法租界巡捕的佣金，法租界被迫将巡捕房取消。可是法国人觉得还是有设立巡捕房之必要的，于是在同一年12月又恢复了巡捕房的设置，并且巡捕的人数也增加到了12人，当然，其佣金是由法国人自行给付的。1869年，法租界巡捕房开始招收华人巡捕，后来又招收了一部分安南巡捕。1915年，法租界共有法国巡捕60人，安南巡捕200人，华人巡捕250人，其规模与公共租界比起来是小得多了。

黄金荣一方面在法租界巡捕房任职，一方面却又与黑势力为伍，在黄金荣的身上，警与匪两种身份很好地结合在一起。实际上，黄金荣并非特例，他代表的是当时上海租界特别是法租界巡捕房的普遍状况。其实，早在黄金荣入职法租界巡捕房之前，那些欧洲巡捕以及早期的华捕、印捕就已经开始与上海的流氓势力勾结在一起了。若不是这样，像黄金荣这等角色也是很难进入巡捕房的，他们之所以肯招黄金荣进来，在很大程度上就是看中了黄金荣与黑势力之间的密切关系，由此，黄金荣就可以充当法租界当局与上海黑势力之间进行联络的中间人角色，从而为租界当局攫取更多的利益。

那么，上海租界的巡捕们到底是怎样跟流氓势力勾结在一起的呢？本来，近代上海社会的犯罪现象就很严重，这正需要租界建立一支强大的警卫力量，可是租界的巡捕人数越增越多，而租界的治安状况却一直未见好转。因为，租界巡捕本身就是脚跨黑白两道的，他们既是"猫"，更是"大老鼠"。如果说混迹在社会上的那些瘪三是小流氓，那么租界的那些巡捕则可以当之无愧地被称作大流氓，黄金荣就是其中的典型代表，他既是租界巡捕房的领导人物，更是流氓队伍中的一个大头领。

租界的警卫队伍为什么会这么腐败呢？其实原因也不难想见，那就是这些人对于利益的追逐，而且当时的环境又缺乏对他们种种不轨行为的约束，所以就导致了这些巡捕为非作歹，肆无忌惮，比流氓还流氓。当时的租界市民普遍慨叹："西牢及捕房之私刑，巡捕包探之敲诈，真是人间地狱。"用"人间地狱"这样的词语来形容租界巡捕的卑劣行径，可见租界巡捕房的黑暗。那些租界巡捕，特别是外籍的巡捕，对中国市民极尽欺压之能事，其作恶手段可谓五花八门，层出不穷。

诸如盗窃、抢劫、敲诈、强奸、走私、贩毒等罪行，租界的巡捕们是无所不涉，可以这样说，当时租界的每一种犯罪类型中都可以找到巡捕的身影。

法租界的成长

没有法租界，就没有黄金荣，也就没有后来的杜月笙。黄金荣和杜月笙的"成功"很大程度上是因为他们遇上了一个独特的时代，是近代法租界的"好"政策，让他们找到一展身手、筑基立业的土壤。

上海法租界建立于1849年，是法国人在中国建立的第一个租界。法租界的"政府机关"叫公董局，公董局的官员们大多是早期的冒险家。这些不远万里来到中国的人对名誉不感兴趣，对建设一个美好新世界更不感兴趣，他们最感兴趣的只有一样东西：金钱。

为了狠狠捞一笔钱带回家好好享用，法租界当局挖空一切心思，无视道德，纵容罪行，使本该是负责整顿秩序，维护治安的"政府"成为犯罪的堡垒和同伙。

公董局成立之初，打着开拓税源的幌子，公然允许妓院、花船、赌场和烟馆营业，捕房内特设管理妓女、征收花捐的"正俗股",以及与鸦片贩子坐地分赃的"查缉股"。

最初,租界对赌场、妓院、花船的捐税率是不固定的,只是命令巡捕们视情况收取。巡捕也一样喜欢钱,顺手贪污一点是很正常的,再加上经营这些业务的老板本来就不是什么善茬儿,他们软磨硬泡、东推西挡经常逃税,公董局的头头儿们为收不上来钱十分恼火。看着瘪瘪的钱袋,公董局的头头儿们非常头疼。

不久,法租界当局就惊喜地发现,在法租界,比起这些不顺手的巡捕,有一些人干起这活儿来比较得心应手,就是地痞流氓。他们敲诈起来更加厚颜无耻、花样繁多。

如果结交那些有势力的地痞流氓,把烟税花捐总额承包给他们,那官方就能比较顺利地收到捐税。地痞流氓们当然更乐的有此项美差,以"政府"的名义"合法"的大施泼皮流氓手段,敲些银子花花,何乐而不为?

这样,都有甜头的双方就订立合约,形成发包人和承包人的关系,承包的流氓只要按约完税,那么租界不仅允许他们的存在,而且还承担保护他们的义务。于是乎,在这种"好"政策的保护引导下,黑社会的萌芽就在租界内"合法"地成长壮大了。

随着黑势力的羽毛丰满,也产生了很多问题。为了竭尽所能地敲诈勒索商家,或者为了争夺地盘,流氓团伙间经常打架斗殴,租借治安大成问题。法租界的洋警察们由于不谙上海风土人情,所以对此常常是束手无措。租界治安一片混乱。

法租界当局不仅不痛定思痛,金盆洗手,反而采取了另一种方式,与黑势力展开更友好更深入的合作。在法租界当局看来,黑势力都是从社会最底层摸爬滚打爬出来的,他们了解社会各阶层的底细,烟、毒、娼等"事业"不仅不能削弱,最好还要加强,这样才能获取稳定的税源。为了保证正常营业,就必须容纳与他们有着血肉联系的黑社会势力。解决流氓团伙间的矛盾和争斗的最好办法,是培植一股更有能量的黑势力,来震慑摆平各个小团伙。

1892年,法租界决定招收华捕13名,他们的目光就锁定在洋泾浜横行霸道的黑势力小头目身上。

在这一片大好形势下,黄金荣抓住了这个机会,在众多竞争者中脱颖而出,拿上了第十三号巡捕牌。(据说,黄金荣能够进入法租界的巡捕房是因为他的母亲知道这个消息后,为了给不成器的儿子找个出路,就赶紧托邻居陶婆婆的儿子,当时他在法租界当翻译写了一封推荐信,才得以录取。但是,从以后法租界不断的引入流氓小头目来看,我们更相信,是法租界的有意招纳,而他在黑势力团伙中的那点小名气,当过几天县衙门捕快的经历也成了他的一个优势。)

之前的黄金荣虽然是个小有名气的流氓小头目,但是既得看当局的眼色行事,又得防止同道兄弟的黑吃黑,过的是担惊受怕、被人唾骂、见不得光的日子。而当了华捕,不仅有了体面的地位,可以正大光明地出入大庭广众,还可以凭借自己强硬的靠山,吞并其他流氓团伙,扩展自己势力。

就像后来黄金荣在《我的自白书》中写到的:"做包打听,成为我罪恶生活的开始。"这是他命运的一个转折,成为赫赫有名的流氓大亨的起点。

进了巡捕房的黄金荣很快如鱼得水,他把自己的聪明才智、阴谋诡计、一肚子坏水发挥得淋漓尽致。

黄金荣赢得法租界信任的招儿很狡猾。首先,黄金荣以他的结拜兄弟程子卿、丁顺华为帮手,收买一批惯窃老贼,在法租界各处布下眼线暗哨,然后让眼线纠结小瘪三约好作案,事后他向法租界报告说有匪徒作案,然后将作案团伙一网打尽,事情平息后,再设法将眼线保释出来。他的另一个把戏是,出巡时先派小流氓闹事,一见到他,小流氓大喊"黄老板来啦"抱头鼠窜。

有时候,黄金荣还派小流氓在商家开张或者营业正旺的时候故意捣乱闹事,然后,"神勇正义"的黄老板从天而降,声色俱厉、义正词严地把小混混们训斥一番。或者是先派人捣乱一番,然后派手下去指点:这事只要黄老板一出面,保管太平无事。走头无路的店主,只有请黄金荣出场,小流氓们果然不再出现。

商店老板见黄金荣如此神威,轻而易举就能降服小流氓,就给他塞钱送礼,视为保护神。有的甚至还向黄金荣送来拜师帖子,甘心做他的门徒。

有了钱的黄金荣很乖巧,他知道自己这么风光的原因。黄金荣从来不忘孝敬上司,对他的顶头上司石维也尤其如此,石维也是巡捕房的副总巡,直接管理包探和巡捕,黄金荣对石维也处处巴结,时时奉送，大得他的欢心。

维护治安有功，拍上司马屁卖力，法租界警务处对黄金荣自然十分赏识和重用，把一些人人都垂涎的肥差交给他办理。

19世纪末，迫于强大的舆论压力，法租界无奈宣布戒赌后，把治理赌场的任务交给黄金荣，黄金荣明白法租界对这块肥肉仍恋恋不舍，并不是动真格的，就来了一个"刀切豆腐两面光"的做法。

黄金荣与赌场约定，他来保护赌场，不仅不准黑道敲诈赌台，还保证巡捕房不来骚扰，至于巡捕房那边，他让巡捕房只捉"前和"（白场），不碰"夜局"（夜场）。白天，黄金荣命令小喽啰玩一玩烟雾弹，到赌场开赌，巡捕房见后捉进班房，不久又偷偷放出。而真正的赌客则玩"夜局"，巡捕房绝不去惊扰他们的雅兴。这番恩情，得到保护的赌场自然要表示谢意了，每月他们都拿出不少白花花的银子孝敬他们的保护神黄老板。黄金荣再拿钱打点上上下下，从公董局的董事到巡捕房的巡捕，一个都不会少。从此，法租界的赌台大多以黄金荣为后台老板。

近代上海娼业十分兴旺，而最兴旺的地段就在法租界境内。

原则上，清朝是禁止娼妓的。但是，只要在帮会流氓、巡捕中找到有权势的人做靠山，就可以平安无事。于是，黑白两道都吃香的黄金荣就成了妓院老板们最理想的大树。各处的妓院纷纷找黄金荣来"撑门面"，有的老鸨甚至拜黄金荣为老头子。如此一来，黄金荣就成了上海娼业的一尊守护神。

值得一提的是，黄金荣并不仅仅就是靠这些黑道手段和拍马贿赂而赢得法租界的信任和重用，作为一名巡捕，黄金荣办案非常厉害。他心思缜密，勇猛果敢，手下又有众多的喽啰和眼线，不仅连连破过一些让法租界当局感到相当棘手的偷盗大案，甚至连著名的刺杀宋教仁一案也是经他之手才得以破获，至于对法国主人的身家性命安全，黄金荣更是全力以赴。一系列大案的侦破，让黄金荣迅速声名鹊起。

随着黄金荣地位的巩固和不断高升，麾下的喽啰越来越多，事情自然也就越来越好办，势力也越来越大，甚至他手下的一些得力干将也会引入巡捕房做事，比如程子卿、范广珍、陈三林等。就这样，黄金荣黑白两道统吃，亦官亦盗，成为法租界黑社会中不可争议的霸主。

发达后的黄金荣每日的例行公事就是上午到公馆马路（今金陵东路）巡视，然后折往十六铺一带。在小东门巡捕房小坐片刻，处理各种事情，事情完结，再去赌场、妓院痛快一番。

黄金荣出巡时相当招摇，总是由七八个彪形大汉前呼后拥、浩浩荡荡的开路。大流氓黄金荣是十六铺小流氓们的偶像。

黄金荣出巡时，十六铺上那些不上路的小流氓们常常挤在一起远远观望，除了昂首挺胸、威风赫赫的黄金荣让他们无比崇拜外，他身边那些穿着绸缎短打、呼三喝四的壮汉也让他们羡慕不已。

能在黄老板手下效劳，成为十六铺小流氓们梦寐以求的事，因为那不仅意味着将告别那种朝不保夕、提心吊胆的混混生活，甚至命运都会有意想不到的改变。可惜，他们大多数是有心卖命，无缘高攀。

在这些远远观望的人群中也常常有杜月笙的身影，成为黄门手下，自然也是他的梦想。不久，他的机会竟然来了。

叩开黄公馆的大门

杜月笙的机会来自于一个叫马祥生的人。马祥生，绰号"饭桶阿山"，平时很欣赏杜月笙的聪明伶俐，活络机警。看着杜月笙靠着陈世昌，变得贪吃懒做，沉沦于嫖、赌二业，马祥生心里不禁暗暗觉得可惜。

这天，马祥生又在街上碰到杜月笙。看着杜月笙一副无所事事的样子，马祥生严肃地说道："你这样下去可不是办法，如果想做一些事情的话，我可以给你推荐推荐，只是不知你可有这个心思？"

杜月笙见是马祥生，赶忙笑着答道："马大哥有话尽管说。"

"八仙桥同孚里，"马祥生压低声音神秘地说，"黄金荣黄老板的公馆。"

此前，杜月笙就已经了解了一些黄金荣的事迹，他常听自己的师兄弟说陈世昌只有些皮面的功夫，跟黄金荣比起来，他在上海滩不过是个小角色而已。上海滩的小瘪三对黄金荣一方面畏之如虎，另一方面又衷心仰慕，因为黄金荣不仅财势绝伦，而且高不可攀。因此，杜月笙对于马祥生的话在大喜过望的同时又将信将疑。

看到杜月笙表示怀疑，马祥生严肃地说道："只要你信得过我，我就带你去见黄老板。同孚里距离民国路不远，一排两层楼的巷堂房子，里面住的，都是法租界了不起的角色。只要能够走进黄公馆，保你前途无量。"

杜月笙点了点头，答道："这我知道，那就麻烦马大哥给我引见了。"

果然没过几天，马祥生就来找杜月笙，要带着他去同孚里黄公馆见见世面。

由于马祥生事先已在黄金荣面前提过这件事，为了表示自己在黄老板跟前吃得开，有资格推荐人，就拍着胸脯大模大样地吹嘘道："有我在黄老板面前给你美言几句，管保黄老板会高看你一眼。"

杜月笙一听，当即大喜过望，对马祥生连声道谢。在他想来，自己时来运转的日子已经到了。

杜月笙要去黄公馆的消息很快就传出去了，十六铺的小兄弟们就像看到他中了皇榜一样，都赶来向他贺喜，纷纷说："月生哥，你一定要干出点名堂啊，月生哥，风光了莫忘兄弟们啊。"杜月笙却只是笑笑，显得很淡定。

心底出人头地的欲望，他或许比他们任何一个人都要强烈，但是，在什么都没做成之前，口出狂言不过是吹牛，若是不幸一败涂地，那更是会成为别人的笑柄。杜月笙已经懂得凡事要含蓄低调的道理。

杜月笙只是走到最好的朋友袁珊宝面前，紧紧地抱住他的肩头，红了眼眶说："到了黄公馆，我一定会尽心尽力，把事情做好，可能会有一段时间不能来看你们了。"

告别兄弟们之后，杜月笙背着自己简单得不能再简单的行李，跟在马祥生的身后向同孚里走去。他突然想起他刚来上海时候的情形：一个瘦弱的少年，背着一个更为寒酸的小布包，一路沉默着，茫然地看着熙熙攘攘的新世界，对未来充满和兴奋、紧张和恐惧。

那时的他才15岁，一个一无所有、懵懵懂懂、没见过世面的乡下孩子。当然，现在他依然一无所有，可是已在十六铺的污泥里滚过几年的他，已经完全不一样。他的内心变得更坚定、更自信、更经得起摔打，也前所未有真真正正地渴求一样东西：成功。

同孚里的弄堂大门很快就到了。这道大门，他曾经远远地观望过好多次，那里总是人来人往，门庭若市，进进出出的人莫不趾高气昂。现在，他也要出入这个门了，杜月笙心里多少有点紧张。

在弄堂口，有一道高大的铁栅栏。过街楼下，一边摆放着一条红漆长凳，凳上坐着五六个彪形大汉，一色的黑香云纱褂裤，微微掀起袖口，对襟纽扣，一个个虎背熊腰，就像戏台上的武生。马祥生很亲热地和他们打招呼，这班人却很漠然，带睬不睬，只微微点点头，允了他们进去。

马祥生悄悄对杜月笙说："他们就是黄老板的保镖，在弄堂口随时等着差遣的。黄老板要出去，他们就统统跟着走。"

杜月笙点点头，在十六铺的街道上，他不止一次看到这些壮汉簇拥着黄金荣。自己和他们比起来简直太单薄了，保镖这口饭是铁定吃不上的。他也不知道自己会被派来做什么，却相信总是有机会的。

马祥生领着杜月笙往后门走去。杜月笙有点奇怪地问："我们不是要见黄老板吗？"马祥生摸摸头，有点尴尬地说："黄老板总是人多事忙，我们先得等人通报一声。"

后来杜月笙才知道，进黄公馆是有两个门的。高朋贵客从大门进，而其他人等就在后门守候，等着传达，以免贵宾豪客和打手、杀手、小偷、瘪三之类的碰到面。

等了好一会，杜月笙二人才被领着去见黄金荣。被带到了客厅后，杜月笙觉得简直有点眩晕：黄公馆的地上铺着厚厚的羊毛地毯，墙上四周挂着中国山水和西洋裸女画，中式红木家具上铺着绣着花鸟鱼虫的围披，上面还摆设着各种他叫不出名堂的装饰品，中式家具旁边是宽大气派的沙发，沙发上盖着厚厚的红毡。

对于从小到大不是身居陋室，就是流落街头的杜月笙来说，这等华丽的居处对他来说犹如殿堂，他做梦都梦不出这般的富丽堂皇。杜月笙暗暗告诉自己眼一定不要到处乱飘，要沉稳一些，不要显得太小家子气。

　　客厅里，几个人正在围着一张方桌赌钱，几个佣人在旁边站着伺候。马祥生带着杜月笙走到跟前，恭恭敬敬地叫了声："黄老板。"

　　一个矮胖子缓缓转过头来，杜月笙认出这就是黄金荣。黄金荣方头大耳，满脸横肉，一张阔嘴，眼神锐利，脸上布满了麻点（黄金荣小时候生过天花，留下满脸麻点，所以他还有一个麻皮金荣的绰号），即使他默不做声坐在那里，也有一种说不出的威严和霸气。

　　马祥生陪着笑对黄金荣说："这是我跟您说过的杜月生。"

　　杜月笙赶紧跪下，实实在在、无比虔诚地磕了几个响头。

　　杜月笙站起身后，黄金荣眯着眼打量着眼前这个年轻人。衣着很朴素，甚至可以说寒酸，个头不算高，身板看着也很瘦弱，脑门比较宽，支愣着一双大耳朵，马祥生说他很聪明能干，可也实在看不出他有什么特别之处。唯一让他感到有点兴趣的是，杜月笙的面容看起来比较坚毅，眼神很平静，也许以后会有点用场吧。

　　聊了一会儿之后，黄金荣就吩咐道："杜月笙，既然你是马祥生介绍来的，暂且就跟他一起住吧，也让他给你安排点活吧。"

　　黄公馆有两个厨房，上厨房由陈永森负责，专门管理黄金荣夫妇和贵宾们的饮食。下厨房就是马永祥领衔，供应公馆上下和一般朋友的吃喝。

　　被派到下厨房的杜月笙最初干的不过是些烧火洗菜的杂活，但是每一点小事杜月笙都尽心尽力地做好，甚至在很长的时间内，他钟爱的赌和嫖也都戒了。除了奉公差遣，基本足不出户。

　　初来乍到的杜月笙每天都小心翼翼，不该说的绝不多说，不该问的绝不多问。而对于旁人，他则是细心观察，对他们说的话做的事处处留心。常常有老资格的人欺负他，对他吆三喝四，杜月笙总是淡然一笑，不放在心里。

　　杜月笙所在的下厨房虽然简陋阴暗，到处弥漫着浓重的油烟味，但是，这里来来往往的人很多，伙计、徒弟、眼线、找黄金荣办事的普通小人物等都要在这里吃饭或者逗留，最多的时候甚至能有200多人。对于杜月笙来说，这是一个很好的大课堂。

　　每天晚上，疲累了一天的杜月笙都要三省其身：今天有没有说错话，做事是否妥当得体，然后再揣摩估测身边的每一个，他们什么脾气性格，什么喜好，用什么方式说话做事对他们来说最为恰当，他们身上哪点是值得自己学习的，而哪点又是自己要避免的……

　　在杜月笙的努力和时不时的自我批评下，他开始得到回报，身边的人都很喜欢他，夸他为人实诚，手脚勤快，做事灵活。群众基础好固然很重要，但更重要的还要得到上司的赏识才行。可是，别说赏识，杜月笙连着好几个月连他主子黄金荣的影子都没有看到。

　　杜月笙坚信，只要他时刻努力，机会也总会来的。

　　机会终于以意想不到的方式来了。不过，最初的机会并不是来自黄金荣，而是黄公馆的女主人林桂生。

黄公馆真正的主子

　　到黄公馆后不久，从别人的闲谈中，杜月笙知道了黄公馆真正的主人并不是在外威名赫赫的黄金荣，而是他其貌不扬的夫人林桂生。

　　林桂生是上海本地人，她的父亲是当地一个小有势力的流氓。林桂生从小就很聪明，父亲对她期望很高，希望她能好好读书，将来光宗耀祖。但是林家交往的人可谓是谈笑无鸿儒，往来皆黑帮。在这种环境下长大的林桂生，从小就是不爱红妆爱武装，书本上的字她记不得几个，江湖上的各种暗语、切口倒是背得滚瓜烂熟，来往的也都是豪爽泼辣的女子。父亲无奈，也就随她去了。

　　没想到，林桂生读书不成，在黑道上却混出了不小的名堂。林桂生不到20岁就加入了"青帮十姐妹"，成了声震半个上海滩的青帮女强人。所谓的"青帮十姐妹"就是10个上海滩上有名的女流氓，她们结拜成姐妹，肆无忌惮的为非作歹，开赌场，办妓院，甚至贩卖人口。

林桂生在法租界和南市地界交汇的一枝春街开了家烟花间。烟花间清一色都是美貌的苏州女孩，是林桂生去苏州亲自挑选来的，因此，林桂生的烟花间在那一带相当出名。

刚刚当上巡捕的黄金荣也慕名而来，他那副尊荣，自然不会受美貌的苏州女子待见。可是，林桂生却是慧眼识"英雄"，对他青眼有加。黄金荣呢，对于这么一个精明强干又有"良好"家庭背景的女子也比较中意。

这桩婚姻在当时看来其实是黄金荣高攀，他当时刚刚当上法租界的巡捕，还没闯出什么名堂，而且也没有什么身家背景，有势力也有资产的林家给刚出道的他帮了很大的忙。这还不算什么。黄金荣最初打天下，靠的是一身蛮力和狠劲，而林桂生见多识广，眼光犀利，头脑灵活，在黄金荣的发迹之路上给了他很多的指点和参谋，是黄金荣最重要的智囊和帮手。所以，黄金荣始终对林桂生言听计从，恭敬有加。

在小伙计的眼里，林桂生当然更是有着崇高的地位，说到女主人时常常是充满了敬畏。杜月笙对女主人充满了好奇，但是黄家是个守旧的家庭，林桂生很少在小伙计跟前露面，所以，几个月来，杜月笙根本就没有见过女主人的面。

一次，林桂生病倒了，四处求医问药仍是一点不见好，这时有人说，林桂生的病是冲了妖魔鬼怪，除了求神拜佛，平时还要派一些年轻力壮的小伙子守护。

别的小伙子陪伴女主人，也就是个陪着，杂活自然有丫头老妈子去干，在那好好坐着，他们觉得这就算是尽责了。可是，轮到杜月笙时就不一样了。

这是一个在上司面前表现的极佳机会，杜月笙自会好好把握。他不仅好好守着，更是调动他全身的每一个细胞，全神贯注，耳到、眼到、手到、脚到，但凡老板娘有什么差遣或需要，他总是自发主动地抢着去办。

当然，杜月笙的殷勤除了刻意巴结之外，也有一部分是真情流露。杜月笙自幼丧母，在孤单困苦中长大的他对于母爱有一种天然的渴求，陪伴林桂生的日子，常常激起他心中不多的关于母亲的回忆。他把对母亲的那种怀念和温情多多少少倾注到了这位与母亲年龄相仿的老板娘身上。

人非草木，孰能无情？对杜月笙百般的尽心尽力、殷勤细致，林桂生自然是很感动，常常会对人夸起小伙子细心、周到。

然而，如果以为杜月笙由此就讨好了老板娘，就可以平步青云、飞黄腾达了，那就错了。对于林桂生这样的厉害角色来说，她不会仅仅因为服侍的殷勤周到就去重用提拔一个人的。殷勤周到、善解人意固然是优点，但那是一个机灵的小丫头也能做好的事。在黄公馆，是否经得起大风大浪，是否忠心耿耿、有勇有谋才是最重要的。

林桂生决定要好好考察杜月笙一番，如果他经得起考验，堪以重用，她自然会好好拉他一把。林桂生开始派遣杜月笙出外给她跑跑腿，办些小事，比如到戏院里收收盘子钱或者要要放帐的利息什么的。这些事其实都不是什么高难度的活儿，但是杜月笙丝毫没有掉以轻心。

"盘子钱"是什么意思呢？戏馆里的前座和花楼包厢座位前，除了供给香茗之外，还会摆上果品供观众享用，这些东西吃不吃都得付钱，因为来这里看戏的都是贵客，所以那价钱还非常昂贵。这笔收入行话就叫做"盘子钱"。不过，这份钱是单派人收取的，除上交戏院老板之外，收盘子钱的人也能从中获利。

杜月笙每次都以最高的效率办好一切，在外也不逗留。向林桂生交差时，杜月笙也总是干脆利索、清清爽爽，态度沉稳、不卑不亢。

林桂生对杜月笙越来越赏识，常常对黄金荣夸他聪明机灵，让黄金荣留意这个看似不起眼的小伙计。老婆大人的话，黄金荣自然会高度重视，黄金荣外出时偶尔也会把杜月笙带在身边，借机观察。这让杜月笙长进了不少。

身为法租界红人的黄金荣，办公地点并不在巡捕房内，而是在一个叫做聚宝楼的茶楼。

聚宝楼在东新桥法大马路上（今浙江南路、金陵东路十字路口）。聚宝楼的底楼两边都是店面房子，当中有架大楼梯，登梯就是茶室。聚宝楼的老板也姓黄，非常善于经营，因为顾客盈门，生意兴隆，成为法租界首屈一指的大茶楼。然而，树大招风，经常有地痞流氓来敲竹杠，黄老板听说黄金荣正日益做大，就请人说情，请求庇护。黄金荣正看着聚宝楼的财源滚滚而眼红，对送上门的好事自然不肯放过，就扬言聚宝楼有他一半股份，看什么人敢来捣乱。流氓小角色立即被摆平。事后，黄老板要送上那一半股份。黄金荣笑道："你我都姓黄，500年前是一家，为保你永远太平，我们巡捕早晨的聚会，干脆就到你茶楼上来吧。"这样，聚宝楼便成为法租界巡捕房的聚会之所。

黄金荣每天九点起床，盥洗完毕后出门，不穿制服，不配手枪，也不去巡捕房办公，而是去聚宝楼喝茶。黄金荣一在自己固定的位置上坐定，很快就有川流不息的人来找他，或是虾头蟹脚前来汇报、问候和打听消息，或者有人来求情办事，或者是帮派纷争请他来解决。

在旁随侍的杜月笙觉得大开眼界，他看到了三教九流、各色人等：小流氓、混混、黑帮老大、巡捕、小商人、老板，等等。什么人用什么态度，那人会什么反应，杜月笙都默不作声地细心观察。更重要的是他还亲眼见识了黄金荣的办事方法和能力，无论多么繁杂的事，黄金荣总是能够找到关键所在，然后开始分配任务，通常三言五语就能安排清楚。这一点对杜月笙来说是受益匪浅，以后他更是青出于蓝而胜于蓝，多大的事在他那里都变成"闲话一句"。

转眼就到了腊月十五。黄金荣穿了一件新皮袍，满面喜色地出了家门。杜月笙照例和几个保镖一起跟在他的后面。再后面是挑棉衣和抬银角子木箱子的人。杜月笙知道这些棉衣裤，是头一天由黄金荣的手下挑进黄公馆的，数量足有两三千套。

一到八仙桥，杜月笙吓了一跳。只见桥旁的一大片空地里，密密麻麻地站满了人，得有几千号，一个个衣衫褴褛，满面菜色，原来尽是些叫花子。他们一见到黄金荣一行的身影，立即欢声雷动。

在一片欢天喜地的喊叫声中，那几千套棉衣和很多箱银角子都抬到了黄金荣的身边，由十来个人分别发放。叫花子不分男女老幼，每人一套棉衣，四角洋钱。

杜月笙知道了，黄金荣这是在救济灾民。杜月笙也知道这些棉衣和钱不是租界巡捕房给的，外国人才不会管中国穷人的这种事，是黄老板自己掏的腰包。他心中不免感慨，还是有钱好。可是，黄老板哪里来的那么多钱呢？

某一天，杜月笙内心的谜团被黄公馆的一起失窃案解开了。

马祥生在跟杜月笙聊天的时候提到了这个案子，他说："那桩闹家贼的案子查出来了，是伍乐城趁着一个亲戚来看他的时候，乘人不备偷了两块'红土'，事发之后，他害怕被查出来走不掉，就提前逃回了老家。可你说他傻不傻，他这一跑，那不就相当于不打自招吗？可好在咱们老板大人有大量，'家贼'查出来以后，他并没有追究这件事，说伍乐城也是实在因为穷才那么做的。听说啊，伍乐城将偷的那两块'红土'卖了几百块大洋，已经在乡下买了好的宅院，真是白白便宜了那家伙。"这下，杜月笙总算明白了，黄公馆中被盗的是"红土"。"红土"就是从印度运来的鸦片，黄金荣正是靠着这种秘密的鸦片生意为自己牟取钱财的，怪不得他能拿出那么多的钱去赈济穷人。

有关黄金荣对于伍乐城的处理，杜月笙可不像别人那么好糊弄，他不相信黄金荣的度量真的就那么大。在他看来，黄金荣是一个极度爱财之人，能白白丢掉了几百块大洋而不追究？况且他是法租界巡捕房的名捕，连他自己家里都出了窃案，他能这么不声不响地就放过那人吗？

果然，很快就传来了一个消息，伍乐城回到老家之后没过几天就突发暴病，一命呜呼了。外人也许不知道他得的是什么病，但杜月笙知道，那病因都是从黄金荣这儿起的。黄金荣表面上无比大度，表示对此事不予追究，那是因为他害怕把这件事闹得沸沸扬扬而将自己私贩鸦片的事情泄露出去，可暗地里，他早就打定主意，将黑手伸向了伍乐城。

经过了这件事，杜月笙在黄公馆做事就更加恪守分寸，而他从中也总结出了两个道理，一是"要想富，贩烟土"；二是"下不了毒手，干不成大事"。这样的想法，为杜月笙日后的"崛起"奠定了重要的思想基础。

经常为老板和老板娘跑腿的杜月笙自然招来厨房里那些小伙计的羡慕和嫉妒。他们来的时间比杜月笙长，资格比他老，还没机会常常被老板老板娘召见，可是这不起眼的杜月笙，短短时间里俨然是红人了。他们觉得心里很不服气，杜月笙有啥真本事呢？不过是乖巧机灵、溜须拍马罢了。

杜月笙看得出同伴们原先眼中的友好亲热变成了怀疑和冷淡，但他没有太多在意，还是一如既往的对每个人都很友好谦恭。

得到桂生姐的赏识

在近代上海，最一本万利的生意应该就是鸦片了，好多腰缠万贯的富商巨贾就是靠它发家的。也正是因为这样，当时的上海诞生了一个很红火的副业：抢土。一些胆大妄为的流氓团伙纠集人马，冒着各种危险，想尽各种办法去抢劫鸦片，从中大获油水。黄公馆的女主人林桂生也是其中的一个。

在林桂生的抢土人马中，一开始并没有杜月笙。抢土是要动刀动枪、流血卖命的，杜月笙看起来很文弱，不适合干这行，何况抢土在黄公馆是机密的事，不能让正在考验期的杜月笙贸然参与。

杜月笙能够加入这个队伍，纯属巧合。

某天晚上，黄金荣带着随身保镖出去应酬了。杜月笙向林桂生交完差，刚要告退，听见外面有急匆匆的脚步声，两个壮汉门都没敲，气急败坏地闯进来，还不等林桂生开口问，两人就赶紧汇报。原来，他们今晚得手了一大麻袋货，怕招人耳目，就让一个兄弟用黄包车先拉着走，其他人断后，结果断后的几个兄弟到了，拉货的却还没到。林桂生听完，阴沉着脸，咬牙低低骂了一声："没用的东西。"一个壮汉赶紧说："肯定是半路上被别家抢走了，请老板娘再多派些人手，咱们再拼死抢回来，不能丢了这个人。"

林桂生鼻子"哼"了一声，转头向杜月笙说："月生，你也听见了，你说说看。"这个时候说对说错可太重要了，说对了，就是高人一筹，说错了就说明他也不过尔尔。

杜月笙有些心跳加快，不过口气仍然很平静地说："兄弟们想得很周到，一个人在黄包车上，不会引人注意，谁也不会想到他竟然还带着一麻袋的货，不太可能被别家抢了，除非是走漏了风声。可是这个也不可能，一则兄弟们都很忠心，二则若真这么做了，也没什么好处，在江湖上更没办法立足。所以，最大的可能是那小子动了贼心，想藏起来把货给独吞了。"

林桂生听了，脸色稍微缓了缓，点点头说："月生说得对，我也是这么想的。"那几个壮汉性急地说："那兄弟们赶紧出去，把那小子抓住，老板娘来狠狠处置他。"杜月笙插话说："让我一个人去吧。"几个壮汉都狐疑又有些不屑地看着他，林桂生也有些吃惊。杜月笙仍然不动声色地说："兄弟们都去的话，难免动静太大，说不定真的会招来别家来抢土，或者引来巡捕，出什么意外，所以，还是一个人去的好。"林桂生有点担心地看看他说："给你再派一个人吧。"杜月笙摇摇头坚定地说："不用了，我借用一下师娘的手枪就可以了。"拿过手枪的杜月笙大步走出去，他背后尽是怀疑又掺杂着些许钦佩的目光，包括老板娘林桂生。

杜月笙出了大门，外面漆黑一片，一阵冷风吹来，他不由打了个寒噤。这个赌他赌得可不小，可是，什么都来不及多想了，找人是要紧。杜月笙叫来一辆黄包车，对车夫说，你先拉着往前边快跑。

那人会跑往哪里呢？杜月笙的脑子飞速地转着，法租界到处是黄老板的人，他肯定不敢藏在这，上海县城现在城门也早关了，华界他进不去，那么唯一的去处只能是英租界。

杜月笙赶紧对车夫说："你赶快往英租界那边跑。"一路上杜月笙睁大眼睛搜索着四周，没跑多久，杜月笙看见有一辆黄包车在前面慢腾腾地跑着，车夫一看就是很吃力的样子。单是拉一个人绝不会这样，杜月笙断定这就是他要找的人，他按捺住兴奋，悄悄对车夫说："你快从前面拦过去。"

那人正心里紧张得要命，突然见有一辆车拦在面前，不由吓得一激灵。杜月笙飞速跳下车，一眼就看见偷土贼前面的大麻袋，他用枪指着那人脑门压低嗓子说："跟我回黄公馆。"那个偷土贼本是打打杀杀惯了的"武角色"，平时对杜月笙这样跑腿提包的"文角色"并没怎么放在眼里，但是今晚，杜月笙平静的脸上露着隐隐杀气，有一种说不出的震慑力量，他不由慌了神，连声哀求，从80岁的老娘到刚吃奶的孩子都搬出来，求杜月笙看在兄弟份上，放他一马。杜月笙冷冷地说："不要啰唆了，老板娘知道你偷了土，四处安排了人追你，你哪都逃不了的。你也知道，在黄公馆里是不动刀动枪的，你只要跟我回去，我肯定会帮你说好话，说不定老板娘就会放了你。"

然后，杜月笙对惊魂未定的车夫安抚说："没什么事，你不要怕，把车拉到黄公馆，我会赏你两块大洋的。"一路上，杜月笙仍然紧紧握着枪对着那人，同时支楞着耳朵警惕地听着四周的声音，直到看见同孚里巷口的大栅栏才松了一口气。

杜月笙并没有急于去里面报功，他先派人把大麻袋搬下来安置好，才带着贪财的偷土贼去见老板娘。原先抢土的一干人正在客厅里焦急地等待着，看见杜月笙很快带人回来，不由有些惊异和羞愧，好在有个泄愤的对象，立马冲向偷土贼一阵狂骂、拳打脚踢。

林桂生听到消息，高兴地从楼上下来，亲自迎接这个"孤胆英雄"。她以为杜月笙肯定会眉飞色舞、滔滔不绝地描述一番"擒贼记"，可杜月笙只是很平淡地说："货我安置好了，人就请师娘发落吧。"林桂生没有想到杜月笙竟然会这么淡定从容，不由一愣，看了他一眼，点点头说："好，你也累了，先去后面休息吧。"杜月笙能够看出来，师娘的眼光里充满了赞许。

林桂生喝住正在打骂的手下，狠狠给了偷土贼几个耳光，大骂了一通，偷土贼只是哀声告饶，林桂生咬牙说："滚出上海滩，永远不准再踏进一步。"偷土贼以为捡了条性命，千恩万谢地慌忙走了。等他走出大门不久，林桂生对几个手下使个眼色，手下心领神会，立即跟了出去。

杜月笙躺在自己狭小的床上，感到很疲倦，刚才太紧张了，里面的小褂都湿了。想想刚才的经历，杜月笙觉得有些后怕，他怎么能没有恐惧呢？万一是别的团伙抢了呢？万一那人也拿着枪和他打仗呢？万一找不到那人，他两手空空回来呢？

没想到情况竟然和他估计的一模一样，他心里有些自得，对自己的判断力更有了自信。更让他高兴的是，他看到了林桂生眼里的赞许和信任，他也看到那几个兄弟眼里的敬畏。

杜月笙智擒偷土贼的事很快就传遍了黄公馆上上下下，常有人让他讲讲那晚经过，杜月笙只是淡淡地笑笑，谦虚地说："不过是碰巧，不过是碰巧。"

他知道得意更不能忘形，自己是什么？不过是在人家手下讨饭吃的小伙计，一点小功劳就自以为是只能招人厌烦，主子若是一翻脸，他只能回十六铺接着当他的小流氓。

杜月笙依然像往常一样，小心翼翼做人，勤勤快快跑腿，老老实实干活，和和气气说话，能帮谁一把就赶紧帮谁一把。他越这样，在小伙计们眼里的地位就越高，他越什么都不说，那晚的经历越被描述得神乎其神。他们不再觉得杜月笙是仅仅靠拍马才得主人欢心了，他们看他的眼神已经没有怀疑敌对，而是变成由衷的佩服和亲热。

小伙计们都觉得，很快，杜月笙就会得到提拔重用的，杜月笙也这么想。

但是出乎意料的是，林桂生好长时间什么都没有表示。杜月笙心里有些纳闷，可他一点都没有表露出来。

公兴记赌台吃"俸禄"

林桂生是故意冷一冷他的。

杜月笙那晚的表现，林桂生自然心里有数。他冷静准确的判断，英勇果敢的行为以及举重若轻的姿态都让林桂生暗暗称赞。她的确有心好好提拔杜月笙，予以重用，以后做自己的左膀右臂。可林桂生知道，越是想重用，越需要谨慎，越需要严格考验。

若是杜月笙因为这点功劳就得意洋洋，到处吹嘘炫耀，自以为高人一筹，那他绝对成不了什么气候，也掌控不了什么局面。若是因为冷落了他就满怀抱怨，背后牢骚，那也说明他没什么城府。可是几个月下来，杜月笙就像什么都没有发生一样，对上对下还都是那么周到小心、谦逊有礼，林桂生觉得自己没有看走眼，这个看似不起眼的小伙子的确不简单。

其实，林桂生有眼力是一方面，关键还得杜月笙会表现。杜月笙不仅有能力，还有心机；不仅是金子，还懂得如何让自己及时发出光来。

这天，林桂生把杜月笙叫过来，漫不经心地对他说："月生，看你连换洗衣服都没有几件。这样吧，你去公兴记赌台和他们老板说，我让你在那里帮帮忙，支一份薪水。"

公兴记是法租界三大赌台之一，装饰得相当气派豪华，整日都是门庭如市、车水马龙，腰包没有相当重量的人是不敢出入这种场合的。

杜月笙听了很兴奋。他的兴奋不仅仅是为这份薪水，更重要的是自己拥有了领薪水的资格。要知道能够在黄公馆领一份薪水不是一件容易的事。

在法租界只要打出黄公馆的金字招牌，做的又不是太出格的话，想寻个财路并不是什么难事。黄公馆充分利用无形财产这点优势，能省则省，对底下人一般不发薪水，任你放手去自寻财路。若是很幸运有薪水可领，那就说明这个人已经受到了主人的青睐和重视。

杜月笙很明白这份薪水的特殊意义，他知道这意味着另一个开始，黄公馆真正接纳了他。

满怀憧憬的杜月笙没想到的是，他兴冲冲而去，却灰溜溜而回。公兴记的老板竟然让他吃了一个软钉子。

杜月笙找到赌场老板，向他说明来意。老板用疑惑的目光上下打量着单薄瘦弱的杜月笙，心里有点不悦：什么人都给我打发来，这副身板能干什么呢？流氓无赖若是找事，恐怕连两个回合都招架不住，你黄公馆派头再大也不能让这么个人来吃闲饭吧？

赌台老板笑笑说："小兄弟，口说无凭这句话你总知道的吧？"说完转身就走了。

杜月笙清楚地看到老板眼里的轻蔑，这是他最忍受不了的。他不由得慢慢攥紧了拳头，可是想想又松开了。好汉不吃眼前亏的道理他还是懂得的，而且自己来这里，打的是老板娘的招牌，若是闹事，人家也会说自己不过是仗势欺人，而且还会给老板娘添麻烦，他不愿意这样。

杜月笙的心里当然是很受伤，俸禄没吃上，还让人嘲笑了一番，面子真是丢大了。不过，要是向林桂生诉委屈，找她撑腰的话，杜月笙觉得更丢人。更主要的是，老板娘知道了肯定会为赌台老板不买自己面子而恼火，若是因为自己惹起什么事端和矛盾，那就不好看了。杜月笙决定忍下来，不向林桂生提半句。

过了一段时间，林桂生关心起下属来了："月生，在公兴记那边怎么样，他们给你多少俸禄啊？"

杜月笙支支吾吾答不上来，只好推说是病了没去。林桂生何等聪明，一看就知道有隐情，逼着杜月笙说出实情后，冷笑一声说："走吧，你跟着我去一趟，我倒要看看他有多大威风。"

接下来的事不难想象，满脸怒色、盛气凌人的林桂生一到赌场，赌场老板赶紧作揖打拱，连称误会，并立刻许诺给杜月笙吃一份长生俸禄，月薪30元。

大家都是场面上的人，以后还要精诚合作，共谋发财大计，林桂生架子拿够，威风摆足，目的达到，怎么着也得给赌场老板一个台阶下，就笑盈盈地对老板说："生意不错啊，我也来耍一把。"

黄公馆的女主人下赌场，这可是莫大的面子。正在推庄的赌客急忙含笑起来让位，赌场老板亲自侍奉，赌场做事的人也赶紧跑过来捧场。

林桂生决心要给杜月笙把面子挣够，好让他以后在这里混得顺当。看着差不多了，就站起身笑着说自己还有事，要先回去，吩咐杜月笙帮她接下去。

杜月笙天生就是个好赌之人，今天有着好机会置身这么奢侈舒适的赌场当然不会错过，赌得那叫一个酣畅淋漓，三个钟头下来竟赢了2400块。别说赢，杜月笙生平见都没见过这么钱，但正在兴头上，他却突然站起身，对众人赔笑说黄公馆还有事情，要先走一步。

话一说完，抗议之声四起。赢得这么多，说声走就走，这未免太不合赌场规矩。但是，大家都晓得他是黄公馆的人，尤其方才他还由桂生姐亲自领来，也就只能抗议几句，自认倒霉了。

这其实也不是杜月笙的作风，但是，今天为什么急着抽身呢？原因很简单，这是个邀功的好机会。

杜月笙把白花花的大洋满怀虔诚地递给林桂生时，林桂生一怔，随即又把钱推给他，说手气是杜月笙的，钱是他赢的，她不能收。

黄公馆不差钱，这正好是个笼络人心的机会，林桂生自然不会收。杜月笙很差钱，但是他更珍惜这次邀功的机会，坚持说手气是老板娘的，他不能要。两人就手气和钱的归属权问题推让了一会，最后，林桂生烦了，杜月笙只能是乖乖听命。

杜月笙脸上看着委屈，心里却是很欢喜，他把钱捧到他的小房间里，一一摆开，数了一遍又一遍。那么，这笔钱该怎么花？派什么用场？杜月笙认真思索着。

经过一番思量，杜月笙选择的是一种投资，一种有极高回报的投资。

独乐乐不如众乐乐，有钱大家花，有福大家享。杜月笙是个讲义气的人，在他的世界里，义气是个过硬的通行证，他明白这样的义举会给他带来更多的回报。在他看来这样的花钱方式是最好的方式，既充分享受了花钱的乐趣，还带来回报，这样无形的回报更有价值。

杜月笙心里明白，这笔钱还不能大把花在黄公馆的兄弟们身上。拿钱笼络老板的人简直是自找不自在，除了自己的直接领导马祥生，其他的人稍微意思一下就是了。他决定要去的是一个老地方，十六铺，那里有他的师父和同甘共苦的兄弟们。

杜月笙先找到他的老头子陈世昌，拿出100大洋来孝敬他，既谢师恩又谢推荐之恩，老头子高兴得眉开眼笑，觉得这个徒弟没白收。

杜月笙回报的第二个人是王国生。对于这个恩人，杜月笙一直心怀愧疚，挪用他的钱还欠下一屁股赌债后，杜月笙一直没脸见他。这次他终于来了，带着感激和歉疚，带着更多的回报。

当然还要一一看望他共患难同"战斗"过的兄弟们。兄弟们见过久违的"月生哥"，个个倍感亲热和兴奋，更让他们兴奋的是杜月笙还带了白花花的大洋。袁珊宝自不必说，阿猫阿狗之类也都分了一杯羹。

在兄弟们的一片感激和吹捧声中，杜月笙没有一点陶醉和膨胀，他很清醒。他已经见识了黄公馆钟鸣鼎食的生活，为黄金荣拿包戴帽的时候，他也见识了一些大人物，他知道这些实在不算什么。

在十六铺转了一圈儿，兄弟们皆大欢喜，杜月笙的钱也花得差不多了，可他心里觉得很畅快。最让他畅快的是他花钱还花出了另一个效果，林桂生的肯定。

杜月笙不知道，在他拿走那笔钱后，老板娘林桂生也在背后悄悄看着他，关注着他这笔钱的动向，这是一种考验。杜月笙到十六铺大笔疏财，林桂生看得清清楚楚，这反而让她更赏识杜月笙，她认为如此花钱的人，懂得笼络人心，绝非池中物，是可以有大用的。

林桂生毅然决定，让杜月笙管理公兴记赌台。可是，当她把这个想法说给黄金荣时，却遇到了阻力。黄金荣很犹豫。

公兴记赌台是法租界三大赌台之一，老板是腰缠万贯的广东大亨，往来的赌客也个个身价不菲。别说管理赌台，就是在赌台打个杂也不会愁钱花。但是天下没有免费的午餐，高回报必然高风险。管理赌台要涉及到方方面面，不仅是免得被人放抢、偷窃、讹诈那么简单。所以，管理赌台是项很艰巨的任务，非常人可以胜任。黄金荣担心杜月笙资历太浅、年纪太轻、经验不足，镇不住场面。可是林桂生却相信一切皆有可能，非常看好杜月笙。争执的结果当然不出意外，林桂生赢，杜月笙走马上任，成为公兴记赌台的管理者。

这是杜月笙来到黄公馆后担任的第一份要职，他下决心竭尽全力把它做好。可是，不做不知道，一做吓一跳——赌场是一种藏污纳垢的地方，来这里消遣的既有达官贵人，更有流氓无赖，其中不乏大量的亡命之徒，因此赌场的突发事件几乎每日不断。好在杜月笙很有头脑，凡事还能应付。

第四章

赌场初露峥嵘

用心机换取信任

鉴于杜月笙进入黄公馆之后的种种出色表现，黄金荣最终正式收杜月笙为徒。又经过了一段时间的考验，林桂生开始将杜月笙视为心腹，让他拿自己的私房钱去放高利贷，甚至还让他参加了"抢土"的班子。

在黄公馆，要不是绝对心腹是决计没资格和机会参与"抢土"业务的。也正是借"抢土"，杜月笙才逐渐成了黄金荣门下最为得力的干将。

在第一次抢土活动中，杜月笙就没让黄金荣和林桂生失望。

那天，黄金荣把刚刚打探到的一条消息告诉了林桂生：一个南京大客商从租界买了5000两的印度烟土，分装10大包，正打算由龙华周家渡上船，从黄浦江水路偷运到嘉兴去。林桂生立即派人去抢这批烟土，这一次，她把杜月笙也派了出去。

当时是深夜，徐家汇一带的路上已经没有了行人，林桂生派出的抢土"勇士"就隐藏在黑暗中。突然，一辆马车疾驶而来，直跑到漕河泾离周家渡几百米远的一段路上才急停了下来——前面有几根大木头交叉着正拦在路当中。

马车夫正要招呼座厢里的人出来把木头搬开，只听"呼啦"一声，车夫的脖子就被套上了一支绳圈。绳圈一紧，车夫就被拖下车来。车厢里的人正要动作，几支手枪已经一齐对准了他们。

套绳圈的人就是杜月笙。他当年跟在"套签子福生"后面"抛宫顶"抢别人的帽子，练就了一手非常麻利的甩帽子的功夫，而甩绳圈跟甩帽子的手法相通，他一练就会。

杜月笙初次参与抢土，只是一个帮手而已。这次劫土的头头是一个绰号叫做"歪脖子阿广"的人。"歪脖子阿广"同手下人七手八脚地把四个押货的大汉和车夫结结实实地捆绑起来，然后从车上翻滚下几口酒坛子，一一敲碎，再从中扒出了一包包的烟土。随后，各人用麻袋一装，扛上肩膀，一声呼哨，立时消失在了夜色之中。

半个小时之后，"勇士"们在徐家汇的一间小屋里聚齐，一点烟土数目，却意外地发现竟比黄金荣所说的多出了两包。

面对天上掉下的这两包土，"歪脖子阿广"心眼活动了一下，何不私分了？反正老板、老板娘也不知道。于是，阿广拿出刀来，将它们切成了几小块。分赃完毕，阿广还不忘威胁大家不可泄密，让老太爷知道可就要没命了。

当抢土的一班人马回到黄公馆时，林桂生已叫人在厨房里备好了酒菜点心，她自己则端坐一张餐桌前静静等候着。

她等的是杜月笙能够完满地经受住这第一次"抢土"任务的考验。

庆功宴结束，林桂生让大家将麻袋里的烟土取出，一包包地放在桌上。她点过数后，十分满意，还拿出一包烟土，叫杜月笙切成了九份，随即说道："这趟买卖干得漂亮，每人拿一份吧，阿广双份。"

临上楼前，她叮嘱杜月笙："把货送到我房里去。"林桂生住在二楼，她的房间除了黄金荣和贴身佣人以外，只有杜月笙可以进去。杜月笙将烟土搬进房里，按照林桂生的吩咐将烟土锁进了一个大铁箱。

之后，杜月笙没有走，而是径直走到林桂生面前，递上了阿广分给自己的那一块烟土，并把徐家汇小屋里阿广带人私分烟土的事情悄悄地讲了一遍。杜月笙知道义气对江湖人士的重要性，但他更知道，该跟谁讲义气，该如何讲义气。

听了杜月笙的汇报，林桂生马上就要传"歪脖子阿广"前来问罪。杜月笙急忙拱手相劝，并在她的耳朵边嘀咕了几句。林桂生一边听着一边点头，最后，放弃了传唤阿广的念头。

第二天晚上，林桂生与黄金荣把金九龄、顾掌生、金廷荪、马祥生等几个大徒弟全都招到了身边。大家到齐后，黄金荣开始审讯，他要审的正是"歪脖子阿广"以及跟着他私分烟土的几人。

黄金荣面沉似水："好你个歪脖子，竟敢背着你老太爷私分烟土，还不从实招来，那多出来的两包哪去了？"

听黄金荣这么一问，"歪脖子阿广"以及跟他一起私自分赃的人顿时吓得魂飞天外，当即齐刷刷地跪在黄金荣面前。

黄金荣"啪"地一拍桌子，怒吼道："家有家法，帮有帮规，把'歪脖子阿广'拖出去宰了！"

"歪脖子阿广"更慌了手脚，爬到黄金荣的跟前，一个劲儿地叩着响头，苦苦地哀求道："奴才下次再也不敢了，还请师父开恩啊！"其余的六个人也纷纷叩头求饶。

这时，静坐一旁冷眼观看的林桂生发话了："'歪脖子'，你真是不配当光棍。念在你跟师父多年的份上，就放你一马，免了'三刀六洞'，从此以后再不许踏入黄门一步。你走吧！"

林桂生转脸又对另几人说："既然这主意是阿广出的，一人做事一人当，你们都起来吧，我不罚你们，分了的烟土，统统交上来就不再追究。不过，你们可得记住，下不为例。"

跪在地上的那几位又齐刷刷地叩头谢恩，然后，灰溜溜地离开了黄公馆。

场面平静了下来，气氛却依然凝重。

黄金荣猛吸了几口吕宋雪茄，边吐着眼圈边说："这事以后由顾掌生来掌管吧。"他说的是抢土的事。

林桂生随即搭腔："好的，不过，我看可以让月生一起帮着干，掌生有个帮手也就更稳妥了！"

黄金荣看了看杜月笙说："好，月生还是挺能干的。"

也许是想考验考验杜月笙，黄金荣又说："对了，'歪脖子'那混蛋，要不是你师母菩萨心肠，我早就刹了他。现在死罪饶过了他，活刑可不能免的。月生，你去一趟，取下他的一根手指来。"

"这个——"杜月笙有些迟疑。

黄金荣板起脸来："怎么？下不了手，还是不敢去？"

杜月笙知道，这是黄金荣在试探他的胆量，他不能在这样关键的时候退缩，急忙改口："不是，我只是想，这个'歪脖子'是否会一出去马上就逃出上海滩，想是这会儿已经不见了踪影，我担心寻不到他。"

黄金荣将颜色缓和了一些，说："你放心，'歪脖子'就是逃，也得逃到他老家去。他是江苏青浦人，现在已经赶不上末班的航船了，今晚上他肯定走不了的，你现在就去，保管抓得着他。"

黄金荣一边说着一边又吩咐人取来了一把短柄的利斧，郑重地递给了杜月笙。杜月笙接过斧子，放入一只蒲包里，转身披了一件夹袄，就匆匆出门了。

天气正寒，杜月笙从屋里一出来就打了个寒战。

他拐进一家熟食店买了些熟菜肴，又去买了两瓶高粱烧酒，一并放进蒲包里，然后，直奔"歪脖子阿广"的家中。

"歪脖子阿广"果然没有逃跑，他正躺在床上唉声叹气呢。

一见到杜月笙，阿广霍地一下从床上跳下来，头上直冒冷汗。他知道情况不妙，这一次正是杜月笙出卖了他，现在他来找自己，肯定没有好事。

可是，进门之后杜月笙却表现得相当和善。他先把熟食打开摊在小桌上，再拿出一瓶白酒，而后拨亮了油灯，邀请阿广坐下吃菜喝酒。阿广一边看着，一边在想杜月笙葫芦里卖得是什么药。

见杜月笙没有恶意，他也不便忤逆杜月笙。现在自己刚被逐出师门，而杜月笙是黄金荣手下的红人，得罪了杜月笙对他一点儿好处都没有，所以，尽管他心中对杜月笙相当愤恨，还是强作笑脸，陪杜月笙一同坐在了酒桌旁。

刚一坐下，阿广马上又站了起来，他还是不放心。他到门外张望了一会儿，确认杜月笙没有带什么随从，只是一个人前来，才回到屋里，把门闩好，重又坐在了杜月笙的对面。

几杯酒下肚之后，杜月笙不禁眼泪汪汪。他一边从腰里摸出几块银圆递给阿广，一边带着哭声说道："我们两个师兄弟一场，今天你落难，小弟没有什么好相送的，权且带几块大洋送给大哥做盘缠。"

杜月笙这一哭，阿广心中的恨意竟然一扫而光了，他反而觉得杜月笙够义气。

阿广连忙推脱道："这不行，怎么好意思啊，月笙你也不容易，还是把这钱收回去吧。"

杜月笙说道："这钱既然带来了，哪有收回去的道理，我们两个兄弟一场，难道连这点儿情面都没有吗？莫不是你嫌少？"

阿广忙说："哪里，哪里，既然兄弟你如此说，我也就不再客气了。"阿广也被感动得差点儿掉下了眼泪。

再饮了几杯酒之后，杜月笙说："实不相瞒，我这次来找你，不单单是为你送行的，我还带着师父交代的任务。"阿广顿时惊了，果然不出所料，这杜月笙的确是黄金荣派来的，他马上就提高了警惕。

杜月笙回身从蒲包中取出了那把斧子，往酒桌上一放，说道："这就是师父交给我的，他让我取下你的一根手指。"一听这话，阿广立即做好了搏斗的准备，可是他马上又发觉，杜月笙没有要动武的意思。

杜月笙又说："咱们师兄弟一场，虽然有师命在上，但是这种不够义气的事情我坚决不能做，我今天只是把这事跟你说一下，并没有其他的意思，今晚喝完酒之后，你马上离开上海，不然师父难免会再派人来找你。"

阿广不免又对杜月笙感激起来，急忙问道："放过了我，师父那边你怎么交代？"

杜月笙答道："这个你不用管，我没有完成任务，是打是骂，我甘心受罚就是。"

阿广正色说："事情没有那么简单，你来的时间还短，有些事情你还不清楚，别的事都还好说，唯有这师命是最不可违的，你既然接下了任务，就要全力办好，否则回去面见师父，后果不堪设想。"

杜月笙应道："兄弟不必多虑，想必师父不会那么不开情面的。"

阿广答道："这不是多虑，我可是亲眼见过师父怎么惩罚那些有违师命的人，说起来你肯定会感到害怕。"

杜月笙说道："其实，师父原本是要派别人来做这件事的，只是我怕别人一来，兄弟你的手指就得断上一根，所以我才抢着接过了这个任务，我接手这件事，就是想让兄弟你十指全全地平安离开上海。"

阿广被杜月笙的义气深深感动了。他说："既然兄弟你这样情深义重，我绝不会让你在师父面前为难。"阿广说着，猛然抓起了桌上的短斧，"嚓"的一声将自己左手的小指齐根切下。随后，阿广急忙从衣服上扯下一条布来将左手包扎起来。

杜月笙就是杜月笙，没有自己动手，就成功地取下了阿广的一根手指，明明是自己伤了人，却还要人家对他感恩戴德。回到黄金荣和林桂生那里交差的时候，杜月笙并没有讲述办事的经过，也没有因为立功而洋洋得意。

这件事之后，黄金荣和林桂生对杜月笙更加地宠信了，特别是林桂生，她觉得自己真是没错看人。

赌场初露峥嵘

旧上海的流氓队伍作案花样繁多，他们用行话把那些把戏逐一命名，其中一项叫"剥猪猡"。杜月笙落魄十六铺的时候也曾干过这活儿。

"剥猪猡"的对象当然不是猪，而是人。虽然名字别致，其实很简单，就是暗夜打闷棍抢劫。"剥猪猡"一般只谋财不害命，但是他们不仅把人身上的金钱饰物统统抢走，连衣服也要剥个一干二净。

对于"剥猪猡"高手来说，理想的作案地点就是伏击在大赌场周围，大赌场来往的赌客几乎个个身家不菲，衣冠楚楚，珠光宝气不说，腰包也是鼓鼓的。而理想中的理想就是在租界的赌场周围，一来一街之隔便是两国境域，便于逃路，二来街道纵横，街巷复杂，便于藏身。所以，每每深夜赌台打烊，在租界的暗巷角落里，都会有很多双眼睛紧盯着那些呵欠连天、一身光鲜的赌客。

深夜在租界赌场附近剥猪猡因为占据了"天时、地利、人和"，很快便流行起来，很多小流氓都加入了剥猪猡的行列。闹到后来，赌客们出入赌场要带上保镖，胆小的甚至不敢进赌场。由此，赌场的生意也大为萧条。

杜月笙接管公兴记赌台之后，连着好几个晚上，赌场门前都门庭冷落，生意萧条。杜月笙着急得团团转，恨不得把"剥猪猡"的人都干掉，可巡捕们都拿他们没办法，区区杜月笙又能奈何？

硬的肯定是不行的，那就来软的，杜月笙决定找来"剥猪猡"的头领们谈判。可是，让这些无法无天的山贼们乖乖收手，这简直是个笑话，与虎谋皮，可能吗？杜月笙认为不仅可能，那些山贼们还会眉开眼笑地接受他的提议。

前面说过，杜月笙是有过剥猪猡的经历，他深知这是个辛苦活。蹲在瑟瑟寒风中苦等半天却不见一个人影是常事，此外还有被保镖暴打、被巡捕抓住的危险，那种提心吊胆的滋味也不好受。不是没钱没辙，鬼才愿意干这等苦差事呢。

杜月笙深信：有钱则灵。有了主意，他马上行动，找来自己的朋友们，又托青帮的兄弟四处活动，很快就打听到"剥猪猡"团伙的头领，然后和他们接头进行谈判。

有人给钱谁不愿意啊，流氓头领们自然很高兴，痛痛快快答应了他的提议。最后，双方在互相妥协、利益均沾的前提下，达成了协议：每个赌场按月抽出赌场盈利的一成给各路"剥猪猡"的人，他们则必须保证赌客安全，确保"剥猪猡"事件绝不再发生。

杜月笙没想到事情竟然这么顺利，他马上去找另外两个赌台的管理金廷荪和顾掌生商量。

杜月笙以为两位一定会佩服他的高招儿，满口应承。没想到，两位都端起脸，皱着眉头，说此事难办，各赌台盈利拨出一成，这数字未免太大，而且换得的是虚无缥缈、空口无凭的一句保证，若是以后还照剥不误，这事该如何交差？兄弟们还混不混？

其实，这两位对杜月笙的计策也暗暗叫好，只是想难他一把，因为杜月笙做这事并没有提前和他们商量。

杜月笙很沮丧也很委屈。其实，他并不是不把他们放在眼里，他一直谨慎和气做人，生怕有所得罪，这次不仅没有和这两位商量，连对黄金荣和林桂生都没吭声，是因为他第一次有这么大的举动，生怕万一谈判不成更丢面子，让人小看了。

光反省是没用的，解决问题才是首要的。已经答应"剥猪猡"那边了，人家都眼巴巴的等着拿个安稳钱呢，若是不能兑现，开个空头支票，那他只能吃不了兜着走，麻烦就更大了。

那就找赌场老板吧，钱在他们手里，话还是他们说了算，杜月笙相信自己的计谋没错。但是一听要出钱，赌场老板们也皱起眉头，掏钱如割肉，心疼啊。

见赌场老板这样，杜月笙没有着急，他沉住气，开始给他们耐心地摆事实，讲道理："剥猪猡"风不止，赌客自然不会来，赌客不来，赌场自然挣不上钱。拿出一部分钱来买个太平，风停了，赌客自然盈门，说不定还会迎来英租界和华界的赌客，而损失的那点钱很容易就能挣回来。至于那帮"剥猪猡"的混混们，不必风餐露宿、担惊受怕就能挣一份安稳钱，何乐而不为？他们才舍不得反悔。

赌场老板们很快眉头舒展，爽快地答应了杜月笙的提议。

事实胜过雄辩。杜月笙的计策取得了很大的成功，"剥猪猡"的那群小混混们，不必再深夜苦等，就能每月拿上固定工资，他们开始老老实实，不再抢法租界三大赌台的赌客。

很快，法租界的赌台恢复了以前的盛况，又开始车水马龙、门庭若市了，而且就像杜月笙说的，英租界、华界的一些赌客也慕名而来了，赌台老板手里的钱又开始哗哗作响。眉开眼笑的赌场老板直夸杜月笙聪明能干。

杜月笙的收获不仅仅是这些，"剥猪猡"的收工了，法租界治安大为好转，黄金荣大受法国主子的表扬。这份功劳是谁的，黄金荣心里自然清楚，因此对杜月笙更加器重了。

杜月笙的手下也有了一批为他效力的徒众，他们虽然行为不轨，但是江湖义气还是讲的。杜月笙对于他们无疑就是恩人，再加上杜月笙素来善于做人，所以无不对杜月笙感激涕零、忠心耿耿。

没过多久，杜月笙就又遇上了一个难题。

由于上海租界赌风大盛，有些人家甚至家破人亡，报纸群众纷纷抨击抗议，要求禁赌。法租界公董局迫于压力，只得采取比较强硬的措施抓赌。赌徒们被抓住后，巡捕罚钱不算，还要把他们用绳子一连串串起来，押到马路上去游街。富有想象力的上海人给他们起了一个形象的名称：大闸蟹。

但凡到赌台玩两把的，都是有点身份地位的，当"大闸蟹"在光天白日、大庭广众下游行，身后还有一群孩子在后面围观哄笑，那场面实在有些不堪。平时衣冠楚楚、人模人样的赌君子们恨不得找个地缝钻起来。

罚钱事小，丢人事大。在"大闸蟹"的威胁面前，好些赌客不得不按捺住心中赌虫，忍痛告别赌场。一时间，赌场门可罗雀，营业额一落千丈。

赌场老板、杜月笙都很着急，黄金荣更着急。赌场每月都要孝敬黄金荣红包的，为的就是找个靠山，安安稳稳做生意，可这下黄金荣收了红包不仅不办事，手下人还去抓赌，道义实在过不去。

黄金荣能在法租界耀武扬威，主要是法国人刻意抬举他，但法国人若是来硬的，他也只能乖乖听命，不敢违抗。

然而，杜月笙不信这个邪，在赌场上下都一片慌乱、唉声叹气的时候，他依然保持着冷静，他相信办法会有的，赌客会来的，白花花的大洋还照样能挣着。

命令虽然是最高领导公董局下的，可实际操作者是巡捕房。法国主子的指令不得不听，可是巡捕房黄金荣是能摆平的，那么就从这个环节下手。

杜月笙想好办法后没有和赌场老板吭声，直接去找了黄金荣和林桂生。

黄金荣正在为这事焦头烂额，智囊林桂生也觉得束手无措。当杜月笙不紧不慢地说出他的计谋后，两人的脸马上多云转晴了。

旧上海的赌场分为两场，白天的叫"前和"，晚上的叫"夜局"。法租界动真格的禁赌了，要想两场全都保住是不太可能。杜月笙希望由黄老板疏通巡捕房后，巡捕房的人只抓"前和"，不碰"夜局"。

"可是，人们都晚上赌了，白天不敢来人了，巡捕房去哪里抓人，法国主人那边怎么交代？"林桂生疑惑地问。

杜月笙胸有成竹的说："没关系，人是有的抓，至少，可以用赌台的兄弟们顶一顶，然后黄老板再费心，把他们保出来就是了。"

一直在旁边点头的黄金荣突然想起一句："可抓来抓去都是那几个兄弟，一看就脸熟，也不好办。"

"不要紧，可以来找外边的朋友帮忙。"杜月笙不慌不忙地说。

"这种出丑露乖的事，还要吃苦头的事，谁会来帮忙啊？"林桂生有点不以为然。

"师娘你忘了，杜月笙微微一笑，还有一帮'剥猪猡'的兄弟们呢，他们整天不做事还挣钱，自己都觉得不好意思，黄公馆若是让他们帮忙，这个面子他们一定会买的。"

"他娘的，月生，你真是绝顶聪明。"黄金荣在旁哈哈大笑。林桂生也赞许地看着他，她果然没有看错人，这个看似不起眼的小伙子一定会大有出息的。

在众人看来很难过去的一个坎，杜月笙竟然又轻轻松松给解决了，赌场上下都对杜月笙心服口服。

有了些声名和威望的杜月笙未能免俗，在黄金荣的支持下，也开始开香堂、收徒弟，做老头子了。

但是，他的开门弟子刚收没多久，就胆大妄为，给他闯下了大祸。

巧妙化解大风波

杜月笙的开门弟子叫江肇铭，苏州人。

江肇铭性格温和，就像杜月笙一样总是面带微笑，很少发脾气，他极聪明，智慧可与上海滩大名鼎鼎的律师秦连奎相媲美。除了性格和杜月笙有些相仿外，也继承了杜月笙的缺点：赌起来不要命。

江肇铭相当胆大，有一阵子经常去英租界严九龄的赌场去玩骰子。需要说明的是，旧上海的黑帮老大们都是各据山头，各领地盘。黄金荣的名头虽然在上海滩是响当当，但是那也仅限于法租界，他发迹后到死都没有迈出法租界半步，甚至也严厉警告自己的两个儿子不准越过法租界，生怕被人绑架了。

江肇铭无财无势，自然不会有什么被绑架的危险。可问题是他去的是严九龄的赌场，严九龄当然不是什么凶神恶煞，不过，他是英租界的黑帮老大，名头丝毫不亚于黄金荣，虽说和黄金荣没有结下什么梁子，可同行是冤家，安安生生地去赌还好，万一玩什么花样，就会捅下大漏子。

江肇铭不管不顾，真捅了个大漏子。那天，江肇铭手气很差，屡战屡输，屡输屡战，最后，江肇铭决定奋勇一搏，把兜里的100多块大洋全都掏出来押了上去，大喊了一声："押二点。"一看这家伙要玩真的，孤注一掷，赌客们都围上来，空气也立刻紧张起来。庄家拿起摇缸摇了摇，然后缓缓掀开，清清楚楚，三点。江肇铭的脸变得煞白，庄家含蓄地笑笑，又盖上摇缸，轻轻摇了摇。

江肇铭突然脸色一转，心里怦怦跳着，他决定要要一个赖。江肇铭笑嘻嘻地对庄家说："我赢了，是二点，这下你该赔我了。"众人都愣住了，这是在众目睽睽之下要赖啊。要赖自有要赖的理由，江肇铭是个聪明人，就在刚刚庄家那个不经意的摇缸动作里，他已经看出了破绽。

按照赌场的规矩，一局揭晓，必定要等赢的吃、输的赔，台面上的赌资统统结算清楚，收支两讫，然后再将摇缸盖上，连摇几下，等缸里的骰子点色全部换过，庄家再请赌客下注，猜赌缸里的骰子点数。可是，庄家刚刚大赢了一把，估计是被胜利冲昏了头脑，竟然打乱程序，不等赌账清算完毕，就先把摇缸盖上，连摇几下，放在一旁。

听江肇铭要赖一说，庄家不由有点恼火："你小子眼花了吧，明明是三。"江肇铭不慌不忙地深情瞥了一眼摇缸，和气地说："是二，的确是二，你再看看清楚好了。"

庄家从这一瞥中读出了若干信息，恍然想起自己的疏漏，他脸色大变。方才分明摇出来了三点，如今自己竟将赢钱的证据弄没了，重摇一次，说不定真就是个二呢。

怕什么来什么，庄家有些忐忑地揭开摇缸，结果，清清楚楚是个"二"。江肇铭把手伸出来，得意洋洋地看着他。

庄家没理他的茬儿，他相信群众的目光是雪亮的，高声嚷着："刚才明明是二，大家都看见了的，是不是？"他充满期待地环顾四周，希望大家和他一起揭穿江肇铭。

然而，群众让他很失望，回答他的是一片沉默。

这些赌客之所以集体保持沉默，不肯仗义执言，说出真相，是因为他们心里都在犯嘀咕：赫赫威名的严九龄谁人不知，几个敢惹？可这其貌不扬的毛头小子只身一人就敢抓住一个小毛病不放，明目张胆地要赖，和一个赌场叫板，这人得是什么来头？靠的哪个山头？多大的身量？谁家的贵公子？万一说错了话，站错了队伍，怕是吃不了兜着走。

正在庄家和江肇铭为"三"还是"二"这个疑难问题纠结的时候，得知消息的赌场老板严九龄走进来。严九龄不动声色，先用江湖切口盘问一番，探探海底。当得知江肇铭不过是刚有点江湖名声的杜月笙手下时，不由冷笑一声："这黄毛小子真是吃了豹子胆了，竟敢跑这来撒野，别说一个小小的杜月笙，就是黄金荣我也未必放在眼里，今天就让你看看，究竟是谁的拳头硬。"严九龄把脸一沉，吩咐手下："不能坏了我的名号，把钱给他，"然后厉声说；"关门，收档。"说完扬长而去。

严九龄话音一落，众人吓了一大跳，立刻作鸟兽散。因为"关门，收档"是将要火并的暗号。

江肇铭见自己要赖不成，祸是结结实实给闯下了，他早已没有了刚才的威风，赶紧夹杂在人群中从后门夺路而逃。要命的是，这小子慌乱中竟然忘了把那笔钱给交回去。江肇铭刚到法租界，就慌里慌张地去寻自己的师父杜月笙。

看着不知天高地厚闯下祸的徒弟，杜月笙十分生气。可祸已经闯下，这是逃不掉的，徒弟是自己的徒弟，这也是逃不掉的。既然不能逃避，只好去面对了。

怎么去面对？迎接挑战？武斗？把要赖进行到底？那事态只能越发糟糕。

所以，只能是文斗了，讲和。若是求助于黄老板，黄老板和严九龄分量相当，由黄老板出面讲和，严九龄或许不会不买他的面子，但这无形中会折损黄老板的威风，也会影响他在黄老板心里的地位。所以，杜月笙决定亲自出马。

杜月笙虽然风头正劲，但他心里很清楚，自己和严九龄压根就不是一个重量级的，正在气头上的严九龄会不会放他们一马实在是个未知数。但是好是坏，也只有走一趟才知道。杜月笙相信凡事总有解决的办法。

他拍拍江肇铭的肩，安慰他说："不要害怕，我们去找严九龄，说和说和就没事了。"

江肇铭看见杜月笙一脸平静，心也略微放下来，跟着杜月笙出发了。

见到毕恭毕敬负荆请罪的师徒二人，严九龄仍是余怒未消，阴沉着脸。但是就像后来好多人都说过的，杜月笙有一种天生的人格魅力，他见人总是温和友善、彬彬有礼。当然，杜月笙不光态度可嘉，行为也颇为诚恳。他先是做了一番深刻的批评与自我批评，诸如徒弟不晓事理、师父未能严加管教之类。江肇铭也早已学乖，秉承师意，赶紧做了透彻的反省与检讨，不管严九龄骂什么，都只连声称是。

"伸手不打笑脸人"是中国古话，严九龄虽是黑帮老大，也不例外，脸色开始和缓。杜月笙见状马上把江肇铭"赢"来的钱加倍奉上。杜月笙又诚恳地提出，请严九龄赶紧重新开业，莫耽误了生意，届时他一定带朋友们前来捧场。

严九龄见杜月笙礼数周全，不卑不亢，无可挑剔，再僵下去，倒显得自己小家子气。再说杜月笙虽还是个小字辈，但处乱不惊、有礼有节、沉着冷静，一看就是个"潜力股"，多个朋友多条路这个道理严九龄还是知道的。于是，严九龄打了个哈哈，摆摆手，和杜月笙握手言欢，一场风波就此收场。

严九龄的威势和脾气谁人不知，江湖中人本来以为会有一场重头戏可看，没想到文弱的杜月笙单刀赴会，竟然三言五语"化干戈为玉帛"，平息了一场眼看就要来临的暴风雨，那些一心想看热闹的不免有些惆怅，而更多的人则开始暗暗钦佩杜月笙。

塞翁失马，焉知非福，在这场不动刀枪棍棒、不见血肉厮杀的较量中，杜月笙其实无意中大大赢了一把。这场风波之后，杜月笙声势高涨，从赌场新秀俨然已变身为赌界精英。他彻底告别了十六铺那种狼狈潦倒的生活。

虽然在赌界干得如鱼得水，风风火火，杜月笙最终起家，成为威霸上海滩的老大靠的却不是这个赌字，而是另一项事业———一项罪恶的事业。

第一次婚姻

杜月笙的第一次婚姻在他28岁那年。虽说自小混迹于江湖，也常出入于风月场所，有过许多的女人，但始终不曾有一个女人让他有想成家的感觉。真正让他有成家的感觉，是沈月英，一位普通的苏州姑娘。是经由一位朋友认识的。沈月英容颜清丽，秀发如云，有着苏州女子独有的婉约、恬静之美。杜月笙见了一面后，便觉得难忘。一连几天，都魂不守舍，渴望再见到沈月英一面。

杜月笙的反常，引起了林桂生的注意。她本来就是一个心细如发的女人，见到杜月笙整日心不在焉的样子，早已猜到了几分，悄悄地派人一查，果然发觉杜月笙在外面有了女人。

林桂生叫来杜月笙询问了一番，得知杜月笙囊中羞涩，无钱筹办婚姻时，慷慨地表示愿意鼎力相助。林桂生把杜月笙要结婚之事告诉了黄金荣，请他帮忙。黄金荣觉得杜月笙年纪不小了，也是成家的时候了，便满口答应，并表示愿意出面保媒，给杜月笙撑足面子。然而林桂生的意思却并不是要黄金荣出钱那么简单，她请求黄金荣让出在同孚里的一幢房子，给杜月笙做新房。黄金荣想都没想就答应了。

但林桂生接着提出的一个要求，却让黄金荣觉得为难——她让黄金荣拨出一个赌台给杜月笙，好让他自立门户。黄金荣在法租界也总共不过三个赌台而已，而每一个赌台都是生意兴隆，日进斗金的。因为油水太过丰厚，所以无论是巡捕房，还是其他的势力，都虎视眈眈，觊觎着这块肥肉。赌场好比是一个小上海滩的缩影，出入这里的是三教九流的各种人物，势力盘根错节，如果稍稍处理不当，就可能引起一场火拼。莫说丢掉生意，丢掉性命都是可能的。杜月笙虽然办事机灵，但要他脱离自己羽翼，独当一面，能行吗？

黄金荣犹豫不决。林桂生却坚信自己的眼光，她认为杜月笙是一个能办大事的人。最重要的是，杜月笙是一个重情重义的人，他对黄公馆绝对忠诚，不会见利忘义、过河拆桥。

经过林桂生的一番劝说，黄金荣终于答应了。黄金荣的决定使杜月笙的人生轨迹发生了极大地变化，他终于有了自己的地盘、事业，开始独当一面地大展身手，并一步步攀上了独霸上海滩的权力高峰。

黄金荣说到做到，当即将自己在同孚里八幢房子中一幢拨给了杜月笙，并给他添置了家具。随后，他去沈家替杜月笙提亲。见到名闻上海滩的黄老板亲来说媒，沈老太太有些受宠若惊，更觉得自己这位未来女婿绝非一般人，是女儿将来的依靠，也是自己的依靠，便一口应允下来。但她同时向黄金荣提出了一个条件，她要搬过去与女儿同住，由女婿为她养老送终。

这个条件也没有什么为难之处，黄金荣便替杜月笙答应了。随后双方商定了婚期。

婚期已定，杜月笙却又犯愁了。他父母早逝，自幼孤苦伶仃，现在新婚大喜，却没有至亲在旁见证。杜月笙寻思良久，决定将在高桥居住的姑母万老太太接来。他很尽孝心，不但在法租界给姑母租了房子，还给姑母买了新衣裳、金镯子，让她穿戴体面。万老太太看见杜月笙现在如此阔绰，认为他发达了，便让杜月笙把在高桥的一些长辈亲眷全都请来。

杜月笙却有些犹豫。当年他成为孤儿四处流浪的时候，这些所谓的长辈亲属全都冷眼旁观，任他饱受风吹雨打，受尽苦厄，却没有一人愿意理他、照顾他。他们不曾把我当做亲戚，我又何必把他们当成亲戚呢？杜月笙心想。但一看见万老太太那殷殷渴盼的目光，心又软了下来。

正是这位姑母，在当年他病重的时候，特意从高桥赶到十六铺，日以继夜、不眠不休地照顾了他半年，这才把他从鬼门关拉了回来。谁的话他都可以不听，但万老太太的话，他却不能不听。

1916年，杜月笙和沈月英举办了婚礼。虽不甚隆重，但非常热闹。

鼓乐细细，鞭炮喧天，大红的花轿在众人的拥簇中抬到了同孚里。杜月笙心情非常愉快，大摆10天的流水席，宴请自己亲戚、兄弟以及江湖上的各路朋友。舅母、舅父等亲眷临走的时候，他还每人赠送了二十块银元。虽然银元是黄金荣出的，但杜月笙重情重义之名却是传了出去。

婚后生活自是美满。夫妻双双，鹣鲽情深，羡煞旁人。沈老太太对这个女婿也是越来越满意，但她还是向杜月笙提了个要求：既然你发达了，总得提携一下自家亲戚吧。她把自家的两位亲戚焦文彬、华巧生推荐给杜月笙。杜月笙成家不久，恰好缺人，就把两人接了过来，让年纪大的焦文斌帮他管账，而华巧生因为年纪太小，就让他去服侍夫人沈月英，打打下手，做些杂活。

不光家庭幸福，杜月笙的事业也日渐红火。杜月笙之前是为黄金荣打拼，而现在有了自己的赌台，自然是更加卖力。他长袖善舞，很会钻营，因此事业蒸蒸日上，收入亦更加的不菲。但钱财收入在杜月笙看来已经微不足道了，他真正关心的是如何拓展自己事业的版图。

赌台，成了杜月笙磨炼自己能力的修道场。通过和出入于赌场的各种人物打交道，杜月笙的眼界进一步开阔了，也更加懂得察言观色了。而赌场里时而发生的一些突发状况，也锻炼了杜月笙随机应变的能力。在乱世中生存，这些无疑是非常重要的。

不久，沈月英有了身孕。杜月笙得知后，非常高兴，第二天就把这个喜讯告诉了自己的亲朋好友。黄金荣、林桂生闻讯，心里十分欢喜，叫来杜月笙，要求他将孩子过继给他们。

原来，黄金荣与林桂生虽然结婚多年，但一直没有子嗣。黄金荣好色，在外面包养情妇，虽经百般努力，仍然一无所出。如此时间久了，黄金荣也就绝了生育之念。如今听说沈月英有孕在身，黄金荣和林桂生私下里合计，决定将杜月笙这第一个孩子收为养子。一来，膝下有子，后继有人，将来也不至于无人送终。二来呢，也可以趁机笼络杜月笙，结上亲戚关系。

杜月笙见老板如此赏识，一口答应。但当他将这件事告诉太太沈月英时，沈月英却有些不快。这毕竟是她的第一个孩子，就要被人抱走，心里多少有些不甘，但黄金荣、林桂生却是得罪不得的。后来，沈月英产下一子，取名维藩。沈月英心里虽然万分不舍，还是同意杜月笙把他过继给黄金荣、林桂生两人。

攀上了这层关系，杜月笙身价陡增。对黄、林两人的称呼也随即更改。以前，杜月笙称黄金荣为老板，现在则改成为"金荣哥"，师母林桂生也改口称"桂生姐"。别看这小小的一句称呼，其实当中学问大着呢。称呼的改变，就意味身份、地位的变化。杜月笙成了黄金荣的亲戚，两家往来更加频繁，关系更加紧密。杜月笙也借助着黄金荣的金字招牌，势力一天天的壮大起来。

以变应变，结交革命党

晚清以来，革命党人四处活动，先后掀起了一系列轰轰烈烈的革命行动。清政府对此非常惶恐，命令各地衙门大力剿杀，革命行动一度转入低潮，但仁人志士们并没有被清政府的屠刀所吓倒。他们四处流亡，寻找着栖身之地，伺机再次发动暴动，推翻清政府的黑暗统治。

当时的上海，是外国人的租界，也是清廷鹰犬不敢涉足的地方，因此就成了革命党人最佳的栖身之所。许多的革命党人纷纷来到上海，或在这里定居避难，或在这里宣传革命。如同盟会的领导人陈其美，就在法租界建立了革命机关，密谋推翻满清政府的封建统治。

像黄金荣这样的上海大亨，虽然对革命知之甚少，但对当时的中国时局也是有着比较清醒的认识的。他知道，清政府已经腐朽不堪，败亡在即，未来真正掌握中国命运的人，正是这些看似落魄，实则生机勃勃的革命党人。所以，为了给自己留下后路，黄金荣对革命党人采取了比较友好的态度。所谓的友好，也只是背地里而已，台面上，他仍然不敢和革命党人公开来往。

上海势力错杂，革命党人在上海活动，需要打通各路的关节，也恰需借助像黄金荣这等闻人的力量。就这样，双方逐渐就建立了关系。有些时候，革命党人在上海遇到了这样那样的麻烦，都会寻求黄金荣的帮助。黄金荣一般是不会拒绝的。杜月笙作为黄金荣的得力助手，有些时候，黄金荣不便出面，就需要杜月笙出马，疏通各方。久而久之，杜月笙也结识了许多的革命党人。

相较于黄金荣，杜月笙对革命党人的态度要更加友好一些。他自幼是穷苦出身，向来崇拜英雄豪杰，在他的眼里，这些不怕流血牺牲的革命志士才是真正的英雄好汉，再加上他和革命党人接触较多，对革命有了一定的认识，因此也更加愿意出手帮助他们。杜月笙很重义气，有些时候革命党人在上海缺乏接济，衣食无着，他总是自掏腰包，慷慨解囊，帮助他们渡过难关。

杜月笙成了革命党人在上海最忠实的朋友。每当遇到困难的时候，他们总会想到杜月笙。杜月笙的名字逐渐在革命党人中流传，一些革命元勋也慕名而来。陈其美就是当中的一位。陈其美来找杜月笙，是想让他帮忙营救一位被巡捕房缉拿的同志，并解决同志们的跑路之资。

当时，湖北的几位同志为躲避清廷的搜捕，准备南逃武汉，在经过上海的时候，遭到了巡捕房的搜查。一名革命党人身上被搜出了手枪，当场被捕，其他几位同志机警，侥幸躲过了巡捕房的盘问，但身上的行李盘缠尽失，一时间缺衣少食，无处容身。陈其美是上海革命机关的主要负责人，一时也想不到办法，听说上海滩的杜月笙点子多、路子也多，就来请他出面相助。

杜月笙见陈其美如此赏识自己，有些受宠若惊，当下欣然允许。当天就安排革命党人住进了客栈，并请众人饱餐了一顿。随后，杜月笙开始琢磨如何营救被捕的那位同志。

这件事并不好办，毕竟巡捕房的背后是法国人。杜月笙通过渠道，得知负责抓捕行动的人名叫李自勇。李自勇外号"秃鹰"，是一个欺软怕硬的主儿，对上司巴结奉承，对外地的盐贩、窃贼则心狠手辣。在了解到这些情况后，杜月笙派人给他送去了一封信，邀他到红星楼饮酒。

李自勇不敢驳杜月笙的面子，如约而来。席间，杜月笙软硬兼施，要他放了被捕的革命党人。李自勇看了眼杜月笙变幻莫测的眼光，只觉得脖颈涌出一丝寒气。他当然知道眼前这个斯斯文文的杜老板是上海滩大亨黄金荣身边的红人，黄金荣又岂是自己可以得罪的。

隔天，那位被捕同志就被放了出来。同志们相见，万分高兴，也更加地敬佩杜月笙了。虽然救出了革命党，但是路费仍未解决。这笔钱并非是一个小数目，绝不是杜月笙所能承担的。如何筹措呢？既不愿向黄金荣开口，又不能动林桂生的私房钱，杜月笙冥思苦想了一夜，终于让他想出了一个法子。

敲诈！

革命党的几位同志对此当然不能同意。他们是赤胆为国的志士，怎么可以像地痞、流氓一样做此下三滥的事情。但经过杜月笙再三劝说，再加上军情如火，处境非常险恶，几位同志被迫同意。

几天后，环龙路上的一家赌场里，突然来了几名神情诡异的汉子。他们不是来赌博的，几人进门后，人手抱着一只香烟罐，自动地分布在场子的各个角落，一声不吭。这家赌场背后的老板是黄金荣，负责的人名叫杨昌福。杨昌福见到情势不对，心里咯噔一下，"碰巧"杜月笙也在赌场里，于是就拜托杜月笙过去瞧瞧。杜月笙过去，在几人身边转了几周，和其中一人小声地嘀咕了两句，然后过来，一脸凝重地告诉杨昌福，这几人是革命党。

杨昌福听了，大吃一惊。在他的记忆里，革命党人都是一些不怕死，口口声声要颠覆清朝统治的"暴徒"，简直比洪水猛兽还来得可怕。现在，这一群煞星突然出现在自己的赌场里，怎能让他不怕，不觉得胆战心惊。过了好一会儿，他才回过神儿来，问杜月笙他们要干什么。

杜月笙忧心忡忡地告诉他，这些革命党人是来借路费的。他们手上捧着的香烟罐其实是炸弹，如果杨老板不借，他们就要炸掉赌场，与众人同归于尽。

杨昌福听了"炸弹"两字，只觉得头皮发麻，身上冷汗涔涔。太可怕了，这么多的"炸弹"若是爆炸，这赌场里的人还能活命吗？就算自己侥幸逃过一死，又如何向黄老板交代？想起了黄老板的手段，杨昌福忍不住打了个寒噤，连忙让杜月笙去和革命党人谈判，要他们千万别炸赌场，一切好商量。

杜月笙过去，和那人又低声交谈了几句，过来告诉杨昌福，对方要八百块银元。八百块银元虽然不是一个小数目，但对于这样日进斗金的大赌场来说，不过是九牛一毛了。

区区八百银元，换回赌场和自己性命的安全，杨昌福觉得很值，当即拿出八百块银元，交给杜月笙，拜托他快点儿将这些煞神打发走。那几名汉子拿到银元后，倒也守信，先后离开了赌场。

当晚，几人和杜月笙在一起痛饮。自然，这一切都是杜月笙一手设下的圈套。白天，他们在杨昌福面前合演了一出双簧，结果就轻而易举地"借"到了八百银元，解决了众人的资费问题。

这件事后，革命党人看到了杜月笙的能力。陈其美在上海经营革命，也多方倚重杜月笙的力量。而杜月笙也借着革命这股东风，为自己积累了名望和政治资本，势力一天天强大起来。

刺杀徐宝山

在清末，政治暗杀作为一种特殊的手段伴随着革命始终。究其原因，莫过于以下几点：一是因为，革命党人力量尚小，不具备同满清政府大军作战的能力。其二，暗杀易于实施，对满清官员也更具威慑性。

晚清末年，革命党人为了推翻清政府的腐朽统治，更是将这一手段运用到了极致。当时在神州大地上出现不少专以清政府皇室、官员为目标的暗杀团体。许多的革命党元老，都直接或者间接指挥过暗杀行动。

辛亥革命后，孙中山建立了中华民国。但时过不久，革命的果实就被袁世凯窃取。袁世凯上台后，妄图复辟帝制，他依靠北洋军阀的势力，控制要津，残酷镇压革命党人。当时驻戍江苏镇江、扬州一带的是军阀徐宝山。徐宝山是江苏镇江丹徒人，出身贫寒，在父母死后，离家出走，以贩私盐为生。徐宝山身材魁梧，好勇斗狠，加上他性情豪爽，重义气，很快就在江湖上创出了名声。后来，他更广开香堂，四处招收门徒，势力大盛，手下多达数万人，势力遍及江淮之间。清政府对此深为惊恐，于是宣谕招抚。徐宝山也不愿久做草莽，现在见有官名在身，自然是求之不得，于是投降清廷。清政府任命他为两淮盐务缉私统领，统辖飞虎营，专门负责剿捕贩卖私盐的盐枭。

当时，在江淮一带活跃的盐枭大都是洪门、青帮弟子。

徐宝山任职后，充当清廷鹰犬，竭尽全力帮助清廷剿杀青、洪帮弟子。陈其美的胞弟陈其宜时为扬州洪门的负责人，就被徐宝山率领飞虎营抓捕入狱，后在狱中因不堪忍受折磨，自杀而死。

徐宝山步步高升，在辛亥革命前夜，他已经升为江北巡防营统领，驻扎镇江。武昌起义之后，徐宝山见清廷气数已尽，于是投机革命，宣布镇江光复。随后，徐宝山出兵扬州、泰州、盐城等地，扩充自己的势力。几月之间，徐宝山已拥军两万之众，雄踞苏北，坐镇扬州，自任为扬州的军政长官。南北议和之后，徐宝山见风使舵，投靠了反革命的头子袁世凯。袁世凯见徐宝山可用，就任命他为驻江宁的第二军军长，并赠送了25万银元作为贿银。徐宝山为了表示忠诚，就把自己的二儿子徐浩然送入京城做人质。袁世凯任命徐浩然为其贴身侍卫营营长。有了这一层关系，徐宝山自以为得势，越发飞扬跋扈。

袁世凯复辟野心越来越明显，引起了革命党人的激烈反对。孙中山、黄兴等人决定再次组织北伐。陈其美这时被推举为上海讨袁军司令，主要负责上海讨袁事宜。徐宝山扼制京沪咽喉，首当其冲地成了陈其美的敌人。徐宝山兵多将广，不易对付，陈其美思来想去，最终决定以暗杀的手段剪除此人。他把这个任务交给了自己足智多谋的参谋王柏龄。

王柏龄很有才干，在接到陈其美的命令后，立即着手研究刺杀徐宝山的计划。他首先从部队里精选了30名枪法高明、身手矫健的战士，组成刺杀团。这些人是刺杀徐宝山的主力，也是执行任务的死士。王柏龄为了增加胜算，还请来了国民党特务训练处长对他们进行了专门的培训。一切准备就绪后，王柏龄果断命令战士们出击，趁着夜色袭击徐府。出乎意料的是，这一夜徐宝山并不在府邸。战士们折损大半，却徒劳无功。

第一次行动非但没能除掉徐宝山，反而打草惊蛇。侥幸躲过一死的徐宝山得知有人对自己不利，出入更加小心。几天之后，徐宝山车队行至运河桥附近，遭到了预先埋伏在那里的200多名士兵的伏击，死伤殆尽。事后，王柏龄指使士兵搜寻徐宝山的尸体，却发现徐宝山不在其中。原来，狡猾的徐宝山为防万一，让一个士兵做了自己的替死鬼，而他自己早就事先离开了。

两次行动接连失手，王柏龄却并不气馁，他又接连谋划了几次暗杀，但都以失败而告终。徐宝山防范甚严，让王柏龄一筹莫展。为了排解心中苦闷，他经常出入"公兴记"赌博。在这里，他结识了杜月笙，并和他成了好朋友。当时，杜月笙年长王柏龄一岁，两人遂以兄弟相称。杜月笙见到王柏龄整日愁眉不展，就询问其原因。王柏龄便将受命刺杀徐宝山之事告诉了他。

杜月笙思忖了片刻，建议用炸弹除掉徐宝山。一语点醒了梦中人，王柏龄觉得这个办法可行，但有一个难处，就是如何让炸弹近徐宝山的身。当时，徐宝山为了防止革命党人的暗杀，对想要接近自己的人防范非常严密，任何人想要接近徐宝山，都要接受盘查、搜身，在确认没有携带武器之后，这才允许见面。对于陌生人，徐宝山根本一概不见。

在这种情况下，别说是一颗炸弹，就是一颗鸡蛋，恐怕也近不了徐宝山的身子。王柏龄没有丝毫的头绪，想到杜月笙在上海势力很大，为人又很精明，就请他出面相助。

杜月笙答应相助，但同时提出了一个要求，就是要王柏龄详细介绍一下徐宝山的生平喜好。这是杜月笙做事的特色。他坚信是人就会有喜好，有喜好就会有破绽。有人爱权，便以权笼络之；有人爱财，就以金钱贿赂之；有人爱美色，便送美色诱惑之。这个徐宝山本是舞刀弄枪的出身，偏偏爱附庸风雅，生平最喜欢收集、赏玩古董字画。了解到这点后，杜月笙立即发动自己的党羽，寻找相关的线索。

功夫不负有心人，几天之后，杜月笙在十六铺的兄弟找到了一位名叫吴慕贤的古董商人，他和徐宝山有生意上的往来。杜月笙得知消息后，宴请吴慕贤。吴慕贤不知何事招惹了这位上海滩的风云人物，心里七上八下地来赴宴。出乎意料的是，他受到了杜月笙的殷勤款待。

杜月笙并没有为难他，只是向他询问了与徐宝山的交往的事。酒酣耳热之际，吴慕贤略有些得意，就把自己和徐宝山往来之事一五一十和盘托出。原来，他也见不到徐宝山。他每次收购到了上佳的古董珍玩之后，都要拿到徐宝山府上，先将货交给卫兵，同时告知价钱，然后再由卫兵转交给徐宝山。徐宝山如果看中，就留下古董，然后让卫兵通知他去账房领钱。

王柏龄从杜月笙口里得知这一情况后，立即部署对徐宝山的暗杀行动。他找来了曾经谋刺清朝摄政王载沣的黄复生。这位黄复生是一位制作炸弹的高手，曾多次参与刺杀清廷大臣。在他的帮助下，一枚特殊的炸弹很快制作成功了。

不久，一名操着浙江口音的年轻人来到了徐公馆。他的手里提着一只精美的铁箱。卫兵拦住他，盘问了一番，得知他是吴慕贤的下人，因家主身子抱恙，便由他送来古董，另附有书信一封。卫兵知道大帅有此爱好，不敢怠慢，连忙将书信和铁箱送进徐宝山房内。

徐宝山抽出信纸，草草看了一遍。正是吴慕贤的字迹。吴慕贤在信中说，铁箱里装得是宋瓷朱砂红花瓶，特意送来请大帅鉴赏，信封里还装有开箱的钥匙。徐宝山喜出望外，他早就听过宋瓷朱砂红花瓶是稀世奇珍，一直未曾见过，现在听说箱子里的就是此宝，顿时急不可耐地打开铁箱。谁知，钥匙插到锁孔，方一用力，轰隆一声巨响，火光迸射，徐宝山当场被炸得血肉横飞。

原来，这一切都只是王柏龄、杜月笙设下的圈套。那个铁箱，就是黄复生制作的特殊炸弹。那个少年并不是吴慕贤下人，而是青帮的一名弟子。不可一世的徐宝山，就这么栽在了王柏龄和杜月笙的手里。

第五章

罪恶之花，奠基之业

帮会与鸦片走私

1860年，战败的清政府和英法联军签订了《北京条约》。自此，在英法等发达国家为严禁品的鸦片堂而皇之、大摇大摆地进入了中国境内。据统计，在条约签订后的10年里，平均每年有83000担鸦片输入中国，在中国的进口商品数量中，鸦片是最大宗的一项，占1/5以上。

这样大规模地输入鸦片，后果也很明显，一方面是殖民者腰包越发鼓胀，得意洋洋，眉开眼笑，一方面是中国国衰民弱，经济凋敝。

这种情形，让很多人大受刺激。可惜的是，让他们感到刺激的是前者而不是后者，金钱往往会蒙蔽人的眼和良心，有些中国人也开始大肆地从事鸦片生意。鸦片在中国大为泛滥，四川、云南、热河一带大片大片的良田都摇曳着这种美丽而罪恶的植物，小乡镇里也有不少的鸦片烟馆。当时处处落后的中国却成了最大的鸦片消费国。

作为远东第一良港的上海，就是当时最大鸦片集散地。在上海，鸦片生意是最红火最赚钱的，上海几乎所有的贸易都与鸦片沾边，控制了鸦片就相当于控制了上海的经济权。

这么旺盛的鸦片生意首先要"归功"于四大洋行：老沙逊洋行、新沙逊洋行、新合洋行和台维洋行。它们负责鸦片的进口，而在批发和零售方面的主力军则是一支有着悠久历史的商帮——潮州帮。

潮州帮在明清时候就活跃在中国商界，太平天国时期，潮州帮商人为剿平太平军出了一臂之力，于是，清政府把在上海经营鸦片的特许权给了潮州帮。

领了"皇家执照"的潮州帮鸦片商们和外国鸦片贩子通力合作，基本上垄断了上海滩的鸦片生意。在他们的操纵下，上海的鸦片价格曾经达到过一个令人瞠目结舌的地步，是同等重量白银的7倍。

由此，中外鸦片商们成为上海滩最富最招摇的一群。他们干着一本万利的买卖，轻轻松松就可日进斗金，居大厦，着华服，开豪车，简直可富比王侯。

这让好些上海人都看着非常眼热和不平，尤其是那些帮会中人，上海的金子是让大家挣的，为什么你们轻轻松松就捞得头份？上海的江湖老大及其喽啰们很是气愤不平，决心要讨回公道。

1906年，帮会分子终于等来了大展身手的机会。

这一年，清政府宣布禁烟，决心以十年为期，在全国杜绝鸦片的种植、进口和销售。而它开刀的第一个对象，就是上海。

但是，在好多的既得利益获得者的暗中支持下，鸦片生意在上海依旧很红火，只不过明目张胆的运销不敢了，只能是偷偷走私。

这样一来，帮会分子们可兴奋了，这是他们插足的好机会。鸦片商们失去了"皇家执照"，也没有荷枪实弹的官方武装给护卫了，反正走私是非法的，抢了你也白枪，你也不敢去告官。这样，在上海就诞生了一个红红火火的地下产业：抢土。

抢土者常用的高招有，一，挠钩：鸦片运来后，为了逃避军警检查，鸦片商们把装鸦片的麻袋都一只只抛进江里，当然他们不是瞎抛，而是算准涨潮的时候，然后等潮水退的时候再用舢板或在江边用挠钩把麻袋一只只勾上来。一开始他们还干得挺顺当，但是后来常常在他们正埋头干活的时候，闯来几个不请自来的家伙，手脚极其麻利的帮他们勾货，到手后立刻就跑。不要说，这就是那些抢土的人。

第二个招式叫做套箱，难度系数比较大，必须做到"狠、准、稳"才可以。为了掩人耳目，鸦片商运货时把鸦片装在煤油厢里，搬货运货的时候，抢土的人就赶着马车藏在旁边来回转悠，车内装着套煤油厢的木匣，等看准时机，他们就猛冲过去，把木匣套在煤油厢上，搬上马车就跑。身法之快、动作之敏捷让人都来不及反应。

另外还有一种，技术含量不高，但是更需要胆量，叫做硬爬。顾名思义，就是动用武力，不讲任何客气，不再迂回曲折，硬生生去抢。

在上海的抢土队伍中很快涌现出了几个"出类拔萃"的人物，人称大八股，大八股名单是沈杏山、杨再田、鲍海筹、郭海珊、余炳文、谢葆生、戴步祥，他们之所以能够成为抢土队伍中的"优等生"，除了因为他们更加胆大凶狠，强悍无耻外，还有一个很重要的因素，那就是他们有着很浓厚的官方背景。

"大八股党"

1838年8月，时任湖广总督的林则徐在上呈清帝的奏折中这样写道："当鸦片未盛行之时，吸食者不过害及其身，故杖徒已足蔽辜。迨流毒于天下，则为害甚巨，法当从严。若犹泄泄视之，是使数十年后，中原几无可以御敌之兵，且无可以充饷之银。"林则徐的一片切中肯綮的肺腑之言，深深地感动了道光皇帝，于是有了第二年珠江口岸的"虎门销烟"。然而，"虎门销烟"并未能够完成禁烟的任务，远在万里之遥的英国对中国的禁烟行动立即做出了强烈反应，为了继续获得来自中国的大批白银，英国政府断然决定采取武力的方式来摧毁中国的禁烟决定。于是，中英两国之间爆发了一场因鸦片问题而导致的长达两年之久的战争，中国历史上称之为第一次鸦片战争。中国在战争中的一败涂地使得此前禁烟的全部努力都化为乌有。相较于中英《南京条约》中的赔款、割地等屈辱协定，也许这场战争的失败给中国带来的更大损失还不是这些，它给中国造成的更大的危害是，此后的一百年间，鸦片成为中国社会的一大公害。鸦片烟在中国的流行，不仅夺取了中国人大量的钱财，更毒害了中国人的身体，腐蚀了中国人的精神。

在中国罪恶的鸦片贸易中，上海居于核心性的地位，在长达百年的中国近代史中，上海都是中国的毒品交易中心。毒品交易，俗称烟土业，又与上海的帮会势力有着千丝万缕的联系，原因显而易见，对于这样一种蕴藏着暴利的黑色行业，寻求某种势力的庇护是理所当然的事情。事实上，上海烟土业的主要经营者就是帮会中人。进入民国时期，中国更是陷入长期的混乱之中，政府势力薄弱，而帮会势力则日益猖獗。烟土这个黑色行业，就一直为青帮集团所控制，其中的领潮者，前期有"大八股党"，后期则为"小八股党"取而代之。

"大八股党"，原本称为"八股党"，只是后来又崛起了"小八股党"，为了与之相区分，人们才习惯称之为"大八股党"。所谓的"大八股党"，指的是以沈杏山为首的主要从事鸦片走私活动的一个帮会流氓集团，因其核心成员有八个人，所以称之为"八股党"。

"大八股党"的八个成员分别是：沈杏山、季云卿、杨再田、包海筹、郭海珊、于炳文、谢葆生和戴步祥。

同黄金荣一样，沈杏山也是端着一只洋饭碗的，他同样在上海租界的巡捕房当差，不过，他供职的不是法租界巡捕房，而是英美公共租界的巡捕房，与黄金荣相同的是，他也是帮会中人。辛亥革命之际，沈杏山瞅准了这个大好机会，利用种种手段迅速扩充了自己的势力，凭借他在租界和帮会中的双重有利地位，将公共租界中原属英国租界的一半领地牢牢地控制在他的手中，而他自身所从事的主要行当就是烟土业。开始的时候，沈杏山所干的勾当根本不是从鸦片交易的过程中进行牟利，而是进行赤裸裸的抢劫。当然，这种勾当做得越久，难度就会越大，因为那些鸦片商人面对他们的劫持是不会毫不防范的，所以后来沈杏山就改换了一种较为温和的方式，与控制鸦片贸易的潮帮商人谈妥，他们负责包接包运，其实也就是收取保护费。为了进一步增强自己的势力，"大八股党"与公共租界的谭绍良、尤阿根、陆连奎等华人探长都建立了非常友好的利益同盟关系，而他们又不惜重金贿赂了上海的两股基本的缉私武装——水警营和缉私营，并且他们还通过这两个营进而打通了军队的关节，使得上海的军队亦能派出化了装的士兵沿途对鸦片商人进行有效的保护。当然，"大八股党"也少不了让公共租界的警务处"利益均沾"，在金钱这种强力粘合剂的作用之下，彼此结为一体，形成了上下同心的大好局面。这样，经过数年的奋斗，以沈杏山为首的"大八股党"集团几乎垄断了上海的鸦片贸易，日日不断地将大把的钱财纳入囊中。

在"大八股党"集团中，季云卿的地位仅次于首领沈杏山。他是江苏无锡县石塘湾人氏，生于1868年，早年曾学做银匠，后来又相继开设过茶馆和戏院，但是经营如此的产业并不是季云卿的所长，不论是茶馆，还是戏院，都是开张没过多久就因为严重的亏本而迅速转让给了他人。结果，经商数年，季云卿不仅没有积攒下多少钱财，反而赔进去了不少银子。不久之后，处于窘境之中的季云卿来到上海，投拜到青帮"大"字辈头目曹幼珊的门下，从而成为青帮"通"字辈的大流氓，当然，这仅仅是开始的时候，后来发达了的季云卿则由"通"字辈转为"大"字辈的一员。在经商的时候季云卿频频吃紧，可是进入青帮这片广阔的天地当中，他却如鱼得水，很快成为上海帮会界有头有脸的人物。他不仅与沈杏山结成了异姓兄弟，而且与后来的上海滩流氓"三大亨"黄金荣、杜月笙、张啸林也都过从甚密，尤其与黄金荣之间更是称兄论弟。在广结四方高人的同时，季云卿也红红火火地在上海以及自己的家乡无锡开设起了"香堂"，广收门徒，逐渐将一大批出身于政客、党棍、劣绅、兵痞、流氓等三教九流收纳到自己的门下，从而成为青帮之中门徒最多、势力最强的"老头子"之一。依靠着这些爪牙，季云卿可谓无恶不作，绑票勒索、贩卖毒品、开设赌场、包揽讼事、抢劫钱财、经营娼业等等全都不在话下。概而言之，只要是有利可图的勾当，就没有让他季云卿犯忌的。不仅如此，一旦能够为自己谋得个一官半职，季云卿是绝不会放弃大好的捞钱机会的。1927年，季云卿经过多方打点，如愿以偿地当上了江浙两省禁烟检查处处长，在职仅仅半年的时间，季云卿就通过敲诈和受贿等方式侵吞了60余万元的巨款，以当今的市值来说，这相当于上亿元人民币的大案。然而，季云卿最为人所诟病之处还不是这些，他一生之中最大的劣迹是日本侵华期间的落水。

1940年3月，汪精卫在南京成立了伪国民政府，而在此之前，为日本人服务的汉奸机构——位于沪西极司菲尔路76号的特务组织也在丁默邨、李士群等人的筹谋之下成立起来。在这个特务组织中，作为两个最高领导人物之一的李士群，就是季云卿的得意门徒，而季云卿也在李士群的拉拢之下很快落水，成为沦陷区汉奸的代表人物之一。李士群的最终下场是被日本人毒死，而季云卿则更早地了结了他罪恶的一生。在国民政府军统急欲除掉的"名汉奸"的清单中，季云卿的名字赫然在目。当时，上海帮会界的几个大亨，黄金荣闭门不出，坚持拒绝为日本人做事，在关键时刻没有丧失民族大节；而杜月笙则更是远遁香港，又辗转至重庆，积极从事着抗日活动；至于投日叛国的张啸林，则在此前已经为军统人员除掉。在上海滩青帮三大亨躲的躲、逃的逃、被杀的被杀的情形之下，季云卿实际上成为了上海帮会集团中首屈一指的人物，对于局势有着强大的影响力，因此，军统急欲除掉这个声威正隆的民族败类也就是理所应当之事了。当然，季云卿不会不知道自己是什么处境，他高度重视自己的人身安全，绝不轻易出门，一旦外出也必然是让保镖们里三层、外三层地围个水泄不通，因此，要想打他的主意可不是一件容易的事情。然而，在此种关键时刻，一个向来少为人知的人物担当起了暗杀季云卿的重任，这个人，就是民国时期的绝顶杀手之一——詹森。

詹森本名尹懋萱。此人当时为国民党军统上海站除奸团成员之一，但是与军统的其他杀手不同的是，詹森素以"独行侠"著称，来去无踪，在关键时刻之外，平时与军统并没有什么联系。军统之所以派他去暗杀季云卿，首先当然是中意于他不凡的身手，另外也是因为外界很少有人知道他，由他去执行任务，可避免打草惊蛇。其实，詹森最初的刺杀对象并不是季云卿，而是当时中国的头号汉奸汪精卫，不过，对于受到重重保护的汪精卫是极难下手的。当汪精卫在上海召开所谓的"国民党第六次全国代表大会"之际，詹森曾经只身潜入险地，怎奈丁默邨、李士群等人早有防备，将汪精卫隐藏得不露踪影，使得詹森错过了暗杀汪精卫的机会。而后，军统就将暗杀目标重点指向了76号魔窟的主要靠山——季云卿。

1939年9月19日下午，随着一声清脆的枪响，青帮大亨、落水汉奸季云卿在南成都路晋德坊2号的寓所被詹森击毙。季云卿罪恶的一生终于走到了尽头。

寻找一个内应

杜月笙知道，沈杏山也不是好惹的，要想搞定他必须得从内部瓦解他。这时，他想到了一个人和两年前发生的一件事。

两年前早春的一天午后，聚宝茶楼上客时分，一个中年汉子进来选了张靠窗的桌子坐下，随即叫了一壶乌龙茶。可是茶端上来了，他并不急着吃，而是将那茶盏的盖取下来，侧在茶盏的左边，使得盖顶向外，盘底朝里。跑堂的回头一瞧，心里就有数了，这是青帮中的规矩——挂牌，也就是一种接头的暗号。因此，跑堂的随即上楼去报告茶楼的掌门人顾玉书。

黄金荣很器重顾玉书，自己将聚宝茶楼占据之后，就派顾玉书来掌管这座茶楼。其实，以黄金荣为后台，由顾玉书直接经营的这座聚宝茶楼不仅仅是一个商业场所，它还有着另外一个重要的功用，那就是作为白相人与帮会的联络地点。这天早上，黄金荣就派人关照，说近日可能有人来"讨账"，对他们不必客气。

楼上的顾玉书听到报信后，就在裤腰上插了把匕首，然后左手里擎着两颗鸭蛋大小的钢球，"叽咯叽咯"地捏着踱下楼来。他先在这个来客的茶桌边由左到右，逆时针方向地兜了一圈，接着仔细地打量了对方一番，然后才站到来者的对面，突然问道："老大，你可有门槛？"

这当然是帮会界的行话，而对方也自然是早有准备的，只见他恭恭敬敬地站起来，两手一拱，答道："不敢，是沾祖师爷的光。"

"贵前人是哪一位？贵帮是何门号？"顾玉书接着问道。

"在家，子不敢言父；出外，徒不敢道师。敝家姓陈名上江下山，是江淮四帮。"来者从容地答道。

顾玉书听了，眼睛一眨，心中有了数，他知道，来人属于青帮，想必就是黄金荣所说的讨债鬼找上门来了。而尊奉师父的命令，他就得给这人一点儿颜色看看。想到这里，顾玉书便追问道："老大顶哪个字？"

来客答道："在下头顶二十一，身背二十二，脚踏二十三。"

"那么，老大是'通'字辈啰！"这时，顾玉书这才拉开桌边的椅子，在对面坐下，又一伸手，说了个"请"字，示意对方也归座。接着，顾玉书又盘问道："老大在哪个码头发财？"

来者回答："一船漂四海，四海即为家。"

按照青帮的规矩，问到了这里，对方也就应该亮底了，但是，这个汉子却还是这么含糊其辞，这下子，顾玉书就不由得火往上撞。可是，正当他想发作的时候，对方却反问道："请教老大烧哪路香？顶的是哪个字？"

这两句话却把顾玉书给问住了。怎么回事呢？当时的黄金荣虽然在青帮中已经很有名气了，也有了很多的门徒，可是到那时为止，他却从来都没有拜过青帮的哪个头领做"老头子"。这在青帮人士叫起来也就是"空子"，"空子"可是没有字辈的。黄金荣自己没有字辈，他收的那些徒弟们自然也都跟着同他一样是没有字辈的。所以当对方问起自己的字辈的时候，顾玉书就不知如何回答了，他总不便如实说自己是一个"空子"的徒弟吧？

顾玉书一时懵住了不要紧，来客可不干了，他见顾玉书答不上来，以为对方是一个假冒的角色来诓自己玩的，顿时两眼冒火，霍地一下站起来，怒声问道："敢问老大贵帮有多少船？"

顾玉书那时在道上也已经混过多年了，对于来客的心思他当然很了解，赶紧应道："一千九百九十只！"

来客又追问道："打的什么旗？"

顾玉书紧跟着答道："进京百脚旗，出京杏黄旗，初一、十五龙凤旗，船头四方大红旗，船尾八面威风旗。"

来客再问："船有多少板？多少钉？"

顾玉书答："板有七十二，谨按地煞数；钉有三十六，谨按天罡数。"

说到这里，两人突然"哗"的一声拉开了椅子，各自往后退了几步，随即就摆开了架势。这时，散在旁边听茶的一些茶客也都跟着乒乒乓乓地踢倒了凳子，掀翻了桌子，呼啦一下子分别站到自己人一边，立时形成了两个阵营。与此同时，有一些人就从袜筒里或者腰上拔出雪亮的匕首来。而在这些人之外，那些不相干的真正的茶客见了这副架势，早已吓得纷纷夺门而去了。

正在双方剑拔弩张的当口儿，忽然有一个人气喘吁吁地奔进门来，大声叫道："大家都不要动手！"

众人一看，进来的是个年轻的后生，形貌上突出的特点是大脑袋上长着一对很是惹眼的招风耳。来者不是别人，正是黄金荣的爱徒杜月笙。

一见杜月笙闯来，顾玉书就暗叫晦气，为什么呢？看杜月笙的那副样子，再听他所喊的，顾玉书就知道杜月笙是来进行和解的，这本来是一种救场的行为，可是在顾玉书看来，杜月笙却是来搅场的，因为顾玉书正想借此机会显一显自身的能耐，在师父黄金荣面前表现一下。可是杜月笙这一来，岂不就全都没戏了。因此，顾玉书很气恼地说道："'水果月生'，你来搅什么？这儿不关你的事，快走开！"

可是，杜月笙既然来了，哪能让顾玉书两句话就给打发走呢？只听杜月笙不慌不忙地对顾玉书说道："我来同这位老兄会会。"

顾玉书听了这话，急忙说道："这桩事，师父交给我办了，就不用你来帮忙了。"显然，顾玉书不想让杜月笙抢了自己的生意。

这时，杜月笙说道："可是师母刚才让我出面来同客人会一会。"

顾玉书听了急忙问道："有对牌吧？"

杜月笙答了一声"有"，随即一扬手，一支翡翠金簪就已经飞过了几张桌面，"啪"的一声牢牢地扎在顾玉书面前的那张茶桌上。

一见这支金簪，顾玉书顿时没了脾气，因为他知道师母在黄家的分量。因此，他只能遵照师母的意旨，让杜月笙出面去跟来者会谈。他转身朝手下人摆了摆手，说了一声"撤"，那些喽啰们便"哗啦"一下子都退出门外去了。随后，顾玉书也很不满地离开了现场。这样，来客面前就只剩下杜月笙一个人了。

杜月笙上前几步，双手抱拳向来客一拱手，非常斯文地说道："刚才的事，全仗老大包容。敝帮手下人有脱节之处，敝人转禀敝家师。朝廷有法，江湖有理，光棍不做亏心事，天下难藏十尺身。该责便责，该打便打，你我一家人，请息怒。长可以截，短可以接，小弟慢到一步，先上一碗礼茶奉敬老大！"

说着，杜月笙打了个响指，跑堂的听到动静急忙跑来伺候。很快，一盏上好的茶水就到了来客的面前。

那来客见杜月笙如此客气，火气也就消了许多，一边接过茶杯，一边说道："幸会，幸会！"茶楼里的气氛变得非常轻松了。杜月笙仅仅三言两语，就起到了化干戈为玉帛的重要作用。原来准备来这儿开打的那些"茶客"也都归了原位，坐下去继续喝起茶来。

杜月笙见大家已经安静下来，就对那来客一挥手，说道："请老大上楼，有事情商量！"

原来，一个云南客商从十六铺水路带进一只皮箱，里面藏有八大包的上等云土。黄金荣探到了这个消息之后，马上去找林桂生商量，林桂生当机立断，一刻也没有耽搁地让徐福生带了五六个弟兄把那个皮箱给抢了过来。

正惦记着那八大包云土的并不仅仅是黄金荣一伙人，他们在劫了云土回返的路上，不想又遇到了公共租界的一伙人，结果八大包云土又全被劫走了。为了争夺那个皮箱，双方发生了一场激烈的恶战，公共租界来的一个弟兄因为撤退得慢了一步，就落到了徐福生等人的手里。

这天来到聚宝茶楼的客人就是为了交涉这件事而来的。那伙来自公共租界的流氓正是沈杏山的手下，而这个来客就是沈杏山的代表、"八股党"成员之一的谢葆生。

按黄金荣的意思，让顾玉书扣住来人，连同昨夜抓住的那一个一块儿做人质，迫使对方交出劫去的八大包云土。如果对方还手，就不妨来他个"三刀六洞"，反正是在自己的地界，人多地熟，不怕斗不过对方。

黄金荣的这个主意不久被杜月笙了解到了，他觉得这是一个很馊的主意。但是杜月笙很会做人，他知道如果直接找黄金荣去讲，那会让师父很下不来台，弄不好还会起到反面的效果，杜月笙就悄悄地将这件事跟师母林桂生讲了，他不仅否定了黄金荣的办法，还说出了自己的主意。林桂生觉得杜月笙的想法远比黄金荣的打算更为高明，就从头上拔下一支翡翠金簪递给杜月笙，派他立即赶到聚宝茶楼处理这件事。杜月笙受命之后，片刻也不敢耽搁，急匆匆地奔聚宝茶楼赶去。就在一场大战即将发生的关键一刻，杜月笙如同及时雨般地出现在了现场，避免了一场凶杀恶斗。

再说杜月笙跟来客交接的事情。两人来到二楼，各自落座之后，杜月笙先介绍了一下自己，然后开口问道："请问兄弟尊姓大名？"

来客答道："兄弟姓谢名葆生，此次就是为了被你们抓了的那个弟兄来的。那批云土，是从我们公共租界运过来的，我们派人一直跟踪盯梢，正打算动手的时候，没想到却让你们的人抢了先。本来，隔山打猎，见者有份，你们来抢，倒也没什么，但你们不该关了我们的弟兄。现在，我正式提出，请你们放人，并且赔礼道歉。"

杜月笙等对方说完，忙说："这实在是一场误会。实话不瞒你老弟说，这批云土从云南一起程，我们就知道了，一直护着它到上海。光棍不断别人财路，不能说从你们公共租界过，就是你们的啊。大家都在上海滩上混饭吃，有话好说，人也好放，只是，这八大包云土要原封归还。再说，我们黄老板就是不比你们沈老板强，但也不能比你们沈老板弱吧，真要撕破了脸皮，到头来恐怕就只能是两败俱伤，对谁都没有好处。正所谓天涯何处不相逢，今天，我们权当是交个朋友，你交土，我放人，你看怎么样？"

谢葆生想了想，说道："杜老兄的话倒是有些道理，不过嘛——"

杜月笙一看谢葆生的表情，就明白了他的意思，其实杜月笙早已准备好了，于是，从怀中摸出了五块大洋来递给了谢葆生。谢葆生一见到这几块大洋，立即就变得眉笑眼开，连连称谢，并且说一定会去把话儿带给沈杏山。

这件事的结果是黄金荣放人，沈杏山还土，两下里相安无事。

也就是这个谢葆生，最后成了杜月笙手里的一个棋子。

这天，林桂生接到这样的汇报：公共租界巡捕房的探目沈杏山和水警营缉私队的郭海山、戴步祥、谢葆生等人利用工作之便，从"抢土"到包运烟土收保护费，全都给包了下来。收到的浮财，除了一部分奉送给洋人外，其余全落入了他们自己的腰包。现在，他们个个都肥得嘴角流油，富得腰缠万贯。真是让人羡慕。

羡慕的不只有向林桂生汇报的人，连林桂生自己都愤愤不平了："这块肥肉，绝不能让沈杏山那帮人独吞！"说完，林桂生就对陪在一旁的杜月笙说道："月生，我限你三天的时间，一定想出个办法来对付沈杏山。"

杜月笙已经有了主意："师母不必动怒，沈杏山他们也做得实在是太过分了，要发财，大家发，凭什么土财就全给他们占了去？师母放心，他们的好日子马上就要到头了，我现在有个主意，还得请师母定夺。"

停了一下，杜月笙接着说："既然要做，我们就来点儿狠的，对沈杏山他们，我们要做的是釜底抽薪。不过要这么干，还得先解决一个问题。"

"什么问题？"林桂生问。杜月笙答："就是得找个内应，这样办事才方便。"

林桂生听了不禁有些犯难："内应？这一时恐怕难找啊。"

杜月笙悄悄地说："其实要想做的话也不是很难，师母还记得上一次我们放人的事吗？那些人当中有一个叫做谢葆生的，是和沈杏山在一起的。"

林桂生答道："谢葆生，当然记得，他不就是'八股党'成员里的一个吗？"

杜月笙说道："没错，正是这个人，我们要找内应，就可以从这个人身上下手。"

林桂生听了不免怀疑，问道："哦，你就这么有把握？他跟着沈杏山干了那么多年，岂是三言两语和几块大洋就搞得掂的？"

杜月笙听了"哈哈"一笑，说道："看来师母对谢葆生这个人还是了解不多的，据我的推测，把这个人搞到手并不难，他是个见钱眼开的软蛋，那次临走时我给了他五块大洋，他就千恩万谢了不知有多少遍。你想一想，要是我们给他根条子，还怕他不上钩？"

林桂生的脸上这时已经没了怀疑的神色，而是笑得两眼眯成一条线，对杜月笙吐出了一个字："成！"

跑狗场的一笔小投资

得到了林桂生的允准，杜月笙就开始布置行动了。

3天之后，正是黄昏时分，法国人开办的上海逸园跑狗场门口车水马龙，异常热闹。7点钟左右，一辆轿车开到门口，从车上跳下来两个人，一个是顾嘉棠，一个是谢葆生。在顾嘉棠的引领之下，谢葆生来到跑狗场的看台之上，而杜月笙已经在那里恭候多时了。

杜月笙从座上起身寒暄道："谢老板多日不见，一向可好？"

谢葆生一见是曾经给过他好处的杜月笙，也显得特别客气，连忙打拱作揖地应道："托杜先生的福，托杜先生的福啊！杜先生的恩情，我谢某人可是一直牢记在心啊，这会儿又让杜先生破费，请我看跑狗。"

杜月笙答道："既然已经是朋友，就不必这么客气，这都是一点小意思。昨天，有个法国朋友送来几张跑狗票，请我凑凑热闹，我一拿到门票，就想起了谢老板。前一阵子，我一直瞎忙，也没抽出空来去看望谢老板，还请您多海涵啊！"

谢葆生急忙说："哪里，哪里，谢某人能受到杜先生的邀请，实乃三生有幸啊！"

杜月笙听了微微一笑，说道："今天呢，没有别的事情，就是约你出来开开心，也趁这个时候，聚一聚，碰碰头。我晓得你喜欢跑马，可是跑狗也是很有趣的。来，怎么还站着呢，坐，坐，大家都坐下吧！"

说完这话，杜月笙和谢葆生两人并排坐下，而顾嘉棠则坐在了杜月笙的背后。

谢葆生是第一次看跑狗，因此新鲜感非常强烈，伴随着一阵西洋乐器的打奏声，只见一些半大的孩子每人牵着一只狗走入赛场。谢葆生数了一数，一共有12只狗，这些狗的身上都穿着彩衣，每只狗彩衣的颜色都是不同，而且彩衣上还有编号，这些狗进场之后就列成一排，等候在场地的中央。

谢葆生正看得入神，冷不防杜月笙问道："谢老板，你猜一猜哪只狗会中头彩啊？"

谢葆生听了，回答道："嗨，要说赛马，我还懂点儿门道，可是这赛狗，我这可是第一次见，哪里有那种眼力啊？"

杜月笙说道："谢老板不用这样谦虚，这俗话说，隔行不隔理嘛，你既然会相马，也一定会相狗的。马和狗虽然种类不同，但还是有共通之处的嘛，你不妨猜猜看。"

听杜月笙这样一说，谢葆生迟疑起来。正在这时，有赛狗票推销员走到了他们面前，恭谨地问道："先生，是否需要补买彩票？"

杜月笙见状，回头对身后的顾嘉棠爽快地吩咐道："这样吧，嘉棠，每号买5块钱的。"

"好！"顾嘉棠一边应着，一边从皮包里取出一张60块银圆的庄票，付给了推销员，然后接回60张彩票，理得整整齐齐地递给了杜月笙。

60块银圆，那可是一大笔钱啊，要知道，先前杜月笙仅仅用了5块大洋就把谢葆生给糊弄得乐颠颠的，而今谢葆生见杜月笙买起彩票来一出手就是60块大洋，能不吃惊吗？他也是在江湖上混了多年的人，可是还从来没有见过这么大方的主子，因此不免对杜月笙很有些刮目相看了。

杜月笙已经注意到了谢葆生的表情，他心想，要的就是这个效果，看来今天你这条鱼是非上钩不可啦。

谢葆生还在发愣的时候，杜月笙笑呵呵地对他说道："谢老板不要误会，我也不是常来这里的，平时这事那事忙得很，难道有空来玩一趟，既然来了，何不玩个痛快呢？兄弟虽然算不得阔绰，但是这点儿钱还是用不着吝惜的。"

杜月笙一边说着，一边将那整整齐齐的一叠彩票递到了谢葆生的手里，随即说道："这些彩票嘛，每一只都押5块，总有一只会中头彩的，就送给谢老板，讨个吉利吧。"

谢葆生见此情形，会受宠若惊，连忙再三地感谢道："真是却之不恭，受之有愧呀！杜先生对我的好处，一辈子忘不掉。以后杜先生有什么差遣，只管吩咐就是。"

杜月笙听了，心中大喜，因为自己的目的已经初步达到了，但是他脸上却装得一本正经，很轻松地说道："谢老板不必多想，我就是为了交您这个朋友，大家聚在一起，开心开心嘛。"

谢葆生还想再说一些感激的话，却突然听到了电铃的响声——赛狗即将开始了，因此他也不便再多说什么，只是专注地盯着赛场。

隔了一分钟左右，铃声又响了一次。随即，跑道的端线上，忽地跳出一只大白兔。这只兔子一出笼，就循着跑道风驰电掣般地跑起来，紧接着，短线的闸门一开启，那12只赛狗就都追着兔子拼地往前飞奔。

那种场面的确是格外精彩，谢葆生因为第一次见，所以看得更加着迷。

那只大兔子在众人的吆喝声中终于成功地绕场跑完了五圈，到了终点之后，它却倏地消失了。谢葆生并不了解内情，可是常来看赛狗的杜月笙却知道，那其实并不是什么兔子，而是一只看起来很像兔子的狗，这种狗是西洋人专门培育出来的，突出的特点就是跑得极快，由这种狗来做赛狗的领狗是最合适不过的了。当然了，这种狗异常的名贵，而且数量相当稀少，在一般的场合都是无缘一见的。

那只兔狗到达了终点之后，霎时间，另外的狗也都纷纷抵达了终点：第一只是7号，第二只是10号，而第三只是2号。

稍后，场中央的旗杆上升起了一块布告牌，上边写着得奖号码：7号头奖、10号二奖、2号三奖。

随着布告牌升起的同时，全场都轰动起来。

谢葆生这时看得意犹未尽，还在愣神，却忽听一旁的杜月笙冲他说道："怎么样，谢老板，还算精彩吧？"

谢葆生稍后回过神来，应道："那是当然，可比我以前看的赛马精彩多了，要不是杜先生请我来，我哪里知道上海还有这么好看的玩意儿啊。"

杜月笙笑道："既然谢老板这么喜欢，以后只管常来。门票嘛，谢老板不用自己买，来之前跟我打个招呼就行，我要是没工夫，就派兄弟给你送去。"

谢葆生连忙客气地说道："哪里敢如此叨扰杜先生啊，门票我自己来买就是了。"

杜月笙回道："谢老板不必多心，我们跟这里的法国人还算混得熟，他们经常会有一些票送给我，所以你要是过来，分一张也就是了，并不麻烦我什么的。"

谢葆生应道："那就仰仗杜先生以后多关照啦！"

杜月笙笑道："哪里，哪里，说起这话，我杜某人可是要多仰仗谢老板的啊！"

说完，两人相对哈哈大笑起来，显然，双方都非常开心。

临走之时，杜月笙向谢葆生祝贺道："祝谢老板发财！"

谢葆生满怀感激地回道："发财也是托杜先生的福啊！"

杜月笙说道："谢老板，我让嘉棠兄弟送送你，我那边还有事情，就不远送了，我们后会有期。"

说完，杜月笙冲着谢葆生两手一拱，就隐没在汹涌的人群当中了。

就这样，杜月笙用区区60块大洋，就将谢葆生给收买了。有了这一次的交情，以后再找谢葆生说话可就方便多了。

几天之后，杜月笙就开始对沈杏山下手了。

后来居上的"小八股党"

对于大八股垄断抢土生意，最感到不忿的是黄金荣。他和沈杏山本来身家地位都旗鼓相当，然而，棋输一招就远远落了下风，现在沈杏山等人权势熏天，挣钱挣得热火朝天，自己却只能在旁边眼巴巴地看着，望钱兴叹。还不光是钱的问题，鉴于鸦片在上海社会中的无比重要性，谁在鸦片问题上有更多的掌控权，谁就会在上海有更多的发言权。所以，落了下风的黄金荣心里真是又嫉恨又无奈。

万分不甘心的黄金荣把杜月笙唤来商量对策，在黄金荣心目中，杜月笙已经是黄门中仅次于林桂生的重要人物，他希望这个聪明绝顶的杜月笙能给他支支招。

"月生，大八股那帮小子现在太猖狂，把咱们的财路都断了，你说咱们该怎么办？"黄金荣殷切地盯着杜月笙。

杜月笙懂得黄金荣眼中的期盼，说实在的，看着大八股大发鸦片财，他比黄金荣更眼馋。他现在虽然在赌业有了一定的名声，但再怎么着，自己也不过是黄金荣的手下。而且，尽管自己不再是那个穷得叮当响的小瘪三了，可由于他喜欢广交朋友，出手又阔绰，口袋里并没有几个余钱，所以，要是能在鸦片上一展身手，那不仅花钱不愁，在江湖上的声势与威望也会不可同日而语。这种诱惑实在很难抵御。

但他更明白这实在是项艰巨的任务，非法无所谓，反正整天干的也是非法的事。要紧的是，抢土本来就是个危险活，刀光剑影、血雨腥风不断，现在大八股力量雄厚，人马众多，要想虎口夺食，更是困难重重。

干？还是不干？杜月笙觉得有些畏惧和犹豫。

经过几天痛苦而认真的思索，杜月笙终于横下心来，干。

可问题又来了，怎么干？

第一个方案：硬拼。可现在大八股人马众多，力量雄厚，徒子徒孙们众多不说，还有警方、水师营、缉私营为他们开路，要想和他们硬磕火并，简直就是以卵击石，提着自己的脑袋去拼命。这个方案显然行不通。

第二个方案：讲和。让他们看在江湖道义和兄弟情谊的份上，分自己一杯羹，让兄弟们也有口饭吃。可谁会嫌钱烫手？到手的肥鸭子拱手撕别人一半，鬼才那么大方，这是与虎谋皮，也不可行。

只剩下第三个方案，也是唯一一个可实施的方案了。还走老路子，百密尚有一疏，大八股戒备再森严，那么长的路途，肯定也会有漏洞，乘其不意、攻其不备，半路上釜底抽薪，干上几票总是可以的。

当杜月笙把自己的想法向黄金荣夫妇汇报时，他们也没有更好的办法，只能让他去试一试。

杜月笙知道，今非昔比，抢土的难度比以前要大得多，所以一定要有一个过硬的班底，个个都得是厉害角色才行。好在杜月笙原先在十六铺有一批小兄弟，其中不乏好勇斗狠的角色，正想发财想得眼发红。另外，他在青帮、赌场也结识了很多的江湖人士。经过层层筛选，反复考量，杜月笙终于组成了一支非常强干的抢土小分队。

第一位是金廷荪，浙江宁波人，鞋匠出身，人称"金阿三"。他所拜老头子是被称为"长江一虎"的"大"字辈流氓王德霖，因属"关山门"徒弟（即最后一个徒弟，也叫龙尾，俗称小老大），很受同党的尊敬。在同党中，均称三哥，比杜月笙更早进入黄公馆，杜月笙也尊称他为三哥。三哥具有黑道中的一切"优良"品质，果敢阴狠、诡计多端，聪明不在杜月笙之下，杜月笙在很多问题上都听他的主意，有"军师"之称。但是，之所以没能走杜月笙那么远，是因为有一点上他远远不如杜月笙，金廷荪十分贪钱，也很吝啬。后来，金廷荪也成了上海的所谓"闻人"，与杜月笙是儿女亲家。

第二位是顾嘉棠，小名泉根，幼时在上海北新泾莳花植木，因而有个"花园泉根"的绰号。擅拳术，方头大耳，个子不高，有霹雳火、猛张飞的火爆性格。善于敛财，后在静安寺一带置有很多房地产，门徒党羽也多散步在这一带，有"沪西半边天"之称。

第三位是高鑫宝，上海人，个子高、骨头硬，他从小跟着父亲在网球场上给外国人捡球，经年累月，训练出一口流利的英语和眼明手快、反应敏捷的本事。他后来做过西崽（餐馆侍役），还曾经给美国一家汽车行当过司机，是马里斯一带（今延安中路、成都南路）有名的"斧头党"。所拜老头子是王德霖，经常聚众打架，敲竹杠。流氓钱增福开了一个赌台，因不肯给高鑫宝开销，高鑫宝就将一个赌客的腿砍伤。杜月笙知道后，认为高鑫宝很有种，就将他联络入伙，成为他的重要骨干之一。高鑫宝对绑票尤其能干，有一次绑一个姓何的巨商，一次就得80万元。后来高鑫宝开设了丽都花园舞厅，因凶悍异常，有"丽都之狼"之称。

第四位叶绰山，广东潮州人，生长在上海，两臂上各刺有青色长龙一条，俗称"刺花党"。因在美国汽车行开过汽车，人称"花旗阿柄"。叶绰山不仅车技高超，还会用斧头，最绝的是他的枪法。叶绰山的枪法在杜月笙一生结交的朋友里应为第一，在一个小房间里，无论何时由别人抛一枚铜板飞向天花板去，他都可以一弹击中。

第五位，芮庆荣，也叫小阿荣，腰阔膀粗，富于臂力，他先世世居上海曹家渡，以打铁为营生，绰号"火老鸭"。火老鸭在上海人看来是一种不祥之物，意思是他到哪里，祸就要闯到哪里。孙传芳统治上海时期，芮庆荣当过军阀李宝章大刀队的队长。

第六位，马祥生，我们前面提到过的杜月笙同参弟兄，皮箱作坊的小学徒出身，因偷东西被赶出，流落在十六铺。经常在轮埠上睡铁板过夜，遇有洋船靠岸，才得以在船上大厨房临时干些杂活，自学成才，会几句法语，杜月笙常派他与一般法国巡捕、包探打交道，在捕房面前比较吃得开。

第七位，谢葆生，苏州人，在跑马厅当过马夫，干过马车，故有"马夫葆生"之称，他本是沈杏山的人，被杜月笙收买后，两人结拜为兄弟，为杜月笙摆平沈杏山立下了大功。后来买了很多房地产，是敌伪时的大汉奸。

杜月笙挑选的强将基本都粉墨亮相了。不得不佩服杜月笙的眼光，这几个人全都不是吃素的，各个身怀长技，各有专长，老上海人称他们为"小八股党"。

"大八股党"是很不把黄金荣放在眼里的，因为他们依仗的是公共租界，相形之下，黄金荣所依仗的法租界就显得面积比较小，而地少的同时，人口也就少，这样，黄金荣的影响力自然也就会受到很大的限制。另外，当时的鸦片商和烟土行多半都开设在公共租界，而法租界很少有烟土栈，因此他们认为就算有些法租界的朋友来抢几麻袋烟土，发一笔小财，和他们成千论百、大来大往的比起来，无异于是癣疥小疾，微不足道。可是，万万没想到，在黄门当中突然就蹦出来一个此前闻所未闻的杜月笙，而他们很快就栽到了杜月笙的手里。

得到批准后，杜月笙先召集他们开了一个战前动员会，发表了一番慷慨激昂的演说，并先塞了大把钞票以资鼓励，结果，成员们个个都充满了斗志。当然，这并不是因为杜月笙的话有多么动人，对于他们来说，白花花的银子才是最诱人的，不用鼓舞士气，他们也满心斗志了。

杜月笙的不简单之处在于，他能够让这帮桀骜不驯、粗野蛮横的流氓密切配合，紧密团结在他周围，为抢土之事而奋不顾身、出生入死。

在"小八股"中，杜月笙已经有较高的声望，除了金廷荪外，其他的都是籍籍无名之辈，但是杜月笙对每个人都不拿架子，义气慷慨，待人真诚。所以大家都对他服服帖帖，言听计从，个个跃跃欲试，希望能一试身手。

当他们真正行动起来时才发现，在"大八股党"的保护下，抢土实在不是一件容易的事。跟前些年相比，现在的"大八股党"就变得更难对付了，因为他们接货运货的方式又有了很大的变化。当时那些烟土商早已大发其财，资金十分雄厚，因此会以每艘十万银圆的高价来包租远洋轮船，将烟土直接从波斯口岸运到上海，每船所载烟土都有上千吨之多。这些运土外轮抵达吴淞口外的公海之后，"大八股党"这边早已接到电报，将接货的舢板（一种小船）排成队，由便衣军警荷枪实弹沿途保护，前往接应。小船装货之后，依旧列队而行，经高昌庙、龙华而进入公共租界。沿途岸边，更是布满了守护着的便衣军警。

在这种情况下，再也没有"挠钩"、"套箱"那样方便的抢土机会了，但杜月笙自有办法，第一次下手，就收获颇丰。

对方实力强大，初看起来简直无从下手。但是由于运土途径水陆兼程，路程相当的长，即使有大量的人手，"大八股党"也总会有疏漏。所以杜月笙还是相信，一定会有机可乘。

对方实力强大，搞正面进攻是绝对不行的，那就打埋伏或者搞突袭。每次行动，杜月笙总是要观一观天象，这当然不是他有多么迷信，而是遇到月黑风高、狂风大作或者雨雪天气，"大八股党"常常会疏于防备。杜月笙先派人做好精密的调查，再尽量在最短的时间内做好谋划，合理分工，妥善布置后，找准时间，以最迅猛的动作抢土，然后以最快的速度逃回法租界。

这天夜里，黄浦江码头上一艘客轮刚刚到港，旅客纷纷下船上岸，而公共租界的水警与缉私队员则拦在出口处，逐个搜查违禁物品。

这时，有两个中年男子从岸边走上跳板，来到了客轮上。随即，一个手臂上搭了条白毛巾的茶房迎了上来，打拱作揖地问候着他们。待问清了姓名之后，那个茶房就带着他们来到了头等舱的门口，用手指在门上叩了三下，接着喊道："洋行的两位大先生来啦！"

只听屋里一个中年男子的声音应道："请进！"

原来，这两个人就是沈杏山手下的郭海珊和戴步祥，他们都是"大八股党"的成员。

两人进门后，不到一刻钟的时间，各提了一只大皮箱出来，后面还跟着一个穿长衫、戴金丝边眼镜的中年汉子。他们三个来到船尾，用一根很粗的绳子拴住大箱子往下放。再看下面，正有一只舢板在接应着。舢板上的四个人接住了大皮箱之后，就将它们放在了舢板内几捆稻草的下面。然后，一个人用竹篙对准轮船屁股一点，另一个架起支橹来，舢板就直往浦西方向摇去。看着舢板远去，船尾上的三个人才放心地走下跳板，摇摇摆摆地上岸去了。

舢板划到江心的时候，却意外地遇到了一只乌篷船横在那儿。舢板上的几人觉到情况可能不妙，但事到临头，是无法躲避的，他们只能尝试着从乌篷船的旁边擦过去。但是，正当舢板划到乌篷船一旁的时候，船里面忽地跳出六七个蒙面大汉，其中有两个用篙头钩住小舢板的舷帮，而其余几个则都亮出了手枪，上前狠狠地逼住了舢板上的四个人。

就这样，舢板中的两只大皮箱被抢去，而小舢板上的几个人因为有人用手枪抵着，都不敢动弹，只能眼睁睁地看着人家抢走了这批货，又眼巴巴地看着这条乌篷船扬帆架橹，飞也似地向吴淞方向驶去。

这只乌篷船驶过外白渡桥以后，往东摇到公平路码头就靠岸了，而岸边早已等着一辆汽车，坐在驾驶室里的人正是杜月笙。

等两只皮箱搬上车之后，杜月笙很平静地问道："今晚的事没露馅吧？"

"绝对没有，他们还没明白怎么回事，我们就已经无影无踪了。"回答的人是"小八股党"之一的顾嘉棠。

杜月笙听了，满意地点了点头，说道："好，大家干得不错。"

接着，杜月笙又问道："舢板上总共有几个人？"

顾嘉棠答道："四个。谢葆生肯定在里面，还有一个好像是季云卿，另外两个我就不认得了。"

杜月笙听了一笑，说道："嗯，谢葆生这事做得漂亮，明天你找人送根条子给他。"

说到这里，杜月笙就启动了汽车，载着两只大皮箱直奔同孚里黄公馆驶去。

那两只大皮箱里装的当然是烟土，而这次打劫事件正是杜月笙与谢葆生联合策划的。有谢葆生做内应，杜月笙对沈杏山一伙的行踪自然是掌握得十分准确，于是成功地劫持了这两大皮箱的上好烟土。这可以说是"小八股党"与"大八股党"之间的第一场交手，结果是"小八股党"完胜，当然，这在很大程度上是因为"大八股党"中出现了叛徒和内奸。

这次失手，令沈杏山暗暗吃惊，他实在是想不出上海滩有哪一个人敢跟他如此叫板，况且，就算那人有如此胆量，他们的行动都是严格保密的，对方怎么会对自己这边的情况掌握得如此确切呢？沈杏山派人四处察访了几天，却一无所获。在进行调查的同时，沈杏山在接货的时候也更加小心，为了做到更加保险，他把接货的地点改到了吴淞口，接货的方式也有所变化。但是，这些都没有用处，烟土再次被劫，对方就好像有一只眼睛在天上盯着一样，自己的一举一动无论如何都瞒不过人家。这下，沈杏山不禁起了疑心，难道自己的队伍中有了奸细？沈杏山马上又否定了这个想法，因为那些弟兄都是跟着自己出生入死地闯过来的，哪能轻易就被人收买，背叛自己呢？可是沈杏山又实在想不出别的原因，如果真的是自己的队伍中有了内奸，那麻烦可就大了，想到这里，沈杏山不禁打了个寒颤。

这一次得手使得杜月笙和"小八股党"感到异常振奋。杜月笙等本来以为这是一块非常难啃的骨头，但是一旦上手，他们惊喜地发现，事情并没有他们想象的那么困难。

此后，杜月笙带着"小八股党"抢夺烟土屡屡得手，这大大鼓舞了杜月笙从事烟土生意的信心，也使得他不再满足于这种零星的散抢，而是要进一步扩大行动的规模。于是，他向黄金荣和林桂生进言道："依我的看法，当前的形势对我们非常有利，从事烟土这种一本万利的好买卖是正得其时，不过当然也有困难，我们要想在烟土这个行业独霸上海滩，就必须先得摆平'大八股党'。"

"万国禁烟会"与公共租界禁烟

正在沈杏山因为迭遭杜月笙所率领的"小八股党"的沉重打击之时，又发生了一件对他来说非常不利的事情，那就是公共租界宣布禁烟。

其实，上海租界关于禁烟这个话题的议论早已有之，早在1909年，就在上海外滩的汇中饭店召开过"万国禁烟会"。

鸦片战争前夕，中国吸食鸦片烟的人已达到了200万人之多，并且其人数处于急剧增加的状态。深受烟毒之害的中国，自雍正皇帝开始就曾多次下令禁烟，但是效果都不尽理想，直至1839年林则徐所率领的"虎门销烟"才真正地打出了一记重拳。然而，以英国为代表的所谓"文明国家"则看重鸦片的"经济价值"，力图通过鸦片贸易掠夺中国的财富，进而打开中国市场的大门。经过两次鸦片战争，中国被迫接受一系列屈辱条约，放弃禁烟政策，在西方列强的炮舰外交下，鸦片成了"合法化"的"洋烟"。到1906年，中国土烟产量达到创纪录的58万石，价值2.2亿两白银，进口洋烟价值达3000万两白银，中国一年吸食鸦片合计耗费2.5亿两白银。全国吸食鸦片的人数多达2500万，中国成为了世界上最大的鸦片生产国和消费国。

随着两次鸦片战争和中日甲午战争等一系列战争的相继惨败，面对日益严重的烟毒，身受鸦片毒害的中国人知耻奋发，社会各界纷纷发出禁烟的呼声。海外华人也积极创办禁烟团体，募捐禁烟资金，召开禁烟会议，并借助报刊强化舆论氛围，呼吁同胞尽快戒除烟毒。海外的维新派和革命党人更是大力主张和支持禁烟。在朝野舆论的一再呼吁下，清政府于"新政"之时，被迫改弦更张，重新开始禁烟。从1906年9月起，清政府相继颁布了一系列禁烟上谕和法令，开始了中国历史上第二次大规模的禁烟运动。

当时，禁烟已经发展成为一种国际运动，英国虽然凭借鸦片获利甚巨，但是对于国际舆论也不能全然不顾而一意孤行，另外，当时美国在禁烟运动中发挥了比较积极的作用。美国虽然也从事鸦片贸易，也向中国输入鸦片，但是其规模比英国的鸦片生意要小得多。再有，更为重要的是，那时美国的经济实力已经超过了英国，相对英国来讲更需要广大的海外市场来支撑自己强势的经济发展，因此担心烟毒在中国的流行会严重削弱中国人的购买力，所以美国更加赞同中国政府推行禁烟政策。此外，鸦片在当时美国的殖民地菲律宾也成为一大公害，而这严重危害着美国政府的利益，这也促使美国对于禁烟的态度更加积极。

在这样的情况下，应清政府的请求，美国觉得很有必要在远东召开一次国际会议，共同商讨禁烟问题，而这时英国政府也深深为鸦片问题所困扰，在其向海外大量输出鸦片的同时，国内也出现了很多吸食鸦片的人，这使得英国国会内部也出现了强烈的禁烟呼声。因此，由美国总统罗斯福倡议，各国经过进一步的磋商，最后确定于1909年2月1日在中国上海的汇中饭店召开一次国际禁烟会议。

是时，共有来自中、美、英、法、德、俄、日、意、荷、葡、土耳其、暹罗（今泰国）和波斯（今伊朗）等13个国家的41名代表参加了这次会议。因与会国家众多，所以这次会议通常被称作"万国禁烟会"。大会从2月1日到26日，共举行了14次正式会议，最后通过了力行禁烟的9款决议。

就这样，在林则徐领导"虎门销烟"整整70年之后，中国再一次推行了禁烟政策。不过，"万国禁烟会"虽然最终达成了与会各国一致认同的协议，可是会后协议执行的效果却不尽人意，而且各国推行禁烟的力度也参差不齐。因为向中国推行鸦片贸易的最主要国家就是英国，所以清政府认为英国应当在禁烟方面做出表率，为了更好地履行禁烟协议，1911年5月8日，中国与英国又单独签署了一份《禁烟条约》，这一条约规定，此后英国要逐步关闭在中国境内开设的烟馆，并且到1917年的时候，英国向中国出口的鸦片应削减为零。

当黄金荣、杜月笙与沈杏山激烈地争夺上海的烟土生意时，正值英国履行中英《禁烟条约》的最后日期，也就是说，到了那个时候，上海英美公共租界内的烟馆都将关闭，而英国也将停止对中国鸦片的出口。我们知道，上海法租界是黄金荣的势力范围，而沈杏山的势力范围则限于公共租界，公共租界一禁烟，他的生意就肯定会受到严重的影响。尽管实际上公共租界的禁烟政策推行得并不彻底，很多烟馆仅仅是没收了执照而已，但是这依然造成了公共租界境内烟土业的严重萧条。与此形成鲜明对比的是，上海法租界却趁着英美公共租界推行禁烟之际，对法租界内的烟土业有意地推行放任政策，以期将公共租界内的烟土业大规模地转移到法租界境内，这样，法租界当局就可以通过规模增加的烟土业来获取更为丰厚的财源了。显然，这样的情形对于立足于公共租界的沈杏山是相当不利的，而对据点设在法租界的黄金荣、杜月笙一伙却是相当有利的。

趁机摆平沈杏山

公共租界禁烟的举措对于沈杏山一伙的打击相当大，而黄金荣和杜月笙却为此高兴得不得了，他们干脆来了个一不做二不休，趁机将沈杏山扳倒。

为了达到这个目的，杜月笙、黄金荣、金廷荪三人就开始密谋起来。

杜月笙说道："事不宜迟，公共租界虽然这会儿禁烟的风刮得很紧，可那些英国人、美国人从烟土生意中也没少捞油水，难保他们以后不会变卦，到那时恐怕局势就又对沈杏山有利了。我们现在一定要紧紧抓住这个机会，将沈杏山彻底扳倒。"

黄金荣接道："月生说的不错，我今天找你们过来，就是要商议这件事，看来沈杏山的好日子已经到头了。"

金廷荪也应道："师父和月生说得对，我们一定要在公共租界禁烟这个当口把那些烟土商行全都迁到我们法租界来。不然，这阵子一过，谁敢说那些贪财的英国佬不会变卦？"

黄金荣听了一笑，说道："这就叫做英雄所见略同啊，只要我们同心协力，再加上这么好的形势，他沈杏山这回可是想不倒都不行啊。"

这时，杜月笙说道："的确，现在形势对我们非常有利，不过，我们也不能掉以轻心，公共租界的那些大土商跟'大八股党'合作已久，如果沈杏山不肯松手，这个事情办起来就会有些麻烦。"

黄金荣说道："此言不假，那么你们两个说，我们到底该怎么对付沈杏山呢？"

杜月笙略作沉思，接着说道："我们坐在这里干想，恐怕难以想出什么周到的主意来，我看不如先探一探沈杏山的口风，如果他肯让步，那么话都好说；如若不然，那我们就给他来狠的。"

黄金荣低头说道："嗯，我看月生这个办法不错。廷荪，你的意见呢？"

金廷荪应道："月生一向办事稳妥，不妨我们就先把沈杏山请来问一问。"

黄金荣一拍大腿，叫道："好！"

三人议定之后，马上派人给沈杏山送去了请柬。

沈杏山虽然与黄金荣之间多有矛盾，但还是接下了这份请柬，此时黄金荣等人在打他的算盘，同时他也在盘算着黄金荣一伙的心思，也想探一探黄金荣一伙到底是个什么意思。

为了表示诚意，黄金荣将会见的地点选在了公共租界四马路（现在的福州路）的倚虹楼，因为那里是沈杏山的势力范围，可以消除他的顾虑。

第二天晚上，黄金荣带了四个人去赴宴，除了他的心腹杜月笙和金廷荪外，还有专门冲锋陷阵、充当保镖打手的顾掌生和马祥生。

等不多时，沈杏山果然如约而至。尽管"小八股党"的抢土使沈杏山心里很是不快，但是双方到了这会儿还没有撕破脸皮，特别是沈杏山跟黄金荣之间，两人见面依旧像往常一样嘻嘻哈哈地谈笑风生。

这次会面，双方各怀心事，黄金荣是想让沈杏山屈从让步，而沈杏山是怎么想的呢？尽管当前公共租界禁烟的风声很紧，可沈杏山依然以为公共租界当局还是会像往前一样，只不过一时摆个姿态罢了，等这阵儿风一过，一切就又都恢复常态了。明摆着，烟土产业可是一个暴利的行业，英国人、美国人能白白地放着钱不赚，把那大把的票子、大堆的银子都拱手送给法国人吗？谁会干那样的傻事啊？所以，沈杏山心里还是抱有很大希望的，他正等待着东山再起的时机。不过呢，话又说回来，毕竟当前的形势对他很不利，公共租界这边儿嚷着禁烟，法租界那边儿却又对烟土商们大招大揽，分明是想借此机会垄断上海的烟土业。这样一来，以法租界当局为靠山的黄金荣势必乘风而起，而他沈杏山则必将失势，即使说公共租界的禁烟持续一段时间之后就会松口儿，可就是这么一阵子的时间，也足够让黄金荣他们翻身，让他沈杏山倒台。为此，沈杏山想借这个会面的机会，跟黄金荣通融一下，让他的大队人马到法租界避避风头，甚至从此就在法租界扎根。当然，他需要给黄金荣一定的好处，不过他知道，只要自己的烟土生意还在，给黄金荣填补一点儿是完全不必在意的。但是他也想到，黄金荣并不是那么容易通融的，况且，即使黄金荣这一关过得了，杜月笙那一关也未必过得了，因为跟黄金荣比起来，杜月笙更不是什么善类。因此，前来赴会的时候沈杏山的心中也是非常忐忑的。相比之下，黄金荣、杜月笙等人却镇静得多，因为主动权掌握在他们手里。

双方照面之后，并没有一开口就入正题，酒过三巡之后，金廷荪这才说道："沈老板，听说公共租界现在禁烟禁得很严厉，所以公共租界的那些烟土商们全都准备搬家，要搬到法租界来，而且英国政府答应了中国，从此以后再也不往中国出口鸦片了。这样一来，沈老板的日子是不是就不大好过了呢？"

金廷荪的话语中分明充满着挑衅的意味，若是在平时，沈杏山早就翻脸了，可是现在毕竟形势对自己不利，是自己有求于人的时候，把事情办砸了对自己是没有好处的，因此他强压怒火，故作笑脸地对金廷荪说道："金先生这么说可就不对了，大家都知道，这上海禁烟，那也不是禁了一回两回了，可是禁了几十年，一直禁到现在，又怎么着了呢？现在公共租界禁烟，那还不是一阵风的事啊，等这阵风过去了，还是一切都跟往前一样，这是谁都明白的事情，所以那些烟土商搬家之类的事情，都是谣传，你们万万不可相信。"

这时，杜月笙笑着说道："据我所知，事情恐怕未必真的就像沈老板说的那样，我们已经掌握了切实的材料，现在公共租界的烟土业已经萧条到了极点。虽说这禁烟不是一次两次了，但是沈老板也要知道一句话，叫做今非昔比，以前是做样子看的，未必就说明这一次也是做样子，我看哪，这一会英国可是要来真格的了。"

沈杏山尴尬地笑了一笑，说道："人家都说杜先生是一个有见识的人，这会儿怎么也跟那些小家子一样，听风就是雨呢？你出世才几年，论起经历来，你可还得跟着我多学一学的。"

杜月笙斜眼看着沈杏山，带着冷笑问道："沈老板可不要欺负我杜某人年轻啊，这常言道，后生可畏，沈老板的大名，月笙早就知道，可如今看来，却是有些名不副实啊。"

杜月笙这样一说，当时就把沈杏山给激怒了，他用力一拍桌子，叫道："你是说我沈杏山徒有虚名？"

杜月笙赶忙笑着答道："哪里，哪里，沈老板且莫恼怒，我杜某人怎敢说您的不是？只不过，这当下的形势，还请沈老板看清楚，否则走错了路，后悔可就来不及了。"

沈杏山听了杜月笙的话哈哈大笑，说道："要说走错路，应该是我教训教训你才对，用不着你这个乳臭未干的毛小子来训导我。"

杜月笙接道："这不是训导，我只是想请沈老板尊重这样的事实，当下公共租界禁烟的事情，社会上无人不知。即使别人不了解内情，鱼在水中，可是冷暖自知，沈老板和你的手下人现在是一种什么处境，你不用揣着明白装糊涂。大家都是门内人，你的情况我们不是不知道，所以沈老板没有必要藏着掖着，我们今天请沈老板来赴宴，并没有别的意思，只是想听一听沈老板到底是什么想法。"

杜月笙的这一席话，说得沈杏山哑口无言，过了好一会儿，黄金荣才开口打圆场道："月生不要这样急躁，有什么话大家慢慢谈，"然后，黄金荣又冲着沈杏山说道，"沈老板，后生们性子急了些，还请沈老板多担待。"

这会儿，沈杏山根本没有心思跟黄金荣客套，他深切地感受到今晚的局面对自己相当不利，看来不拿出点儿厉害给杜月笙看看是不行的。想到这里，沈杏山反问道："既然话已经说到这儿了，我也就不再拐弯抹角的了，沈某人当下的日子的确吃紧，因此还望黄老板能够雪中送炭，多加关照。现在，我也想听一听诸位是个什么态度。"

黄金荣问道："喔，那沈老板说一说，你想让我们怎么个照顾法呢？"

沈杏山说道："这个黄老板应该是很明白的，那就是借地一用。"

金廷荪插话道："按沈老板的意思，是想把你的队伍转移到我们法租界来喽？"

沈杏山答："没错，正是此意。当然了，我不会白用黄老板的地方的。"

这时，杜月笙又开口了，对沈杏山说道："哎呀，沈老板毕竟是沈老板，大难临头，却还不肯断了美梦。自古以来，谁的地界就是谁的地界，哪有借用这种说法？我想问一问沈老板，在前些时候，我们想借沈老板的地界用一用，你会是什么反应呢？"

沈杏山抬眼瞪着杜月笙，心想：这着实是个难缠的家伙，黄金荣手下有了这么一个人，看来自己应付起来可得多加小心了。

杜月笙见沈杏山没有回答，接着软中带硬地问道："沈老板的意思，不会是跟着那些烟土商到法租界，继续吃保护费吧？"

沈杏山的心思被杜月笙看得很准，他今天前来赴宴就是想跟黄金荣商量这件事情的，可是现在被杜月笙这一反问，却又觉着这话着实有些说不出口了。

杜月笙接着说："沈老板也是个老江湖了，怎么盘算起事情来一点儿也不周全？你们公共租界的弟兄杀到了我们法租界这边来，那以后还让我们怎么抬头做人呢？这面子上的问题，沈老板可不要光考虑自己啊，你说是不是这个道理呢？"

沈杏山觉得自己不能再沉默了，于是一下子站起身来厉声问道："那你的意思是……"

杜月笙正色答道："我们要接管那些烟土商。"

沈杏山听了，仰天大笑，说道："接管？好大的口气！大家都知道黄金荣门下有个能干的徒弟叫做杜月生，今日一会，果然名不虚传。不过，你打别人的主意可以，想打我沈杏山的主意，那我可以明确地告诉你，你姓杜的看错人了。"

杜月笙冷笑道："看没看错人，很快就会让事实来证明。俗话说，识时务者为俊杰。沈大老板既然号称一世英杰，也应该识点儿时务才对，如果不知好歹的话，撕破了面子，大家都不好看，对不对？"

霎时间，宴会上的火药味变得极浓。黄金荣并不想这会儿就跟沈杏山大动干戈，于是赶忙说道："沈老板，快坐下。月生，你也不要这么急。大家都先冷静冷静，先听我说两句可好？"

听黄金荣发话，沈杏山才避开杜月笙那副咄咄逼人的架势，扫视了一下在场的诸人，然后缓缓地坐了下来。

黄金荣清了清嗓子，对沈杏山说道："事情既然已经到了这个地步，沈老板还是应当多考虑考虑接下来的办法。这并不能怪我们，我们并不是逼迫沈老板，只是想跟沈老板联手，共同揽下上海滩的烟土生意，请沈老板不要多想。"

沈杏山答道："到底是黄老板，说话就是大方，我沈某人也正是这个意思。只是不知按黄老板的意思，我们是怎么个联手法？"

这时，杜月笙又开口说道："沈老板今天怎么这么糊涂，话都已经说到了这里，却还是不明白，难道沈老板是在装糊涂不成？"

沈杏山瞪了杜月笙一眼，随即又用目光去询问黄金荣。

黄金荣会意，开口说道："只要沈老板一句话，我们就两下全都相安无事，公共租界迁到法租界来的烟土商，请沈老板就此跟他们解除合作关系，否则到时候大家兵戎相见，于双方的脸面都不好看，至于沈老板的损失嘛，我们会做一些补偿的。沈老板意下如何呢？"

原来，黄金荣虽然说得客气，可实际意思却跟杜月笙完全一样。这下，沈杏山明白了，他们是早已串通好了，今天请自己前来，就是要自己点这个头，可是，这个头他能点吗？

沈杏山冷笑道："既然黄老板的意思也是这样，那我沈某人就明说了吧。这天下是哪个打下来的，他们自会跟牢哪个，旁人休想插手！"这话的言外之意太明白了，那就是烟土商走到哪里，他沈杏山就会保护到哪里！这也是他此番赴会的目的。

听了这话，杜月笙应道："此言恐怕未必，正所谓：'天下熙熙，皆为利来；天下攘攘，皆为利往。'那些烟土商们到底跟着谁，这可不是铁板钉钉的事儿，他们是哪儿对他们有好处，就会奔哪儿去的，莫不是你沈老板要强行绑定人家不成？"

沈杏山咬着牙说道："杜月生，你不要欺人太甚，我沈杏山这么多年，在江湖上可不是白混的！"

杜月笙听了一笑，心想：这话你跟别人说去，或许还能吓唬住几个，可今天你对我们说这话，那才真是找错了人呢。

这时，金廷荪问道："那么，沈老板是想敬酒不吃吃罚酒喽？"

一个杜月笙就已经够沈杏山对付的了，这会儿又冒出个金廷荪来，他后悔自己今天怎么没多带几个帮手。

但是，沈杏山在江湖上也是响当当的一号，他不能因为人家这么几句话就给震慑住，于是大叫道："天塌大家死，看我沈杏山的日子不好过，你们就想趁火打劫，没那么容易。"

杜月笙应道："天塌大家死，这话又说错了，依我看哪，这塌下来的只是公共租界的天，砸的也只能是你沈杏山。再说，这怎么能叫趁火打劫呢？是公共租界禁烟，禁了沈老板的生意，我们只是顺势而为罢了，难道这有什么过分的吗？"

沈杏山答道："难道这还不算过分吗？局面是我姓沈的打下来的，财路是我姓沈的开通的，这个财香，别人接不过去！"

杜月笙冷冷地说道："那要看在谁的地盘上！"

杜月笙的这句话相当简洁，可是却说到关键点上。的确，要是在公共租界，那黄金荣、杜月笙想跟他沈杏山抢生意，还真就做不来。但是到了法租界，情形就完全颠倒了过来，现在烟土商纷纷迁到了黄金荣的地界，他沈杏山想过来硬拼，岂不是太不明事理了吗？

就在沈杏山与杜月笙二人唇枪舌剑之时，候在一旁的顾掌生和马祥生这两位职业打手也早已虎视眈眈地盯着沈杏山。而这时，黄金荣却像老僧入定一般，半睁着眼睛，一言不发，静静地看着杜月笙的精彩表演。

沈杏山也明显地感受到，对方火药桶都已经准备好了，只等着黄金荣一声令下，马上就会引爆。到了这会儿，沈杏山真是一点儿办法都没有了。他知道，在席上黄金荣他们是不能把自己怎么样的，可问题是今天他必须得表个态，而且躲得了初一，躲不了十五，如果自己今天不把话说明白，日后事情就会更加麻烦。

想到这些，沈杏山镇静了一下，向黄金荣问道："黄老板，咱们打开天窗说亮话，这个保护权我还真就没有打算放，因为这笔保护费对于我的重要性，黄老板想必也清楚。依我看，咱们能不能商量一个更好的办法呢？"

黄金荣这才睁开眼睛，平声静气地说道："喔，如果有更好的办法，那当然好，沈老板不妨说说看。"

沈杏山，想了一会儿，说道："这样如何，收来的保护费，我分你们一半可好？"

这在沈杏山来说，可以说是一种相当了不起的让步了，但是黄金荣他们哪里会答应，此前几人已经商议得十分确定了，这一次就是要把沈杏山彻底扳倒。

听了沈杏山的这个主意，杜月笙开口说道："沈老板就别痴心妄想了，这本来就全是我们的生意，要分的话，也是我们分给你，怎么反成了你分给我们呢？"

一听杜月笙开口，沈杏山的心中变得更加不安了。

杜月笙接着说道："这不涉及什么分成的问题，现在公共租界的几家最大的烟土商都准备迁到法租界来，你想必不会不知道这些事情的。我劝你还是早点儿把保护权放手，我们也好给他们安排场子。你跟我们黄老板都是老朋友了，不要因为这件事而闹得大家不愉快。"

沈杏山这时总算明白，黄金荣今晚设的就是鸿门宴，他是带着几个帮腔和打手来向自己讨要烟土商的保护权的！这如意算盘也打得太精明了！

然而，沈杏山虽然对黄金荣等人的做法十分恼恨，可这个道理他不是不明白，眼下公共租界禁烟，烟土商的生意大受影响，他们要走，自己是不可以强拦的，而他们转移到了法租界，没有黄金荣的允准，自己是不可能顺顺当当地接着收取保护费。如果自己一意孤行，那么势必会跟黄金荣一伙发生严重的打斗，而论起实力来，他还真就未必胜得过黄金荣，特别是黄金荣最近在杜月笙的帮助之下，声势发展得特别快。况且，退一步说，即使自己最后胜了，那也肯定是元气大伤，而鹬蚌相争，渔翁得利，打倒了一个黄金荣，其他的匪帮就会乘虚而入，到那时，自己岂不是更吃亏？

看今天的架势，杜月笙、黄金荣他们是不达目的誓不罢休了。沈杏山又想，自己已经年过五旬，论起家业，也足够后半生享受的了，又何必再大动干戈，拼死拼活地去抢夺呢？因此，沈杏山最后只得点头同意，将那些由公共租界转到法租界的烟土商的保护权转交给黄金荣。

其实，就算沈杏山不肯让步，"大八股党"中的另外几人也未必愿意继续为他卖命。一方面"大八股党"已经发足土财，那种打拼的劲头早已迥异当年；另一方面，这八人之间也存有很多的矛盾，远非铁板一块了，谢葆生被杜月笙收买就是这种情况的鲜明反映。因此，在这种各有各的小算盘的情况下，若经历一场变故，他们很难再拧在一起了。而"小八股党"则大不相同，他们个个年轻气盛，充满锐气，势头正强，而且在杜月笙的领导下，人心归一，又有黄金荣做靠山，绝非"大八股党"可比。所以，无论从哪方面来讲，沈杏山的烟土生意这时都已经是做到了头。后来黄金荣、杜月笙虽然吸纳沈杏山加入了三鑫公司，但沈杏山在三鑫公司中仅仅是一个不甚重要的下手而已，而公司的大权则牢牢地掌控在黄金荣、杜月笙等人的手中。

由此，杜月笙、黄金荣一伙就彻底扳倒了沈杏山，从此开始独霸上海滩的烟土生意。

借张啸林之手扫除路霸

这时，杜月笙发现还有一个关口没有打通。

当时运送烟土进入法租界，必须得走自吴淞口到龙华这条路，而沿途都是淞沪护军使衙门的天下，水警营、缉私营、警察厅全都虎视眈眈，哪一炷香烧不到，或者烧得不好，都会受到钳制。这个关节打不通，运输方面说不定还要走"水里抛、顺江流"的老路。那样的话，抢土事件会卷土重来，不但对土商不好交代，更会使到手的财产大打折扣。

唯有攀上淞沪护军使，方可以财运亨通，利市三倍。

杜月笙想到了一个人，那就是张啸林。张啸林跟浙江督军卢永祥和淞沪护军使何丰林的关系非同一般。张啸林打点起这方面的事情，那还不是小菜一碟吗？

张啸林是浙江宁波慈溪庄桥（今隶属于宁波市江北区）人，生于清光绪三年，即1877年，本名小林，因为属虎，所以乳名叫做阿虎，后来又据此改名为寅，并且取号为啸林。

1897年，张啸林移居杭州，进入杭州机房学习织绸，后来又进入杭州武备学堂。不过，张啸林并没有因此走上一条行伍之路，而是向着另一个方向发展了。

张啸林早年就是一个游手好闲之人，并且做过很多恶事，成为臭名昭彰的一个地痞，后来更是与青帮流氓为伍，逐渐成为一个恶霸。

1912年，上海公共租界的青帮头目季云卿到杭州游玩时结识了张啸林，两人立即成为"莫逆之交"。

不久之后，在季云卿的建议下，当时在杭州已经很是潦倒的张啸林只身到上海谋生，又在季云卿的帮助下在五马路（今广东路）一带吃赌场和妓院的俸禄，又拜投青帮"大"字辈头领樊瑾丞为师，名列"通"字辈，从此正式加入青帮。

与瘦弱的杜月笙不同，张啸林的身材非常魁梧，有着一身的蛮力，很是彪悍，而且做起事来心狠手辣，他的手下人都敬畏地称呼他为"张大帅"。

张啸林作为一个青帮头领，其优势不仅仅在于其自身的蛮横，更在于他所仰仗的靠山。一方面，青帮头子季云卿是他的至交，另一方面，后来担任浙江省长的张载阳是他在武备学堂时期的同学，浙江督军卢永祥也是他的密友，而当时主管上海军备的淞沪护军使何丰林则是卢永祥的直隶部下，因此，张啸林在帮会界、政界和军界都有着过硬的靠山。有这样的背景，张啸林做起坏事来就更加肆无忌惮。

当时，十六铺一带码头上的商船都是要向黑势力缴纳一定的保护费才能够安然无事的，但是这保护费到底交给谁，却是要因时而定的。上海黑社会的各个帮派之间虽然一般都有彼此的势力范围，但随着实力对比的变化，以强欺弱的"黑吃黑"的现象也是经常发生的。

张啸林和杜月笙都想着在十六铺一带扩大自己的影响力，将这一方土地完全据为己有，因此就在向商船收取保护费的时候碰了个正着。

一般来讲，遇到这种情况有两种处理办法，其一就是火拼一场，败者退出，其二就是双方和谈，彼此让步，达成一份双方都可以接受的协议。在双方的实力差别并不是很大的情况下，他们往往更愿意通过和谈的方式来解决问题。

可是，张啸林自恃有着卢永祥、何丰林等军界人物，以及樊瑾丞、季云卿等帮会头领给他做后台，就想强行将杜月笙的势力从十六铺一带驱逐出去。

杜月笙当然不会那么软弱地向张啸林屈服，但是当他了解到张啸林来头不小的情况之后，却主动退出了十六铺，将这一带的生意和和气气地让给了张啸林，还与张啸林结成了朋友。这样一来，张啸林觉得有些过意不去，心里对杜月笙也是非常感激。

不久以后，张啸林又因为抢夺烟土生意而跟黄金荣的徒弟金廷荪交手。正当黄金荣意欲报仇，兴师动众地去讨伐张啸林之时，杜月笙却突然出面向黄金荣进言，明确指出正可利用这一机会拉张啸林如伙，这样对双方都有好处。黄金荣听了深以为然，于是选择与张啸林和解。张啸林也想借助黄金荣在法租界和帮会中的强大影响力来壮大自身的实力。因此，在杜月笙的引荐之下，黄金荣、张啸林二人很快结拜为兄弟。

强强联手，其势倍增。不久之后，黄金荣、杜月笙、张啸林就成了上海滩帮会流氓中实力最为强大的三个人，被人们称作"三大亨"。

此后，这三人就站到了一边，互相以自己人来看待。当时张啸林的家眷还留在杭州，在黄金荣的诚挚邀请下，1919年，张啸林举家迁到了上海，黄金荣特别送给了张啸林一套豪华的住宅。

降服严九龄

在旧上海，中外各种势力纵横交错，龙蛇混杂。权势胜者呼风唤雨，无钱无权者遭人欺凌。杜月笙深切地明白，虽然自己已经收服了"大八股党"，有了自己的亲军，但是要真正地在上海滩呼风唤雨，还需要借助更多人的力量。杜月笙把目光放在了上海赌界大亨严九龄的身上。

当时，严九龄为英租界的大亨，是与法租界黄金荣齐名的人物，不但手底下有多家赌场，而且在上海黑白两道都很吃得开。说起来，杜月笙和这位严九龄还有过一段渊源。

几年前，杜月笙新招收的弟子江肇铭不知天高地厚，竟然到严九龄的赌场里闹事，险些导致两方人马的火拼。幸好杜月笙亲自出马赔罪，这才摆平了此事。然而，时过境迁，杜月笙如今威名渐盛，也开了自己的赌馆，对严九龄的态度也由当初的敬畏转为现在的积极拉拢了。

杜月笙的长处就是，他能够根据自身实力的变化而采取相应的措施，无论是投靠还是拉拢，他总是能适时地维护自己的利益，壮大自己的势力。当初，投靠黄金荣如是，组建"小八股党"如是，现在拉拢严九龄亦如是。知己知彼，才能百战不殆。杜月笙了解到严九龄好赌成性，就决定在赌桌之上拉拢严九龄，和他建立关系。杜月笙首先去找了和三鑫公司有生意往来的范回春，请他出面相助。范回春也是上海滩的大亨之一，辈分很高，和黄金荣还有点亲戚关系。因为范回春是严九龄赌桌上的常客，所以杜月笙打算藉由他来引见，做严九龄赌桌上的陪客。

范回春得知杜月笙的来意后，满口答应。当时的杜月笙是上海滩的红人，能有机会帮杜老板，自然是求之不得。然而出乎意料的是，严九龄对此态度冷淡，他甚至都不愿意多谈。

范回春碰了一鼻子灰，又羞又恼。过了两天，杜月笙打来电话询问。范回春好不尴尬，一面向杜月笙表示一定不会辜负杜老板所托，一面不住地催问严九龄。严九龄继续做冷处理，对他仍然不理不睬。范回春心里非常恼火，可又无可奈何，只是觉得对不住杜老板。杜月笙却不以为意，爽朗地一笑，安慰了他几句，随后送来了两张请帖，说是在家中略备酒宴，务请两位赏光，过府一叙。

范回春见杜月笙如此度量，深感钦佩，表示一定尽全力将严九龄拉来赴宴。严九龄收到范回春送来的帖子，碍于情面不好再拒绝，就跟着范回春一起前往杜公馆赴宴。

杜府的酒宴，摆得相当体面，且不说满桌的珍馐、美酒，陪客无一例外都是上海滩响当当的角色。其中四位是赫赫有名的青帮前辈，还有一位上海最近新崛起的大亨——顾竹轩。

顾竹轩本是江苏盐城人。后来，江淮一带水旱成灾，饥民遍野，大批的难民纷纷涌入上海，谋求生计。顾竹轩也跟随着众人到了上海，以拉黄包车为生。1904年，他加入青帮，拜同乡、大字辈的刘登阶为"老头子"，从此声名鹊起。加上顾竹轩为人仗义，很重义气，很得同乡、同行人的拥护，没过几年，他就成了黄包车行业中领袖。他的手下有8000多拉黄包车的兄弟，大都是从苏北来的同乡，也是愿意为他卖命的人。

顾竹轩心直口快，他见众人话不投机，场面冷冷清清，就起身告辞，要严九龄陪去他赌场玩几手。严九龄早就觉得浑身不自在，刚好顺势告辞。杜月笙心里恚怒，却仍然满脸堆笑地将严九龄送出府邸。这一场宴会不欢而散，但杜月笙并没有死心，他在等待着机会。

几天后，机会终于来了。严九龄的一位好友谢鸿勋途经上海，听闻杜月笙大名，就请严九龄代为引见。严九龄左右为难，只得去求范回春。范回春自上次受到了严九龄的冷遇，心里一直生着闷气，现在见他有事相求，免不得对他一番冷嘲热讽。但考虑到杜月笙也有意结交严九龄，便答应再跑一趟，帮他穿针引线。

杜月笙听说了这件事后，喜不自胜，当即吩咐备下两张帖子，请严九龄和谢鸿勋前来赴宴。

当晚，谢鸿勋与严九龄如约而至。这一次气氛与上次大不相同，宴席上，众人推杯换盏，把酒言欢。杜月笙言语风趣，谈吐不俗，逗得众人前仰后合，笑声不绝。谢鸿勋赞叹杜月笙重情重义的性格，严九龄暗自钦佩杜月笙磊落不凡的气度，而杜月笙则高兴着自己又结识了两位朋友。谢鸿勋是军界要员，而严九龄是英租界的大亨，这就意味着他同时在军界和英租界都有了关系。

"关系"是非常重要的一个词。当时的上海滩，英、法等列强划界而治，如同几个独立的国家。帮派的势力、政党的势力、列强的势力，犬牙交错，各霸一方，谁也不容别人侵入自己的势力范围。譬如黄金荣，虽然是法租界权势熏天的大亨，但他的势力却一直未能延伸至英租界。其中相当重要的一个原因就是，他在英租界没有关系，没有适当的引路人，英租界的各种势力对他不够信任，自觉地抵触了黄金荣势力。现在，杜月笙结交了英租界的赌界大亨严九龄，就意味着自己的一只脚已经踏进了英租界。

席间，几人谈到了西洋的一些稀罕物。杜月笙趁机让侍奉在旁的人拿出了自己的一件珍爱的玩意儿。那是一只法国人送的"黄莺"。说是黄莺，其实并不是真的黄莺，而是法国的巧匠制作的一件机关鸟。不光外表栩栩如生，而且上紧发条之后，假黄莺会像真黄莺一样振翅、鸣叫，因为制作工艺非常精巧，在巴黎也仅有一只而已。杜月笙初得到这件宝贝时，也觉得新奇，但把玩了一段时间后，兴趣大减，就把它转送给了自己的妻子沈月英。现在几人谈到西洋物事，正好派上用场。

谢鸿勋对这件西洋玩意大觉新奇，就在酒桌上兴致勃勃地忙着摆弄起来。杜月笙看在眼里，便悄声吩咐人待会儿将鸟送到谢军长的车里去。他声音较小，谢鸿勋忙着玩鸟，不曾注意，但严九龄却听了个真真切切。严九龄替好友推辞，说君子不夺人所好。但杜月笙却请他代为收下，然后再请他转赠给谢军长。严九龄平白落得一份人情，心里非常感动，对杜月笙更为佩服了。

杜月笙不吝小物，凭借着一只小小的玩意儿，既讨得谢鸿勋的欢心，又收得严九龄的归心，真可谓一箭双雕。这是杜月笙做人的长处，也是他能够在上海滩乃至整个中国左右逢源、八面玲珑的一个重要原因。

降服严九龄，只是杜月笙征服上海滩的计划中的一环而已，他真正的目标是英租界。现在有了严九龄这块敲门砖，一切都好办多了。严九龄嗜赌，在英租界与他陪赌的也尽是一些社会上有头有脸的人物。杜月笙之所以千方百计地认识严九龄，做他赌桌上的陪客，主要是想在赌桌上认识一些英租界的名流、大亨而已。当然，这也不是他最终的目的。他最终的目的是把自己的势力渐渐地渗透进英租界，从而使得英、法租界，都成为他杜月笙的天下。

进军英租界

杜月笙终于如愿以偿的成为了严九龄赌桌上的陪客。除了他、严九龄、范回春外，还有一人叫郑松林，也是上海滩有名的大亨。郑松林是上海赫赫有名的金子大王，绰号"塌鼻头"。他赌起钱来，与杜、严、范三人气味相投，豪爽、挥金如土，从不因为输了小钱而斤斤计较。

四人赌博的筹码非常之巨，当时上海一石米不过三块的银元，但四位大亨每晚的输赢数目都在三四千元之上。杜月笙对这点小钱是不会在意的，他比较在意的是自己终于逐渐在英租界站稳脚跟了。

他们当时赌博的地点在英租界威海卫路总会里。当时，出入这里的大都是英租界的名流。有帮会的首脑，有军政界的名人，也不乏一些在英租界警司、工商等部门任职的要员。杜月笙每天下午三四点准时入局，夜半而归，如此过了一段时间，也就相继认识了一些英租界的头面人物。

从这些人的口里，杜月笙对英租界的情形也摸了个八九不离十。较之于法租界，英租界规划得更为整齐，更为繁华，也更加注重法治。在法租界，走私"水货"、贩卖烟土，甚至杀人放火，只要你有钱，依然可以逍遥法外。而在英租界，则比较难了。这也就不难理解为什么法租界赌博、娼妓、烟毒、黑帮如此猖獗了，而英租界则相对稳定了。

虽然杜月笙心里另有盘算，但黄金荣并不明白他的良苦用心。他听说杜月笙每天跑到英租界与人豪赌，不理公司之事，心里犯起了嘀咕。他知道杜月笙这个弟子什么都好，就是嗜赌成性，现在见他天天跑到英租界参加赌局，以为他又犯了老毛病呢。

黄金荣越想越觉得不能再让杜月笙这么下去了。他叫来范回春，先是故作感叹了一番，然后才旁敲侧击地对范回春说，杜月笙里里外外是黄门的一把手，身上担子不轻，现在每天跑出去赌博，恐怕会误了前途。

范回春是明白人，自然听出了黄金荣的弦外之音，但他对黄金荣的担忧不以为然。范回春和杜月笙相处了这么多天，深知杜月笙是一个很有心计、很有抱负的年轻人，绝不会是那种会玩物丧志的人。但他不好驳黄金荣面子，就问黄金荣，是不是要他劝劝杜月笙。

黄金荣知道杜月笙个性倔强，不是那种能够轻易劝得动的人，就让范回春以后别去参加他们的赌局。他认为赌局三缺一，凑不够人数，杜月笙自然会回来的。范回春只有点头允许了。

严九龄赌性正浓，心里自是恼怒范回春拆伙，但恼怒归恼怒，他在英租界不缺人脉，少了一个范回春并不影响他的赌局。严九龄不愿意与一般人为伍，他已经打定主意，要在赌桌上将杜月笙引见给英租界的一些厉害角色。

黄门弟子向来难以打入英租界，对英租界的名流大亨，也常常只是风闻其名而已。杜月笙结识严九龄，可谓是一步极其高明的棋。因为，在英租界，也只有严九龄这样的赌界大亨，才可以混迹于各个阶层，出入上流社会。

这天，严九龄带着杜月笙来到了泰昌公司楼上的一家公馆里。公馆的女主人叫做盛五娘。

说起这个女人，上海滩恐怕没有几人不识。她本名盛关颐，因在家中排行老五，所以被人称为盛五娘。盛五娘的父亲名叫做盛宣怀，是晚清邮电大臣，也是近代中国资本主义工商业重要的开拓者。

盛宣怀是名门之后，其父盛康是晚清重臣，和李鸿章私交甚厚。盛宣怀的成长年代，恰是中国社会最为动荡的时期。一方面清政府日益腐朽、濒于灭亡；另一方面，英法等列强以坚船利炮打开了中国的大门，企图将中国变成他们的殖民地。盛宣怀生于忧患，深知中国处世艰难，立志改变中国现状。盛宣怀20多岁的时候，被李鸿章召入幕府，作为其开展洋务运动的重要帮手。从此以后，盛宣怀扶摇直上，官运亨通，不久就官至道台，后更升任大理寺少卿、工部左侍郎、邮电大臣等职。他一生亦官亦商，办洋务，开矿藏，创办中国第一家银行，创办中国第一家电报局，创办中国第一所大学——北洋大学堂（即现在的天津大学）……若论当时对中国社会的影响之深，当远在上海三大亨之上。盛宣怀号称清末官商第一，家资亿万，富可敌国。在他死后，五女儿盛五娘继承了他在上海的一处房产，成为了当时上海滩最有名的女人之一。

盛五娘好赌，经常在公馆里设立赌局，邀请各界名流来此聚赌。严九龄就是盛公馆的座上客之一。盛五娘出身豪富之家，挥金如土，她牌桌上的赌注也是相当吓人，赌注没有上限，最低下注则是一万块银元。因为筹码太大，绝非一般赌徒可以承担，所以出入盛府门庭的人非富即贵，要么是像盛五娘一样出身的豪门子女；要么是军界、政界、商界的名流；再者像杜月笙这样的流氓大亨。

盛五娘的牌局在上海滩极富盛名，很多人倾尽家财，也不过是想进入盛公馆玩上几手而已。因为，进入盛公馆，是一个人身份、地位的象征，如果想认识、攀附社会名流，这里也无疑是最佳的地点。

杜月笙早就听说过盛五娘的大名，只是一直无缘相见而已，现在有严九龄引见，自然是不胜欣喜。盛五娘是个精明的女人，虽然外间关于杜月笙的传闻很多，但她都一直都觉得耳听为虚，眼见为实，赌品如人品，只有在赌桌上亲眼见过，才知道杜月笙到底是一个怎样的人。

这一夜，杜月笙输掉了三万。这绝非一个小数目，然而杜月笙仍然面不改色，与众人谈笑自若。盛五娘不禁对杜月笙多看了几眼，觉得这个年轻人颇有些与众不同。之后的半年，杜月笙更是每日必到，而输赢常常在上万银元之数。赢了，一笑了之；输了，脸上也不减笑容半分，神采依旧。盛五娘很欣赏杜月笙的为人，久而久之，两人遂成了感情极深的牌友。

通过盛五娘的引荐，杜月笙得以出入于大英地界的上流社会。许多英租界的头面人物见到他还得恭恭敬敬地叫一声"杜先生"。杜月笙把英租界的一些朋友引进了法租界，给他们提供保护伞，同时在这些朋友的帮助下，也逐渐把自己的触角伸向了英租界。英租界、法租界过去泾渭分明，井水不犯河水的态势，逐渐被杜月笙打破了。他成为了脚跨两租界的响当当的人物。

黄金荣此时才看出杜月笙这场豪赌的意义。他在上海经营了大半辈子，势力始终无法渗入英租界，由于害怕儿女被英租界的黑帮绑票，还严令儿女不得出入英租界。然而，杜月笙却通过半年的豪赌，轻而易举地冲破了英租界的樊篱，将势力延伸到大英地界。至此，黄金荣也不由得感叹后生可畏，向杜月笙伸出了拇指。

但这样的成绩在杜月笙看来太小了，他的内心，早已不是一个区区的英租界所能填充的，甚至整个的上海滩都不够。

第六章
烟土路上多波折

三鑫公司的运作

三鑫公司最初是在杜月笙和金廷荪的主持之下成立的，所以公司的主要负责人就是杜月笙和金廷荪。杜月笙担任三鑫公司的经理，而金廷荪则掌管三鑫公司的财务，至于黄金荣，实际上充当的是幕后老板的角色，一般并不参与三鑫公司的具体工作，但是却暗中统揽全局，并负责出面与法租界当局进行联络，最突出的贡献便是赢得了法租界巡捕房总巡费沃利等人的大力支持，否则，三鑫公司是万万办不成的。另外，三鑫公司还有两个副经理，分别是张啸林和范回春，范回春协助杜月笙和金廷荪的工作，而张啸林在三鑫公司中的作用主要是联络浙江军阀和上海军警势力，专事与淞沪护军使何丰林、淞沪警察厅主任秘书刘春圃、镇守使署秘书长江干廷、缉私营统领俞叶封等人进行沟通，从而确保其烟土运输能够一路平安。再有，顾嘉棠等"小八股党"的成员，还包括最终被黄金荣、杜月笙采用"怀柔"之术纳入组织的沈杏山等部分"大八股党"的成员也都是三鑫公司的骨干力量。

三鑫公司的总部设在法租界惟祥里，正门位于法大马路上，也就是现在的金陵东路196弄。这个地理位置的不远处就是黄金荣办公的法租界大自鸣钟巡捕房。公司在正门口设有铁栅栏，里外共有三道，有岗哨和安南巡捕昼夜值勤，内共有5幢房子，除一幢用作办公室，其余皆为仓库。公司后门在火轮磨坊街（今盛泽路53弄）。此外，公司还有多处办事处。公司还在法租界的腹地杜美路（今东湖路）建立了大型的鸦片仓库。另外，三鑫公司的分支机构实际上还应包括法租界内外的相关烟土行和烟馆。

最初的三鑫公司吸收潮帮土商八大家和本帮两大家加入，包括郑洽记、郭源（元）茂、郭煌盛、老裕昌、郑协记、郭晋徐、老大云、老洽记（兴）、同昌、洪昌（后两家是本帮），到1925年的时候则发展为21家。三鑫公司所承保的鸦片主要是波斯土、川土、云土和北口土。波斯土在高桥的东海滩提货；云土先运至四川，再和川土一道运抵宜昌，最后沿着长江来到上海隆茂码头；北口土则在怡和与金利源码头上岸。提取法租界洋商和法国军队的鸦片，保护的重责自然落在法租界当局的治安武装力量身上。这时的黄金荣会派出巡捕房几百名安南巡捕押运鸦片，还会出动警车到处巡逻，总是弄得声势浩大。总之，鸦片从起运到进入库房，沿途都有严密的保护，从而确保万无一失。如果是潮帮、本帮商人的烟土到达，船只会在何丰林的荫庇下把鸦片从吴淞口运到十六铺或在淞沪护军使署附近开驳上站，不受任何人检查，再由杜月笙派"小八股党"包运到法租界。当时他们为了避免路人的眼目，每到鸦片烟车辆经过街道的时候，所控制的电灯会突然熄灭，直到那些车辆顺利通过。由此可见，何丰林对于三鑫公司的烟土运输是多么的配合，在他的这种公开掩护之下，三鑫公司的胆大妄为已经达到了一种惊人的地步。当然，能做到这一点，其中张啸林是有着很大功劳的。

而当车辆进入法租界后，就更不用说，自然又会有黄金荣派遣的巡捕进行护送。这些巡捕的费用，是黄金荣从保险费中支付的。名义上有500人，费用数万元。实际上并不足500人，空额全由法租界巡捕房的领导给吃了。随着鸦片运量的增加，名义上的人数甚至达到过1000至2000人，费用也达到10～20万元。这笔费用自然不可能由三鑫公司掏腰包，而只能算入鸦片保险费，让"郑洽记"、"郭源（元）茂"、"同昌"等鸦片贩卖商人来出。而商人们则会因此提高出售烟土的价格，往往每多付出一成保险费，鸦片的售价就能上涨15%。鸦片入库后，由公司盖上条戳，还有法租界巡捕房开出的盖有戳记的收条，而烟土商则付给三鑫公司占鸦片总值10%的保险费。烟土商交纳保险费后，无论在押运还是库存期间发生的一切被劫被盗等损失，都由三鑫公司来承担并照价赔偿。

三鑫公司的另一项业务是垄断法租界的鸦片贸易，这是鸦片买卖从地下探头的重要表现。公司与法租界当局协商规定，凡法租界内销售的烟土，都必须贴上三鑫公司的"三星"印花，否则不得出售。这种收取鸦片印花税的行为就是一种变相的鸦片公卖。只要让出一部分利润，就可以得到法租界当局和帮会势力的双重保护，烟土商对此当然是欣然接受，况且，事实上这部分损失也可以通过提高鸦片售价的办法弥补回来。因此，烟土商们被纷纷吸引到这样的依附关系中，这就进一步助长了三鑫公司的势力。

直接参与鸦片的贩卖也是三鑫公司敛财的一个重要手段。三鑫公司实际上是一个集几十家烟土商行、上万家烟馆和零售土行为一体的庞大集团，其中也包括直属的鸦片买卖机构，如中华烟馆、宝裕里烟馆等。三鑫公司将中外烟土商的鸦片批发给法租界里的一些烟土行，特别是那些大烟土行，以获得更多的利润。正是因为有着得天独厚的官方背景和经济实力，所以三鑫公司既能保运，又能包销。除了借助军阀的保护向各地贩卖鸦片，三鑫公司也同时包销来自各方军阀的鸦片，所获利润有的是三七分成，有的是四六分成。

再有，收取"烟枪捐"，即对烟馆所征收的一种特别营业税，也是三鑫公司获取金钱的一个重要项目。1927年，仅法租界的烟馆至少就有六千多家。1928年，根据中华国民拒毒会《拒毒月刊》的记载，上海法租界的烟馆数量更是增加到了八千多家。如此庞大的烟馆数量不正是一个敛财的好机会？于是，法租界内的大小烟馆，纷纷都要向三鑫公司缴纳"烟枪捐"，因为只要缴纳了"烟枪捐"，在遇到流氓骚扰或巡捕冲击等事件的时候就会得到三鑫公司的保护，如果有所损失，三鑫公司会全额赔偿。此外，三鑫公司旗下的百余名检查员，对各烟馆的烟枪实行严格的管理清点，代巡捕房收取烟枪执照费。如发现有隐瞒少报数量的，轻则罚款，重则撤照禁营。

总之，三鑫公司利用自身的多方优势，不仅将自身的毒品网络覆盖了整个上海法租界，而且也延伸到了公共租界和华界，甚至其影响已经远远超出了上海地区。

鉴于三鑫公司的钱财来源和利益分配的复杂情况，要想准确地计算出三鑫公司的收入是一件困难的事，况且三鑫公司的经营性质也使得相关的记载公开度较差。不过，我们仍然能够通过一些零星的资料来了解一个大概。亲历者郁咏馥在《我所知道的杜月笙》一文中讲道："总的说来，三鑫公司每年的收入，总有几千万元。"再有，根据《字林西报》1923年8月10日的报道透露："目下私运之风益盛，仅吴淞一埠，每月上岸者常在一千箱以外，每箱平均藏土二千八百盎斯，以每盎斯取费一元计，则该团收入每箱有二千八百元，每月至少得二百二十五万元，而每年约有三千万元。"另外，根据程锡文《我当黄金荣管家的见闻》一文记载："三鑫公司代捕房收取烟枪执照费，每支烟枪收执照费每月几角钱，后来涨至几块钱。那时一个烟馆至少有十几支烟枪，大的烟馆有几十支，仅法租界内就有烟馆一二万家，每月收入就有几十万元。"由此可知，三鑫公司每年收取烟枪执照费这一项的收入就有数百万元。此外更有比烟枪执照费的收入要高得多的保运费的收入，当时三鑫公司监运鸦片的收费为鸦片总值的10%，这样，每年所得的保护费就有百万到千万不等，如果再加上印花税收入和自设烟馆的盈利，三鑫公司的年收入肯定是有几千万元的。

有关三鑫公司的收入状况，澳大利亚学者布莱恩·马丁博士也做出了自己的推算，我们可以进行参考。马丁博士在《1926年前上海鸦片交易和三鑫公司的设立》中介绍，1925至1926年间三鑫公司的收入情况："据说这家'大公司'年盈利5600万元，日进斗金的状况是不言而喻的。"而后，他又进行了具体的计算，根据当时不确切的统计，上海的21家潮帮烟土商为了使自己在上海和江苏的生意不受当地帮会流氓势力的抢劫，每家每月都会付给三鑫公司5万元的保护费，这一项的年收入就是1200多万；三鑫公司向上海60家鸦片批发商收取月费，根据生意大小分成10组，费用从每月300元至7000元不等；三鑫公司的收费中还包括通过公共租界和华界的运输费：从太古和招商局码头运往法租界每盎司0.13元，从浦东、吴淞、杨树浦和虹口码头运往法租界每盎司0.26元。另外，还有数额不小的烟枪捐，但是烟枪捐这项收入因为过于琐碎和不确定而无法进行统计，而不包括烟枪捐，以上三项的年总收入约为19173586元。当然，这只是三鑫公司年收入中的一小部分。据估计，三鑫公司自己直接从事烟土生意每年的所得可以达到4000万元，这样一来，其年收入的总数就会达到大约6000万元，与传闻的5600万元较为接近。当然，因为货币制度和货币价值的变化，仅仅给出了五六千万元这样一个孤立的数字，我们也许还是难以明白三鑫公司当年的收入到底价值几何，不过，通过比较的方法来进行观照，我们就会认识得很清楚了。

那么，三鑫公司到底有多富裕呢？根据档案记载，1916年，中国的国家财政总收人为2.95亿元，直到1925年也仅仅增加到3.45亿元，而三鑫公司当时一年的收入就相当于政府全年财政总收人的14%～20%。由此观之，三鑫公司真的就是"富可敌国"。

然而，在这样惊人的收入背后，其利益分配的"网络"也是惊人的。三鑫公司名义上的职员约有150人，在公司内部按照"大三股、中六股、小八股"的原则分红。所谓"大三股"就是黄金荣、杜月笙、张啸林这"三大亨"，他们每年所得都要在上百万元左右，其中又以黄金荣的实际所得最多。所谓"中六股"是"三大亨"最亲信的心腹或是三鑫公司各项业务的骨干，包括金廷荪、范回春、徐采垂（杜月笙的机要秘书）、沈杏山、顾嘉棠、叶焯山等六人。而所谓的"小八股"就是"小八股党"的顾嘉棠和叶焯山之外的几个成员以及和他们身份相当的公司中的其他重要成员。在这些骨干成员之外，那些挂名"烟枪检查员"的虾兵蟹将们，每月也可以从三鑫公司拿到几十元到几百元的好处，当然，他们依借三鑫公司所获得的收入并不限于这些，因为这些"烟枪检查员"在"办公"的同时还会私自克扣一部分烟捐，并且还经常会对烟馆进行敲诈，这部分收入也是很可观的。在通常的分红和薪水之外，三鑫公司的所有职员还有"三节"的分红，每到春节、端午节和中秋节的时候，他们都会有一笔丰厚的红利，即使是一个普通的杂役，每次也可分得六七百元，而上点儿层次的职员则会分到数千至数万元不等。

以上仅仅是三鑫公司内部的收入分配情况，而比内部的利益分配更为繁杂的是对外部的分配，因为三鑫公司的整条产业链上牵涉到了方方面面的众多关系，所以三鑫公司的外部利益分配相当复杂。

首先当然就是法租界当局。撇去与鸦片有关的常规税收这一块，在法租界内，上至"太上皇"法国总领事、公董局董事、巡捕房总巡，下至巡捕房的一般工作人员，都要按照职务的高低和对三鑫公司"贡献"的大小，分得一份。

其次，入主上海的军阀也无一例外地分享着三鑫公司的经营所带来的巨大利益。无论是卢永祥、何丰林，还是齐燮阳、孙传芳、张宗昌等人，对三鑫公司所到之处皆大开绿灯，极力保护，而他们之所以会如此开恩，当然是因为其背后与三鑫公司有着互惠互利的"黑色交易"。

另外，三鑫公司为了占尽便宜后不落人口舌，对沪上帮会的头面人物也极尽讨好之能事。杜月笙等人为此特别列出了一份名单，上面写着张树声、高士奎、曹幼珊、刘登阶、梁绍堂、步章五、程孝周、樊瑾丞、阮慕白、李琴堂、荣华亭、袁克文、张蔚斋、李春利、周盖臣、吴省三等一长串的名字，凡是名单上所列的人物，三鑫公司都会每月给每人送去300大洋。除了这些大流氓头目，分布在各大码头上的帮会流氓也曾收到来自三鑫公司的"月规钱"。

在以上各界的人物之外，三鑫公司还会不时地向各家报纸的记者朋友们"表示表示"。至于其他偶有涉及的人士，三鑫公司也都不会薄待。

总之，三鑫公司在内外利益分配上确实是照顾得极为周到，真正做到了"利益均摊"，只要你给公司出了一份力，公司就会毫不吝惜地给你一份更为丰厚的回报。

事实上，三鑫公司的收入越高，其惠及面越广，对于国家和人民的危害就越大。三鑫公司是中国近代流氓势力与毒品产业紧密结合的产物，这种结合将近代中国的毒品之泛滥和流氓之猖獗双双推向了一个历史的新高峰。首先，作为贩毒机构，三鑫公司在毒品的生产和消费之间营建了一个活跃的、强势的中间环节。20世纪20年代后期，中国的吸毒人数达到了8000万之多，成为世界上最大的毒品消费国，这其中就有黄金荣等人所开办的三鑫公司所做出的一份"重大贡献"。再者，作为帮会势力控制下的贩毒机构，三鑫公司不仅为黄金荣、杜月笙、张啸林这"三大亨"集团的维持和壮大提供了重要的经济保障，他们更以鸦片利益为交换，促使中外政治势力为流氓帮会的发展铺平了道路。20世纪30年代初，黄金荣、杜月笙、张啸林这"三大亨"集团膨胀为中国最大的黑社会团体，他们在自身"事业"达到顶峰的同时，咄咄逼人地向政界、工商界、娱乐界等领域全面渗透，而这主要依靠的就是三鑫公司的巨大能量。最后，三鑫公司以鸦片活动为中心，将近代中国社会的几大势力进行了一种奇特的整合，租界当局、军阀、帮会势力在互相联系、互相受益和互相牵制中运动，使得他们不仅在经济方面，同时也在政治等其他方面，形成了一个多元的利益网络和同盟，而这种恶势力同盟的形成又使得中国近代社会的黑暗与腐败程度大大地加深了。

三鑫公司遭遇危机

三鑫公司自成立以来，内有杜月笙等人的百般钻营，外有镇守司衙门、水警营、缉私营的大力庇护，业务可谓一直蒸蒸日上。然而，杜月笙却没有料到，在1924年末的时候，三鑫公司就遇到了一场空前的危机。这场危机差点砸了三鑫公司的金字招牌，也差点让杜月笙折翼上海。

这件事和"潮州帮"有关系。三鑫公司成立后不久，就垄断上海的烟土市场，潮州帮沦为附庸，但他们并不甘心，暗中蛰伏，寻找新的机会，以图破解三鑫公司的垄断局面。他们几经周折，终于发现了一个紧要的所在。原来，三鑫公司运送烟土的路线，一直是自崇明岛的南水道驶入吴淞口，再从高昌庙沿着公路运到上海的。而在崇明岛之北，还有一条北水道。他们完全可以通过这条水道，将烟土运入上海。当时，统辖这一地区的是通海镇守使张仁奎。

张仁奎字镜湖，山东滕州人，早年曾参加义和团。义和团失败后，他跟随着徐宝山贩私盐，后来徐宝山被清廷招安，张仁奎也跟着显贵。几年后，辛亥革命爆发，徐宝山因为"反正"有功，部队被扩编为"国民革命军第二军"，徐宝山自任为军长，张仁奎升为第77混成旅旅长。

徐宝山死后，第二军群龙无首，张仁奎趁机独揽军权。1916年，袁世凯病故，北洋军阀矛盾公开，直、皖两系开始明争暗斗，直系首领冯国璋觉得张仁奎是可用之才，就提拔他为第76混成旅旅长兼任通海镇守使，驻防南通，辖境包括泰州、崇明、启东、海门及江浙沿海各地。

在南通，张仁奎开香堂，广收弟子，门徒一度多达上万人。张仁奎早年曾加入义和团，拜藤县义和团首领、青帮第二十代"礼"字辈前辈马凤山为"老头子"，因此他的辈分属于"大"字辈，这在青帮已经是非常高的辈分了。或许是因为这个原因，当时许多的军政界名人都心甘情愿地拜他为师，如韩复榘、蒋鼎文、朱绍良、陈光甫等人都是他的徒弟。张仁奎对于收徒弟也非常讲究，他只收那些有前途的人。因此，当时他的徒子徒孙多名流巨贾，遍布军政各界。张仁奎由是声名甚隆，显赫一时，其地位之尊、势力之大，就算是"三大亨"也自叹不如。

潮州帮正是看见了这一层关系，便悄悄地和张仁奎在海门、启东等地的驻军头目搭上了关系。他们每次拿出一定的"辛苦费"，"孝敬"地方各级长官，而这些人则给他们开绿灯，允许他们将烟土从辖区内运出。就这样，潮州帮的人开辟了一条新的航线，和三鑫公司展开了竞争。上海滩烟土行原本只有三鑫公司一家供应商，现在又有了新的货源，有了选择余地，自然求之不得。这么一来，三鑫公司的生意便大受影响，业务大不如前。不久后的另外一件事，更让三鑫公司雪上加霜。

袁世凯死后，北洋军阀中各派系勾心斗角，混战不断。1923年，直系军阀头子曹锟就任大总统后，号召"武力统一"全国。他命令江苏督军齐燮元进攻占据浙江的皖系军阀卢永祥。齐燮元联合福建孙传芳，调张仁奎一起向卢永祥发起攻击。卢永祥大败下野，东赴日本。淞沪镇守使何丰林也在战败后卸去了军职。孙传芳随后占领了淞沪，另外任命白宝山为淞沪镇守使。杜月笙、张啸林等人当初费尽心机笼络的靠山，就这么轰然倒台。

杜月笙、张啸林等人面对这一变故，茫然不知所措。他们当然明白，以往烟土走私之所以无往而不利，主要得益于"官民合作"，上下浑然一体。而现在新贵白宝山执掌了淞沪军政大权，控制了上海要津，想要运送烟土过关，只怕比登天还难。想要重新疏通关系，但无货便无钱，且时间不等人。眼见三鑫公司烟土货源即将断绝，杜月笙等人忧心忡忡。

杜月笙在这一次危机中受到的波及最大。其一，他是三鑫公司的主要负责人，如今公司遭遇危机，他自然责无旁贷。其二，他的收入财源主要来自于鸦片生意，现在生意即将陷入停顿，对他的影响自然可想而知。当年英租界碍于国际观瞻，发起了禁烟运动，潮州帮以及其他的各大烟土行纷纷迁入法租界，沦为了三鑫公司的子公司。每一年，三鑫公司向他们提供货源，而他们则向三鑫公司支付酬金。另外，他们还需向三鑫公司上缴一定的"保护费"，作为酬谢三鑫公司疏通关节、打点各路势力的费用。仅仅收取"保护费"这一项，杜月笙每年的收入就在100万银元左右。现在货源断绝，各大土行顿时炸开了锅，纷纷涌至杜公馆，要求杜月笙作出解释。杜月笙一方面安慰各大土行老板，保证一定继续供应烟土；另一方面拿出所有自己积蓄从各处搜罗鸦片，保证烟土供应。然而，这根本就是杯水车薪。

杜月笙虽然每年的收入不菲，但偏偏又是个挥金如土的人。他爱钱，也舍得花钱。他懂得钱的妙用，肯用钱去笼络人心，去解决难题。他喜欢"交朋友"，信奉"破财免灾"，时不时地都需要拿出一部分的薪金去贿赂、笼络上海的达官贵人，衙门的各级官员，帮会的各个首领，以及新闻界的人士。另外，他又很重义气，乐善好施，但凡有人需要他接济，他一定慷慨解囊，鼎力相助。而且每一年，杜月笙都要拿出一部分的钱，捐赠给公益事业，修路筑桥，赠医施药，救济穷人、乞丐。所以，杜月笙很快就囊中金尽了。为了维持三鑫公司的信誉，他只得放下面子，四处借贷。张啸林、"小八股党"也竭尽全力地想办法。

那半年，是三鑫公司营业以来最困难的时期，也是杜月笙名闻上海滩后，最尴尬的一段日子。一个偶然的机会让杜月笙看到了希望，他紧紧抓住这一机遇，一举助三鑫公司摆脱了困境。

救星陆冲鹏

有句话说得好，机会只在刹那之间，有些时候，一个微不足道的细节都有可能是解决事情的关键。重点在于，你能否抓住这个细节，能否以小见大，能否抓住机遇，并且利用这个机遇。杜月笙正是这样的一个人，他能够从一些别人并不在意的微小细节中，推测出一些不同的结论。解决三鑫公司的危机事件，正是因为杜月笙的这一特质。

说起来，此事还多亏了"小八股党"。三鑫公司发生危机之后，杜月笙、黄金荣等几大公司股东遭受重创自不待言，顾嘉棠、芮庆荣等"小八股党"也是叫苦不迭。他们之前在杜月笙手下讨生活，现在杜月笙囊中金尽，他们也很快就捉襟见肘了。莫说之前花天酒地的日子不再，就是赌场也不敢轻进了。

杜月笙当然知道他们的情况，心里很是过意不去。这些都是自己忠心耿耿的手下，肯为自己两肋插刀的朋友，现在他们陷入困顿，生活拮据，而自己却是束手无策，杜月笙觉得自己很是窝囊。

这天，"小八股党"来向杜月笙报告，说他们借到了十箱土。杜月笙心里觉得奇怪，上海滩烟土即将断档了，怎么还会有人如此大手笔借出十箱的烟土呢？连忙询问事情的来龙去脉。

原来，他们几人四处借不到钱，就发动手下在上海查探谁手里有"货"，想趁机干上一票。一天，他们得到消息，说上海有一位国会议员手里还有"货"。他们大喜，就去向人家借"货"。

这位国会议员叫陆冲鹏，在上海滩也算是颇有名气的人物。陆冲鹏祖上是浙江海门大地主家庭，家中有良田百顷，佃户数千，是显赫一时的名门望族。陆冲鹏曾经考中过晚清秀才，后来科举制度被废除，遂就读于苏州法律学校。毕业后，考取执照，后在上海滩担当律师，小有名气。段祺瑞政府上台后，他被选为国会议员，隶属于众议院。因为和北京政府临时执政段祺瑞、财政总长李思浩等人相熟，一时间成了众人眼里炙手可热的人物。

陆冲鹏在得知"小八股党"是来借"货"时，显得有些惊讶，他不知道自己手里有土这个秘密是怎么泄露的。但他仍然爽快地对他们说，愿意借出一些，同时又表示这批货是朋友的，他只能借出十箱，如果超过这个数目，他就做不了主了。"小八股党"见有人借货，喜不自禁，也就没有考虑其他，忙不迭地将十箱土运回了家，并将此事告诉了杜月笙。

杜月笙听完他们的话后，敏感地意识到陆冲鹏很有可能是三鑫公司的一个救星。原因很简单，当前上海滩烟土供不应求，有人纵然有，也想着囤积居奇，牟取暴利，但这人能如此爽快地借出十箱，可知他手里的"货"绝对不止十箱，这些货也自然不是"朋友"的，而是他自己的。意识到这些，杜月笙顿感振奋，连忙命令"小八股党"遣人暗中调查此事。

杜月笙在上海，党徒众多。三教九流，各门各派都有他的人马，因此查探消息的效率极高。事情很快就有了眉目。果然如杜月笙所想，这个陆冲鹏的确是三鑫公司的救星。因为，在陆冲鹏的手里，所拥有的烟土数目不是一百箱两百箱，竟然高达一千余箱。

一千箱，这是多么大数字，即便是杜月笙这样的毒枭，也不由得咋舌不已。这么多的"货"只要能够匀出一半来，就足以解决三鑫公司的危机了。杜月笙脸上的愁云一扫而光，心里又是开心，又是疑惑。他实在没有想到，就在自己的老巢之下，竟然还有人囤积这么多的烟土。

当然，陆冲鹏一次不可能运送这么多的烟土，这些烟土其实是他两次累计下来的。每次五百箱，从海上运到上海后，陆冲鹏联系买家，双方进行交易，和陆冲鹏合作的是广茂和烟土行。

广茂和烟土行也是青帮人士所开，原本开在英租界，后来因为英租界发起了"禁烟运动"，于是搬迁至法租界内，和三鑫公司形成了竞争。陆冲鹏因为和广茂和的老板很熟，就和广茂和签订了协议，约定每月由陆冲鹏将"货"运送到广茂和土行，而广茂和土行则见货付款。

然而，让陆冲鹏没有想到的是，第一次的交易就出现了意想不到的事情。广茂和的老板欺骗了他。在第一批500箱烟土平安运送到外海的时候，陆冲鹏去通知广茂和老板准备现款接货。但去了后，对方却告诉他，他们手里并没有那么多的钱。陆冲鹏又气又恨，只得将500箱的东西搬回他的田庄。

上海销售不出去，陆冲鹏只好另想办法，准备把这些烟土运往其他地方去卖。陆冲鹏选中了苏北。苏北对烟土需求大，距离上海又近，不至于长途奔波出现意外。另外，通往苏北这一区的辖境刚好在通海镇守使张仁奎的治下。张仁奎与陆冲鹏早有交情。虽则如此，陆冲鹏还是不敢直接去找张仁奎，他去找了张仁奎的大弟子，自己的师兄吴昆山，希望通过他这一层关系，征得张老太爷的同意。

吴昆山是张仁奎的爱徒，胆识、口才俱佳，当时隶属浙军第三十八师某部营长。在他的几番进言下，张仁奎终于同意陆冲鹏从他的辖境运送鸦片去苏北。当时，陆冲鹏田庄囤积的鸦片也已经多达1000多箱了。烟土数目虽大，但陆冲鹏却很轻松。只要解决了借道这个关键问题，事情就好办多了。陆冲鹏当即前往苏北，联络了买家，准备寻找个恰当的时机把这些货运往苏北。

当"小八股党"来借货的时候，陆冲鹏已经联络好了买家。所以，这个时候，他很难办。如果早些时候，"小八股党"来借货的话，他说不定会顺势将积累的货物卖给他们，但现在已经有了买家，就不能失了诚信，将货借给他人。但陆冲鹏也知道"小八股党"是不容易打发的人物，而他们背后的靠山杜月笙又是上海滩谁也惹不起的人物，因此，他还是匀出了十箱烟土给他们。

可是，杜月笙是何等厉害的人物，只是从"小八股党"借"货"一事中，已经推测出了陆冲鹏有所隐瞒。果然一经调查，就发现陆冲鹏囤积大量烟土之事。但是杜月笙的脑里仍然充满了疑问。

第一个疑问，陆冲鹏为何手头上有如此多的鸦片呢？陆家虽是海门豪富大族，家资千万，但贩卖这么多烟土，也是绝无可能。况且陆冲鹏是名门之后，向来自诩"清流"，又怎么会干起贩卖鸦片的勾当呢？

第二个疑问，这么多烟土是从何处运来的，货源地又是哪里呢？虽说国家的某些地方种植有罂粟，但自从国家明令禁止贩卖、走私鸦片，一些地方轰轰烈烈地发起"禁烟运动"后，鸦片的产量就大大减少了。这一千箱的"货"绝非小数，若非有特殊的渠道，根本不可能弄到这么多的鸦片。

第三个疑问，这么多的烟土又是通过何种途径，神不知鬼不觉地运来上海的呢？当时，各地军阀割据，裂土为王，对境内管制非常严格。诸如鸦片这样的"违禁品"，更是稽查人员关注的对象。这么多的烟土竟然可以通过军阀的层层封锁线，安全地运达上海，可知陆冲鹏定是有法宝在手。

很显然，陆冲鹏非同寻常，在他的身上还有许多未解的谜团。杜月笙通过种种渠道，终于探知了一个天大的秘密。原来此事竟然和北洋政府有关，陆冲鹏的背后靠山便是中华民国临时执政段祺瑞。

破解军阀们的秘密

袁世凯倒台后，北洋军阀内部矛盾激化，分裂为皖系、直系、奉系三大派系。皖系的军阀首领段祺瑞在日本的支持下，控制皖、浙、闽、鲁、陕等省；直系的冯国璋在英美的支持下，控制苏、赣、鄂及直隶等省；而奉系的张作霖则在日本的支持下，占踞东北三省。除此之外，还有山西的晋系军阀阎锡山，云南的滇系军阀唐继尧和广西的桂系军阀陆荣廷等。各大军阀为了争夺地盘，尔虞我诈，混战连年，给百姓生活带来极大的灾难。

1917年，皖系军阀头子段祺瑞驱逐张勋，以"功臣"自居，出任国务总理，操纵了北京政府的实际权力。为了进一步巩固统治，段祺瑞还于同年在北京安福胡同组建了安福俱乐部。当时，出入于这个俱乐部的政客大都是皖系的军阀头目，而他们也被统称为"安福系"。当时安福系控制了北京政府，操纵了议会选举。次年，全国各地选举国会议员，安福系利用威逼利诱的办法，操纵了各地的议会选举。海门的陆冲鹏和安福系多有往来，深受赏识，于是被选为国会议员。

几年后，直皖战争爆发，皖系军队战败，段祺瑞下台，直奉两派军阀共同控制了北京政府。这一时期，由于直系军阀头子冯国璋已死，直系新贵曹锟、吴佩孚逐渐崛起，成了直系的代理人。成王败寇，皖系段祺瑞、李思浩等人战败后，四处逃亡，躲避直系的追杀。后来途径海门，陆冲鹏欣然将段祺瑞、李思浩等人迎进府中，善加款待。正是这个原因，陆冲鹏和皖系军阀结下了不解之缘，陆冲鹏和李思浩更成了莫逆之交，亲如兄弟。

1923年，曹锟逼迫黎元洪辞去了大总统职位，随后通过贿选的方式，自己做了中华民国的大总统。曹锟上台后，执行"武力统一"全国的政策，命令直系军阀头目齐燮元、周荫人、孙传芳等人夹攻浙江的皖系军阀头子卢永祥。奉系张作霖以援助卢永祥为名，率领奉军15万人入关，"第二次直奉战争"爆发。

10月，双方鏖战榆关、赤峰一带，两军伤亡十分惨重。直系将领冯玉祥乘机倒戈，回师北京，发动政变，囚禁了大总统曹锟。北京政府人心惶惶，冯玉祥为了安定民心，于是又请避祸天津的段祺瑞出山，稳定政局。11月，段祺瑞被冯玉祥、张作霖等人推举为"中华民国临时执政"。

段祺瑞重新上台后，即任命亲信李思浩为财政总长，兼盐务署督办，总领国家财政大权。李思浩这个财政大臣并不好当，其时中央财政极其紧缺，尤其是北洋海军，拖欠军饷已经有相当长的一段时间了。海军官兵人心鼓噪，屡次向政府催讨薪饷，海军总司令杜锡珪抵不住压力，被迫辞职。段祺瑞政府为了筹钱，想尽了办法，最后他们竟想到了一个极其荒唐的主意，即贩卖鸦片生财。其实，贩卖鸦片，牟取暴利，在那个年代早就成了屡见不鲜的事情。

在当时，各地军阀大则控制几省，小则占据县市，为利益争斗不休。这样一来，军需开支就非常巨大。为了解决军需问题，军阀们横征暴敛，巧立名目，攫夺民脂民膏。他们或则向百姓征收苛捐杂税，或则滥发纸币，或向外国势力举借外债。当然，还有贩卖鸦片。鸦片是这当中获利最为丰厚的一项，所以很多军阀都把鸦片贩卖作为主要的财源。像陕西、四川等地的军阀不但勒令农民种植罂粟，向他们征收重税，甚至还在军队中公然成立专门的部门，炼制、贩卖鸦片。

各地军阀贩卖鸦片之风盛行，也无怪乎段祺瑞政府会打起鸦片的注意。但毕竟是中央政府，碍于国际观瞻，不敢明目张胆的大行其事，于是他们提出了"寓禁于征"的议案。所谓的"寓禁于征"，就是说要想禁绝鸦片，就要向种植罂粟的人征收重税，这在名义上好像是为了禁烟，其实是变相鼓励鸦片走私活动。议案提交内阁后，遭到了众多议员的坚决反对。当时一些民间禁毒组织屡屡警告段祺瑞政府，反对鸦片公然买卖。社会上一些较有影响的报纸、杂志也多次刊文，指出鸦片走私有百害而无一利，并犀利指出军人贩卖鸦片，祸国殃民。

在这种情况下，段祺瑞政府自然不能逆民意而行，所以他们就玩起了手段：台面上支持百姓的禁烟运动，背地里则进行贩卖鸦片的勾当。李思浩积极奔走，终于和日本的三井财阀取得了联系。经过协商，三井财阀同意由日本人中泽松男出面，每月从波斯采购鸦片500箱运往上海销售，资金由三井财阀垫付，赚来的钱交由段祺瑞政府，用来偿付海军欠饷。

达成协议后，李思浩开始物色经营此事的代理人。这件事见不得光，不好由政府部门出面，但又必须交给一个值得托付的人。李思浩思来想去，最终想到了陆冲鹏。一来陆冲鹏和上海各大土行很熟，二来和"安福系"关系笃深，是可以信任的人。

陆冲鹏对此有些犹豫，虽然此事一本万利，可是风险也是极大。一旦在路上被军阀查获，轻则所有的烟土被军阀纳入自己囊中，重则是要掉脑袋，身败名裂，受万夫所指。但李思浩告诉他完全不用为此担心，他们运送鸦片的途径绝对隐秘，也绝对安全。因为，是用海军军舰护送的。

海军？陆冲鹏吓了一跳，随即便明白了李思浩的意思。运送的路径自然是海路了。当时通往上海的陆地上线路属于直系军阀的势力范围，段祺瑞和李思浩等人自然不敢明目张胆、堂而皇之的从陆路过境了。好在当时北洋海军听从北京政府的命令，段祺瑞等人可以命令海军兵舰护送这些烟土前往上海。陆冲鹏见有海军保驾护航，就放下心来，答应了做段祺瑞政府鸦片买卖的代理人。

段祺瑞非常重视鸦片交易，就将押送鸦片的任务交给了海军中很有名的"楚谦"号。"楚谦"号的舰长姓杨，是海军总司令杨树庄的亲弟弟。每次，"楚谦"舰首先驶往吴淞口，在这里抛锚，接等候于此的陆冲鹏上舰。接着，军舰驶往了公海，在公海里早有日本人的轮船恭候。陆冲鹏下兵舰，登上轮船，和押送鸦片的日本人中泽松男办理手续，签好字，然后，派人把轮船上的500箱鸦片运上军舰。一切妥当之后，"楚谦"舰返航，自公海按照原定路线驶往高昌庙。在高昌庙，军舰抛锚，陆冲鹏通知买家派人来此接货。接货之时，买家支付款项，陆冲鹏随后将所获款项上缴北京政府。

这就是段祺瑞政府贩卖鸦片的全部流程。整个过程可说是非常隐秘的。海军选择在公海进行鸦片的交接，当然是为了掩人耳目，而军舰选择在高昌庙抛锚，也是不想让人知道海军参与了鸦片的买卖。

在将这些情况摸清之后，杜月笙长吁了口气。他知道，既然北洋军阀都可以堂而皇之地派军舰运送鸦片，那么也就说明了军界和鸦片确实存在着某种利益关系。无论这层关系在明在暗，多么隐密，只要有人能够洞悉其利益所在，就可以从中渔利。而在利益中捭阖，恰是杜月笙的最擅长的。

和军阀定下秘密约定

杜月笙按捺住内心的兴奋，首先去向通商银行的老板傅筱庵借贷两万银元。傅筱庵曾是盛宣怀的部下，非常慷慨，他见杜月笙来借钱，二话没说，当即吩咐账房提出两万银元交给了杜月笙，并且没用任何的担保、抵押。随后，杜月笙叫来了张啸林，把这两万块银元交给他，让他去打点各衙门，疏通上下的关系。张啸林交结官场权贵很有一套，没过多久，他就和孙传芳的部下称兄道弟了。在搞好这一层关系后，杜月笙正式开始和陆冲鹏接触。

他没有亲自去拜访陆冲鹏，而是首先拜托"大八股党"的沈杏山去促成此事。沈杏山及其"大八股党"被杜月笙收服之后，一直在杜月笙门下吃俸禄，现在见老板有事相托，自然是义不容辞。

沈杏山见了陆冲鹏的面，就开门见山道："法租界烟土即将绝货，杜老板公司陷入困境。陆老板与其将那么多烟土运到苏北去卖，还不如就地卖给杜老板，也好让杜老板救救急解决眼前危急。"

陆冲鹏听他这么说，知道杜月笙已经将他的底细查得一清二楚，也不好再做否认，就问沈杏山，有没有"路"可以运到法租界。沈杏山告诉他，有杜老板打通关系，自然道路通畅，一切不用担心。

陆冲鹏仍然有些不放心。他当然知道，通往法租界之路是何等的危险，莫说各个路口都有直系军阀的巡防营警戒，就算在法租界里也是鱼龙混杂，不知多少人对这些烟土虎视眈眈。所以，他既没有同意，也没有明确表示拒绝，只是对沈杏山说，这批烟土幕后另有其人，他自己并非老板，但他会尽量促成此事，但是也请杜先生给他一段时间。

沈杏山回去后，把这件事告诉了杜月笙。杜月笙淡淡一笑，不置可否。他知道陆冲鹏在忧虑什么，所以他又请自己的一位好友单先生出面帮忙。这位单先生是山东督军张宗昌派驻上海的代表，在上海也是德高望重的人物。单先生见到陆冲鹏后，就表示愿意给杜月笙作保，请陆冲鹏拨500箱烟土给杜月笙以解燃眉之急，如果中途出现了什么意外，由杜月笙全权负责。

陆冲鹏听见他这么说，就同意了，但是交货日期要推迟到一个周以后，因为他手头上积存的鸦片已经谈好了买主，过两天就要运送到苏北去。下一批的500箱烟土将于下周运来上海。

在这一个周内，杜月笙多次和陆冲鹏接洽，详细商谈了运送烟土之事。这一段时间的交往，也让陆冲鹏重新审视了这位上海滩黑帮头子。杜月笙对朋友从来坦诚相待，不会刻意地去隐藏自己的缺点。这一切都让陆冲鹏非常佩服。一周后，陆冲鹏给杜月笙打去电话，告诉他"货"到了。同时为了保险起见，陆冲鹏还建议杜月笙先运送一百箱去法租界。这样即使出现了什么意外，损失的也不过1/5而已。杜月笙非常果决地告诉他没有必要，他已经请求宋希勤在高昌庙、枫林桥一带戒严，鸦片可以大摇大摆地运进法租界。

陆冲鹏大吃一惊，要知道，宋希勤是直系军阀孙传芳部下，现在任驻沪办事处处长，是当时上海滩红得发紫的人物。杜月笙真有这个本事，可以请得动宋希勤吗？陆冲鹏将信将疑地坐上汽车，按照杜月笙的要求，一个人两手空空地赶到了维祥里。这里是三鑫公司的所在地。在路上，陆冲鹏透过车窗，惊讶地看到，街角处处，人影幢幢，随处可见荷枪实弹的官兵。陆冲鹏这才相信杜月笙没有骗他，也对杜月笙更加佩服了。

杜月笙和陆冲鹏通完电话后，就亲自率领着"小八股党"及一众手下前去高昌庙接货。有宋希勤的照应，一切顺畅，500箱的波斯大土就这么源源不绝地运到了维祥里三鑫公司的大本营。

有了这500箱的烟土，三鑫公司补充了货源，终于又正常运转起来。上海滩的烟土供应，仍然是三鑫公司一枝独秀。500箱的烟土很快就销售一空。三鑫公司维护了公司的信誉，保住了金字招牌。"小八股党"、杜月笙等人获利丰厚，手头又充裕起来。陆冲鹏也及时地收到了货款，松下了一口气，自感没有辜负段祺瑞、李思浩等人的信任。

但有一件事，一直让陆冲鹏疑惑不解，就是杜月笙是如何搭上宋希勤这个新贵的。他当然不知道，其实杜月笙早在和卢永祥往来的时候，就已经和宋希勤是好友了。

上海滩自开埠以来，由于其独特的地理位置以及政治背景成为了中国最繁华，也是最繁忙的地区。当时，上海是虎踞龙盘之地，政党政客避难于此，军阀勾结谋划于此，鸦片军火运销于此。正是因为每天都有着这样那样的交易，因此许多军阀先后在上海设立办事处。一来，探听情报，伺机而动；二来，也可以交结当地帮派，日后为己所用。杜月笙无疑成了众人眼里的香饽饽。杜月笙刚好希望通过这些人和军界、政界搭上关系。双方各为利益，一拍即合。

在皖系的卢永祥、何丰林控制上海的时候，杜月笙和他们打得火热，秘密合作，共同发财。而其他军阀的驻沪代表，杜月笙也没有冷淡，同样和他们称兄道弟，搞好关系。孙传芳的驻沪代表宋希勤本来就和张啸林相熟，再加上杜月笙有心结交这些权贵，所以很快两人就成了好友。卢永祥倒台后，孙传芳接管了他的地盘，宋希勤跟着显贵，而杜月笙这个老朋友自然也是增色不少。有了宋希勤这张王牌，再加上给张啸林的那两万元，孙传芳的那批新贵岂会不买杜月笙的面子。

军阀之间，从来没有永恒的敌人，只有永恒的利益。上海滩是块宝地，而鸦片销售又是其中油水最大的一块，孙传芳势力正值膨胀之际，亟需军需军饷，当然也想趁机分一杯羹。既然有杜月笙等人有意投靠，又何乐而不为呢？所以，才有了宋希勤派兵戒严之事。

接下来的合作自然是水到渠成的，孙传芳任命杜月笙为督署咨议，成了其幕僚。所谓幕僚也只是名义上的而已，背地里双方秘密地达成了协议，杜月笙负责鸦片的销售，而孙传芳则指使部下为鸦片的运送提供安全保障。每次，当三鑫公司运送鸦片经过孙传芳辖区时，只消打个电话，马上便会有荷枪实弹的士兵负责戒严保护。

皖系军阀段祺瑞那边，对于杜月笙也是大力拉拢。李思浩自从听了陆冲鹏说了事情经过后，就一直想见杜月笙一面。不久，李思浩就来到上海，与杜月笙会面，二人相见甚欢。也正是这一次见面，让李思浩坚定了和杜月笙合作的决心。回北京后，他让陆冲鹏带回两张委任状给杜月笙和张啸林，聘任两人为财政部参议。

这样，杜月笙不光和直系的孙传芳搭上了关系，而且和皖系的段祺瑞政府有了千丝万缕的联系。之后，皖系军阀提供烟土货源，直系军阀负责沿途押送安全，三鑫公司的生意自然也更进一步了。

情感上的意外收获

在杜月笙事业水涨船高之时，他在情场上也有了意外的收获。他认识了一位名叫做陈帼英的舞女，而他倾心爱上陈帼英，则始于在丽都舞厅两人所跳的一支交谊舞。一舞倾情，一舞定终身。

19世纪中叶，随着西方冒险家大量地涌入中国，交谊舞也被引了进来。最初，交谊舞只是外侨们的一种休闲娱乐活动，中国人对这一舞种并不感冒。这主要是因为中国人自古受封建礼教的束缚，"男女授受不亲"的观念根深蒂固，因此对于男女搂搂抱抱一时还难以接受。另外，当时女人流行裹脚风潮，"三寸金莲"也不适合跳舞。

辛亥革命后，民国政府为改变国人愚昧落后的生活习俗，颁布剪发、易服、禁足的法令，妇女的双脚才得以解放出来。20世纪初期，上海外白渡桥的礼查饭店首次举办了交际茶舞，每逢周末及星期天的晚上，饭店不对外售票地举办舞会，招待洋人自娱自乐。不久之后，跳舞的风潮兴起，各种舞厅也如雨后春笋一样纷纷冒了出来。当时比较著名的有百乐门、大都会、仙乐斯、大华、丽都等舞厅。舞厅遍地开花，于是，伴舞这一特殊的行业也应运而生。初时的舞女多为洋人，后来舞厅的伴舞者大都是本地年轻貌美的女郎。当时舞女的身份卑微，地位低下，虽然每个月的收入相当的可观，但愿意踏入这一行的仍然是极少数。许多人都是生活所迫，或者走投无路，才出来做舞女的。

当然，某些当红的舞女，受到豪绅大亨的喜爱，达官贵人的垂青，就可能藉此机会攀交权贵，步入上流社会。甚至，有些人还嫁入名门望族，一生享尽荣华。

杜月笙能够认识陈帼英，可以说完全是机缘巧合。杜月笙喜欢唱戏捧角推牌九，但偏偏不喜欢跳舞，因此也很少在舞厅出现。有一次，他被张啸林强拉过去。张啸林喜欢女人，当然也知道什么地方女人最多。每当舞台上那一群衣饰华丽的艳舞女郎整齐划一地踢着雪白的大腿的时候，张啸林眼睛都瞪直了。这日，心又痒痒，于是强拉着杜月笙去了丽都舞厅。

丽都舞厅是"小八股党"中的高鑫宝开办的。舞厅内装潢奢华，配备齐全。所谓的配备，除了西洋乐队、莺莺燕燕的舞女外，自然还包括了上海滩大亨们最喜欢的鸦片、麻将等物。杜月笙难得来舞厅，高鑫宝自然不敢怠慢，他当即叫来了舞厅里头牌陈帼英陪杜月笙跳舞。

陈帼英当时18岁，几年前因为家境贫寒，便到舞厅里伴舞。几年下来，当初的黄毛丫头长成了一个俏姑娘。她容颜秀丽、舞技绝伦，又善于交际，很快就在声色场所闯出名来。高鑫宝更捧她做丽都舞厅的顶梁柱。人红了之后，很多好色之徒常想借机占她便宜，但每每被她巧妙挡住，加上有高鑫宝这个强硬后台的明保暗护，因此，虽说沦落风尘，但总算护住了一身清白。

在得知眼前的人就是上海滩大名鼎鼎的杜月笙后，陈帼英兴奋地差点跳了起来。杜老板是上海滩的传奇，是众姐妹心目中的英雄好汉。她压抑着内心的激动，热情地邀请杜月笙跳舞。

杜月笙本来对跳西洋舞没什么兴趣，但陈帼英那娇滴滴的一声"杜老板"，顿时令他心荡神迷，不由自主地搂住了美人的纤腰。动人的旋律、优美的舞步、眼前笑靥如花的美人，一切都让杜月笙如身在梦里。不知不觉，曲终人散，杜月笙万分惆怅地和陈帼英告别。

之后的一段日子里，杜月笙忙于生意上的事情，一直没有去丽都捧陈帼英的场。但每次想起陈帼英那一双水汪汪的大眼睛，心里总是不由得轻轻一颤，期盼能够再见伊人一面。

杜月笙再次见到陈帼英，是在谢葆生舞厅的开张典礼上。那日，谢葆生登门拜访，请他去参加他仙乐斯舞厅的剪彩仪式。杜月笙看不惯谢葆生贪财如命、善于溜须拍马的性格，本不愿去，但听到陈帼英也会去时，便点头应允了。到了舞厅，杜月笙第一眼就看见了陈帼英。她更美了，别致的装扮更勾勒出她玲珑有致的身材。一切都无需多说，杜月笙拥着陈帼英在舞池里翩翩起舞。他本来并不擅长跳华尔兹、布鲁斯这样的西式舞蹈的，但自从和陈帼英跳过一次后，对这种舞蹈大感兴趣，后经人指点，现在舞技已经大有进步。陈帼英早就有意勾上杜月笙，趁此机会，频频投怀送抱。杜月笙是风月场中的老手，他知道如何虏获美人的芳心。

短暂的舞曲结束后，杜月笙佯作告辞。陈帼英顿感失望，恋恋不舍，与他吻别。杜月笙便趁机邀请她跟他一起走。陈帼英含羞带喜，轻轻点头上了他的车。汽车开到了汇中饭店门前停下。

这是上海最著名的几家饭店之一。当时和汇中饭店齐名的只有礼查饭店、和平饭店、大华饭店等寥寥几家而已。饭店装潢得富丽堂皇，最重要的是有精美、温馨的包房。是夜，春色无边。不知不觉，已是日上三竿，陈帼英躺在杜月笙怀里对他说，希望能够嫁进杜家，一辈子伺候他。杜月笙告诉她，自己已经有了妻室，如果娶她，那她只能做二房。陈帼英对此并不介意。杜月笙大喜，在当天下午，就派了一部彩车喜气洋洋地将她接进了杜公馆，并专门命人收拾了二楼，作为二太太的新房。

过了半年，陈帼英有了身孕。杜月笙见她整日腆着肚子，容颜无光，顿觉兴味索然，就到外面去猎艳，寻找刺激。

上海开埠之后，大批的妓女涌入租界，妓院也就在租界里生根发芽。当时妓女卖淫基本上已经公开化、合法化。妓院只要向租界工部局领取执照，按时的缴纳营业税，就可以挂牌营业。因此，娼妓业非常发达。当时，上海的十六铺、虹口、八仙桥等地都是妓女集中的地方。

旧上海的妓院也分为三六九等，主要有书寓、长三、台二、烟花间、顶棚、野鸡几类。最为高级的就是书寓。和其他风月场所不同的是，这里的女子卖艺不卖身，主要以陪酒弹唱为主。她们大都有一技之长，或者会弹琵琶，或者会说弹词，再或者会唱一曲优美动人的苏州小调。

在一家书寓里，杜月笙认识了弹琵琶的妙龄少女孙佩豪。她正值二八芳龄，生得楚楚可人。她本来是苏州人，后来逃难来到了上海。因为贫困，被迫在书寓里做"先生"。孙佩豪弹琵琶是一绝，每次玉指拨动，清音幽咽，袅袅不绝，引得众人一片赞叹之声。杜月笙看见孙佩豪，便被她身上独有的青春魅力所吸引。他找来书寓里的老板，花了三万块银元给孙佩豪赎身。不久，孙佩豪住进了杜公馆的三楼，成了杜月笙的第三任太太。

沈月英出轨

杜月笙是风月场里的老手，和许多女人都有着暧昧的关系。当他在情场如鱼得水的时候，他怎么也想不到，发妻沈月英竟然背着自己勾搭上了别人。

沈月英是苏州人，在她14岁的时候，父母双亡，于是跟随着沈老太太一起寄居在表哥家里。表哥年长她几岁，长相斯文、俊秀，还会吹箫。表哥待她极好，常在河边拿出一支洞箫幽幽地吹给她听。沈月英与表哥在一起生活了四五年，感情越来越深。沈月英正当芳龄，爱情的种子已经悄然在心中萌芽。她时常想，如果自己有一天做了别人的新娘，那一定是嫁给表哥吧。

然而好景不长，不久舅父家破产，表哥去了外地另谋生计，而她自己也跟随着沈老太太来到了上海。在上海滩，她结识了杜月笙。当时的杜月笙虽还没成气候，但已经是黄金荣身边的红人。

不同于表哥的温柔、多情，杜月笙更显得霸道、冷峻一些。然而恰是这种独特的气质，竟让沈月英水波不惊的心里荡起了层层涟漪。后来，黄金荣替杜月笙提亲，一心想攀附权贵的沈老太太满口答应。于是，她成了上海滩赫赫有名的"杜太太"。结婚之后，她收敛了心神，决定全心全意做她的杜太太。怀胎十月，终于诞下一子，取名维藩，但不久就被黄金荣抱走。

两年之后，她又生下一女，然而不幸夭折。沈月英受此打击，染上烟瘾。在鸦片经年累月的摧残下，沈月英红颜褪尽，身子日渐羸弱、消瘦，再不复当初的容光。

当年珠圆玉润的俏小姐，变成了面黄肌瘦的黄脸婆。杜月笙对沈月英的热情也大减，经常很长的一段时间都不愿进太太的房里。他在外面接连有了几个女人，而且还光明正大地把她们娶回家里。沈月英看在眼里，气在心头。她哭，她闹，但每每遭到杜月笙的一顿痛斥。在杜月笙看来，他是上海滩名副其实的大亨，有钱有权，身边有几个女人是理所当然。

沈月英对杜月笙渐渐绝望了。她觉得杜月笙早就把她这个原配夫人忘得一干二净了。既然他的心已经不在自己的身上了，自己又何必把心放在他的身上呢？沈月英想起了自己的表哥。

抱着试试的心情，沈月英给表哥写了封信，约他来上海见面。没想到表哥竟然如期而至。多年不见，表哥黑了、壮了，也更加孔武有力了。沈月英看见表哥那一双灼热的眸子时，仿佛回到了当初。两人见面，大觉亲切，就到公园的一个僻静的角落互诉情长。一切都是水到渠成的。当表哥试图解开她的衣裳时，沈月英只是象征性地挣扎了一下，就倒在了表哥的怀里。

有了第一次，便会有第二次。沈月英久处空闺，早就难耐寂寞，现在陡然有爱情的滋润，顿时容光焕发，精神奕奕。沈月英像着了魔似的，屡屡暗中和表哥幽会。他们并肩出入于公园、旅馆、跑马场，俨然一对热恋中的情侣。为了长期和表哥享受二人时光，沈月英还拿出了自己的一部分私房钱，让表哥在上海租个地方住下来。同时为了掩人耳目，她还吩咐表哥每在旅馆住一个晚上，就换一个地方。

但世上没有不透风的墙。他们的事情终究被人发现了。杜月笙起初并不知情，后来从自己以前的红粉知己金秀的口里得知了这件事。金秀性格豪爽，是上海滩有名的女人之一，和林桂生齐名。杜月笙成名之前，混迹江湖，得到金秀的不少帮助。有些时候，他赌输了，身无分文，就到金秀那里去告急。金秀是风月场出身，对这位小兄弟非常喜爱，因此对杜月笙基本上是有求必应。杜月笙成家立业之后，自然而然地和金秀疏远了。

没过几年，杜月笙声名鹊起，成为上海三大亨之一，一时显耀，风光无比。金秀知道，如今的杜月笙已经不是当年的"莱阳梨"了。虽然两个人的身份已经有了天翻地覆的变化，但金秀仍然是杜月笙比较亲密的红颜知己之一。有些时候，杜月笙遇到不好解决的事时，还得求金秀出马相助。金秀每每遇到难题，也去找杜月笙帮忙。因此，两人之间关系不断。

沈月英私情泄露后，江湖上谈论的人很多，但却没有人敢去告诉杜月笙。金秀却不在乎这些，她本来就是一个大大咧咧，有什么说什么的人。当她闻知杜太太在外面有私情后，立即一通电话把杜月笙约到了自己的府邸。杜月笙见到金秀表情有些异常，已经意识到了事情可能与自己有关，忙询问发生了什么事。金秀吞吞吐吐地告诉他，江湖上有一些闲言闲语，是关于杜大太太的。杜月笙面色一沉，请金秀将所听到的一五一十地告诉他……

金秀的话，对杜月笙来说，不啻于当头一记闷棍，只将他打得头昏眼花。他在上海滩是执牛耳的人物，有权有势，现在家中出现了这档丑事，让他颜面何存？杜月笙回到公馆后，仔细盘问了夫人的行踪，心一直沉了下去。虽然心里恼恨不已，但他仍然装出一副若无其事的样子。第二天，沈月英穿戴一新出去了。杜月笙立即悄悄地派了名手下暗中跟踪。

沈月英和表哥相约在跑马场见面。之所以约在跑马场，主要是出于两个原因。其一是因为跑马场人多眼杂，大家都专注于赌马赛事上，不容易发现沈月英的身份。另一个原因是，表哥最近沉湎于赌马，他从来都没有大富大贵过，在上海发现赌马是一条发家致富的捷径后，就常常和沈月英来赌马，希望自己能够一夕暴富。

在跑马场，一个短褂打扮的汉子引起了沈月英的警觉。这个鬼头鬼脑的家伙从两人进入跑马场后，就一直跟着自己。当沈月英意识到这人可能是杜月笙派来盯梢的人后，吓出了一身冷汗，当即拖着表哥离开了跑马场。她猜得没错，这个汉子正是杜月笙派去的人。

虽然沈月英及时脱身，但两人约定次日见面的地点、时间还是让汉子听了去。汉子不敢大意，立即上报给了杜月笙。杜月笙闻讯后，趁着沈月英不在家的空档，审问了沈月英的贴身丫头。这个丫头倒也忠心，开始的时候，死活不说，后来经不住杜月笙的严刑拷打，遂把夫人如何勾搭上奸夫，如何瞒天过海之事全招了。

沈月英意识到两人事情可能败露后，十分惊恐。她当然知道杜月笙的手段。如果万一事发，表哥落在他的手里，那可真的是一件比死还恐怖的事情。她劝表哥斩断情丝，赶快连夜离开上海。但表哥一来沉迷于与沈月英的云雨之欢，二来也想在上海发一笔横财，因此表示拒绝。

次日，表哥如约来到上海外滩，但他没有等到沈月英。几名彪形大汉把他推上一辆黑色的汽车，带到了一处人迹罕至的树林里。在那里，他被人挖出了眼睛、斩去了四肢，残忍地杀害了。

那位忠心耿耿的小丫头，最后被杜月笙卖进了窑子，而那位给沈月英开车的司机也被杜月笙派人刺瞎了眼睛。沈月英的下场也很惨。杜月笙虽然没有要她的命，但对她的惩罚比死还难受。他把她送到了杜宅老屋幽禁起来，不让她和外人见面。整整10年的时间里，除了每月500块银元的生活费，和一盒子的福寿膏（鸦片）外，沈月英每日面对的只是一面空墙而已。

深苑高墙，何处话凄凉。10年后，当儿子杜维藩大婚时，沈月英才被同意出来见新媳妇。此时的沈月英虽然才只有四十出头，但常年的凄风苦雨，早将这位当年名重一时的美人折磨得不成人样。她满头白发，一副老态龙钟的模样，看起来倒像是六七十岁的老太婆一般。

几年后，沈月英抑郁而死。

杜月笙作为上海青帮的领袖之一，毕生信奉"忠义"二字。他对黄金荣忠诚，也要求自己的部下、亲人对自己忠诚。他对于背叛者的惩处是非常残酷的。所以，在发妻沈月英背叛自己后，他毫不容情地杀掉表哥，幽禁妻子，并处置了相关人等。其血腥手段，令人不寒而栗。

第七章

三大亨重排座次

名伶露兰春

有三鑫公司雄厚的财力势力作为支撑，黄金荣、杜月笙、张啸林三大亨的名声很快冲出法租界，走向全上海，并进军整个中国。在三大亨中，最初排名第一的无疑是黄金荣，黄老板的称呼绝非浪得虚名，他不仅是三鑫公司的大股东，还拥有茶楼、澡堂和戏院，堪称是上海娱乐界巨头。

自然界中有潮涨潮落、日升日落的自然规律，人生也免不了辉煌与没落的交替更换，所以人们总说，打江山易，守江山难。当一个人的事业到达顶峰的时候，也就预示着他就要开始走下坡路了，黄金荣也不例外，只是谁都没想到，这个转折竟然来得那么突然、那么快。到底是什么使黄金荣跌了这么一个大跟头呢？简单地说，就是两个字：美色。

这件事情还得从一个叫露兰春的女人说起。

露兰春生于1898年，汉口人，自幼丧父，无名无姓，后来由黄金荣的徒弟、一个名叫张师的翻译官收养，取名露兰春。黄金荣和林桂生结婚之后，通力合作，在上海法租界雄霸一方，当时的露兰春还只是一个七八岁的小女孩。因为张师是黄金荣的徒弟，黄公馆就成了露兰春小时候经常去玩耍的地方，那时候，她就长得小巧可爱，聪明伶俐，一双水灵灵的大眼睛，粉嫩粉嫩的小圆脸，天真无邪的表情，她还特别嘴甜，管黄金荣叫"公公"，管林桂生叫"奶奶"。所以公馆上上下下的人都喜欢这个小姑娘。

等年龄大一点儿之后，她就不常来黄公馆了。一次，她的养父张师带她去剧院看戏，发现这姑娘对唱戏很感兴趣，于是就在家里请了个老师教她唱戏，谁知道她唱文武老生，练刀马功夫，一点就通，一学就会，没过几天，就已唱得有板有眼，老师连连夸奖露兰春是块唱戏的好材料。那时女唱男角才刚刚兴起，露兰春唱生角，尤其是武生，口里的唱腔、身上的功夫，样样精通，学了没几年，就已经可以登台了。张师知道，做唱戏这一行，得有个坚实的后台，才不会被别人欺负，于是他就想到了多年不见的师父黄金荣，便带着她前来拜见黄金荣。黄金荣已经几年没有见到露兰春了，这一次见面，着实吓了一大跳：好一个绝代佳人！两道秀眉修得细细弯弯，一双明目炯炯有神，雪白的肌肤，苗条的身材，外面披了一件粉红滚黑边的旗袍，那姣好的体态在旗袍的包裹下露出迷人的曲线，犹如一朵带露的牡丹、出水的芙蓉。露兰春踩着轻盈的步伐，款款向黄金荣走来，优雅的仪态里透出一股清纯的女人味，迎面向黄金荣扑来。"公公好！兰春向您老问安！"露兰春甜甜地叫了声，一口地道的京腔令人倾倒，声音里都带着少女的清香。这时，黄金荣已经看得两眼发直，根本就没听见露兰春说了什么，过了半天他才扭过头来对张师说道："张师啊张师，没想到这姑娘长得这么漂亮了，真是女大十八变啊！"此时，黄金荣已经被露兰春深深地吸引住了，坐在旁边的林桂生倒是没有在意，毕竟黄金荣可是露兰春的"公公"啊，况且两人相差了有30岁呢。她只是轻轻地点了点头，就去忙别的事情了，而就是这个称呼林桂生为"奶奶"的女人，后来竟取代了林桂生，成为黄公馆的女主人，也使黄金荣从此走上了下坡路。

林桂生和黄金荣结婚后，凭着她缜密的心思，广泛的人际关系网，为黄金荣打拼天下，起到了不可磨灭的作用，可以说，没有林桂生就没有黄金荣的今天，所以在黄公馆里，林桂生一直是一个主事的内当家，即使黄金荣已经成为大亨，他仍然对林桂生畏惧三分。但是，黄金荣实在被林桂生拘束得太严了，也难免憋得慌，而且此时的林桂生早已经人老珠黄，青春不再，再加上黄金荣霸业已定，觉着林桂生已然没有那么大的用处了，偏巧这时候就跳出一个露兰春来，因此黄金荣心里就开始动起邪念来：一定要把这个美人搞到手。但是林桂生毕竟还是女当家，而且黄金荣对她一直都有几分敬畏，所以他也不敢明着干这种事。

　　这时，黄金荣的徒弟马祥生看出了黄老板的心思，于是，就开始拍起马屁来。一天，他向黄金荣献策道："师父，咱们的'九亩地'可是个好地方，咱们为什么不利用起来呢？"

　　"那儿的四周不都是咱们的店铺吗？那块地空着就空着吧，还有什么可用的？"黄金荣不解地问。

　　"师父，那里原来是个破舞台，如果装修一下，改成个新的大舞台，凭着那里繁华热闹的街面，生意肯定非常红火。"

　　"修舞台？有什么好的？费钱，费时间，还费精力，没什么搞头！"黄金荣并没有领会到马祥生的言外之意，不耐烦地说，"我看还是算了吧。"

　　"师父，目前露兰春小姐不是正在寻找唱戏的舞台吗？在外面搭别人的班子，一来，露兰春小姐唱戏不方便；二来，师父过去看也不方便啊，要是让她来咱们家的舞台唱戏不是一举两得吗？"

　　这几句话可是说到黄金荣的心坎里去了，说得黄金荣眉开眼笑。说行动就行动，经过一番精心的筹划以后，一座新的共舞台就在华法交界的"九亩地"上动工兴建了。在黄金荣的催促下，施工队伍日夜兼程，加班加点，很快，共舞台就建成了。黄金荣继续实施着他的计划，开始对露兰春大献殷勤起来，他让露兰春在共舞台登场，挂头牌，竭力捧她出道。露兰春登台唱戏，黄金荣亲自下戏院为她捧场子，带着一帮人为她喝彩叫好。

　　露兰春学艺精湛，说学逗唱做打，样样精通，人又漂亮，又有气质，在共舞台上一夜唱红，名声响遍了法租界乃至上海滩。

　　共舞台从此场场爆满，生意越来越红火，人们争着抢着来一睹露兰春的风采。黄金荣更是得意，他派人到各大报馆打通关系，要他们重点宣传露兰春。

　　在黄老板的关照下，报纸上每期为露兰春登的戏目广告，都放在最抢眼的头版头条，而且"露兰春"三个字，每个都有鸭蛋般的大小，生怕别人看不清楚似的。从此，露兰春摇身一变，成了上海滩家喻户晓的明星，身价倍增。

　　黄金荣继续对露兰春大献殷勤，几乎到了无微不至的地步。露兰春去戏院，黄金荣派车子、出保镖，保接保送。露兰春休息，黄金荣在共舞台边上为她修建了一个休息室，独门小院，装饰如同行宫一般。

　　露兰春一举成名，黄金荣非常高兴，要摆宴席庆祝，露兰春当然得应邀赴宴。然而她并不知道，黄金荣这次酒宴是另有企图的。

　　在宴会上，黄金荣看着露兰春美若天仙的模样，早已剥去了正人君子的伪装，露出一副色相，而宴会上的陪客也都是黄金荣的跟班，在酒宴上极力撮合黄金荣和露兰春。

　　露兰春一介女流之辈，对于黄金荣的霸占意图无可奈何，只好委曲求全。不久，黄金荣将钧培里7号的房子粉刷一新，将露兰春安顿在了那里。

　　这期间，也有人过来在露兰春面前替黄金荣做媒，被露兰春拒绝了，可是现在的她，已经身不由己。露兰春被安顿在黄金荣的房子里，就成了关在笼子里的鸟，已经动弹不得了。不久，黄金荣就来到了露兰春的住处，硬是上了露兰春的床，而这一切，林桂生都还被蒙在鼓里。

　　黄金荣在外面"偷腥"，自然不能让家里的母老虎林桂生知道，可是如何才能既在外面偷女人，又瞒着林桂生呢？黄金荣自有妙招。他到巡捕房写了一份公文，盖了个印章，说是到外面办案子，多少天不能回家，实际上，他却天天在露兰春钧培里7号的房子里逍遥自在。

　　若要人不知，除非己莫为，而且家里的林桂生也不是个省油的灯，没过多久，这件事情就被林桂生知道了。

卢公子喝倒彩

　　黄金荣得到了露兰春这个绝代佳人，正是春风得意的时候，半路却杀出个程咬金，和他夺起女人来，而这起情场风波还引起了上海滩黑帮中的巨大变动。

　　到底是什么人物，敢和黄金荣抢女人？

　　他就是浙江督军卢永祥的儿子——卢筱嘉。

　　卢筱嘉当年刚刚22岁，作为卢家公子，自然免不了公子哥的习气，年少气盛，风流倜傥，总是一身白绸衫裤，带着两个跟班出入于酒肆、剧院、舞厅等场所。卢公子还有一个爱好，就是听戏，他长居上海，对当地旦角名伶如数家珍。露兰春走红之后，各家报纸大肆报道，自然也逃不过卢筱嘉的耳朵，于是他就带着跟班，来到了共舞台听露兰春唱戏。

　　卢公子说是来看戏，其实醉翁之意不在酒，他真实的意图是看人。自从卢筱嘉来到共舞台看到露兰春之后，就对眼前这位婀娜多姿的女人动了心。露兰春虽唱的是生角，但是她的一举一动、一吟一唱都流露出女人的妩媚和娇柔。卢筱嘉第一次听露兰春的戏时，露兰春刚一出场，一个无意的飞眼就把卢筱嘉的心给勾住了，从此，卢公子天天到共舞台来看露兰春唱戏，他对露兰春的爱慕之情也越陷越深。

　　这一天早晨，卢筱嘉起床后洗漱完毕，就吩咐阿旺把早点拿来。这个阿旺是专门负责卢筱嘉早点的一个二十来岁的小伙子，心思缜密，长期伺候卢筱嘉，对主人的心思一猜即准。他把早点放在桌子上，故意在下面压了一份《晨报》，这种报纸专门报道上流社会、娱乐圈中的奇闻异事，供那些有闲阶层的人们消遣娱乐。

　　卢筱嘉端起早点，同时眼睛瞄了一下垫在下面的报纸，黄金荣大肆宣传的鸭蛋一般大小的"露兰春"三个字赫然映入他的眼帘。他抬眼望了一眼阿旺。阿旺毕恭毕敬地站在旁边，说道："少爷，今天可是有露兰春小姐的戏啊！"

　　卢筱嘉说到："我看到了。"说罢，两人会心一笑。

　　接着，卢筱嘉又开始愁起来："露兰春，露兰春，我怎么样才能把你追到手呢？"随后，他对着阿旺问道，"阿旺，你一向鬼点子多，你倒是说说看，怎样才能赢得露小姐的芳心呢？"

　　"哪个女人不爱金银珠宝？更何况像她这样的梨园戏子，给一点儿小恩小惠，她肯定会动心。但是……"阿旺说到这里，突然停住了，下面的话不知道该讲还是不该讲。

　　"但是什么？"卢筱嘉转过身来，看着阿旺说道，"你倒是快说呀，你想急死我呀。"

　　"少爷，恕我阿旺多嘴，"阿旺一边偷偷观察着卢筱嘉的神色，一边说道，"这个露兰春小姐可是黄老板的意中人哪！"说这阿旺心思缜密，一点儿都不假，他知道少爷对这个露兰春有意思，就偷偷地把露兰春的情况都调查了一遍。紧接着，阿旺把露兰春的身世、和黄金荣的关系以及黄金荣如何看中露兰春、如何为她捧场宣传等事情都一一讲述了一遍。

　　卢筱嘉听完之后，摆出一副阔少爷的姿态，不屑地说道："不就是那个'麻皮金荣'吗，有什么了不起的，年纪一大把了，还想老牛吃嫩草，我今晚就去共舞台找露兰春，看看这黄金荣到底有什么能耐！"

　　于是，卢筱嘉当晚就带了两名跟班，早早来到共舞台。在包厢坐定之后，卢筱嘉叫过来一名跟班，让他把一枚金丝钻戒送给后台的露兰春小姐，并且约她戏散之后一起吃饭。

　　这天晚上，露兰春发起了小烧，也许是这几天来，白天要在舞台上唱戏，晚上还要遭受黄金荣的骚扰，实在是太累了。卢筱嘉又来这么一个举动，实在让她头疼。她现在已经是黄金荣的女人，而且每次戏散之后都是黄金荣派车接送，如果去和卢筱嘉约会，怎么向黄金荣交代呢？可卢筱嘉又是浙江督军卢永祥的儿子，大名鼎鼎的"四大公子"之一，论起权势来，一点儿不比黄金荣差，当然也是不能得罪的主儿啊，这可怎么办呢？最后，她只得先收下了这枚戒指，而约会之事，则推迟说今晚有事，实在不能赴约，委婉地拒绝了。

　　露兰春身体不适，卢筱嘉的邀请又分了她的心，而此时，戏台上已经响起了锣鼓声，要上场了。她慌乱地站起身来，走到门口，深呼吸几下，使自己镇定了一些，方才出场了。

这天晚上，露兰春反串小生，演岳飞的《镇潭州》。大剧院里，绅士、名媛、阔少、太太们坐在包间里，喝着茶、吃着点心，一边闲聊着，一边等着戏。黄金荣坐在座上，正得意洋洋地眯着眼睛，哼着小曲，左手夹着一根燃了半截的雪茄，右手扶在椅子的扶手上。这共舞台一开张，他既抱得美人归，又赚了不少钱，自然神采飞扬。只是由于天气热，再加上人多，黄金荣的脸上不住地往下淌汗。

戏院里一个打杂的看见黄老板热得直淌汗，就跑前跑后地伺候黄金荣，又是用蒲扇扇风又是递湿毛巾。黄金荣接过毛巾正要擦脸，忽然听到一声怪声怪气的喝彩："唔，好——"

黄金荣放下毛巾，朝喝彩的方向定睛一看，原来是包厢里一位公子哥模样的人正拉直了嗓门叫好呢。黄金荣把眼神拉回到戏台上，露兰春刚从"出将"门上场，甩了一下水袖，移步到舞台中央，想要把腰上的垂带踢上肩头，连踢三下，都没踢上去。卢筱嘉因为黄金荣霸占露兰春，正憋着一肚子的气，今晚过来，本身就是来会会黄金荣的，说句难听的，就是来砸场子的，看到露兰春还是没有踢上去，立即又怪声怪气地喝起倒彩来："唔——好——小乖乖，真是好功夫！"

露兰春一听有人喝倒彩，忙抬起头朝卢公子方向看了一眼，投了一个飞眼，意思是本人不才，请多多包涵。可这卢公子却还是不给面子，仍然一个劲地起哄："唔——哈哈哈！好极了！"

台上的露兰春听着卢公子的嘲笑声，看着那么多人都盯着她，心里紧张极了，动作也走样了，再加上身体不适，身子一晃，顿时感觉头晕目眩，几乎要昏过去了。

"别着急啊，再踢啊！"卢筱嘉的随从也起了性子，跟着主子一块儿哄闹起来。

戏院里的其他看客并不敢起哄，因为这毕竟是黄金荣的地盘，还有一些人也知道这台上的是黄金荣的女人，不过，他们虽然自己不参合，却料到来者不善，一场好戏就要上演了，于是，他们都在静静地等待，等着看一看黄金荣会怎样收拾那个不识相的公子哥。

而卢筱嘉呢，越来越嚣张，得意洋洋地喊道："名角又怎么样？连这点儿功夫都没有？啊，哈哈哈……"

再看看黄金荣，他早已被卢筱嘉的行为气得火冒三丈了。卢筱嘉正想继续叫嚷，右边腮帮子上"啪"的一声，挨了一记响亮的耳光子。原来黄金荣已经命令手下跑到了卢筱嘉的包厢里了。黄金荣怒骂道："妈的！在上海滩竟然有人敢在老子头上拉屎，怎么拉的，我让他怎么吞下去！"黄金荣手一挥，一群磨刀霍霍的打手就冲进了包厢，黄金荣的这群打手本来就是一些地痞流氓、市井无赖，在黄金荣的地盘上，一般没人敢闹事，所以他们一直有劲儿没地方使，手脚正痒痒着呢。这下可好，终于有了施展拳脚的机会，个个都像见了不共戴天的仇人一样，也不管他是谁，对着卢筱嘉就是一顿拳打脚踢，拳头就像雨点一样落在卢筱嘉的身上，卢筱嘉被一群人围着，想逃也逃不掉，只能活活挨了一顿揍。

卢筱嘉带来的两个跟班本来见到主人被欺负，想上来帮忙，但是看见这些打手个个凶相毕露，下手毫不留情，而自己又寡不敌众，只能龟缩在墙角不敢动弹，即使是这样，他们也被这帮打手毒打了一顿。这一帮打手继续打着，一点儿都没有要停止的意思，只要黄金荣不喊停，他们是不会住手的，即使打死也无所谓。

卢筱嘉刚才很威风，这下被打得直喊爹娘，他活到这么大，还没有人敢动他一根汗毛呢，结果今天被打成这个狼狈样，被打得鼻青脸肿不说，这个脸怎么丢得起啊。黄金荣呢，这时候并不知道这个挨揍的小子是浙江督军卢永祥的儿子卢筱嘉，否则给他一百个胆儿，他也不敢如此放肆地毒打卢公子。

卢筱嘉几人已经被打得毫无反抗能力了，而黄金荣依然是一副怒目圆睁的样子，脸上的黑麻子因为愤怒而颗颗突起，打手们打了好一会儿，他才叫停。接着，在黄金荣的示意下，打手们就把卢筱嘉拖到了黄金荣的面前。黄金荣刚要骂人，看了一眼这被打的人，突然变哑了，原来，他认出了卢筱嘉，因为他们以前晃过几面。

这下可怎么办？黄金荣虽说是黑帮大佬，但也只不过能在普通百姓面前逞逞威风而已，而那卢永祥是什么人物，浙江督军！他的势力范围有多大！论实力，那是一个在天上，一个在地下。

黄金荣怔了一下，马上又回过神来，心想：如果当面赔礼道歉，这卢筱嘉必定会得势不饶人，那自己还有什么面子可言，况且又容易被误认为自己明知是卢筱嘉还敢这样放肆，岂还得了？于是他就假装不认识卢筱嘉，轻描淡写地说了一句："本大爷大人有大量，放你一马！"

卢筱嘉被打得全身是血，笔挺的西装已经被撕得不成样子了，他缓了缓，咬牙切齿地说道："好你个姓黄的，咱们走着瞧！不叫你尝尝本少爷的厉害，我就不姓卢。"说罢，卢筱嘉转过身，出了戏院，两个跟班也一瘸一拐地跟在后面，消失在黑夜之中，。

黄金荣遭绑架

卢筱嘉给露兰春喝倒彩，砸共舞台的场子，结果挨了黄金荣的打，落荒而逃的消息不胫而走，迅速在上海滩传开了。大家知道，卢筱嘉肯定不会就此罢休，人们都睁大着眼睛等着看卢、黄二人的好戏呢。

挨了打的卢筱嘉连夜就跑到杭州，向父亲浙江督军卢永祥求援去了。一到杭州，卢筱嘉直奔督军府。府门前的两名站岗的士兵认出了卢筱嘉，当即行了一个军礼，大声叫道："大少爷！"卢筱嘉没有答理，大步走进客厅。卢永祥正在与郑秘书下棋呢，看见自己的宝贝儿子脸上青一块紫一块的，不禁心疼起来："筱嘉，你这是怎么了？"

卢筱嘉看到父亲，忍不住放声大哭起来，边哭边把事情的来龙去脉跟父亲说了一遍。

"好你个麻皮，敢在老子头上拉屎，筱嘉，别哭！我一定给你出这口气！让他黄金荣知道老子的厉害！"卢永祥气得差点儿晕过去，愤愤地说道。说罢，他立即叫身边的郑秘书给上海淞沪护军使何丰林发了一份电报，让他好好教训教训黄金荣，为卢筱嘉出气。

再说黄金荣，打了卢筱嘉之后，知道自己闯了祸，回到黄公馆，一个劲儿地长吁短叹。林桂生看他这副模样，并不知道两人其实是为了露兰春才打起来的，在一边嘲笑黄金荣："呦，我说黄老板，打了一个毛头小子就吓成这样了？"

黄金荣虽然心里害怕，但还是扔不下面子，又被林桂生这一激，心里的怒气就上来了，脸上的黑麻子一颗颗地突了起来，往桌上狠狠一拍，大吼道："哼，老子会怕他？老子闯江湖的时候，他小子还在吃奶呢！"

第二天，黄金荣给法租界巡捕房打了个电话，要所有华捕到共舞台来，同时，他手下所有的保镖也倾巢而出，聚集在共舞台。这一天，共舞台如同铁桶阵一般，戒备森严，各个进出口都有全副武装的华捕把手，戏院内部还有保镖巡逻，寻找着可疑的看客，严防有人捣乱。

那些前来听戏的看客们见此情景，哪里还有听戏的兴致，一个个担惊受怕，生怕出什么乱子，祸及自己。

可是，华捕和保镖等了一天，直到戏散，都没看见卢筱嘉的身影，黄金荣这才松了一口气，其实，他心里也清楚，自己根本不是卢公子的对手，只是全上海的人都在看着这出好戏呢，自己必须摆出一副豪不示弱的样子。既然卢筱嘉没有出现，黄金荣当即把手一挥，打道回府。接下来的几天时间，共舞台一直风平浪尽，可是黄金荣不知道，平静过后，一场暴风雨即将到来。

话说何丰林接到卢永祥的电报之后，哪敢懈怠，但是他也知道事情刚结束，黄金荣必定高度戒备，严阵以待，此时贸然行动，恐怕起不到很好的效果。所以他特地等待了这么几天，等黄金荣放松警惕了，他就要采取行动了。

这天，黄金荣刚吃完晚饭，就大摇大摆地来到了共舞台，身边只有四个贴身保镖。共舞台今晚要首演《枪毙阎瑞生》。这出戏讲的是阎瑞生诱骗、杀害妓女黄莲英的故事，是根据一件轰动一时的社会新闻编的新戏，露兰春饰妓女黄莲英。

戏院打人的事情已经过去了好几天，黄金荣看卢筱嘉没有什么行动，果然放松了警惕。戏院里的看客们也都忘了这件事，包厢里，太太、小姐们打扮得婀娜多姿，手拿檀香蒲扇，与公子哥、阔少爷们眉来眼去，互相挑逗，诱惑；桌子上，茶水、香烟、糖果、点心摆得琳琅满目；平民百姓凑在一起谈论着最近发生的一些奇闻异事；跑堂的、卖点心的、小混混们在人群中来回穿梭着，共舞台整个一片热闹的景象，大家都在等待新戏开场。

只听见一声锣响，露兰春踩着小碎步上场了。由于是新戏首演，她今天从上到下的行头是全上海最时尚、最前卫的打扮，那一举一动、一吟一唱，尽显妩媚和风流，一出场就博得了一个满堂彩。黄金荣也眉开眼笑，乐不可支，他翘着二郎腿，左手夹着雪茄，右手搭着椅子扶手，脑袋一晃一晃，看得入迷……

戏唱到高潮时，台下的观众一次又一次欢呼鼓掌，叫好声一波又一波，黄金荣也眯着眼睛，看着露兰春那一扭一扭的小蛮腰，不禁想起了晚上自己搂着这个小美人的快活场景。突然，十几个便衣闪电一般来到他所在的东花楼包厢前，两个人上前揪住他的两只胳膊，黄金荣一惊，正要使出功夫甩开，一个穿着白色西装的青年跟上来，掏出手枪顶住了黄金荣的光脑袋，弯下腰来，轻蔑地说道："姓黄的，久等了。"

黄金荣睁开眼睛一看，吓了个半死，哆哆嗦嗦地叫道："你，你——"

没错，那个身穿白色西装的青年就是卢筱嘉。

卢筱嘉冷笑一声，手一挥，十几个便衣就动手打起来。几个便衣上来就"啪啪"两下给了黄金荣两记耳光，打得他晕头转向，眼冒金星，耳朵"嗡嗡"地响。随后一个便衣朝他的肚子上踹了一脚，黄金荣捂着肚子，退后几步，疼得蹲了下去。

"姓黄的，你不是一直都过得挺逍遥的吗？本少爷今天就让你尝尝什么叫苦，什么叫痛！"卢公子刚说完，十几个便衣又围上去给了黄金荣十几个耳光，好几个飞腿。戏院里的看客看到这种情景，立刻乱成了一团，四散奔逃。

黄金荣带的那四个贴身保镖只有一双拳头和一把匕首，而对方手里有枪，而且人数也占优，所以只得蹲在角落里，不敢动弹，乖乖地被便衣军警制服了。

卢筱嘉看打得差不多了，便大手一挥，两个便衣顺势把黄金荣架了起来，往外面拖。被往外拖的过程中，黄金荣这才发现，所有的路口都有拿着手枪的便衣军警守着，戏院里的人也都老老实实地坐着，没有一个人敢出来救黄老板。拖出共舞台之后，黄金荣看到戏院门外停了一辆轿车和好几辆军用卡车。卢筱嘉进了那辆轿车，黄金荣则被扔到了有几个士兵持枪把手的卡车上。轿车启动之后，长长的车队沿着霓虹灯闪烁的街道，风驰电掣地驶向了设在龙华的淞沪护军使何丰林的司令部。

"洋场"以外的沪南地区是军阀的地盘，护军使何丰林就是这里的土皇帝。何丰林为人处事非常圆滑，他心里明白，凡是称得上"亨"字号的人物，无一例外，背后都有洋人支持，所以对于这些纠纷，他坚持中庸之道，凡是都不能做得太过头。这一次卢永祥叫他替卢筱嘉出气，将黄金荣绑架到自己的司令部来，也只是想给他点儿苦头尝尝，趁机敲诈这个"大亨"一把，而并没有置他于死地的想法。否则，他在上海滩恐怕也不太好立足了。

黄金荣被绑架之后，被关在何丰林的私人地牢里。这个私人大牢设在何公馆后花园一座假山下，不走进太湖石堆起的小门，谁也想不到下面还有一个如此恐怖的世界。地牢很高，上面用太湖石筑成，不时会渗下水滴来，地面上铺了一层干草，墙壁上也是凹凸不平的石头，上面的缝隙漏下一点阳光，成了唯一的光亮。

忽然，地牢的铁门被打开了，一个士兵走了进来，端了一碗米饭，放在地上，扔下一句："吃饭。"

黄金荣看了看伙食：一碗糙米饭上放了几根萝卜干，旁边一双筷子，仅此而已。

"这是人吃的饭吗？"上海滩黑帮大佬黄金荣怎么能忍受这样的待遇，他家里的猫、狗吃得都比这个强。

"给你吃的就算不错了，黄老板！这里是何公馆的牢房！可不是你的黄公馆、共舞台，还是识相点儿，免得饿死！"士兵冷冷地说道。说罢，士兵把牢房的大门重重地关上了。

黄金荣看着那个士兵扬长而去，不由得怒火中烧，要是在平时，有人敢和他黄老板作对，早就脑袋搬家了，可是如今，一个小小的士兵都敢对他如此放肆，黄金荣不禁感叹起世态炎凉来。他看了看地上的这碗饭，真想一脚踢开，可是他实在饿得不行了，再怎样也得保住命啊，正所谓大丈夫能伸能屈，他终于端起了饭碗。

刚吃了几口，黄金荣就实在咽不下去了，于是把饭碗撂下。然而过了一阵子，饿得实在是受不了了，只得再将饭碗端起来，继续吃那难以下咽的饭。可是没想到，吃着吃着，他却觉得这碗饭越来越香了，最后，他竟然狼吞虎咽地把这碗饭吃了个精光，肚子却还没有填饱，反而更觉着饿了。黄金荣看了看空碗，又看了看地牢的门，心中的怒火再也遏制不住了，他突然拿起碗往门上重重地砸去，撕扯着嗓门喊道："王八蛋！把我放出去！我出去以后一定饶不了你们！我的人在哪里？啸林，月生！你们在哪里？快来救我！"

黄金荣的喊叫声引来了几个士兵，他们靠在大门上喊道："他妈的，关起来还不老实！你要是再喊，休怪我们再让你吃苦头，你还是识相点，自己也少受点罪！"

黄金荣正想继续痛骂，结果被士兵用毛巾堵住了嘴，这下可好，彻底喊不出来了。

上海滩黑帮大佬黄金荣在共舞台被人绑架了，这可是个天大的新闻，第二天，大街小巷的人们就纷纷议论起此事。黄老板竟然在自己的地盘上遭人毒打，还被人拖走，这种事情一出，黄金荣可是丢尽了颜面，不光他自己没脸见人，就连他的徒弟、徒孙都觉得脸上无光，以后还怎么在上海滩立足啊？

这一次绑架事件，使雄霸上海的黄金荣风头大减，由此开始，逐渐地走上了下坡路。

分头营救黄金荣

等卢筱嘉一伙人带着黄金荣走了以后，才有人去把绑在黄金荣那四个贴身保镖身上的绳子解开了。那四个保镖一解开绳子，立即回到黄公馆，向女当家林桂生报告情况。

保镖灰头土脸地回到公馆，说要求见黄夫人，有急事禀告。林桂生看此情景，知道定是什么大事，于是让保镖到楼上来讲。

保镖们匆匆上了楼，看见林桂生正坐在客厅的沙发上逗鸟玩，身上穿了一件家常的月白缎子旗袍。林桂生不紧不慢地说道："什么事？说吧。"

"老板娘，老板，老板他……他被绑架了！"其中一个保镖吞吞吐吐地说道。

"什么？"林桂生一下子从沙发上跳了起来，连连问道，"到底怎么回事？是谁干的？快说！"

另一个保镖就把黄金荣在共舞台看戏，卢筱嘉带人闯入，毒打了黄金荣，并把他带走的经过一一叙述了一遍。

林桂生气得火冒三丈，她这才明白那天晚上黄金荣的担心还是有道理的，这卢筱嘉果然不好惹。她满肚子的气没地方撒，于是狠狠地扇了保镖几个耳光，骂道："你们这群饭桶！养你们是做什么用的！平时威风八面的，到需要派上用场的时候，你们做什么了，连老板都保护不好！"

林桂生对着保镖就是一顿臭骂，骂完之后，她却也想不出什么主意，急得像热锅上的蚂蚁一般。那几个保镖更是一群莽夫，除了打架斗殴时能派上用场，叫他们出主意比登天还难，只能战战兢兢地站在一旁，不敢吱声。

"一群饭桶！都给我滚！去，你们马上给我把杜月生和张啸林叫来。"林桂生一边骂着，一边吩咐他们。

此时，杜月笙和张啸林还不知道发生了什么事情，林桂生叫他们过来，他们不敢耽搁，匆匆来到了黄公馆。两人刚一进门，林桂生就迎了过来，焦急地说道："月生，啸林，你们可来了，都快把我急死了！"

平时林桂生从来不会如此着急，总是一副镇定自若的样子，似乎没有什么能够把她难倒，可是今天她却亲自跑出来迎接杜月笙和张啸林，而且脸上流露出极度的焦虑和恐惧，两人心中暗暗一惊，不知道发生了什么特别严重的事情，令桂生姐如此失态。

两人恭恭敬敬地行了个礼，问道："出了什么事情，这么着急？"

林桂生答道："你们先上楼，进客厅再细说。"

三人上楼之后，林桂生瘫倒在沙发上，显然，她已经筋疲力尽了。来不及叫佣人倒茶，她就急忙说道："老板今晚在共舞台被人绑架了！"

"什么？"杜月笙和张啸林二人闻听此言不约而同地惊叫了一声。黄金荣可是上海黑帮的大佬，法租界华捕的一把手，谁有这么大的胆子，敢绑架黄老板。再说，要是真被绑架了，黄金荣可是栽了个大跟头了，他今后可怎么在上海滩混啊，还有什么威望领导他的众多兄弟，称霸上海滩呢？

"哪个王八蛋，有这么大的胆子，敢绑架我们黄老板？我去把他宰了！"张啸林一听，急性子脾气就上来了，紧握着拳头，怒目圆睁地问道。

"是卢筱嘉这个王八蛋。他仗着他老子是浙江督军，就把老板给抓去了，简直是欺人太甚了。我一个妇道人家，能有什么办法？所以就把你们叫来，赶快想个办法把老板救出来。"

张啸林一听卢筱嘉这个名字，立刻就瘪了，他也知道卢公子不好惹啊，如今黄金荣被他绑了去，确实很难办，他转过头看了看杜月笙。杜月笙平时鬼点子多，可是这时，他也皱起眉头来，想不出个办法。看到杜月笙和张啸林这两个黄金荣最得力的帮手都想不出办法来，林桂生可真是慌了，她扯着嗓门喊道："亏老板这么器重你们，现在他出事了，你们却一点儿办法都没有？"

张啸林是个直脾气，看到林桂生冲着他们这样发火，他也觉得对不住，于是站起身来，硬着头皮说："明天我就去何丰林家走一趟。"

林桂生见张啸林说话了，可是杜月笙始终没有开口，她就又问道："月生，你有什么主意？"

杜月笙也站了起来，谨慎地说道："卢筱嘉背景很硬，我们不能贸然行动，既然啸林兄说去找何丰林，不如就先让他去探探口风，再做定夺。"

林桂生想了想，知道目前也只能先这样了，于是他们就商量好，明天先由张啸林通过亲家俞叶封去何丰林家求情。不过，林桂生毕竟老谋深算，他知道张啸林这一趟把握不大，于是，第二天一早，她就亲自前去拜访黄金荣的老朋友——道胜银行买办、大名鼎鼎的虞洽卿。

虞洽卿早已听说了黄金荣的这个情况，林桂生一来，没等开口，他就知道必定是来请他帮忙的。虞洽卿很清楚，这件事不好处理，因为毕竟卢筱嘉不同于别人，当然，换了别人，也是万万不敢绑架黄金荣的。见到林桂生，虞洽卿故意装出什么都不知道的样子，热情地招呼道："呦，黄夫人，真是稀客啊！什么事劳您大驾？"

林桂生早已急成了无头苍蝇，那里还顾这些礼节，看到虞洽卿，就开门见山地说道："虞先生，金荣这次落难了，我实在没有办法了，只能过来求您帮他一把。您要是能救他一命，今后金荣和我都为您做牛做马。"

"黄夫人，您这是哪儿的话，金荣兄与我是莫逆之交，只要我能帮得了的，我一定鼎力相助，但是不知金荣兄遇到了什么困难？"虞洽卿客气地说着。

"哎！"林桂生长长地叹了一口气，就把事情的经过详细叙述了一遍。

虞洽卿听完之后，紧锁着眉头说道："这卢公子可不好对付啊，看来得找何丰林，让他放黄老板一马。"

"可是我们金荣与何丰林没有什么交情，所以我迫不得已才来找您帮忙！"林桂生很焦虑地说道。

"黄夫人，您先别着急，我这就去何丰林家，向他求情！"虞洽卿说。

"多谢虞先生了！"林桂生谢过虞洽卿之后，就离开了虞府。

林桂生一走，虞洽卿就坐车前往何公馆，虽然他知道这一趟希望不大，但是林桂生来求情了，他就必须有所表示。

何丰林知道虞洽卿的来意之后，对虞洽卿说："卢公子受了委屈，督军很生气。这件事我是做不了主的，得卢督军说了才算。"

虞洽卿听了何丰林的话，知道是自己的面子不够大，于是知趣地离开了。

再说张啸林，他去找亲家俞叶封，俞叶封经常往何公馆跑，两家关系还不错，对何公馆也比较熟悉。俞叶封看到亲家找上门来，请他帮忙，自然不好推脱，就带着他去了何公馆。俞叶封来到何公馆，没等下人通报，就直接拉着张啸林走过客厅，奔向了深院内宅。两人绕过假山，穿过月洞门，来到了一座佛堂前，佛堂里飘出一股淡淡的清香。张啸林好奇地问道："亲家，你带我来这里干嘛？"

俞叶封偷笑着说道："这是何老太太的佛堂。"

"我是来找何军使的，找何老太太做什么呢？"张啸林不解地问。

俞叶封悄悄地说道："啸林兄啊，听说何军使是个孝子，你为黄金荣求情，当然得先找何老太太了，只要老太太金口一开，还有办不成的事吗？"

张啸林这才明白亲家的用意，不禁佩服亲家果然是密探出身，连上司的情况都调查得如此清楚。两人走进佛堂，看见何老太太正在闭目养神，手里拿着佛珠，嘴里念着佛经。两人站在一边，不敢发出声音，只能静静地等待。

大概一个小时之后，何老太太终于睁开了眼睛，发现旁边站了两个人，其中一个还是俞叶封，着实吓了一跳，惊讶地说道："俞统领，丰林今天不在家吗？你到我的佛堂来做什么？"

"叶封今天特地来向伯母请安，"俞叶封恭敬地说道，又介绍起身边的张啸林来，"这是三鑫公司的总经理张啸林先生，他有事情想请伯母帮个忙。"张啸林也赶紧施了一个礼，然后把黄金荣的事说了一遍。

老太太听说是来求情的，根本就没听张啸林说了什么，又闭起了眼睛，对俞叶封和张啸林说道："老身不管政事，有什么事你们找丰林吧。"说完，又拨起她的佛珠，念她的经了。

张啸林是个急性子，听何老太太这么一说，正想开口说话，俞叶封急忙用肘顶了他一下，让他别多嘴。俞叶封接着说道："老太太，既然这样，那我们去找何军使，不打扰您了。"说完，他就拉着张啸林出了佛堂。

张啸林看何老太太不肯帮忙，着急地问道："那我们去找何军使？"

俞叶封悄悄地对张啸林说道："亲家，何军使上面还有督军，我们说是没用的。这次我们是来找何老太太的，主要是来探探何老太太的态度，既然没有说动老太太，只能让黄夫人再跑一趟了，两个女人也许好说话一点。"

张啸林听俞叶封这么一说，就急忙离开了亲家，回到黄公馆报告情况了。

林桂生也是个聪明人，他知道这次是非得她亲自出马不可了。听说何老太太信佛，她灵机一动，从自己的保险柜里取出一尊精美绝伦的金观音，还把黄金荣敲诈来的一个竹节罗汉拿了出来，精心地包装之后，又带上几根金条，坐着车就往何公馆奔去。

何老太太一看见"观音"与"罗汉"这两件稀世珍宝，还听说是送给自己的见面礼，开心地两眼眯成了一条线。林桂生趁机套起近乎来："何妈妈，我一直都想来看您，可一直没有合适的机会。刚巧不久前我得到了这两样宝贝，放在我那儿也没什么用，所以就想着拿来孝敬您了。何妈妈是个信佛的人，这两样宝贝放在您这里才是它们最好的归宿。"

何老太太捧着这两样宝贝，爱不释手，高兴地说道说："好，好！黄夫人，您这也是有佛缘啊，佛主一定会保佑您的！"

林桂生又拿起手帕煽起情来，悲伤地说道："何妈妈，我从小就没有娘，看到别的孩子有父母疼着，就羡慕得不得了。何妈妈，您不嫌弃的话，就认我做干女儿吧！"

何老太太开始还想拒绝，可是看着眼前的这两样宝贝，再加上林桂生那一张嘴，何妈妈长、何妈妈短的，叫得老太太都不好意思拒绝了，没过几个小时，老太太便认了这个干女儿。后来，林桂生提出放人，老太太一口答应下来，可是，何丰林带回话来："黄金荣这条命可以暂时保住，但要放人，需要卢永祥的批准。"

林桂生一听，就叫张啸林快马加鞭赶赴杭州，见卢永祥去了。

张啸林拜会卢永祥

林桂生之所以叫张啸林去杭州见卢永祥，是因为之前张啸林和卢永祥早就是老朋友了，并且在三鑫公司开张之后，他们的联系就更加密切了。张啸林为了确保鸦片运输的顺利进行，曾经和浙江省长张载阳、浙江督军卢永祥签订过一个协议，约定后者为三鑫公司的鸦片运输提供保护，三鑫公司则支付张载阳和卢永祥保护费。

为了拉拢卢永祥，张啸林还主动提出在莫干山送卢永祥一套别墅。做出承诺之后，张啸林一直没有忘记这件事情，买地、设计、施工，一直紧锣密鼓地进行着。到黄金荣被抓之后，别墅已经建成了，就差内部的装修了。张啸林原来打算等一切都办妥之后，再去找卢永祥，现在黄金荣的事一出，他只能提前去找卢永祥，先把别墅送上了。

张啸林带上地契、别墅的图样等资料匆匆地奔赴杭州浙江督军府。到了之后，他先找到签押房姓何的师爷，送了他二两上等的印度产的鸦片。可是师爷却说卢永祥到绍兴视察去了，并不知道什么时候回来。

黄金荣被关在大牢里，多待一天，就多受一天的罪，一刻都不能等，于是张啸林提出要去绍兴找卢永祥，何师爷收了张啸林的好处，自然很愿意帮忙，于是两人随便扒了一点饭，就坐上火车去了绍兴。

两人到了绍兴，又扑了一个空，原来卢永祥去府城的中观庵青藤书屋参观了。等他们到了书屋，卢永祥就像跟他们捉迷藏似的，又去了城外的东湖。两人再去东湖，卢永祥又去了大禹陵。两人于是雇了一条船，划了十五里的水路，才到了大禹陵，这回一打听，卢永祥总算没有走，还在大禹陵。

何师爷轻声对张啸林说："张老板先在外面等一下，我进去禀告一声，"同时，他还嘱咐道，"大帅在外面视察，您说话一定要注意分寸，千万不要扫了他的兴。"

在大禹陵外面，张啸林不忘巴结卢永祥身边的人，给每个士兵都发了一包香烟。

何师爷进入庙内，看见卢永祥正坐在一把太师椅上，他指着前面的空石亭，对左右陪同的人说道："我考考你们，这'穴'字下面一个'乏'，怎么读？它是什么意思？"

这些武将出身的人字都不认识几个，这么偏的字他们就更不认识了，还有几个虽然认识这个字，但是为了衬托卢永祥的学识，都故作不知道，所以大家都默契地摇摇头。

卢永祥看见何师爷进来了，问道："发生什么事了？你怎么大老远跑过来了？"

何师爷走到卢永祥身边，弯下腰贴着他的耳朵说道："上海的张啸林张经理上次答应送您一套别墅，他已经办好了，特地给您送来地契。他就在外面等着呢。"

卢永祥一听是别墅的事就乐了，心想：这张经理倒是真记在心上，我还当是一句玩笑话呢。这样一来，以后夏天可就不用在杭州这个火炉里过了，可以去莫干山清凉清凉了。

卢永祥对何师爷说道："快叫他进来吧。"

不一会儿，张啸林就进了庙里。卢永祥客气地说道："张经理，你大老远从上海赶过来看我，欢迎欢迎啊！"他正要起身迎接，被张啸林几个大步上来就给按住了："大帅，小弟哪里敢当，您请坐！"

"对了，刚才我问身边这些随从，这亭子的匾额上的三个字怎么念，什么意思？结果他们都不知道，张经理可否知道啊？"

张啸林抬起头，看了看那个匾额，上书"窆石亭"三个大字，亭子里还放了一块大石头。他说道："大帅，这个字好像念'扁'吧，不知道对不对？小时候我听说过大禹的故事，好像他下葬时，就是用这亭子里的大石头绑住绳子往下放棺木的，这个字就是这块大石头的名称吧？"张啸林虽然知道这个字的读音和意思，但是在卢永祥面前也不能太过张扬，连用了两个"好像"。

"到底是个文化人，哈哈，生意做得好，学识也渊博。"卢永祥称赞道。

"多谢大帅夸奖！"张啸林客气地说。

这时，陪同人员看到天色已经暗了下来，就问卢永祥是否该回府城了，城里的乡绅们准备了几桌酒席，正等着大帅回去呢。而卢永祥却提出了一个古怪的想法，要在附近的农家吃一顿便饭，以显示督军的亲民姿态。这可把陪同人员吓了一跳，赶紧吩咐人去寻找一户拿得出手的富裕人家，准备了一桌酒菜。

绍兴人喜欢吃梅干菜，当地还有"梅干菜，白米饭，吃到老死永不厌"的说法。卢永祥在农家吃的第一道菜就是梅干菜蒸焖肉。卢永祥夹了一块尝了一下，连连说道："好吃！好吃！你们浙江人就是比俺们山东人聪明，这不起眼的梅干菜能做得这么好吃。张经理，你是浙江人，说说看，这道菜是怎么做出来的？"

"这梅干菜蒸焖肉，需要一层五花肉，一层梅干菜，再一层肉，一层梅干菜，一大碗总要叠上四五层，再倒一点绍兴黄酒，洒一点白糖，在灶上蒸，蒸到肉酥烂。这样做出来的梅干菜蒸焖肉香味扑鼻，肥而不腻，入口即化，色香味俱佳，无论是做下酒菜还是下饭菜，都是绝对的美味，"张啸林说得头头是道，在饭桌上，他也不忘恭维卢永祥，继续说道，"但是，在过去，农民都吃不饱，穿不暖，所以很少有人家有这样的美味吃，现在在大帅的治理下，百姓安居乐业，生活质量都提高了，这样的菜就成了家常便饭了。"

卢永祥听了张啸林这一通话，乐得眉开眼笑，把梅干菜吃了个盘底朝天，五花肉却没怎么动，也许是平时大鱼大肉吃惯了吧。

这一顿农家饭，卢永祥等人吃得很开心，气氛也很活跃，但是杂人太多，所以张啸林一直没有机会跟卢永祥谈黄金荣的事。

第二天下午，卢永祥回到了杭州督军府，邀请张啸林见面。张啸林把地契给了卢永祥，又打开别墅的图样，介绍了一番。

卢永祥拿着地契，看着图样，心里很是满意，他假装客气地说道："这地价和别墅的造价要多少银两？你先算好，我叫账房付款。"

"大帅，这是我孝敬您的，怎么能要您的钱呢？您要是给我钱，就是瞧不起小弟了。"张啸林谦恭地说道。

"好好好，那我就恭敬不如从命了。今晚，我请你吃西湖大餐。"卢永祥说道。

"大帅，您的心意我心领了，但是，小弟有急事，需要马上回上海。"张啸林这才开始引入正题。

"什么事情这么着急？"卢永祥问。

"不瞒您说，这次我赶来看您，是因为有一件事，需要您帮忙。"张啸林严肃地说道。

"什么事？你说吧。"卢永祥说。

张啸林于是就把黄金荣的事一一交代了一番。

卢永祥其实早就已经料到了张啸林这次来访是跟黄金荣的事情有关的，只是故作不知罢了，听了张啸林的讲述后，他说道："哦——，这样啊。这件事嘛，不是我护着小儿，实在是他黄金荣不识抬举。俗话说得好，打狗还得看主人，他这分明就是不给我面子嘛，我也就是让他稍微吃点苦头，让他以后知道什么事情该做，什么不该做。现在既然你替他求情，那我就饶他一命。"

张啸林一听卢永祥的话，心里非常高兴，心想这事总算是有着落了，说道："大帅，您的大恩大德，张某永记在心，日后必将重报。"

卢永祥笑了一笑，往门外喊了一声："来人啊，把郑秘书叫来。"

郑秘书来了这后，卢永祥叫他拟了一份电报。卢永祥看了一下，签上了自己的名字。然后递给张啸林，说道："这样可以了吧。"

张啸林看了看，连连说道："可以，可以，谢谢大帅！"

当晚，张啸林就连夜赶回了上海。

杜月笙孤身闯虎穴

张啸林回到上海之后，也不知道为什么，黄金荣还是迟迟没有被放出来，黄老板手下的徒子徒孙们开始着急了，黄金荣一倒，他们可就失去了靠山，以后在上海滩还怎么混呢？于是，他们对杜月笙说："杜先生，老板在大牢里受苦，我们不能不管，只要您一声令下，我们立即就去端了何公馆，把老板救出来。"

而杜月笙却打着自己的算盘，一方面，黄金荣曾经是自己的师父，现在是自己的大哥，必须得救，否则自己就背了一个不仁不义的罪名；另一方面，黄金荣被关的时间越长，就跌得越惨，自己上位的机会就越大。另外，何丰林是个军阀头子，要是弟兄们去把何公馆砸了，那自己以后的日子也不会好过了。所以，杜月笙希望何丰林多关黄金荣几天，等时机成熟了，自己再找个妥善的办法把救黄金荣出来。于是，他对弟兄们说道："不行，你们千万不要乱来，我自有办法。"

林桂生、张啸林等人出马，都没有把黄金荣救出来，个中的原因，杜月笙也猜到了几分。何丰林是个军阀，他把黄金荣关起来，一来要给卢公子出口气，二来也想乘机敲诈黄金荣一把，所以现在只要给了何丰林足够的好处，放人就是顺理成章的事情了。

于是，杜月笙带上10根金条，只身一人，去闯虎穴了。到了何公馆外，杜月笙把金条交给警卫，请他进去通报，说三鑫公司总经理杜月笙求见。

警卫就进去禀告了，并且把金条给了何丰林。

何丰林以为他是过来闹事的，就问道："他带了多少人？"

"就他一个人。"警卫回答。

"一个人？一个人也敢来闯我何公馆，我倒要看看他杜月生有什么本事！"何丰林表面上一副盛气凌人的样子，其实他对杜月笙还是挺敬佩的，他摸着10根金灿灿的条子，心想：这个杜月笙果然是个人物，明事理，会办事。接着，他对警卫说道："你去告诉杜月生，让他到小书房见。"

不一会儿，杜月笙进来了，确实只有一个人，没带保镖，也没带武器，气宇轩昂地站在门口。

"杜老板，快请进，欢迎，欢迎！什么风把您这位大忙人吹到了我的府上啊？"何丰林装起糊涂来，旁边还站着卢筱嘉。

"何将军，卢公子，杜某久仰大名，一直想前来拜访，但总没有机会。"杜月笙非常体面地说道。

"杜老板真是太客气了，您这大名在上海滩如雷贯耳，您来我府上是我的荣幸啊！"何丰林笑着说道。

"将军驻守上海，保一方平安，人人称颂不已。今日我有幸亲眼目睹将军的风采，此生无憾！"杜月笙愈加恭维起何丰林来。

"哪里，哪里。何某一介武夫，没见过世面，还望杜老板见谅啊！"何丰林也跟杜月笙继续客套着。

两人你一来，我一往，互相恭维，谈得很投机，卢筱嘉坐在旁边，看不下去了，插嘴道："杜老板说一直没机会过来，那这次是什么机会把您给吹来了？"

杜月笙并没有理睬卢筱嘉，他端起茶杯，揭开盖子，把飘在上面的茶叶吹到一边，轻轻地抿了一口，然后盖好盖子，把杯子放在桌面上，不紧不慢地说道："何将军，您是个爽快人，我也喜欢开门见山。今天来拜访，是有件重要的事要和您商量。"

何丰林暗暗一笑，心想：还不是为了黄金荣吗？来求人就是来求人，还说得这么好听。他心里这么想，可脸上却不露声色，一本正经地说道："不知杜老板要商量什么事情？"

"我们想要办一个公司，想请将军入股。"杜月笙故意先不谈黄金荣的事情，先给何丰林一点好处，这样一来，在黄金荣的事情上，自己就有了主动权。

"入股？"杜月笙不谈黄金荣确实很出乎何丰林的意料，但是说到钱，何丰林就两眼放光，他说道，"那需要我投多少钱呢？"

"分文不要，只要将军赏脸，股份我们奉送。"杜月笙一脸严肃地说道。

"这怎么好意思呢。"何丰林一笑。

"将军的名望可比银圆值钱多了，"杜月笙继续说道，"我和张啸林张老板、黄金荣黄老板筹集了1000万资金，准备开一个名叫'聚丰贸易公司'的烟土公司，从事鸦片贩卖。如果你和卢督军愿意加入，所得红利，五人平分，你俩不必出钱，只需向部下打个招呼，保护鸦片的运输就可以了。"杜月笙所谓的"聚丰贸易公司"，实际上指的就是三鑫公司，他对何丰林这么说只不过为掩人耳目，换个名头罢了。

何丰林作为军阀，虽然握有重兵，经常敲诈勒索百姓和商贾，但是那点儿收益是不能与大公司的收入相比的。这一次，能够入股杜月笙、黄金荣等人办的公司可是个发财的大好机会，而且入股都不需要掏钱，这无本的买卖打着灯笼都找不到。于是何丰林当场就答应了。

卢筱嘉虽然因为黄金荣的事情，对于杜月笙还是心有芥蒂，但是谁不想发财呢？于是，他也替他的父亲答应了这件事。

"但是，还是请何将军和卢公子大人有大量，先把黄老板放出来啊。"杜月笙终于奔向了主题。

何丰林已经收了好处，不便说话，他看了一眼卢筱嘉。

卢筱嘉说道："放人可以，但必须满足我的三个条件。"

"好，卢公子，不要说三个条件，就是三十个，我也答应你。"杜月笙爽快地答道。

于是，卢筱嘉狠狠地说道："第一，露兰春必须亲自上门敬酒赔罪；第二，共舞台上的打手要向我叩三个响头；第三，在上海所有报纸上登一条新闻，说黄金荣在龙华地牢里吃萝卜干饭。"

杜月笙一听，火气就上来了，恨不得当即抽这个卢公子两记耳光，但是他必须忍着："卢公子，您提的条件我当然没有话说，不过嘛，不如您先听我讲一讲，咱们先分析一下您提的这三个条件到底对您有没有好处，您看怎样？"

卢筱嘉一听，说道："你这什么意思？"

杜月笙不慌不忙地解释道："那我就来说一说。第一，露兰春已经名花有主，一介女流之辈，您大人有大量，又何苦为难她，如果您不介意，不如我把会乐里的头牌小木兰送给卢公子；第二，共舞台的保镖也都是上海滩的好汉，其中还有我的徒弟，叫他们向你叩头，即使真叩了，心里也是不服的，还不如叫他们在杏花楼为卢公子摆一场酒席，当面道歉；第三，报上的消息可不可这样说，卢公子前往杜公馆赴宴，杜月笙敬酒三杯。大家和气生财嘛，您说这样好不好？"

卢筱嘉看这三个条件也都过得去，但是就这么答应，也太便宜他黄金荣了，于是又说道："既然杜老板换了三个条件，那我再加一个，让露兰春到我这里赔罪三天。"

杜月笙迟疑了一下，心想，露兰春是黄金荣的女人，答应了，恐怕不太妥当。

这时，何丰林也发话了："让露兰春陪我们公子三天，我就把黄老板放了。"

杜月笙听何丰林也这么说，看来是没办法了，陪就陪吧，不过是一个女人而已，当务之急是把黄老板救出来。

就这样，杜月笙凭着自己的胆识和才智，只身入虎穴，救出了黄金荣。

乘车回黄公馆的途中，黄金荣意味深长地对杜月笙说："月生啊，以后你就叫我大哥吧。"

杜月笙还想客气，黄金荣按着杜月笙的手说："兄弟，就这么定了，你也不用说什么了，以后这上海滩就是你的天下了。"

黄金荣说完，长长地叹了一口气。杜月笙不再说什么，只是静静地看着车窗外。

林桂生大砸醋坛子

事情虽然摆平了，可江湖传言并未消停。茶楼酒肆，交头接耳，人人都在争相议论黄、卢为露兰春争风吃醋，发生火并，黄老板大跌霸。

黄金荣听了这样的议论自然很恼火，可是他既不能堵住别人的嘴，也不可能在报上登出声明澄清谣言。事实胜于雄辩，黄金荣决定加紧攻势，把露兰春娶回来。

这天，黄金荣匆匆忙忙地来到三鑫公司，一进杜月笙的总经理办公室，就坐在沙发上喘粗气。

杜月笙赶紧让左右退下，并急切地问："金荣大哥，出什么事了？"

黄金荣吞吞吐吐，不知道怎么说。

杜月笙也急了："你倒是快说呀。"

黄金荣挠了挠头皮，说道："唉，桂生姐跟我闹，闹得真是不可开交。"

杜月笙小心地问道："是因为露兰春的事情？"

"嗯。"黄金荣有些难为情地点了一下头。

原来，是林桂生砸翻了醋坛子。黄金荣终于被放了出来。被关了五六天的黄金荣一回到家，看到林桂生正在家里焦急地等待丈夫的归来，不由得既感动又哀伤，这些天来，林桂生为了把黄金荣救出来，也是吃不下，睡不着，想尽了办法，虽然最后还是张啸林和杜月笙把自己救出来的，但是黄金荣心里知道，最担心自己的还是他的结发妻子林桂生。林桂生看到丈夫回来了，既高兴又心酸，丈夫在地牢里受了那么多罪，她为人妻的，实在是心疼。

经历了这一桩灾祸，黄金荣惊魂未定，就在家里老老实实地待了几天，休养精神。林桂生还以为黄金荣变得老实了，再也不会去外面拈花惹草了，从此，两人就可以更加恩恩爱爱了。为此，她还暗暗有些高兴，正所谓"祸兮福之所倚，福兮祸之所伏"。

可是她完全打错了算盘。俗话说，江山易改，本性难移，黄金荣没待几天，就又开始思念他的露兰春了，于是他就找了个借口，说公司里有事，又去找露兰春了。林桂生一个人在家，闲来无事的时候就喜欢和侍候她的佣人阿四姐拉拉家常。

"太太，您就不怕老爷这次出去，又是去拈花惹草了？"阿四姐服侍林桂生已经有二三十个年头了，所以说话也没有什么忌讳。

"他说公司里有事需要他办。"林桂生并没有起疑心。

"太太，老爷要是去公司，怎么不带着其他人，就他一个人去了？还有，我发现他还带了一包蜜枣，老爷可是从来不吃蜜枣的，他会带给谁吃呢？"细心的阿四姐这样说道。

听完阿四姐的这番话，林桂生开始恼火起来："难道这个麻皮又去找那个戏子了？"

阿四姐还继续煽风点火："上次就是因为这个露兰春，老爷才得罪了卢公子，被关在地牢里受了那么多罪。这一次不知道又要闹出什么事情来？"

"什么？上次的事情是因为露兰春？"原来林桂生虽然知道黄金荣与露兰春有染，但并不知道被绑架就是因为露兰春。这下可好，林桂生的醋坛子完全被打碎了，心想：好你个黄麻子，被绑架竟然还是因为那个戏子露兰春，亏我为了把你救出来，想尽了办法，耗尽了精力。这就算了，现在倒好，才在家待几天，就待不住了，又去找那个戏子了！

林桂生想着想着，气就不打一处来，无尽的委屈在心里憋着，突然抑制不住，就放声大哭起来。阿四姐这才发现自己说漏了嘴，这下可闯了大祸，把林桂生这个炸药包点着了，黄公馆可就不得安宁了。

林桂生哭了好一会儿，等她哭累了，把眼泪一擦，嘱咐公馆里的下人："等老爷回来之后，把大门锁上，不许他离开。"

在黄公馆里面，林桂生才是老板，黄金荣也怕林桂生，所以林桂生这么一发话，公馆上上下下都严阵以待，就等黄金荣入套了。

此时的黄金荣并不知道黄公馆里发生的事情，他直到天黑了，才坐上车回到了黄公馆。下车之后，他哼着小曲，大摇大摆进了门。黄金荣双脚刚迈进门槛，背后的下人就把大门一合，上锁了。黄金荣怒目圆睁，正想发火骂人，看门的轻声说道："老爷，是太太吩咐的。"

黄金荣一听这话，心想：怎么回事？难道是我今天去找露兰春的事情被她知道了？黄金荣心里有些害怕，蹑手蹑脚地上了楼。

林桂生已经恭候黄金荣多时了，见他上来，并没有说话，而是背对着黄金荣生闷气。

黄金荣柔声柔气地说："我说老婆，今天是怎么了？谁惹你生气了？"

看到黄金荣还在装腔作势，林桂生再也忍不住心里的怒火了，劈头盖脸就对黄金荣一顿臭骂："好你个黑麻子！你当我是聋子是不是？原来你坐大牢就是因为那个戏子，早知道老娘就让你永远待在大牢里别出来了。现在刚被放出来，又思念那个戏子了，你忘了她把你害得多惨了？你忘了我是怎样千辛万苦把你救出来的？现在当老板了，翅膀硬了，就不需要我了，就可以乱搞女人了，有本事你不要瞒着我啊？"林桂生与黄金荣结婚多年，从来没有像今天这样破口大骂过。

黄金荣看见林桂生这架势，知道她正在气头上，也知道林桂生的脾气，于是不理她，躲进了自己的卧室里避风头。

林桂生不许下人开门，自己还在家里看着，黄金荣就被软禁在了公馆里，一直没有机会出门。一天，林桂生出门应酬赌局，黄金荣乘林桂生不在家，这才偷偷地出了门，开着汽车来到了三鑫公司。一到公司，他直奔总经理杜月笙的办公室。进了办公室，他连连挥手让其他人离开，自己一屁股坐在沙发上，喘着粗气。

杜月笙看着黄金荣这副样子，就问道："金荣大哥，出什么事了？"

黄金荣吞吞吐吐，不知道怎么说。

杜月笙也急了："你倒是快说呀。"

黄金荣挠了挠头皮，说道："唉，桂生跟我闹，闹得真是不可开交。"

杜月笙小心地问道："是因为露兰春的事情？"

"嗯。"黄金荣有些难为情地点了一下头。

杜月笙随即劝道："大哥，你跟桂生姐都那么多年的夫妻了，犯不着为了一个露兰春伤了夫妻感情啊。"

"不，"黄金荣似乎被露兰春迷得鬼迷心窍了，对着杜月笙说道，"露兰春我是要定了，既然现在被老太婆知道了，我就光明正大地娶露兰春做老婆，她不答应也得答应。"

杜月笙着实吃了一惊，在他眼里，黄金荣是不敢对林桂生说一个"不"字的，这次，为了露兰春，他竟然一改往日的脾气，开始跟林桂生叫板了。黄金荣堂堂大亨，娶个三妻四妾也不为过，即使林桂生再霸道，如今人老珠黄，恐怕也没什么资格去反对，但是别看露兰春只是一个戏子，却是很有心计的，而林桂生更是一路辅佐黄金荣成就霸业，这两个女人恐怕很难在一个屋檐下生活，这样一来，两个女人的斗争就不可避免了。杜月笙不想卷入这件事，虽然他知道黄金荣的来意，却不露声色地推脱道："这件事情恐怕很难办啊。"

黄金荣一看杜月笙都不肯帮他，也不顾及自己的面子了，竟然向杜月笙哀求起来："月生，这一次你一定要帮我，桂生姐她最听你的话了，你去跟她说，只要把露兰春接进来，我还是让她当家，她还是一家之主。"

杜月笙看黄金荣都这样求自己了，只能答应去说一下了。黄金荣心里的石头这才落了地，说了一句："月生，就等你的回音了。"然后，黄金荣就离开了公司。

黄金荣的一招昏棋

对于露兰春，这却不是一个好消息。

如果没有黄金荣，或许就没有红透了上海滩的露兰春。但是让黄金荣霸占一生一世，露兰春无论如何也不能甘心。她要嫁的那个人，不是达官显贵、仪表堂堂的绅商，至少也应该是一个风流倜傥的公子哥。何况，还有一个人尽皆知的桂生姐。桂生姐是何等厉害角色，在她手下伏低做小，恐怕永远都暗无天日了。

然而，她却不敢明确说"不"。她知道黄金荣的威势和心狠手辣，一个小小的露兰春，他捧得她多高，就能摔得她多厉害。一旦自己拒绝，黄金荣很可能借别人之手对她进行可怕的陷害。

不过，总有人能制服他吧？都知道黄公馆真正的主人是林桂生，她若不答应，黄金荣又该如何呢？

露兰春想了想决定：我可以嫁给他，但是，有两个条件一定得答应。一，必须敲锣打鼓坐龙凤花桥明媒正娶进黄家门；二，进门后要拿保险箱的钥匙，掌管一切财物。

这两个条件实在是够狠，它击中的恰恰都是林桂生的要害。林桂生当初嫁给黄金荣不过是一切从简，而第二条，明显着就是要做女主人，要林桂生乖乖交出她打拼来的天下。

露兰春认为，这两个条件，即使黄金荣答应，那也一定过不了桂生姐那一关。桂生姐不答应，那她或许就可以逃过这一劫了。

黄金荣听到这两个条件，不由苦笑。他左思右想，决定舍弃林桂生。他为露兰春付出了很多，若是空空而归，实在是不甘心。

这么多年，谁都知道是林桂生帮黄金荣打的天下，谁都知道他惧内，可是，寻常男人还会有个三妻四妾，威霸一方的黄老板为什么不可以呢？而且，他也老啦，可黄家还这么人丁单薄，他想再添子添孙，与娇妻爱子共享天伦，又有什么不对？

可是，黄金荣平时对林桂生言听计从，心里一直有三分畏惧，对这件事也有几分愧疚，不敢当面开口。于是，他就委托杜月笙从中周旋，希望能两全其美。

杜月笙没想到这么苛刻的条件黄金荣也会答应，他张口想劝说一番，黄金荣摆摆手，疲惫地闭上眼睛。

杜月笙沉默了，他知道黄金荣心意已决，说什么也是多余了。

对杜月笙来说，张这种口又实在太难了。没有林桂生，也就没有他杜月笙。是桂生姐慧眼识人，给他机会，提拔他，重用他，是桂生姐帮他成家立业。他常常提醒自己：一定要好好报答桂生姐的恩情。可是，如今黄金荣却让自己去办这样忘恩负义的事，他实在太为难了。反复思量斟酌之后，杜月生还是决定帮黄金荣这个忙。当然，他也为桂生姐做了打算，他会尽自己最大的努力使桂生姐有个好退路。

两天之后，杜月笙果然来到了黄公馆。黄金荣看见杜月笙来了，就有意回避了。杜月笙就吞吞吐吐地把黄金荣交代的事情跟林桂生说了出来。林桂生听到黄金荣的想法，心里憋着的火气就上来了，但是面对杜月笙，她还是沉住了气，只是苦笑一声，然后问杜月笙："你觉得呢？"

杜月笙没想到林桂生会如此平静，他小心翼翼地说道："露兰春进了门，也许能收住大哥的心，所以我赞成。"说完，他偷偷看了一眼林桂生的脸色。

林桂生也冷冷地看了杜月笙一眼，说道："他要讨小老婆，我并没有吃醋的意思，别说娶二房，就是娶到十房八房的我也不计较，我林桂生绝不是容不得老板身边有别人，但他要讨露兰春，我坚决不同意。为什么呢？我并不是不讲道理，你知道吧，露兰春是谁啊？她是张师的干女儿啊。那张师又是谁啊？他是你大哥的徒弟啊。以前，露兰春来咱们家的时候，都管老板叫'黄家公公'，所以，论起辈分来，我是露兰春的奶奶。要是老板讨了露兰春做二房，那我成什么辈分了？我由她的'奶奶'一下变成她的'姐姐'了。要我和她姐妹相称，这成何体统？讲出去岂不让人笑掉大牙？月生，你说说是不是这个理儿？我林桂生到底讲不讲道理？你大哥他要娶露兰春是应该还是不应该？"

林桂生就这样回绝了杜月笙，当然，实际上回绝的是黄金荣。林桂生的这种回绝断没有一点儿作态的意思，而是实实在在的，是没有任何回旋余地的。

林桂生这边是这种态度，而黄金荣那边呢，他又是非要讨露兰春不可，这黄金荣和林桂生，都是自己的大恩人，杜月笙夹在中间，真是一筹莫展。没办法，面对这种尴尬的场面，三十六计，走为上计，杜月笙就找了个借口，说道："桂生姐，公司里面还有事，我先走了，有机会我再劝劝大哥。"说完，他正要溜走。

"慢！"林桂生突然发话了，"月生，我知道是黄麻子叫你来跟我说的，我不为难你，你告诉黄麻子，露兰春和我，不是她走，就是我走。如果露兰春进门，从今往后，我与黄麻子一刀两断，老死不相往来。"

杜月笙还以为自己听错了，又问了一遍道："桂生姐，如果大哥非娶露兰春不可，那你真要跟大哥离婚？"黄金荣和林桂生做了半辈子的夫妻，两人一起打天下，风风雨雨都过来了，现在却因为一个戏子而离婚，杜月笙有点儿不敢相信。

"如果他非要讨露兰春，这婚是非离不可了！"林桂生坚定地答道。

说完，林桂生转身进了自己的房间，"砰"的一声把门关上了。

当杜月笙把话传给黄金荣时，黄金荣觉得自己已经无路可退了，他选择了杜月笙不想听到的答案：离婚。

黄金荣觉得桂生姐一定会提出非常苛刻的条件，百般刁难。他心里暗想：即使这样也是应该的啊，万贯家财哪一点没有她的血汗苦劳？但是他错了，这样想实在是小看了林桂生。

桂生姐听到这个消息后，只是冷笑了一声，说出了一个谁都无法相信的条件：她要五万大洋，然后就马上离开这里。五万大洋对于黄公馆真是微不足道，黄金荣很快就派人凑齐交在了她手上。

临走前，林桂生把儿媳李志清叫到身边，告诉她事情的经过，然后沉痛地问她："妹妹，你跟我走，还是跟他？"李志清是黄金荣的长子黄钧培自小定下的亲事，可是，黄钧培甚是短命，很年轻时就抛下了李志清。

李志清和她的娘家对黄、林离婚这件事早有耳闻。当初，李志清并不愿意嫁给比自己小几岁的丈夫，可是父亲连打带骂，强把她送进有财有势的婆家当童养媳。丈夫生病死去，她母亲还硬要她守寡，用青春来换取黄家财产的继承权。这一次，父母双双赶来，千叮万嘱，宁死不能离开黄家。

李志清对婆婆的请求不知该如何答复才好，只是哭。

桂生姐叹口气，明摆的事，跟她一个孤老太太做什么？何必强求人呢？她带着五万大洋只身离开了她居住了半生的黄公馆。

从1900年结婚到1920年离婚，林桂生与黄金荣共同生活了整整20年的时间。在这20年当中，黄金荣由一个普通的流氓而发展成为上海第一大亨，走的是一条顺风顺水、蒸蒸日上的道路，而这与林桂生的大力辅助是分不开的。如果没有夫妻二人这琴瑟和鸣的二十年，很难说会有如今的黄金荣。但是，黄金荣终究因为贪恋女色而最后与发妻分手，两人分道扬镳之时，在某种意义上也就预示着二人的辉煌生涯已经走到了顶点，接下来等待他们的，将是更加暗淡的前程：林桂生此后虽然拥财万贯，但当时失去了黄夫人的名衔，此后也就不再受人瞩目、不再拥有往日的风光；黄金荣呢，不出数年，他这"中国第一帮主"的称号就变得名不副实了，因为一颗业界新星正在骤然升起，并且迅速地掩盖了黄金荣的光芒，那时，人们再提起上海滩的"三大亨"来，就不是黄、杜、张，而是杜、黄、张了。

与黄金荣离婚之后，林桂生就住进杜月笙给她准备好的位于西摩路的一幢小洋房。离开了黄公馆，她也就不再是黄金荣手下众多门徒、帮差的师母和老板娘了，因此也就没有了往前那种一呼百应的局面，从而难免产生一种失落之感。对于这一时期的林桂生来讲，最可慰藉的是有一个人并没有忘记她，那就是多年来她亲手提拔和栽培起来的杜月笙。林桂生搬到西摩路之后，杜月笙经常去看望她，对她嘘寒问暖，桂生姐感动不已。此后，尽管林桂生和黄金荣之间是"老死不相往来"，但是她与杜月笙之间却一直保持着密切的联系。近30年之后，杜月笙在上海解放前准备远徙香港之际，最后看望的一个人就是林桂生。杜月笙一直不能忘记，没有林桂生对他的鼎力扶助，世上就不会有这样一个杜月笙。

薛二少爷

黄金荣讨露兰春心切，林桂生一走，他立即就用大花轿把露兰春迎进了黄公馆。露兰春本身就年轻漂亮，再一穿上新婚礼服，化上盛妆，简直是绝世美女：亭亭玉立，风流妖媚，齐眉的刘海，稍稍带了一点儿卷曲，头上插了一只盘发髻，周围还围了一圈茉莉花，衬出一头乌黑亮丽的秀发，花香人更香，身上披了一件大红绣凤的旗袍，满身的珠光宝气，透着那么一股娇贵。黄金荣看着这么一个美人终于可以完全属于自己了，真是心花怒放。为了讨好新娘子，他摆了一场盛大的宴席，持续了三天，还请了法租界所有的头面人物前来赴宴，黄公馆一时间宾客盈门，热闹非凡。

婚礼过后，露兰春过上了黄太太的生活，当起了老板娘。黄金荣对于这个娇妻百般疼爱，露兰春身上穿戴的、手里玩的、屋里摆的，全都是最时髦、最名贵的，她提出的任何要求，黄金荣都尽力满足她，可是从此她也离开了舞台，不再为观众献艺，完全成了黄金荣的专属品。但是露兰春毕竟还年轻，她怎么能忍受独自守在黄公馆的寂寞生活呢？渐渐地，那些金银珠宝不再能引起她的兴趣了，而她早已与当时上海的花花世界结下了不解之缘，此刻，她又想回到她过去的粉墨生涯。

蜜月过后，露兰春越来越想要回到共舞台继续演出，觉得在那个舞台上唱戏，得到别人的喝彩，才是她这个年轻生命的价值所在。黄金荣也已经看出了这种苗头，可他当然是不愿意的，他怎么能忍受自己的娇妻站在台上，被台下的一帮男人用色迷迷的眼光紧紧盯着呢？于是他只能装着没有看出露兰春的心思。

可是长此以往，露兰春终是难解心中的苦闷，为了给露兰春解闷，黄金荣就建议，不妨收个徒弟，露兰春一想，有个徒弟可以教总比没有事做要好。于是，经人介绍，露兰春收下了一个十五岁的女徒弟，这个女徒弟后来离开黄公馆北上，又拜余叔岩为师，经过刻苦学艺，终成一代须生泰斗，她就是被誉为"冬皇"的京剧名伶孟小冬。露兰春的这个徒弟后来嫁给了黄金荣当年的徒弟杜月笙。不过，这也并不奇怪，露兰春和孟小冬都是伶界的翘楚，而黄金荣和杜月笙又是最为强势的流氓大亨，当时上海的舞台戏院多为流氓势力所把持，露兰春、孟小冬这类色艺俱佳的坤伶自然很容易被黄金荣、杜月笙这样的大亨所看中。

然而，尽管有了孟小冬这个女徒弟，可时间一长，露兰春还是觉得寂寞，依然想往着舞台生活，因此渐渐地又变得郁郁寡欢起来。终于，露兰春憋不住了，开口对黄金荣说道："我开始学戏、唱戏，已经有十几年了，我对舞台的感情很深，让我这么长久地离开舞台，我会闷死的。我现在已经是你的妻子了，只不过去台上唱戏而已，谁还敢对我动手动脚呢？"

露兰春都这么说了，黄金荣纵使一百个不愿意，也不敢惹自己的娇妻生气，而且她说的也在理，所以只能很不情愿地答应了。果然，黄金荣的担心是不无道理的，露兰春上舞台之后没过多久，又惹出了一场风波来。

露兰春不仅戏唱得好，更重要的是她美若天仙的外表，使得上海滩不少阔少爷为之倾倒，但是如今，她已是黄金荣的正派夫人，原先那些想要有所行动的人只好望而止步。当然其中也有痴情者敢动黄太太主意的，他就是上海首富颜料大王薛宝润的二公子薛恒。作为薛家的二公子，自然免不了公子哥的习气，年少气盛，风流倜傥，出入于酒肆、剧院、舞厅等场所。薛恒自从看到露兰春之后，一直对她情有独钟，不能自拔。

露兰春再次登上了戏台，薛家二少爷欣喜若狂，每晚都在共舞台包了个正厢，看露兰春的戏，不，准确地说，是看露兰春的人。再次登台的第一晚，露兰春唱《枪毙阎瑞生》，薛恒得知消息之后，赶在戏开始之前派人送给露兰春一个大花蓝，里面夹了一张镶着金边的名片，香气四溢。

此时的露兰春可不是当年的小丫头了，她看见薛公子送来的大花篮，用两个手指夹住那张名片看了一眼，淡淡地一笑，就扔进了垃圾桶里。

等戏散了场，露兰春卸了妆，换了衣服，准备回家，却看见薛公子来到了后台，毕恭毕敬地向她行了个礼。露兰春仍然摆出一副阔太太、大明星的架势，正眼都不瞧他一眼就离开了。

但是薛公子并没有被黄太太的名号和露兰春不屑的态度吓退，只要有露兰春的戏，他每晚都去共舞台看，每晚都送礼物。日子一久，露兰春竟然对薛公子产生了一些好感，不知道她是被薛公子的执著感动了，还是被他的勇敢打动了，毕竟在那些花花公子中，只有薛恒敢于对她表示爱意。

露兰春虽然已经是权倾上海的黄金荣的正牌夫人，可黄金荣却已经到了暮年，而露兰春正是思春的年纪，整日陪着一个老头子，而且还是个满脸黑麻子的老头子，总觉得生活中缺少了一些激情，缺少了一些乐趣。

其实黄金荣对露兰春是相当体贴的，露兰春提出的任何要求，他都尽力满足，这不，连露兰春想要继续上舞台的愿望，黄金荣都答应了。但是岁月不饶人，他毕竟是一个年过半百的老头子了，实在难以讨得露兰春的欢心。而露兰春，过去被黄金荣包养时，是何等的温柔体贴，如今成了黄太太，对待黄金荣也来了个180度的大转弯，经常发脾气不说，甚至已经开始厌倦黄金荣了。

一天，戏散之后，薛公子又出现在后台，一身笔挺的西装上洒着法国名贵香水，恭敬地给露兰春行了个礼，淡淡的清香与温柔的问候一齐向露兰春袭来，要是一般的女子早就招架不住了。露兰春对着他，淡淡一笑，竟然开口说话了："唷，薛先生，你身上好香哟。"

那勾人的笑容、勾人的声音，使得薛恒神魂颠倒，他想要走上去搭话，却被保镖挡住了，只能眼睁睁地看着自己朝思暮想的人儿坐上轿车离开了。

受到了露兰春的激励，薛恒对露兰春更加殷勤了。第二天，露兰春正在后台化妆，娘姨手里拿着价值1000银圆的香水，对她说道："这是薛公子送的。"

露兰春闻了一闻，知道是薛恒昨晚用的那种香水。她若无其事地对娘姨说道："请薛先生在戏散之前来一下，你和跟班不用等我了。"

随后，露兰春又多加了一句道："不准多嘴。"

那娘姨自然知道露兰春的意思，知趣地应了一声，就退了出去。

薛恒得到消息之后，兴奋地忘乎所以，根本就没有心思看戏了。锣鼓刚敲响，他就出了包厢，偷偷地溜进了露兰春的化妆间。露兰春是黄老板的夫人，她的化妆间是一个独立的房间，并没有其他人。薛恒坐在门外的沙发上，紧紧盯着化妆间那扇小门，心却早已飞进了化妆间里面。

锣鼓停了之后，门"吱呀"一声被推开了，风骚动人的露兰春就站在门口，那绝美的曲线倚靠着门沿。薛恒一下子从梦幻中醒了过来，霍地一下站起身来，正想走过去。露兰春突然尖叫起来："哪个大胆的，敢闯到这里来！"她转身就要喊人。

这下可把薛恒吓坏了，他一个箭步冲上去，拦住露兰春，战战兢兢地说道："是，是小姐让，让我过来的呀。"

其实，露兰春这是在故意逗她，她似乎还没有满足，继续威胁道："你就不怕黄金荣黄老板知道之后把你的皮给扒了？"

谁知道薛恒"扑通"一声跪在了地上，苦苦哀求道："小姐，我对你是一见钟情，为了你，我上刀山，下火海，也在所不辞！"

其实，露兰春对薛恒也已经心生好感，听薛恒这么一说，更是春心荡漾，她轻轻地把薛恒扶了起来，试探性地说道："即使你现在说的都是真的，也保不齐以后你会变心，男人都一个样。"

薛恒抓住了露兰春的纤纤玉手，另一只胳膊一把搂住了她的腰，说道："我薛恒对天发誓，绝不会对小姐有二心，否则就遭天打雷劈，不得好死！"露兰春赶紧捂住薛恒的嘴，心疼地说道："谁叫你发这么毒的誓！"她看到薛恒搂住了她，一点也不反抗，娇柔的身子倒在了薛恒的怀里。

薛恒见露兰春并不反抗，就搂着她走进了里屋。露兰春一直被黄金荣管束着，如今终于躺在了自己心爱的男子怀中，压抑许久的春心被彻底地激发了出来；而薛恒对露兰春更是痴情已久，他做梦都没有想到露兰春竟然会对他投怀送抱。两人干柴烈火，度过了一个美妙的夜晚。

露兰春自从走上舞台之后，从被黄金荣包养到成为黄金荣的正牌夫人，都不是自己愿意的，而她也一直渴望一种两情相悦的恋爱感觉。现在和薛恒在一起，她才真正感受到了那种恋爱的兴奋和喜悦，这种感觉是黄金荣这个老头子给不了她的，因此，在她与薛恒的世界里，她几乎忘记了黄金荣的存在。

可是纸是包不住火的。一次两次还能掩人耳目，日子一长，却难免会走漏风声。露兰春每天都要去唱戏，唱完戏又不回家，一来二去，终于还是被人知道了。杜月笙最先知道了这桩事，他手下的耳目众多，消息灵通，但是他碍于老板的面子，不敢声张。后来更不了得，张啸林也知道了。号称"猛虎"的张啸林可是个急性子，又对黄金荣忠心耿耿，他立刻就气得火冒三丈，把露兰春和薛恒骂了个狗血碰头："露兰春这个骚货，竟敢瞒着黄老板在外面找小白脸，还有薛恒，你个不识抬举的家伙，不就是个卖颜料的吗，敢动黄老板的女人，我看他是不想活了。这小子，不要让我碰上，碰上一次，我揍他一次！"

这些话，张啸林虽然没有当着黄金荣的面说，但还是传到了黄金荣的耳朵里。黄金荣哪能不生气，可是他已经被露兰春迷得不知所以了，竟然不敢对露兰春发火，只是找了个借口，板着一副麻子脸，冷冰冰地对露兰春说："以后你出门不管有什么事，都必须让我知道。"

露兰春倒也沉得住气，不露声色地反问道："为什么？"

"现在外面乱，绑架抢劫的事情多有发生，万一你被人绑了去，不是塌我的台嘛。"黄金荣也不希望事情闹大，想通过这次旁敲侧击的警告让露兰春收敛一点。

露兰春也听出了黄金荣的言外之意，可是她非但没有收敛，反而做出了更加大胆的事情来。

差点儿栽在露兰春手里

1923年6月中旬，露兰春与黄金荣结婚大约两年半的时间，然而，露兰春此时已经与薛恒公子私下里的过往十分密切了，这场婚姻正面临着危机。恰巧这时又出现了一件大事，那就是山东临城发生了一起特大国际火车劫持案。为了营救被劫持的法国人雷狄主教，黄金荣受法租界巡捕房的差遣去了山东临城。黄金荣一离开上海，露兰春就立即通知薛恒，让他赶紧准备车辆、船只和其他一些物品，打算两人远走高飞，从此过上逍遥自在的生活。

露兰春要与薛恒私奔，她当然不会两手空空地离开黄公馆。黄金荣为了讨好露兰春，把黄公馆各保险箱、珠宝柜的钥匙都给了她，她也一点儿都不客气，将黄金荣的地契、债券、金条、珠宝等席卷一空。不过这些财物再怎么值钱，也是有限的，但是，在露兰春带走的东西当中，有一样对于黄金荣来说却是万万不能丢的东西，那就是黄金荣保险箱里的大皮包。这个皮包里到底放了什么呢？原来里面有数不清的文件，文件的内容包括各种暗底账簿、与各界私下往来的重要函件，以及江湖上的秘密、官场上的罪证，如果把包里的这些文件公开出来，足够上海各级治安机构忙上几年，那黄金荣以后也别想在上海滩混下去了。

黄金荣从山东回来，以为露兰春在共舞台唱戏，就直奔共舞台去了，在共舞台没见到露兰春，他又回到家中。到了家里，黄金荣惊呆了：保险箱被打开了，里面的黄金、珠宝、美元全都不翼而飞，最为重要的是，那个藏着无数秘密的大皮包也不见了。保险箱和珠宝柜的钥匙，天底下只有两个人有，一个是黄金荣，另一个就是露兰春。黄金荣一看到这个空荡荡的家，就知道露兰春跟那个薛二公子带着他的财富和大皮包溜了。

黄金荣顿时觉得天旋地转，眼冒金星，一屁股坐在沙发上，长长地叹了一口气，不知如何是好。他万万没有想到露兰春这个小小的戏子，竟然有如此的心机，敢从黄公馆逃跑，还带走了他所有的金银珠宝，就连那个绝对不能外泄的大皮包都不放过。

露兰春带着大皮包逃走了，黄金荣一开始像丢了魂似的，没了主意，好一会儿，他才缓过来。此时，他脑子里第一个想到的就是杜月笙，于是就把杜月笙叫了来，跟他商量对策。

杜月笙说道："露兰春这个戏子，实在是不知天高地厚，不过要找到她并不难，关键是那只大皮包，绝不能让别人知道皮包里的秘密，更不能落到别人的手里。至于大哥和露兰春的婚姻，大哥也不用伤心，上海滩美女如云，她这么对你，你又何必自取烦恼，以后再换一个就是了。"

"月生老弟，你有能力，自打我认识你那天我就知道这点了，这件事你就看着办吧。只是不要出了差错，一定要办得圆满，包里的文件一件都不能少。"黄金荣说道。

"大哥，我一定狠狠教训一下这对狗男女，把你的文件找回来。"杜月笙应道。

"我只要把她取走的东西拿回来就行了，至于露兰春，既然她变心了，就随她去吧，不要难为她。"看得出，即使说露兰春已经背叛了黄金荣，可黄金荣却还是对这个女人心存怜惜的。

"大哥，我办事，你就放心吧。"杜月笙说这话时，明显地感觉到黄金荣经历这一连串的打击，已经是大有颓意了，他似乎已经看到在不久的将来，他杜月笙就会取代黄金荣成为上海滩新的霸主。

其实，露兰春和薛恒的事情，杜月笙早就知道了，而且他也知道露兰春是个有心计的女人，所以一直有所留意。露兰春一逃，他立刻派人跟踪，很快就在苏州发现了露兰春和薛恒的踪迹，但此时不能贸然行动，因为这件事事关重大，一旦皮包里的文件外泄，将会引起上海滩的轩然大波，于是他继续派人严密监视露兰春和薛恒。

杜月笙等到时机成熟，就开始收网了，他让徒弟们把薛恒拖到外面毒打了一顿，而露兰春，他遵照黄金荣的意思，并没有怎么处罚。

后来经过杜月笙的调停，黄金荣和露兰春在上海会审公厅办了离婚手续，露兰春也交还了她拿走的全部财物，包括那个大皮包。

这件事情总算是有惊无险地解决了，可是自那以后，黄金荣在上海滩的霸主地位就渐渐旁落了，取而代之的是他曾经的徒弟——杜月笙。

争夺吕美玉

和露兰春离婚之后，黄金荣很快就又一次陷入了情场风波，他又看中了一个伶人，想把她弄到手。然而，这一次与上一次不同，在上一次，尽管他栽了很大的跟头，但毕竟最后得到了露兰春，这一次，他不仅栽了跟头，最终也没有得到他想要的人。不仅如此，他的法租界华人督察长的职位甚至也因此而不保。总之，这一回，他的面子跌得更大了。

跟露兰春一样，吕美玉也是一个京剧演员。黄金荣看中的人物，当然也是很漂亮的。吕美玉到底有多漂亮呢？从当时的这样一件事中我们可以猜想一下。

20世纪20年代中期，华商上海华成烟草公司出品了一种"美丽牌"香烟，这个牌子的香烟问世之后，很快就成为中档烟中的畅销品，并且久盛不衰。"美丽牌"香烟之所以能够如此成功，其中的原因当然很多，但是其中不可忽视的一条是，"美丽牌"香烟切切实实地打出了"美丽"这张牌，它的商标格外吸引人，因为上面是一个地地道道的大美女，这个美女不是别人，正是京剧红伶吕美玉。"美丽牌"香烟商标上的照片，就是在演出京剧时装戏《失足恨》中的半身剧照。当然，华成烟草公司在借助吕美玉的美丽来给自己的产品做广告的同时，"美丽牌"香烟的畅销也对吕美玉起到了很好的宣传作用，使得吕美玉更加变得广为人知。而吕美玉在出风头的同时，当然也招来了很多男人的垂青。不过，能够染指这样一个名媛的男人，实力自然是不俗的。在垂涎吕美玉的众多男人当中，黄金荣是最有实力的一个。那么，黄金荣又是怎么发现吕美玉这个美人的呢？是因为"美丽牌"香烟吗？并不是，黄金荣认识吕美玉，还是在戏台上。

吕美玉之所以能够成为一个京剧名伶，在很大程度上得自于父亲的遗传和家庭的熏染，她出身在一个演艺家庭，父亲吕月樵是天津人，是当时著名的京剧老生。吕月樵生有三个孩子，吕美玉为长女，她的下面还有两个弟弟。长弟吕玉坤也投身于演艺行业，后来成为著名的话剧和电影演员，曾经由于主演话剧《秋海棠》而红极一时。幼弟吕美君和姐姐吕美玉一样是京剧演员，主扮青衣，吕美君还曾经拜京剧大师梅兰芳为师。如果说吕美玉出众的演艺才能得自于父亲，那么她美丽的容貌则主要得益于母亲的遗传，吕美玉有着一副非常清秀的脸庞，从小便很受众人喜爱。不过，吕美玉身世还是很不幸的。当时伶人的地位还比较低，又加上自身的一些原因，吕月樵在事业上取得了一定的成就之后，竟在演艺生涯中逐渐变得很不得意，中年以后更是穷困潦倒，于此同时，吕月樵的意志也变得格外的颓唐，因此他在54岁的时候就过早地病故了，而那时他的几个孩子还都没有长大成人。吕月樵对于当时伶人的低下地位有着刻骨铭心的悲痛感受，所以，他在临终的时候紧紧握着妻子的双手嘱咐道："凤仪啊，一定不要再让孩子们唱戏了。"吕月樵的这句临终遗言可以说是语重心长，跟吕月樵共同生活了多年的时凤仪当然也理解丈夫的苦衷，若是在正常的情况下，她无疑会遵守丈夫的遗嘱，让孩子们远离舞台，不去涉足演员这个行业，但是，吕月樵临终的时候，家境已经非常窘困，他扔给时凤仪的是一副难以对付的烂摊子，最为不堪的就是数额不菲的债务。面对着债台高筑的困难局面，时凤仪简直不堪重负，丈夫已经离世，而两个儿子年纪还很幼小，不得已，她只能教女儿学戏。吕美玉不仅长得美丽，而且生性聪明，一出戏，教上几遍就能学会。不久之后，吕美玉也和此前的露兰春一样，走入荣记共舞台演出，同时，也走入了黄金荣的法眼。

吕美玉登台之后，由于她扮相美艳，演技活泼，所以非常受观众的欢迎。当时有一个名叫王芸芳的坤伶从徐州来到上海，带来了一出时装京剧《失足恨》，她在戏中扮演女学生和少妇，在上海的戏迷中造成了很大的轰动。鉴于这种情况，经过一段时间的学习，不多日子后，吕美玉也在共舞台上演出了自己的《失足恨》，因为她在技艺上不输于王芸芳，而在扮相上却远胜于王芸芳，所以吕美玉版的《失足恨》给戏迷们带来了更大的审美享受，也在戏迷中引起了更大的轰动，从此名噪上海滩。

吕美玉成名之后，由陈楚湘当老板的华成烟草公司为了借助名人效应来宣传自己的产品，在没有征得吕美玉和她母亲同意的情况下，就私自将吕美玉在京剧《失足恨》中的剧照用作公司的新产品"美丽牌"香烟的商标。果然，陈楚湘的这个算盘打得很成功，"美丽牌"香烟推出之后，立即风行一时，很多人不管这种烟的品质如何，就都冲着吕美玉的美丽而购买了"美丽牌"香烟。华成烟草公司借助吕美玉的名人效应为自身带来了很大的收益，但是这种未经沟通即暗自使用其照片的做法显然侵犯了吕美玉的肖像权。"美丽牌"香烟风行于世之后，很快就引起了吕美玉母亲时凤仪的注意，经其询问，吕美玉事先也不知道华成烟草公司使用她的剧照来做广告的事情，因此时凤仪勃然大怒，马上聘请了律师向法院起诉，要求华成烟草公司立即停止侵权行为，并且向吕美玉赔偿损失。这时，"美丽牌"香烟已经在全国各地城乡中畅销，如果此时更换了商标，销售状况必定急转直下，华成烟草公司无疑会因此而遭受巨大损失，所以这个商标是不能换的，吕美玉的照片是依旧要用的。最后，在法院的调解之下，双方协商的结果是：华成烟草公司每生产一箱"美丽牌"香烟，吕美玉都从中抽取十元的权益费。当时，"美丽牌"香烟的年销量已经接近一万箱，吕美玉仅此一项每年就可以获取接近10万元的收入。在当时每担米（156斤）售价大洋4元的状况下，10万元的财富意味着什么？如果以米价的标准来衡量，那时的10万元大约相当于现在的1000万元，每年1000万元的广告收入，就现在来讲也是相当可观的了。因此可以说，吕美玉是中国最早的、最为成功的"商品代言人"。

吕美玉演艺事业的成功给自己带来了相当大的名气，而华成烟草公司侵犯肖像权诉讼案更使得吕美玉名噪一时，但是不久之后发生的一件事，更使得吕美玉成为当时人们关注的一个焦点。这件事就是发生在黄金荣和魏廷荣这两个大腕之间的对于吕美玉的争夺战。

吕美玉在共舞台上当红之时，黄金荣已经与露兰春离婚，正处于一种懊恼之中，他对女人感到非常灰心，认为女人都是靠不住的，而就是在这种情形下，吕美玉的出现重新点燃了黄金荣胸中的热火，使得黄金荣心中那份已经死去的激情重新燃烧起来。黄金荣仗着自己财大势大，觉着把一个女人弄到手是易如反掌的。当初争夺露兰春的时候，在军阀卢永祥父子都介入的情况下，最终还不是让他给得手了吗？可哪知道露兰春没过几时，竟然跟薛恒那小子勾搭上了，最后竟然从自己的富贵窝中飞了出去。想起这些，黄金荣不禁又痛恨起露兰春来，同时，他就更加地移情于吕美玉，开始打起吕美玉的主意，并向吕美玉奉献殷勤。

对于黄金荣表示出的"好意"，吕美玉当然明白是怎么一回事，先前露兰春的事情她也是知道的。就长相来讲，黄金荣一脸的恶相，更加上那张麻皮脸，让面容秀美的吕美玉感到特别不舒服；

就年龄来讲，黄金荣当时已经是一个年过半百的老头子，而吕美玉却正当芳龄；在此之外，黄金荣的名声也很差，虽然权势很大，可谁都知道，他就是一个大流氓，嫁给一个大流氓，怎么能是出身清白的吕美玉所能情愿的呢？不过，纵然是有着一千种、一万种的不愿意，吕美玉却不大敢违拗黄金荣的"求爱"之举，因为自己就在人家的地界上吃饭，一旦惹恼了黄金荣，不仅饭碗会被砸掉，甚至人身安全也会成为问题。对于这个道理，吕美玉和她的母亲时凤仪都是非常清楚的，但是如果说就此屈服麻皮金荣，不仅吕美玉不愿意，就是她的母亲也是极不情愿的。就在母女二人感到左右为难之际，救星从天而降。

这个救星是谁呢？他就是魏廷荣。

与黄金荣不同，魏廷荣是一个正派人物，他出生于1890年，比黄金荣小着22岁，因此，当黄金荣已经是一个老头子的时候，魏廷荣却是风华正茂。当然，与黄金荣比起来，魏廷荣的优势不仅仅在于年龄，他的相貌要比黄金荣中看得多。如果说黄金荣长着一副大流氓的面相，那么魏廷荣则是一副英俊长相，就凭借这一点，他也会得到很多女子的倾心。不过，魏廷荣决非仅仅是年轻又英俊而已，更为重要的是，他有着不同一般的身份和地位。魏廷荣是一个富家子弟，自幼得到了良好的教育，而且魏廷荣勤奋好学，学业出众，后来更是远赴欧洲留学，而在欧洲的留学经历对他日后事业的发展助益颇大，魏廷荣不仅因此学到了现代的商业知识，同时也熟练地掌握了法语，因为他留学的国家正是法国，这一点为他日后在法租界的发展带来了相当大的好处。回国之后，魏廷荣在上海从事工商业和地产生意，担任中法银公司经理。因为家资雄厚，更加上自身杰出的商业素质，魏廷荣的事业很快就获得了腾飞式的发展，短短的几年之间就在上海最为繁华的徐家汇一带拥有了大量的地产，成了一个著名的地产大鳄。因为会说法语的优势，与法国人打起交道来就更加自如，而魏廷荣又深谙交际之道，所以非常受法国人的欢迎，从法国人那里得到了很多的帮助和支持，当然，他也会向法国人致以很多友好的表示。总之，魏廷荣与法国人之间的交往是一种互惠的过程。因为与法国人之间的特别关系，魏廷荣后来又出任法租界商团司令、公董局临时行政委员会首任华人委员等职务，可以说是法租界的一个大红人。而魏廷荣不仅自身实力强大，他的岳父家在上海也颇有名望。他的妻子是上海总商会会长、买办巨商朱葆三的女儿，朱葆三在当时的法租界乃至整个上海也算得上是一手能遮半边天式的人物。正是有了这样不凡的实力和特殊的背景，魏廷荣才敢向上海的老牌大亨麻皮金荣叫板，与其公开对峙。

在吕美玉进入黄金荣的彀中之时，魏廷荣对吕美玉也是慕名而往，开始对吕美玉频频献上美意。魏廷荣的突然出现，使得吕美玉看到了希望的曙光，因为她可以借助魏廷荣的势力来摆脱黄金荣的纠缠。魏廷荣的介入，对黄金荣来说不啻于半路杀出个程咬金，他一下子就火了，拍着桌子发狠道："一定要跟魏廷荣决个高下。"于是，20世纪20年代中期的上海滩就上演了一场非常精彩的"双荣夺美"的好戏。

不过，发狠归发狠，真要办起事来，黄金荣还是不糊涂的。他知道，魏廷荣之所以胆敢如此嚣张地向他这个上海大亨挑战，那也是有备而来的，自己实力雄厚，可人家也有着过硬的后台，因此，对待魏廷荣，他就不能像对付一般的平头百姓那样随便耍耍流氓手段就可以了，所以，黄金荣在跟魏廷荣进行较量的时候反而有些畏手畏脚的。

其实，论起实力来，黄金荣丝毫不比魏廷荣逊色，即使说从财富上来比较，二人不相上下，但是就门下人手这一点来讲，魏廷荣可是远远比不上黄金荣的，只要唆使几个得力的干将做做手脚，黄金荣不愁魏廷荣不惧他。诚然，黄金荣的确可以那么做，他也想到过这一类的办法，可是他对此却颇有顾虑，他为何如此顾虑重重呢？并不是因为绑架了魏廷荣会有损他的名声。其实，这种绑架的事情在于黄金荣来说是家常便饭，他早就因此而臭名昭著了，还在乎多这么一回？黄金荣真正在乎的还是魏廷荣的后台，那么，魏廷荣的后台是什么呢？那就是黄金荣也同样需要仰仗的法国人。魏廷荣之所以能够在法租界如此神气，在相当大的程度上是因为得到了法租界当局的支持。正因为跟法租界当局有着特别密切的关系，所以黄金荣就不敢轻易地去动魏廷荣，假如因此而惹恼了自己的法国主子，那可就得不偿失了，为此，黄金荣在跟魏廷荣争夺吕美玉的时候并没有咄咄逼人，而是表现得相当保守。事实上，在黄金荣与魏廷荣之间的这场争端中，法租界当局是偏向于支持魏廷荣的，虽然二人都为法租界所倚重，但是两人的角色毕竟有所不同。

在法租界的支持之外，吕美玉本人的态度当然也是非常重要的。就个人的品质来讲，吕美玉当然是绝对会选择魏廷荣的，现在魏廷荣在与黄金荣的争斗之中又占了上风，那么她自然也就公开亮出了自己的态度，打算嫁给魏廷荣。这一下，黄金荣就更难办了，如果他胆敢违拗吕美玉本人的意思而强行索婚，那就更不得人心了，况且他又未必能够真斗得起魏廷荣，闹不好会两败俱伤，很不值得的。不就是一个漂亮女人吗，干嘛非她吕美玉不可呢？当初对于露兰春，付出了那么大的代价弄到手之后，又怎么样呢？没过两年，还不是跟一个小白脸私奔了吗？想一想露兰春，这个吕美玉难免也是同一路货色，黄金荣可不想再做一次"赔了夫人又折兵"的蠢事了。为此，黄金荣最后做了让步，他"大方"地来了个成人之美，同意吕美玉嫁给魏廷荣，退出这场"情战"。

　　在黄金荣做出让步的情况下，魏廷荣和吕美玉最终如愿以偿，结为夫妻，虽然吕美玉只是魏廷荣的小妾，但总比嫁给麻皮金荣那个恶煞般的老头子强多了。不过，事情并没有就此完结，精彩还在后头。魏廷荣知道，黄金荣这个流氓大亨，这么些年来不是白混的，虽然他已经表示不再为难吕美玉，可是天知道他说的到底是不是真心话。魏廷荣心想，黄金荣是不会就这么善罢甘休的，因为这不符合黄金荣的性格。魏廷荣心想，干脆一不做二不休，先下手为强，在黄金荣进行报复之前抢先采取措施，就此扳倒黄金荣，让他再无还手之力。

　　于是，魏廷荣派遣了一些得力助手去收集黄金荣为非作歹的一些情报，然后将黄金荣的那些丑事在《真理日报》上透露给法租界高层，那些法租界就此了解到，原来黄金荣是这么一个货色，竟然背地里做了那么多见不得人的事情，于是，黄金荣在法国人眼中的形象一落千丈，马上大失人心。为了起到更为强大的宣传作用，魏廷荣还跟法租界的高层人物进行联络，将《真理日报》的发行范围由上海法租界扩展至法国首都巴黎，并且加大宣传力度，将报纸广为散发。黄金荣的劣迹由此在巴黎也广为传扬。法国人在中国的租界竟然用这么一个恶徒来做华人督察长，说出去实在是很不中听，因此，法国外交部就跟上海法租界当局进行了沟通，要求撤换黄金荣。与此同时，魏廷荣又多次向法国政府控告黄金荣，直接揭发黄金荣广收徒众，发展恶势力，招摇撞骗，开设烟馆、赌局，经营妓院，为害民众等一系列的罪行，因为这些都是确查有实据的事情，所以黄金荣无法进行抵赖，由此，黄金荣在法租界的地位可就不保了。在租界当局的频频施压之下，他不得已之下，于1925年3月以患有足疾为由辞去了法租界巡捕房华人督察长这一职位。这个职位可是黄金荣在法租界辛辛苦苦地熬了漫长的三十几年才最终到手的，如今上职还不到一年就被迫要离职而去，他实在是心有不甘。但是事态已经发展到了这个地步，他也是无可奈何，只能利用自己的优势想办法东山再起，而同时他恨透了魏廷荣，决计要寻找机会报复魏廷荣。

　　令黄金荣没有想到的是，在他辞去了督察长的职位之后，魏廷荣依然没有就此罢手，在法租界一些士绅的支持之下，魏廷荣又向法国政府揭发了最近发生的黄金荣的一条劣迹——黄金荣在平济利路（现在的济南路）法藏寺前的广场上为法租界巡捕房刑事科长夏才立庆祝六十寿辰而大摆宴席，当然，大摆宴席这没有什么问题，问题是，黄金荣借此机会逼迫法租界的商民为夏才立敬献寿礼。据说当时被迫送上寿礼的商民达到万人之众，黄金荣这次得罪的人数之多可以想见。为此，那些受到过迫害的商民旧账、新账一起算，在魏廷荣的号召之下，联合控告黄金荣，巴黎方面为此特地召上海总领事柯格林查问，质询上海法租界与中国恶势力之间的不正当关系。经过法国外交部的调查，商民的控告完全属实，为此，巡捕房的总巡费沃利上尉被撤职后调回法国，而改派法泊尔中尉来接任，又特地派遣了职业外交家饶伯泽为副手。从法国政府的这番人事调动可以看出，黄金荣这下可确实是惹下大祸了。法泊尔到任之后，一改弊政，开始大力查禁烟赌，法租界的烟赌产业因此而一度变得非常萧条。在法国政府雷霆震怒和法租界当局严厉施压的情况下，黄金荣当然要有所收敛。后来，黄金荣利用自己门生众多、恶徒遍野的优势，故技重施，接连制造了一系列的重案，搅得法租界上下不得安宁，致使租界当局不得不聘请他回到巡捕房继续任职，后来又接受黄金荣的请求，任命他的门徒金廷荪为华人督察长，使得黄金荣在法租界依然享有强大的影响力。当然，这是后话，在法国政府对租界巡捕房进行人事大调动的同时，黄金荣的确遭受了很严重的打击。不过，正所谓百足之虫，死而不僵，黄金荣虽然在跟魏廷荣进行较量的过程中迭迭挫败，但是实力并未受到根本的损失，依然是上海帮会界公认的大亨。有了这个基础，黄金荣也就不愁有朝一日能够东山再起，而黄金荣再次崛起之时，也就是魏廷荣要遭遇不测的日子了。

黄金荣东山再起

黄金荣离开法租界巡捕房，从华人督察长这样的高位上走下来，无疑会变得失落。黄金荣之所以能够成为上海滩流氓帮会界的一代大亨，就是因为当初他成功地走进了法租界巡捕房，从此一方面利用自己在法租界的权力来控制流氓，一方面又利用自己跟流氓的特殊关系来抬高自己在法租界的影响力。可是现在呢？离开了法租界巡捕房，这就意味着他丢掉了自己在租界的权势啊！在巡捕房中的权力和在帮会界的势力就是他的两条腿，可现如今呢，他就只剩下一条腿了。只有一条腿，走路怎么能够走得长远呢？黄金荣想，这样下去不是办法，必须想办法重新找回自己在租界巡捕房中的权势。

黄金荣与一般的人不同，有的人从官位上退下来，那可能就真的是威风扫地，一败到底了。但是黄金荣不同，他在法租界巡捕房里任职长达三十多年之久，已经为自己培养起了一支强大的势力，现在，不要说他自己，就是他的徒弟，有很多那在大上海也是叫得响的人物，所以说，黄金荣还是黄金荣，虽说一时走了霉运，但只要实力还在，就不愁没有东山再起的那一天。

其实，黄金荣也知道，租界当局虽然一时因为这些事要把他给赶走，但是他真的走了租界当局很快就会受不了，要知道，他黄金荣可是法租界的"治安长城"，没了"治安长城"的保护，租界的治安很快就得崩溃的。果然，黄金荣离职之后没有多久，法租界的治安状况就变得混乱不堪，完全可以用乌烟瘴气来形容。因此，很快就有人向租界当局提议把黄金荣请回来。但是，租界当局当时正想把黄金荣赶走呢，哪能他一辞职就又马上把他请回来呢？这样做岂不让人笑话，而且巴黎外交部那边刚刚落定此事，要他们严格查办，他们这时就把黄金荣请回来，跟外交部怎么交代？所以，租界当局并没有接受这样的提议，而且他们不相信，租界的治安离开了黄金荣就无法维持局面，因此，他们严厉督促巡捕房总巡法泊尔和督察长沈德福整饬租界治安，可是三令五申之后，租界的治安状况并没有明显起色。没有办法，他们只得将前总巡费沃利又请回来，可是依然无济于事。一段时间之后，租界当局又把沈德福撤掉，换上了任水扬来当督察长，但还是无法操控局面。总之，在黄金荣辞职之后一年多的时间里，法租界巡捕房几经调换人选，却始终无法扭转租界混乱不堪的治安局面。最后，没有办法，他们只得去请黄金荣出山。

黄金荣正等着这一天呢，他走之后，租界的治安一下子乱了起来，诚然不排除有一部分犯罪分子利用巡捕房人事发生变动的时机大肆作案，可其中更主要的原因是黄金荣在捣鬼。这种伎俩，他用了已不是一回两回了，唆使喽啰到处破坏以此来彰显自己的能力，抬高自己的身价，这简直可以说是黄金荣的一项看家的本领。他从巡捕房一走，就坐在家中看租界当局的好戏。当然，这戏也不是白看的，因为尽管他使指使的那些人大都是他的徒子徒孙，但人总是不能白用的，这银子的表示还是要有一些的，所以这段时间里黄金荣也是没少破费，不过嘛，从很多敲诈勒索的事件中他也能够赚回一些，从而能够弥补一些损失。

1927年2月，终于有人登门了，来人带来了两封信件——法国驻上海总领事那齐亚亲自写信给黄金荣，信中说道："金荣先生台鉴：执事在法捕房办事多年，经验丰富，望继续赞助一切，所有关于租界治安各端，仍希随时详告总巡费沃利君为盼，此颂日祉。"同时，总巡费沃利也致信黄金荣："奉法总领事函开，阁下对于本租界之安宁各问题，深资臂助，鄙总巡颇为倚重，是以阁下为顾问，以便襄助一切，实于中华市民方面多多宣劳，是所厚望焉。"但是，黄金荣面对租界方面送来的这两封言辞恳切的来信，却摆起了架子，复信说自己足疾尚未痊愈，实在不便出面维持，拒绝了租借的回请。

黄金荣当然很希望自己能够重返巡捕房掌权，但是他之所以敢摆这个架子，就是因为他有着十足的把握，租界方面在遭到此次拒绝之后，一定不会甘心，还会再次前来的。而租界方面呢，也懂得黄金荣的心理，他就是想给自己多挣些面子，那好，就满足他的虚荣心吧，反正走这个又不花钱。于是，巡捕房总巡费沃利就亲自登门拜访，指出："现在时局不清，租界治安极为重要，念黄君前在捕房，办事多年，经验甚富……请即再行出任，维持治安。"黄金荣却依然推辞，说自己年迈，而且又值商业忙碌，诚恐顾此失彼。此后，租界方面又再三邀请，黄金荣见火候已到，自己已经找足了面子，遂正式复出。黄金荣回到巡捕房的那天，总巡费沃利特地通知巡捕房的全体成员齐集一处，进行训话，他说道："现奉总领事命令，因租界治安极为重要，黄金荣先生在捕房办事有年，对于租界情形，非常熟悉，是以黄先生复职。已蒙黄先生允许，甚为欣幸，此后尔等遇有一切公事，均须尊请黄先生妥为办理，不得违背，且须服从黄先生指挥一切。"黄金荣对费沃利的这番训话颇感满意，他客气地答道："鄙人蒙那齐亚总领事及总巡费沃利先生等青睐，属再复任，但鄙人对于租界一切治安，如力所能逮者，自当尽力效劳，务望诸同志共同匡助，保护租界市民治安，以期无负委托。"

就这样，黄金荣重又风风光光地回到了法租界巡捕房，不过，他此次复职不是重新担任督察长，而是以年迈为由，出任巡捕房高等顾问的职务。至于督察长这一职位，黄金荣另有安排，在他的建议下由自己的徒弟金廷荪来担任。金廷荪生于1884年，当年44岁，正当盛年，从年龄上来说比黄金荣担任督察长更为合适，而且金廷荪能力不俗，尤其在理财方面，在流氓帮会界很少有人能够比及得上，他先后担任过法租界的华人纳税会委员、公董局华人委员、广东大戏院老板等重要职务，另外，拥有大批的房地产业，在法租界乃至整个上海滩都是数得着的人物。正因如此，黄金荣非常看重金廷荪，而金廷荪对黄金荣也是忠心耿耿，所以更加得到师父的信任。这样一来，黄金荣虽然不是督察长，督察长却得听从他的领导，他简直就是一个"太上督察长"。在金廷荪出任督察长的职务以外，巡捕房的政治部主任程子清，探目陈三林、丁永昌、鲁锦臣、曾九如等人也都是黄门弟子，因此，黄金荣这个高等顾问决非一个虚衔，表面上不掌有实权，可比那些握有实权的督察员、督察长之类的人物所享有的权力还要大。所以，黄金荣躺在自己的烟榻上非常得意地宣称："这法租界还是我'麻皮金荣'的天下。"

绑架魏廷荣

黄金荣在法租界东山再起之后，马上就将自己打击的矛头指向了当初令他失势的"罪魁祸首"——魏廷荣。

魏廷荣在上海法租界的权势和财力非同一般，他当年之所以敢横刀夺爱，从黄金荣手中将吕美玉争抢过去，就是因为他的实力并不在黄金荣之下，真要较量起来，黄金荣并不是他的对手，所以当时黄金荣不忍也得忍了。可是几年过后，形势发生了一定的变化，黄金荣在法租界的东山再起，与此同时，杜月笙也日渐崛起，其实力变得与魏廷荣不相上下。正所谓"一山不容二虎"，在实力逼平魏廷荣之后，杜月笙就越来越觉得魏廷荣是自己前进道路上的一大障碍，联想到前几年的"双荣夺美"事件，杜月笙打算联手黄金荣扳倒魏廷荣。

黄金荣与杜月笙各怀鬼胎，一拍即合。虽然二人之间也存在着矛盾，但是在打击魏廷荣这个问题上却是无比一致、毫无分歧的。两人商议之后，决定以绑架的方式来报复魏廷荣。

1929年7月24日上午10时50分左右，魏廷荣携同三个幼年子女乘自备汽车从设在朱葆三路（今溪口路）和爱多亚路（今延安东路）交口的中法银公司正向西行驶着，突然，夺路出现了四个持枪的绑匪，魏廷荣只得让司机停车。车停下之后，绑匪先将司机和三个孩子赶下车去，然后纷纷钻进车中，用浸了蒙汗药的手帕将魏廷荣蒙住，随即载着魏廷荣疾驰而去。

车行驶到了南码头，绑匪们将已经昏迷了的魏廷荣从车里抬出，又抬上了一条小船。经过两三个小时的行程，抵达位于浦东远郊的南汇县六灶村的地保樊庭玉的家中。绑匪们选择这个地方是经过了精心考察的：六灶村的周围河流纵横交织，一片水网将村落重重地围住，除小船之外，没有任何交通工具可以跟外界相通。而樊庭玉也是他们事先就买通了的，他们一来看樊庭玉老实可靠，二来看樊庭玉是当地的地保，别的村民不敢来寻他的麻烦，另外，最为重要的一点是，樊庭玉的叔父樊仁根也参加了这次绑架事件，是四个绑匪之一。

绑匪们把魏廷荣带到樊庭玉家中也就离开了，剩下了那些个日子，魏廷荣也就只能跟樊庭玉打交道了。

因为魏廷荣身份显赫，他被绑架的消息立即惊动了整个上海，法租界和公共租界的巡捕房以及华界的警察局马上开始十分紧张地部署侦破任务，决定将各车站、码头、关口、要隘等全都封锁起来进行严密检查，同时还利用流氓帮会分子试图从黑社会内部进行突破。但是多日过去，都没有得到什么结果。

绑匪们绑架魏廷荣之后当然要跟魏家进行联络以索取赎金。魏廷荣被绑三天之后，他的原配夫人即朱葆三的长女朱二小姐收到了一封绑匪的来信，信中约她当天夜间去杭州碰头，并且严肃警告她不许向警方报案。在送信的同时，绑匪向朱二小姐面交了魏廷荣亲笔写的一张纸条，还出示了魏廷荣随身佩带的一块金壳怀表作为信物，以此说明魏廷荣还好好地活着，要家中人准备赎票款项。送信的绑匪不仅仅是送信来的，还向朱二小姐敲诈了1000元钱作为"见面礼"，但是这个绑匪以及信件当中却没有告之勒赎的金额。

朱二小姐以及魏廷荣的爱妾吕美玉都不敢怠慢，赶紧以各种方式筹集资金，准备不惜代价地将魏廷荣平安地赎救回来。然而，此后的一段时间之内绑匪却神秘地消失了。绑匪消失不要紧，他们可就因此再不知道魏廷荣的消息了，丈夫到底是死是活，她们心里一点儿数都没有，而且时间越长，她们就越感到紧张和惶恐。在魏家的人焦虑成一团的时候，警方也忙得不可开交，可是一个月的时间过去了，大家都没有得到有关绑匪的一丝音讯。

8月24日这天，也就是魏廷荣被绑走一个月之后，忽然有一封署名为"大侦探密告"的信邮寄到贝勒路（今黄陂南路）天祥花园魏宅，信中说："廷荣被绑去至今无信，侦探捉强盗只捉外人，所以自己人做绑匪，侦探天大本领也捉不住。这个人是商团教操官，是自己人，只是手里没有钱，所以他就横了良心做绑匪，绑自己连襟。"

朱二小姐接到此信之后大吃一惊，因为信中明确指出绑架魏廷荣的人是他的连襟，这个连襟就是朱二小姐的小妹朱九小姐的丈夫赵慰先。赵慰先早年也曾赴法留学，回国之后经过舅舅朱竹坪介绍认识了魏廷荣，魏廷荣就将他安排在中法银公司当职员，以后又请他在法租界义勇团当教操官。那时魏廷荣已经与朱二小姐结婚，而赵慰先又经常出入魏家，所以就认识了常到姐姐家去的朱葆三的小女儿朱九小姐。时间一长，两人互生情愫，后来就结成了夫妻。

赵慰先寄居在魏家的时候，表现得非常老实、正派，不仅穿着打扮很朴素，而且说自己不会抽烟、喝酒、赌博。但是，万万没有想到，与朱九小姐结婚之后，赵慰先完全变了一副模样，不仅抽烟、酗酒，还经常到杜月笙开设的赌场里去狂赌，刚刚过去了两三年，就把朱家陪嫁的数万家产败了个精光。钱虽然输光了，但赵慰先恶劣的习性却并没有因此而改变，于是做起一些见不得人的勾当，可赵慰先很快就发现，仅凭那些小来小去的事情远远不能满足他的胃口，所以他就开始盘算一件大事。想来想去，他就将关注的对象确定为自己的连襟魏廷荣。对魏廷荣下手，不仅仅是因为魏廷荣很富有，还因为彼此的关系密切，不会惹人怀疑，同时他对魏廷荣的行动情况又非常了解。

接到这封信件之后，朱二小姐回想起近日的一些情形，也明白了个大概。在她和吕美玉筹集赎金的过程中，赵慰先一直在密切地打探着，此前她还以为这个妹夫是出于热切的关心才如此，因而心里对赵慰先还很感激，可是现在知道，完全不是那么回事。之前赵慰先一直在对她们说筹集的赎金不够，一味地要求她们再多筹集一些，朱二小姐就奇怪，绑匪没有说出赎金的数额，你怎么就知道赎金还不够呢？原来他跟那些绑匪是一伙的，绑匪之所以没有一开始就说下赎金的额数，就是想通过赵慰先这个内线来看一看魏家到底能够拿出多少赎金，他们想通过赵慰先的催促，将魏家的资产弄得片瓦无存。想到这些，朱二小姐恨不得立刻吞了赵慰先，可是气恼归气恼，朱二小姐做事还是很有分寸的。她现在就这样去找赵慰先是毫无用处的，反倒会让赵慰先得到了风声，使得他有了防范的机会，因此，朱二小姐和吕美玉商定，此事暂且密不外传，而只是将信件交给警方。

警方接到这封信之后，并没有立刻对采取行动。因为单凭这一封信件实不足以证明赵慰先就是绑匪的同伙，如果行动不周，反而会打草惊蛇，所以不如先封锁消息，只是暗中监视赵慰先的行踪。

就这样，又是20多天过去了，案情依然没有什么进展，不过，因为另一个案子的破获却意外地使得此案有了眉目。

9月15日上午，公共租界康脑脱路（今康定路）304号发生了一起凶杀案，落网的一个凶犯恰巧也参与了绑架魏廷荣一案，在审讯的过程中他交代了隐藏魏廷荣的地点。于是，公共租界警方与法租界警方进行沟通之后，金九龄立即率人赶往六灶村营救魏廷荣。

这时距离魏廷荣被绑走已经有50多天的时间，在这50多天的时间里，魏廷荣一直都住在樊庭玉的家中，当然，更准确地说，他是被藏在那里的。魏廷荣在樊庭玉家中过的是什么样的日子呢？为了防止魏廷荣逃跑，他的手脚一直被结结实实地捆着。一般的时候，他都躺在一张床上，樊庭玉会给他盖上被子，把绑绳都遮住，偶尔有邻居到樊家来串门看到魏廷荣的时候，樊庭玉就说是自家的亲戚在此养病，而邻居们也就信以为真。魏廷荣呢，此时他虽然全都看得一清二楚，但他不敢表示什么，因为他知道自己是掌握在人家手中的，一旦有哪个动作不规矩了，就难免会承担严重的后果，而且他也知道，在这里是根本无法逃脱的，也是没有办法向他人求助的。樊庭玉对魏廷荣还是很友好的，一日三餐都照顾得不错，当然，一般时候彼此不会讲什么话，即使偶尔讲上一两句，也是完全无关痛痒的那种话。就这样，魏廷荣在这一个多月的时间当中一直安稳地待在樊庭玉的家中，除了绑匪偶尔会过来查看一下情况，就再也没有其他的声息了。

然而，当中西探警突然闯入樊庭玉家中之时，樊家却空无一人。这又是怎么一回事呢？

原来，9月15日的傍晚，樊庭玉的叔父、绑匪之一的樊仁根突然来到樊庭玉家中，说康脑脱路有人被捕，巡捕房已经得知魏廷荣藏在这里，最迟明天就会赶来，因此，樊仁根要樊庭玉立即逃出六灶村进行避难，至于对魏廷荣的处置，樊仁根扔下了两个字——撕票。也许是因为时间非常紧张，樊仁根并没有亲自去撕票，而是将撕票的任务留给了樊庭玉。可是这样一来就出了问题，樊庭玉本来是一个善良的人，而且通过与魏廷荣之间这么多天的朝夕相处，虽然彼此没有什么过多的了解，但是他明显地感觉到魏廷荣是一个好人，而魏廷荣对樊庭玉这么长时间的精心照顾也是深有感激，因此两人之间就这样产生了一种非常微妙的朋友式的情感，这个时候突然要撕票，樊庭玉还真就下不去手。同时，魏廷荣也跪在地上苦苦地哀求樊庭玉救他一命。樊庭玉虽然心存善念，可他也不是一个没有头脑的傻子，他做善事是需要考虑后果的，如果放了魏廷荣，他的叔父以及那些同伙岂能饶他？对于樊庭玉的这个顾虑，魏廷荣给予了恳切的答复，他对樊庭玉说明了自己的身份和地位，说只要樊庭玉能够将自己救出去，他就一定有办法保护樊庭玉后半生的人身安全，而且还会负责养活樊庭玉终生。魏廷荣的这种答复使得樊庭玉最后痛下狠心，决定不杀魏廷荣。于是，两人商定，先一起奔赴苏州，到魏廷荣的舅舅王晋康的家中暂且避难。随后，魏廷荣又通过舅舅进行联系，在上海法租界义勇团的保护之下，回到上海家中住了三天，然后又远遁至北平。当然，魏廷荣在自己逃难的同时也对樊庭玉做了妥善的安排，报答了樊庭玉的救命之恩。

魏廷荣在逃出虎口之后很快就与上海法租界警方取得了联络，经过警方的努力，又逮捕了参与绑架的另外3名绑匪。1929年10月4日，法捕房将四名案犯押往会审公廨受审，最终宣布各押西牢五年，期满后驱逐出境，送内地官厅按律究办，另外再由几名犯人共同负担，赔偿被害人纹银一两。然而，这个案件远未到此结束，因为落网的还仅仅是几个直接执行任务的绑匪而已，他们与魏廷荣素不相识，对魏廷荣的底细一点儿都不了解，是不可能单独作出绑架魏廷荣的决定的，其幕后必定有人指使，而且根据魏廷荣的显赫身份来判断，指使者一定也是大亨一级的人物。另外，在"大侦探密告"所传达的信件当中明确指出赵慰先参与了绑架魏廷荣一案，可是到了现在，除了那封神秘的来信，警方并未发现其他任何相关的证据表明赵慰先与此案有关联。在这种情况下，赵慰先当然还是逍遥在法外的。

由于无所破获，这个案子就这么撂下了。如果没有其他的发现，也许这个案子就会到此为止，再不会有下文了，后来的一件其他案子再次牵动起了魏廷荣被绑架一案。

1931年6月，公共租界巡捕房在处理其他案件中的一名人犯蔡维才的时候，意外得知此人曾在两年前参与了绑架魏廷荣的事件。法租界巡捕房闻讯之后，马上要求公共租界法院把蔡维才移交到法租界，就魏廷荣被绑一案重行侦讯。在这次审讯中，蔡维才不仅供出了参与策划和实施绑架的另外几名案犯，而且着重指出此案的真正教唆者是赵慰先。于是，法租界巡捕房立即逮捕了相关案犯。本来，逮捕对象中是包括赵慰先的，可是赵慰先当时已离开了上海，正在苏州担任财政部税警独立第六营营长，因此巡捕房一时无法将其逮捕。

而在这些案犯被缉捕之后，正赶上会审公廨要撤销，于是直到8月7日，蔡维才等人才被押解到新成立的法院进行审讯。这时，蔡维才却翻了口供，说此前在巡捕房的口供被外国翻译给译错了。这显然是不可能的事情，蔡维才要翻供，推测起来只有一种可能，那就是审讯的耽搁其间受到了某种势力的引诱或者威胁。当时，由魏廷荣委托为代理人的徐延年律师向法庭请求对被指为主谋犯的赵慰先拘案法办。苏州并非法租界巡捕房势力所能延及的地方，于是法租界巡捕房请魏廷荣状请法院补办到内地捕人的手续，并要魏廷荣派其长子魏元生陪伴巡捕房的工作人员一同携公文赴苏州。这样，由苏州吴县公安局侦缉队协助，8月21日，在赵慰先乘坐自用包车驶过三多桥附近之时，由魏元生拦车指认，巡捕们逮捕了赵慰先。第二天，赵慰先被押赴上海，并于24日被押解到法庭归案审讯。当天，由捕头鲍尔弟及译员王均把一干案发押到法庭与赵慰先进行对质。那些案犯众口一词地供认此人就是赵慰先，并且说曾亲耳听到赵慰先谈过魏廷荣为富不仁故要将其绑架的打算。但是赵慰先却坚决不承认那些指证他的人与他相识。此后，法院又两次开庭，在此期间，几名案犯的口供发生了戏剧性的变化，有人依然坚持原来的说法，指认赵慰先就是绑架魏廷荣的始作俑者，可是又有人变了口风，说赵慰先没有参与此案，还反指魏廷荣派人去狱中探视，唆使他要报出赵慰先来，他一开始拒绝了魏廷荣的请求，可是因为没有抵抗住利诱，还是供出了赵慰先，事后又觉得于良心不安，所以又改了口供，决定尊重事实。当然，这种翻供被魏廷荣的律师和巡捕房一致认为是反诬，不过，这种反诬也明显是受人指使的。那么绑架魏廷荣以及前前后后影响此案正常审讯的总后台又是什么人呢？

赵慰先通过他的辩护律师，提出了财政部税警总团的公文，辩称不论赵慰先是否犯了罪，因为他具有现任军官的身份，都不应当接受通常法院的审判。因此，1931年11月28日，上海第二特区地方法院宣告判决，对蔡维才等案犯以共同掳人勒赎罪，分别判处无期徒刑或年数不等的有期徒刑，而对赵慰先却宣告暂且不予审理。一年半之后，1933年5月30日，设在法租界境内的江苏高等法院第三分院才准备把一直在押的赵慰先提庭，宣布移送淞沪警备司令部归军法审判。

然而这时，法租界巡捕房却又应魏廷荣的要求，突然撤回了对赵慰先的控诉。这又是怎么一回事呢？

赵慰先被捕后，朱葆三家的人都万分气愤，主张对其严办，唯有赵慰先的妻子朱九小姐不断地向魏廷荣求情，她多次跪在自己的姐姐、魏廷荣的妻子朱二小姐的面前进行苦苦哀求。此外，当时担任上海社会局长的赵慰先的胞弟赵班斧更是"断指写血书"，想以此促使魏廷荣"做感情的俘虏"，请求法租界巡捕房把对赵慰先的控诉撤回。就这样，魏廷荣最后撤回了对赵慰先的控诉。不过，法租界巡捕房在宣告撤回控诉后却仍把赵慰先移解到淞沪警备司令部。赵慰先很顺利地通过了军法会审，于1933年6月15日由淞沪警备司令部和军法处当局判决宣布无罪。虽说淞沪警备司令部事先就得到了赵慰先的好处，而且魏廷荣又表示对此事不再追究，但赵慰先之所以能够如此顺利地被无罪释放，恐怕更主要的还是因为背后有得力靠山帮助他打通了淞沪警备司令部军法部门的关节。

令人大跌眼镜的是，赵慰先获释之后，不仅不对魏廷荣的宽容表示感激，却反咬一口，不顾弟弟赵班斧在法租界巡捕房所出具的书面声明中提出的"保证慰先决不对于魏君有所误会"的诺言，在上海各报上以大字标题登载启事，说他被逮捕幽禁完全是因为魏廷荣唆使已被判刑的罪犯诬告他赵慰先以及"上海名人某公"所致。赵慰先自己供出了此前在案件的前后过程中从未出现过的"上海名人某公"，这就说明，赵慰先找人绑架魏廷荣的事情的确是有后台的。

随后，赵慰先就以教唆诬告的罪名向淞沪警备司令部军法处起诉魏廷荣。魏廷荣并不是军人，按理说，军法部门不应当受理此案，可奇怪的是，淞沪警备司令部军法处却遵从了赵慰先的要求，连续两次签发传票，甚至还直接派出便衣进入法租界魏廷荣的寓所传唤其到庭候审。法租界巡捕房自魏廷荣遭绑架之后，就经常派遣巡捕在魏宅的周围执行警卫工作，所以淞沪警备司令部军法处在第二次派人到魏宅传唤魏廷荣的时候，反被法租界的巡捕给扭进了巡捕房。这样一来，军法处可就不答应了，他们立即以魏廷荣"托庇租界妨碍公务"为名下达了通缉令。然而，中国军方是不得擅自进入租界捕人的，所以赵慰先只得请淞沪警备司令部把他提出的反诉移送到法租界的上海第二特区地方法院核办。同时，他又向该法院提了自诉状，控告魏廷荣和其子魏元生分别犯有诬告等罪行，要求法院从严惩处。而与此同时，法租界当局也派出了顾问律师到法庭上要求参加诉讼，其目的显然是保护魏氏父子。由此可见，魏廷荣与法租界当局的关系确实非同寻常。

正当魏廷荣与赵慰先之间再次陷入僵局之时，上海帮会界的一个首领徐朗西出面劝说魏廷荣不妨"烧点锡箔灰退鬼了祸"，也就是让魏廷荣花钱免灾。他一方面建议魏廷荣拿出3万元钱交给赵慰先去安排警备司令部里的人，另一方面又请朱竹坪去劝赵慰先。在征得双方的同意之后，徐朗西出面请客，魏廷荣、王晋康、朱竹坪、赵慰先等人一齐到场。魏廷荣当场打开了一只装着3万元现钞的箱子，由王晋康点交朱竹坪，再由朱竹坪转交赵慰先。从此，淞沪警备司令部军法处就不再对魏廷荣进行通缉了。至此，这一案件以永远"延期审理"而彻底了事。

从事件的整个过程来看，魏廷荣成功地脱离了虎口，保住了性命，而且也没有因此被弄得倾家荡产，这已经算是很幸运的了。可是从另一方面来看，魏廷荣作为被绑架的受害者，最后却稀里糊涂地损失了3万元钱去消财免灾，这实在令人不解，而明明在此案当中负有重要责任的赵慰先最后却逍遥法外，并且还白白地赚取了3万元钱的赌资。在此而外，此案的幕后主谋也一直没有公开露面，至于接受法律的惩罚那就更谈不上了。

那么，赵慰先对魏廷荣实施绑架的后台又是什么人呢？尽管赵慰先没有说出那人的具体名姓，而只是以"上海名人"来代指，但是魏廷荣已经猜出来是谁了。这个所谓的"上海名人"，就是在法租界乃至在整个上海滩势力迅速崛起的"三大亨"成员之一——杜月笙。魏廷荣为何如此推断呢？任何事情的发生都是有其原因的，当时，杜月笙的发展势头正猛，特别是到了1929年的时候，杜月笙已经荣任法租界公董局的华人董事，这是华人在法租界所能享有的最高地位。这些迹象令同样身为法租界公董局华人董事的魏廷荣感觉到，比起黄金荣来，杜月笙是一个更为强劲的对手。大家都知道，在一定的范围之内，资源总是有限的，所谓"一山不容二虎"。一旦有了"两只虎"，它们势必就会因为对资源的争夺而斗得头破血流。魏廷荣深谙此理，他知道杜月笙崛起之后，必定会在各方面与自己展开激烈的竞争，为了避免那种难堪局面的出现，魏廷荣利用了自身的各种优势对杜月笙进行一系列的打压。不仅在魏廷荣的眼中杜月笙是一个强大的对手，在杜月笙的眼中，魏廷荣也是一个最具实力的对手，他知道，如果自己想在法租界乃至整个上海滩称雄，就必须扳倒横在自己前面的一座大山，而这座大山就是魏廷荣，因为在当时的法租界，魏廷荣而外已经没有第二个人能够与他相抗衡的了。魏廷荣在事后所写的材料中说："我和杜月笙之间向有矛盾，古话说'两雄不并立'，那时在法租界我和杜月笙各有一部分势力，而法国领事比较信任我，在杜月笙看来，我不能成为他的心腹，就必然会成为他的敌人。事实上我是不肯和他同流合污的，在某些方面还和他对立。"杜月笙在经营烟土和赌场以及组织"自卫团"武装等方面，都遭到过魏廷荣的反对。另外，"四·一二事变"之前，杜月笙等人在组织"中华共进会"的时候也曾想拉魏廷荣入伙，可得到的却是魏廷荣的回绝。由此，杜月笙对黄金荣、张啸林说，魏廷荣自以为是上等人，看不起他们帮会界。可尽管如此，杜月笙还是没有放弃对魏廷荣的拉拢，他曾经对魏廷荣表示，有意结为异姓兄弟，可是得到的又是魏廷荣的冷落。这就令杜月笙彻底丢弃了将魏廷荣转变为自家人的打算，从而开始盘算着如何扳倒魏廷荣。1931年6月，杜月笙举行家祠落成庆典，各界要人皆去祝贺，凡是数得着的人物几乎没有不到场的，可魏廷荣本人并未亲自去祝贺，这就使得杜月笙极为不满。总之，鉴于种种原因，魏廷荣和杜月笙之间的矛盾变得越来越尖锐。

在几年之前，杜月笙的实力跟魏廷荣比起来还是有着一定差距的，可是随着这几年中的迅速崛起，杜月笙觉得自己扳倒魏廷荣已经没有问题了，何况还有着黄金荣的辅助呢。就这样，他与黄金荣联手策划了绑架魏廷荣一案。

其实，在案犯的供词当中也已经显露出了杜月笙的影子。一个叫做朱竟成的案犯在法庭上受审时，曾供述绑架魏廷荣的动机："并非完全为金钱问题，实缘原告魏廷荣，身为教友，不应娶伶人吕美玉为妾，又将吕之照相刊印于'美丽牌'香烟上卖钱，又将义勇团名义在法国公园内捐募所得之款，匿不报销，又开中法银公司及交易所，紊乱金融等种种不良行为，故此起意绑架，惟民人等实际上确有强暴行为，违反法权，而对于主义上，并不为罪，实寓有警惕原告之意思。"朱竟成的这番话，说明他们绑架魏廷荣首先并不是为了索取赎金，而主要是因为一来魏廷荣不应该娶吕美玉为妾，二来魏廷荣不应该在法租界发展得势头太大。这岂不是纯粹的流氓话语吗？魏廷荣娶吕美玉，与你朱竟成等人何干？他在法租界内开公司、办交易所，又哪里冒犯得着他们呢？这两件事与朱竟成之流不相关，与另两个人却是关系十分密切的，哪两个人呢？一个是黄金荣，一个就是杜月笙。具有一定法律知识的人都知道，在推断一个人作案的时候，是要寻察其作案动机的，而一般来讲，作案动机是与切身利害直接相关的，而魏廷荣娶吕美玉，遭受打击最大的人是谁呢？当然是抢夺吕美玉失败的黄金荣啦。而魏廷荣在法租界扩展势力所妨害到的第一个人又是谁呢？当然是杜月笙了，因为当时杜月笙正在积极谋求着自己在法租界的独尊地位，而魏廷荣的存在与其势力的扩张正是杜月笙取得独尊地位的最大障碍。所以，从作案动机上来考察，黄金荣和杜月笙是绑架魏廷荣的最大受益者。另外，从作案条件来说，绑架魏廷荣所能够引起的轰动并不比绑架杜月笙或是黄金荣更小，在某种意义上讲，绑架魏廷荣就会闯下一场巨祸，那么这个巨祸一般人当然是不敢闯的，也只有"巨人"才能够有胆量、有实力去闯巨祸，而当时的上海滩能称得上"巨人"或者"大亨"的人屈指可数。

事后，魏廷荣自述："凭着我当时在法租界的地位，一般的匪徒如果没有强有力的人撑腰，怎敢动我的手。"正是因为他与杜月笙之间的深刻矛盾，杜月笙"势必要拿点颜色给我看看"，而又"适逢赵慰先有绑架我的企图，经过一些绑匪的串连，于是杜月笙就成为这一案件的幕后人物了"。魏廷荣又说："赵慰先和杜月笙原非素识，但是赵从淞沪警备司令部释放出来后，就和他的妻子朱九小姐经常在杜家出入，杜还介绍他在淞沪警备司令部当副官长。""赵慰先被释后，登报指责我要绑匪朱竟成诬告赵慰先和'名人某公'。朱竟成在法庭上只说我要他扳举赵慰先，并没有说我要他扳举'名人某公'。在声明中，赵慰先却把杜月笙扯上，若果没有杜的授意，赵敢这样做吗？"

总之，从被绑架者魏廷荣所提供的材料和其他多方面的迹象来看，绑架魏廷荣的幕后操纵者就是杜月签。杜月笙当时和法租界当局的关系非常密切，可以说是和魏廷荣在法租界的势力不相上下，但是他所掌握的帮会势力却远超过魏廷荣手下义勇团的势力，另外，他在租界之外和国民党当局军警各界都有密切的关系，并且在金融界和工商界也有很强的影响力。由此看来，虽然魏廷荣的经济力量不在杜月笙之下，但是其政治势力，特别是社会势力却远不如杜月笙。而杜月笙就是借着这些优势，出手策划了这场绑架案。

其实，魏廷荣被绑案幕后不仅有杜月笙的背景，还有黄金荣的背景。自从魏廷荣从黄金荣手中夺去美女伶人吕美玉之后，黄金荣一直耿耿于怀，伺机报复。早在争夺吕美玉刚刚失败的时候，黄金荣就曾与杜月笙、张啸林等人策划过绑架魏廷荣，只是由于魏廷荣的周围有义勇团保镖护卫着，同时又受到法租界巡捕房的保护而难以得手。后来，当杜月笙的势力逐渐崛起之时，两人在对待魏廷荣的问题上目标一致。于是就借助魏廷荣的连襟赵慰先萌生邪念的机会拉其入伙，由赵慰先直接出面去安排绑架的事情，而杜月笙和黄金荣则在幕后多方活动，不仅使得赵慰先毫发无恙，而且在赵慰先被释放之后反诬魏廷荣，最终又让徐朗西出面，以调停的名义迫使魏廷荣拿出了3万元钱，算是在魏廷荣已有的伤疤上又割了一刀。

最后，这个案子算是不了了之了，由此我们可以看到，当时上海的帮会界对于正当的司法程序有着多么恶劣而严重的影响。

经过这次打击，魏廷荣变得行事极为谨慎，不敢再像以前那样大张旗鼓地去扩展自己的势力，也不敢公然跟杜月笙和黄金荣作对，从此屈服于杜月笙和黄金荣的势力，甚至就此退出江湖，过起了隐居的生活。由此，黄金荣总算出了一口恶气，而杜月笙则开始独霸法租界，乃至整个上海滩。

第八章

没有摆不平的事

有事找杜先生

三大亨重排座次，杜月笙坐了第一把交椅。他的名字在上海滩广为流传。他仗义疏财，急人所急，成了众人眼里的"及时雨"，所以当人们有了困难的时候，总是会想到这么一句话："找杜先生去。"杜月笙所帮助的人，不计其数，他帮人解决的难题同样不计其数。

1924年，浙江发生水灾，各地纷纷发起了募捐活动。当时，避难上海的前国务总理孙宝琦在得知这一个消息后，发起了一个"救助乡亲赈灾会"，打算募捐些钱财捐给浙江。说来也怪，这位孙宝琦也算是一个人物，偏偏上海的人们不买他的账。活动进行了一个多月，才只有寥寥几个人来捐款，总共收款不过千元左右。这个数目，自然不是他这个前国务总理能拿得出手的。

孙宝琦想尽了办法，却仍然一无所获。无奈之下，他只得听从身边人的建议，跑到杜公馆向杜月笙求助。为了表示诚意，他还特意拿出三个重二十两、印度产的"大土"作为见面礼。

杜月笙和孙宝琦并不熟悉，见到他来，有些意外，连忙把孙宝琦迎进了客厅。寒暄一阵后，孙宝琦话锋一转，问杜月笙，照目下行情，印度大土每两值多少钱。杜月笙不明所指，只得对他说，现在禁烟很严，印度大土几乎绝迹，没有行情了。孙宝琦有些得意地对杜月笙说，他手头有一些，可以送给杜月笙。杜月笙表示愿意按照原价买下来。孙宝琦趁机拿出捐款簿，说这些钱充作捐献给赈灾会吧。杜月笙这才明白，孙宝琦是来向自己募捐的。杜月笙一向热心公益事业，当即吩咐秘书，开了张一万元的支票给孙宝琦。

孙宝琦拿到支票后非常高兴，当即告辞离去。回到车上后，司机告诉他，他送给了杜月笙的印度大土，已经被杜月笙送了回来，就放在车的后座上。孙宝琦闻言一震，心里百感交集，久久说不出话来。

当时在上海滩，黑帮横行，经常有名媛小姐被黑社会绑架，勒索钱财。小姐夫人们为了自身的安全，就纷纷寻到杜月笙门下，每年交予他一定的"保护费"，由杜月笙出面保护大家的安全。久而久之，杜公馆向上海名门望族子女收取"保护费"成了一个定例。

杜月笙任侠仗义，好抱打不平，当时只要别人有困难找到他，他一般都不会拒绝。这些人中，除了达官贵人，社会名流之外，也有一些普通的百姓。

据说，一位王姓的普通居民一天回到家后，发现屋子里一片狼藉，两大箱衣服不翼而飞。王姓居民意识到家里是遭了贼了，又气又恨，却又无可奈何。在上海滩，小偷多得就像河里的沙子，而且常常是团体作案，有时候连巡捕房也拿他们没有办法。所以很多人东西被偷了，往往都以缄默对之。然而王姓住户却无法缄默，因为在小偷偷走的这两箱衣服中有几件是祖辈传下来的"无价之宝"。

情急之下，他决定去找杜先生。

杜先生的大名，他自然是知道的。他还知道，杜公馆台子高，面子硬，出入这里的若非是军政界的高干，就是金融界、教育界的名流，再不就是叱咤风云的帮派首领。自己这样的普通小民，杜先生会见吗？王姓居民心里嘀咕，他实在拿不准杜月笙会是怎样的一个态度。

要进杜公馆绝非一件容易的事。王姓居民不懂得要写帖子或者电话预约这回事，所以在他第一次登门的时候，果然被护院拦在了门外。王姓居民并不灰心，他又想了很多的法子，终于如愿以偿地见到了杜月笙。杜月笙闻知他的来意后，微微一笑，表示愿意帮他想想办法。

第二天清早，王姓居民起床准备外出买菜，才拉开门，就发现在门前一块石头压着一卷纸，旁边还有几十块银元。王姓居民觉得有些奇怪，拿起来一看，原来那卷纸是一叠当票。

仿佛意识到了什么，王姓居民再顾不得买菜，风风火火地跑到了当铺，递上当票，附上银元——自己的东西一件不少地赎了回来，当然还包括他的那几件"传家之宝"在内。

原来，那名盗贼偷走了他家的东西，担心夜长梦多，当即拿到当铺脱手，换回了现洋。本来赃物一旦脱手，再想找回来就难于登天了。但杜月笙又岂是等闲人，他在答应帮忙后，立即发动手下党羽去寻找线索。他势力广大，徒子徒孙多得不计其数，遍布三教九流，很快就获得了线索，找到了那名窃贼。此事在当时传诵一时，后来还被登上了报纸，杜月笙在上海滩声名更隆。

顺利解决劳资纠纷

20世纪20年代，上海的法租界里，工人地位非常低下，虽然他们支撑着整个法租界的有序运转，但租界的法国官员对他们非常苛刻。当时，中国工人的每月薪水极低，大约只有12块光洋左右。而同期做工的法国人，每月的薪金则是中国工人的几十倍。这样的待遇自然不能让工人们接受，他们多次向法商水电公司提出改善待遇的要求。但法商水电公司对此不以为然，一直没有答应工人们的要求，反而一再地压迫广大的中国工人。

最后，工人们压抑已久的怒火终于爆发，水电公司的工人开始罢工，要求法国方面兑现承诺，增加工人的工薪，改善工人的待遇，但法租界方面态度非常蛮横，对此完全不能接受。虽然淞沪护军使何丰林多次对双方进行调解，但法商仍然将参加罢工的工人全部开除。工人闻讯后，更加气愤，在法商水电工会的领导下举行了轰轰烈烈的罢工运动。

罢工，无论对工人还是法商而言，都是一场比拼耐力的斗争。对于法商来说，工人一天不上工，公司的损失就增大一成；而对于工人来说，处境也不好过，他们是靠每月微薄的薪金养家，现在罢工，就意味着断绝了生活来源，有些积蓄的还好，没有积蓄的就只能全家饿肚子。在这种情况下，有人建议写信向杜月笙寻求帮助。

杜月笙收到工人的求援信后，当即命人给工人送去了两万大洋，以表示对工人罢工运动的支持。工人有了这笔资金，信心大增，罢工声势越加高涨。法租界方面非但没有看见工人阶级强大的力量，反而一再挑起事端，企图以恐吓、打压的手段，逼迫工人屈服。他们先是指使越南巡捕枪杀了一名参加罢工的工人，后来法国人干脆自己出马，在水电工会俱乐部开枪打死打伤参加罢工的20多名工人。这一暴行，激起了全市工人的强烈恼怒，于是在其他各部门工会的组织下，更大规模的罢工风潮很快就形成了。一时间，整个上海滩断水断电，电车停开，这给法租界的侨民生活带来了极大的不便。在这种情况下，法国人自然坐不住了。

法国总领事甘格霖、巡捕总监费沃礼双双出马，求救于杜公馆。他们相信，眼下可以平复工人罢工风潮的就只有一人，那就是杜月笙。法国人的面子，杜月笙自然还是要给的，于是他答应从中斡旋。为了专门调解双方矛盾，杜月笙还叫来得意门生陆京生，让他组织个"罢工后援会"，处理相关事宜。杜月笙对劳资双方的态度非常明显，他既希望法国人能够满足工人涨工资的要求，同时也希望工人们不要扩大事态，迅速复工。但这到底只是他的一厢情愿而已。

法国人态度强硬，坚决不同意给工人上涨工资。为了镇压工人运动，他们还宣布在法租界内实行戒严，派遣铁甲车四处巡逻，到处抓捕工会的领导人。很多工人领袖逃到了华界，但法国人仍然闯进华界，将他们抓回法租界，投进大牢。这并没有吓倒工人阶级，他们咬紧牙关，将罢工行动坚持了5个多月。此时的法租界，垃圾堆积，一片狼藉，整个租界几乎陷入瘫痪的边缘。

事已至此，法国当局不得不低下头颅，去找陆京生，同意给工人增加工资。同时，法国当局提出了另外一个条件，那就是45名领导罢工的工人代表要全部开除。

陆京生不敢自作主张，连忙把这件事告诉了杜月笙，由他定夺。杜月笙见目的已经达到，非常高兴，就让陆京生去通知工人们复工。至于那45名工人代表，杜月笙认为法国人要开除，就由他们开除便是。从这一次的工人罢工风潮中，杜月笙已经深刻领教到了工人阶级的力量。他此时是上海滩数一数二的人物，当警觉到有什么力量可能威胁到自己的势力之时，自然而然地生出抵触、反感的情绪。陆京生告诉他，那45人在工人中很有威信，一旦开除，工人定然不会罢休，肯定要将罢工进行到底的。杜月笙想了片刻，让陆京生去劝说那45人让工人复工，他会设法将45人营救出来的。这些人出来后，他会安排他们进工会，工资则全部由他支付。

这自然是一个两全其美的法子。工人们闻知有杜月笙出面相助，料想那45名工友定然无虞，于是同意复工。但在签字的时候，双方又因为一件事发生了摩擦。工人代表要求在复工之前，先将牢里的那45名工人放出来。法国人却不同意，他们要先看工人复工之后的情况，再做决定。工人们于是拒绝签字。

杜月笙听说双方忙碌了大半天，仍然没有签字，就亲自驱车找到了工会的代表，质问他既然已经谈好了，为什么又不签字。工人代表告诉他，法国人仍然把他们的45名兄弟关在大牢里，还说了要看以后众人的复工情况再做决定。杜月笙对法国人的了解不如工人们通透，觉得这也没有什么，既然法国人同意放人，工人们复工后，他们就应该会放人的。但工人代表告诉他，现在有45名兄弟关在大牢里，就相当于法国人手里有了人质，以后法国人就可以凭借这点，对工人们肆意要挟。而且，这几十名兄弟是为了大家的共同利益被法国人抓进去的，现在大家复工了，又怎忍心看着他们在牢里受苦呢？杜月笙频频点头称是，觉得像这样有情有义的人，自己无论如何应该帮上一把，他当即驱车去找法国总领事甘格霖和巡捕总监费沃礼。

见到两人后，杜月笙开门见山，要求放人。甘格霖和费沃礼有些犹豫，这些人在他们手底下吃过苦头，他们担心这些人放出去后，会继续煽动工人罢工。杜月笙表示愿意做保人，如果这些人出来闹事，给法方造成任何的损失，他都愿意赔偿两倍的损失费用。

杜月笙话说到这个地步，甘格霖自然不能不买他这个面子，当即同意放人。

翌日，工人们复工，法租界秩序重新回归正常。

这件事后，杜月笙博得了上海工人们的好感，扩大了在工人中的影响力。许多工人拜做他的门生，像赵子英、沈静彝等人后来还一度成为工人领袖。而杜月笙也利用他在工人中的影响适时地向法租界施加压力，从而使法国领事、巡捕等各级官员有时不得不答应他的一些要求。

几年后，法租界的费沃礼总督被法国当局革职，法伯逊中校奉命来接替他的职位。杜月笙为了笼络法伯逊，给他送去金碗、金筷，但这位新总督非常清廉，非但严词拒绝，还要求杜月笙登报保证，以后不再行此贿赂之事。杜月笙闻讯，一笑置之。几天后，杜月笙的弟子赵子英、沈静彝鼓动法商电车公司工人罢工。法租界交通陷入瘫痪，法伯逊无计可施，只得求助于杜月笙。杜月笙所赠之物，自然也只得收下了。通过这些手段，杜月笙稳固了自己在法租界的地位。

杨多良的珠宝古玩

20世纪20年代的上海滩，是英雄地，也是英雄冢。多少人在这里扬名立万，无限风光，也有多少人在一夜之间家破人亡，梦断洋场。杨多良不想当英雄，他只想去享受上海的温柔乡。

上一次来到上海，在几年前。杨多良因公事，在这里曾经停留了一个月。也就是这一个月，让他眼界大开，彻底地爱上了这个地方。是啊，十里洋场，满目的灯红酒绿，处处的纸醉金迷，是屡经战乱的福建无论如何也比不上的。尤其是上海的夜晚，各大剧院、舞台灯火辉煌，那悦耳的交响乐，那一排排妖冶的伴舞女郎，这样的夜，是暧昧的，是撩人的。杨多良觉得能在这样的地方享受上几年，此生可谓足矣。所以，在卸职之后，他立即就想到了到上海度过下半辈子。

所谓"三军未动，粮草先行"，杨多良当然知道在上海这个花花世界里，钱是必不可少的。所以，在出发前往上海之前，杨多良首先命人将自己的所有家当——六大箱金银珠宝运往上海。

杨多良是福建督军周荫人的秘书长。任职20多年来，他利用职权之便，屡屡搜刮民财，接受贿赂，家财甚是殷实。这六箱的金银珠宝，就是他20多年来的"成果"。

　　然而，杨多良怎么也没有想到，他那六箱金银珠宝刚刚运到上海滩，就被人设计骗走了。东西是由四名保镖押送的。这四名保镖都是忠心耿耿之人。接到杨多良的命令后，他们四个人分成两组，一组人休息，另一组人警戒。在他们严密的守护之下，一路倒也相安无事。可是，邮轮驶入长江口的时候，一件意想不到的事情发生了。

　　当时，四名保镖在座舱里吸烟，打发着时间。这时，两名打扮得非常时髦、妖冶的性感女郎来到了舱门前，她们有说有笑，引起了几名保镖的注意。看她们的样子，似乎是上海歌厅里的舞女。听她们谈话内容，似乎是在埋怨一个客人。

　　她们正说着，一个满脸横肉的男人出现了。他似乎就是女郎们口里的那个男人。男人和两名女郎发生了争执，并和她们打斗起来。男子体格壮硕，人高马大，女子自然不是敌手，于是闪身进入船舱，向几人求救。保镖们见到两名美丽的女郎楚楚可怜，顿起英雄救美之心，就出手驱逐那名男子。男子看见对方有四个人，似乎有些胆怯，就抓住其中的一名女郎逃了出去。

　　四名保镖赶紧出去追，终于在甲板上看见了正在哭泣的女郎，但男子已经不见。保镖们安慰女郎，表示会保护她。但女郎说，她的姐姐还在舱里，要保镖们赶紧回去保护她的姐姐。保镖们此时才想起，刚才只顾着追人了，竟忘了留下人在舱内警戒。想到这里，保镖惊出了一身冷汗，连忙返回舱里，但舱里空空如也，女郎和六大箱子的金银珠宝一起消失不见了。

　　很明显，保镖们遭对方暗算了。那两名女郎和那名男子根本就是同一伙人。他们通过秘密渠道，得知这两天有"货"到，就谋划了这个圈套。

　　六箱珠宝不翼而飞。杨多良闻讯后，顿时变了脸色，顾不得责骂保镖，就匆匆地登上了前往上海的轮船。到上海后，杨多良立即找到了自己的好友淞沪护军使何丰林，请他相助。

　　何丰林相当爽快，当即表示愿意鼎力相助，并告诉他，三天之内，此事就会见分晓。

　　这三天，是杨多良一生中最漫长的三天。他坐立不安地等待着何丰林的消息，三天的时间里，居然没有合一次眼。他一遍又一遍地安慰自己：何丰林是淞沪护军使位高权重，势力广大，他一定有办法的。然而，三天后，何丰林带来的消息却让他临近了崩溃的边缘。

　　何丰林并没有找回那些东西！

　　这六箱珠宝是他毕生的积蓄，更是他的命。现在，珠宝找不回来了，杨多良只觉得自己的命也没了。他如同死了爹娘似的，一下子瘫倒在地上，放声痛哭起来。

　　何丰林来回踱步，也是急得团团转没有办法。忽然，他脑海里灵光一闪，想起了一个人来，他就是杜月笙。

　　对，杜月笙。如今的上海滩谁不知道杜月笙的大名。杜门之下弟子众多，遍布三教九流，或许他能有办法，也未可知呢。想到这里，何丰林当即开口，建议杨多良去找杜月笙帮忙。

　　杜月笙？杨多良微微一怔。这个名字他是听过的。但是这个杜月笙就算再怎么了得，能强得过堂堂北洋淞沪护军使吗，何丰林办不来的事，他可以做到？对此，杨多良深感怀疑。可是就算只有一线的机会，他都要尝试，毕竟那些珠宝是他下半生的依靠，对他太重要了。杨多良乘车来到杜公馆，递上了自己的名片，很快，就被迎进了客厅。眼前的杜月笙斯斯文文，一副弱不禁风的样子，怎么看也不像是威名远播的上海滩大亨。这样的一个人能帮自己找回那六个箱子吗？杨多良心里十分怀疑，但他还是把事情地经过一五一十地告诉了杜月笙，请他出手帮助。听完他的话后，杜月笙叫来万墨林，让他打电话让顾嘉棠去查一下。然后，他淡淡地和杨多良聊了几句，就吩咐送客。

　　杨多良将信将疑地回到旅馆，坐等杜月笙的消息了。约莫过了一个多小时，顾嘉棠带领着三名手下找来。那三名手下一人拎着两只黑皮箱子。杨多良一看，兴奋得差点跳了起来，因为那正是他丢失的箱子。顾嘉棠淡淡地对他道，奉杜先生的命令，已经把他的六只箱子找到了。就这样，何丰林也做不到的事情，让杜月笙在短短的一个小时之内就做到了。

　　杜月笙的神通广大，让杨多良深为叹服。当天下午，他从家当里挑出了几件珍品，前去杜公馆酬谢杜月笙。

　　此事传开后，杜月笙的名声更是如日中天。几乎人人都知道，世上只有杜先生不想办的事，没有他办不成的事。往后的岁月里，每当黑白两道的人遇到困难的时候，首先想到就是杜月笙。

和洋人打官司

在租界，欧美列强享有所谓的司法独立之权。也就是说，洋人如果在租界内犯事，发生了什么纠纷的话，中国司法没有制裁权，而只能由洋人法庭独立审判，作出判决。正是这个原因，当时在上海租界，一旦华人与洋人发生了纠纷，作出司法裁决的都是外国人，华人往往都是败诉的一方。久而久之，华人的心里都达成了一个共识，就是千万不要和洋人打官司。

顾竹轩也不想跟洋人打官司，他是黄浦江上赫赫有名的"江北大亨"，上海滩的闻人之一，当然明白在上海滩租界里，这些白皮肤、蓝眼睛的"洋鬼子"恰恰是最不能得罪的。然而，麻烦事不是想躲就可以躲过去的。顾竹轩仍然意外地陷入和英国永安公司的纠纷中。

当时的顾竹轩声名已显，在上海滩也是数一数二的人物。他本是以拉黄包车起家，发迹后做了车行的老板，就不再辛苦了，每天和上海滩的一些大亨们一样，要么去赌场豪赌一把，要么去戏园子捧角，听听戏。这个时候，上海风靡京剧，各大戏院天天爆满，日进斗金。听戏的人，也大都是一些达官贵人。顾竹轩是小人物出身，当然也想和这些社会名流们攀上关系。

于是，他也想开个戏院。但他手头资金有限，又不知道上海哪里有上好的地皮盖戏院，这件事就搁置下来。这日，他遇到了以前的一位同事小六子。两人多年没见，相见之下，非常开心，就相邀去酒馆喝酒。在酒馆里，顾竹轩聊到自己想开戏院的想法。小六子当即表示支持，还给他提供了内幕消息，在丹桂斜对面有一块空地，工部局正打算标价出售。小六子还对顾竹轩说，他愿意帮忙以几千块钱的价格买下来。这个价钱在当时是非常之低的。

顾竹轩十分高兴，然而转念想到虽然现在有了地皮，可是资金仍然欠缺，不由得唉声叹气。小六子知他心事，就让他去找王月花帮忙。王月花是顾竹轩的老相好，也是苏北人，几年前死了丈夫，继承了一笔相当可观的财富。王月花虽然年过三十，但徐娘半老，风韵犹存，顾竹轩在和她的来往中，逐渐有了感情，两人虽无夫妻之名，但早有夫妻之实。

顾竹轩找到王月花，没有向她提借钱的事，只是说，自己最近想开个戏院，苦于资金不够，他打算转让车行的经营权，一心一意地经营戏院。王月花不同意，她觉得多经营一样，多一条财路。戏院要开，但车行同样也要开。在得知顾竹轩资金不够后，王月花表示愿意全力相助。

资金有了，地皮也由小六子搞定，顾竹轩遂开始紧锣密鼓地建起了新戏院。

很快，一座崭新的戏院拔地而起。顾竹轩相当得意，给戏院取名为"天蟾舞台"。之所以取名为天蟾，据说是因为他曾经梦见一只蟾蜍，口吐金钱。经人解梦，知道这是天赐金蟾，有兴旺发达之意，于是，在戏院建起之后，他就取名为"天蟾"。天蟾舞台果然应梦，在之后的一段时间里，生意兴隆，财源广进。顾竹轩暗喜当初做出了英明的决定，乐得合不拢嘴。

然而，好景不长。没过多久，杜月笙忽然派人来告诉他，他的天蟾舞台保不住了。顾竹轩闻讯，不明所以，连忙赶往杜公馆询问究竟。杜月笙告诉顾竹轩，他得到消息，英国永安公司打算在天蟾舞台那里盖一栋十层的旅馆，工部局和永安公司有利益上的往来，已经同意了永安公司的要求，准备收回那一块地皮了。顾竹轩一听这话，急了，忙问杜月笙怎么办。杜月笙也有些忧心忡忡，对他说，这件事涉及租界，不大好办，唯今之计，只有和洋人打一场官司了。

打官司？顾竹轩一怔。想到是同洋人打一场官司，他就觉得希望渺茫。可是，自己大好的戏院总不能这么白白地拱手让人吧，想到此处，反而激起了顾竹轩性格里不怕硬的一面，打官司就打官司。

几天后，工部局果然发下通知，要求天蟾舞台在一个月内搬迁，至于搬迁费，只给象征性的几百两银子。顾竹轩接到通知，顿时火大，当即去杜公馆和杜月笙商量。杜月笙表示无条件支持顾竹轩和洋人打官司。杜月笙还特意领着他去拜访了当时上海滩的另一位名人虞洽卿。

虞洽卿是江浙财阀的代表人物，也是上海商界有名的大亨。他办公司、开银行，常年和外国人打交道，因此对外国人的一些习惯、法律等方面有着深刻的认识，找他帮忙是再合适不过的。虞洽卿听顾竹轩讲完事情的前因后果后，告诉他们，打官司不是一件容易的事，时间很长，花的钱也绝不是一个小数目。

杜月笙当即表示愿意鼎力相助。顾竹轩也豪气冲天地道，人争一口气，就算是赔尽家当也要打这场官司，大不了回苏北老家种田去。虞洽卿被他们两人的气概所感动，同意全力帮忙，并从外国请了两个律师，专门负责打官司。有了众人的帮忙，顾竹轩信心百倍，决心与洋人周旋到底。

顾竹轩请人写了诉状，递进了英租界总领事馆。半个月后，英国总领事馆的批文下来了，一大串的洋文，顾竹轩看不懂，于是拿着批文去找了虞洽卿请来的那个外国律师穆安素。

穆安素告诉他，批文中说，天蟾舞台的地皮原归工部局所有，虽然卖给了顾竹轩，但有权收回。双方可以就地皮协议价格，但地皮之上的建筑，不在此协议之内。这样的霸王条款，顾竹轩自然不能接受。穆安素告诉他，按照法律程序，总领事馆只是第一层次的裁决而已，在领事馆之上，北京公使也具有裁决权，而最终的裁决权则掌握在伦敦大理院。那时，就成了国际官司。

这些话，令顾竹轩又有些拿不定主意了，上诉至北京公使，甚至到伦敦大理院，这是他从来都没有想过的事。在上海滩，光是和领事馆这些喽啰们交手，已经忙得焦头烂额，何况是英国大本营呢。顾竹轩思来想去，觉得还是应该去和杜月笙商量一下。杜月笙认为官司是一定要打的，但具体该怎么打，还得听听虞洽卿的主意。于是，两人又驱车来到了虞洽卿家里。

虞洽卿也认为，事已至此，应该坚持打下去。而且，一旦起诉到伦敦，变成了跨国官司，英国人碍于国际观瞻，也不敢过分偏袒本国人，到那时候反而对顾竹轩有利。虞洽卿同时又劝告顾竹轩，最好按层打上去，先上诉到北京大使馆。如果英国公使不能秉公处理，再起诉到伦敦不迟。

顾竹轩听了他的意见，请穆安素帮忙写了一份诉状，上诉至北京大使馆。杜月笙同时给顾竹轩制造舆论，他命令手下在上海滩各地散布消息，说工部局接受了永安公司大量的贿赂，二者狼狈为奸。

一个周过去了，北京公使的批复迟迟没有下来。顾竹轩有些烦闷，这天，工部局来了一名叫史密斯的人找他。史密斯的来意很明白，就是希望顾竹轩将天蟾舞台拆迁，由工部局赔偿一定的损失。他没有说具体的数字，但是顾竹轩可以感觉得到，这个数目绝不会低。顾竹轩心知肯定是北京公使向他们施加了压力，暗自高兴，便也加重了自己的筹码。他对史密斯说，解决的办法无外乎两条，一是不拆迁，他也不向工部局索取任何的费用。二是拆迁，但是由英国人在市中心给他盖一座三层楼的大戏院。当时，市中心地价奇高，而在市中心盖一座三层楼的大戏院，花销更是十分庞大。这两条，史密斯自然不会答应。于是，一场谈判不欢而散。

没过多久，北京公使的回文寄了回来，回文内容很简单，只说兹事体大，北京大使馆无法解决，可上诉至伦敦大理院做最后的裁决。原来，北京公使是个老牌的帝国主义官僚，在接到顾竹轩的诉状之后，就觉得此事非同寻常。虽然明眼人都看得出是英国工部局理亏，但是此事如果让中国人胜诉，会有失大英帝国的体面。于是他就通知上海工部局的人，和顾竹轩私下里协商，解决此事。没有料到，顾竹轩对于工部局开出的条件并不满意，和谈失败。

这下子公使陷入了两难之地。他既不能判决顾竹轩胜诉，又不能扭曲事实，错判误判，给英国司法蒙上污点。最终，让他想出了一个两全其美的注意：将此案返还，由原告上诉至伦敦大理院。在他看来，上诉至伦敦大理院，绝对不是一个中国人敢做的事。顾竹轩在接到他的回文后，觉得向伦敦上诉太过于异想天开，只得作罢，这一场纠纷就这么悄然解决。然而，他没有想到的是，顾竹轩胆气甚壮，随即就请穆安素向伦敦发出了诉状。

时间过去了3个多月，伦敦那边一直杳无音讯。顾竹轩心情一天比一天沉重。这年中秋，伦敦大理院的判决书终于下来了。顾竹轩胜诉。工部局赔偿10万元，由顾竹轩自己另选地址重建天蟾舞台。这一场官司，让中国人扬眉吐气，也让顾竹轩成了上海滩家喻户晓的人物。

当然，顾竹轩的胜诉，离不开杜月笙的出钱出力。

五卅惨案

20世纪20年代，上海成了帝国主义列强在中国掠夺原料、倾销商品的主要基地之一。英、法、美、日等国的资本家利用手中的特权，纷纷在上海开设工厂，疯狂地进行资本输出。他们为了垄断市场，牟取暴利，一方面排挤、打压民族企业，一方面对工厂里的工人进行了残酷的剥削和压榨。当时上海的工人生活待遇极其低下，每天超负荷地工作着，却只能领取微薄的工资。有些时候，他们还被资本家随意地克扣工资，虐待辱骂，遭受精神、肉体上的双重折磨。

哪里有剥削，哪里就有反抗。上海工人为了提高待遇，争取合法权益，多次进行了罢工运动。1925年5月15日，上海日本纱厂的工人们为了抗议日方无理开除工人，再次举行罢工。工人代表顾正红领着8名工人前去和日本人进行交涉。交涉中发生争执，对方突然开枪，当场击毙顾正红，另外几人均受重伤。工人们群情激愤，乃向工部局求助。但工部局包庇犯人，歪曲事实，反而指控工人们扰乱治安，企图将这件血案掩盖过去。日本人也惧怕此事曝光，一面请求工部局派出巡捕大队弹压工人的行动，一面威逼利诱各大报社，不得刊登新闻。

然而，纸终究包不住火，顾正红血案逐渐在上海传播开来。日本人的暴行，激起了上海工人、学生、市民的强烈愤怒，5月22日这天，上海各团体举行集会追悼顾正红。4名上海大学生在前往途中被巡捕房捕去。虽多次交涉，但巡捕房拒不放人。上海学生联合会于是决定组织学生在租界各大繁华市区演讲，抗议日本人的暴行。30日，学生及群众共2000余人举行了声势浩大的示威游行活动。他们沿途演讲，散发传单，张贴标语。租界当局对此不能容忍，命令巡捕在各大路口大肆逮捕爱国学生、市民。租界监牢人满，仅关押在老闸捕房的就有100多人。下午三时许，成千上万的学生、市民齐集老闸捕房门前，要求释放被捕的中国人。英捕头目爱霍逊竟下令向赤手空拳的群众开枪，当场打死13人，重伤20余人。一时间，南京路上血肉横飞，死伤枕藉，各种惨状令人不忍目睹。这就是震惊中外的"五卅惨案"。

惨案发生后，举国悲愤，上海各地的反帝活动风起云涌。租界当局继续采取了高压政策，宣布全区戒严。吴淞口英国军舰上几乎所有的海军陆战队员登陆上海滩，帮助租界当局镇压民众运动。但这并没有吓倒坚强、勇敢的中国人。在上海，几乎所有有血性的中国人都动员起来，参加了反帝爱国运动。作为上海滩风云人物的杜月笙则自始至终都参与其中。

当时，在沪国民党人马超俊原本要在九亩地举行民众大会，揭露血案真相，控诉帝国主义的暴行。但由于英巡捕的拦阻、阻挠，大批群众未能成行。杜月笙闻知消息后，当即指示门徒尽可能地冲破阻挠，参加大会，同时要求党徒保护马超俊等人的安全，维持现场的秩序。当天晚上，马超俊等人决定在法租界举行紧急会议，商议营救被捕学生的办法。杜月笙决定参加。

张啸林反对杜月笙去参加会议。他认为越是在这种时候，大家越应该保持缄默，交涉的事情自有政府去办，而且三鑫公司经营的烟土生意，货源也多来自于英国殖民地，如果因为杜月笙的血气之勇，得罪了英国朋友，势必会影响到三鑫公司的生意。杜月笙默然良久，最后说了句："我们住租界，但是我们是中国人。"在当晚的会议上，杜月笙做了发言，痛斥英、日两国所为。

6月1日，上海20余万工人举行了大罢工，同济、复旦、南阳等绝大多数学校举行罢课，一些商人也纷纷加入到罢市的行列中来。英国租界当局毫不退让，继续以残酷、高压手段镇压抗议的民众。他们指挥巡捕、陆战队员架起机枪，分守在各个路口，紧密监视群众的一举一动。在之后的几天里，上海许多地方先后发生了英巡捕开枪打死示威群众的事情，至于轻伤、被捕者就更是多不胜数了。北京外交部多次向外国公使团提出抗议，要求惩治凶手，释放被捕中国人。但公使团有意偏袒凶手，对外交部的抗议不闻不问，偶有回函也是不着边际。英租界当局还利用各种的手段，控制舆论，大肆污蔑工商学的"三罢"斗争。

6月7日，上海工界、商界、学界宣告成立上海工商学联合会，结成上海地区反帝爱国运动的统一阵线。他们向帝国主义提出了"惩治凶手"、"赔礼道歉"、"释放被捕华人"、"撤销驻军"、"取消领事裁判权"、"收回会审公廨（即收回司法权）"等17项交涉条件。这17项条款一经公布，迅速得到了各界的热烈响应。洋人对此根本不愿认同，他们操纵舆论指责17条毫无交涉诚意，同时继续武力镇压各地反帝运动。上海总商会会长虞洽卿也于此时犹豫了，他觉得工人们的这些条件过于苛刻，于是就自作主张，将其中的"撤销驻军""取消领事裁判权"等条删除了，还修改了其他条款，使语气不致太过强硬。

杜月笙的态度和虞洽卿基本相同，他赞同十七条中的大部分条款，但对于"撤销驻军""取消领事裁判权"这些重要条款，持保留态度。在他看来，要让英美列强放弃这些权益，难于登天，与其如此，还不如提一些比较实际、切实可行的条件供两方协商，早日解决和平解决此事。他看不惯洋人在中国的地方为非作歹，也不愿意看见中国人为此付出惨重代价。五卅惨案发生后，他就关闭了赌场、烟厂，全力支援工人罢工运动。这些天来，三鑫公司生意冷冷清清，损失也是一天比一天重。

虽则如此，杜月笙仍然以最大的诚意支持着工人运动。当他得知工人们由于长时间的罢工，生活面临着严重困难的时候，就积极响应有关方面的号召，率先捐出了大笔款项。接着，他又发动自己在工商界的朋友们，捐款援助工人。在杜月笙等人的支援下，工人们的罢工运动一直持续了两个多月。

第九章

长袖善舞，八面玲珑

结交章太炎、杨度

自黄金荣跌霸以后，杜月笙成了上海名副其实的黑帮领袖。他虽然出身黑帮，但与其他的黑帮大人物又有不同。当时，像黄金荣、张啸林这些黑帮魁首都有着一套"标准式"的脸谱。他们一般都穿金戴银，敞胸露怀，显出狰狞的刺青，神态趾高气扬，说话粗俗不堪，尤其是张啸林更是满口的粗话。各界名流、知识分子与他们多有往来，虽然表面恭谨，但骨子里到底有几分瞧不起他们这些武夫粗人。杜月笙自然知道社会上对他们的观感和评价，因此在名闻上海滩之后，就对自己的形象做了一番包装。

他首先改变黑帮大亨的传统打扮，一年四季，穿一袭长衫，一副文质彬彬的模样。他还尽量改掉粗口，说话尽量文雅、得体一些。对于自己手下的各大徒弟，他也严格要求众人衣着得体，就算是盛夏季节，也得穿得整整齐齐。经过这一番"改头换面"，社会上的人对杜月笙评价大为改观，完全不同于其他帮派大佬。杜月笙也开始以文质彬彬的君子做派，广结社会名流，大力拉拢文人墨客，以增加其知名度、社会影响力。

护法运动失败后，革命元老、国学大师章太炎索居苏州，名重上海。杜月笙久闻章太炎大名，一直想与之结交，但始终未能如愿。然而，一个偶然的机会，终于让结识了这位学界泰斗。

当时，章太炎的侄儿在上海与人发生了房屋纠纷，就写了一封信向叔父求助。章太炎见到信之后，大感为难，他虽然学富五车，满腹经纶，在文坛、学界如鱼得水，但是解决诸如"缠讼"之类的事情并不擅长。苦无对策之际，章太炎忽然想起了杜月笙。杜月笙这个人，他并不熟，只是听说这位杜先生在上海滩交友广，面子大，是一个非常有办法的人。于是，他修书一封致杜月笙，请求其援助。杜月笙见信后，喜出望外，这可真是"踏破铁鞋无觅处，得来全不费工夫"，当即命人去解决此事。事情没费吹灰之力就解决了，杜月笙趁机向章太炎回信一封，表示愿意亲赴苏州，登门拜访太炎先生。

章太炎欠他人情，自然不好拒绝。杜月笙遂满怀着激动、兴奋的心情，赶往苏州，拜谒章太炎。两人见面后，相谈甚欢。杜月笙文质彬彬的形象给章太炎留下了好印象，他觉得自己应该为杜月笙做些什么，好感谢他的援手之恩。但为他做些什么呢？杜月笙有权有势，什么都不缺。恰在这时，杜月笙谈到了自己名字。他告诉章太炎，他出生之时，正好是阴历年七月十五的一个夜晚，天空月圆如盘，于是他的父亲就给他取了"月生"这个名字。

章太炎闻言，灵机一动：名字？对了，名字！杜月笙什么都好，就是这个名字略显单薄了。于是，他对杜月笙说，"月生"这个名字不够雅致，他愿意给他重新取个名字。

国学大师帮自己取名字，这是何等的荣耀，杜月笙欣然答应。章太炎满腹经纶，对于古今经典全都烂熟于心，取个名字自然不在话下。他略一思忖，就引经据典给杜月笙改名做"杜镛"，号月笙。这个名字颇有讲究，在《尚书》中有"笙镛"一说。笙镛，亦作笙庸。郑玄注解："东方之乐谓之笙。笙，生也，东方生长之方，故名乐为笙也。西方之乐谓之庸。庸，功也，西方物熟有乐成。亦谓之颂，颂亦是颂其成也。"章太炎只对杜月笙的名字稍稍做了改动，就令他的名字变得典雅庄重，饱含文化气息。杜月笙听了章太炎的解释，连声叫好，喜不自胜。临别的时候，杜月笙悄悄地将一张2000银元的钱票压在了茶杯之下。在以后的岁月里，杜月笙每月都会派人往章府送一笔钱，接济当时生活拮据的章太炎。

这次的见面，杜月笙收获颇大。他不但如愿以偿地和章太炎攀上了交情，而且还有了自己的新名字，杜镛。杜月笙对这个名字非常喜爱，常私下里勤加练习写自己的名字。

杜月笙拉拢知识分子很有一套。他知道这些自认为清流的名士文人，最为看重的是个人名望和尊严。所以他在拉拢对方的时候，尽量顾全对方的面子、尊严。他采用的是一种迂回的方式。先巧妙地运用种种手段施恩于人，等到人面、情面积累到一定阶段的时候，对方就必定会心悦诚服地做杜公馆的座上客。在上海滩颇负盛名的秦联奎，就是被他以这种手段笼络麾下的。

中国自引进欧美的律师制度以来，各地拿执照的律师如雨后春笋，接二连三地冒了出来。这些人里面有真才实学之人，也不乏沽名钓誉之辈。秦联奎是一位真正的律师奇才。他精通欧美各地的律法，经验老道，每次替人打官司，十有八九都能胜诉。杜月笙听说他的大名后，就想把他网罗为己用。这位大律师严于律己，基本没有什么不良习惯，只有一个毛病：嗜赌。

杜月笙了解到这些情况后，就设计让秦联奎到自己的赌场里去赌。初始的时候，秦联奎还能小赢几注，但越到后面，越输得昏天暗地、日月无光。最后，竟然大输了4000多元，这对于做律师的他来说，绝非小数。秦联奎开出了一张4000元的支票，垂头丧气地离去。

回家不久，杜月笙即差人将那张4000元的支票送回，还对秦联奎说，当律师的人是靠头脑赚钱，比不得他们是靠舞刀弄枪赚钱，因此是赢不得的，现将支票送回，权当交个朋友。秦联奎闻言，大为感动，心里非常敬佩杜月笙为人。自此以后，遂经常地出入杜门，成了杜月笙知交好友之一。杜月笙以后遇到了任何法律上的纠纷，都有他这位专门的法律顾问代为解决。

当然，也有一些名人学者是出于某些考量，有目的地接近杜月笙的。杨度在中国近代历史上是一个十分奇特的政治人物。他是晚清进士，因受康梁新学影响，主张走君主立宪的救国之路。清朝覆亡后，他又极力鼓吹帝制，支持袁世凯称帝复辟，并且组织"筹安会"，为袁世凯摇旗呐喊。袁世凯倒台后，他心灰意冷，一度遁入空门，不问世事。

后来，在孙中山、李大钊等人的影响下，杨度的思想逐渐倾向于民主共和。1927年，蒋介石发动反革命政变，残酷屠杀共产党人和广大的工农群众。杨度认识到国民政府的反动本质，思想发生了极大的转变。他同情共产党人，多次积极奔走，想方设法营救被捕的革命志士。

杨度的这些进步表现，赢得了中共地下党组织的信任。当时，中共上海特科的人找到寄居在十里洋场的杨度，希望他能够利用自身的社会关系，为中央特科做些事情，提供一些情报。

杨度欣然同意。恰在这时，杜月笙听说鼎鼎大名的杨度身在上海，便想趁机结交这位名士。时任杜月笙法律顾问的章士钊主动为两人搭桥牵线。杨度考虑到和杜月笙往来，有利于了解反动集团的内幕，就在征得党组织的同意之后，前往杜公馆拜访杜月笙。杜月笙很敬重杨度，在得知杨度清贫如洗，在上海靠卖字为生的时候，将自己在法租界薛华立路的一幢洋房送给了杨度，并且吩咐账房每月送"月敬"500元，作为杨度的日用开销。

杨度由是成了杜月笙的名誉顾问，经常出入于杜公馆。每次，杜月笙会见重要人物时，杨度必然在座相陪。杨度也由此获得了大量的情报，给中共地下党的工作做出了巨大的贡献。而杜月笙送他的那幢小洋楼，也成了日后革命党人躲避反动派特务、青帮爪牙的一个绝佳的避难所。

徐树铮也不要得罪

徐树铮在中国历史上是一个毁誉参半的人物，他生于清朝光绪六年（1880年），卒于中华民国十四年（1925年），江苏萧县（今安徽萧县）官桥镇醴泉村人。

徐树铮自幼聪颖，文武兼长，22岁的时候为壮大中国的武备而亲往济南上书当时的山东巡抚袁世凯。虽然没有得到袁世凯的赏识，但是不久后却受到推荐成为袁世凯手下重要将领段祺瑞的记室。

辛亥革命之后，徐树铮先后担任军学司司长、军马司司长、将军府事务厅长等职，直至1914年5月升任陆军次长，成为中华民国政府机构的要员之一。其时，徐树铮年方35岁，这在同级官员中属于相当年轻的。第二年，袁世凯图谋称帝，徐树铮劝段祺瑞进行抵制，为此，袁世凯罢免了徐树铮的职务。历史证明了徐树铮的意见是正确的，袁世凯之称帝仅如昙花一现。袁世凯死后，段祺瑞成为国务总理，而徐树铮则恢复了陆军次长的职务，并且兼任国务院秘书长。其后，徐树铮又几经起落，在波诡云谲的中国政坛上与段祺瑞同荣辱、共沉浮。

1920年7月直皖战争中段祺瑞失败之后，徐树铮作为段祺瑞集团的核心人物也被列为"十大祸首"之最而遭到通缉。为了避难，徐树铮在日本使馆的帮助下由北京逃至天津，再又从海上避至上海，潜入英美公共租界的麦根路（现在的康定东路）进行躲避。

这时，中国的政治局势是，在直皖战争中遭受失败的皖系军阀积极组织力量进行反击，而在战争中支持皖系的奉系与直系的矛盾开始激化，彼此由同盟关系而转变为敌对关系，此外，孙中山在南方以非常大总统的名义筹划讨伐直系军阀，这样，以孙中山为首的南方军政府、以张作霖为首的奉系军阀和以段祺瑞为首的皖系军阀就形成了反直的三角联盟。徐树铮避居上海期间也为孙、张、段三方反直联盟的形成而热心地奔走呼告，但是他所做出的这些努力并未收获很好的成果，以致他在上海期间不得不过着颠沛流离的生活。

1924年9月，盘踞在江苏的直系军阀齐燮元意图夺取为驻守浙江的皖系军阀卢永祥所控制的上海，从而引发了江浙战争。在这场战争中，徐树铮也集结了一部分军事力量，组成了一支浙沪联军，并自任总司令。徐树铮的这次努力又以失败而告终，并且他因为触犯了不得从事军事活动的禁忌而被支持直系军阀的公共租界英国巡捕房所拘捕，接着被软禁起来。而后，徐树铮在公共租界当局的强迫之下乘坐英国游轮前往欧洲考察。当他途经香港的时候，适逢第二次直奉战争结束，段祺瑞被推举为临时执政，这样一来，徐树铮才又获得了自由。其后，徐树铮接受段祺瑞的任命，担任考察欧美日本各国政治专使，率领考察团一行15人，先后赴法国、英国、瑞士、比利时、荷兰、德国、意大利、苏联、波兰、捷克斯洛伐克、美国、日本等12个国家进行考察。

1925年12月，徐树铮结束了异域考察之行，准备回国。这时，国内的倒皖势力为了削弱段祺瑞的力量，都急欲除掉他的重要臂膀徐树铮。在政治因素之外，徐树铮因为恃才自傲，为人骄狂放纵，且在打击异己之时手段毒辣，所以树敌颇多。

对于很多人甘愿出重金收买自己头颅的这种不利状况，徐树铮并不是不知道，因此，他这次回国，是颇为自己的安全担心的。为谨慎起见，他选择了自己曾经活动过的、较为熟悉的上海作为登陆地点。对于自己在上海期间的人身安全，他首要地想到了在上海流氓帮会界首屈一指的人物——杜月笙。登岸之前，徐树铮秘密派遣代表去找杜月笙进行商谈，请他为自己提供保护。

面对徐树铮所提出的这一请求，杜月笙非常爽快地答应了。尽管此事招到了黄金荣和张啸林的反对，但是杜月笙却坚持了自己的想法，和锦上添花相比，他更愿意雪中送炭。

12月11日，徐树铮乘坐"大洋丸"号轮船抵达吴淞口码头。

船一到码头，徐树铮就看见了前来迎接他的黄金荣、杜月笙、张啸林一干人等。为了迎接徐树铮，杜月笙特地吩咐手下准备了小火轮，并在码头给徐树铮举行了欢迎仪式。

对于杜月笙的热情招待，徐树铮简直是受宠若惊，连连称赞杜月笙够义气。

接风酒宴过后，在黄金荣、杜月笙、张啸林这三位大亨的陪同下，徐树铮住进了他在南洋路的旧宅。

直到12月19日徐树铮离开上海，杜月笙始终都派得力人选轮班看守徐宅，日夜不辍，切实地履行了他所做出的保卫徐树铮安全的承诺。

"天下头号戏迷"

杜月笙刚刚发迹时，喜欢在胸前挂个金表链，手上戴个硕大的钻石戒指。这是旧上海流氓头子们最时髦的打扮，包括黄金荣也是如此。不过随着结交的上层人物越来越多，杜月笙的很多旧习气都改掉了。

　　后来出现在人们面前的杜月笙，是个白面书生式的斯文人物。他平时都穿着长衫布鞋，即使在大夏天里，他也是一身纺绸衫裤。

　　他是个聪明人，学什么都相当快，上流社会的人喜欢些什么，他一学就会。受黄金荣和金廷荪等人影响，杜月笙对京剧十分热衷，曾自称是"天下头号戏迷"。

　　杜月笙作为上海滩的风云人物，脸面自然重要，为了结交军政、工商等界的名流，在杜公馆里大排筵席是少不了的，邀请名角、红伶们前来助兴也是必不可少的。

　　杜月笙在上海举办过不少京剧堂会戏，其中主要的有5次：一是1930年大小姐杜美如满月；二是1931年浦东杜氏家祠落成；三是1933年陈氏如夫人的三十寿辰；四是1936年大少爷杜维藩结婚；五是1947年杜老板六十大寿。

　　这五次堂会中，有两次非常隆重。

　　一次是1931年6月9日至11日，除了因病缺席的老生泰斗余叔岩外，几乎所有的南北名角都到场了。这个庞大的明星群体包括四大名旦梅兰芳、尚小云、程砚秋、荀慧生，四大须生马连良、言菊朋、高庆奎、谭富英，武生杨小楼、李吉瑞，老旦龚云甫，小生姜妙香、金仲仁，丑角马富禄，以及南方的麒麟童、赵如泉、林树森、王虎臣、王芸芳、高雪樵、刘奎官、小杨月楼等。这次名伶齐聚上海滩的盛况，可谓空前绝后。

　　另一次就是1947年杜月笙的六十寿辰。除了其他名角，宿有"冬皇"之称的余派传人孟小冬也参与了此次盛会，她的一出《搜孤救孤》成了千古绝唱，也弥补了16年前余叔岩因病缺席的遗憾。此后孟小冬结束了唱戏生涯，所以这次盛会上她的精彩表演被赞为"广陵绝响"。

　　而其他三次堂会戏的阵容也不小，1930年的那次，张学良的夫人于凤至也赶来观看；1933年的那次，在达华饭店连演了三天；1936年的那次，杜老板包下了整个新新公司（今上海市食品一店），设了东西两个剧场同时开演。

　　杜月笙好戏，并不只是为了讲个排场，挣个脸面，他是真喜欢。

　　杜月笙对戏并不偏好，生旦净末丑，文武场面，只要是他看过听过觉得好的，都很有兴趣。

　　早在1920年底，13岁的小名角儿孟小冬在黄金荣的共舞台搭班，杜月笙就天天去听。无论他多忙，孟小冬的戏，他一场也没落下。孟小冬最初学孙（菊仙）派老生，后来又师从余（叔岩）派，不管戏风有何变化，杜月笙都是她的忠实支持者。名伶马连良、高庆奎、谭富英、叶盛兰、麒麟童，名票赵培鑫、杨畹农等人的戏，他也是百听不厌。

　　杜月笙不仅爱听戏，还喜欢学戏，他学的是老生和武生。

　　武生杨小楼的起霸边式耍起来很好看，杜月笙就会叫杨老板过来教自己练武功。其实他早过了练武的年纪了，加上他事务繁琐，也根本不可能练得好，不过满足了兴致就好。

　　杜月笙学戏，态度十分认真。他结交的伶人多，也就经常向这些行家们虚心请教。他会的老生戏，多半都是花脸名角儿金少山的兄长金仲林教的。姚玉兰和孟小冬先后做了他的如夫人，也曾对他精心指点。

　　除此之外，杜月笙还专门请天津德胜魁科班出身的苗胜春教戏。苗胜春在伶界很有威望，人称苗二爷。他不仅擅长演旦角，在其他行当上也很有能耐，因而梨园界誉他为"戏包袱"，意思就是会戏极多。杜月笙虚心向苗二爷学戏，并以师礼尊之，苗二爷也耐心教他。如此一来，杜月笙还真学会了不少戏。

　　杜月笙学了戏，自然不满足于在家里吼几嗓子，他心里痒痒的，也想粉墨登台，感受一下红伶们的风光。苗二爷的本事大，他不仅教戏，还为杜月笙设计行头，化妆打扮。杜月笙能正式登台过足戏瘾，全靠苗二爷的精心包办。

　　1922年，荣宗敬五十大寿，在无锡举办了堂会，杜月笙在这次堂会上首次粉墨登台。他用一口浓重的浦东腔调，唱得荒腔野板，引得在场众人大笑，最后倒也赢得了满座的喝彩。

　　杜月笙的戏瘾很大，不过他也自知唱功不足，就在行头上动脑筋。他曾在《连环套》中饰演黄天霸，他的戏份有四场，就特制了四件颇为讲究的苏绣褶子，出一次场就要换一身袍子，台下观众看个新鲜，台上杜月笙也大大满足了自己的虚荣心。

当然，杜月笙不是专业演员，台上忘词儿是常有的事。所以苗二爷还要适时得捧着茶壶给他饮场。"饮场"也是旧俗，就是检场人员上台递送茶水，让演员润喉。苗二爷这时就要趁机在杜老板的耳边提词。台下的众人都明白怎么回事，于是一大帮捧客齐声叫好，还不时地热烈鼓掌。杜月笙忘词的尴尬就顺利遮掩过去了，到他下台时，戏瘾也过足了。

杜月笙除了自己唱戏，还鼓动好友同僚们积极参与。

他在1923年就和徐品丹一起在老西门创办了恒社票房，这就是帮会组织恒社的前身。恒社票房的成员最多时达30多人，除了部分名伶外，多数都是杜月笙的门徒，而且多为军政、工商界的上层人士。人多，角色也齐，舞台和服装道具也配置齐全，杜月笙等人就时不时彩排演出，甚至登台演出过戏瘾。

杜月笙为人豪爽，对劝募、义演之类的事，总是积极响应，还多次粉墨登场。他的舞台搭档，有梅兰芳等红遍全国的名角，也有张啸林、张蔚如等黄浦江上响当当的人物。

"名伶保护伞"

杜月笙为人很仗义，当年下台总统黎元洪在上海，就曾得到他的善待。为此，黎元洪特命他的秘书长送来一副对联以示感谢："春申门下三千客，小杜城南五尺天。"杜月笙被吹捧为"当代春申君"，就是从那时开始的。在伶界人士心中，杜先生同样是一位热情好客的侠士。

霓虹灯下的老上海，总是那么迷人，虽然辉煌灯火的背后掩盖的是数不清的罪恶，但是来上海滩跑码头、闯江湖、淘金的人，从来就不会少。这座十里洋场，是无数人梦想的天堂，许多剧、影界的明星们也竞相前来淘金。

伶人们到了上海，照规矩先要拜码头，其实就是拜访那些权势人物，以求得庇护，这样才能顺顺利利地唱戏，否则连舞台也不能搭起来。在上海这块地方，黄杜张金四大亨自然是要先拜的。这四兄弟对角儿们也尽心尽力地照应，彼此往来不断，关系十分亲密。不过四大亨中，最照顾伶人的还是被誉为"名伶保护伞"的杜月笙。

在上海滩上有个说法，就是"黄金荣贪财，张啸林善打，杜月笙会做人"。

黄金荣庇护伶人，主要是想靠伶人们赚钱，比如请伶人们去他开办的共舞台表演；或利用这些人撑脸面，举办堂会时邀请名伶助兴；或猎艳寻美，他强娶的夫人露兰春就是戏班里的名角儿。黄金荣的这些做法，使得伶人们心怀惧意，不敢得罪这样的权势人物，不过他们心里肯定是有不满的。

张啸林就更不用说了，什么事都喜欢用拳头解决。艺人们基本上都是斯文人，只希望能平平安安地唱戏，哪里愿意看血淋淋地打斗，所以他们对张啸林也是惧怕不已。

比起黄、张二人，杜月笙的确要高明不少。他周旋于黑道各派势力之间，周旋于上流权贵和底层平民之间，在处理各类复杂事件上，他总是显得游刃有余。杜先生"闲话一句"，什么麻烦事都能搞定。杜先生又是一个讲义气的超级戏迷，乐意去管伶人们的"闲事"，自然赢得了伶界人士的爱戴。

自杜月笙出道后，到沪献艺的伶人几乎都得到过杜月笙的帮助，因此伶人们无论认不认识杜月笙，都对他很尊敬。他是上海滩上一言九鼎的"土皇帝"，可他在伶界人士的心目中，却是一位尊敬可亲的长者。杜老板从不摆架子，始终以虔诚的戏迷自居，对来访的戏剧界名人都尊敬无比。这让上门求人的明星们脸面也很有光，自然对杜老板发自内心的感激和敬重。

杜月笙帮助过的伶人多不胜数，他到底为伶人们做过多少事，做过哪些事情？没有人记得清楚。不过俗话说得好，投桃报李。只要看一看伶人们是如何"报李"的，就能窥出杜月笙怎样"投桃"。

杜公馆每次办堂会，除了因病或确实脱不开身的外，南北名角儿都会悉数到场。杜月笙喜欢唱戏，很多的知名艺人都耐心教导他这个没什么天赋的"室外弟子"，这份诚意绝不是靠权势能赢到的。杜月笙登台演戏，水平自然不高，可南北名角们都乐意与他配戏，为他压场子。梨园界的"戏包袱"苗二爷，甚至甘愿做马前卒，跑前窜后地为杜月笙服务。若不是真心敬重，苗二爷这样的戏坛泰斗，岂会乐意做绿叶来衬托戏台上荒腔野调的杜老板？

那些学艺已成的伶人得到杜先生的帮助，大家都不会惊讶。难得的是，一些有天赋的后生晚辈，也能得到杜先生的支持，从而顺利实现自己的艺术梦想。

杜公馆里有一个叫毛毛的孩子，他是老佣人阿柄的弟弟。阿柄很早就死了，于是杜月笙收养了毛毛。杜月笙好戏，杜公馆里自然经常乐声不断。毛毛比较聪明，他耳濡目染，居然对皮黄音律无师自通了。杜月笙对此很惊喜，认为这个孩子跟戏剧很有缘分，便热心托付梅兰芳的琴师王少卿，请他考考毛毛，试一试毛毛有没有学胡琴的天分。

能给伶王梅兰芳伴奏的琴师，功夫自然不会差。王少卿也出自梨园世家，绰号"二片"。当年梅兰芳首次到沪演出，就与王少卿的父亲王凤卿同台配戏。王少卿让毛毛拉了一段琴后，也认为这个孩子可造就，于是，就收毛毛为徒，精心教导他。毛毛的琴艺进步很快，他还曾几次到梅兰芳的寓所帮忙拉二胡。王少卿也对毛毛放了心，后来梅兰芳吊嗓子，他就常常让毛毛代替自己去。

当时的上海，除了戏剧外，电影也很流行。不过人的兴趣往往会先入为主，如果喜欢了这样，可能就不会喜欢那样。杜月笙就是，他喜欢被誉为"国粹"的戏剧，而不喜欢电影。在他看来，电影院的环境很不好，黑漆漆的，气闷得很，人又多又杂；电影内容也很没意思，故事都是千篇一律的，中国片、外国片都是一个样。所以，除了必要的应酬，杜月笙从来不去电影院，更不会看电影。

杜月笙不爱看电影，却还是很乐意支持电影界的众人。在1927年以前，"天一"、"明星"和"联华"三大公司，就是上海国产电影业的三大巨头。

在三巨头中，名气最响亮的还是明星公司。这是一家纯民营企业，它凭着雄厚的资本和济济的人才，在中国电影业独占鳌头20多年。而这家公司与杜月笙又有着莫大的关系，因为它的创办人周剑云、张石川等，都是杜月笙的得意门生。杜门弟子想振兴中国电影，杜月笙自然会大力支持。他不仅出面为公司筹集巨资，还将杜美路的房子一度改建成摄影棚。

虽然杜月笙不看电影，但那些当红的影星，如胡蝶、徐来、阮玲玉等，无一不是杜公馆的常客。电影明星李旦旦的父亲李应生，乃是杜月笙的法文秘书，所以李旦旦的走红，自然离不开杜老板的大力提携。

杜月笙为众伶撑腰，也替他们解决了很多难题。这位上海滩上的"皇帝"，不仅在黑道树立了威信，也依托这些名伶提升了自己的"好"名声。

煞费苦心支持孟小冬

杜月笙爱戏，也以乐于捧角出名。在他捧红的名伶中，就有一位传奇女子孟小冬。后来二人的感情纠葛长达几十年，虽然几起几伏，不过最后杜月笙还是得偿所愿，抱得美人归，孟小冬也是陪伴他走完最后人生历程的红颜知己。为了支持孟小冬，杜月笙的确是煞费苦心。

孟小冬，1907年12月9日生于上海的一个梨园世家。孟氏一门三代中，出了九位皮簧戏、京剧名角。

孟小冬在唱戏上很有天分，她5岁时就跟随父亲孟鸿群天天吊嗓子练功，学习老生唱段。6岁就开始跟着家人跑码头，7岁时跟随父亲到无锡，正式登台，扮演娃娃生。

孟小冬登台还没有几次，父亲就在一次武戏表演中受了伤，后来虽然伤势痊愈了，但身体却大不如前，只能在戏班里跑跑龙套。父亲是家里的顶梁柱，他垮了，家里就断了生计。还不到8岁的孟小冬一下子成熟了不少，她勇敢地担起了养家的重担。此后孟小冬一边拜师学艺，一边登台唱戏以赚钱养家。

她曾师从姨夫仇月祥，学唱孙（菊仙）派老生。她学习十分刻苦，没过多久，就学会了孙派的"三斩一碰"等几出拿手戏，即《辕门斩子》之杨延昭、《斩黄袍》之赵匡胤、《斩马谡》之诸葛亮、《托兆碰碑》之杨继业。为了生计，孟小冬还学了《徐策跑城》、《扫松下书》等海派戏。

1916年，9岁的孟小冬首次在上海登台，演出堂会戏《乌盆记》，凭着老练精彩的唱功、行腔、念白、表演神态等，赢得了满堂喝彩，以致她被内行称为童伶中的杰出人才。

初出茅庐的孟小冬，在上海滩开始走红的时候，比她大了近20岁的杜月笙才刚刚投身到上海大亨黄金荣的门下做个小卒。

9岁的孟小冬在"小世界游乐场"等处唱戏时，"小世界"的一个股东就是杜月笙。颇有阳刚气质的孟小冬，这时就得到了杜月笙的关注。而杜月笙此时还是法租界探长黄金荣拿皮包的跟班。

1919年11月，12岁的孟小冬再次来"小世界游乐场"演出。上海巨商黄楚九亲自上门，邀请孟小冬加盟他创办的上海"大世界"游乐场乾坤大京班。孟小冬接受了邀请，与她同台的有著名演员李春来、露兰春、粉菊花等。

这年12月的31天内，孟小冬在"大世界"共演出了39场，上演了23出戏。12岁的她竟与上海众多名伶同台，演出了如此多的剧目，并且越演越好，越演越红，这种情况在中国的戏剧舞台上都是绝无仅有的。

此时的杜月笙已经由当年拿皮包的小跟班变成了与黄金荣齐名的上海滩大亨了。他为孟小冬的天赋和才艺所折服，断定这个小姑娘以后必成大器。

12月13日，孟小冬演出结束后，正在卸妆，杜月笙就带着准备好的花篮，迫不及待地赶往后台献花。

"孟大小姐，杜月笙这厢有礼了！"杜月笙双手抱拳，念着韵白，深深一躬。

孟小冬平时不苟言笑，不过见这位长着一双大扇风耳的杜老板举止如此滑稽，也不禁乐不可支，扑哧笑出声来。在师傅仇月祥和父亲孟鸿群的催促下，她才上前接过花篮，向杜月笙见礼。

这是杜、孟二人的初次相见。此时的杜月笙已经有了帮助这位小姑娘走红上海滩的想法，而12岁的孟小冬则是做梦也没想到，这个大她20岁的男人会伴随她走过辉煌而坎坷的一生。

在杜月笙的热心撮合下，刚刚走红的孟小冬与"大世界"游乐场合同期满后，于1920年12月14日正式搭班黄金荣的共舞台，从此正式登上了大戏院的舞台。张少泉、粉菊花、露兰春、张文艳、吕月樵等名角儿，都成了孟小冬的舞台搭档，这对她的艺术发展可谓产生了不可估量的作用。不过杜月笙从不居功自傲，总是彬彬有礼地称她"孟大小姐"。从那以后，只要有孟小冬的戏，他是必看的。

不过孟小冬在黄金荣的戏班里过得并不舒心。在她搭班期间，共舞台就发生了官绅争风吃醋的事情。比她大9岁的露兰春是戏班里的名角，这位年轻貌美的佳人引来了各方要人的垂涎。后来她被黄金荣强娶，艺术生涯也从此断送了。这件事使得年幼的孟小冬第一次感受到"名伶"光环下的悲凉。于是，她与共舞台的合同期满后，就随父亲孟鸿群和师傅仇月祥一起匆匆离开了上海。

临行前，孟小冬父女二人登门拜别了杜月笙。

杜月笙没有过多挽留他们，只是很惋惜地表示，他不容易再听到孟小冬的戏了。接着又很热心地请百代唱片公司为孟小冬灌制了几张唱片，包括《击鼓骂曹》、《逍遥津》、《徐策跑城》、《武家坡》、《奇冤报》、《捉放曹》等。这是孟小冬首次出唱片，也是她早期充满"海派"味道的唱片。

杜月笙为她灌制唱片的理由是以后想听孟小冬的戏就能随时听到，实际上却是希望能让孟小冬多赚点钱，这样她以后出去跑码头，手头宽裕点，也少受些累。他这种施恩不求报的心胸和充分尊重艺人的苦心，令孟小冬非常感激，他们的情缘也越结越深了。

孟小冬离开上海后，先是前往福建做短暂演出，后来又越洋到菲律宾演出了好几个月。杜月笙虽然身在上海，却时刻关注着孟小冬的动向。

此时的孟小冬正在艺术发展方向上徘徊。她师从的仇月祥，属于从"老三派"之一张二奎传至孙菊仙的那一路，气势充沛，钢筋铁骨，很有皮黄草创时期那种"时尚黄腔喊似雷"的遗风。而随着京剧艺术的日渐成熟，观众们的品味也提高了，这种"喊似雷"的吼腔就不那么吃香了。

民国初年的京城，最流行的谭派，即谭鑫培一派，京中几乎是"无腔不谭"。孙（菊仙）派适合塑造武将豪杰，而孟小冬工的须生，是带有书卷味的老生，用谭派演绎更加合适。孟小冬儿时的梦想，就是要"当谭（鑫培）老板那样的角儿"。不过孟小冬已经出道多年，戏风已经成型了。她要改戏路，可比一个初学唱戏的人要难得多了。所以，学不学谭？如何学谭？对她而言，真是天大的难题。

杜月笙是何等人物，孟小冬的一举一动都在他的掌握之中。孟小冬的愿望，他也想法设法帮她达成。

为了帮孟小冬开阔眼界，让她有机会结交京剧界的名人，1922年，杜月笙邀请她加入了自己的票房。此后，票房有什么活动，杜月笙都叫上孟小冬参加。就在这里，孟小冬顺利走过了京剧艺术道路的转折期。

在这里，孟小冬结识了上海谭派的名票程君谋。程君谋乃是晚清学究程十发的四公子，早年跟陈彦衡学过戏，后在荀慧生的班子里配戏唱老生。程君谋一炮走红，被人称为"票友中的谭鑫培"，名气比谭富英还大。老生中，除了泰斗余叔岩外，就属他最牛了。孟小冬听了程君谋的演唱，感觉嗓音清越，歌声劲亮，就有了向他学艺的念头。

为孟小冬搭桥的自然又是杜月笙。杜老板的面子很大，程君谋不仅传授了孟小冬《空城计》、《南阳关》等好几出戏，还利用自己的名气，贴出"特约程君谋先生操琴"的海报，为她当了一期琴师。有了这样的良师，孟小冬学谭转型十分顺利。

除此之外，杜月笙还费尽苦心地带着孟小冬拜孙佐臣为师。孙佐臣的名气，不比程君谋小。他早年也是名伶之一，学老生兼习武生和武老生，后来因倒仓坏了嗓子，就改学胡琴。他身为琴师，人气可是很旺的。谭鑫培、余叔岩、汪桂芬、孙菊仙等名角儿，都请他伴奏过。孟小冬有幸拜到这样的师傅，自然是杜老板的颜面。

孙佐臣对孟小冬倾囊相授。此后数年，他都伴在孟小冬左右，为她操琴、调嗓、说戏，实乃孟小冬戏曲人生中的又一位良师益友。

孟小冬能迅速窥得余叔岩唱法的奥妙，以致后来成为余叔岩的亲传弟子，并被其称为"余门唯一弟子"，这番成就都离不开孙老师的精心教导。而搭桥人杜月笙的功劳，自然不小。

此时的孟小冬，已经是亭亭玉立的大姑娘了。她长得漂亮，却没有女伶们惯有的媚态，她言谈举止落落大方，很有孤傲君子的气概。杜月笙欣赏她的才华，也爱慕她的这份独特气质。

杜月笙对艺人们都很尊重，对孟小冬又更加特别，其中多了一份特殊的男女之情。不过他并不以此绑住孟小冬的翅膀，他煞费苦心地为她铺好艺术之路后，又鼓励她北上学艺。

为得美人宁愿低头

杜月笙叱咤一生，拥有过的美人不少，艳福是享尽了。不过他真正用心追求过的女人却只有两个：一个是他苦心栽培的红伶孟小冬，不过孟小冬在他60岁时才真正进了杜家的大门；另一个就是名伶姚玉兰。

1929年，杜月笙42岁，他的声誉和事业都盛到了极点。杜公馆的女主人也有了三位，分别是原配夫人沈月英，如夫人陈氏和孙氏。

沈月英与杜月笙的结合，是郎情妾意，两情欢好；另外两位，则是杜月笙看中了，就顺利娶回了家。杜月笙从来没为女人苦恼过，他没想到，自己42岁时，会为了单恋一个女人而食不甘味，坐卧不安。

这天，黄金荣开设的黄金大戏院请来了三位有名的坤伶。这三人的关系很不一般，她们是母女。老太太小兰英唱老旦，大小姐姚玉兰唱须生，二小姐姚玉英唱武生。母女三人齐挂牌，且个个唱做俱佳，毫不逊于任何名伶。这下上海的戏迷们可瞧到了新鲜，于是黄金大戏院场场客满，夜夜高歌。

杜月笙是个超级戏迷，上海滩来了这样出色的名角儿，他当然要去欣赏一番。杜月笙学过几出戏，唱的是须生和武生。这样，他第一次看了姚玉兰的戏，就挪不开眼珠子了。此后无论他有多忙，每天只要一到姚玉兰的戏，他就丢下手头的一切，驱车赶赴黄金大戏院。

杜月笙不仅自己天天捧场，还要拉上好友一起去看。一次，他的老友王柏龄来沪，杜月笙就请他一起去看姚玉兰的戏。

王柏龄看了也赞不绝口。两人边看边聊着，杜月笙突然很认真地说："我想娶这位小姐，你看如何？"

王柏龄极为赞成，还说杜月笙要是娶了这样的佳人，以后闺房里面夫妻对唱，才是人生的一大乐趣。可杜月笙听了却显得苦恼不堪。王柏龄感到很诧异，他不相信凭着杜老板的名号，还有娶不到的女人。

杜月笙长叹一口气，说出了自己的苦恼。

原来杜月笙天天捧姚玉兰的场，也早就展开了追求攻势。他多次亲自到后台拜访，表达自己对戏曲的仰慕。可是姚氏两位小姐在后台从不搭理别人，有人问话，也只是嫣然一笑。一切交际应酬，都有老太太出面。老太太是个古板严肃的人，对两个女儿看得很紧，以致杜月笙献了这么久的殷勤，也没找到与美人搭讪的机会。

王柏龄听了这番话，只笑了笑，什么也没说。

然而越是得不到的，越想得到。活了半辈子的杜月笙，竟然初次体会到恋爱的滋味，也品够了单相思的苦楚。他每天在台下看着姚玉兰，佳人近在眼前，却"求之不得"，回去之后自然"辗转反侧"。

杜月笙见直接拜访行不通，就想出了另一条门路。

黄金大戏院是黄金荣开的，不过黄金荣已经声明退休了，他名下的几家戏院都交给了儿媳李志清打理。李志清虽是晚辈，又是女流，但也是个精明能干的老板。正走红的姚玉兰母女三人，也与她关系非常亲密。

杜月笙就是将这些都打听清楚了，才去求"妹妹"。"妹妹"是黄、杜、张三大亨对李志清这个小辈的昵称。他驱车来到钧培里，拜访过了黄金荣，就去找李志清。

杜月笙先与"妹妹"寒暄了一会，就迫不及待地问她是否与小兰英母女要好。李志清有些诧异，不过也很明确地说几人关系确实不错。

面对李志清狐疑的目光，杜月笙顿了一下，有些拉不开脸，不过他笑了笑，还是豁出面子说出了心里话：他喜欢姚玉兰，想托"妹妹"代为试探一下，如果他想娶姚玉兰，小兰英能否答应。

李志清愣了一下，"咯咯"地笑了半天，不过也爽快表示很乐意帮这个忙。她很快就把杜月笙的心事转达给了小兰英母女。

母女三人都很意外。身为艺人，他们在外混得很不容易，当然很想找个有权有势的靠山。像杜月笙这样的人物，既有声望，又有财势，还对姚玉兰痴心一片，实在是小兰英最理想的金龟婿。

姚玉兰来沪后，自然拜访过杜老板，对杜老板的为人也很倾慕。杜月笙的一片诚心，也令姚玉兰很心动。不过这是自己的终身大事，她也有许多顾虑。两人的年龄悬殊先不说，就是杜月笙家里的三房妻妾，也使得她不太情愿。姚玉兰风华正茂，拜倒在石榴裙下的少年郎也有不少，再说又有哪个女人甘愿给人做小呢？

姚玉兰的顾虑，传话人李志清也毫无保留地地告诉了杜月笙。杜月笙想了想，态度坚决地表示：第一，他对姚玉兰是真心实意的，是打算与其白头偕老的；第二，他绝不会将姚玉兰当成偏房。

杜月笙的话很快就传到了小兰英母女这里。杜月笙越是心急，也越能显示他对姚玉兰的爱意。姚玉兰权衡再三，还是答应了这门亲事。不过她也开出了自己"最低限度"的条件：一是必须公开宴客成亲；二是必须和华格臬路杜公馆里的三位夫人分开来住。

杜月笙见姚玉兰答应了婚事，喜出望外，对她的两个条件也满口应承。杜、姚的婚事，就这样确定了。

李志清这个媒人出了大力，杜月笙自然不会亏待她。为了感谢这个"妹妹"，他当即就派人买了块金表，作为谢礼送给她。

杜老板四度做新郎，本想低调一点，不过好朋友们还是来了不少，所以他和姚玉兰的婚礼办得很风光热闹。杜月笙租了一整层的西式楼房做新房，里面布置得豪华考究，此后他留居这里的时间就超过了杜公馆。

杜月笙以前出去应酬，都是光棍一条，因为那三位夫人都是旧式女子，不喜欢出去抛头露面。而娶了这位四夫人后，他再出门就完全不同了。姚玉兰是走红多年的名伶，她自幼就随父母闯过码头，见过世面，又说得一口清脆嘹亮的京片子。杜月笙现在交游越来越广，结识的上层人物也越来越多，身边有这么一位风光体面、应付自如的杜太太，也就更加意气风发、志满意得了。

杜月笙娶了姚玉兰，不仅多了一个交际场上的贤内助，而且添了不少生活情趣。他本就是个戏迷，夫人又是个名伶，夫妻二人情趣相投，自然多了不少闺房之乐。姚玉兰做了杜太太后，就淡出了舞台，一心一意做贤妻，这令上海的戏迷们颇为失望。不过杜老板经常参与一些赈灾义演等，姚玉兰也就有机会再展风采。

姚玉兰嫁给杜月笙一年后，生下了一个女儿。杜月笙儿子已经有不少，女儿却是头一个，所以他欣喜若狂，为女取名美如。美如满月那天，他还大宴亲朋好友，并举办了规模庞大的堂会，梅兰芳等众名伶都粉墨登场，张学良的夫人于凤至也亲临道贺。

杜月笙费尽心思，又低头求人，才娶到了姚玉兰。不过此后婚姻幸福美满，这低头也就超值了！

第十章
革命浪潮中摇摆

北伐，北伐

在黄金荣的众多门徒当中，最为著名的有两人，一个是后来居上的杜月笙，而另一个就是其后执掌中国最高权柄达22年之久的蒋介石。

在上呈人民政府的《自白书》中黄金荣说："蒋介石是虞洽卿介绍给我认识的。"清末民初的时候，虞洽卿在上海是炙手可热的大人物，他先后涉足颜料、房地产、水陆运、金融证券等多种行业，于乱世中审时度势，左右逢源，纵横捭阖，游刃有余，成为当时上海滩一个最为成功的商人。

蒋介石生于1887年，比黄金荣小19岁，比虞洽卿小20岁，他是浙江奉化人，与黄金荣和虞洽卿都是宁波的同乡。有了这样一层同乡关系，蒋介石跟虞洽卿和黄金荣联络起来也就方便了许多。

蒋介石留学日本的时间并不很长，但是这段时期对其一生的影响却是不可低估的，在那里，他结识了长其10岁的浙江同乡陈其美。在陈其美的引领之下，蒋介石在东京加入了中国同盟会，成为了反清革命志士中的一员。陈其美死后，蒋介石中止了革命活动，转而涉足于商业，开始从事投机经营。1920年7月1日，上海证券物品交易所正式开始营业，交易所理事会的理事长就是浙江商人虞洽卿。蒋介石当时是交易所中以陈果夫为经理的第54号经纪人"茂新"名下的一个股东，而他的这笔股份，实际上是由浙江南浔的富商张静江代购然后赠送给他的。

然而，蒋介石并未能风光多久，形势很快就发生了变化，交易所成立初期日进斗金的大好局面转瞬之间就不复存在了。一场所谓的"信交风潮"就席卷了上海金融界，大批的交易所关门倒闭，股票迅速贬值，经纪人和股东们手里所持有的股票骤然之间变得如同废纸一样。

极度落魄中的蒋介石去找虞洽卿求助，虞洽卿非常爽快地答应下来。虞洽卿对这位晚辈同乡还是颇有几分赏识之意的。在虞洽卿看来，想要妥善而利落地解决蒋介石的债务问题，仅靠他一个人的力量还不够，于是，在虞洽卿的引荐之下，黄金荣接见了前来求助的蒋介石。蒋介石就是在这一次向黄金荣行了拜师礼。

蒋介石拜黄金荣做"老头子"的新闻立即在上海滩传扬开了，而蒋介石的那些债主们当然也就知道了这对他们来讲意味着什么。

在虞洽卿、黄金荣二位的帮助下，蒋介石顺利地解决了烦恼的债务问题，可是他的前途依然很不明朗。自从陈其美死去之后，蒋介石就失去了前进的方向，几年来只是东一头、西一头地乱撞一番，却不知道自己究竟能创出个什么名堂来。就在他觉得万分茫然之时，一个傲然伟岸的形象在他的头脑中闪现出来，这个人就是孙中山先生。蒋介石决定，前往广州投奔孙中山先生。可是做出决定之后，蒋介石又犯难了，因为他口袋里的那点儿钱实在是少得可怜。无奈之下，他只得再次张口去向黄金荣求助，讨得了200大洋方才成行。

1921年底，蒋介石在黄金荣的资助下南下广州投奔孙中山，继续参与革命事业。那时，蒋介石虽然已经投身革命多年，也曾做出过一定的成绩，但是在众多的革命前辈看来，蒋介石依然是一个不甚知名的后生而已。然而，到了1926年，蒋介石却已经集国民革命军（当时又称北伐军）总司令、国民政府军事委员会主席、中国国民党总裁、国民党中央执行委员会常务委员会主席等于一身。

蒋介石的发迹，其根源还在于得到了孙中山先生的信任和支持。1921年底，蒋介石应孙中山的邀请，赴广州与其筹谋北伐事宜，因为阻力太大而未能实现。此后，蒋介石一度离开广州。不久之后，陈炯明突然反叛，率部炮轰广州的孙中山总统府。孙中山一时间陷入了极为艰难的境地，他函电蒋介石："事紧急，盼速来。"当此危急之时，蒋介石没有辜负孙中山先生的重望，他收到急电之后，马上再次赶赴广州。

1922年6月，蒋介石登上了永丰舰，协助孙中山反击陈炯明，并最终于8月10日护送孙中山安全地离粤返沪。正是这一经历，为蒋介石后来的崛起埋下了伏笔。

脱险之后，蒋介石又及时利用这一机遇，亲自撰写了《孙大总统广州蒙难记》，并请孙中山本人作序。蒋介石顿时声名鹊起。同年10月，蒋介石被孙中山派任为东路讨贼军第二军参谋长。1923年2月，又被孙中山任命为大元帅府大本营参谋长。由此，蒋介石初步踏上了他的发达之路。

1923年8月，蒋介石奉命率领"孙逸仙博士代表团"赴苏联考察学习军事、政治和党务。回国之后，蒋介石染上了目疾，以致"不能阅书，不能治事，愤欲自杀"。由是，蒋介石回到家乡浙江奉化溪口小镇去养病。

1924年2月29日，蒋介石又接到了孙中山先生请他出山的电报："沪执行部转介石兄：军官学校，以兄担任，故遂开办。现在筹备既着手进行，经费亦有着落。军官及学生远方来者逾数百人，多为慕兄主持校务，不应使热诚倾向者失望而去。且兄在职，辞呈未准，何得拂然而行？希即返，勿延误！"孙中山的电报，使蒋介石在失落之中得到很大的鼓舞。

蒋介石回到广州之后，担任了黄埔军校的校长。不过，这其中还有一段插曲。关于校长的人选，孙中山等人最初的决定是程潜，而蒋介石和李济深是副校长。

蒋介石得知这一人事安排之后，深为不满，不愿在程潜之下，又跑到上海消极对抗，并派国民党元老张静江去找孙中山说情。5月3日，孙中山最终任命蒋介石为黄埔军校校长，兼任粤军总司令部参谋长。

孙中山的这一任命，可以说是蒋介石事业生涯中具有决定性意义的重大事件。从此之后，蒋介石开始真正掌握了兵权，并且迅速地走向了最高权力的宝座。

就在这一时期，经过国共两党的共同努力，双方鉴于同样的目标而走到了一起，实现了两党之间的第一次合作。

中国共产党成立以后，集中力量领导工人运动，掀起了中国工人运动的第一次高潮，然而，尽管工人运动声势浩大，力量却非常薄弱，在帝国主义和反动军阀的强力镇压之下，革命力量遭受了非常严重的损失。特别是1923年"二七惨案"发生之后，中国共产党更加深切地意识到，要想战胜当今异常强大的敌人，必须寻找可靠的同盟军。

由此，中国共产党在1923年6月于广州召开的第三次全国代表大会上确定了全体共产党员以个人名义加入国民党，与国民党建立革命统一战线的重要方针。

半年之后，1924年1月，在中国共产党人的参与和帮助下，孙中山在广州主持召开了国民党第一次全国代表大会。大会通过了共产党人起草的以反帝、反封建为主要内容的宣言，确定了联俄、联共、扶助农工的三大政策。国民党第一次全国代表大会的召开，标志着国共两党第一次合作的正式开始。

国共两党走向合作之后，马上开始积极筹备进行北伐，希求以武力实现中国的统一。

就在南方的革命即将掀起高潮之际，北方的政治形势也发生了重大的变化。1924年秋，冯玉祥发动北京政变，推翻了通过"贿选"的方式而上任的大总统曹锟，然后邀请孙中山北上，共议国事。

孙中山抵达北京时，冯玉祥已经与张作霖商定，接受段祺瑞进京任"临时执政"的摄行大总统的提议，并且终止了《临时约法》，取消了国会。在这种情况下，孙中山主张召开民选的国民会议，而段祺瑞则主张召开军政商学实力派组成的善后会议。北京政坛又上演了激烈的博弈。

1925年2月1日，段祺瑞所主持的善后会议召开。此时，孙中山病重。一个多月之后，也就是1925年的3月12日，孙中山在北京逝世。

1925年7月1日，广州成立了国民政府。一年之后，1926年7月4日，为了完成孙中山先生的遗愿，实现国家的统一，国民党中央在广州召开临时全体会议，通过了《国民革命军北伐宣言》：

> 本党从来主张用和平方法，建设统一政府，盖一则中华民国之政府，应由中华人民自起而建设；一则以凋敝之民生，不堪再经内乱之祸。故总理北上之时，即谆谆以开国民会议，解决时局，号召全国。孰知段贼于国民会议，阳诺而阴拒；而帝国主义者复煽动军阀，益肆凶焰。迄于今日，不特本党召集国民会议以谋和平统一之主张未能实现，而且卖国军阀吴佩孚得英帝国主义者之助，死灰复燃，竟欲效袁贼世凯之故智，大举外债，用以摧残国民独立自由之运动。帝国主义者复饵以关税增收之利益，与以金钱军械之接济，直接帮助吴贼压迫中国国民革命；间接即所以谋永久掌握中国关税之权，而使中国经济生命，陷于万劫不复之地。吴贼又见国民革命之势力日益扩张，卖国借款之狡计，势难得逞，乃一面更倾其全力，攻击国民革命根据地，既使匪徒扰乱广东，又纠集党羽侵入湘赣本党至此，忍无可忍，乃不能不出于出师之一途矣。

由此，中国近代史上旨在消灭军阀、统一国家的北伐战争正式打响。

孙中山先生逝世之后，国民党的最高领导权很快落到掌有军权的蒋介石手中，而这场北伐战争的最高领导者也正是国民革命军总司令蒋介石。

北伐战争开始的时候，段祺瑞已经下台，而以张作霖为首的奉系军阀控制了北洋政府，同时，整个东北地区和华北的部分地区也都属于张作霖的势力范围。另外，直系军阀吴佩孚占据着湖南、湖北与河南三省，以及河北、陕西的部分地区。另一个新兴的直系军阀孙传芳则占据了长江中下游的江西、福建、安徽、浙江和江苏五省，其中包括当时隶属于江苏的上海地区。因此，北伐的主要对象就是张作霖、吴佩孚和孙传芳这三派军阀。

跟着形势走

中华民国前期的政治舞台可谓是"你方唱罢我登场"，政治形势可以说是波诡云谲，倏忽之间就会变化万端。1926年的中国，革命浪潮奔涌，惊涛骇浪中更是蕴含着不可知的变数。

7月4日，成立不过一年的广州国民政府决议北伐，宣称要打倒帝国主义，扫除军阀，建立一个和平、民主、统一的新中国。7月9日，蒋介石在广州东校场庄严誓师，北伐的战车急速启动。

当时中国有五大军阀，吴佩孚、孙传芳、张作霖、冯玉祥和阎锡山。1926年初，吴佩孚从湖北根据地卷土重来，拥兵25万，占领了河南，并控制湖南、四川和贵州等地去。张作霖拥兵30～50万，控制着山东、满洲里、热河、察哈尔和河北。孙传芳拥兵20万，控制着从上海至江西南昌包括江苏、安徽、浙江和江西的华东地区。冯玉祥拥兵近28万，控制山西、甘肃、绥远（现在的内蒙古）和察哈尔。而坐拥山西的阎锡山则想跟张作霖联盟。

尽管冯玉祥和阎锡山表示遵从三民主义，参加国民革命，但国民政府的敌人仍然很强大，吴、孙、张军队加到一块不少于75万，而且他们已经在连年混战中积累了丰富的经验。与军阀们相比，国民革命政府的军队实在是少的可怜，他们的人数不超过10万，而且好多人还是刚刚入伍。

所以，老牌军阀们听到北伐的消息后一点都不惊慌，反而觉得有些可笑。在他们看来，国民政府的雄心简直就是想拿鸡蛋和石头碰，痴人说梦而已。

然而，他们很快就发现自己错了。这支被他们瞧不起的年轻军队竟然一路势如破竹，所向披靡，10月份，国民革命军已经占领了湖南、湖北，基本打垮吴佩孚，中外为之震惊。

军阀们又害怕又纳闷，北伐军的人比自己少，武器远不如自己的精良，作战经验更比不上自己，为什么自己的军队就那么不堪一击呢？

他们没有意识到这支新型军队有着军阀们都没有的武器，那就是理想，建立一个美丽新世界的理想。一支为军饷而战的军队和一支为理想而战的军队有天壤之别。拿破仑就曾说过：法国士兵的刺刀之所以有力，是因为刀尖上挂着理想。它比一切武器都更为锐利强大。

拿下吴佩孚后，北伐军又一鼓作气，很快攻入江西，剑锋直指东南五省总司令孙传芳。

在这种形势下，上海，这个现代中国最大的都市，成了各方争夺的一个焦点。

不必说，北洋军阀自是大军压境，1927年2月24日，北洋军阀中的直鲁联军在张宗昌的派遣下，由毕庶澄率领着10万大军浩浩荡荡地开进了上海；而国共两党虽处合作状态，各自开展工作的方式却是不相同的，共产党主要是领导工人运动，国民党则是靠近上海的上层势力。

三方力量齐聚上海滩，不但使上海滩成了一个热闹的大舞台，也使上海的流氓帮会力量变得炙手可热，各派对其争相拉拢。

各派之所以看重上海的帮会势力，一方面是因为他们手下有很多徒众，另一方面还因为黄金荣、杜月笙等帮会首领与租界的密切联系。

上海租界对于交战中的北洋政府和国民政府秉持着"中立"的态度，而中国的武装力量不得进入租界活动，因此，租界可以为革命活动提供很好的保护。有了杜月笙等人进行沟通，与租界方面交流起来就更为方便了。

上海的空气越发紧张起来，三大亨心里也开始不安，也许到了他们决定跟谁走的时候了，而这时的选择取舍是容不得一点差错的。

三大亨在黄公馆召开了碰头会。

火爆性子的张啸林还没坐稳就开始骂："妈的，整天打打打，不让老子们消停，都他妈死光了才安生。"这显然是大家的心声，黄、杜也深表赞同。可等张啸林一发表他的高见，黄金荣和杜月笙就有些不以为然了。

张啸林的意思是要和张宗昌、孙传芳"有福共享、有难同当"。他觉得，三鑫公司是托了这些军阀的福，才能够货源不断、销路畅通。要是他们吃了败仗，被赶出上海，那他们就少了一个强劲的后台，三鑫公司的财路也就断了。至于北伐军，他不相信他们有那么大的能耐，和军阀们打交道更对他的脾气。

当然，还有一个原因是张啸林不肯明说的。他能在帮会中呼风唤雨，坐上龙头宝座，显然与他和军阀的"亲密友谊"分不开的，断了这根线，他的分量恐怕会轻不少。

黄金荣与张啸林的看法恰好相反。因为和蒋介石的特殊关系，黄金荣有意于国民党。黄金荣曾这样对张啸林和杜月笙说："革命军是孙总理的子弟兵，蒋总司令是中国的救星，回想从前十几年里，我们这些河滨里的泥鳅，承蒙革命党的大人先生看得起，今天不管革命军用不用得着我们，我们都要尽量出力。到了现在还想去跟军阀勾结，那是我绝对不赞成的。"

杜月笙默不作声地听着这两位的争论，心里有点诧异他们的自信和健忘。他们真的以为自己可以影响战局，改变风向吗？

两年前，直系齐燮元与皖系卢永祥在上海外围大战，驻守上海的卢军因缺乏交通工具，进展迟缓，防守部队难以到位，眼看着齐军就要突破防线，长驱直入占领上海。关键时刻，为了他们"贩土"的共同事业，三大亨分头奔走呼号，调集起法租界的卡车汽车，首尾相继驶往龙华集中，听候卢军差遣，卢军因得到及时的增援与补给，暂时转危为安。

但是事情总是出乎意料，在卢、何都大伤元气之际，半路杀出个孙传芳。孙传芳名为援助同为直系的齐燮元，实则因他对上海早已垂涎三尺，想谋渔翁之利。最终孙传芳打败了卢永祥，逼走了齐燮元。他的手下白宝山趾高气昂开进上海，成了上海的新主子。

面临巨变，杜月笙们傻了眼。失去了军阀的配合、保护，黑货的货源立即发生了问题，经济上的恐慌也紧跟着来了。黄金荣、张啸林尚可应付，一贯挥土如金的杜月笙可就捉襟见肘了，甚至还背上了一笔不小的债务，眼看年关都难过，没办法，只能费劲周折再和孙传芳拉一拉关系。

孙传芳虽对三大亨一面倒地帮助卢永祥不悦，但也深知三大亨握有上海最旺的一股财源，与其另组班底贩运鸦片，倒不如继续卢、何余绪，安享财香。于是，为了烟土大"义"大利，孙传芳握住了杜月笙等伸过来的手。

这场波澜，虽然最终还是平复了，可还是让杜月笙心有余悸，在这样的乱世，一切都有可能，稍有疏失，就可能招来麻烦。所以最好是时时谨慎，处处留有余地，多方结交，"刀切豆腐两面光"这才是安稳行走江湖的不二法门。

与这些个手握枪杆子的人相比，三大亨的力量实在是太微不足道了。军阀们一发威，看似在上海滩威风八面的三大亨，也不过是风中的草。

作为风中的草，最重要的当然是先看好风向再决定倒向，可问题是，现在的他们都不知道风往哪个方向吹，怎么能轻易押宝？

杜月笙像往常一样，恭敬、不动声色地听完黄金荣和张啸林的意见后，咂一口茶，缓缓道出自己的想法：在局势不明朗之前，要留足余地，方方面面都不能得罪，尽量交好，做好骑墙派，以求将来可进可退，可上可下。同时，更要擦亮眼睛，努力把这变化莫测的时局看个清楚，等确定了哪一门风顺了就专押一门。

"三大亨"的境界眼光在这时一下子就分出了高下：黄金荣看重私情，张啸林看重眼前利益，而杜月笙则看的是远大的前程。后来，黄金荣走向衰落；张啸林成为叛徒，以致丧命于正义的枪口；杜月笙则日渐发达，很快就超越了他当年的师父、上海滩的老牌大亨黄金荣，而成为上海帮会界的新一代雄主。

杜月笙说完，黄金荣和张啸林都心悦诚服，称赞还是月笙脑瓜子灵络，想得周全。

杜月笙连忙摆手："哪里，哪里，只不过是我更小心一点。"

三大亨还不知道，在他们细心观察风向的同时，也有一道目光在背后注视着他们。那就是蒋介石的目光。

蒋介石亲自来访

1927年3月26日，北伐军总司令蒋介石乘"楚同舰"抵达上海，驻扎在了南市董家渡附近。

事先得到消息的黄金荣如坐针毡，如今的蒋介石已经不是当年的落魄后生了，而是堂堂北伐军总司令。如今再相见，想起当年拜师那一幕岂不让人尴尬。

黄金荣不知如何是好，就去找当年介绍蒋介石入黄门的虞洽卿。虞洽卿却不慌张，对黄金荣说："这有什么要紧，这又不是你的错，蒋总司令应当感激你才是，怎么会有其他的想法呢？如果你觉得这种师徒关系不太方便，那找个机会把门生帖子退还给蒋总司令也就可以了。"黄金荣平定了内心的忐忑不安，等待机会把门生帖子还给蒋介石了。

蒋介石来到上海之后，本想直接进法租界来拜访黄金荣，没想到法租界巡捕却很不给他面子。当他的卫队和两辆军车经外马路转过一枝春街，准备进入法租界爱多亚路的时候，法租界安南巡捕将他的车辆和护卫人员一并扣押了。

黄金荣闻讯惊出了一身冷汗，赶忙跑到租界巡捕房，与程子卿一起向巡捕房的头目进行解释。因为事关重大，巡捕房也不敢擅做主张，而是打电话向法国领事馆请示。领事馆方面感到事态严重，指示巡捕房方面让黄金荣出面调解。

到这时，黄金荣悬着的一颗心才落到肚子里。他建议，先让被扣押的两辆军车开进法租界游行一圈，然后开到八仙桥钧培里黄宅。巡捕房同意了黄金荣的主张。

接下来的事情就很顺利了。军车进入黄宅之后，黄金荣非常热情地犒劳了蒋介石的卫队。护卫人员回去后将事情的经过汇报给了蒋介石，蒋介石马上邀请虞洽卿一同去探望黄金荣。两人相见，黄金荣万万不敢再以"师父"的身份自居了，而是一口一个"总司令"地叫着。

黄金荣对蒋介石说："总司令亲自到我家来是我的光荣，过去的那段关系已经过时了，那张红帖我找出来交给虞老送还。"

"先生总算先生，过去承黄先生、虞先生帮忙是不该忘记的。"蒋介石谦虚地说。

尽管蒋介石很客气，也很尊重他这个师父，黄金荣还是坚持着把那张门生帖子交还了蒋介石。

两人又客气一番后，蒋介石说明了来意。蒋介石此来，决非仅仅是来表达当年的谢意的，他是有要事要跟黄金荣相商的。他想让黄金荣充分调动起自己在上海帮会中的影响力，协助他进行"清党"活动。所谓"清党"就是消灭共产党以及国民党内部的反对势力。

蒋介石知道，流氓帮会在上海有着相当大的势力，利用他们来打击共产党，肯定是上算之招，而且当时帮会势力与共产党之间也还保持着友好的关系，共产党对于他们的戒备之心肯定是不强的，这样杀他个出其不意，攻其不备，"清党"就会达到更佳的效果。

黄金荣毫不犹豫地就答应了蒋介石的请求。一则，自己现在已现颓势，蒋介石对自己仍以师礼相尊，自己就应该给予回报。二则，自己虽然不懂政治，可是对国共两党之间的罅隙也是略知一二的，他也隐约地感觉到国共两党的分裂是早晚的事情。三则，如果依附上蒋介石，说不定自己还能再次风光起来呢。

如今的黄金荣在上海滩发号施令起来已经不似前几年那么灵光了，很多时候都是杜月笙站在前台。大家再议论起来的时候，往往会把黄金荣给丢下，倒是会先提到杜月笙。黄金荣岂能甘心？

当然，黄金荣也很明智，要"清党"，仅靠自己的力量还是不够的，必须将杜月笙和张啸林也一同拉进来。

蒋介石对黄金荣的这个提议非常赞同，于是，就在黄公馆召见了杜月笙和张啸林，同他们面议"清党"事宜。

三大亨尽管平时矛盾重重，但在对待国共两党的态度上却是相当一致的。

张啸林绝对是个有奶便是娘的主，如今天下已不再是北洋军阀的天下，再加上北伐军势如破竹的气势，他自然会考虑把国民党当靠山的。

杜月笙则是经过了一番判断后作出的决定。从国共力量对比看，国民党明显超过共产党，谁的势力大听谁的话，这是进行选择的一个基本原则。政治上，北伐军风头所向，打的全是国民党的旗号，北伐军、国民党几乎是可以互换的概念，国民党因此声誉日隆；军事上，北伐军当时所拥有的全部二十多万人马名义上概属国民党，是国民党的党军。中国共产党在工农群众中影响很大，但基本没有自己的正规武装，农民自卫军散布乡间，工人纠察队尚在组织之中，两相比较，强弱之势显而易见。

再说，帮会同国民党之间一直都有着千丝万缕的历史关系，国民党的前身无论是兴中会、华兴会还是同盟会，都与帮会关系密切。在上海，与杜月笙等帮会头目过从最密的政治家也以国民党居多，即使是共产党人，用的也多是国民党的名义。

杜月笙推测未来中国的天下必将是国民党的，该跟谁走，是不言而喻的。如能够攀上蒋介石这棵大树，何愁日后不能飞黄腾达？所以，杜月笙在协助蒋介石"清党"这件事上的表现比黄金荣更为积极。

三大亨心意已决，帮蒋介石"清党"，允当他发动政变，屠杀共产党、屠杀人民群众的工具。

与蒋介石会晤后的第二天，"三大亨"在杜月笙家里初步定下了反共的两条方针：第一，帮会从此不仅要彻底和共产党翻脸，而且还要施展出铁腕手段来，以组织对付组织，以群众对付群众，争取让共产党掌握的工会和工人反过来打共产党。第二，尽快建立一支"民间武力"，一方面协助国民党维持秩序，确保上海的安宁，一方面负责监视共产党掌握的武装工人。

筹组"中华共进会"

通过中山舰事件和"整理党务案"事件，蒋介石仅仅是将共产党人以及国民党左派人士排挤出了国民党的最高权力部门，但是他们的实力却并没有受到多少损失。蒋介石觉得这是远远不够的，所以当北伐军攻占了上海，战争取得了阶段性胜利之际，蒋介石就再也忍耐不住了，他需要一场规模浩大的运动来将共产党和国民党左派彻底地摧垮，从而使得自己将来推行独裁统治再无后顾之忧。

"三大亨"与蒋介石会晤之后，所做的一件大事就是重建中华共进会，他们之所以用重建的名义来进行号召，是因为此前曾出现过中华民国共进会，他们将中华民国共进会作为中华共进会的前身来看待，这样，一来可以增强号召力，二来也可遮人耳目。

中华国民共进会原本就是一个帮会联合组织，由青帮、洪门、公口等帮会联合发起，1912年7月成立于上海。中华民国共进会成立的初衷是想改善帮会形象，争取成为合法团体，所以曾公开呼吁会内"同胞"今后"痛改前非，从慈为善，共守法律，同享自由"。可是，共进会成立后，帮会状态依旧如故，所属帮会并未如旨行事，相反却打着中华民国共进会的旗号更加为所欲为。因此，共进会成立后不久就变得声名狼藉，不仅引起了社会的强烈公愤，也遭到了地方当局的打压，浙江都督朱瑞于浙江全境查禁共进会，并照会江苏一体查禁。江苏都督程德全也对共进会实行严厉镇压，采取取缔措施。不久，应各地政府的要求，袁世凯领导的中央政府于1912年9月发出了严禁秘密结社的通令，主要针对的就是共进会。如此一来，共进会中一部分先进分子也开始因为失去信心而对其回避疏离。后来，中华民国共进会也就销声匿迹，不再有人提起了。

黄金荣、杜月笙等人要重新发起成立中华共进会，其根本目的还是想提高帮会的地位，而其直接目的则是为协助蒋介石反共积蓄力量。他们知道，要想最大程度地发挥出上海帮会的势力，仅仅"三大亨"团结起来是不够的，他们要与整个上海的大小帮派共同组建一个最为广泛的反共拥蒋统一战线。

重组中华共进会的建议一经提出，立即得到了蒋介石的首肯，在他的授意之下，1927年3月底，中华共进会的筹建活动便紧锣密鼓地进行起来。到了4月初，相关人员就开始频频在报纸上发布公告。例如，4月3日公共租界工部局的《警务日报》宣称："（中华共进会的）宗旨是制止劳工煽动分子的活动，使各国租界免遭总工会的袭击。"4月4日，中华共进会的筹备处正式在法租界的格洛克路（今柳林路）紫阳里7号设立，随后又在爱多亚路（今延安东路）的安乐宫旅社成立了办事处。这样一来，中华共进会就可以大张旗鼓地招兵买马了。共进会筹备人员在上海的各大报纸上接连给中华共进会进行热烈的宣传。4月5日，他们发出了第一号通告，宣告原中华民国共进会即将恢复，号召"凡本会旧日同志，幸希从速到该处报名，再有赞同本会宗旨者，经审查后亦得加入。"3天之后，他们又发表宣言称："风云会合，日月重光，青天白日之旗行将北发幽燕，奠我中原，指顾可期。结社集会，还我自由，本会自当应运恢复，召集旧日同志，维护过徽，巩固民气，一致服从三民主义，投袂奋起，固我子弟之兵，甘作前驱，共扫凶残之孽。"

中华共进会筹备人员如此嚣张的宣传引起了总工会的警觉，出面要求各报纸杜绝刊登有关共进会的一些不合时宜的启事和通告。这样，中华共进会的嚣张气焰才略略收敛，不过，他们当然不会就此停止活动，而是将活动方式变得更为隐秘。

既要组建这样一个会党组织，选出合格的领导人员当然是一件不可避开的大事。那么，由谁来担任中华共进会的会长呢？大家首先想到的就是黄金荣，因为黄金荣作为上海帮会界的老牌大亨，不仅"德高望重"，而且与蒋总司令关系非凡，所以由黄老先生来出任会长无疑是上佳的选择。可是，黄金荣却拒绝出任此职，他推说自己已经是花甲之人，实在心力不济，只能是在背后支持一把。这样，由黄金荣建议，会长人选确定为当时年富力强的青帮"通"字辈人物浦金荣。

中华共进会堪称上海黑势力的集大成，而其主体成员则来自青帮和洪门两大派别，会长已由青帮头领来担任，那么为了照顾帮派之间的平衡，共进会的总指挥就确定为洪门的头面人物张伯岐。作为中华共进会的领导核心，在黄金荣、浦金荣和张伯岐这三人之外，"三大亨"中的另两位——杜月笙和张啸林自然也是名列其中，此外，顾竹轩、杨顺铨、何德奎、徐福生、樊瑾丞、徐朗西、刘春圃、蒋伯器、袁寒云、范回春等人也都是中华共进会的主要领导成员。在全会负责人之外，他们还安排了各分区的负责人：法租界的负责人为马祥生和金廷荪，公共租界的负责人为张炎生、刘良洪、郑茂堂和蔡洪生，南市的负责人为李德荣和李金标，闸北的负责人为王兴高，江湾的负责人为孙嘉福。

中华共进会在筹建的过程中所要做的当然不仅仅是把上海各界的流氓召集到一起而已，他们最为切近的目标就是协助蒋介石对共产党人和工人群众进行屠杀，而想要屠杀就必须有武器装备才可以，为此，他们很快组建了一支"武装巡逻队"。"武装巡逻队"在队长叶焯山的带领下，每天早晨都集结在嵩山路的外国坟山（今淮海公园）进行操练，然后再与租界的巡捕一同站岗和巡逻，以表示其操练的目的是更好地维持当地的治安。在"武装巡逻队"的组建过程中，黄金荣通过其与法租界当局的特殊关系，获得了租界方面的大力支持，不仅派人帮助他们操练队伍，吩咐巡捕守卫中华共进会的机关所在地，还给他们提供了5000支步枪和大量的弹药。当然，仅有这些武器还是不够的，黄金荣、杜月笙、张啸林等流氓大亨纷纷解囊，委托洋行为他们购买了一大批长短枪支，从而使得这支由流氓组成的"武装巡逻队"在武器装备上远远超过了上海总工会领导的工人纠察队。

数日之后，眼看一切准备就绪，剩下的就是最后的执行了。在举起屠刀之前，黄金荣、杜月笙、张伯岐等共进会的首脑人物，与蒋介石的代表杨虎、陈群、王柏龄等人聚在一起秘密商议着行动计划，议定之后，他们就立即开始分头行动。

黄金荣和杜月笙这两个流氓大亨在"四·一二"大屠杀的前夕担当了至关重要的角色，他们不仅肩负起指挥任务，而且将各自的宅院也都奉献出来，黄公馆成了火药库，而杜公馆则成了屠杀活动总指挥部。

随着夜幕的徐徐降下，一场罪恶滔天的阴谋行动就要开始了……

第十一章

鱼跃龙门，成为国民党新贵

杀害汪寿华

大屠杀之前，杜月笙有了先除掉他的"徒弟"汪寿华的念头。

杜月笙有点于心不忍，也有点担忧。他实在不愿意以"友情"为名杀害本可以做朋友的汪寿华。从内心，杜月笙还是很佩服汪寿华的。

可是，不除掉他，"清党"计划就不能得以很好地实施，汪寿华在工人中间太有影响力了，只有除掉汪寿华，才能让上海工人纠察队因群龙无首变成一盘散沙。

4月11日，杜月笙派他的亲信万墨林到闸北区湖州会馆总工会所在地送递请柬，邀请汪寿华当晚到杜公馆赴宴。

汪寿华接到请柬之后正欲动身，却遭到了当时正在身边的总工会常委委员李泊之的阻拦。原来，上海工人纠察队总指挥部得到情报：聚集在法租界的共进会流氓将在当天晚上配合军队袭击总工会和工人纠察队。李泊之认为当此风雨来袭之际，杜月笙的请柬甚是可疑，所谓的"宴会"很可能隐藏着巨大的阴谋，所以他劝说汪寿华不要去"赴宴"。汪寿华并没有接受李泊之的劝告，他认为在这种关键的时刻正是需要冒一冒风险的，他这一去，就可以打探到杜月笙那方面的动态，从而可以更好地安排下一步的工作。另外，汪寿华认为他和杜月笙虽然不是正式的"师徒"，可关系之密却胜似真正的师徒。因此，汪寿华对李泊之说道："我过去和青洪帮流氓常打交道，他们还讲义气，去了或许可以把话谈开，不去反而叫人耻笑。"

当晚八点，汪寿华准时到达了他以前曾多次出入的杜公馆。汪寿华一进大厅，觉得有些异样。他不是发现了凶险的情况，而是见到不仅杜月笙在恭候他，黄金荣、张啸林、张伯岐、杨虎、陈群等上海帮会界的一干头号人物几乎是齐集一堂。看到这种场面，汪寿华先是一惊，可马上就镇定下来，他认为来了这么多人更好，因为这样自己就可以更为全面地了解上海帮会界的态度了。哪知，他的确是真正打探到了这些帮会头领的真实态度，可是自己就再没能从杜公馆平安地出去。

汪寿华是一个人来到杜公馆的，杜月笙见他是只身前来，心中暗自高兴，因为这样下起手来就更加万无一失了，如果他带上几个保镖，那事情就有些麻烦了。

汪寿华与众人见面之后，一一进行了热情的问候，这时他发现，这些人的表情很反常，并不像往常那样和颜悦色，而是相当阴冷，他感觉有些意外，这时，汪寿华才隐约地想到自己很可能会遭遇不测，事已至此，他只能将生死置之度外了，无论接下来会发生什么，自己的阵脚不能乱。果然，简短的寒暄之后，一入正题，那些流氓大亨就众口一词地要求汪寿华指挥工人纠察队解除自身的武装。到这时，汪寿华就完全明白了杜月笙请他"赴宴"的用意。汪寿华当然不会同意这样无理的要求。众人见汪寿华如此表态，马上变脸，开始用威胁的口气强令汪寿华接受他们的要求，但汪寿华丝毫没有惧色，严词拒绝了这些流氓的非分之想。这下，一旁的张啸林坐不住了，只听得他高声一喝，早已埋伏在大厅周围的一群流氓打手就蜂拥而上，顷刻之间就将汪寿华打昏在地。随后，顾嘉棠、芮庆荣、叶焯山、马祥生将汪寿华装进了麻袋里，又抬进了院中早已准备好的汽车。汽车开动之后，直接驶向法租界和华界相交地带的西郊枫林桥附近。路上，昏过去的汪寿华苏醒了过来，但是他刚一醒来，就立即被叶焯山和芮庆荣给狠狠地扼住了咽喉，将其闷得晕死了过去。到达地点之后，随车的几人就开始动手挖坑，挖得差不多之后，他们就将汪寿华抬下汽车，扔进坑中开始填埋。哪知，经这一摔，汪寿华竟然又苏醒过来，开始大声呼号，那几人并不顾汪寿华的呼喊，硬是伴着呼声将汪寿华活埋了。埋定之后，他们又搬来了几块大石头，重重地压在上面，随后又将脸贴在地皮上仔细听了一听，确认地下已经毫无声息了，这样才转身离去。

血雨腥风"四·一二"

待谋害汪寿华的顾嘉棠、叶焯山、芮庆荣、马祥生几人回来之后，杜公馆的夜宴就正式开始了。前来赴宴者并非仅仅是几个大亨级别的头领，而是上海各路帮会界的大小头领二三百号齐集杜公馆。这一夜，整个上海流氓界就在杜月笙的府中结成了与蒋介石联手屠杀共产党人和工人纠察队的生死同盟。

宴会过后，各路要人纷纷讲话，以鼓舞大家的士气，其中最为重要的无疑当属"三大亨"的讲话，因为这三人是上海帮会流氓参与"四·一二"大屠杀的最高领导者和总后台。

张啸林说道："天下都是打出来的，今天，就是我们打天下的时候。两点半钟，等我们迈出杜公馆大门第一步的时候，就应了'生死有命'那句老话，碰碰看，到底谁的额头更高。"

杜月笙的讲话非常简短，然而却十分有力："今天的事，不管成功失败，我们都必须尽心尽力，不论是死是活，我们都得做个英雄。"

黄金荣则非常实在，只是具体指明了大家参与此次事件所会得到的切身利益，他向在场的几百个帮会流氓头领郑重地宣布："凡是参加今天夜里行动的人，每人发银圆10块；杀掉一个共产党员，再加10块；如果受伤，另外给钱治疗养伤。总之，今晚来的所有人都不会有亏吃。跟着蒋总司令，胜利就永远属于我们。"

4月12日凌晨两点半，共进会的帮会流氓大约1.5万人，全部身穿蓝色短装，臂戴白布黑"工"字袖章，从杜公馆和其他地点倾巢而出。

凌晨四点，在上海闸北，六十多个冒充工人的帮会流氓向上海总工会所在地湖州会馆猛烈开火，遭到了纠察队员的奋勇还击，双方由此展开激烈的枪战。不久，大批二十六军的武装士兵突然赶到，喝令双方停火，率队的二十六军二师五团团长邢霆如对纠察队喊话，叫他们不要还击，声称自己前来只是想要缴下会馆外面那些进攻者的枪。然后，二十六军就装模作样地进行了一番预先策划好的表演，先缴了那些"工人"的枪，并将那些进攻者捆了起来。

接着，邢霆如对工人纠察队总指挥顾顺章说道："既然发生了这样不愉快的事情，你还是去见一见我们的师长，商量一下解决的办法。"

于是，顾顺章带领6名纠察队员随邢霆如前去会见师长。可走到一半的时候，邢霆如突然站下，说道："刚才他们的枪已经被缴了，现在你们的枪也应当被缴下。"顾顺章刚想反驳，一旁的士兵马上就拥过来把顾顺章几人的枪支给夺了下来。顾顺章等人这时才发觉自己上当了。果然，邢霆如不再前进，而是携顾顺章等人又返回湖州会馆，将一排黑森森的机枪枪口对准了湖州会馆的大门，会馆里面的所有纠察队员以及工作人员都被勒令出来集合，而他们的武器也全都被缴下，上海总工会所在地由此被占领。

五点左右，宝山路上的商务印书馆印刷所也响起了枪声。同样，又是在危急的关头，一批充当"救星"的二十六军士兵出现在事发现场，声称他们是前来"调解误会"的，一边喊着话，一边走到印刷所的大门前。纠察队员看出他们是国民革命军，也就放松了警惕，打开了大门。可是，门刚打开一条缝，那些士兵就迫不及待地拥闯进来，举起黑洞洞的枪口，将里面纠察队员所拥有的六十多支步枪全给缴了下来。

与此同时，上海工人纠察队总部东方图书馆也传来了激烈的枪声。几百个帮会流氓正在猛烈进攻东方图书馆，而纠察队的副队长杨凤山已经牺牲在流氓的枪口之下。纠察队员见杨凤山倒下，非常痛惜，他们用米袋堆在窗口做掩体，继续奋勇还击。东方图书馆的战斗从四五点钟一直打到了八点左右。就在胜负未分之时，纠察队的"救星"再次从天而降，又是一批二十六军的士兵赶到，而领队者还是邢霆如。邢霆如冲着纠察队员喊话道："二十六军系人民之武力，民众之军队，愿意保护你们纠察队。昨天晚上，我们接到报告，说有人会在今天晚上挑起冲突，同时总指挥部也接到了同样的报告，所以发下训令，让我们军部过来防备。今天早晨又得到白总指挥的电话，要我们军队将双方缴械，我们已经拿到反动派三十多人，将予严办。现在我们奉长官的命令执行任务，你们可以将枪支藏起来不动，关起门来不要开枪……外间对于今早这件事情发生误会，最好由我们派一连徒手士兵和纠察队徒手游行一次，以表示我们之间的切实联络。"

驻守在东方图书馆的纠察队同样受到了邢霆如的蒙蔽，徒手跟着二十六军的一些士兵上街去游行，而当他们的身影在街角刚一消失，二十六军的另一些士兵则立刻冲进东方图书馆，把里面的枪械全部缴获。

据二十六军参谋长祝绍周后来披露，为了做到万无一失地对武装工人进行缴械，将己方的损失减少到最低程度，他和杜月笙经过多次商议才想出了这样一个主意。

当然，并非所有的纠察队都会被他们的这个"高明的主意"所迷惑，在有的地方，这一招并没有奏效。例如，南市的华商电车公司和三山会馆里的工人纠察队就没有上当，而是敏锐地识破了他们意图缴械的诡计。可尽管如此，毕竟纠察队的武装力量过于薄弱，不是强大敌人的对手，经过一番顽强的抵抗，终因寡不敌众而失败。

此外，上海浦东、沪西、吴淞、江湾等其他地方的工人纠察队在4月12日这天早上也都经历了同样的遭遇，或者被骗缴械，或者遭到了残酷的镇压，最后全都归于失败。到上午九点前后，整个上海地区全部大约2700名的工人纠察队员全都被解除了武装，其中约120名纠察队员在早上的战斗中牺牲，约180人负伤。

4月12日早晨，上海各个工人纠察队驻地所发生的血腥事件已经传遍了上海的每一条街巷。当天上午，上海各界一百多个团体和5万多名工人、市民在闸北举行了声势浩大的群众大会。大会通过决议：拥护工人武装，要求交还枪械，拥护上海总工会，游行示威，发表宣言，要求白崇禧采取行动。会后，浩浩荡荡的游行队伍向着湖州会馆进发，将先前失去的上海总工会机关又夺了回来。

第二天，上海发生了更大规模的反抗行动，全市20万工人响应上海总工会的号召举行了联合大罢工。上午十点的时候，总工会在青云路广场召开了群众大会，决议下午再次发动游行示威，到二十六军二师师部请愿。下午一点大会结束之后，群众冒雨出发，一路高呼："收回工人武装！""为一切死难工友报仇！""打倒新军阀！"

当游行队伍行至宝山路三德里附近时，突然，一阵子弹如卷携着狂风的骤雨一般劈头盖脸地袭向赤手空拳的工人和群众，前排的人立即倒下一大片，霎时之间就已经有一百多人死在了反动派的枪口之下。就在大家惊魂未定之际，又是一阵弹雨猛烈地袭来，伴着刺耳的枪声，又是一批人纷纷倒地，眨眼之间，宝山路上已经是尸横遍地，血流成河……

大批倒下的工人和群众立即被刽子手用卡车拉到郊外掩埋，而那些被拉走掩埋的人并非全部是死者，还有很多人仅仅是因为受伤较重一时无法站立和行走。

同一天下午，南市也发生了大规模的群众集会，会后也发起了示威游行，而他们经过上海南车站时的遭遇和宝山路上的场景如出一辙，子弹乱飞，鲜血四溅……

就在数以千百计的工人队伍和革命群众血染上海滩的惨烈时刻，反动派却在秘密商讨着进一步采取更为严密的行动。4月14日，上海《时报》刊登了这样一份电文——这份电文是陈群秉承蒋介石的指令，自己拟定好了之后于4月13日交给黄金荣等人过目，然后才发表在报纸上的。电文是以黄金荣的名义发起的，而后面由黄金荣、张啸林、杜月笙这三个大亨共同署名，电文内容如下：

各报馆暨全国父老兄弟姐妹均鉴：

嗟乎，寄生于国民党之中共产分子，贪苏联赤化之金钱，贿买无知识、无教育青年工人，扰乱地方，无所不用其极。士不得学，农不扶锄，工不入厂，商不居肆，女不安室，动辄游行，以加薪为条件，以罢工为要挟，视地方公正之人，无绅不劣，无豪不土，公产任其搜刮，私产任其没收，逮捕杀害，无恶不作。如有出而与之抗衡者，以反革命头衔，加诸其身。各处总工会成立以来，所收之入会费，已达千余万元。所谓总工会之委员长，衣西装，坐轿车，纳娇妾，住洋房。口唱打倒帝国主义，打倒资本主义，殊不知自身拥资款数百万元，需用舶来品物，恬不知耻。其工作以煽动罢工为能事，以打倒资本工厂为胜利，以推翻廉耻教育为特色，以实行废姓非孝为优点。此种举动，绝非人类，是可忍，孰不可忍。金荣等外观苏俄之惨痛，饿死者千余万人，流离失所者数百万人，违背人道主义，冒天下之大不韪，即此共产信徒，所作所为之恶事也。内观吾国近日之情形，某厂停工，某业闭市，某教废祀，某家破产，共产党之流行病，势将传染于大江之南，不早歼灭，蔓草难图，噬脐莫及。金荣等不忍坐视数千年礼教之邦，沦于兽城，干净之土，蒙此秽污，同人急起邀集同志，揭竿为旗，斩木为兵，灭此共产凶鹰，以免贻害子孙。尤望全国父老，父诏其子，兄勉其弟，共起而铲除之。金荣等抱国家兴亡匹夫有责之义，出而奋斗，绝无做官发财思想，昭昭此心，可质天日。愿全国父老共鉴之。

黄金荣、张啸林、杜镛等叩首

　　这就是当时臭名昭著的所谓的"真电"。在"真电"发表的同一天，以芮庆荣为行动大队长、以帮会流氓为主体的"上海市清党委员会"宣告成立，虽然委员会名义上的领导者是芮庆荣，但是其后台却是黄金荣、杜月笙、张啸林这"三大亨"。"清党委员会"成立之后，在"三大亨"的支持下，"行动大队长"芮庆荣迫不及待地于当天就采取行动，大肆搜查上海市特别政府、特别市党部、学生联合会、平民日报社、中国济难会等主要机关，被搜捕到的共产党员全部被解送到龙华东路军指挥部。

　　从4月12日到14日，在上海帮会流氓、特别是黄金荣等"三大亨"的全力配合之下，蒋介石于短短3天之内就在上海地区屠杀了共产党人和革命群众达三百多人，另外被捕入狱的有五百多人。

因"功"授勋

　　1927年"四·一二"反革命政变后，杜月笙的地位日渐飙升，他的野心越来越大了，头脑却始终保持清醒。他在这次"清共"行动中，倾尽全力帮助蒋介石，既出谋划策，又出人出力。立了这样的"大功"，蒋委员长会如何"犒赏"他呢？

　　杜月笙感觉自己现在所处的位置很尴尬。他杀了那么多共产党员，跟共产党是完全对立了，只能投靠国民党。如今蒋介石的势力最大，他也是从黄金荣门下走出去的，与黄金荣、张啸林的关系都很不错，那么，他是否会看得起杜月笙呢？而黄、张、杜三大亨，虽交情一直不错，但矛盾也逐渐产生了，杜月笙想往上爬，黄、张二人会视而不见吗？哪个大亨会容得后生爬到自己头上耀武扬威呢？所以，杜月笙在上海滩站不站得稳脚跟，还得看蒋介石答不答应。

　　杜月笙心计太深，他在"四·一二"反革命政变中就耗尽了脑力，不过现在仍然不敢掉以轻心。他先想方设法与总司令身边的人攀上交情，然后就请那人留意总司令对上海滩上黄、张、杜三大亨的态度。

　　那人还真够交情，很快就告诉杜月笙：在"四·一二"前，蒋介石曾向杨虎和陈群询问过上海滩黄、张、杜三大亨的情况。这二人的汇报中，对杜月笙的评价最高。这位朋友甚至还找出了汇报的原文，抄送给杜月笙。文中写道："黄金荣忠党爱国，老成持重，唯以法租界巡捕房职司关系，不便对外公开露面，声势虽大，仅可暗中加以助力。张啸林辄喜结交军阀，崇慕权势，虽亦能深明大义，复以性情刚烈易于树敌。杜月笙虽出身寒微，时时刻刻不忘奋发向上，谦光自抑，且正值年富力强，颇具国家民族思想。"

　　杜月笙看了原文后，心里不仅感到踏实，更是欣喜若狂。他仔细揣摩了杨虎、陈群的评价，琢磨出几点：第一，就是杨、陈二人的态度都是偏向自己的，看来在他俩身上花那么多心思是值得的；第二，就是黄、张二人都有很多弊病，比如黄"不便对外公开露面"，张"性情刚烈易于树敌"，如此一来，蒋介石在许多事情上就要倚仗他了；第三，就是通过以上两点可以得出，他杜月笙很有发展前途，将来上海滩上的头把交椅，只能是他杜老板坐！

正当杜月笙为摸清了蒋介石的态度而欣喜时，杨虎派人送来了烫金的请帖，邀请他到嵩山路18号杨府赴宴。

"杨虎这时候请客做什么？"杜月笙边喝茶边思索着，他总觉得这个宴会不寻常。

从"四·一二"反革命政变以来，杜月笙就与黄金荣、张啸林、杨虎、陈群几人天天碰头。做什么呢？自然是商讨如何对付共产党。如今，上海的共产党都被他们"清理"完了，枪决的，活埋的，判刑的……反正是一切遵从蒋委员长的指示，宁可错杀三千，不可错放一人。

最近几天，陈群就跑到南京，去向蒋介石汇报"清党成果"去了。杨虎这时候请客，要做什么呢？杜月笙联想到自己打探的消息，脑中灵光一闪：难道是庆功宴？

杨公馆由一个大庭院和两进小洋楼组成，十分宽敞漂亮。它与其他豪宅的不同之处在于，门口站着全副武装的哨兵，周边也有不少荷枪实弹的军士巡逻，这一切都是因为它的主人是国民党上海警备司令。

当晚8点，杜月笙坐着轿车准时抵达嵩山路18号杨公馆。当他下车时才发现，黄金荣和张啸林都已经到了。一身戎装的杨虎将三人迎进客厅，原来陈群早已等在那里了。

五个人寒暄了一阵子后，就上了酒桌，开始推杯换盏。今天陈群显得格外精神，张啸林最沉不住气，就开玩笑道："陈先生遇上啥喜事了？说出来让我们兄弟也高兴高兴！"

陈群见几人都看着自己，就故意卖起了关子，只是满脸堆笑，一个字也不吐露。

"陈先生，你这次去南京见到总司令没有？"黄金荣也有些沉不住气了。

陈群还是喝酒不说话，关子卖得更大了。不料却瞧见席上的杜月笙气定神闲，不禁有了些挫败感，同时也暗暗惊奇：还是这小子沉稳啊！于是，他也不再吊大家胃口了，命副官拿来自己的公文包，从里面掏出三个牛皮纸袋，放到桌上。

"总司令有什么吩咐吗？"这回连杜月笙也激动起来。

陈群总算得意了一把，他与杨虎相视一笑，然后告诉三大亨："此次南京之行，专程向总司令汇报上海'清共'之役，总司令非常满意各位的表现，为了表彰诸位的功勋，特委任三位为'军事委员会少将参议'、'行政院参议'、'海陆空军总司令部顾问'。袋子里装的，就是三位的委任状。今年10月10日，总司令还要给三位颁发勋章呢！"

三大亨谦让了一番，就各拿了一个纸袋。杜月笙的心里喜滋滋的，脸上也是喜笑颜开。张啸林早就乐得手舞足蹈了，黄金荣老脸上的皱眉也绽成了花。

"恭喜三位老板高升！"

"同喜！同喜！"

"干杯！"

"干！"

这一夜，五人喝得尽兴而归。

不管黄金荣和张啸林如何，反正杜月笙是兴奋得整晚睡不着。他一向标榜自己不喜欢做官，其实那得看是做什么官。这个"少将参议"是个虚衔，根本没有实权。不过杜月笙看中的却是这份"荣誉"，还有蒋介石对自己的青睐。有了蒋介石做靠山，杜月笙还是什么事情做不成的？到时候，钱权不都来了吗？

为了庆贺自己赢得这样的荣誉，黄金荣和张啸林都在家里大排筵席，广邀各界名流。杜月笙自然不甘示弱，他吩咐万墨林去准备，要求排场比黄、张二位的更大，这个脸面，他一定要挣回来。

不几天，杜月笙的"少将参议"军服也送来了。40岁的他，平生第一次穿上这样的戎装，激动之情实在无法言表。想当年，他还是高桥烂泥坑里讨生活的小瘪三，哪里想到会有今天这样的风光？于是，杜月笙留下了平生唯一一张穿军装的照片，以示纪念。

没过几天，杜月笙的戎装照就装进精美的大相框，挂到了杜公馆最显眼的地方，每位前来贺喜的宾客都能看到。而杜月笙本人，则穿着那身笔挺的新军装，满面春风地招待各方来客。

蒋介石用几个虚衔，几套军装，就哄得上海大亨们服服帖帖的为他卖命。而杜月笙，获得这样的

"殊荣"，则更加威风，他在上海的名气也更大了。

蒋介石单独召见

杜月笙在华格臬路杜公馆里，热热闹闹地庆祝了三天。宾客们散去后，兴奋过度的杜月笙也逐渐冷静了下来。他想到，蒋总司令颁给自己这么大的荣誉，杜家门庭是光耀了，那么，我是不是也应该向总司令有所表示呢？杜月笙想到这一点的时候，黄金荣和张啸林也考虑到了。于是，三大亨齐聚钧培里黄公馆商议此事。

三位老板虽然在上海滩上横着走，但毕竟个个都是流氓出身，对那些个文绉绉的规矩可不懂。张啸林读的书多一点，他认为应该遵照老规矩，自古以来做官的都要"谢委"，就是要拜见领导，向上级致谢。可是，三兄弟都去南京吗？去的话，送什么礼物好呢？若是不全去，找人做代表合适吗？三人思来想去，都拿不定主意。正打算向陈群讨教一下，不料陈群却找上门了。

陈群带来了蒋介石的口谕，要请杜月笙去南京面晤。这个消息真是让一人欢喜二人愁啊！杜月笙自然受宠若惊，激动不已，而他的两位兄弟可就高兴不起来了。

黄金荣还好一点，他已经60岁了，早已宣称"不问世事"，退休在家养老了，所以这个风头没他的份，他也懒得去争了。再说了，蒋介石是他的门生，他去不去南京，蒋介石跟他的关系也不会差。而张啸林就不一样了，他一向争强好胜，性子又冲动，见杜月笙抢了自己的风头，自然很有怨言。

杜月笙一向会做人，风头要出，兄弟也不能得罪。他就问陈群："陈先生，不能三兄弟一道去吗？"陈群也很会审时度势，就故作为难地叹了口气，说道："总司令也想请三位都去呢。只是考虑到黄老板辈分高，还是蒋先生的师傅；张老板事情多，抽不开身；杜老板是两位的兄弟，年纪轻，管的事情少一些，就说请他跑跑路啦！"陈群的一席话，令张啸林和黄金荣都找回了脸面，也就不好再说什么了。

"月生老弟，你代表我们兄弟去见总司令，可一定要为哥哥们长脸啊！"黄金荣老气横秋地说。

"月生老弟，将来发达了，可别忘了拉兄弟一把！"张啸林酸酸地插上一句。

"一定！一定！"杜月笙高兴得满口应承。

杜月笙回去后，立即打点行装，准备启程。杜门子弟得知后，都感到脸上有光，个个争着抢着要做杜月笙的随从，希望自己也能得到蒋介石的提携。看着众人挤挤嚷嚷，杜月笙也大大虚荣了一把。不过这么多弟子，肯定不能都带去了。经过慎重挑选，几个亲信徒弟和总管万墨林、仆从马阿五，加上司机和保镖，组成了杜月笙的"南京之行"团队。

这次去南京见蒋介石，可不比在上海自己的地盘上。杜月笙对此行非常谨慎，临行前，他对每个人都再三叮嘱了一番，要求所有人都穿长衫，不得说粗话，不得乱说话，不得随意举动，甚至还将谒见蒋介石的礼仪都演习了好几遍。这番"礼仪"培训还是很有效的，那帮手下都规规矩矩的，不敢有丝毫大意。

杜月笙一行乘坐火车到达南京后，就被总司令派来的专车直接送到了中央饭店。这可是南京最高级的饭店，装修得非常豪华。虽然上海也有不少豪华酒店，杜月笙也见过世面，不过他还是感受到中央饭店那种浓厚的肃然之气，连茶房都显得文质彬彬，很有修养。因为杜月笙是蒋介石亲自召来的客人，所以饭店方面自然殷勤接待，不敢有丝毫怠慢。

"到底是党国的饭店啊，那些大佬铜钿再多也住不进来！"杜月笙心里嘀咕着，感到既自卑又骄傲。他住进中央饭店后，又告诫了随从们几番，才稍稍放下心来。不过在等待蒋介石接见的这段时间里，他始终有些忐忑不安。

上海大亨杜老板，在南京居然有些乱了方寸！

这天一大早，穿着齐整长衫的杜月笙，被一辆黑色"雪佛兰"轿车送到了蒋介石的官邸。这是杜月笙第一次晋见蒋介石。两人年纪相当，却身份迥异。一个是国民革命军的领袖，一个是沪上闻人流氓大亨。

蒋介石的官邸与杜月笙想象中的很不一样，这是一幢很雅致的小洋楼，掩映在花草树木中，若是不知道底细的人看了，会以为是哪位富商巨贾的私家别墅。不过它毕竟不是普通的豪宅，因为门前有荷枪实弹的卫兵，暗地里还有多少监控就无人能知了。不过任何人一走进去，就能感受到那种森严肃穆的气氛。杜月笙经常出入上海警备司令杨虎的府邸，那里也有不少卫兵把守，不过完全不能同这里相比。

杜月笙在一位年轻军官的牵引下，缓步走向那座小楼。他心里有些慌乱，不过面上却很平静。当他走上楼时，蒋介石早已在办公室里等着他了，这使得他再一次感到受宠若惊。

两人交谈了半晌，谈话内容倒没什么新意，无非就是先寒暄一阵子，接着蒋总司令热烈表彰杜月笙在"清党"行动中所做出的"贡献"，而杜月笙则将先前准备好的谦虚说辞搬出来。最后，蒋介石再表达自己的期望，希望杜月笙等大亨能继续为"党国"效力，将上海的治安维护好，将残余的"小股共匪"都剿灭掉，杜月笙则又豪气冲天地表上一番忠心。

晋见结束后，蒋介石还特地起身，将杜月笙送到了楼梯口。其实谈话内容如何，根本不重要。那些话蒋介石随便派个人转告都可以，何况封官进爵的事情已经做过了。杜月笙来了南京，见了蒋总司令，这才是关键。他受到蒋介石的亲自接见与褒奖，这样的荣耀，连黄金荣和张啸林都不曾有，这就为杜月笙增添了无限的政治资本，他再也不是那个混混出身的流氓头子了，而是鲤鱼跳出龙门，成了党国的新贵。

宁汉合流，蒋介石下野

杜月笙从南京载誉归来后，不仅变得神气了，而且还仿佛有了一股凛然"正气"。蒋介石的"谆谆教诲"使他很受鼓舞，于是，杜月笙时刻都把党国利益、国家民族大业放在首位。他发现，自己以前眼光太浅了。那时只想着做上海滩的头把交椅就满足了，如今，他要让全中国人都知道"杜月笙"这三个字。因此，他积极为蒋介石卖命。刚巧，蒋介石很快就遇上了大麻烦，这也为杜月笙提供了奔走效力的好机会。

1927年大革命失败后，新旧军阀呈现出对峙局面。随着蒋介石与汪精卫先后背叛革命，中国国民党已经变质了。到了1927年7月，国民党内部就逐渐形成了宁、汉、沪三个集团，即南京蒋介石控制的"国民政府"和"中央党部"，武汉汪精卫控制的"国民政府"和"中央党部"，上海谢持等西山会议派成立的"国民党中央党部"。除此之外，还有粤、桂、晋等各系地方军阀。

在这些矛盾重重的各派势力中，宁（南京简称"宁"）、汉两个集团集中了国民党的主要领袖人物，并各自拥有独立的政府机构、军队和地盘，实力排居前两位。他们既为了争夺最高权力激烈争斗，又为了反共而开始合流重组，简称"宁汉合流"。

1927年7月20日，为了实现"合作清党"、"统一党务"，宁汉双方在冯玉祥等人的牵线搭桥下，达成了合作的具体方案。主要内容是：为了"和平统一"，汪精卫等人同意"迁都南京"。同时，蒋介石、李宗仁、胡汉民等人热烈欢迎汪精卫一行到南京"秉政"，愿意"共同北伐"。8月上旬，双方基本达成了合流意向。

其实这个合流很难完成。首先就是汪精卫等不愿让权，坚持反蒋。其次，蒋介石在党内排斥异己，实行独裁统治，激起了以李宗仁、白崇禧为首的桂系军阀的强烈不满，以致他的内政不稳。第三，蒋介石亲自指挥的津浦线上战事不断失利，也令他陷入了困境。

在这种内外交困的形势下，蒋介石于8月13日突然宣布下野，辞去北伐军总司令一职，然后回浙江奉化老家静养。

蒋介石会放权吗？当然不可能了。他这样做只不过是以退为进，以守为攻，既避开了社会舆论的风尖浪口，又缓和了国民党内部的矛盾。蒋介石退居幕后之后，就开始积极活动起来。在他的授意下，他的亲信、学生们四处出击，在全国各大城市制造舆论。一时间，"强烈要求蒋总司令复职"的标语口号漫天飞舞，其中上海的反应最为激烈。在蒋介石下野的第三天，要求蒋介石"复职"的电文，就登满了上海各家报纸的头条。国民党上海市党部不仅发电要求收回成命，还派出了二百多人的代表走上大街，打着旗号游行示威。

蒋介石的"下野"闹剧在上海演得如此火爆，上海滩大亨杜月笙当然要参加了。他从南京回来后，一直很得意，自认找了个最保险的大靠山，以后必定要飞黄腾达的。不料才过了几天，蒋介石竟然要"下台"了！当初他为了攀上蒋介石可是下了血本的，在"清党"行动中立下大功的同时也绝了退路。怎样才能保住蒋介石呢？杜月笙一筹莫展。

不过杜月笙心里着急，人却不糊涂。他见自从蒋介石宣布下野后，各地舆论就激烈得反常，尤其是自己身处的上海，这多少让他品出来一点味儿：看来蒋介石复职大有希望！

杜月笙会做人，其中一条就是他向来只做雪中送炭的事，不做锦上添花的事。为"下野"的蒋介石奔走，绝对要比为身居高位的蒋总司令效力更能起作用。杜月笙再次决定把宝押到蒋介石身上，他坚信自己这次的眼光一定是对的。

为了壮大"扶蒋"声势，杜月笙将黄金荣、张啸林等人也请过来，一起商量对策。黄、张二人也是支持蒋介石的，自然乐意出力。

他们凭着自己庞大的关系网，很快就联络了一大批上海各界的巨子名流，这些人联合起来，一起向政府施压。同时，杜、黄、张三人帮会头子的优势也显现出来了，他们手下的大批门徒全部出动，到基层中去"发动群众"，鼓动得几乎整个上海都在游行示威，社会舆论达到了顶峰。

杜月笙为了帮助蒋介石"复职"，费尽了心机。不料，8月15日，蒋介石还是登上了回浙江奉化老家的轮船。这下可把杜月笙急坏了。他怀疑自己押错了宝，不过他并不死心，还想做最后的努力。

蒋介石乘坐的轮船将经由上海，且在上海稍做停留后，再驶往奉化。杜月笙得知了这个消息后，就决定亲自登船，向蒋介石"请愿"，恳请他"复职"。

为了面见蒋介石，杜月笙在最短的时间里做了最周密的安排。顾嘉棠、芮庆荣等杜氏门生受命调集了一批全副武装的人马随时待命，到时候跟着杜月笙去码头维持秩序，以确保蒋介石的安全。杜公馆的总管万墨林也忙个不停，既要为杜月笙准备"请愿书"，又要召集帮中的大小混混去码头打请愿标语。

眼看着蒋介石的船就要到码头了，杜月笙将请愿书揣到怀里，匆匆坐上小轿车，向码头疾驰而去。此时的黄浦江畔，"闲杂人等"都被流氓打手们清走了，显得比往日冷清了许多。蒋介石的船靠岸时，码头上的小喽啰们就举着标语，齐场叫喊起来：

"总司令不能下野！"

"恳请蒋总司令复职！"

……

杜月笙对自己营造的气氛很满意，他摸了摸口袋里的请愿书，大步向蒋介石乘坐的客轮走去。

蒋介石早就得了信，正在船舱里等着杜月笙呢。他亲手导演的这场"下野"戏，效果如何，心里当然十分清楚。杜月笙这次的表现，令他非常赞赏。他坐船回老家，是为了显示自己"下野的决心"，其实就是将所有的舆论推向最高潮，使得李宗仁和汪精卫等人都陷入被动，这样好为自己的"复出"铺路。

当杜月笙见到一袭灰色长衫的蒋介石时，向蒋介石呈上揣了半天的请愿书，书上面有上海各界名流的签名，内容就是希望蒋介石复职。这一刻，蒋介石确实有些感动了。他勉励了杜月笙一番，最后又拍着杜月笙的肩膀，意味深长地说了一句：

"月生老弟，你先回去吧，过不久我们就会再见，你就放心吧！"

"再见""放心"，杜月笙从几个字眼里慢慢品出了滋味，心里一直悬着的大石头终于落了地。原来，用不了多久，蒋介石就会再回来呀！

蒋介石返乡不久，就东渡日本，寻求日本帝国主义的支持；接着又与宋美龄于12月1日在上海举行了盛大的婚礼，蒋宋联姻，由此打通了亲美之路。总之，他的收获非常大。

而这段时间的南京国民政府，则乱成一锅粥。9月中旬，宁汉合流完成。不过汪精卫最终也没有夺到大权，他与胡汉民互相倾轧、钩心斗角。各派军阀又开始乱战。汪精卫承受不住各方压力，只好主动电请蒋介石回国主持大局。而冯玉祥、阎锡山顶不住奉系的军事压力，也请蒋介石回来主管军事。于是蒋介石身价倍增，于1928年1月复职，并将国民党的军政大权都牢牢抓在自己手中。

杜月笙闻讯，欣喜若狂，庆幸自己这步棋走得对。于是，他连忙向蒋介石发去贺电。此后，杜月笙就更受蒋介石青睐了。

第十二章

精心营造豪门关系网

攀上"国舅爷"

杜月笙自得到蒋介石的赏识后，名气和地位都水涨船高，上海滩上的头把交椅他是坐定了。不过这些并不能令他满足，从蒋介石的"下野"事件中，他又悟出了不少为人之道。

20世纪二三十年代的中国，风云变幻莫测，杜月笙这么精明的人，怎么会蠢到在蒋介石这一棵大树上吊死呢？为了继续壮大自己的势力，杜月笙决定多结交一些权贵，营造出自己的关系网。第一个进入杜月笙眼界的，就是"国舅爷"宋子文。

宋子文是蒋介石的大舅子，蒋夫人宋美龄的胞兄。那这位"国舅爷"到底有多高的含金量，能引得各方人物争相攀附呢？这就还得了解一下宋子文的辉煌履历。

宋子文，1894年12月4日生于上海。他的父亲宋嘉树曾留学美国，在上海做过传教士，是工商业的名人，也是孙中山革命事业的坚定支持者。宋子文的几个姐妹都很有名气，不说她们自身的才干，单是嫁的人物就个个都不一般。其中大姐宋霭龄嫁给了"财神爷"孔祥熙，二姐宋庆龄嫁给了国父孙中山，小妹宋美龄嫁给了蒋介石。宋子文自己也很优秀。他从上海圣约翰大学毕业后，又就读于美国哈佛大学经济系，接着在美国哥伦比亚大学攻读了博士学位。

1917年，年仅23岁的宋子文归国后，就任汉冶萍公司驻上海总办事处秘书等职务。1923年10月，他到广州孙中山的大元帅府，担任孙中山的英文秘书兼两广盐务稽核所经理。1924年8月，就任中央银行行长。此后多年，他一直担任金融财务一类的要职。虽说他官运亨通，很大程度上都沾了家族的光，不过他确实年轻有为，在整理财务方面很有政绩。

1928年1月，与宋美龄结婚仅一个月的蒋介石就成功复出了。当月，"国舅爷"宋子文就任南京国民政府财政部长，兼任外交、预算、首都建设、黄河水利、国防编遣委员。宋子文拥有如此多显赫的职务，并不是他沾了蒋介石多少光，反而是蒋介石想靠他去争取美国政要和江浙财团的支持。很快，宋子文又升迁为中央银行总裁。

这样权倾一时、富甲一方的顶级人物，谁不是挤破了头也要去巴结？杜月笙也一直想与宋子文攀上关系，却苦于没有机会。等到他终于有机会结识宋子文时，已经是1933年了。

当时日本帝国主义正在加紧侵华，而蒋介石却一直奉行"攘外必先安内"政策，集中全部兵力镇压共产党，对日本侵略者实行不抵抗政策，他的做法引得国内抗日民众的强烈不满。为了巩固自己的地位，蒋介石不得不做出准备抗战的样子。

"钦差大臣"宋子文再次出马四处活动，他以国民党政府行政院副院长兼财政部长的身份赴美，靠着宋氏家族的庞大关系网，游走在美国各界名流间，尽力说服那些垄断资本家贷款给国民党政府，用以购买抗日所需的大批武器军备。

在宋子文的多方斡旋下，国民党政府获得了不少国际贷款。宋子文当时想购买一批国人都很期盼的军用飞机，不过飞机的价格特别贵，如果买了飞机，其他的军备都没法买了。

当然，这放在善于理财的宋子文手里，就不算难题了。他灵光一闪，主意就来了，这就是利用国内民众的爱国热忱，发行"航空奖券"，这样他不仅可以解决经费的问题，还可以从中谋取私利。

　　于是，宋子文向南京政府提出了发行"航空奖券"的建议。南京方面很快回电，支持他的想法，这令宋子文很兴奋。不过这件事如何来操纵，可是一个大问题。当时南京国民政府授权宋子文，他可以用财政部长的名义来全面负责奖券发行的具体事宜。

　　这对宋子文来说，自然是个揽财的大好机会。可是，用官方的名义来发行奖券，也有很多弊端。因为以蒋介石为首的南京国民政府越来越不得人心，所以，用政府名义来做此事，很难得到老百姓的信任和拥护，这样，奖券的发行肯定会受影响。再者，由政府出面，那宋子文想谋取私利就不大容易了。这件事情，应该找一个既有社会声望、又与政府高层关系密切的"民间人士"来做。

　　那么，谁是最合适的人选呢？宋子文一个电话打给了自己的老朋友杨志雄，请杨志雄帮忙物色人选。

　　杨志雄也是留洋人士，他早年曾留学德国，归国后曾先后担任过上海和厦门等地洋行的买办、吴淞商船学校的校长、国民党国际问题研究所德国系主任等职务。他是宋子文的至交，也是杜月笙的好友。这下，杜月笙的机会就来了。

　　杨志雄也是个八面玲珑的人物，所以很明白宋子文的心意。发行航空奖券是一项肥差，谁不想揩点油？而宋子文就是要找一个最稳妥的人来办这事，油水自然让这个人分一杯羹了。在杨志雄看来，杜月笙就是最佳人选。

　　杜月笙因"清党"有功，做了蒋介石的高参，很得蒋介石的器重；他八面玲珑，既得上海租界英法美等权势人物的信任，也受上海各界名流的拥护；他还是青帮老大，手下门生无数，通过这些门生，他可以将触角伸到社会各阶层的每一个角落。因此，这个人选，除了杜月笙，还能是谁？

　　杨志雄很快就向宋子文推荐了杜月笙。杜月笙的大名，宋子文当然知晓，杜月笙做事的手段，他也早有耳闻，这样厉害的人物，的确是最佳人选！于是，宋子文当即就拍板同意了。杨志雄就立即去找杜月笙，与他商议发行航空奖券之事。

　　送上门来的大财，谁不想要？何况还是替宋部长办事，杜月笙自然又惊又喜。他对杨志雄非常感激，不过自己也很自得：看来平时拉的这些关系，用处可不小。这件事要是办好了，不就攀上"国舅爷"了吗？

　　杜月笙与杨志雄商议良久后，决定成立一家公司来专门出售奖券，所有的具体事宜都由公司来办理，这家公司的名字就叫"大运公司"。

　　经过一番紧锣密鼓地筹备，大运公司很快就成立了，由金廷荪任经理。紧接着，航空奖券的发售工作就开始了。如宋子文、杜月笙所料，民众们爱国热情高涨，都踊跃购买奖券。

　　据记载，1933年5月，国民党中央政府开始发行"航空公路建设奖券"。在初次发行时，国民党政府颁布了《航空公路建设奖券条例》，规定"国民政府为筹集发展航空筑路经费起见，每年发行不记名奖券4次，每次50万张，每张售价计'国币'10元……"。这笔经费的去向也有规定："每次发行所收券款，由国民政府提出50%，内除发行及办公费及代销手续费外，概充发展航空及筑造公路经费。其余50%作奖金，其等级分配如下：一等奖一张，独得洋50万元；二等奖二张，各得洋10万元，共20万元；……总共中奖50645张，共计249910元。"

　　绝大部分老百姓买航空奖券，都是出于爱国热忱。有些人中了奖，都把钱捐出去买飞机了。在1934年4月的开奖中，吴兴绸业小学的师生们将零用钱集中起来购买了奖券，不想竟中了一个10万大洋的二等奖。校方用8万独资捐献了一架飞机，并命名为"中国儿童号"，并请校友陈立夫代为购买飞机。

　　民众购买热情高，杜月笙等人的大运公司也赚得钵满盆盈。除去上交的券款外，宋子文、杨志雄、杜月笙等人都捞足了油水，甚至那些出力跑腿的大小喽啰们，也沾了不少光。

　　杜月笙发了一大笔财，自然对宋子文非常感激。而宋子文呢，借杜月笙之力，既圆满完成了公事，又装满了自己的荷包，他对杜月笙自然也十分欣赏。两人"惺惺相惜"，交情自然就有了。

　　1933年8月29日，宋子文结束了在欧美的访问，回到中国。杜月笙一直想对宋子文表示感谢，并借机拉近彼此的关系。他得知宋子文归国会乘船经过上海，就立即行动起来。在他的带领下，上海总商会等各方要员都加入到"热烈欢迎宋子文院长归国"的团队里。宋子文抵达上海时，码头已经焕然一新，杜月笙带着上海各界名流齐齐守候在那里，打手们整齐分布在四周维持秩序，帮派的小喽啰们则打着巨大的横幅、标语，齐场高喊着"欢迎宋院长"、"宋院长为国操劳，向宋院长致敬"……这番场面，宋子文怎么看都舒服。

除了码头上的欢迎仪式外，在宋子文上岸后，杜月笙等又为他召开了隆重的欢迎会。杜月笙主持会议，并发表了一篇声情并茂、言辞优美的欢迎词。

这位"国舅爷"，杜月笙算是成功攀上了。

结交"财神爷"孔祥熙

杜月笙交游广泛，相识的权贵人物多不胜数。虽说蒋介石地位最显赫，但其他权势人物的实力也不容小觑。若没有这些人的支持，蒋介石在台上哪里能坐得稳呢？杜月笙对这样的人物，自然是费尽心机去巴结。他最会做人，众权贵们也都高看他一眼，愿意与他交往的可不少，"财神爷"孔祥熙就是一个。

孔祥熙，生于1880年9月11日，山西太谷人。孔家祖籍山东曲阜，孔祥熙一直自称是孔子的第七十五代嫡孙，他的父亲孔繁慈乃是清末的贡生，曾做过票号生意，不过后来吸上了鸦片，家道就衰落了。为了维持生计，孔繁慈不得不设馆教学，孔祥熙就在这里接受了良好的国学教育。1901年，孔祥熙赴美留学，后获得耶鲁大学理化硕士学位。辛亥革命后，他做过山西军阀阎锡山的顾问。1924年，他就任广东革命政府财政厅厅长。1927年，他就任武汉国民政府实业部部长。宁汉合流以后，他到南京就职，历任国民党政府实业部长、财政部长、行政院长、中央银行总裁和中国银行总裁等职。

通过这些金光闪闪的头衔也能看出，孔祥熙的权力，绝不比宋子文小。他于1927年4月投靠了蒋介石集团，并促成了1927年12月的蒋宋联姻，如此一来，他自然会官运亨通。

孔祥熙颇有经商之术，他曾将"提倡教育、振兴实业"作为自己的抱负。1912年的中国，煤油逐渐成了老百姓照明的必需品。孔祥熙最先发现了这个商机，他与五叔孔繁杏合作成立了一家公司，并与英国亚细亚火油公司签订协议，取得了山西省销售亚细亚壳牌火油的总代理权。这一垄断经营，为他带来了巨额的利润，使他一跃而成为山西首富。后来孔祥熙抓住许多赚钱机会，由此积聚了数额可观的财富。

孔祥熙掌管国民党政府的财政达11年，他利用手中的权力，肆无忌惮地为自己谋利，除了投机钻营外，连国难财也发。他在10来年的任期里，聚敛了惊人的财富，成了四大家族中的首富。

杜月笙与孔祥熙早就结识了，孔祥熙出主意，杜月笙打点各方关系，两个人合作，都挣了不少钱。

1937年，孔祥熙操纵上海的棉纱交易市场，导致棉纱行情反常，价格一路飙升，许多抛空者都倾家荡产，钱财滚滚流入了买进者的腰包。同时，棉纱价格还引发了连锁反应，面粉、杂粮等价格也连续暴涨。孔祥熙等人只盯着那大把大把的钱落入自己的口袋，根本不顾老百姓的死活。

国民党内的政学系、CC派（即"中央俱乐部"，是由陈氏兄弟陈果夫和陈立夫领导的一个政治派系）两大团体都与孔祥熙有过节，因为孔祥熙以前在公债和黄金买卖上坑过他们，所以他们决定借此机会报复孔祥熙。国民党法律规定，政府官员不得参与市场交易。于是，政学系与CC派连续在《大公报》上发表檄文，"为民请命"。他们谴责孔祥熙无视国家法律，扰乱市场秩序，坑害群众，祸国殃民。一时间，舆论的矛头都指向了孔祥熙。为了稳固自己的统治，蒋介石不得不站出来"大义灭亲"，派实业部长吴鼎昌到上海"彻查"此事。

吴鼎昌很清楚蒋介石只不过是做做样子，平息一下民愤，他哪敢真的彻查呀？于是，孔祥熙的亲信、直接负责操纵棉纱市场的关启鼎和盛升颐二人就成了替罪羊。不料，孔祥熙特别嚣张，护短也护得厉害，他这两个亲信也不能随便碰。吴鼎昌不敢得罪孔祥熙，只好将关启鼎二人的案子移交给法院处理，"彻查"于是不了了之了。

法院接了这个烫手的山芋，更不知如何是好。他们不敢惹恼孔祥熙，也不敢得罪政学系与CC派，实在是没法处理。这时候，就得杜月笙出面来斡旋了。

杜月笙充分发挥沪上闻人的优势，他一边贿赂法院方面的人，一边找来几个规模很小的商号出面，将投机棉纱交易的事情划到这些人名下。于是，在几方人马都心知肚明的情况下，投机棉纱之事走了个法院的过场，就算"彻查"到底了。政学系与CC派虽然心有不甘，但既找不出问罪由头，也不愿轻易得罪杜月笙，只好罢手了。孔祥熙平安过关，自然对杜月笙更加亲近了。以后再有什么赚钱机会，都会拉上杜月笙。

抗战中期，杜月笙跑到香港避难，居然还能与远在重庆的孔祥熙合作赚大钱。

此时，陪都重庆的烟土生意很火爆，国民党政府只管收缴高额的烟土税，其他的就不管了。当时四川有一批"特殊"的鸦片——国民党政府征完税后又没收的。这批东西成了烫嘴的肥肉，如果售出定能大赚一笔，但鸦片烟商们知道了肯定有怨言。

孔祥熙哪里舍得放过这样一大笔财富。他转了转脑子，很快就想出了一个好办法，那就是让杜月笙派人将这批烟土运到香港，制成麻醉品后，销到海外去。孔祥熙打定主意后，专程派人去香港找杜月笙。

杜月笙虽然在避难，但人脉一点也不比上海少。他与孔祥熙的代表谈判后，就决定做这件事。不过有两个难题摆在面前，一个是运输，当时正在打仗，盘查得很严，这烟土如何运送出去？另一个就是销售。

但是，这样的问题对杜月笙和孔祥熙来说，真是小菜一碟。

运输的事情，就交给了军统老大戴笠去负责，军统的车，谁敢查啊？这批烟土就这样迅速出川，运抵广东韶关。而杜月笙的部分心腹则到韶关从军统特务们那里提货，一部分烟土运到上海去加工销售，其余地运到香港销售。赴港的这段路程，杜月笙则调用了赈灾委员会的汽车，将鸦片以救济品的名义成功运出。

香港这边，杜月笙与孔祥熙的次女孔令仪一起，成立了一家公司，取名为"港记公司"，其中顾嘉棠任经理，孔令仪管财务。孔小姐深得父亲真传，做起生意来很有手段，而杜月笙则负责疏通各路关口，使得鸦片销售畅通无阻。

这次合作，杜月笙、孔祥熙、戴笠，以及顾嘉棠等人都大发国难财。杜月笙攀上了孔祥熙这位财神爷，确实跟着发了不少财。

拉拢吴铁城

杜月笙一生，绝大部分时间都呆在上海。要在上海滩上混出名堂来，他自然要笼络上海的各界要人。他第一个要拉拢的，就是吴铁城。

吴铁城，1888年生，与杜月笙同岁。他1909年就加入了同盟会，此后一直奔走在国民革命的战线上，并在国民党政府部门担任要职，还步步高升。1931年1月，吴铁城任上海市市长兼淞沪警备司令。

杜月笙想在上海混，自然就要对每任国民党政府派来的市长都竭力拉拢。每月给市长大人的5万元"红包"，他从来没断过。吴铁城上任时，杜月笙的烟土生意正遇上了一个大麻烦。

杜月笙原来一直在法租界做鸦片生意，那里是不禁烟的。杜月笙等鸦片烟商只要每月向法国驻沪总领事馆"上贡"一笔数额可观的月敬钱，就可以自由贩卖了。不过前任法国驻沪总领事范尔迪任期满回国后，杜月笙等鸦片贩子就遭到了刁难。因为继任的法国驻沪总领事葛格林，比范尔迪更贪心，他不满足于每月30万的月敬，一上任就狮子大开口，将月敬涨为50万。

各大烟馆、赌馆的老板可就不愿意了。卖鸦片是赚大钱的买卖，但每月都要让法国人分一杯羹，他们的利润已经少了许多，如今新来的总领事还要多分一大笔，谁会愿意？杜月笙名望最大，于是众人都聚到他这里商讨对策。在那个特殊的时代，租界里的法国人是不能得罪的，最后大家商议出来的结果就是：组成代表团去和葛格林谈判。这个首席谈判代表，自然就是杜月笙了。

杜月笙等人再三考虑，做好了充分的准备，才赶往法国驻沪领事馆。不料总领事葛格林根本不把这些鸦片商人放在眼里，他盛气凌人，在月敬数目上丝毫不让步。杜月笙等人已经妥协，愿意每月孝

杜 月 笙 全 传

敬40万，可葛格林还是态度强硬。最后，这谈判会就不欢而散了。

为了给杜月笙等人施压，葛格林一反前几任总领事的做法，他在法租界发起了声势浩大的禁烟行动。很快，法租界内原本生意兴隆的各大小赌馆、烟馆，都变得门可罗雀了。烟商们的生意大受影响，他们只好又跑来向杜先生讨主意。杜月笙的烟土生意做得很大，这次损失自然不小。他对葛格林非常不满，却也一时间想不出好的办法，就只好安慰那些商人暂时忍耐，慢慢再想对策。

就在杜月笙一筹莫展之时，吴铁城向他伸出了"橄榄枝"。原来，国民党政府见禁烟没什么成效，而鸦片生意的利润又十分惊人，就也想从鸦片贸易中牟取暴利。这个主意，是蒋介石出的。1931年，他调动了30万国民党军队，去江西"围剿"红军。为了筹措军费，他下令将全国的特税集中起来，这个特税其实就是烟土税。蒋介石在南昌行营设立了十省禁烟督察处，专门负责十省的特税收入，这样一来，其实就是蒋介石掌控了鸦片贸易。他还给自己安上了一个禁烟总监的头衔，将那些因禁而"充公"的鸦片据为己有，打算再销售出去牟利。不过，政府是不能出面做这件事的，那么，谁做最合适呢？蒋介石第一个就想到了杜月笙，而吴铁城，就是奉他的命令找杜月笙商议此事的。

吴铁城向杜月笙传达了国民政府"寓禁于征"的政策，这下可解决了杜月笙等人的大难题。"寓禁于征"，意思是只要交税，那么从事鸦片种植、贩售、吸食等的一切活动就是合法的，这根本不是禁烟，而是为鸦片流毒泛滥推波助澜。而对上海滩上的烟商们来说，法租界的烟土生意做不下去了，华界正好解禁，连杜月笙都不得不感叹自己运气太好了！在他的号令下，法租界的大小烟馆、赌场都迅速搬了出来，在华界重新开张。上海滩上的大烟鬼们不用跑到租界去过烟瘾了，自然也很高兴。于是，烟土生意又红火起来。只有法国驻沪总领事葛格林先生，望着租界里那些空荡荡的场子，后悔莫及。当初月敬30万不要，如今他可是一文钱也拿不到了！吴铁城见了法国人贪婪过度的下场，也就不敢对鸦片商们提过分要求。杜月笙自然不会少了吴铁城的那份"红利"。如此一来，真是"皆大欢喜"。

杜月笙与吴铁城合作，是"互惠互利"，他们的关系也因此而日益密切了。不过鸦片流毒重新泛滥开来，引起了广大爱国人士的强烈不满。当时北平《世界日报》和天津《益世报》的驻沪记者，都发表通讯报道，揭露了上海烟土贸易的猖獗情形，文中强烈谴责了杜月笙等大烟商。

杜月笙看到报道后，还没做出反应，吴铁城就先行动了。他利用自己上海市长的身份，将两报的驻沪记者都召到市长办公室，对这些人严词"劝告"了一番。于是，从那以后，再也没有任何一家报馆、任何一个新闻记者敢写烟土贸易方面的报道了。

吴铁城如此庇护杜月笙，其实也是为了保护鸦片生意，而杜月笙当然要"知恩图报"，如此一来，吴铁城捞到的好处就更多了。

交好吴开先

杜月笙结交的上海政界要人很多，除了上海市长吴铁城外，一直身居要职的吴开先也是他的座上客。他与吴开先的交情持续了几十年，直到他在香港病逝，吴开先还是为他办理身后事的负责人之一。

吴开先，1899年生，上海市金山县枫泾镇人。他是上海法政大学经济系的第一期毕业生，曾在江苏省立松江中学任教，后又在上海创办了思毅中学，并自任校长。吴开先1922年加入中国国民党，他在第一次国民革命时期是个思想进步的积极分子，曾担任国民党上海市党部执行委员，参与领导罢工罢市，以反对孙传芳的军阀统治。1927年大革命失败后，吴开先先后任国民党青浦县党部监察委员、国民党上海市党部执委常委、组织部长、执委会常务主席、上海社会局长、劳工党党部委员等职。

吴开先曾投靠四大家族之一的陈果夫、陈立夫兄弟，是CC派的骨干成员。

吴开先在上海的时间比较长，并一直身居要职，权势声望都不比上海市长吴铁城低。不过他是从投靠CC系开始发迹的，与之交往的大多是政界要人，所以他与杜月笙这样的沪上闻人是没有什么交情的。不过像吴开先这样的权贵，杜月笙肯定要想办法交好了。

杜月笙身为帮派老大，他的门生遍及上海各行各界的每个角落。吴开先任国民党上海党部主任时，杜氏门徒陈君毅就在市党部工作。杜月笙亲自打电话，将陈君毅召来，要他为自己和吴开先牵线搭桥，甚至还向他传授了具体的搭桥方法。陈君毅为人机灵，见杜先生对这事如此重视，他当然要好好表现了。

一次，陈君毅向吴开先汇报工作。汇报结束后，陈君毅就向吴开先传达了杜月笙的结交之意。吴开先在上海呆了这么久，对杜月笙自然很了解，不过他一向自视甚高，并不把杜月笙这种土皇帝放在眼里，不过也不敢得罪，就勉强答应了，并交代陈君毅来办这个事。陈君毅得了吴开先的首肯，就马上跑去向杜月笙汇报。杜月笙自然兴奋不已，他先大大夸赞了陈君毅一番，然后就立刻安排宴请吴开先之事。

吴开先本来只是敷衍一下，不料杜月笙的手脚这么快，请柬都送上门了。他是国民党政府的要员，自恃尊贵，要放下身价去拜访一个流氓头子，还真有些抹不开面子。于是，吴开先就面有难色地告诉陈君毅，说自己最近公务繁忙……陈君毅一听，马上就明白了吴开先的意思，他立刻表示，没关系，杜先生一片诚心，肯定愿意改期再邀。

杜月笙做事一向很有耐性，过了几天，他就叫陈君毅再次邀请吴开先，不料吴开先还是找借口敷衍。杜月笙碰了两次壁，心里有些恼火，要知道在上海滩上，这样不买杜先生账的人可不多。好在杜月笙不是个莽夫，他效仿刘备"三顾茅庐"的做法，又一次诚心邀请吴开先。

吴开先的面子赚足了，又见杜月笙这么有诚意，也不好再拒绝了。再说，杜月笙也是个响当当的人物，他得罪不起。于是乎，杜月笙终于成功邀请到了吴开先。

到了两人约定的这一天，杜月笙在华格臬路杜公馆设宴。为了迎接吴开先，杜月笙做了精心的准备。他派心腹总管万墨林专门负责宴会事宜，并亲自嘱咐杜公馆里的仆从及杜氏门徒等要恪尽职守，听从安排。除此之外，杜月笙还专门邀请了上海各界的名流来作陪。杜公馆里里外外，也全部打扫了一遍，又被精心布置了一番，以全新的面貌来迎接贵客吴开先。

这次，吴开先也拿出了自己的诚意。他没有带很多人来为自己造势，而是独自一人驱车前往杜公馆赴宴。吴开先的车刚停稳，就有训练有素的仆人跑上来为他开门。在门前恭候多时的管家万墨林，立即恭恭敬敬地引导他向里走去。

华格臬路杜公馆是杜月笙发迹后斥巨资修建的，整个布局及装饰既奢华又精美，没有丝毫的土气或匪气，它绝不逊色于任何一位上海名流的公馆或别墅。所以，像吴开先这样长期出入上流社会的人，到了杜公馆，也不禁暗赞它的雅致，同时也夸赞它的主人有品味。

吴开先穿过曲径通幽的芳草地，走进绿树掩映的小洋楼，他惊讶地发现：杜月笙实在不简单！因为站在小洋楼门口迎接他的，居然是闻名上海滩的大律师秦联奎。在上海的上流社会，没有谁不知道秦大律师的，他居然心甘情愿地替杜月笙迎客，可见杜老板的面子真不小啊！

吴开先与秦联奎也是老朋友了，二人客套几句后，他就被秦律师恭敬热情地迎入杜公馆的客厅。吴开先一眼就看见身着长衫的杜月笙正与满座宾客谈笑风生，而在座的许多人，都是沪上各界的要人，其中不少还是自己的老熟人。杜月笙见吴开先已到，就丢下众位客人，满面春风地迎上来。杜月笙热情地与吴开先寒暄，并带头鼓掌，欢迎他的到来，这又给吴开先撑足了面子。

吴开先原本还有一些矜持，如今见杜月笙如此热情，也彻底放下了身价，与众人热络起来。如此一来，吴开先对杜月笙也由不屑相与变得真心佩服了。当然，见了杜老板那些精明能干的手下，那些声势显赫的朋友，再加上自己又被杜老板如此隆重的宴请，还不愿与之结交的人，真是没有。

这次宴会，宾主尽欢。吴开先与杜月笙也彻底敞开心扉，成了惺惺相惜的好友。以后，两人相交几十年，相互庇佑，互相帮了不少忙。

收服蔡劲军

杜月笙在上海滩上能够手眼通天，除了靠自己的老谋深算外，就是得益于他攀附的那些权贵。有了这些权贵作为保护伞，杜月笙做起事来就更加随心所欲了。他尝到甜头后，就继续努力地结交各方人物。多个朋友多条路，杜月笙对此是深信不疑的。不过，上海的各界要人很多，并不是每个人都买他杜月笙的账，蔡劲军就是其中一个。

蔡劲军是海南万宁人，毕业于中央警官学校高级班、黄埔军校第二期工兵科。算起来，他是蒋介石的嫡系学生，1928年曾任蒋介石侍从副官、军事委员会委员长侍从室第一组组长。1935年，蔡劲军任上海市警察局局长，兼淞沪警备副司令。

蔡劲军颇有血性，又仗着自己是蒋校长的学生，对杜月笙等人的恶行很看不惯，更不愿意与他们同流合污。所以，蔡劲军下车伊始，就与杜月笙对着干。他以上海市警察局长的特权，将警察局内部的杜氏门徒大批裁汰出去。这些人基本上都是杜月笙安排进来的关系户，也是他关系网的一部分，这自然就惹恼了他。

杜月笙原本还想拉拢蔡劲军，不料这位局长根本不理他，还采取了如此强硬的手段裁员，根本不给他留一点情面。杜月笙于是决定给蔡劲军一点颜色看看，让他知道自己不是能得罪的人。

这个机会很快就来了。一日，国民政府主席林森来沪视察。按惯例，上海市政府及其下属各单位都要去码头迎接，警察局也不例外。蔡劲军对迎接林森主席之事非常重视，他不仅亲自去码头迎接，还命军乐队去撑场面。蔡劲军是驱车先到的，可他等到欢迎仪式结束，也没看到军乐队的影子，这实在是令蔡局长大为扫兴。不过他没想到，回到警察局后，还有更大的麻烦在等着他。

原来去码头迎接的人马太多，交通拥堵十分严重，而军乐队要携带全套的器乐，行头太多，为了尽快赶到码头，他们就抄近路，从法租界穿过。不料正赶上法租界巡捕房在那里"守株待兔"，巡捕们声称接到某人的告密，说军乐队非法携带武器进入租界，要求他们停下来接受检查。军乐队的头儿可惹不起法国人，只好命众人都顺从地接受检查。按说军乐队只携带乐器，不会携带武器，可法国人硬是从中"搜"出了手枪。证据确凿，军乐队都傻眼了，他们怎么解释也无用，法国人理直气壮地将军乐队所有人都拘禁起来。按照中法两国政府早先的协议：中国政府官员不得携带武器进入租界，否则就是侵犯法国主权。法国人有了"证据"，就立即向上海市警察局提出强烈抗议，要求蔡劲军解释此事，并要求他向法国人道歉。

蔡劲军没想到自己会遇上这样一个大麻烦，他也是个精明人，隐隐感觉到这是有人在整自己。不过现在事情紧急，他根本没有时间去揪出那个幕后主使者，他的首要任务就是想办法解决此事。这件事若是闹大了，引起上头的关注，他可就更有苦头吃了。于是，蔡劲军赶紧厚着脸皮向法国人道歉，同时又找了不少人从中说情，这才令法国人消了气，将军乐队放出来。此事平息后，蔡劲军还是被上司狠狠地训了一顿。

蔡劲军吃尽了苦头，才摆脱了这个麻烦。不过平白被人摆了一道，总得弄清楚缘由，于是他稳定心神，开始悄悄调查此事。这时，有位朋友告诫他：在上海滩上最不能得罪的，就是杜月笙。蔡劲军恍然大悟，这根本不用查了，杜月笙一向与法国人关系密切，利用法国人来整治自己的，定是杜月笙无疑。

见识了杜月笙的厉害后，蔡劲军再也不敢惹这个"土皇帝"了。而杜月笙则非常得意，他略施小计，桀骜不驯的蔡劲军变得服服帖帖了。

第十三章

攀附、勾结外国权贵

吴同根血案

　　杜月笙的关系网，延伸到了上海的每个角落，几乎大上海的每一个毛孔里，都有杜月笙的气息。他不仅在中国的各界权贵名流中混得如鱼得水，而且在外国权贵们中也颇有声望。他在法租界有很多生意，所以他对历任法国驻沪领事都很殷勤，这些人若遇上什么麻烦解决不了，杜月笙都会主动效犬马之劳。范尔迪任法国驻沪领事时期发生的吴同根血案，就是杜月笙"摆平"的。

　　1928年9月16日，离中国人的传统佳节——中秋节还有12天。这天深夜11点，在法租界开电车的司机吴同根收班开着空车回厂。车行至法租界霞飞路和萨坡赛路口时，却被5个喝得醉醺醺的法国水兵拦住了。他们强行登上电车，并用生硬的中国话命令吴同根开快车载他们兜风。

　　按电车公司的规定，回厂交班的车是不能载客的。吴同根要挣钱养活老婆和9个孩子，他怕违反规定丢了饭碗，就停下电车，向他们说明公司的规定，并再三恳请这5个水兵下车。不料水兵们在车上借酒装疯，怎么也不愿意下车。这时街头的路人还有不少，大家见电车停在那里，车内吵吵嚷嚷的，就围了上来，看看发生了什么事。

　　水兵们见车外围了不少人，就更加嚣张胡闹起来。吴同根一直不肯开车，引得一名法国水兵凶性大发，他竟然从衣袋里掏出一把弹簧刀，在众目睽睽之下刺向吴同根的左眼。由于刀刺入左眼后，直入大脑，吴同根惨叫一声，倒在地上抽搐几下后，当场死亡了。而法国兵杀人后，竟然走下电车，大摇大摆地扬长而去。电车内灯光明亮，围观的人都亲眼目睹了法国水兵行凶杀人的全过程。

　　此事引起了在场所有中国同胞的义愤，第二天一早，大大小小的华文报纸都刊出了整个惨案的经过。一时间，整个淞沪为之震撼！法国水兵的暴行激起了无数中国人对帝国主义的仇恨，许多工会也发表宣言，严厉谴责帝国主义的血腥罪行，要求严惩凶手，赔偿死难者。

　　其中上海市工整会的宣言为："……一切不平等条约的罪恶，租界的罪恶，我们难道真个束手以待残杀么？……我们唯一的方法是：一致团结，打倒帝国主义，废除一切不平等条约，收回租界！"

　　法商电气电车自来水工会也发出宣言："……吴同根是为帝国主义的铁蹄践踏而死，……不仅是他个人的侮辱，乃是整个中华民族的侮辱！"

　　中国人群情激昂，同声声讨法国水兵的暴行。中国官方也向法国驻沪总领事馆提出严重抗议，要求他们向遇害者及其家属道歉并赔偿，同时严惩凶手，并承诺不得再发生类似事件。面对中国人的满腔怒火，法国驻沪总领事范尔迪竟然只用一句话来敷衍："肇事水兵业已拘禁。"

　　法国人的嚣张傲慢，更激起了所有中国人的愤怒，双方矛盾围绕这起血案不断升级。全体中国人同仇敌忾来声讨，这股声势大得惊人，使得法国政坛也为之震动。

　　法国驻沪领事馆和中国民众僵持不下，而法国政府和中国国民党政府都不愿出头，这个时候，居然是"民间人士"杜月笙站出来做了"和事佬"。

　　1928年9月17日，也就是吴同根遇害的第二天，一位名叫樊菊丽的女士造访杜公馆。守门人见她面貌陌生，就拒绝为之通传。但是樊菊丽一直在门口苦苦哀求，守门人最终动了恻隐之心，就禀告了杜老板。

杜月笙听闻有个陌生的年轻女子执意要见自己，不由得有些好奇，就派人将她请进来。两人闲谈几句后，杜月笙才知道，原来这位樊小姐是位热血青年。樊菊丽的父亲就职于长江轮船公司，她自幼家境优裕，并受过良好的教育，毕业于两江专科学校。

樊小姐来找杜先生，就是为吴同根遇害之事。她希望杜先生能代表死难者及其广大中国同胞去与法租界方面交涉，要求法方严惩凶手，赔偿死难者家属。她精通法文，自告奋勇为杜先生当翻译。

杜月笙听了樊菊丽的一番慷慨陈词，并不为所动。他与范尔迪关系密切，何况在法租界，还有他的许多烟馆、赌馆生意呢。要他去为一个素不相识的电车司机得罪法国人，这种没有好处的事，杜老板怎么会做呢？于是，杜月笙不理会樊菊丽的要求，反而笑着劝她还是不要去管这种事情好，并敷衍说，自己忙得很，没法管这样的事，再说查案的事交给巡捕房就行了。

樊小姐听了这话，当即就将对杜先生的崇拜转化成了无比的失望，并直言杜老板不过是个欺世盗名之人，根本没有胆量站出来与法国人交涉。杜月笙自出道以来，何曾被人这样挖苦过。于是，当樊小姐扭头走出杜公馆时，杜月笙叫住了她。他一边大赞樊小姐有骨气，一边拍着胸脯表示，自己一定帮这个忙。

杜月笙出马，自然要把事情办得妥妥当当。他先派人去调查吴同根惨案的真实情况，很快，一份详细的调查报告就递交到了他手中。这份报告记述得非常清楚，既包括吴同根遇害的经过、凶手的行凶工具、现场的目击证人等，也包括凶手的真实姓名及职业，还有吴同根的家境及其妻儿的具体情况等。有了这份调查报告，就可谓有了铁证。在樊小姐将它翻译成法文后，杜月笙就带着这份法文报告，和樊小姐一起驱车前往法国驻沪总领事馆。

总领事范尔迪一向与杜月笙关系不错，当然这个"不错"是建立在两人的利益联系上的。杜月笙等鸦片烟商在法租界经营烟土生意，每月都要向总领事大人"孝敬"30万，这样才能安心赚钱。所以二人是互惠互利。杜月笙见到范尔迪后，就直接向他说明来意，并义正言辞地表示自己身为中国人，这件事是管定了。

范尔迪见杜月笙要管这件事，感到十分惊讶。在他看来，一个默默无闻电车司机的死，是不值得放在心上的，更用不着杜月笙出面来与自己交涉。其实，范尔迪已经意识到现在的形势对自己很不妙了。因为不仅大小华文报纸都刊登了声讨檄文，而且义愤填膺的工人们正在酝酿着大规模的罢工行动。现在，前来交涉的杜月笙，正好可以解决这个麻烦。

杜月笙在吴同根惨案上，并没有让一腔热血冲昏他那"精明"的头脑。凡事都要留后路，做事情要刀切豆腐两面光，依然是他的处世准则。他用舆论的压力、工人的罢工计划等，来热心提醒范尔迪要及时解决这个"小麻烦"，不要让它转化成大问题。范尔迪当然也想早点解决此事，不过他对法国水兵行凶事件还想包庇。杜月笙就直接拿出了那份证据确凿的法文调查报告，范尔迪看完后再也无话可说了。

杜月笙代表中方就此案向范尔迪提出了几点要求：一是在报纸上刊登道歉声明，正式向中国人道歉；二是严惩凶手，并保证以后不会再发生类似事件；三是用优厚的抚恤金赔偿死难者家属；四是取缔法租界的外国酒吧；五是取缔法租界内允许外国士兵出入的妓院。

在杜月笙看来，这几条要求已经对法方做出了最大让步了，不料范尔迪还在那里讨价还价。杜月笙也不敢太得罪法国人，就频频对范尔迪让步，最后双方达成的共识是：支付给死难者家属一笔抚恤金，不取缔酒吧和妓院，不登道歉声明，杀死吴同根的凶手将按照法国法律来审判，不过他是醉酒后行凶，将会减免罪刑。如此看来，抚恤金就成了杜月笙与范尔迪达成的唯一共识。

不料在赔偿金额上，范尔迪又开始要赖！他只肯赔偿抚恤金1000元。吴同根的妻子加上9个孩子，一共10人，1000元实在太少了。再说了，法国人以1000元就想了结一桩血案，显然又要激怒所有的中国人。杜月笙不敢对范尔迪要求过甚，就决定自己来搞定钱的问题。最后，在法国驻沪总领事馆和法商电车公司各赔偿1000元的基础上，杜月笙私人掏了1500元，并承诺支付吴同根家属10年的生活费，每月支付30元。

3500元抚恤金及第一个月的生活费30元共3530元大洋，由杜月笙亲自送到了吴同根的妻子张氏手里。张氏生平第一次拥有了这么大一笔巨款，她自然激动不已。政府都没有为自己主持公道，杜先生却"挺身而出"为自己争取到了赔偿，甚至还私人赠送了一大笔钱，这份古道热肠如何不令她感恩戴德呢？

于是，当各大报纸还在激烈声讨帝国主义暴行的时候，张氏也在杜月笙手下的授意下，在报上登出了大篇幅的启事：感谢杜老板慷慨解囊，感谢法国总领事馆厚恤孤儿寡母。如此一来，舆论攻势悄然瓦解，范尔迪的麻烦就这样消除了。不过收获最大的还是杜月笙，他既讨好了法国权贵，又赢得了中国同胞的拥戴，地位声望越来越高了。

总领事夫妇安然无恙

吴同根血案圆满解决后，杜月笙与法国驻沪总领事范尔迪的关系就更加亲密了。除了在鸦片生意上两人合作无间外，杜月笙还当了一次红娘，促成了范尔迪与一位中国姑娘的美好姻缘。后来范尔迪夫妇遇上麻烦，也是杜月笙出马，将二人解救出来的。

范尔迪的这位中国太太，就是当初随杜月笙赴总领事馆交涉的樊菊丽小姐。范尔迪是个英俊潇洒的单身汉，他年纪轻轻就来到中国，起初是担任法国驻沪总领事馆书记，后来晋升为总领事。他在异国他乡多年，想找个合适的法国女郎做太太，真不太容易。因吴同根血案，樊小姐作为翻译陪同杜月笙来与他交涉，范尔迪就对这位年轻漂亮的中国小姐一见钟情。

樊小姐自小接受西洋教育，英语、法语都说得很好。范尔迪在中国生活多年，见过很多美丽的中国姑娘，不过像樊小姐这样才貌双全的女士，他还是头一次遇到。两人在语言上没有障碍，这也是范尔迪最欣喜的一点。于是，范尔迪就拿出法国小伙的浪漫与激情，对樊小姐展开了狂热的追求。

每日都有白马王子捧着鲜花来大献殷勤，樊菊丽小姐哪能不动心呢？没过多久，这对中西合璧的"金童玉女"，就在慕尔鸣路法国总会共结连理了。新婚第二天，范尔迪夫妇就乘坐火车跑到无锡去度蜜月了。范尔迪与樊菊丽新婚燕尔，自然想找个清静去处谈情说爱，共度二人世界。于是，他们来到风光秀丽的太湖划船游玩。

太湖乃是中国第二大淡水湖，地位仅次于鄱阳湖，有"三万六千顷，周围八百里"的美誉。整个太湖水系有大小湖泊180多个，连同进出湖泊的大小河道组成了一个密如蛛网的水系。范尔迪夫妇在烟波浩渺的水面上飘荡了一整天，尽情饱览着湖光山色。二人浓情蜜意，恩爱无比。可他们万万没有料到，那些随风摇曳的芦苇丛里，竟然潜伏着杀人抢劫的水匪。正当两人在湖上嬉戏时，两艘渔船迅如闪电地窜到跟前。范尔迪太太只来得及惊呼几声，两人就这样被绑架了。

幸好绑匪见范尔迪是个外国人，不敢随便杀了他们。于是，小夫妻俩被押到大箕山深处，关进了一所简陋的小房子里。绑匪的目的当然是要钱，范尔迪只好按他们的要求向法国驻沪总领事馆写了一封求救信，请领事馆拿出赎金来救自己。

总领事夫妇去无锡度蜜月，才过了几天就失去了音讯，法国驻沪总领事的所有人都紧张起来。樊菊丽的父亲见女儿、女婿突然失踪了，也急得团团转。于是，法租界巡捕房的人全体出动，四处查探范尔迪夫妇的行踪。

众人刚开始忙乱，范尔迪的求救信就到了。大家这才知道，原来总领事夫妇被太湖土匪绑架了！这可是天大的事！面对多方压力，巡捕房探长黄金荣却束手无策。他已经处于半退休的状态，加上他的门生大多聚集在上海，与太湖的水匪可没打过交道，因此无论在精力还是能力上，黄金荣都没法解决这个问题。他急得焦头烂额，只好屈尊向"小老弟"杜月笙求助。

此时杜月笙正在汉口办事，黄金荣打了好几个电话，才找到他。杜月笙得知被绑架的是范尔迪夫妇，立即承诺要倾尽全力营救他们。杜月笙的人脉可比黄金荣要广得多，他的触角早就延伸到上海滩以外了。他手下"四大金刚"之一的高鑫宝，对太湖地区比较熟悉，曾押运过好几次货物去太湖一带。杜月笙一个电话打给高鑫宝，将这件事告诉他，高鑫宝马上就拍着胸脯向杜先生保证，自己一定弄妥这件事。接着，杜月笙又打电话给黄金荣，告知此事已经交给高鑫宝去办了。黄金荣见杜月笙这么快就想出了办法，既感激又失落。不过他身为法租界巡捕房的探长，责任重大，实在不放心，只好再屈尊一点，打电话给高鑫宝，亲自嘱咐了一番，才略略放心了些。

高鑫宝见杜老板和黄老板如此重视，当然要好好效力了。他早年押运货物去太湖时，就与太湖水域的土匪头子吴世魁相识。吴世魁是个很讲义气的人，他与高鑫宝一直有联系，交情还不错。于是，高鑫宝带上厚礼，单枪匹马到太湖的土匪窝子拜访吴世魁。

吴世魁对这位老朋友很热情，高鑫宝也不和他说客套话，直接坦言相告范尔迪夫妇之事。吴世魁闻言大吃一惊，手下喽啰们抓了个外国人，他多少知道一点，本来也就是想要笔赎金，不料这个范尔迪竟然大有来头。吴世魁只是一个土匪，打家劫舍都是为了钱财，法国政府和国民党政府哪是他这样一个小人物惹得起的？吴世魁对高鑫宝的提醒万分感激，他马上派人去放了范尔迪夫妇，并摆下酒席，与高鑫宝一起为总领事夫妇压惊。

范尔迪二人被关了几天，虽然没遭什么罪，却吓得不轻。如今突然被放出来，他们几乎都不敢相信这是事实。直到高鑫宝和吴世魁二人将他们请到酒桌前坐下，并一再向他们道歉，好言抚慰，范尔迪夫妇才真正明白自己已经重获自由了！

酒宴之后，吴世魁带着大小喽啰，将高鑫定、范尔迪和樊菊丽三人欢送出去。于是，总领事夫妇完好无损地回到了上海。

范尔迪返回总领事馆后，才知道是杜月笙四处奔走，才救回了自己的性命。杜月笙以前就是范尔迪的大媒人，这回又将他从"虎穴"中救出来。范尔迪感激万分，为了报答杜老板，他一次性签发了二十几张特别通行证送给杜月笙。这种特别通行证，对杜月笙来说，确实非常有用。因为有了它，在法租界内就能免去检查，可以畅行无阻了。高鑫宝为营救范尔迪立下汗马功劳，范尔迪也"恩准"他在法租界内经营博彩业，这样高鑫宝也发了大财。

杜月笙一向都不会白占"便宜"，他除了在烟土生意上与范尔迪亲密合作、坐地分赃外，还每月从三鑫公司的收入中拨出数十万元送给范尔迪，美其名曰"私人津贴"。范尔迪被杜月笙奉承得无比舒坦，自然更加器重他。后来杜氏家祠落成，范尔迪还送了一块题写着"东方望族"的牌匾。

租界华董

杜月笙在国民党高层和外国领事们中两边巴结讨好，他的地位也跟着水涨船高。早在1927年"四·一二"反革命政变后，杜月笙成了蒋介石屠杀共产党的得力大将，外国人也开始重视这个身份复杂的流氓头子了。于是，在法租界内从事非法贸易以牟取暴利的杜月笙，再也不是一个简单的商人了，他拥有了外国人"赐"给的众多头衔。法租界公董局华人董事，就是他拥有的显赫头衔之一，这也是中国人在法租界里能坐上的最高位置。

独揽法租界统治大权的，就是法国驻沪总领事。在他手下，则掌管着两个重要的机构。一个是公董局，负责租界内的行政事务；另一个就是巡捕房，负责租界内的治安。

公董局是由董事会组成的，它在初设时机构很简单，后来才逐渐完善的。到了20世纪30年代后期，公董局设有总办一人，下设秘书、捐务、工务、教育、卫生、植树、火警等处，还设有直属的打靶场和无线电台。如此看来，公董局其实就是处理法租界所有具体事务的机构。比如总领事大人发布命令，公董局的各位成员们去具体执行。因为法租界地位特殊，所以公董局的成员们也很有权力。

当时法租界内有四十多万人，其中1万多是外国人，四十来万都是中国同胞。外国人虽少，却享有特权。所以，公董局和巡捕房管的都是中国人。法国人想利用中国人来欺压中国人，所以任用上海滩上的流氓头子们做探长、当董事，比如黄金荣、杜月笙。

杜月笙最会做人，他与历任法国驻沪领事关系都不错。1927年7月，时任法国驻沪领事的那奇亚，就任命他为法租界公董。1929年7月4日，在法租界纳税华人会的推荐下，杜月笙正式当选为公董局华人董事，负责管理法租界内的华人。

杜月笙靠着外国领事们的荫庇，官运亨通，步入了法租界的上层，自然更加费心地巴结这些人。法国驻沪领事那奇亚是范尔迪的前任，他于1928年1月任期满后回国了。那奇亚临走前，杜月笙竟然带着手下喽啰们制作了几顶"万民伞"和数块歌功颂德的大牌匾，抬着它们从杜公馆出发，在法租界绕了一个大圈，并一路吹吹打打，最后将伞和牌匾送到了法国驻沪总领事馆门前。

杜月笙这位租界华董，除了向法国人大献殷勤外，自然还要手脚勤快地替他们办事。他对自己的同胞可就不大客气了。

在法租界，贪婪的并不只是总领事们，整个租界当局就是一个巨贪机构。1927年，为了搜刮更多的钱财，法租界对辖内居住的中国人除了征收规定的房捐外，又加收了临时的增捐。第二年，这个临时的增捐也成了定例，租界内的中国人在缴纳房捐时，这份钱也要随之缴付。如此残酷的剥削，引起了广大华人同胞的强烈不满，许多人联合起来抗捐，上海各报社也发表文章，谴责法租界当局的贪婪无耻。一时间，舆论哗然，租界当局陷入了尴尬的境地。

租界内出了这样的事情，杜月笙这个华董自然要出面调停了。他很自然地站在法国人这边，并先去见法国领事，向其保证自己一定能平息此事，而且还能让那些不安分的华人按章缴税。

见完外国领事后，杜月笙就利用自己的关系网开始四方活动了。他用"龙头老大"的旗号，将租界内那些有声望的华人都召集起来，对这些人施以威逼利诱，迫得他们不得不乖乖缴税。杜月笙的狠毒手段，许多人都见识过或听说过，谁敢跟他对着干呀？于是，这批人的反抗，就这样轻易被杜月笙解除了。

而剩下的那些普通华人，就更好办了。杜月笙哪会将他们放在眼里，他身为流氓头子，自然有一整套的流氓手段。他的爪牙们分头行动，很快就摸清楚了领头抗议者们的情况，接着就是分化瓦解各个华人团体的抗捐斗志。

在杜老板的"调解"下，不到半个月，法租界内声势浩大的华人抗捐风波就彻底平息了。华人居民都规规矩矩地按章纳税，竟无一人敢有不平之色。法租界当局人人欢喜，对大功臣杜月笙自然更加青睐了。

1929年，法租界当局贪得无厌，又增加了纳税项目，除了营业捐等外，连学校都要缴纳"学校捐"。华人居民忍无可忍，再次发起群体抗议，比上一次更加激烈。"驱逐帝国主义出中国！""收回租界地！"的大字标语贴着满街都是。沪上的许多报刊团体也再次声援租界内的华人居民，严词声讨法租界当局。法租界当局见这次的民怨比上次还大，又没法收场了，只好再次请出华董杜月笙来调停此事。

虽然这次的麻烦比上次还难处理，但杜月笙却欣喜地承担下来。离了他杜月笙，租界的法国人都活不下去了，他能不得意吗？这次杜月笙还是用老办法，威逼利诱，软硬兼施，最终又一次平息了租界的抗税风波。

只要杜先生出马，就没有办不成的事。外国人在这一点上也形成了共识。

继1928年9月的吴同根惨案之后，1933年4月，法租界内又发生了一起残杀中国同胞的血案。这一次的凶手是在法租界巡捕房的安南巡捕。

1900年，上海的法租界开始小幅扩张。同年7月1日，法国驻沪领事白藻泰就致函法国安南总督杜美，请他从东京（今河内）民团中挑选了29名越南士兵，送到上海来当巡捕。这就是老上海最早的安南巡捕。

到了1906年，法租界公董局就开始长期雇用安南巡捕了。这些巡捕身强体壮，能说法语，主要负责越界筑路区的治安，后来也负责巡查马路。法国人对他们比较优待，允许他们带家属，并为他们专门建了住房，给他们的薪水也高于华人巡捕。

法国人给安南巡捕的待遇好一点，实质就是要他们忠心替自己办事。安南巡捕们对法国人点头哈腰，却经常欺凌租界内的华人居民，华人们敢怒不敢言。双方的矛盾越积越深。

1934年4月的一天，两个安南巡捕在新桥街巡逻。按"惯例"，他们没事也要找华人的麻烦，若有事，就更加刁难华人了。两人在大街上四处溜达，突然发现了一个卖私货的无照小贩，这下可找到事做了！他们不仅将小贩的货物全砸了，还用警棍毒打小贩来取乐。小贩被打得死去活来，不住地惨叫，巡捕们却哈哈大笑。

周围的华人居民们实在忍不下去了，纷纷上前阻止他们继续施暴。两个安南巡捕见一大群华人怒气腾腾地涌上来，仍然没有停手，他们嚣张跋扈惯了，竟然扬起警棍对众人乱打一通。这下可引爆了所有人的怒火。不知谁喊了一声"打"，众人的拳头就挥向了两个暴徒。安南巡捕见形势不好，就拔出手枪对着人群开枪。结果，两个华人当场中弹身亡，数人被打伤，而两个行凶者却趁乱逃之夭夭了。

这起血案发生后，整个上海滩都愤怒了！无数的上海市民组成了法租惨案声援会，向法租界当局提出了"抚恤尸属，赔偿伤害，惩凶道歉"等条件。民怨沸腾，法国人又一次束手无策。于是，华董杜月笙再一次出面，解决这个"天大的麻烦"。

法国人的事情，一次比一次难办。不过杜月笙可不是个怕麻烦的人，他从小瘪三混到今天，靠的就是找麻烦和解决麻烦。巡捕行凶杀害两人的事情，到了他手里，居然又很快解决了。

杜月笙先找到两个死难者的家属，对他们威逼利诱一番后，就"主动请缨"要为他们向法国人索取赔偿。普通老百姓哪里惹得起杜月笙这样的人物？他们不仅不能有怨言，还要感谢杜先生帮他们拿到了抚恤金才对。法国人没想到这么大的事情，只需要几个小钱就可搞定了，当然马上就支付了一笔"抚恤金"。法租界当局与当事人私下达成"协议"后，法租惨案声援会的中方代表就只能失望而归，"惩凶道歉"的要求最后也不了了之了。

杜月笙这位租界华董，一而再、再而三地为法国人解决大麻烦，自然成了租界的大红人。

邮政大罢工中露一手

在法租界，杜月笙是个炙手可热的人物，他不仅帮法国人欺压华人同胞，为租界当局收拾各种烂摊子，而且充当法国和国民党政府的中间人，为他们那些见不得光的勾当提供帮助。

以前，中国邮政事业一直被法国殖民者垄断，担任中国邮政总办一职的都是法国人。在他们的操纵下，邮资经常提价，中国人根本没有发言权。不过加价这种事，自然由当时的中国政府出面去宣布，然后中法共享"利润"。

1932年4月上旬，南京国民政府宣布邮资提价。这次涨价幅度很大，内地省份上涨了一两倍，云南新疆等边远地区则涨了三五倍。此消息一出，就引起了全国人民的不满。邮政事业涉及千家万户，除了一般百姓的日常信件包裹等外，许多行业的货运也离不开邮政，比如书业团体，他们尖锐地指出：这高额邮费若加到书价里，将加重全国百姓的经济负担，影响边远地区的教育发展，也不利于国家的经济发展。

书业团体的观点在报上一登出，又引发了无数人对国民政府邮政政策的谴责，以及对邮政事业中种种弊端的揭露。如此强大的社会舆论，将南京国民政府推到了风尖浪口。国民政府惧于日益增加的社会压力，最终不得不做出妥协让步，邮资加价的幅度减半。

不过这件事并没有结束，国民政府虽然稍稍平息了民众的加价抗议，却又激发了广大邮工们的不满情绪。邮政职工们长期辛苦的工作，邮资一次次地涨，却从来没让他们受益过，心中的怨忿自然越积越多。借着抗议邮资提价的机会，上海邮务工会也开始行动了。

1932年7月，上海邮务工会常务委员朱学范等人在南京举行了全国各地邮务工会联席谈话会。接着，邮务工会代表广大邮工提出了"巩固邮基方案"，要求全面改变现行的邮政政策，邮政收入只能用于专养邮政。这实际上就是要从法国人手中收回中国的邮政大权，维护中国人的合法权益。因此，邮务界的建议也得到了许多社会团体的支持。然而南京国民政府却不采取任何措施，一些主管官员甚至用极其粗暴的手段来打压广大邮工。

局势又重新紧张起来，没过多久，上海就爆发了一场声势浩大的邮政工人大罢工。罢工开始后，国民党政府态度强硬，根本无视工人们的呼吁，行政院、交通部、上海市政府等相继表态，声明政府绝不会让步。眼看着两方矛盾激化，社会各界都担心不已。最终，在各界人士的努力下，邮务工会与国民政府终于达成妥协：政府提高邮工的待遇，邮工复工。

这次罢工结束，只是增加了邮工们的收入，现行的邮政政策并没有任何改变。邮局的薪水支出增加了，出现了亏损，他们又把这种经济损失转嫁给铁路部门。这样一来，新的矛盾又产生了。为了彻底解决矛盾，无数中国同胞又站出来，要求废除法国人对中国邮政的垄断，恢复国家的邮政主权。国民党政府顶不住全体国民一次又一次的舆论压力，只好决定从法国人手中收回邮政总办一职，改由中国人担任。

法国驻华使馆很快就得到了这个消息，若失去邮政总办之职，就意味着丧失了对中国邮政的垄断地位，从此就少了一条重要财路。法国人可不愿意大笔的钱财就这样没了，那么，如何阻止中国政府的行动呢？法国人立即就想到了沪上闻人杜月笙，这件事情，也只有他才有能力去办。

法租界巡捕房总巡费沃里在中国任职多年，与杜月笙经常打交道。于是，法租界当局就授意他向杜月笙传达了上头的意思，并再三强调，要杜月笙秘密去完成此事。

杜月笙为法国人效力，一向很殷勤，不过这次他真有些犯难了。并不是因为他有多少爱国心，而是这个事情很不好办。杜月笙现在是个"达官贵人"，但毕竟是流氓出身，擅长做那些欺压老百姓的事情，却从未处理过这种极端机密的"国际交涉"。

怎么办呢？杜月笙反复思索，都没有想出好办法。南京国民政府的头号人物，自然是蒋介石。杜月笙与蒋委员长关系很不错，不过他可不敢拿这件事去找蒋介石。

正当杜月笙一筹莫展之时，国民党政府的交通部长王伯群因公干，在上海做短暂停留。这下杜月笙可看到了希望，因为王伯群就是负责邮政总办之事的。杜月笙与王伯群也很有交情，他以朋友的身份下帖，宴请王伯群。沪上闻人的面子，王伯群自然很乐意给了，他爽快地答应将赴杜公馆之约。

杜月笙认定了这件事只能找王伯群，所以他对这次宴席的准备特别精心，除了安排美酒佳肴外，还请来了数位如花似玉的佳人助兴。果然，王伯群到场后，很快就沉溺于美酒美人的享乐中。杜月笙见火候到了，就示意陪席的上海法租界商会会长委婉道出了法租界当局对邮政总办一职的意思。不用杜月笙说一个字，会长就代他传达出来了，并一再为他脸上贴金，说杜先生交游广阔，与国府和法国人关系都不错，两边都是朋友，谁也不好得罪，为难得很呢！杜月笙在旁边装出一副愁苦相，还不时地"呵斥"会长多事。

这两人一唱一和的，醉醺醺的王伯群还真被他们的双簧哄住了。不过他酒喝得再多，在大事上也不敢犯糊涂。更换邮政总办一事已经定下来，就是蒋介石也不敢冒天下之大不韪，改变这个决定了。王伯群将这个事情明明白白地告诉了杜月笙，这实在令他失望至极。

难道这次真的一点办法也没有了吗？

杜月笙脑子灵光得很，他想了一会，居然在这个"定局"上做起了文章。他请王伯群将撤换法国人任邮政总办的决议延缓一段时日再执行，这样他就可以向法国人交差了。

王伯群很买杜月笙的账，他真的将那份文件扣押了两个月才公布。在无法改变局势的情况下，杜月笙将决议延期两个月执行，为法国人争取了时间，法租界当局自然非常满意。

上演一出辞职戏

杜月笙靠着非凡的手段，在外国权贵们中混得风生水起。他靠着替外国人办事，赢得了各项权力、荣誉及巨额的经济利益。许多人在名利双收时，往往会得意忘形，不过杜月笙可不是普通人，他在权势达到顶峰时头脑也非常清醒，绝不会一时头昏脑热做出糊涂事。

1937年"卢沟桥事变"后，日本侵略军占领平津，接着就对上海发动了大规模的进攻。8月13日，淞沪会战正式打响，日军以租界和黄浦江中的军舰为作战基地，炮轰闸北一带，中国军民同仇敌忾，奋勇抵抗侵略军。此役，中日双方都投入了大量的兵力，其中国民党军队有六十多万人，日军有三十多万人，战事非常激烈。日本帝国主义想一举拿下上海，实现其"3个月灭亡中国"的战略目标，所以进攻非常疯狂。而蒋介石却不想把兵力都投到这里，他还要保存实力消灭共产党，所以国民党军队只积极抵抗了一段时间，3个月后，蒋介石竟然将所有主力部队都撤出了上海。

在淞沪会战期间，形势一直对中方很不利。上海战事吃紧，躲在法租界里的杜月笙也十分不安。虽然租界相对安全一些，可杜月笙还是不放心。法租界里驻有几万法国军队，以确保租界内的安定。不过若是法租界当局与日军发生冲突，这区区几万人哪里能和几十万装备精良的日军对抗呢？

法国驻沪总领事以为自己有法国做后盾，日军肯定不敢放肆。不过为了更加保险，他又把主意打到了杜月笙头上。杜月笙的实力，法国人都见识过了。领事大人就希望杜月笙能将自己的门生们召集起来，武装成一支"流氓别动队"，与法国军队一起承担租界内的防务。

这一次，杜月笙可不干了。他不愿意的原因主要有两点：一是他手下的徒子徒孙们基本上都是一群乌合之众，打架斗殴、敲诈勒索之类的事情很会做，拿起枪去打日本正规军，根本不可能。二是杜月笙根本不想与日本人敌对，他只想维护自己的利益。

不过杜月笙又不能明着得罪法国人，他只好采取迂回策略了。正好此时上海形势紧张，许多人都跑到法租界内避难。租界内的人口由原先的四十多万一下猛增至一百多万，这样一来，负责维护租界治安的巡捕房就有些忙不过来了。这下杜月笙可找到了借口，他在报纸上"义正言辞"地发表了一通言论，声称维持租界秩序非常重要，他将派出一千多门生担任"特务员"，协助巡捕房做好此事。

杜月笙的这个做法很聪明，他为法租界当局出人出力，总领事也没法再提要求了。而他那些手下去维护治安，根本不用担任何风险，与拿枪打仗根本不是一回事。同时，这番"热心"、"仗义"之举，又为他赢得了不少声望。

虽然杜月笙这件事办得很漂亮，但还是惹恼了租界里的法国驻军。本来驻沪总领事安排杜月笙的人和他们一起负责租界防务，可如今杜月笙却把手下们派去维护治安了。在他们看来，避开战场的人就是懦夫。所以，他们认为杜月笙的行为有损法军的荣誉。

如今是非常时期，租界驻军的地位很高，总领事大人也不敢得罪他们。所以，面对他们的微词，杜月笙就要想办法了。为了满足法国军队的荣誉感，杜月笙演了一出精彩的辞职戏，辞去了公董局华董一职。

为了演好这出戏，杜月笙又做了充分的准备。他有哮喘病，每次发作起来，都很难受。虽然现在他并没有病发，不过却可以用哮喘病为借口来辞职。杜月笙先和法国驻沪总领事打好了招呼，然后又命人代笔，准备了一份请辞恳切的辞职信，接下来，杜月笙将这封辞职信递交到法租界公董局。在信中，杜月笙将自己哮喘病的严重程度夸张了一番，又"动情"描述了自己带病处理公务的辛苦，以及不得不因病辞职的无奈。最后，杜月笙又再三表示，自己虽然辞去了租界华董一职，但以后仍然一如既往为公董局效力。

杜月笙在演戏，他的那些公董局朋友们也殷勤地当好配角，为杜月笙辞职大造声势。法国驻沪总领事也很给杜月笙面子，他代表法租界公董局回复了杜月笙的辞职信，将其多年的"功勋"回顾了一番，并再次夸赞杜月笙是法租界的大功臣。杜月笙的这出辞职戏，就在众人的配合下，完美落幕了，法国驻军也没有再刁难他。

其实像杜月笙这么好出风头、喜欢权势的人，哪里舍得自动辞职呢？不过在大事面前，舍弃一些头衔来保全自己，杜月笙认为已经很划算了。

贩卖人口，大捞昧心钱

杜月笙攀附并勾结外国人，做了许多罪恶勾当。开烟馆、赌馆，只是他公开捞钱的手段。在人背后，他还涉足了不少令人切齿的发财行业，贩卖人口就是其中的一项。

贩卖人口，在20世纪初的旧上海并不稀奇，这是一项暴利的罪恶买卖。清朝末年，就有许多不法之徒做这项生意，他们与洋人勾结，将自己的同胞贩卖到海外去做"猪仔"。这些被拐卖的华人在海外做苦力，最后被榨干了血汗，惨死在异乡。那些人口贩子，却发了大财。后来，这个赚黑心钱的行业迅速发展壮大了，到了国民党统治时期，人口贩卖不仅活动猖獗，还演变成了一个分工明确的"成熟"行业，甚至出现了一整套"行话"。比如专贩男孩的，叫"搬石头"；专贩女孩的，叫"摘桑叶"。贩卖男孩、女孩、青年妇女、青年男子等，都有专门的"机构"，人口贩子们也各有各的贩卖渠道。这种买卖利润高得惊人，法租界也有不少人做这个生意，杜月笙和他的许多门生都参与其中。

其实在这个行当上，杜月笙是有着切肤之痛的。他才几岁就失去了母亲，几年后父亲也去世了。在那些艰难的日子里，温柔贤惠的继母张氏，为年幼的杜月笙带来了不少温暖。可惜1895年的一天，张氏出门后就再也没有回来了。传闻她是被蚁煤党拐走了，蚁煤党是一个专门拐卖贫苦人家女儿或年轻寡妇的流氓组织，主要在上海的一些地区活动。

按说杜月笙应该是很痛恨人口贩子的，可在巨大的利益面前，他将那些家破人亡的惨事都抛诸脑后了，只要能赚钱，哪有他不能做的事情呢？

在许多人眼里，赚这种昧心钱的一定是民间的某些流氓团体或个人，可在法租界这个地方，就有一个人统领着那些散乱的人口贩子。说出来实在令人难以置信，这个头头竟然是法租界巡捕房刑事科外勤股的督察长任文桢。一个负责维护老百姓安全的官儿，居然也干这样丧尽天良的勾当，甚至还是人口贩子的总头目！

其实任文桢还不是最大的头儿，他是杜月笙的门徒，杜月笙才是真正的大老板。杜老板隐居幕后，操纵全盘，任文桢坐镇前方，奉杜老板之命发号施令，领导法租界的人口贩子大干特干。

那些人口贩子就是跑腿的小卒，他们使出各种手段，通过各种途径，搞到"货物"。他们的活动范围很大，除了上海外，还有江苏、浙江、江西、安徽等邻近省份。他们经常打着上海某大工厂招工的幌子，跑到一些偏僻的乡村，花言巧语地诓骗那些贫苦而善良的农民。

在人口贩子们的描述下，大上海就是人间天堂，那些资本家都是慈善家，大工厂里都是机器在工作，农村的孩子们到了那里，就是去享福的，活儿轻松，还能挣大钱……

淳朴的农民们哪里见过什么世面，他们对人口贩子们的话深信不疑。再加上在当时，孩子们在家连一口饱饭都吃不上，有这样的好去处，谁都会动心。于是，在父母和兄弟姐妹们的美好祝愿下，许多青少年男女都带着对幸福生活的憧憬，上了人口贩子的"贼船"。那些所谓的"打工契约"上，就有了一个又一个的鲜红手印。

除了这种比较"正当"货源渠道外，人口贩子们的花招多不胜数。比如拍花，这种手段产生于清代，就是将一种迷幻药物拍在小孩的脑袋上，小孩会变得神志不清，最后就乖乖地跟着贩子们走了。或者用一些吃的喝的，将懵懂无知的孩子哄骗到手。还有更加野蛮的手段，就是直接派出流氓痞子们去绑架。为了更省事，贩子们甚至与各地的土匪勾结起来，土匪负责绑人，然后转手给人口贩子，双方"互惠互利"。

贩子们得手后，就将这些男女运送到上海，然而秘密"销售"到各地。任文桢是人口贩子的上级和保护伞，他手下有一千多党羽直接参与贩卖之事，若是有人口贩子意外被抓，他就会为这些人开脱罪名，甚至悄悄将人释放。而杜月笙这位大老板，则负责与法国人搞好关系，充当任文桢的保护伞，他甚至还与外国人勾结起来，一起做人口买卖。因此，从杜月笙到任文桢，再到各个大小人口贩子，形成了一张人口贩卖网。

杜月笙等人贩卖最多的，就是妇女。这些女子基本上都被卖去了妓院，只是被卖去的地方不同罢了。人口贩子们按她们的姿色来分等级，对其分门别类挑选一番后，就卖到不同档次的妓院。

人口贩子们除了满足"内需"外，还做起了"出口"业务。在杜月笙的人口贸易中，任文桢主要负责"内需"，陈鹤明则负责"出口"。陈鹤明也是杜月笙的门徒，他是法租界内的"大出口商"，专门将拐骗来的华人贩卖到海外去。

陈鹤明是浙江温州人，他贩卖的人口基本都来自浙江温州、青田一带。这里的男子大多擅长石刻，女子们还裹着小脚。陈鹤明将那些青年男女拐骗到手后，就通过杜月笙的关系网，将运输、销售渠道都打通了。在国内，上海南市警察总局护照股负责开出通行证，法国、意大利等在上海开办的邮轮公司的买办负责运送人口出国，那些被拐男女如黄鱼一般，被塞进拥挤不堪的邮船货轮里，被运抵海外。许多人忍受不了底舱的污秽沉闷，病死在途中。

到了国外，那些早与陈鹤明等人串通好的葡萄牙、法国流氓们则继续接下来的"生意"。青年男子们被送去做苦工，专门用青田石来为人刻图章或人像，他们的境遇自然不会好。小脚妇女们的命运更凄惨，她们被逼着去学习各种淫秽下流的舞蹈动作，然后就被带到各色夜总会去跳所谓的"小脚舞"。

这些人口买卖，虽然杜月笙没有直接去做，但任文桢、陈鹤明等都是他的门徒，那些跑腿的小人口贩子也多是他的徒子徒孙或有牵连的人，所以他实际上还是大老板。通过这项罪恶的贸易，杜月笙等人都发了大财，法国驻沪领事等也分一杯羹，捞了大把的油水。

第十四章

贩毒销毒，财源滚滚

江苏禁烟局

任何中国人都不会对"鸦片"一词感到陌生，中国近现代多灾多难的历史，都与鸦片有着千丝万缕的联系。清王朝后期，西方列强用坚船利炮轰开了古老中国的大门，此后鸦片就源源不断地流入进来。从晚清到民国，虽然政府多次下令禁止鸦片贸易，但统治集团腐朽，内外官商勾结，鸦片流毒屡禁不止。即使许多爱国志士振臂高呼，即使有林则徐的虎门销烟，但鸦片还是在整个中国大地蔓延开了。

蒋介石统治时期，对鸦片贸易采取"寓禁于征"的政策，他不仅将征收鸦片特税作为重要的敛财手段，还利用各处禁烟机构来贩烟、销烟。这实际上是打着禁烟的幌子从事罪恶的烟土贸易，以捞取钱财。蒋介石身为国民政府的一号人物，自然不方便做这样见不得光的生意，所以，捞钱的任务就由"至交好友"杜月笙代理了。

当时设立于上海的江苏禁烟局，就是其中的一个敛财窝点。而这个窝点的幕后老板，就是上海滩上的流氓皇帝杜月笙。在上海这块地方，杜月笙的门生党徒众多，遍及各行各业。在江苏禁烟局及其下属各分支机构里，杜月笙的亲朋好友及门徒等，几乎占据了所有的要职。

江苏禁烟局局长曾镛的儿子曾宪琼曾拜杜月笙为干爹，所以曾、杜二人的交情很不一般。禁烟局财务处的正、副处长，分别为金廷荪和苏嘉善。金廷荪既是杜月笙的密友，又是他的亲家。杜月笙的二女儿杜美霞就嫁入金家，做了四少奶奶。苏嘉善也是杜月笙的老友，他是浙江嘉兴人，很早就与杜月笙合伙做鸦片生意了。所以这禁烟局的财政大权，实际上就是杜月笙在掌控着。当然，在他上头的，还是南京国民政府的最高权势人物蒋介石。

除了财政大权外，其他具体的行动机构也都由杜月笙的心腹掌管。比如运输队长顾嘉棠，缉查处长马祥生，护缉队长芮庆荣等，都是天天在杜公馆晃悠的人物。

江苏省下属各县的禁烟分局头头们，也是杜月笙的爪牙。比如上海县禁烟分局副局长谢葆生，金山县禁烟分局局长高鑫宝等，个个都是跟着杜月笙混了多年的流氓无赖。

江苏禁烟局这棵大树，从主干到每一个分支，都是由流氓地痞、鸦片贩子组成的。这样一群人，若是去禁烟，岂不成了天大的笑话？当然，这也正是蒋介石需要的。

杜月笙等人既负责征收各地毒枭们的大烟特税，又手握查扣走私毒品、缉拿"不法毒贩"的特权。他们打着禁烟的旗号，查扣没收毒品，然后就将这些毒品销售出去，再次获利。在杜月笙这个大毒枭的领导下，禁烟局众人组成了贩运、制作、销售毒品的"一条龙服务队"。如此一来，他们的"禁烟生意"做得红红火火的，无数钱财滚滚而来。从蒋介石到杜月笙到各大小喽啰，个个赚得钵满盆盈。

筹建吗啡加工厂

有蒋介石这位禁烟监庇护，杜月笙等人贩毒就更加肆无忌惮了。当时，各地禁烟局为了欺骗舆论，都打着"禁"的旗号，没收了一批鸦片。当然，他们没收的烟土，都是那些无名小烟贩的。像杜月笙这样的大毒枭，谁也不敢动他分毫。这些因禁而"充公"的鸦片，都成了蒋委员长的私人财产，被秘密运抵上海后，由杜月笙等人去销售。

杜月笙将生意做大后，就立即意识到了一个很紧迫的事情：鸦片生产工艺需要改进。他现在贩卖的鸦片，基本上还是质地粗糙的初级产品，随处都可以提炼，它们占用地方很大，运输起来不太方便，而且很容易被发现。这种鸦片吸食起来也不方便，必须要有烟灯和烟枪。若少了这两样东西，烟鬼们就只能看着烟膏干瞪眼了。

这时，从国外流入了一种名叫吗啡的新型毒品。它是鸦片经过高纯度提炼后的产品，不仅占地小，运输方便，不易被查出，而且根本不需要烟灯和烟枪，既能吸食又可以注射。它的价格，自然比鸦片要高得多。杜月笙很眼红，做这样的生意，才能赚大钱啊。

杜月笙要做吗啡生意，若从国外进口的话，不仅赚得少，而且运输风险也很大。他手上有大批的鸦片，就打算在上海建一座吗啡加工厂，自己来提炼吗啡。不过吗啡是高级毒品，提炼是需要技术的，而且没有机器也不行。这样一件大事，杜月笙可不敢自作主张，就打算先向蒋介石请示。恰好此时蒋介石偕同夫人宋美龄来上海，杜月笙就决定在杜公馆宴请蒋介石夫妇，趁机向他汇报此事。

宴会当天，蒋介石夫妇在上海市长吴铁城的陪同下，在大批军政人员的保驾护航下，准时来到杜公馆。这时，杜月笙等人早已在门前恭候了。委员长亲临，令杜公馆增色不少。筵席丰盛，人物风流，一时间，欢声笑语不断。杜月笙借着热闹的气氛，把蒋介石大大吹捧了一番。

酒宴之后，蒋介石专门留了一点时间与杜月笙密谈，他这个真正的大老板，自然要慰问一下为自己销售鸦片的手下了。杜月笙汇报一番后，自然顺利将筹建吗啡加工厂的计划告知了蒋介石。吗啡利润惊人，蒋介石也眼红不已，连赞杜月笙精明。于是，筹建工厂的事情就由杜月笙与吴铁城来共同完成。

有了蒋介石的批准，杜月笙干劲十足。很快，他就开始和吴铁城一起商议建厂的具体事宜了。杜月笙身为上海滩的帮派老大，人脉特别广，选厂址、买机器、聘用技术人员和管理人员、招募工人等一系列事情很快就敲定了。吴铁城是上海市长，他负责出面向下属的各级政府部门打招呼，为吗啡加工厂的筹建大开绿灯。

杜月笙的吗啡加工厂建在上海南市区，厂房原是该区保安队某中队部的地方。保安队的头儿们都是杜氏门徒，有了他们的保护，工厂十分安全。工厂经理陈坤元是闻名上海滩的吗啡大王。杜月笙做鸦片生意以来，经常和他打交道，所以两人也是老关系了。生产吗啡的风险很大，陈坤元也有些担心。不过杜月笙向他暗示，这是蒋介石的生意，这样陈坤元无论是喜是忧，都要好好效力了。生产吗啡的工人，杜月笙一口气就招了三百多人，可见他的毒品工厂真不小。

杜月笙的工厂开张后，吗啡就被源源不断地生产出来。杜月笙根本不担心销路，他有好几条销售渠道。除了大陆、香港等地外，他在国外也有不少合作伙伴，如日本特务机关"黑龙会"、"樱会"等，还有一些国际上的大毒枭。杜月笙通过这个"出口贸易"，在国际毒品界都打开了知名度，那利润自然如钱塘江大潮一样，滚滚涌来。

在吗啡加工厂的事情上，杜月笙也展现出了自己的精明睿智。他时刻记着蒋介石才是真正的大老板，所以在工厂的一切事项上，他从不自作主张，事无巨细都要向宋美龄和孔祥熙这两位蒋介石的亲信汇报，按他们的吩咐办事。

蒋介石有了吗啡加工厂这样的聚宝盆，心满意足之际，当然也更加宠信杜月笙了。当然，杜月笙捞的钱也不会少。蒋、杜二人，是皆大欢喜。

来自蓝衣社的竞争

杜月笙的吗啡生意越做越大后，利润也比以前翻了几翻。他日进斗金，自然会引起了其他人的眼红。这些人也开始生产和销售吗啡，与杜月笙争夺毒品市场。虽然杜月笙有蒋介石撑腰，但受蒋介石"特殊照顾"的人并不止他一个，蓝衣社也是其中之一，这个团体就是杜月笙吗啡生意的最大竞争对手。

蓝衣社其实就是蒋介石手下的早期大特务组织，后来的军统局就是从蓝衣社分化出来的，军统王戴笠就是蓝衣社的"十三太保"之一。那蓝衣社到底是怎样创建的？它怎么又做起吗啡生意了呢？

蓝衣社成立于1930年，英文名称为The Blue shirts，又称为"力行社"，是国民党的一个内部组织。

蓝衣社的主要成员，有曾扩情、贺衷寒、戴笠、邓文仪等人，号称"十三太保"。在他们的领导下，蓝衣社一跃而成了民国三大派系之首。不过，由于种种原因，它成立7年后就不宣而散了。后来的三青团和军统局就是由解散后的蓝衣社分化而成的。

杜月笙做吗啡生意的时候，蓝衣社还十分兴旺，它的工作有四大类，即调查（情报）、行动（监视、禁锢以及暗杀）、组训和筹款。其中情报和行动是最主要的，筹款虽比较简单，但涉及的范围比较大，比如要向各地方军事、行政长官索取报效（与摊派类似），制贩吗啡、海洛因等毒品。毒品生意，就是蓝衣社筹款的主要方式。

蓝衣社是直接为蒋介石效命的，国民党政府的许多秘密的反动恐怖活动，都是他们策划实施的，所以蓝衣社特别受蒋介石的宠信。他们一向骄横跋扈，从不把旁人放在眼里。他们见杜月笙做吗啡生意财源滚滚，就也想插一脚。

蓝衣社一向认为自己是"一人之下，万人之上"，谁也不敢招惹自己，所以，他们连杜月笙做吗啡生意的背景都不查，就自己开始建吗啡加工厂了。他们的厂子建在上海北郊长江边的浏河镇附近，由蓝衣社直接经营。

浏河建起吗啡加工厂的事情，很快就传到了杜月笙耳中。谁吃了豹子胆，敢抢蒋介石的生意？在上海滩上，谁敢与他杜月笙作对？杜月笙非常恼火，立即授意上海保安队去处理这个麻烦。要是以往，杜月笙办事是比较仔细谨慎的，不过这次他的后台硬得很，哪里还需要顾虑那些东西？

杜月笙的吗啡加工厂就设在上海南市区保安队的中队部里，所以上海保安队是绝对站在他这边的。保安队就是上海的地头蛇，虽然职权不大，但普通人是惹不起的。他们从杜月笙的吗啡加工厂中也获取了不少好处，如今工厂有麻烦，他们当然很愿意效力。经过简单侦查后，上海保安队就派出大批人手突袭了浏河镇的吗啡加工厂，将那里的机械设备、所有原料和成品都抄走了。

蓝衣社毕竟是个特务机构，人手没有保安队多，只好眼睁睁地看着工厂被查抄。不过，他们是绝不会善罢甘休的。仗着自己是蒋介石的心腹，蓝衣社的头头们用各种手段向上海市政府施加压力。上海市长吴铁城哪敢得罪蓝衣社，就马上命令保安队归还抄走的东西。市长亲自下令，保安队也只有乖乖执行了。杜月笙弄清楚蓝衣社的背景后，也不敢再找他们的麻烦了。

虽然杜月笙想与蓝衣社井水不犯河水，各挣各的钱，但蓝衣社却咽不下这口气。

一日，蓝衣社也派人闯入杜月笙的吗啡加工厂里捣乱，以其人之道，还治其人之身。负责维护工厂治安的上海保安队毫无防范，被蓝衣社打个措手不及。双方发生混战，工厂被弄得一片狼藉，正在生产吗啡的工人们也四处逃散。最后，蓝衣社抢了大批毒品和制毒机器，扬长而去。当狼狈不堪的保安队将情况报告给杜月笙时，他气得火冒三丈，决定不再避让蓝衣社，打算亲自到南京去向蒋介石告状。

谁料杜月笙的南京之行还没有成行，新的麻烦就出现了。由于蓝衣社和保安队的争斗太激烈，上海建有吗啡加工厂的消息很快就泄露出去了，上海的各大报纸上都刊载了此事。一时间，公众舆论哗然。除了民间各界人士和社会团体外，国民政府中的一些开明人士也挺身而出，谴责此事。

在舆论压力下，杜月笙和蓝衣社都很狼狈。他们因一时之气，自家人打了自家人，结果不仅都没捞到好处，还都惹上了大麻烦。现在怎么办呢？他们都束手无策，只有寄希望于蒋介石了。

调查团到了上海

杜月笙与蓝衣社为争抢吗啡生意，发生了窝里斗，深深陷入了社会舆论的谴责中。蒋介石本来能从这两个吗啡工厂里捞钱，如今也不得不站出来表示要严查严办，绝不姑息。于是，南京国民政府专门派出了一个调查团，赴上海查办此事。

调查团打着为民服务的幌子，声称要调查事情的真相，绝不会宽恕纵容，一定给社会公众一个满意的交代。不过，蒋介石会派人揭自己的老底吗？显然是不可能的。调查团的许多成员都是他的亲信，这些人去调查，能查出什么呢？

为了欺骗社会舆论，调查团一到上海，就召集上海各界人士，"认真听取"了他们对此事的意见。接着，调查团又亲自前往上海南市保安队中队部里的吗啡加工厂查看。杜月笙等人不敢公开与调查团对峙，就只能从其他方面想办法了。

南京来的调查官员们要求进入吗啡加工厂，不料竟被拒之门外。原来，上海保安队早已接到杜月笙的授意，派出大队人马将工厂封锁了。领头的保安队负责人声称，这里是蒋委员长亲设的秘密机关，没有委员长的亲自批准，任何人都无权进入。调查团没想到会碰上这种情况，虽然有不少人提出质疑，坚持到进去检查，但最终也没有谁敢真正无视蒋介石的权威。双方僵持一阵后，调查团只好灰溜溜地离开了。

不过，事情哪能这么容易就结束呢？调查团进不了工厂，不能调查取证，就无法向社会交代。群众的眼睛都是雪亮的，哪里容他们这样糊弄过去？再者，调查团的成员也并非全是蒋介石的亲信，总有一部分人是坚持严查的开明人士。于是，调查团众人商议一番后，就决定先向蒋介石汇报，申请入厂调查的权力。

此时，蒋介石正在南昌行营督促"剿共"，他接到电报后，也没法明目张胆地庇护了，只好批准调查团入厂，要求他们"严格调查"，不过为了保险起见，蒋介石又命上海市长吴铁城派人协助调查。与此同时，蒋介石又秘密通知杜月笙和吴铁城，要他们见机行事，不要直接与调查团对抗。蒋介石为了保住吗啡加工厂这个聚宝盆，真是煞费苦心。

调查团得了蒋介石的指示，就马上去找吴铁城。吴铁城早就做好了准备，他"积极"配合调查团的行动，从上海警察局调拨了一批人过来协助。这批警察其实基本上都是杜月笙的徒子徒孙，他们出面协助，当然要帮杜月笙了。

这一次，保安队没敢阻拦，于是调查团顺利进入了工厂。结果，吗啡加工厂被查封，负责生产、销售和技术的人员共计43人被调查团抓走了。不过工厂经理陈坤元，早已在杜月笙的帮助下住进了法租界。调查团不敢到法租界抓人，只好照会法租界巡捕房，希望巡捕房出面逮捕陈坤元，并将其引渡至华界，移交给南京国民政府处理。

在杜月笙看来，工厂封了并没有多大的损失。只要陈坤元不被抓住，毒品生意的内幕就不会被泄露出去，以后还可以重新建厂制吗啡。可若是陈坤元落到了调查团手里，蒋介石的吗啡生意就要曝光了，他杜月笙也完蛋了！因为蒋介石可不希望舆论的矛头指向自己，到时候他很可能会丢车保帅，那杜月笙就是替罪羊了！这样的后果，杜月笙想都不敢想，也根本承担不起。

现在调查团已经向法租界巡捕房发出了照会，陈坤元的处境非常危险，这就意味着杜月笙的麻烦也非常大。杜月笙该怎么办才能化险为夷呢？

一场滑稽的闹剧

调查团以南京国民政府的名义，向法租界当局正式发出了照会，要求逮捕陈坤元。法租界巡捕房不得不重视此事，由法国巡长亲自带人去抓捕陈坤元。杜月笙急了，赶紧想办法。

这一次，杜月笙真是使出了浑身解数。首先，他的心腹、杜公馆的管家万墨林将陈坤元秘密接到一个地方安置起来，这样巡捕房想抓人也找不到陈坤元了。接着，杜月笙就亲自带着各式名贵礼物，驱车赶往法租界巡捕房，准备上下打点关系。

在巡捕房里，担任高级职务的都是法国人，华人和安南（越南）人只能充任低级官员。杜月笙在法租界一向很有名望，法国驻沪领事们都对他很客气，巡捕房的法国长官们也和他很有交情，而华人巡捕则大多是杜月笙的门生或朋友，至于安南巡捕，是不敢得罪杜月笙的。所以，杜月笙来巡捕房，得到了很热情地接待。

那位负责抓捕的法国巡长也是杜月笙的老朋友，两人关系很密切。于是，杜月笙送上厚礼后，就开门见山说明了来意，希望巡长能在陈坤元案上多多通融。巡长与杜月笙一向就有许多利益合作关系，如今又收了杜月笙的大礼，当然想卖个人情，这样自己以后也能捞更多的好处。不过这次的事情比较棘手，他也有些作难了。

这次是南京国民政府出面，要求法租界当局引渡毒贩，加上这件事在社会上已经很有影响了，若是巡捕房不交出人来，也会遭到社会舆论的攻击。租界当局可不想招惹这样的麻烦。

当法国巡长满脸为难地向他道出自己的苦楚时，本来很有信心的杜月笙也愣住了。巡长的话，可是浇了他一头冷水啊！

"巡长先生，这人一定要抓吗？"杜月笙沉吟半晌后，才问出了一句。

"实在对不起了，杜先生！这个问题上是没法商量的。"法国巡长满是歉意地说道。

"那您看这样行不行？毒贩，你们还是照抓，而陈坤元这人，我马上就把他秘密送出上海……"

"杜先生！杜先生！您这样可就让我没法交差了！"巡长没听明白杜月笙的意思，就急不可耐地打断了他的话。

"巡长先生，您别着急，听我慢慢说清楚。"杜月笙微微一笑，开始向巡长说出自己的打算。

原来，杜月笙打算找个人顶替陈坤元。南京国民政府不是要毒贩吗？好，那他就找出一个，只要不是陈坤元就行！至于引渡的事情，就请租界当局出面去通融了。

这个人选很容易找。法租界里就有一个叫罗春牧的毒贩，他平时也贩卖吗啡，很受杜月笙的关照。杜月笙出面要他去顶替陈坤元，他不答应都不行。法国巡长只要抓到人交差，就可以邀功领赏了。而调查团里有不少蒋介石的心腹，只要社会舆论平息了，自然没人敢坚持追查到底了。

法国巡长听了杜月笙的话，佩服得五体投地，他心想：怪不得杜月笙能成为法租界的红人，原来真的很有本事！于是，两人互相合作，共同解决这个难题。

第二天，罗春牧就听从杜月笙的安排，在巡捕房主动"投案自首"了。巡捕们装腔作势地审问一番后，就对外宣布，这个案子他们已经自行审讯处理了。不久，在杜月笙的活动下，法租界当局就拒绝了南京政府引渡毒贩的要求。其实，罗春牧只被关押了一天，就被偷偷释放了。与此同时，杜月笙又与日本的特务机关勾结，通过日本轮船将陈坤元悄悄送到大连去避风头了。

至于南京政府派来的调查团，他们既抓不到陈坤元，也无法从租界引渡罗春牧，只好审判先前从吗啡加工厂里抓捕的那43人。不过在多方权贵要人的干涉下，调查团的许多人都隐隐意识到此案很有背景，这幕后之事不是一般人能触碰的。于是，这个审讯也是草草了事。那负责生产、技术和销售的43位毒贩，最后仅分别判处了6个月、3个月或1个月等轻微的徒刑。事实上，还不到一个月，这些应该服刑的犯人就重获自由了。

调查团圆满完成任务后，就带着各方打点过来的丰厚财物，心满意足地回去向南京国民政府汇报去了。

一场如此滑稽的闹剧，就这样落下了帷幕。

后来风声不太紧了，杜月笙就将陈坤元从大连接回来，着手恢复吗啡加工厂的运转。那些四处逃散避难的工人、管理人员和技术人员，也重新回到了吗啡厂。不过在经历蓝衣社和调查团的事情后，吗啡厂的生产设备损毁了不少。陈坤元估算了一下损失，大约有60万。杜月笙就立即跑到南京去向蒋夫人宋美龄汇报，蒋介石夫妇对他在这次事件中的表现非常满意，就大方拿出60万，弥补了这项损失。于是，吗啡加工厂很快又开张了，生意比以前还红火。

与戴笠惺惺相惜

戴笠是在沪杭一带认识杜月笙的。

当时，他寄宿在表妹夫张冠夫家中。张冠夫夫妇每日饭菜招待，晚间就在地板上给他弄个地铺休息。他经常出入赌场，赢了钱就大肆挥霍，尽情享受，输了就垂头丧气，委靡不振。时间久了，便和老板杜月笙相识。杜月笙见他一表人才，经历又和自己十分相似，且都有生性不羁的"鬼才"，便生了拉拢之意，故常给予其经济上的援助。戴笠也是个明白人，不久便和他结为兄弟，杜月笙年长9岁，为"三哥"。

后来，戴笠辞别杜月笙去了广州，考入黄埔军校，成为黄埔六期生。然后，又因为天生的特务才能，成了蒋介石特务组织复兴社的特务处处长。

此时的戴笠深知，上海是一个各种势力混杂其中的城市，这个城市是一个江湖，江湖险恶，并非当局一手就能掌控天下。在这个城市里，处处都是险滩暗礁，黑白两道争权夺势，每天都上演着各种利益的争斗……江湖势力之大小不可估量——大，可以大到无边无际；小，可以小到无孔不入。自己虽然得蒋介石的信任担当了复兴社特务处长的要职，但影响力远不及杜月笙。杜月笙盘踞上海，势力渗入了上海各界，在上海叱咤风云，被称为"无冕市长"。戴笠知道如果能将特工活动和江湖势力结合起来，则有如虎添翼之效果。

戴笠也深知自己的身份低微，在杜月笙的眼里是很没分量。

"必须让杜月笙对自己刮目相看！"戴笠心中保持着这样的念头，开始静静地等着机会的出现。终于，一个大案让戴笠大显身手。

蒋介石十年禁烟，毒品却愈加泛滥，国际上对国民党政府的印象也在不断变坏。见禁烟效果甚微，蒋介石一怒之下撤销属于行政院的"禁烟委员会"，另在军委会设立"禁烟总会"，并亲任总监督导全国的禁烟运动，并指令戴笠的特务组织从旁协助查缉举报。

而此时，杜月笙指示顾嘉棠设立在上海南市太平里的吗啡制造厂因与特务、宪兵分赃不均而被破获。后来，宪兵司令部派遣一个连的宪兵负责看守，结果官兵们监守自盗，将吗啡窃取后全部逃窜。蒋介石听闻之后勃然大怒，命戴笠对此事进行彻查。

杜月笙知道吗啡厂是自己名下资产，如果顺藤摸瓜自己必然会暴露，于是就开始活动，想要疏通戴笠。杜先是差人向戴笠打招呼，戴不动声色。杜又请杨虎出面代为说情，并奉上一张金额为30万的支票，戴笠看过之后，又原封不动地退回。杜月笙在上海滩摸爬滚打多年，以金钱诱惑别人是其屡试不爽的手段，两次失败之后，他仍然不相信有人会经得起利益的诱惑，便又托自己的法律顾问邀约戴笠赴宴，没想到戴笠却又一次予以回绝。至此，杜月笙已经无计可施，心中顿觉恐慌。就在这时，事情却有了峰回路转的变化：戴笠深夜访问杜月笙的法律顾问，说明了之前退款拒宴都是为了掩人耳目，以防授人以柄。并请其转告杜月笙大可放心，此事绝不将其牵连进来。后来，此事以戴笠申报蒋介石批准将淞沪警备司令部副官长温建刚枪毙收场。温建刚做了替罪羊，杜月笙却安然无恙，这就是轰动一时的上海南市太平里大吗啡案。

戴笠对案件的巧妙处理让杜月笙刮目相看，由此见识到了戴笠的厉害，从此之后，加强了与戴笠之间的合作。

在一段时期内，只要戴笠来上海，他就一定会和杜月笙会面，其中大多是在杜月笙的家，还有几次是在位于偏僻地段的旅馆。当时出任上海侦查大队队长的翁光辉以及他的继任者吴延宪是戴笠和杜月笙的直接联系人。在王兆槐继任侦查队长之后，戴和杜的联系变得更加频繁。这段时期，杜月笙的门徒为特务处充当帮凶，在上海的各个租界开展特务活动。

杜月笙在上海党羽遍布，门徒更是多达数万人，因此他在上海的影响力非常大。杜月笙的门生故友三教九流无所不有，有街头流氓，有收保护费的地痞，还有店铺老板、企业家，甚至上海各租界的领事都和杜月笙有不错的交情，而侦察队的王兆槐就是他最得意的门徒之一。也是因为二人的特殊关系，杜月笙经常协助侦查大队执行特务任务。

一段时期内，戴笠和杜月笙惺惺相惜，他们相互协作，暴力抓捕反蒋分子，镇压共产党员组织的工人运动，控制上海的毒品市场，甚至合作开办了"三鑫公司"和"大运公司"。充满传奇色彩的上海滩白天车水马龙、晚上灯火辉煌，在街头巷尾经常会有人小声议论着在租界区、贫民区发生的种种欺行霸市、暴打平民的怪事，殊不知做下这些罪行的正是国民政府的特务处，而领导这个部门的人就是戴笠。

1936年10月，鲁迅先生在上海去世，而他的葬礼也是在上海举行的。鲁迅先生在民国时期的文化界具有十分高的地位，以宋庆龄为代表的许多反蒋人士都表示将参加他的葬礼。戴笠则指示王兆槐密切关注此事，并适时对打算参加这个葬礼的人提出警告。杜月笙派出几十个身手好的门徒，于葬礼当天混于人群之中。由于参加葬礼的民主人士群情激奋，这伙打手并没有采取什么暴力活动，但是这正反映出了特务处和杜月笙的亲密关系。

就这样，戴笠和杜月笙在上海这个充满危险和机会的地方进行着密切的合作。在长达十几年的合作中，他们两个若即若离，或和睦或反目。就是在这两位不断分分合合的过程中，他们逐渐将民国政府在上海的特务网络编织起来。

第十五章

进军实业界

中汇银行开业

"四·一二"反革命政变之后，杜月笙受到了蒋介石的赏识，被授为海陆空军总司令顾问、少将参议，从而跻身政界、军界，显赫一时。这一层光坏，加重了杜月笙在上海滩的砝码。法租界的阔佬名流们也对他刮目相看，于是捧他做了租界最高权力机构公董局的首席。此时的杜月笙成了上海滩名副其实的大亨，四面玲珑，八面威风。然而，有一件事却如附骨之疽，一直让他耿耿于怀。

那正是他"白相人"的身份。虽说身上已经裹了一层"少将参议"的外衣，但杜月笙仍觉得在那些达官贵人的眼里，自己仍很低贱。尤其是在那些金融家、企业家看来，杜月笙经营赌场、开烟馆，虽然财源广进，但终非"正道"，是无论如何也上不得台面。时代在变，赚钱的方法当然也要变，杜月笙下定决心，一定要创办实业，开辟正当的财源。

但是，该如何去做呢，杜月笙满脸茫然，没有丝毫的头绪。虽然开赌场、贩烟土、经营三鑫公司，让杜月笙积累了不少的生意经，但是，创办实业毕竟是另一番天地，他当初的那一套，已经不合时宜。所以，在这种情况下，杜月笙即使有心涉足金融业，也不得不三思而后行。

1928年春节的时候，杜月笙迎来了他在金融界的第一位关键人物。这个人就是钱新之。

钱新之，字永铭，浙江湖州人，早年曾经留学法国，学习财经学。回国后，先后在上海和北京等财政、工商部门担任要职。1917年，钱新之任交通银行上海分行副经理，之后几年，连任经理、上海银行公会会、交通银行总经理等职位，蒋介石政变夺权之后，钱新之被任命为国民党财政部次长，还兼任了北四行——盐业、金城、中南、大陆储蓄会经理及四行联合准备库主任，是当时上海乃至于全中国的金融巨头之一。本来像他这样的一位金融界精英，是不屑于和杜月笙这样的黑帮人物打交道的，但四一二事变中，杜月笙的锋芒毕露，令他对这位黑帮大亨印象深刻。他觉得像杜月笙这样的一个人物，有雄心、有韬略，胆识俱佳，组织能力强，如果能把才干用在创办实业之类的"正事"上，那么他的成就一定不止于此。所以，他决定"点拨"一下杜月笙。

见到杜月笙后，钱新之单刀直入地对他说，经营赌场、烟馆生意，虽然获利丰厚，但毕竟不是正途。真正的长远之计，是创办实业，进军金融界。钱新之还向杜月笙建议，以目前形势，开设银行最为有利。原因有二，一则杜月笙为人诚信，交际广泛，很适合开银行。其二，银行借本生利，生生不息，既是发财的门道，也有利于杜月笙改头换面，打入上流社会。

这些话都正中杜月笙下怀，但他也说出了自己的忧虑：开银行需要的资本非常巨大，万一银行开张，又没人存钱进来，岂不得关门大吉。钱新之听他这么说，便知道他关于金融方面的知识非常匮乏，心里不禁得意，便滔滔不绝地给杜月笙讲起一些金融财经方面的知识。

他告诉杜月笙，在金融界有一个颠扑不破的规矩，无论是哪家银行开张，同行同业者都要存一笔钱进来，表示祝贺，这叫做堆花。上海滩有十几家银行，这十几笔的款子存进来已经是一个不菲的数目。另外，在上海滩，来银行存钱的大都是那些经常上烟馆、下赌场的富贾豪绅和达官贵人，而这些人又和杜月笙关系密切，因此根本就不用担心银行没有资金存进的问题。

杜月笙听他这么说，内心热了起来。他恍惚已经见到自己踏进了一片崭新的天地。那里不再是烟云缭绕，不再是众声杂沓，一切都是那么的静谧，那么的和谐，出入于那里面的也不再是那些眼神呆滞，精神委靡的烟鬼、赌鬼，而每一个人都是西装革履，精神奕奕，显得气度不凡。

送走钱新之后，杜月笙开始琢磨开办银行的大计。为了保险起见，他首先让人请来了苏嘉善和田鸿年。这两人一人是杜月笙的经济顾问，一人则负责杜月笙资金调度，和各大银行都有往来。杜月笙现在打算开银行，自然也得征询一下他们的意见。这两人也大力赞成杜月笙开银行。他们的意见和钱新之基本相似，都觉得开办银行是一个既体面、又能赚钱的好事情。至于杜月笙担心的资本问题，他们也觉得不用担心，上海滩有不少的金融巨头、富商大贾，这些人或多或少都和杜月笙有一定的关系。如果杜月笙办银行，他们肯定会鼎力相助的。

听他们也这么说，杜月笙立时拿定主意，开办银行。他和苏嘉善、田鸿年两人详细讨论了筹办银行的种种事宜。最后，几人商定给银行起名为"中汇"，定于1929年开张。

事情果如钱新之等人所料，中汇银行非但没出现杜月笙所担心的银根不足问题，反而资本充裕，节节拔高。这主要是基于以下几点：其一，杜月笙赌台、烟馆的收入本来已经不菲，再加上黄金荣、张啸林、"小八股党"等人相助，已经是一笔非常可观的资本。其二，杜月笙平日交友广阔，赌场、烟馆里的朋友亦多豪富，现在听说杜月笙办银行，自然慷慨相助。至于一些不是朋友的"朋友"，也希望藉此机会，好好表现，变成杜月笙的朋友。

除此之外，杜月笙还通过了另外一个途径集资。这个途径虽然不足为外人道，但在当时富豪多如过江之鲫的上海滩却非常的有用。这就是挖。所谓的"挖"，是指先去窥探那些豪绅的隐私、花边新闻、家庭纠纷等，然后在一个合适的机会出面帮他们解决此事，从而使他们欠下"人情"债。等到需要他们帮忙的时候，他们自然会俯首贴耳，乖乖地向杜月笙贡献他们的力量。

当时，上海滩有一个著名的纱业大王徐庆云，劳累半世，积累了两千多万的家资。徐庆云死后，围绕着大笔遗产，其子徐懋棠和小老婆发生了纠纷。小老婆要求均分家产，徐懋棠自然不愿意。但小老婆却威胁说，如果徐懋棠不答应要求，就要上诉法庭。徐懋棠顿时觉得有些为难。他时为大英银行买办，如果因为争夺遗产问题对簿公堂，未免有失身份。而且，就算最后可以打赢官司，但这一场官司打下来，天知道要多长时间，要花多少钱财。恰是在这时侯，杜月笙的一个门徒适时地出现了，他对徐懋棠说，杜先生在上海滩神通广大，为什么不去请杜先生帮忙？徐懋棠闻言，像看见了指路明灯似的，忙跑去请杜月笙出面相助。在杜月笙威逼利诱之下，小老婆乖乖低头，最后得到了50万元，算作补偿。守住了大笔遗产，徐懋棠对杜月笙自然是感激不尽，现在听说杜月笙要办银行，二话不说，当即出了一笔巨资，成为了中汇银行的大股东之一。

另一位通江信托银行经理朱如山也曾经受过杜月笙恩惠，此时亦应杜月笙之请，将大笔款项存进银行，成为了中汇的另一大股东。至于上海滩那些不打算"进贡"的银行或商号，杜月笙也有办法。当时中汇银行的北面是上海华商纱布交易所，顾客盈门，生意兴隆。杜月笙见对方生意如此之好，竟然没有表示，十分生气，就隔三差五地指示小流氓、瘪三去捣乱，致使交易所被迫停止营业。交易所无奈，只得寻求杜月笙庇护，一笔几十万的款子也随之存进了中汇银行。杜月笙正是通过这些手段，汇集了大笔的资本。1929年，中汇银行正式在爱多亚路97号开业，杜月笙自任董事长，田鸿年做经理。1934年，杜月笙斥巨资在最为繁华的维多利亚143号建起一幢银行大厦。中汇银行迁入新址，生意日渐兴隆，杜月笙在金融界声名更显。

救人实为救己

自鸦片战争以来，上海的金融业获得了飞速的发展。最初的时候，主要是帝国主义在这里办洋行，攫取利益，但自从1897年盛宣怀开办中国通商银行以来，华资银行就犹如雨后春笋，纷纷拔地而起。在这期间，华资银行虽众，但由于帝国主义的压制，一直未能有较大的发展。直到第一次世界大战爆发，帝国主义忙于战争，无暇东顾，华资银行的发展才迎来了"黄金时期"，资本得到不断积累。到20世纪20年代中后期，华资银行已经获得了极大地发展，同外资银行形成了有力的竞争之势。在当时的上海滩，就出现了著名的"南三行"（浙江兴业银行、浙江实业银行和上海商业储蓄银行）和"北四行"（盐业银行、金城银行、中南银行和大陆银行）。除此之外，还有几百家由民族资本家创办的大小银行。因此，就当时上海金融界的格局而言，中汇银行的出现，虽然瞩目，但并不耀眼。然而，杜月笙又岂是一个甘于平庸的人。

杜月笙明白，上海滩银行林立，中汇银行想要立足，想要获得长久的发展，就必须拉拢其他的金融大亨，借助他们的力量，增强自己的竞争实力。虽然，金融界比不得经营烟馆、赌场那样逍遥自在，但杜月笙明白，无论是哪一方，都离不开情面的支持。有了情面，才有场面。有些时候，与人方便，其实也是为了自己方便，救人其实也是为了救己。

第一个拉拢对象，杜月笙想到了徐新六。徐新六是当时浙江兴业银行的总经理，精明能干，善于经营，是金融界的重量级的人物之一。中汇银行开业的那天，杜月笙见过徐新六一面，当时就觉得这位金融界的俊彦文质彬彬，温文有礼，颇具绅士风度。后来，听说徐新六严于自律，不近酒色，在上海滩素以洁身自好而著称，心里更为敬服，自己反倒有几分自惭形秽之感。但这种感觉也只是一闪而逝，他可不相信，世上真有这样举止合度、毫无瑕疵的"正人君子"。于是，他派出党羽，悄悄地一查，果然让他发现了徐新六一个不为人知的秘密。

原来，徐新六并非外界认为的那样，私生活非常检点，实际上，他早在外面有了偏房，并且生下了两子一女。徐新六是社会名流，为顾全声望，对此事一直秘而不宣，就是其亲友也不知情。但随着儿女一天天的长大，徐新六心里的烦恼也是一天比一天多。他担心在自己死后，自己的孩子们得不到社会承认，无法继承他的财产。可是，如果此事曝光，自己的声望就会受损。徐新六非常苦恼。

杜月笙在探知这些消息后，顿感兴奋，决定帮他一把，顺势将他"拉"过来。为此，杜月笙特意制造机会和徐新六"巧遇"，并因此和徐新六结成了朋友。时间久了，徐新六引杜月笙为知音，对他也逐渐打开了心防。某一次，徐新六趁醉把埋藏心里许多年的秘密告诉了杜月笙。杜月笙处心积虑地做了这么多，等的就是这一刻，当下拍着胸脯保证："徐兄健在，杜某守口如瓶；一旦徐兄发生什么不测，杜某一定出面帮忙证明身份。"徐新六见杜月笙愿做证人，自然欣喜万分，当下修下密信一封，详细交代身后事，交由杜月笙保管。就这样，徐新六就成了杜月笙的"密友"，日后杜月笙有何要求，徐新六自然也无法拒绝了。

杜月笙有心结交的另外一位金融大鳄是陈光甫。陈光甫时为"南三行"的上海商业储蓄银行的老板。1931年的时候，上海商业储蓄银行发生了一次严重的挤兑风潮。事情的起因是由于当时上海商业储蓄银行投资的一笔食盐生意亏损了二百多万元，但外间传言，亏损数高达好几千万的数目。存户闻讯后，担心银行倒闭，就纷纷到银行提取现银。开始的时候，陈光甫尚不以为意，但几天过后，银行的存款就被提取了一半，而前来挤兑的人仍然络绎不绝。这下子，陈光甫着急了，急忙找到杜月笙的经济顾问杨管北，请他联系杜月笙，求杜先生出面相助。

此事杜月笙早有耳闻，现在见陈光甫求助，意识到这是一个拉拢陈光甫的机会，当下表示愿意鼎力相助。杜月笙首先命万墨林将他的一些烟馆、赌场里的一些朋友请到了杜公馆，要求众人慷慨解囊，帮助上海商业储蓄银行渡过难关。这些人富得流油，很快就凑足了两百万。杜月笙接着让万墨林请来工商界的一些朋友，要求他们停止挤兑，有能力存钱的再凑一笔款子存进银行，并且当场宣布中汇银行存款100万元。众人慑于杜月笙的淫威，不敢说些什么，大都表示了支持的态度。翌日，上海商业储蓄银行门口，杜月笙领着车队出现在众人的面前，当着众人的面存进了100万元，而其他的一些商铺老板、银行大亨也纷纷存入款项。那些正准备提款的人，看到这种景象，当然明白银行不会倒闭，就又纷纷将款项存进了银行。

杜月笙帮陈光甫渡过这一关，很快便收到了回报。当时，中汇银行因为经营不善，业务冷冷清清，陈光甫为了感谢杜月笙的相助之恩，就往中汇银行存进了50万元，为中汇银行重新注入了活力。

无独有偶，同年年底，上海另一家较大的商业银行四明银行也发生挤兑风潮。同样，也是由杜月笙出面帮助四明银行的经理孙衡甫平息了这场风波。如果说笼络陈光甫、孙衡甫不过是杜月笙卖弄人情的伎俩，那么拉拢国华银行总经理唐寿民则是杜月笙操纵民意的表现了。

国华银行自开业以来，上有财政部长宋子文的庇护，下有唐寿民的大力经营，业务一直蒸蒸日上。但在1933年的时候，国华银行突然遭遇了一场无妄之灾。此事需从一年前说起。1932年，日军悍然发动了"一·二八"事变，当时驻守在上海的第十九路军奋起反抗，赢得了全国爱国民众的一致拥护。是时，上海以及全国的爱国人士纷纷捐款，大力支援第十九路军的抗日行动。第十九路军亦因此收到了一大笔的捐款。后来，蒋介石和日本签订《淞沪停战协定》，双方战事结束。第十九路军奉命撤出上海，在离开上海之前，他们将余下的款项存进了国华银行。

民族生死存亡之际，蒋介石却不负起守土御辱的责任，反而一意推行"攘外必先安内"的政策，大力围剿红军。1933年，他调令第十九路军赶赴福建，进攻中央苏区。第十九路军对此非常不满，于是发动了福建事变，成立了"人民革命政府"，公开与蒋介石决裂。蒋介石闻讯后，非常生气，宣布第十九路军为"叛军"，一方面调兵遣将，前往福建镇压，一方面大造舆论，在上海等地召开所谓的"民众集会"，"声讨"第十九路军。

此时，在上海的某些和宋子文不同派系的政客，利用第十九路军在国华银行存钱一事大做文章，希望以整倒唐寿民的手段来打击宋子文。他们鼓动民众，在"民众集会"上提出没收国华银行资本，勒令停业等提案。这些消息，对于唐寿民而言，不啻于一个晴天霹雳，于是慌忙向好友钱新之求助。钱新之立即就想到了杜月笙。在上海滩，可以解决此事的，或许也就只有杜月笙一人了，于是他就代唐寿民向杜月笙求助。钱新之是杜月笙踏上金融界的指路人，两人渊源颇深，现在见钱新之有事相求，杜月笙自是一口答应。答应钱新之后，杜月笙立即请来了上海市社会局局长吴醒亚、《新闻报》编辑唐世昌以及陆京士，向他们请教如何解决此事。杜月笙刚一开口，吴醒亚已经连声说晚了。因为那个"民众集会"已经召开了，并且也已经通过了包括没收国华银行资本、勒令停业在内的十条内容。陆京士、唐世昌两人也觉得事已至此，回天乏术了。因为"民众集会"体现的是"民意"，而无论任何人都是不能逆民意而行的。但杜月笙对此却不以为然，他认为此事还有回旋余地。"民众集会"虽然已经召开，但十条议案却未曾登报，还不曾向社会大众公开，因此只要在这方面稍作变动，就可以帮助唐寿民解决眼下的麻烦。唐世昌、陆京士等人心领神会，便串联其他媒体，在次日的报纸上，一律将"没收国华银行资本，勒令停业"这一条删除，从而帮唐寿民保住了国华银行。

那些反对唐寿民的人，见到杜月笙明里暗里保着唐寿民，不再敢造次，此事就这么不了了之。唐寿民见杜月笙帮他处理了这么大的麻烦，对他感激不尽，此后，杜月笙但有差遣，唐寿民自是无不从命了。

这些人情的积累，使杜月笙在金融界的名望也是越来越盛。没过多久，杜月笙就被上海滩的金融巨子们推选为上海银行公会理事。有了这层"金融家"的外衣，杜月笙越发的风光体面了，许多银行、钱庄看重他的声望，请他做公司的名誉董事、监事。到抗战前夕，杜月笙挂名的银行、钱庄、信托公司竟然高达七十多家。

七星公司风波

在抗战前夕，孔祥熙的夫人宋霭龄连同徐勘、陈行等人在上海组织"七星公司"，专做证券、标金、棉纱、面粉等的投机生意。由于资金雄厚，又有政府高层的庇护，七星公司很快就在上海滩声名鹊起，业务蒸蒸日上。起初，上海的商人们对七星公司尚不以为然，认为七星公司不过财大气粗而已，未必便有什么特别之处了。但没过多久，商人们就察觉出了其中的不同寻常之处：无论交易市场如何变幻，七星公司总能准确地掌握情况，操纵市场，获取暴利。商人们接连遭到几次重挫，这才看出问题的严重来。有人悄悄地调查七星公司，这才发现这家看似普通的公司，其背景深不可测。不但网罗了一些上海滩闻名遐迩的豪绅、贵胄，就连政府高层都与之有着千丝万缕的关系。官民勾结，上下一体，利用特权，大发利市之财。

商人们对此非常反感，就在暗中结成了统一战线，共同抵制七星公司。俗话说，一个人是条虫，一群人可就是一条龙了。众人的合力对官僚资本的抵制，让七星公司面临着前所未有的危机。

一次，七星公司凭借着雄厚的资本，将触角伸向了黄金交易之中。他们利用手里权势、财力两样砝码，大炒黄金，使得上海黄金交易风云变色。接连好几天，上海黄金交易所人潮汹涌，交易热火朝天，人人都想趁机大赚一把。七星公司见时机成熟，就立即在交易所连续抛空。上海黄金价格一跌再跌，其跌幅之巨，为历年所罕有，其影响范围之广，甚至牵动了金融市场。

七星公司原本设计的蓝图是：先由他们连续抛空，造成黄金价格看跌的假象。上海人眼见黄金价格大跌，肯定人心惶惶，会随之跟进，大量抛售手里的黄金。然后，他们再以低价大量收购黄金。

这原本是一个很好的谋划，然而让七星公司的首脑们没有想到的是，他们的如意算盘竟然落空了。他们原本认为向来没主见、听风就是雨的上海商人们这一次根本不为所动，他们一个个就好像吃了秤砣似的，无论交易所传来的消息如何凶险，黄金价格如何下跌，就是不肯抛售出手里的黄金。甚至，遇有恰当的时机，他们还不时地吃进一些七星公司抛出的黄金。

偷鸡不成蚀把米，七星公司怎么也想不到，一向通畅的财路，突然之间奇峰突起，风波诡谲。这一突如其来的变故，让七星公司的那些官绅和富豪们个个损失惨重。更让他们烦心的事还在后头呢。上海的商人们漂亮地打了个翻身仗，更加得理不饶人，他们经此一役，摇身一变，成了七星公司的"债主"，于是天天上门讨债。

这一下，七星公司的人可真是上天无路，入地无门了。孔祥熙、宋霭龄等人虽然是公司强有力的后台，但投机失败，生意做砸，这个时候出面赖账终究不太合适，而且他们身份特殊，地位尊贵，如果卷入纠纷之中，亦有碍观瞻。孔祥熙经过深思熟虑，决定请杜月笙出面，帮忙解决此事。

孔祥熙之所以选中杜月笙，主要是看重了杜月笙在地方上的能力。虽然杜月笙此时的声望或许略逊于新闻界的巨子，《申报》的头头史量才，但杜月笙有白相人的身份，显然在解决这件事上说话更有分量一些。另外，还有一点，杜月笙爱攀附权贵，那么只要向他略送一个秋波过去，杜月笙肯定会投桃报李的。如果有杜月笙在上海滩保驾护航，以后孔氏家族在上海发展可就顺利多了。

果然，当市长吴铁城亲赴杜公馆为七星公司之事求助时，杜月笙慨然允诺，表示一定会尽力而为。这件事之棘手程度，杜月笙并非不知，可是为了和孔氏家族搭上关系，也只好挺身而出了。

杜月笙一声令下，党羽四下出动，很快就将这次事件中成了七星公司债主的商人们都请到杜公馆来。杜公馆宾客如云，众人心怀忐忑。

见众人到齐，杜月笙大声说："大家的事，我都晓得了。朋友走油跑马，杜某不能见死不救。这样吧，各位有多少的账，尽管向杜某人来讨。杜某就是倾家荡产，也要赔清七星公司的债务，不让诸位朋友吃亏。"

众人听了这话，面面相觑，半天作声不得。杜月笙是何等人，从他的手里索债，不是虎口拔牙吗？于是，有一个人便高声嚷道："这件事和杜先生无关。让杜先生倾家荡产赔出来，哪有这种道理。"众人连声附和。

杜月笙却没有说话，只是眼睛灼灼地望着众人。

于是，又有一人道："既然有杜先生出头，七星公司大的账就免了。"他这话说得言不由衷。但众人还是一致了表示赞同。因为，他们谁都不愿意得罪了杜月笙，也不敢得罪杜月笙。生意没了，钱财损失了，可以再赚，可若性命丢了，生意再好，钱再多，又有什么用。

喧闹一时的七星公司事件，就这样被杜月笙轻而易举地解决了。

事后，商人们担心七星公司会卷土重来，再次在黄金交易所兴风作浪，便私下里商议决定，将上海黄金交易所理事长的头衔送给杜月笙，企图以他在上海的声望和影响力来牵制七星公司。

这对于杜月笙来说，绝对是一个意外的收获。帮助解决七星公司之事，无疑已经送了一个人情给孔祥熙，而上海黄金交易所理事长的头衔，无疑更会加重他在七星公司心里的分量。上海做黄金期货交易的商人们，更是紧紧地簇拥在杜月笙身边，将他视为保护神了。

在1937年的时候，七星公司再次遭遇危机，同样是杜月笙帮忙摆平了此事。

那次，七星公司在上海纱布交易所进行投机炒作，造成棉纱价格暴涨，同时带动了其他物价的上涨，引起社会上极大的恐慌。国民党派系争斗激烈，一些和孔祥熙不合的党政要员趁机在社会上大造舆论，抨击七星公司。蒋介石迫于压力，只得命令事业部部长吴鼎昌前往上海彻查此事。

吴鼎昌与孔祥熙不合，到了上海后，较起了真，组织人手仔细调查七星公司背景，搜集证据。孔祥熙为七星公司的后台，见吴鼎昌动真格的了，生怕查到了自己的头上。于是，他连忙将吴鼎昌调离上海，重返南京任职，案子移交法院，同时又打了个电话给杜月笙，让他在上海助一臂之力。

当时，国民党政府有规定，禁止政府官员做生意。孔祥熙时为行政院副院长，暗中操控着七星公司。现在，法院要查这件事，如果在其中发现了什么蛛丝马迹，将对孔祥熙极为不利。

杜月笙深知这一层，就打了几个电话，做了一番安排。几日之后，法院派人来调查七星公司，发现七星公司底子很干净，完全没有官商参与其中，自然也就没有抓住孔祥熙的尾巴。毫无疑问，这又是杜月笙做的"好事"了。他在事前就指使弟子，"换"了七星公司的股东。杜月笙还担心不够，又向法院施加了压力，最终使得这件闹得满城风雨的经济大案不了了之。

这件事后，孔祥熙非常感谢杜月笙的仗义援手，也更加看重杜月笙的力量，两人逐渐成为莫逆好友。在往后的岁月里，孔祥熙与杜月笙两人，一个在朝，一个在野，相互配合，互相利用，各取所需，大发横财。杜月笙的事业于是百尺竿头更进一步，羡煞旁人。

强买华丰

杜月笙在金融界打开局面之后，他把目光又投向了工商界。工商界和金融界不同。在金融这个圈子里，一切都井然有序，所有的人都必须按规矩出牌，而工商界则不同，它有着自身的一套游戏法则。在工商界有无数的机遇，也有无数的陷阱，有可能你抓住了某一个机遇，一夕成名，成了亿万富翁；也有可能因为某一次的大意，顷刻破产，身陷囹圄。较之于金融界，在工商界闯出一番天地，倒更符合杜月笙赌徒的脾性。所以，杜月笙在一只脚踹开了金融界的大门之后，就迫不及待地将另一只脚踏向了实业界。他首先盯上的是面粉业。

20世纪30年代，面粉业在上海滩是一个非常能赚钱的行当。一袋白花花的面粉，从磨出粉到包装，再到销售，每一个过程都有利润可捞。上海滩很多富户阔佬都是从开办面粉厂开始逐渐发迹的。杜月笙也正是看见了面粉厂有巨大的利益存在，所以决定进军面粉业。恰好在这时，传出了上海滩华丰面粉厂准备出售的消息，这给杜月笙提供了一个踏足实业界，大展身手的机会。

华丰面粉厂要出售，可谓是无奈之举。华丰面粉厂位于小沙渡路上，经过上代人的苦心经营，到了卢少棠这一代，华丰面粉厂已经有了不小的规模。本来，在面粉业逐渐走俏的时候，是无论谁都不愿意将面粉厂出售的。但这个卢少棠偏偏是个败家子。这位大少爷没有从父亲那里继承来精打细算的生意经，反而和上海滩的一群纨绔子弟整日厮混在一起，无所事事，常常泡在赌馆豪赌，一掷千金。他父亲在时，赌多大，输多少，都没有关系，自有父亲这一片天帮他扛住。然而，不幸的是，没过几年，父亲病死，卢少棠头顶这一片天轰然崩塌。但他仍然不怕，因为他继承了父亲生前劳碌了一辈子的心血——华丰面粉厂。卢少棠觉得有这么大的一个面粉厂在，就好比坐在一座金山上，一辈子吃喝都不用愁。所以，他继续游手好闲，放纵自己。

卢少棠最爱的是赌博，他觉得赌博这种生财的方式最刺激，也来得最快。如果运气好的话，一个晚上赢的钱就可能是别人一辈子也挣不来的。既然这样，与其没日没夜地为了银子努力，还不如好好地赌上几把呢。所以，他就成了赌场里的常客。卢少棠还觉得豪赌豪赌，不豪气一点，怎么能叫做豪赌呢，所以他的赌注往往都很大。因为赌注大，所以输得也很惨。

一次，在几个通宵的"厮杀"后，卢少棠输光了身上的钱，且欠下了巨债。等到赌场老板把一叠叠的欠条拿来的时候，卢少棠吓了一跳，竟然有几十万元之多。债务自然是要还的，可是卢少棠回家搜罗了所有家当，也凑不够还债的钱。卢少棠面如死灰，他知道赌场的规矩，如果有赌徒还不起债，那么赌徒就得用另外的"东西"来偿还了。这个另外的"东西"，很可能是你的妻女姐妹，也有可能是你的手或者你的脚，当然也可能是你的命。卢少棠当然不愿意用另外的"东西"来还，所以，他就产生了卖掉华丰面粉厂的念头。在他看来，与其每日起早贪黑地为面粉厂操劳，还不如将面粉厂卖了，收一笔款子，付清赌债，一了百了。然而，毕竟是传了多年的家业，卢少棠心里纵然有此打算，也不得不三思而后行。没过多久，华丰面粉厂发生了一起事故，促使卢少棠下了卖掉华丰的决心。当时，厂里的一名童工因为大意，被卷到了机器中，虽然经过抢救，保住了一条命，但却永远失去了一条手臂。卢少棠作为华丰的老板，不得不承担起责任，付了大笔的医疗费用。这件事发生之后，卢少棠更坚定了卖掉华丰面粉厂的想法。

卢少棠打算转卖华丰面粉厂的消息放出之后，当天就有一位姓吴的老板登门拜访，愿意出资150万购买华丰。这个数目已经不菲，但卢少棠仍然有些犹豫不决，让他几日之后来听消息。

杜月笙听到这个消息后，顿起吞并之念，立刻让他重要经济顾问杨管北想办法将华丰搞到手。杨管北受命，首先去拜访了华丰和他相熟的陈经理。从陈经理口中，杨管北确认了卢少棠打算出售华丰之意，同时还得到了另外一个重要情报，就是有人已经捷足先登，和卢少棠接洽了买厂事宜。

杨管北闻讯，心急火燎地跑去找卢少棠，对他说了杜月笙有买厂之意，希望卢绍棠能够将华丰卖给杜月笙。卢绍棠却觉得人有先来后到，他不能因为杜先生失了诚信。他这么说，杨管北可不高兴了。他语带威胁地对卢少棠说，上海滩没有杜先生做不成的事，劝卢公子识时务者为俊杰。别说是一个吴老板，就算有十个吴老板，买了华丰之后，也得乖乖转手让给杜先生。

卢少棠生性懦弱，听他这么说，哪里还敢反驳，只得同意将华丰卖给杜月笙。但在价钱上，又和杨管北产生了分歧。卢绍棠主张按照吴老板的出得150万的价钱卖出，但杨管北只出了100万。

双方争执了一番，杨管北软硬兼施，最终迫使卢少棠屈服。为了不致卢少棠损失过多，杨管北自己也让出一小步，最终以109万的低价买下华丰面粉厂。

虽然价钱已经谈妥，但这109万的款额，杜月笙却并不想出。时任中国通商银行董事的傅筱庵刚刚从外地避难回到上海。这位傅筱庵在金融界也是一位极其厉害人物，但他在政治上可就不那么精明了。国民革命军北伐的时候，傅筱庵站错了边，认错了形势，居然公然支持孙传芳。结果，孙传芳战败，蒋介石上台。不久，蒋介石就对他发出了全国通缉的命令。傅筱庵得知消息后，惊恐不安，后来在日本人的帮助下，逃往大连。几年后，国民政府撤销对傅筱庵的通缉，他才又回到了上海。到上海后，傅筱庵通过拉拢收买等手段，竟然又神奇地坐上了中国通商银行董事之位。这样的一位大鳄，杜月笙自然不会忘记从他身上盘剥些好处。

杨管北奉杜月笙之命，去拜访傅筱庵。见面后，杨管北开门见山地对他说，卢少棠打算出卖华丰面粉厂，定价非常低，只要109万元，傅先生此时如果买下华丰，肯定会赢利不少。

当时，杜月笙有意买下华丰的消息，早就如雷声滚滚，传遍了整个上海滩，一些原本有意购买华丰的人，此时也不得不望而却步。这么大的消息，消息四海的傅筱庵岂会不知。他是个明白人，听见杨管北这么说，自然听出了弦外之意，忙连声拒绝，一再表示还是由杜月笙买下来合适些。杨管北听他这么说，心里得意，嘴上却又虚情假意地劝了一番，最后才佯作吞吞吐吐地提到了钱的问题。这一下，傅筱庵是完全明白了，对方是要向自己敲竹杠呢，随即表示愿意从中国通商银行"借"出低息贷款给杜月笙。傅筱庵不能不"借"，一则，他此时正好要处理中国通商银行的债务以及与孔祥熙等人的矛盾，而这两者都需要借助杜月笙的力量。其二，杜月笙是怎样的人，傅筱庵岂会不清楚。

从这件事情可以看出来，虽然杜月笙当时已经披上了"金融家"的外衣，但他的骨子里仍然是白相人的身份。他利用自己的势力，在工商界玩弄心计，巧取豪夺，充满流氓习气。但这种流氓式的经营方式，在畸形繁荣的上海滩工商业界又是最有效的，杜月笙由此轻而易举地将华丰面粉厂夺到了自己的手中，从而迅速地在工商界站稳了脚跟。随后他就以华丰为据点，利用自己的势力，一点一点地扩充实力，主导了上海面粉业市场。

上海面粉交易所所长

杜月笙在夺取华丰面粉厂后，并不觉得满足，目光又紧紧地盯上了上海面粉交易所所长的职位。这个职位在上海面粉业者中非常重要，得到了这个位子，就能控制了上海、苏浙皖等几省的面粉生意。杜月笙接手华丰不久，亟需扩展，这样的一个紧要位置，自然要想方设法地弄到手中。

当时，担任交易所常务理事的是著名的实业家荣宗敬、荣德生两兄弟。这两兄弟可谓是上海面粉业中真正的王者。他们出身贫寒，早年在上海当学徒。经过几年的辛劳，他们积攒了一定的资金，于是就在上海开了一家钱庄"广生"。兄弟两人极具经商天分，很会经营，广生钱庄生意一天比一天兴隆，两人也成了家财万贯的富翁。光绪年间，他们开办了"茂新"面粉厂，创出了著名的品牌"兵船"牌面粉。以后几年，又接连开设了茂新二厂、三厂，直至十厂。后来，又增设了"福新"厂号，同样是由一厂开到了十厂。正是因为他们在面粉业具有着举足轻重的地位，于是被业界推举为上海面粉交易所常务理事，两人更是被称为中国的"面粉大王"。

杜月笙明白，自己想要控制全上海的面粉生意，就一定要越过荣氏兄弟这座高山。这在旁人看来或许是痴人说梦，但在杜月笙看来，却是轻而易举之事。他下有三教九流的人为鹰犬，上倚国民党权贵为靠山，再加上他一副精明的头脑，以及"智囊"杨管北等人的相助，也确实握有不少的胜算。这也是为什么杜月笙刚刚涉足面粉业不久，就敢向荣氏企业发起挑战的原因。

为此，他采取了一系列的行动。首先，搜罗人才，管理华丰面粉厂。华丰面粉厂到手之后，杜月笙让杨管北担任了常务理事。杨管北虽然也极富经营之道，但毕竟人单力薄。于是，杜月笙就又帮他物色了两个帮手，辅助他全面地提升华丰面粉厂的竞争力，展开和"茂新"、"福新"等老牌面粉厂的抗衡。

杜月笙物色的第一个人才是卞筱卿。卞筱卿本是大同面粉厂的总经理，在面粉业界纵横多年，善于应付人事，经验非常老道。杜月笙以高薪聘请他为华丰面粉厂常务理事，卞筱卿欣然应诺，跳槽过来。杜月笙给杨管北找的第二个帮手是荣氏兄弟的心腹爱将，有"面粉二王"之称的王禹卿。

这个王禹卿也是一个传奇式的人物。他早年也是以当学徒出身，后来因其在推销、销售等方面才能出众，就被荣宗敬招揽进无锡茂新面粉厂工作。这一下，王禹卿如蛟龙入海，他在生意方面的才华逐渐展现出来。在他的巧妙经营下，荣氏兄弟的面粉生意蒸蒸日上，厂房也是开了一间又一间。民国年间，荣氏兄弟开设"福新"面粉厂，王禹卿尤其劳苦功高。荣氏兄弟对王禹卿非常倚重，任命他为"福新"十厂的总经理，全权处理面粉厂一切业务上的事宜。

杨管北按照杜月笙的指示，跑去做王禹卿的说客。这两个人，一个是杜月笙深为倚重的经济顾问，一个是实业界赫赫有名的才俊，两人虽未曾谋面，但内心早就有惺惺相惜之意。杨管北见到王禹卿后，表达了杜月笙的招揽之意。王禹卿有些犹豫，虽然上海闻人杜月笙延揽是自己的荣幸，但毕竟自己在荣氏操劳多年，这里的点点滴滴都有自己的心血，又怎忍心离去。

然而，杨管北告诉他，人应该做长远考虑，给荣氏兄弟卖命，获利微薄，他日垂垂老去，又将如何。而一旦归于杜月笙麾下，就能财源滚滚，也更有一展雄才之地。杨管北巧舌如簧，很快就成功地说服了王禹卿。几天之后，王禹卿向荣氏兄弟辞职，去做了华丰面粉厂的常务理事，和杨管北、卞筱卿一起负责全厂事务。在他们几人的全力经营之下，华丰面粉厂的竞争力得到了极大的提升。

与此同时，杜月笙还全力拉拢和面粉行业中与荣氏兄弟有矛盾的其他商人，达到了孤立荣家兄弟的目的。当时，上海面粉交易所的商人们主要属于两个面粉业公会：上海面粉业公会和苏浙皖三省面粉业公会。其时，活动于苏北一带的商人属于苏浙皖三省面粉业公会，而活动于上海等地区的属于上海面粉业公会。杜月笙所拉拢的对象是苏浙皖三省面粉同业公会的商人。

荣氏兄弟在上海立业，因此大部分上海的商人和他们都有着密切的往来，而苏浙皖三省的商人不同，他们和荣氏兄弟的关系就没有那么亲密，更为重要的是，上海、苏浙皖这两大面粉公会矛盾重重，经常在价格、市场等方面发生争执，而作为协调双方纠纷的权力机构——上海面粉交易所，因为其常任理事荣氏兄弟、理事长王一亭和上海面粉商人关系密切，所以经常偏向着上海这一方。这样一来，苏浙皖三省面粉业公会就处于不利地位。

1931年，国民政府出台了"裁厘加税"的政策，这使两大公会的矛盾进一步加深了。厘金制度原本是晚清政府为了镇压太平天国运动而采取的一种税赋征收手段，即由政府部门在各过往道路设置关卡，对过往运销的商品征收税赋。这种措施，的确可以在短期内增加财政收入，但是危害极大。国民政府建立后，国库空虚，军阀混战，财政收入几度枯竭，因此虽然知道厘金制度祸国殃民，但不是保留了下来。直到1931年政府这才下令"裁厘"。这本来对于苏浙皖、上海等地商人来说是一件好事，但政府同时又发布了"加税"的政策。

这样一来，苏浙皖面粉商人受到的危害就更大。他们加工面粉的小麦，大都在本地采购，很少有厘金负担。而上海地区的商人不同，他们需要千里迢迢地从苏北地区，贩运小麦回到上海，所支付的厘金数就非常之大。现在，政府撤销厘金制度，苏浙皖商人没有什么影响，上海地区商人就获利巨大。所以，同是"加税"，苏浙皖三省的面粉商人就显得比较吃亏。

杜月笙巧妙利用了双方之间的这一矛盾，着手拉拢苏浙皖面粉行业的商人。他亲自拜访了苏浙皖三省面粉同业公会，和商人们举行了会谈。他对商人们的遭遇表达了极大地同情，以此拉近和众人的距离。然后，杜月笙奋然表示愿意为大家设法解决此事。他要求商人们写上一个呈文，文中申明众人一致拥护政府"裁厘加税"的政策，同时要求政府考虑苏浙皖三省商人的损失，要求所征税收比上海面粉商人少50%。这份呈文很快送抵国民政府财政部和实业部。由于杜月笙和宋子文、孔祥熙等人都有交情，很快批复就下来了：同意江南面粉商人税收减少40%，江北面粉商人减少50%。此事之后，杜月笙声名远扬，和苏浙皖面粉商人建立了良好的关系。苏浙皖三省面粉业公会在上海面粉交易所股东大会中占据了近乎一半的席位，杜月笙成功笼络他们后，就意味着已经成功地取得了股东大会上的主动权。

杜月笙仍不放心，授意手下党羽大量暗中收购上海面粉交易所股票。在荣氏兄弟不知情的情况下，许多上海面粉业工会的商人悄悄地将股票卖给了杜月笙，这样杜月笙手里的散股越积越多，再加上苏浙皖三省商人手里的股票，已经有了完胜荣氏兄弟的实力。见时机成熟，杜月笙迫不及待地召开了上海面粉交易所股东大会。荣宗敬、王一亭等人对于杜月笙暗中拉票之事一点也不知情，他们原本以为杜月笙不过是上海滩的"白相人"而已，即便有了华丰面粉厂，涉足面粉业，也撼不动几人的地位。但没想到，杜月笙早就做了全面的准备。所以，当杜月笙指使爪牙攻击他们在政府"裁厘加税"政策上的无能表现时，他们张口结舌，半天也说不出话来，最后只得同意改选理事。选举结果，更出乎他们意料之外，面粉业新人杜月笙以高票遥遥领先其他候选者。在这种情况下，王一亭也不得不让出上海面粉交易所理事长的位子，由杜月笙接任。而杜月笙的亲信杨管北也接替了荣氏兄弟，当上了常务理事。

就这样，杜月笙坐上了上海面粉交易所的头把交椅，主宰了上海滩的面粉业。

谋求大达航运

杜月笙野心勃勃，在打入面粉业的同时，又打起了航运业的主意。航运业在20世纪30年代的上海非常繁荣，是交易量最大、获益最多的一个行业。这次，杜月笙瞄准的是大达轮船公司。大达轮船公司是中国航运史上的老字号了，运营已经有30多年的历史，其创办人是中国著名的实业家张謇。

张謇曾是清末状元，后来不满于晚清政府的腐败无能，愤然退出官场，创办实业，走"实业救国"的道路。1904年，张謇花费巨资包下了黄浦江南市十六铺一带的大量土地，在这里扩建场地，设立仓库、码头，成立了大达外江轮步公司。两个多月后，张謇又在南通天生港设立仓库、码头，成立了天生港轮步公司。随后，张謇斥资从国外购进了两艘客货两用的轮船，又将大达外江轮步公司、天生港轮步公司两公司合二为一，成立了大达轮船公司。

大达轮步公司成立之后，一枝独秀，二十多年间一直独霸从上海天生港到扬州霍家桥一带的航路。但自从张謇去世之后，大达轮船公司的好运气走向了终结。首先是大达轮船公司另一位元老级人物鲍心斋的去世。鲍心斋追随张謇多年，在航运上，累积了不少的人面情面，黑白两道的人大都买他的面子。他的离去，使大达轮船公司顿失荫庇，显得单薄了好多，之前常走的苏北水道，也渐渐不再太平，盗匪猖獗，多次劫掠大达轮船的货物。接着，南通德记钱庄因为经营不善，破产了。本来钱庄破产，和大达轮船公司也没什么干系。可是偏偏鲍心斋生前在德记钱庄存有20万元的公司利金。现在，钱庄倒闭，大达轮船公司顿时吃了"倒帐"，损失惨重。但是，这并不是最严重的，更严重的事情发生在1931年。当时，大达轮步公司所属的"大生""大吉"号轮船在航行中发生火灾，失事焚毁。船上的上千旅客死伤惨重，货物损失亦是不计其数，这一笔赔款下来，大达轮船公司立时陷入绝境。

福无双至，祸不单行，不久，大达轮船公司又遇到了一件雪上加霜的事情。原本由大达轮船公司独占的沪扬水路出现了一个新的竞争对手，这就是大通轮船公司。大通轮船公司董事长为洪门大哥杨在田，总经理为法租界公董局华董陆伯鸿，这两个人都是上海滩呼风唤雨的人物，势力雄厚。有他们作为靠山，大通轮船公司生意蒸蒸日上，将大达轮船公司营业额挤压到不足当年的一半。大达轮船公司风雨飘摇，朝不保夕，公司的各大主要债权人忧心忡忡，天天盼望着公司能有所起色。

上海商业储蓄银行老板陈光甫比任何人都着急，因为他是大达轮船公司最大的债权人。债权人的身份，让他在过去几年里获利丰厚，但也让他此时陷入了尴尬局面。他没有直接支配轮船公司的权利，虽然说可以在某种程度上对公司施加影响力，但毕竟公司是人家的，人家如何经营，他可管不着。但陈光甫还是想管一管，他不能眼睁睁地看着自己将来变得一无所有。如何去管呢，陈光甫觉得只能通过重组董事会，另选董事长来经营轮船公司。在他看来，张謇的子弟没有一个人可以担当经营公司的重担。陈光甫思来想去，还是想到了杜月笙。

几年前，上海商业储蓄银行遭遇了"挤兑"风潮，便是杜月笙仗义援手，才得以化解危机的。陈光甫觉得，在上海滩或许只有杜月笙才有能力把大达轮船公司从困境中解救出来。

当陈光甫找到杜月笙，请他出任大达轮船公司董事长的时候，杜月笙眼睛里燃起了灼热的光芒。他早就对大达轮船公司垂涎三尺，只是一直苦于没有机会。现在陈光甫来请自己出任董事长一职，可谓是一个天赐良机。但杜月笙并没有立即答应，而是装出一副为难的样子对陈光甫说："董事长的职位非常重要，请容杜某考虑一下，三天后，再给陈兄消息。"

陈光甫见杜月笙有允许之意，就兴冲冲地走了。他的心里，正把如意算盘打得飞快：只要有杜月笙这个金字招牌挂上去，凭着他在黑白两道的人面和情面，恐怕没有人敢不给大达轮船公司面子。有了杜月笙这个保护神，大达公司就一定会走出困境，回归正常。

他却不知道，杜月笙也另有打算。在送走他后，杜月笙就命人直奔交易所，尽量购买"大达"的股票。大达轮船公司濒临破产，市值跌得厉害，股票几乎变成了一堆废纸。股东们正彷徨无计之时，忽然闻听有人收购股票，自然喜不自胜，纷纷将手里的大量股票抛售。杜月笙便在这三天的时间里累积了大量的股票。这件事是在暗中进行的，陈光甫对此一无所知。

杜月笙将出任大达轮船公司董事长一事传出后，公司内部引起了争议。公司的元老吴寄尘对此持反对态度。他认为杜月笙虽然名望如日中天，但在航务方面一窍不通，大达公司诺大的产业，怎么能轻易交给一个外行呢？他的看法很有代表性，得到了公司里相当一部分人的赞同。

杜月笙考虑到吴寄尘是张謇过去的主要助手，在大达公司内部影响很大，于是就请来杨志雄商议。杨志雄是吴淞商船学校的校长，和张謇及其周围的人关系非常密切。对于吴寄尘这个人他也很熟悉。杜月笙找他来，就是想看看他有什么办法，可以让吴寄尘这个老顽固改变主意。

杨志雄给杜月笙推荐了两个人：张孝若和吴蕴斋。张孝若是张謇之子，文弱书生，他讨厌经商，最喜欢在浩瀚书海里咬文嚼字，钻研学问。吴蕴斋是吴寄尘的侄子，是金城银行的经理。他比较彪悍，在黑白两道都混得有声有色，也算的是和杜月笙一路的人物，白相人的里子，金融家的面子。

在杨志雄活动下，张孝若和吴蕴斋双双表示愿意出面为杜月笙做说客。他们这两人的说辞也和他们的性格一样，各不相同。张孝若对吴寄尘展开了情感攻势，他声泪俱下地说："大达公司自创立以来，已经20余载，现在濒临危难，大家都应该想办法解决此事。现在，公司内部没有一人可以力挽狂澜，那么只得求助于外人了。如果大家仅仅因为觉得外人不该插手公司内部事务，而导致公司倒闭，父亲一生心血尽毁，那么大家能安心么？"

张孝若的话很有感染力，吴寄尘也不愿意看见公司垮台，听他这么一说，就心动了几分。

就在这时，另一位说客也到了。吴蕴斋和张孝若相反，只字没有提公司的事，他只是告诉吴寄尘，杜月笙在上海滩是多么可怕的一个人。他手下的党羽成千上万，他们想要做的事，从来没有做不成的。这些话让吴寄尘很反感，他觉得像杜月笙这样的一个人根本就是一个流氓、恶棍，但他最终还是同意由杜月笙来做大达轮船公司的董事长。

三天后，陈光甫亲自驱车至杜公馆，迎接杜月笙去了大达轮船公司董事会。董事会上，陈光甫做了简单的发言，主要就是感谢杜月笙肯出山相助之类的话。但杜月笙却表示，自己既然有幸接任董事长一职，就不能只挂空名，要干就要实干。随后，他让手下人亮出了自己购买的大量股票。经过统计，杜月笙持股最多，理所当然成了大达轮船公司董事会董事长。

经由杜月笙提议，股东大会进行了改选，改选结果，张孝若担任常务董事兼总经理，杨管北任副总经理。后来，杜月笙又利用职权之便，将和自己关系密切的杨志雄和胡筠庵拉进了董事会任常务董事，这样就基本把持了董事会的权力机构。张孝若此时虽然是总经理，但大达轮船公司的实权其实早已经落到了杜月笙的手里。

一举击败大通公司

杜月笙利用种种手段，控制了大达轮船公司。但这是一个烂摊子，大达公司经过多年亏损，加上大通轮船公司强有力的竞争，已经是负债累累，危在旦夕。杜月笙接掌之后，立即采取了一系列措施，来扭转大达公司的颓势，提升公司的竞争力，重振昔年大达轮船公司的辉煌。

他首先从外部环境着手。杜月笙明白，苏北一带，土匪多如牛毛，大达轮船公司业绩不佳，其实与他们有很大的关联。尤其是苏皖边境的洪泽湖一带，更是盗匪猖獗，在20世纪30年代初，这里竟然啸聚了上千人的匪徒，一时成了苏北最重要的土匪巢穴。他们有刀有枪，经常明火执仗地抢劫过往的船只，伤人害命。由于他们行踪诡秘，忽散忽聚，因此国民政府也拿他们没有办法。这群盗匪的首领名叫吴老幺，是青帮内"通"字辈人物，其人心狠手辣，对于所劫船只，往往是掠尽财货，杀尽船上客商。大达轮船公司虽然是老字号，也多次遭到吴老幺的劫掠，损失惨重。所以，要想保持航运畅通，就一定要疏通苏北盗匪，尤其是吴老幺这一拨人马。杜月笙去找了高世奎，请他去洪泽湖一趟，安抚吴老幺这群盗匪。

高世奎是青帮有名的前辈，位属"大"字辈，和苏北盗匪关系密切，洪泽湖匪首吴老幺就是他的徒弟。正是因为这个原因，杜月笙才决定请这位老爷子走一趟。青帮原本等级森严，帮内有所谓的"三刀六洞"刑罚，但世事变化，原本严厉的帮规、家法在当时独特的社会格局下分崩离析。如杜月笙、张啸林等人原本是青帮的"小人物"，但他们在帝国主义、国民党权贵的支持下，势力急剧膨胀，成为了新时期的流氓代表。在这种情况下，很多在青帮中原本辈分比杜月笙大很多的人，也不得不俯首听从杜月笙的命令，在杜门之下讨口饭吃。

高世奎虽然是青帮辈分极高的人物，比杜月笙大上几辈，但此时杜月笙发迹，执上海滩黑帮牛耳，高世奎也只得从命。来到杜府，略为寒暄一阵后，杜月笙便开门见山，请高老爷子前往胡洪泽湖一趟，疏通苏北一带的匪徒。这件事情在高世奎看来不过是举手之劳而已，更何况有3000元的"路费"，于是一口答应了。高世奎年事已高，经不得长途奔波，他没有亲往洪泽湖，而是派人把吴老幺召到自己在洪泽湖附近的老家杨庄。高世奎向吴老幺表明了杜月笙的态度，希望他以后不要再打劫过往的大达轮船公司的船只。杜月笙之名，如雷贯耳，吴老幺早就有心投靠，现在听见高世奎这么说，自然是满口答应。他拍着胸膛向高世奎保证，大达公司的船只只管来，如果出了事故，拿他吴老幺是问。高世奎有了他这个答复，就兴冲冲地回到上海复命去了。当然，吴老幺保证大达轮船公司货运安全，杜月笙也不会亏待他，每月都从账房提出一部分钱笼络吴老幺等洪泽湖的匪首。这样一来，吴老幺等人更加对杜月笙的话无不从命了。

外部环境已然安静，杜月笙于是开始着手内部整顿。他让杨管北筹备了大达轮船的公司的分支机构：薛鸿记帆轮联运公司、达通小火轮公司。这两个公司专门从事苏北、皖北一带的货运，为了便于管理，杨管北还专门在苏北、皖北各地设立了所谓的"办事机构"。这个机构的人大都是青帮弟子，他们不懂航运，每月坐领200块大洋，主要工作是负责这些地区的水路安全。

除此之外，为了吸引顾客，杜月笙还利用手中的关系，从上海商业储蓄银行和交通银行贷款3000万元，专门做苏北货物押汇。为此，他专门设立了大兴贸易公司。公司负责帮助苏北等地的商人在上海代买货物，同时他们还规定了凡是委托大兴公司购买货物的商人，只要预付30%的货款，另外的那70%的货款可由大兴公司垫付。这对苏北客商来说，又是一层福利。那些一时之间筹集不到运费的客商，见大达轮运有此便利，自然是接踵而来。

通过这些措施，大达轮船公司漂亮地打了个翻身仗，客商络绎不绝，财源滚滚而来，不但很快地摆脱了当初的负债局面，而且公司的盈利金额也像滚雪球一样，越滚越大。有了这么一张漂亮的答卷，原本对杜月笙接掌大达轮船公司心有芥蒂的人，此时也不得不认同杜月笙能力。

与之相反，大通轮船公司的生意每况愈下。虽然他们多次降低运费，试图以此来提升同大达轮船公司的竞争力，但终究无法挽救公司的颓势。究其原因，其一，大达轮船公司虽然一度亏损，但经营的时间长、底子厚、口碑好、有大量固定的客源，而且在杜月笙接掌之后，资金方面也充裕了起来。相较之下，大通公司成立的时间比较短，管理经验、危机处理等方面都比较欠缺，在这种情况下，竞争力自然比不过大达轮船公司。其二，大达轮船公司有洪泽湖匪帮照应，航路畅通，而大通公司由于没有疏通苏北各地的盗匪，故屡屡遭到劫掠。偏是吴老幺又是一个狠角色，动辄害人性命。就算心动于大通公司较低的运费，但考虑到身家性命，也只得打退堂鼓了。

眼见大通公司业务一天比一天差，陆伯鸿无奈之下，只得去找杜月笙，请求和大达轮船公司停止不良竞争，双方协商可行方案，共同盈利。杜月笙对他非常冷淡，对他说："这件事我做不了主，公司是由杨管北在管，你还是找他商量去吧。"

陆伯鸿是聪明人，岂会听不出杜月笙的弦外之音。他明白杜月笙是在恼恨大通公司不识好歹，和大达公司展开跌价竞争一事。但他也不敢违背杜月笙的意思，于是就去找了杨管北。

杨管北听了陆伯鸿的话，佯作仔细考虑了一番，建议两家公司合伙联营，互为辅助，一损俱损，一荣俱荣。陆伯鸿没有料到他会提出这个办法，便问他，两家合伙，那么各占多少比例呢。杨管北对他说，可以找一名会记师，统计两家公司过去三年的账务，以营业额为准，再决定双方比例。

陆伯鸿沉思了一会儿就答应了。他实在想不出可以让公司摆脱困境的其他可行方案了。杨管北心中的如意算盘，陆伯鸿岂会不知。两家公司合营，看起来是两全其美之策，但以营业额比例，决定双方业务所占比例，就必然会有一家公司掌握主动权，一家公司沦为附庸地位。这对大通公司来说，可是一步险棋，但陆伯鸿认为大达轮船公司翻身不久，营业的成绩未必就有已经盈利多年的大通公司可观。他却不知，杜月笙早就让人暗地里统计了两方公司的营业额，这也是为什么一贯谨慎的杨管北敢提出这个大胆建议的原因。

经过会记师的仔细查账，双方过去三年里的营业额统计出来了：大达公司占63%，大通公司占37%。这个结果是陆伯鸿无论如何也没有想到的。假如按照这个比例分配，以后可就真的没有大通轮船公司的立足之地了，因此他坚决反对按照这一比例分配双方业务。后经双方多次谈判，大达轮船公司稍做让步，将两方的航运业务、盈利比例调整为大达公司55%，大通公司45%。这个比例虽然不能让陆伯鸿感到十分满意，但是已经足够让大通轮船公司转危为安了。就这样，由杜月笙带领的大达轮船公司制服了大通轮船公司，占据了上风，主导了苏北水道的大部分业务。大达轮船公司摆脱了和大通轮船公司不良竞争的局面，业务乃稳步上升，公司的盈利利润亦是扶摇直上。

不久，在上海船联理事会的选举中，杜月笙便凭借着大达轮船公司董事长的身份，坐上了梦寐以求的上海船联会理事长的位子。这个职位在工商界相当重要，之前一直由虞洽卿担任，此时杜月笙获得了这一重要头衔，影响力、声望日益剧增，几乎已经有了和上海工商界领袖虞洽卿抗衡的力量。

竟敢太岁头上动土

杜月笙涉足实业界以后，无论是在做金融投资方面，还是在经营航运、面粉市场等方面，都干得有声有色。这主要基于以下几点原因：其一，杜月笙会做人，交友广泛，在工商界、金融界朋友多，路也就多，在他需要帮忙的时候，工商界的这些朋友看在他的情面上，自然会倾尽全力相助的。其二，杜月笙和国民党权贵关系密切。蒋介石、宋子文、孔祥熙等人都和杜月笙有着非同一般的关系。尤其是"四·一二"事件之后，蒋介石对杜月笙更是刮目相看。蒋介石明白，强龙压不过地头蛇，在各方势力汹涌的上海滩对付共产党，还得借助像杜月笙这样地方帮会骨干，所以就暗中保持着和杜月笙的紧密关系。除此之外，杜月笙和戴笠、财政次长钱新之等人也关系密切。有了这层层的关系网，杜月笙在工商界自然是得心应手，无往而不利了。

当然，还有另外一点，杜月笙虽然跻身工商界，披上了"实业家"的外衣，但仍然是"白相人"的底子，他仍然是上海青帮名副其实的魁首、教父。只这一层身份，已经足以让人毛骨悚然了。杜月笙以"白相人"的身份进入工商界，因此他的经营之道，也不可避免地沾染了一些流氓习气。在他极力钻营、牟取暴利的过程中，把白相人的"巧取豪夺""坑蒙拐骗"技能运用的淋漓尽致，从他抢购华丰面粉厂，到控制金市，再到霸占大达轮船公司，都可以看得出他"白相人"的痕迹。但杜月笙又不同于一般的地痞流氓，他懂得收拢人心。所以，即使他不断地兼并其他的公司，扩充自己的势力，也没有和多少人结下梁子。甚至有的时候，很多不明真相的人还把他当做工商界的"及时雨"，认为他总是能出现在该出现的地方，帮助大家解决难题。杜月笙也正是靠着这些手段，在实业界大作投机买卖，大发其财。

然而，杜月笙却没有想到，正当他在实业界踌躇满志，准备大展手脚之际，竟然被人摆了一道。上海滩早已经是他杜月笙的天下，居然还有人敢在太岁头上动土，杜月笙闻讯后，却不气不恼，只是悄悄地在杜公馆召开了一次秘密会议。因为杜月笙懂得，有些时候，危机也可以转化成机遇。

这一次的事件和上海华商纱布交易所有关。1921年4月，上海华商纱布交易所成立，主要从事棉花、棉纱、棉布的现货和期货交易。也就是在这一年，上海兴起了设立交易所、信托公司的热潮，各行各业的交易所、信托公司如雨后春笋，纷纷冒了出来。据统计，在这一年里，上海一地就设立了形形色色的交易所多达134家。这些交易所，或从事证券买卖，或者兼做物品买卖，但绝大多数都将股票债券投机作为主要业务。然而，物极必反，由于市场缺乏有效地监管机制，也就是在这一年里，上海爆发了一次严重的金融危机，各大交易所股价大跌，交易停滞，很多交易所先后破产，给中国股民造成了极大地损失。这一次由滥设信托公司和交易所而引起的危机被人们称为"信交风潮"。这一次金融风潮持续到次年的4月结束，数以百计的交易所先后烟消云散，存留下来的只有6家，即上海证券物品交易所、上海华商证券交易所、上海华商纱布交易所、上海金业交易所、上海面粉交易所和上海杂粮油饼交易所。

上海华商纱布交易所之所以能够存活下来，除了有政府的支持，公司理事的苦心经营之外，另外一个重要的原因是棉纺织业是近代中国的第一工业，在近代中国经济史上占据着十分重要的地位。因此，即便发生了如此严重的信贷危机，但人们对于棉纺织业的前景依然非常看好。

这一时期，上海华商纱布交易所理事长为闻兰亭。闻兰亭，名汉章，是江苏武进人。幼年的时候，因为家境中落，便在靖江的一家棉布店里当学徒，从而积累了很多关于经营棉纺业的经验。后来，闻兰亭到上海发展，凭借着自身的才干和胆识，很快就在上海纱业界崭露头角。1918年，上海纱业公会成立，闻兰亭成了公会的主要负责人，一时间，声名鹊起。随后几年，闻兰亭经过苦心经营，终于在上海滩创出了一番天地，成了上海纱业界巨头之一。

闻兰亭深谙聚敛之道，在他坐上上海华商纱布交易所理事长一位后，就运用种种手段，徇私舞弊，操纵市场，控制股票行情的涨跌，从中聚敛巨量的财富。其实，当时上海滩所有交易所里都舞弊成风，闻兰亭也只是"循例"而已。然而他却怎么也料不到，这一次竟然舞弊到了杜月笙、张啸林的头上。

原来，张啸林见纱布交易所银元非常好赚，就拉着杜月笙在交易所做股票交易。张啸林向来信奉的是武力，对于投资可没有什么心得。他见到了纱布交易所很多人都在做空（所谓的做空是一种股票、期货交易，指当你预计某一种股票将来会跌，就在股票价位高的时候，抛售出手中借来的股票，再等到股票跌到一定的程度的时候，低价买进，以现价还给买方，从中赚取差价），就拉着杜月笙一起做空。杜月笙本来不太看好，但禁不住张啸林的再三劝说，就同意了。两人原本指望大发一笔横财，但没有料到，在接连一个多周的时间里里，股票行情不断上涨。对两人来说，股票行情每涨停一次，两人的损失的数目就有十来万元。一个多周下来，两人的损失就更加惨重了。张啸林铁青着脸，不停地咒骂着，杜月笙眉头紧锁，闷不作声地躺在床上吸着鸦片。

股票逆势暴涨一周，毫无疑问，自然又是闻兰亭等交易所理事们所做的"好事"了。他们故意操纵市场，压低纱布价格，让纱布生意呈现出前景黯淡的趋势，以吸引上海的股民们做空，然后又利用职权之便，徇私舞弊，迫使股票连涨一周，他们则从中获取巨额的利润。只是，这一次他们没有想到上海的两位大亨杜月笙、张啸林也在做空。

世上没有不透风的墙，纱布交易所徇私舞弊的事情，还是让一个叫做顾永园的人给察觉到了。顾永园是通海帮中人。当时，在上海滩做纱布生意的大多是江苏南通、海门一带的商人，他们便被业内称为通海帮。顾永园幼年家贫，后来做纱布生意发家致富。几年下来，也有了一笔不小的积蓄。顾永园发迹之后，丧失了进取之心，总想着可以轻轻松松赚钱，舒舒服服地花钱。于是，他就玩起了股票。这一次，他也在做空头，结果亏损严重。顾永园心有不甘，他觉得纱布市场明明前景黯淡，但股市行情竟能逆势涨上一周，这当中肯定有着不为人知的内幕。所以，他费尽心力打探交易所的机密。这一查，结果还真让他给查到了。

顾永园愤恨不已。交易所黑幕重重,势力庞大,顾永园自知凭一己之力不是对方的对手。后来,他打探到杜月笙、张啸林和自己一样也在做空,不由得精神一振,就去找好友陆冲鹏,请他将此事转告给杜月笙。陆冲鹏觉得此事非同小可,就连忙赶到华格臬路,将顾永园掌握到的交易所内幕告诉了杜月笙、张啸林。张啸林正在为亏损生闷气,闻讯勃然大怒,当下就嚷着要派几十名枪手,将交易所砸个稀烂。杜月笙却是含笑不语,心里已经有了谋划。他早就想插手此棉纺业,控制上海纱布交易市场,一直苦于没有机会,现在机会终于来了。

当晚,顾永园被请到了杜公馆。几人闭门夜谈,谋划了对付交易所的计策。

无赖闹堂

杜月笙是黑帮魁首,擅长借刀杀人之策。当纱布交易所得罪了他后,他并没亲自出面,而是拉拢了另外一个人顾永园,要他出面,大闹交易所。有了顾永园这个马前卒,杜月笙只坐等看一场好戏了。翌日,在位于爱多亚路的上海纱布交易所内,顾永园上演了一出"无赖闹堂"的闹剧。

这天早上,交易所的大门刚一打开,几十人一拥而进。顾永园在几十名流氓打扮的人的簇拥下,怒气冲冲地挤到了人群的中央。当交易所的伙计宣布开拍时,顾永园突然发难,斥责交易所内部有见不得人的勾当,理事们徇私舞弊,这才造成一个多星期的涨停。他当场要求交易所暂时停拍,由全体经纪人推举一名代表调查此事。等事情清楚后,再开拍不迟。

他的话引起了众人的争议。那些同他一样买空的人自然极力赞成,跟着他大声起哄,而那些大赚一笔的人,则反对他的看法,厉声指责顾永圆胡说八道,包藏祸心,要求伙计将他驱逐出去。两方各执一词,互相指责,毫不退让。也不知道是由哪一方先动的手,顿时双方拳脚相向,乱作一团。交易所的理事也是江湖上响当当的人物,哪里容得下这样明目张胆的捣乱,当下悄然使了个颜色,命令几名打手摸到顾永园的身边,想把他轰出去。

然而,无论打手们怎么使劲,也无法靠近顾永园。此时,他们才发现在顾永园的身边围着几十名陌生人。他们穿着短打,凶神恶煞,看起来不像是出入于交易所的经纪人,倒更像是黑帮的地痞、流氓。想到这里,他们不由自主就胆怯了几分。恰在这时,一个伙计无意间翻开了其中一人的衣襟,赫然发现对方的腰畔插着乌黑闪亮的手枪,顿时骇然大叫道:"他们有枪,他们有枪!"

这一喊,交易所顿时像炸开了锅,人们这才知道,顾永园的背后原来有极厉害的靠山,这一次的行动显然是一次有预谋的行动了。交易所的理事见状,也吓得六神无主,有人悄悄建议,赶快给巡捕房打电话。理事这才如梦方醒,慌忙给英租界巡捕房打电话。但让他郁闷的是,对方每次接起电话,就挂断,再接起,再挂断。理事气得破口大骂,他却不知道其实杜月笙早就给巡捕房打过招呼了。巡捕房值班的人是戴步祥,是沈杏山的"大八股党"之一。自从沈杏山被杜月笙收服后,"大八股党"就一直在杜月笙的门下吃俸禄。这个时候,杜月笙有所指示,戴步祥当然明白该怎么做了。所以,当交易所的电话打来后,戴步祥只是重复着接起,挂断,再接起,再挂断的动作。最后,戴步祥答复了一句:"马上就来。"但他嘴上虽然说了"马上",可是一点也没有"马上"的意思。在过了很长的一段时间后,戴步祥才带着几名巡警慢吞吞地到了交易所。到了交易所后,他们没有帮助交易所维持治安,而是懒洋洋倚在门上,听着顾永园的演讲。交易所理事一筹莫展,只得把此事报告给了交易所的负责人袁履登和闻兰亭。

袁、闻二人在听了理事的报告之后,已经想到此事肯定和杜月笙有关。解铃还须系铃人,无奈,两人只得前往杜公馆,向杜月笙求救。到了杜公馆门前,门卫却挡住了两人,说杜先生已经睡下,任何人都不见。袁、闻多次请求通报,但门卫态度坚决,始终不愿意放行。见此情状,两人明白了,杜月笙这是有意让两人吃闭门羹。既然敲不开杜公馆的大门,袁、闻两人就去请了上海市商会会长虞洽卿,请他出面帮忙。在虞洽卿的陪同下,两人终于进入了杜公馆。

在得知两人的来意之后,杜月笙佯作对此事毫不知情,只说愿意前往交易所一趟,帮忙处理此事。有了杜月笙这句话,袁履登和闻兰亭自觉此事大有转机,连忙起身道谢。几人驱车来到交易所,顾永园还在做着慷慨激昂的演讲。见到了杜月笙到来,众人都安静下来。杜月笙假意劝解了顾永园一番，然后建议顾永园还有袁履登和闻兰亭一起到杜公馆去商议解决此事的办法。顾永园和杜月笙早有谋划，自然满口同意。袁、闻二人不愿事情闹大，更不愿交易所丑闻曝光，就也答应了杜月笙的建议。

到了杜公馆，诸人坐定后，杜月笙假装以调停人的身份询问事情的原委。顾永园当下便将所掌握的交易所黑幕一一揭露，扬言对方若不给予赔偿，就要法庭上见。杜月笙故意沉下脸色，问两人可有此事。袁、闻两人被人道破机密，有口难言，神情大窘。杜月笙见状，轻叹一口气，说自己和张啸林也在交易所做空头亏了很多钱，袁兄、闻兄对朋友做了这种事，未免太不够义气。

袁履登和闻兰亭可谓是哑巴吃黄连，有苦说不出。要知道在当时的上海滩，基本上所有的纱布交易所都有着这样的黑幕。他们这次之所以会闹出这么大的风波，毫无疑问，是因为得罪了最不应该得罪的人。他们明白，如果不给出对方一个好的结果，杜月笙肯定不会善罢甘休的，于是就承认了他们操纵市场，使股票接连涨停之事，同时向杜月笙寻求解决之道。

杜月笙等的就是他们这句话，便建议他们采取手段，让股票行情跌停，接连跌上几个礼拜，也好弥补其他人的损失。对于袁履登和闻兰亭来说，行情每跌一次，就意味着要吐出一部分已经收入囊中的银元。这样接连跌上几个礼拜，所损失的数额就更为巨大了。但杜月笙既然已经发话，两人也只得同意照办。次日，股票逆势大跌，杜月笙、张啸林等人大发横财。

此事虽然过去了，但杜月笙对于闻兰亭等人敢在太岁头上动土一直耿耿于怀。没过多久，杜月笙中汇银行开张，上海金融界同行以"堆花"的方式在银行里存了大笔款项。杜月笙想起了闻兰亭，就命人给他送去一张帖子，要他往中汇银行存70万元做"堆花"。闻兰亭闻讯，忍痛表示愿意划30万存进中汇银行。杜月笙对此根本不能满意，派人将闻兰亭迎进了杜公馆。刚踏进门，杜月笙就冷笑着逼他表态。闻兰亭无可奈何，只得满足杜月笙的无理要求。

这件事后，闻兰亭心灰意冷，没过多久，就把纱布交易所理事长一职让给了杜月笙。

拆散虞、王联盟，组建商会

20世纪30年代初的上海滩，工商界领军人物毫无疑问非虞洽卿莫属。虞洽卿作为其时上海总商会会长，势力根深蒂固，不但在众绅商心中德高望重，而且和蒋介石等国民党高层关系也十分密切。这一点，也是让杜月笙自愧不如的。杜月笙恰是一个不服输的人。当他还只是在工商界崭露头角的时候，他已经将虞洽卿当作了心里的"假想敌"。而当他势力日益增强的时候，打败、超越虞洽卿也就不可避免地成了杜月笙心目中的目标。1933年，机会终于来了。

当时，上海滩来了一位南京政府大人物。此人名叫吴鼎昌，是国民政府实业部长。他来上海的目的是以实业部和上海市政府的名义开设一个渔市场。在此之前，上海滩的渔市场缺乏管制，基本上都是由上海的鱼市商贩自行联络江浙一带的渔民，获得鲜鱼货源，然后再运往上海，供应各大鱼贩销售。国民政府见到这种情况，敏感地意识到上海滩的渔市场有机可乘，于是就命令吴鼎昌到上海开设一个渔市场，控制鱼市价格以及税收，企图以此牟取暴利。

由是，渔市场主管一职就成了上海滩众大亨们角逐的目标。杜月笙也有志于此。这并不仅仅因为这是一个一本万利的好肥缺，更重用的是掌握了这一部门，就等于控制了上海滩数十万的渔民、鱼贩。这股力量非常庞大，杜月笙领教过上海工人的力量，对此也是心知肚明，因此也更希望能够将渔市场这一地盘纳入他的势力范围之内。然而，正当杜月笙积极谋划的时候，上海市政府的任命已经下来了，渔市场总经理之职由王晓籁出任。王晓籁是虞洽卿最重要的帮手之一。杜月笙明白，这一次的事情肯定又是由虞洽卿在背后推波助澜，心里不禁又恨又气。

对于王晓籁这个人，杜月笙还是熟悉的。当他还在黄金荣门下混饭吃的时候，王晓籁就已经是上海滩赫赫有名的实业家了。王晓籁饱读诗书，精明能干，出身绅商界，在政界也较有影响力。杜月笙逐渐发迹之后，王晓籁已是上海商界领袖，德高望重，和虞洽卿、史量才等人鼎足而立。本来和这样的一个人竞争，杜月笙也没有多少胜算，但今非昔比，杜月笙现在涉足工商界，混得风生水起，在政界又有宋子文、孔祥熙等人为靠山，实力大增，已经有力量和王晓籁、虞洽卿一决雌雄了。所以，在得知王晓籁出任后总经理后，杜月笙并没有心灰意冷，他暗中做着谋划，打算取而代之。但他并不想直接和两人决裂，于是他又玩起了两面手段。

杜月笙首先请来了新加入恒社的唐承宗。这个唐承宗也是一位厉害的人物，在恒社里做第二把理事交椅，仅次于陆京士。唐承宗原本经商，但向来有志于政界。"一·二八"事变之后，他向杜月笙递了拜师帖，成了杜月笙的门人。后来，在杜月笙的要求下，唐承宗前往吴淞一带组织保卫团，拉起了一支四五百支枪的队伍。战事结束后，唐承宗做了吴淞商会会长，昔日保卫团的兄弟也就成了商会的保卫团。唐承宗交友广泛，和吴淞一带的渔民，以及上海和浙江等地的渔霸、帮主都有关系。正是因为这个背景，在这一场的行动中，杜月笙才需要借助他的力量。

杜月笙用的是釜底抽薪之计，因为王晓籁渔市场的鲜鱼供应需要从江浙一带运来，所以杜月笙就要求唐承宗在吴淞口一带联络当地的渔霸、帮主，要他们不要向渔市场交货。当然，如果虞洽卿动用警察出面，那也不怕，因为唐承宗手下有几百人的保卫团，这些人有枪有训练，自然不是吃素的。在布置好唐承宗这一步的行动之后，杜月笙又让"小八股党"顾嘉棠等人前往十六铺一趟，让他们通知当地渔行老板、鱼贩，绕开王晓籁的渔市场，直接去吴淞口批发鲜鱼。

有了这两步的铺排，杜月笙可以高枕无忧了。唐承宗在吴淞口势力庞大，当地的渔霸、帮主谁敢不买面子？又听说十六铺的鱼贩会亲来吴淞口批发鲜鱼，可以保证财源，自是乐得答应。

等到吴鼎昌、吴铁城诸人建好渔市场，正式开盘之时，吴淞、十六铺等地的鱼市基本上已经让杜月笙收买了。在开盘的首日，渔市场冷冷清清，来的人不过寥寥几人而已。王晓籁觉得奇怪，还以为是没有通知清楚呢，就派人四下通知。哪知道，在吴淞口，只见鱼市熙熙攘攘，来自于十六铺的渔民、鱼贩正繁忙地在进行着交易。王晓籁气坏了，便请上海市市长吴铁城调动税务局警察出面协助，但唐承宗的保卫团早已控制了局势。王晓籁这才明白，这件事情的背后定然是有人搞鬼，而且对方的势力还不弱。接连几天，渔市场乏人问津，王晓籁这个总经理干不下去了，于是他找到虞洽卿，打算辞职，请他另请高明。虞洽卿觉得此事过于奇怪，猜测此事可能是杜月笙在背后搞鬼。王晓籁一口否定了他的看法。原因很简单，杜月笙的势力不在吴淞口一带。虞洽卿想了会儿，也想不出个所以然了，最后只得同意王晓籁的建议，向吴鼎昌推荐杜月笙当市场的总经理。对于吴鼎昌来说，谁当总经理并不重要，重要的是能够抽税，保证国民政府的财政收入。所以，他不假思索就答允了，还拉着王晓籁亲自拜访了杜公馆。

杜月笙对王晓籁说，总经理的职位，恕他不能从命，只不过作为朋友，他倒可以出个主意解决眼下的危机。杜月笙的办法是改渔市场由过去的官办为官民合办，给渔霸、渔行老板们一定的股份，让他们也参与进来。这样，只要渔市场兴旺发达，大家自然全都财源广进了了。渔霸、渔行老板当然也不会和官府对着来了。这的确是一个好主意，只不过王晓籁却不知，渔霸、渔行老板大都和杜月笙有着种种联系，现在让他们也入股，就等于将杜月笙的势力渗进了渔市场。在这种情况下，杜月笙就算是没有坐上总经理的位子，一样可以运用手段在暗中操控上海滩渔市。

杜月笙的"仗义"，让王晓籁深为感动。吴鼎昌也觉得杜月笙的主意很好，就当场决定将渔市场改为官商合办的公司，渔行老板、渔霸等人都可以按股分成，总经理仍然由王晓籁当，同时聘请杜月笙为公司董事长。杜月笙此时趁机向王晓籁推荐了唐承宗。王晓籁原本就觉得唐承宗是个人才，加上又有杜月笙推荐，就在董事会上提名唐承宗为常务董事。有了这个头衔，唐承宗正式成了渔市场的决策人物之一，而他真正的幕后老板则是杜月笙。很快，渔市场重新开张，和第一次开张不同，这一次开张非常热闹，渔市场上商贩人满为患，生意非常繁忙、红火。

这件事后，王晓籁开始倒向了杜月笙。在他看来，像杜月笙这样仗义、重情重义的人，才是值得交往的人物，而虞洽卿虽然在工商界德高望重，但是危难关头却未必可以为朋友两肋插刀，这是让王晓籁心存芥蒂的地方。杜月笙见虞、王联盟已经有了间隙，就酝酿起了一轮新的行动，打算正面对虞洽卿发起挑战。他这次的主要目标是夺取虞洽卿上海市商会会长的职位。

上海，素以商都而著称。当时，操纵上海市场的为五大团体：上海市商会、地方协会、银行公会、钱业公会和航业公会。每次，当政府有重大事情需要决策之时，都离不开这五大团体。因为这五大团体可以说代表的是全上海。而在这五大团体中，若论权威性、重要性，那排位第一的当属上海市商会。上海市商会会长这个职位，杜月笙早就想夺得，无奈这个职位十分重要，任职之人若非是商界领袖，就是企业界的非常著名的人物，因此，资历尚浅的杜月笙也只有望洋兴叹份。

在离间了虞、王之后，杜月笙觉得已经是时候向虞洽卿的上海市商会会长之职发起冲击了，于是他就悄悄地对总商会做了一些调查。结果他发现，在总商会中有两个人物举足轻重。一人是国民党党部驻商会的常务理事王延松，另一人是总干事骆清华。杜月笙决定笼络他们。

对于王延松，杜月笙没有多少把握，于是他就把拉拢的目标定在了骆清华的身上。骆清华三十来岁，文质彬彬，精明强悍，虽自命不凡，有鸿鹄之志，奈何屈居商会之中，英雄无用武之地。当陆京士奉杜月笙之命招降骆清华的时候，就针对这一点对骆清华展开了攻势。最终在陆京士巧舌如簧的劝说下，骆清华答应拜入杜月笙门下，加入恒社。

有了骆清华这张王牌，杜月笙马上展开行动。他首先让骆清华在商会里放出消息，就说上海商会遭人操纵，不能够代表上海商界，应该重新改选。同时，杜月笙又命令恒社里的骨干分子在各银行、商会发起联合攻势，形成强大的舆论压力。这样，即便上海市商会无心改选，现在骑虎难下，也只得进行改选了。在虞洽卿得到了上海市商会将要改选的消息时，已经太晚了，他只得硬着头皮，召开理事会，进行理事会和新会长改选。会议上，杜月笙获得了大部分人的支持。杜月笙却没有自己当会长，他推荐王晓籁出任会长之职。这一点可以说是出乎很多人的意料。有杜月笙的推荐，加上众人也支持，王晓籁遂成为新一届的上海市商会会长。

至此，杜月笙成功地击败了虞洽卿。他虽然没有亲自出任上海市商会会长的职位，但成功地拉拢了王晓籁。从此，虞、王联盟彻底被瓦解了，王晓籁心悦诚服地追随杜月笙左右，唯杜月笙之命是从。之后，王晓籁重新组建商会，所用的也大都是和杜月笙关系密切的人。上海市商会真正成了杜月笙操纵上海市场的一个机构，杜月笙也自此真正成为了上海滩工商界的领袖。

第十六章

沾名钓誉，衣锦还乡

181号赌窟

"181号赌窟"是杜月笙等人的另一项产业。

"181号赌窟"是人们对它的俗称。杜月笙等人在商议这个赌场的名字的时候，顾嘉棠提出，名称不要沿用旧的"赌场"之类的字样了，而要该用新式的名称，就这样，最后赌场被命名为"富生公司"。而人们之所以叫它"181号赌窟"，是因为它坐落于福煦路（今延安东路）181号。

创办"181号赌窟"的主意最早是由张啸林提出的。1931年，张啸林返回上海。此时的上海滩，帮会势力空前强大，黄金荣、杜月笙、张啸林的门生故旧中有很多人都已身居要职。因此，张啸林感到这正是他放手大干一场的难得良机，他于是生出了这样的想法——在上海滩开设一家规模堪称全国第一的豪华大赌场。张啸林从小涉足赌场，对于赌博业是颇为在行的，此前虽然也开办了多家赌场，但是他一直觉得不够过瘾，而想把生意做得更大。但是，想要开办一个超大规模的赌场，仅凭他一个人的实力还是不够的，因此他去找另外两位大亨——黄金荣和杜月笙进行商量。他本以为黄金荣和杜月笙对他的这个主意会极力赞同，但是出乎他的意料，黄金荣对此不置可否，杜月笙却极力反对。

这令张啸林感到非常懊恼，他想独挑门梁，可是思前想后，他觉得还是不妥，因为一来他的声势比起黄金荣和杜月笙毕竟还是略逊一筹，这样，将来一旦出了事情，没有黄、杜二人的参与恐怕不好说话；二来创办这样一个超大规模的赌场，是需要一笔雄厚的资金的，万一中途出现了问题，他就要独自承担这个风险，这也是他不想面对的。因此，张啸林觉得，这事必须拉黄金荣和杜月笙一起做才稳妥。他认真地思考了一下，黄金荣不置可否，其实是在观望，只要杜月笙能够加入，拉黄金荣入伙自然不成问题，而杜月笙之所以反对，其原因还是怕风险太大。这样想清楚了原因，他也就可以对症下药了。为了说服杜月笙，张啸林首先在赌场的选址上费了很大的心思。在当时的上海，赌场的存在虽然是大家公认不讳的一种事实，但实际上依然是一种地下产业，如果当地政府执意进行打压，那么赌场的运营就会出现困难。树大招风，最大的赌场在赢得最大利润的同时也要承担最大的风险，这样，如何使风险最小化，就成了摆在张啸林面前的首要问题。对此，张啸林充分考虑到当时上海的地域特点，精心选择了福煦路181号作为赌场的地址。为什么是这个地址呢？因为福煦路181号正处于法租界和公共租界的交界处，是一个治安缓冲地带。

不过，仅仅依靠选择一个有利的地理位置还是远远不够的，更为重要的是得跟法租界当局建立良好的关系。从这个方面来讲，张啸林是需要黄金荣入伙的。

在详细考虑了方方面面的问题之后，张啸林将自己规划的方案呈递给黄金荣和杜月笙，同时，他力邀金廷荪、顾嘉棠、马祥生、范回春、王茂亭、马鱼婷等很多门生和友人一同劝说黄、杜二人，最后总算说服了黄金荣和杜月笙入伙。这样，由黄、杜、张这三大亨领衔的"181号赌窟"就轰轰烈烈地创办起来。

富生公司，也就是实际上的"181号赌窟"，其董事长由张啸林来担任，黄金荣、杜月笙、金廷苏、顾嘉棠、范回春等人都是董事，高鑫宝、万墨林、马祥生、蔡福棠等人则是高级干事，赌窟日常工作的实际负责人是顾嘉棠，另外，担任经理的是杜月笙的管家、青帮"通"字辈钱曾宝。之所以让钱曾宝来担任这个经理，是因为他是闻名上海的赌场高手，而在赌窟中主持赌博的"挡手"、杜月笙的开山门徒江肇铭（又名江小棣）更是自幼即精于赌技，被称为"上海摇缸第一把手"。在这些人之外，保护赌场安全和维持赌场秩序的大批流氓打手更是必不可少的。

因为赌博活动的特殊性质，赌场的安全措施是非常严密的，平日里铁门紧闭，严禁随便出入，有人进入都要凭借"会员证"。张啸林还专门派出十多个人拿着手枪在赌场周围来回巡逻。对进入赌场的人，认识的，马上放行；不认识的，还要搜一下身。总之，他们是要绝对保卫赌场的安全的，不容出现任何意外。

出入"181号赌窟"的大都是上海滩有名的老赌客。由于张啸林的"精心经营"，"181号赌窟"很快赌名远扬，轰动全国，甚至南京国民政府的军政要员、封疆大吏们也会带着保镖远程赶来，只为到这中国第一赌窟一"赌"为快。当时权势显赫的国民党中央委员叶楚伧就是光顾"181号赌窟"次数颇多的一员贵客。随着"181号赌窟"的名气越来越大，各地赌徒身携巨款，纷纷汇聚上海，欲与上海滩的赌博高手们一见高下。他们在赌场内大赌狂赌，一次输赢总在黄金千两以上，真正是"一掷千金"，赌面之大，令人咋舌。俗话说得好："是赌总是骗，十赌九输钱。""181号赌窟"对于很多光临者来说，完全称得上是一个吸金的魔窟，赌场的经营者连赌带骗，在那里上当受骗、倾家荡产的赌棍不知有多少，而又因为这个赌窟是上海最为强大的帮会势力所开办的，所以赌客们即使是上了当、受了骗，也都只能吃了哑巴亏。

杜月笙等人因为"181号赌窟"生意的火爆而大发横财，但是一同赚钱的并不只是他们这些经营者。"181号赌窟"之所以能够开办得如此红火，在相当大的程度是因为有法租界当局的庇护，如果法租界当局对他们施加一点颜色，赌窟的营业肯定是要受到很大影响的。法国人从中得到了大笔好处，别人不说，富生公司每年"孝敬"法国驻上海总领事个人的钱数就高达18万元。

"181号赌窟"的开办使得杜月笙一伙和法国人都得到了巨大的好处，这是一种互惠的事情，双方可谓各得其所。但事情总是有变化的，几年之后，法国总领事换成了梅里霭，他一到上海就对"181号赌窟"来了个狮子大张口，他开出了自己的价码——每年50万元。50万元，这让黄金荣等人吃惊不小。但是既然赌场开在法国人的地界，就不得不依靠法国人的庇护。经过一番精心的计算，黄金荣认定这笔"孝敬费"只能加到30万元，不能再多了。可是梅里霭马上就递过话来，声称最低是40万元，少一个子儿也不行，没有任何再行商量的余地。黄金荣对此只能叹气道："这是无论如何也办不到的。"在遭受黄金荣的拒绝之后，梅里霭马上下令整顿租界秩序，这样一来，富生公司再也不能照常营业了，"181号赌窟"就这样在法国人的打压之下迅速地衰落了。

黄金荣晚年归隐

杜月笙发迹，离不开黄金荣这位老大哥的帮助。不过随着杜月笙的权势日盛，黄金荣这位老大哥也要退出江湖，安享清福了。

黄金荣生于1868年，比杜月笙大20岁。他于1922年娶了当红名角露兰春，由此发妻林桂生自请下堂，此后再也不进黄公馆的大门了。不料露兰春根本不喜欢粗俗老迈的黄老板，竟与花花公子薛二私奔了。1923年，黄金荣与露兰春离婚了。黄金荣因露兰春之事丢尽了脸面，几次都是杜月笙帮他解决麻烦。他自己也觉得失了威风，在手下门生面前都有些抬不起头来，再加上年纪又大了，那份争名夺利的心也淡了不少，就决定退休回家养老。

黄金荣在上海滩上叱咤了这么多年，所牵涉的关系也是方方面面的，所以他要退休，也不可能马上退下来。

1925年3月27日，黄金荣向巡捕房递交了辞呈，声称自己年迈多病，无法再胜任督察长一职。法租界当局对他嘉奖一番后，就批准了他的请辞，不过这个职位还是由黄金荣的弟子继任，黄老板则退居幕后来遥控了。

此后黄金荣一直处于半退休的状态。他在上海滩混迹了大半生，积累了不少财产，如今他赋闲在家了，光是收取那几十幢街堂房子和数家大戏院的租金，每月也有上万块。所以，黄金荣的隐居生活过得十分逍遥。

1927年前后，黄金荣在漕河泾乡间买了六十多亩地，斥资二百多万元，开始在这里修建了自己的养老院——黄家花园。黄金荣为这个安乐窝费了不少心思，园中的一草一木都是花了大价钱买来的，有些假山石笋，甚至是从北平和西湖运来的。建造这座别墅花了好几年时间，直到1931年才算真正竣工。这座精美奢华的黄家花园，就是今天上海桂林公园的前身。在当时上海的私人别墅中，黄家花园堪称翘楚。

尽管黄金荣一再对外宣称说自己已经不问世事，要闭门谢客，安享晚年了，不过，他隐居的黄公馆并不清净，尤其是在1927年。

这一年，蒋介石发动了"四·一二"反革命政变，大肆屠杀中共党员。赋闲在家的黄金荣重出江湖，与杜月笙、杨虎、陈群等人一起领导了上海的"清共"行动。事后，蒋介石还授予他三等功的勋章，并委任他"少将参议"之职。如此一来，黄金荣信心倍增，又想东山再起，重振雄风。

不过黄老板在权力圈子里也摸爬滚打了几十年，眼光还是很敏锐的。他仔细观察一段时间后发现，国民党的内部阵营很不稳定，那些政府要员们都分化进了好几个权力圈子，统治集团的内部矛盾十分尖锐。反复权衡了一番后，黄金荣感觉国民党政府的这趟浑水不好淌，东山再起的事情还是要缓一缓再考虑。

不过黄金荣也是个很矛盾的人，他既想低调做人，安心养老，又想出出风头，满足一下自己的虚荣心。所以，黄金荣的心还是静不下来。1927年农历十一月初一，是黄老板60大寿的日子。这一天，他就大大风光了一回。

大寿当天，黄公馆里张灯结彩，热闹非凡。众多达官要人纷纷前来庆贺，各式寿礼堆积如山。黄金荣的徒子徒孙们也忙前忙后，招呼众位宾客。另外两大亨杜月笙和张啸林则负责寿宴的总体事宜，尽心尽力地为老大哥办事。

为了出风头，寿星黄金荣也做了不少准备。他命人将自己历年来获得的各种委任状、勋章、奖章、锦旗等都挂出来，供客人们观赏，以此炫耀自己的功绩。这些荣誉，有国民党政府颁的，也有法租界当局给的，还有社会各界人士赠送的。不论黄老板是如何获得这些东西的，它们摆出来后，的确为他的寿筵增色了不少。

黄金荣60岁以后，虽然也参与一些事情，但主要还是在家养老。他一向好色，如今年纪大了，身边也缺不了女人。由于前面的露兰春事件，黄金荣在找女人上显得比较低调了。他只是与新夫人同居，不再大张旗鼓地办婚宴了。

这位新夫人原是上海丈量局局长曾绍棠的妾室，不过后来被曾绍棠休弃了。她与黄金荣的原配夫人林桂生关系不错，如今林桂生与黄金荣早就分道扬镳了，她却与黄金荣好上了。由于新任黄夫人住在漕西，所以黄家晚辈们和黄金荣的众门生都称其为"西海好婆"，杜月笙则称呼她为"西海太太"。西海太太也爱抽鸦片烟，喜欢白相（就是玩耍），这就正好与黄老板有了共同爱好。两人的日子过得还不错。

黄金荣每日和西海太太一起抽抽大烟，与老友们打打麻将，再泡个澡堂子，这生活过得要多舒坦有多舒坦。不过在上海滩上，他黄老板还是很有分量的，再加上有蒋介石这样的门生，谁都要给他几分面子，求他办事的人也很多，这就使得黄金荣的野心又萌发了。

不过，一件突如其来的事情，将黄老板刚刚兴起的念头又扑灭了。此后他就彻底心灰意冷，真正归隐了。

这件事，与黄金荣名下的大戏院有关。黄金荣拥有好几家大戏院，比如大世界、黄金大戏院、荣金大戏院等，每月都能收入一笔可观的租金。在以前，上海市政府的官员们都很给黄老板面子，从不检查他的戏院。当然，黄金荣也会"礼尚往来"，每月送给相关官员一笔钱。不过现在，黄金荣虽然还有名望，但实权还是下降了，官员们的态度也发生了变化。

一日，上海市政府要检查各戏院演出的戏剧，黄金荣的戏院也要检查，甚至包括了他在法租界的戏院。这可真是驳了黄老板的颜面，他十分恼火，就以市政府无权管租界内的事为由，拒绝接受检查。

上海市政府也不想与黄金荣闹得太僵，就派了一位名叫耿嘉基的秘书出面协调。耿秘书一向负责调节市政府与租界大亨们的关系，他的身份比较特殊，大亨们都对他比较客气，就连杜月笙每月也要包一个1000元的红包奉上。可黄金荣颐指气使惯了，如今又在气头上，就对耿秘书很不友好。

耿秘书受了冷遇，回去后就想整治一下黄金荣。在他的介绍下，一位主管戏院检查的国民党官员专程拜访了黄金荣。这位官员比较年轻，很有干劲，与黄金荣也没什么交情，他可不买黄老板的账。黄金荣没想到这个毛头小子很难说话，两人话不投机，最后不欢而散。

这件事还没有完，几天后黄金荣就收到了法国驻沪总领事兼法租界公董局总董范尔迪的请帖。黄金荣应约登门后，范尔迪就婉言劝他接受上海市政府的检查，说什么中国人开的戏院，接受中国官员的检查，再平常不过了。这话听得黄金荣目瞪口呆。他不知道那位检查戏院的官员给法国佬灌了什么迷魂汤，竟然能说动范尔迪这么骄横的人！这下法国人站到了上海市政府那边，黄金荣也无可奈何了，只好乖乖地接受检查。

这件事对黄金荣的打击很大，他明显地感觉到自己老了，地位在逐渐下滑，他的确该退隐了。

顺水推舟达到目的

随着黄金荣的隐退，刚入中年的杜月笙在上海滩上混得越来越风生水起了。他那八面玲珑的交际手腕，也越发炉火纯青了。再复杂的事情到了他手里，也能处理得妥妥当当的。

话说1923年露兰春与黄金荣离异后，她就与自己的相好薛二公子双宿双栖了。露兰春想做个贤妻良母，可惜薛二并不是她的良人。

薛二是个典型的纨绔子弟，他家境优裕，养尊处优惯了，什么事情都不会做，也没想过要做点什么。他每天都闲得无聊，除了寻花问柳外，就是抽点鸦片烟，到赌场泡着。

一日，薛二跑到江湾跑马厅去看赛马，竟然被两个彪形大汉绑架了。绑匪将薛二塞入汽车，押送到枫林桥"清党委员会"设立的监狱里关起来。薛二是个软骨头，他长这么大也没遇到过这样的事情，早就吓傻了。绑匪们要他如何，他都乖乖地配合。好在他没完全傻掉，还知道"清党委员会"是什么地方。在"四·一二"反革命政变期间，这里关押了许多中共党员或被怀疑为中共党员的人。枫林桥就是专门审问和处决政治犯的地方。他薛二什么时候成了政治犯了？

绑架薛二的事，其实是张啸林派人干的。薛二竟然敢勾引自己的老婆，这令黄金荣颜面扫地，他哪里咽得下这口气！所以，黄金荣报复薛二是早晚的事情。张啸林也不服气，他想为黄金荣出口气，也为"三大亨"挣回脸面。于是，在露兰春事件已经过去好几年后，张啸林将薛二绑架，随便安个共产党嫌疑分子的罪名，准备冠冕堂皇地将薛二押赴刑场处决。不过张啸林不想让薛二死得太早，打算先折磨他几天再处决。

薛二几天没回来，可急坏了露兰春。她以前也好出风头，爱热闹，认识许多权贵，不过自嫁给薛二后，她就疏远了那些朋友，一心一意经营着自己的小家。所以，薛二就是她的全部依靠。如今薛二失了踪，露兰春又慌又怕，只好再次抛头露面，去向以前的那些朋友打听情况。

露兰春几年没在交际圈子里混了，那些权势人物也不大情愿帮她。露兰春想要打探消息还真不容易。好在她肯花钱。露兰春很快就用钱买到了薛二的下落：薛二被关在枫林桥，随时都会被枪毙！同时知情人还向她透露：薛二之事，是黄金荣的兄弟张啸林干的。

这下露兰春更着急了！丈夫的德性她最清楚。薛二的鸦片烟瘾特别大，一天不抽都受不了，如今已经被关了几天，就是不杀他，烟瘾也折磨掉他的半条命了。所以，必须马上救出薛二，否则薛二不被处决，也死定了！

露兰春只是一个普通女子，哪有本事救出薛二呢？她以前跟着黄金荣的时候，也见过不少世面，所以她心里很清楚：这个事情，只有上海滩上的大亨才有能力做。不过谁都知道，黄、张、杜三大亨是穿一条裤子的兄弟，黄金荣和张啸林是要整薛二的，那杜月笙会为了露兰春去得罪自己的兄弟吗？

露兰春已经六神无主了，好在还有几位热心的朋友帮着出主意。其中有人就建议，请一个有分量的人出面去斡旋此事，这个人不仅要与三大亨都有交情，还要与能"清党"骨干杨虎、陈群等人拉上关系。几人商议之后，决定请陆冲鹏帮忙。

陆冲鹏可不是个简单的人物，他有好几重身份。他出生于浙江海门的一个大地主家庭，在晚清时期曾中过秀才，如今又在上海做了律师。他还是青帮通字辈人物，拜在张仁奎门下。同时，他也是国会议员，与皖系军阀很有渊源，与段祺瑞政府的财政总长李思浩还是患难之交。另外，他还与杜月笙合作，贩卖鸦片赚黑心钱。

这样一个人物，的确是最合适的人选。露兰春准备了厚礼，请老朋友周培义去拜访陆冲鹏。周培义将礼物送上后，就把薛二的情况详细告知了陆冲鹏。薛二的事情，陆冲鹏也早有耳闻，他可不想管这种烂事。不过吃人嘴短，拿人手软，他已经收了露兰春的财物，又要给周培义面子，总得出点力啊。

陆冲鹏没有爽快答应摆平这件事，只是说自己会尽力行事。首先，他得想法保住薛二的命。负责看管薛二的头头，是行动大队长芮庆荣，他是杜月笙的人。陆冲鹏直接打电话给他，希望他能卖自己个人情，不要为难监牢里的薛二，并允许露兰春给薛二送些鸦片烟过去。

芮庆荣性子比较直，这种小事根本不在话下，就一口答应了。同时，他还好心提醒陆冲鹏：此事不能让"大帅"张啸林知道。陆冲鹏是个人精，他马上就从芮庆荣的提醒中发现了问题。原来他们都以为绑架薛二的主使是黄金荣，张啸林只是跑腿。可芮庆荣不担心黄老板，却怕张啸林知道。难道这事与黄金荣没关系，就是张啸林自己做的？加上芮庆荣是杜月笙的人，他一口就答应会善待薛二，这是不是说明杜月笙并不赞同绑架薛二呢？

陆冲鹏先通知周培义，叫他转告露兰春快给薛二送鸦片烟，接着就亲自跑到杜公馆，去探杜月笙的口风。

陆冲鹏与杜月笙寒暄一阵子后，就开始旁敲侧击地套话。杜月笙本就不同意张啸林的做法，所以他也不怕陆冲鹏套话，其实他也想利用陆冲鹏出面来解决这件事。因为杜、黄、张三人是结拜兄弟，杜月笙是绝不能为薛二出头的。

杜月笙要做顺水人情，陆冲鹏自然很容易就套到了自己想要的消息。原来张啸林这次真是自作主张，薛二被关后黄金荣才得到消息。如今黄金荣变得低调了，根本不想再翻几年前的旧账。所以张啸林的做法，不仅没让黄老板高兴，而且惹得他大发雷霆，说张啸林给他找了麻烦，坏了他的名声。张啸林"好心没好报"，也气得不行，就与黄金荣闹僵了。所以现在这个薛二成了麻烦，只能先关在那里。

"清党"行动中，不少中共党员或疑似中共党员的人被残杀，上海民众已经很有怨言了。如今若将薛二当成共产党杀了，没有任何好处，只会引来更多的舆论谴责。所以，杜月笙是想放了薛二的。可是，黄金荣与张啸林都不能得罪，所以放薛二的事情，还是要由陆冲鹏等人去做了。

薛二只是个微不足道的小人物，杜月笙却从中看出了大问题。他的高明，令陆冲鹏佩服不已。在杜月笙的指点下，陆冲鹏直接去找负责"清党"行动的杨虎和陈群二人。陆、杨、陈三人也是经常打交道的，陆冲鹏将黄金荣和杜月笙的态度和盘托出后，杨、陈二人就马上将薛二无罪释放了。

在杨虎和陈群眼里，薛二不过是个小蚂蚁，哪里需要他们去费心，只不过这次张大帅做了件蠢事，他们只是要收拾残局而已。据说薛二被放，薛家掏了18万大洋来酬谢各方人物。黄金荣不想搅和进来，就没有要，这些钱大部分都进了杨虎和陈群的腰包。

在处理薛二事件中，杜月笙表面置身事外，实际却操纵了整个过程，他既保住了三大亨间的兄弟和气，又达到了目的，可谓一箭双雕。

黄、杜明争暗斗

杜月笙与黄金荣之间的和气其实是表面的，两人明争暗斗由来已久。

从黄金荣角度看，他的烟土、赌场生意离不开杜月笙，但眼见着杜月笙一天天翅膀硬起来，后来竟超越了自己，让自己陷于颓势，内心自是意难平；从杜月笙角度看，自己拼着性命和智慧帮着黄金荣打下一片天下，如果不从中分一杯羹，岂不太亏？再说，杜月笙的野心是大的，黄金荣也比不上，他才不会甘心居于黄金荣之下呢。

两人各怀心腹事，自然就会明里一套暗里一套：明里嘻嘻哈哈是兄弟，暗里恨不得多踩对方一脚。

之前，当他们谁都离不开谁的时候，两兄弟还是很和气的。尤其是杜月笙，自己不能独挡一面时，他一直很识相，他知道自己必须依靠黄金荣的势力才能将烟、赌两项产业做大做强。烟、赌是暴利的行业，但是这样暴利的行业不是一般的人都能够染指的，必须得在衙门有过硬的后台才行，而黄金荣恰巧就有这样的条件，他在法租界巡捕房任职。也正是因为黄金荣在法租界任职不好公开从事罪恶事业，黄金荣也不能没有杜月笙。

于是，杜月笙在黄金荣门下就有了实权，势力也就迅速壮大起来。当时法租界嵩山巡捕房的探目"鹅牌"和小东门巡捕房的探目"马松"，都拜到杜月笙的门下，称其为"老头子"。因为只要巴结好杜月笙，他们就可以每个月向杜月笙所开设的赌场拿500元的俸禄。

这些人拜杜月笙为"老头子"，当然不仅仅是名义上的，一旦杜月笙有事，他们是一定会很出力的。这就是所谓的"吃人的嘴软，拿人的手软"。

杜月笙还用金钱收买了一大批的徒众，甚至是与他地位相等的白相人，像顾嘉棠、芮庆荣、孙嘉福、荣炳根、袁珊宝等。这些人为了获得金钱上的利益也都甘愿为杜月笙所驱使。

随着实力的膨胀，杜月笙越来越不满足现状了。怎么能一直仰仗着黄金荣，自己为什么不能独自开拓出一片山头呢？于是，他乘"四·一二"反革命政变之机走近了国民党，并且很快就与国民党高层人物打成了一片。国民政府"四大家族"中的孔祥熙和宋子文都与杜月笙交情颇深，就连国民政府最高领导人蒋介石跟杜月笙之间也是往来很密切的。后来，杜月笙还与国民党的特务头子戴笠结成了生死之交，得到了戴笠的大力支持，更让他如鱼得水。

杜月笙所结交的不仅仅是这些国民党高层人士，他还千方百计收罗国民党的中下层人员投拜到他的门下，并且不惜以重金聘请"名士"幕僚，组成了杜氏门下的"智囊团"，帮助他定策设谋，从而更进一步地壮大声势。

杜月笙的所作所为实在是让黄金荣心生佩服，杜月笙这一方面的能力，是自己远远不能比及的。

从心胸眼界讲，黄金荣也比不过杜月笙。就说收徒弟吧，黄金荣看重的是财，也就是不论他收下谁做徒弟，首先看重的是这个人能孝敬自己多少钱财；杜月笙则不同，他收徒弟并不把敛财放在最为重要的位置上，而首先是想通过广收门徒来扩张自己的事业，壮大自己的实力。

这样一来，黄金荣门下的那些门徒也就难免更多地是为自己的钱财而做事，对于黄门声势的壮大并没有多大益处，可是杜月笙的那些门徒却为着杜门的发展而积极奔走，这就促使杜月笙在国民政府统治时期地位大为提高。长此以往，黄金荣的势力就不如杜月笙了。

还有一点黄金荣不如杜月笙。杜月笙野心勃勃，肯花大价钱笼络别人，然后再利用别人给自己谋取更大的利益，而黄金荣则安于现状，只肯花些小钱来做事，不愿冒一点儿风险。除了早期在法租界巡捕房督察长任内已经开办和经营的共舞台、大舞台、"大世界"等产业以外，黄金荣在正面产业当中也就只有一些房地产了。跟那些投资巨大的产业相比，黄金荣更乐于做的是那些所需投资很微小的"产业"，也就是一些抢劫、勒索之类的勾当，他经营房地产，也是因为只要房子还在，坐收房租就不会亏本。因而在经营工商业这一方面，黄金荣是大大不如杜月笙的。杜月生不仅热衷于烟、赌这种暴利的黑金产业，他还热衷于正面的工商事业，通过多种方式积极致力于开设银行、商店、工厂等有益于社会发展的产业，故而其在社会上的影响越来越大。

杜月笙的势头越来越劲，黄金荣的内心越来越酸。黄金荣也有不安，杜月笙越来越不把他这个老大放眼里了。

早在黄金荣跌霸之后不久，杜月笙对黄金荣也就开始表现得不那么恭敬了。对于杜月笙态度上的这种变化，黄金荣也心知肚明，在杜月笙面前也就不再表现得像以前那样不可一世了。

1931年"九·一八"事变之前，黄金荣的门生陈培德是英美烟厂的工会主席，而杜月笙的门生陆京士则担任淞沪警备司令部军法处长。陆京士为了打击黄门，扩充自己的势力，诬指陈培德有共产党嫌疑，将其拘捕关押，不肯释放。后来黄金荣亲自出马，去找淞沪警备司令杨虎直接说情，陆京士才将陈培德放出来。陈培德获释后，当然对陆京士怀恨在心，于是在黄金荣前哭诉进谗，说陆京士的心目中只知有杜月笙，不知有"老太爷"。虽说陈培德的这种话是挑拨之辞，但是不可否认的是，他的说法是基本属实。黄金荣虽然不能够直接去报复陆京士，但是心中却不能不对陆京士以及陆京士所仰仗的杜月笙产生怨恨之情。

杜门的崛起让黄门中人屡遭打击，黄金荣当然难以容忍了，因此，随着黄、杜之间矛盾日益加深，黄金荣就开始利用各种机会来排挤杜月笙。

有一次，杜月笙正兴致勃勃地在跟众人讲述自己如何与人斗法的精彩故事，黄金荣却当头给杜月笙破了一盆冷水，面无表情地说："月生，我劝你还是不要这样太用心机，免得短寿促命。"这句话说得杜月笙脸上青一阵、白一阵的，但是他又不便当众驳斥黄金荣。

还有一次，一群人正在吹捧杜月笙是如何能力超群，竟然能够同时兼任几十家企业的董事长和总经理，可以当之无愧地为"中国第一实业家"，杜月笙听到这番吹捧，真是好不受用，可正当他得意之时，旁边的黄金荣又是当头一棒，冷冷地问道："月生，你还记得吗，你第一次当董事是在啥时候啊？"一句话问得杜月笙不禁语塞。接着，黄金荣自己代杜月笙回答道："那是在中华民国十年的时候，我在茄勒路由源焘出面创办了不收学费的金荣公学，我当董事长，你当其中的一个董事，你不会因为今天发达了，就不记得当年的事情了吧。"

这话明摆着是在说，你杜月笙有什么神气的呀，你能够有今天这样的成就，还不全都得靠我黄金荣的提拔吗？在我黄金荣面前，你永远都是一个配角，有黄金荣"老太爷"在这儿，就没有你杜月笙吹嘘的份儿。

黄金荣的门徒当中有很多是在报界工作的，这对于搜集一些情报是很有利的，于是黄金荣就令这些门徒去留意杜月笙所做的一些不轨的事情，发现之后就在报纸上进行宣扬和攻击。其中最为厉害的一次就是《新闻报》的杭石君对杜月笙经营烟、赌罪行的揭发。

烟、赌产业黄金荣也是在做的，不过，黄金荣做在暗处，杜月笙却做在明处。杜月笙也知道一切都是黄金荣在做手脚，他现在虽然势力很大，但是如果真与黄金荣公开闹翻，也只能落得个两败俱伤，对自己一点儿好处都没有。杜月笙是一个明智之人，他当然不会因小失大，于是马上就带着重金到黄公馆谢罪，此后，还将搜刮来的钱财分给黄金荣一部分。看着那些白花花的大洋，黄金荣这才心里平衡一些，不再指使门徒去找杜月笙的麻烦。

黄金荣如此难为杜月笙，杜月笙虽然不能当面跟黄金荣翻脸，但是在心中却是对黄金荣大为不满的。在以后的日子里，杜月笙都会有意无意地回避黄金荣，能不往来就不往来了。两个人的关系变得越来越生疏，矛盾也越来越深。

杜祠落成，一生高潮

古语有云：不孝有三，无后为大。所以，中国人对于家族香火的赓续是极其重视的。正是因为这种浓厚的家族观念，中国人对于自己的祖先也是十分敬重，一般的家庭都供奉有家谱，名门望族更是建筑家祠专门用于祭祀祖先。

杜月笙自幼对于家族有着一种非同寻常的认同感，总想为家族做些事，故发迹之后，就在自己浦东高桥的家乡建造了一座家祠。

从形制上说，杜家宗祠并不特别，同一般的祠堂一样，也是五开间三进，第一进为前厅，第二进为正厅，第三进则为供奉杜氏列祖列宗之牌位的地方，而大门前两侧也分别雄踞着一个几乎有一丈高的大石狮子。

1931年6月，祠堂已全建成，而杜月笙早在数月之前就已经开始筹备杜家宗祠的落成庆典了。

鉴于杜月笙显赫的身份，杜家宗祠的落成庆典很自然地就成了当年上海的一件盛事。杜月笙接连举办了三天的盛大庆祝活动，而值得人们注意的并不是庆祝活动本身有多么热闹，而在于参加活动的人物当中有很多人的身份都非常显赫。当时的政界名流如张学良、于右任、孔祥熙、何应钦、金树仁等纷纷赶来参加杜家宗祠的落成庆典。另外，曹锟、徐世昌、吴佩孚、段祺瑞等旧派军阀虽然已经隐退，但是在社会上依然享有很大的名望，他们也纷纷前来参加这场盛会。庆典上也不乏外国人的身影，法租界的总领事、领事、巡捕房总巡，公共租界的代表以及日本驻上海总领事等纷纷赴会。当然，相比这些人来说，出现在庆典现场的更多的还是那些帮会界的人士，黄金荣、张啸林自然是少不了的，另外，王晓籁、袁履登、庞京周、杨度等人也纷纷前来，而上海商界大鳄虞洽卿不仅参加了这场庆典，还亲自担任了这场庆典筹备处的总务主任，为这次活动的顺利举行献了不少力。这些人的到来，无疑向世人彰显了杜月笙的声威之啰赫。

与杜月笙交情颇厚的国学大师章太炎也前来参加杜家宗祠的落成庆典，并且还依杜月笙的请求，献上了一篇洋洋千言的《高桥杜氏祠堂记》：

　　杜之先生帝尧，夏时有刘累，及周封于杜，为杜伯。其子隰叔违难于周，适晋而为范氏，范氏支子在秦者复为刘，以启汉家。故杜也，范也，刘也，皆同出也。杜氏在汉也，有御史大夫周，始自南阳徙茂陵。自是至唐世为九望。其八祖皆御史大夫。惟在濮阳者祖七国时杜赫，自江以南无闻焉。宋世有祁公衍，实家山阴，江南之杜自是始著也。

　　高桥者，上海浦东之乡也。杜氏宅基地，盖不知几何世。其署郡犹曰京兆。末孙镛自寒微起为任侠，以讨妖寇，有安集上海功，江南江北豪杰皆宗之。始就高桥建祠堂，祀其父祖以上，同堂异宝之制，近世虽至尊犹然。故诸子庶不立别庙，独为一堂，以照穆叙群主，盖通制然也。

　　凡祠堂为址八庙，其地以待设塾及图书馆，所以流世泽率后昆也。余处上海，久与镛习识。祠成而镛请为之记。夫祠堂者，上以具岁时之享，下使子孙瞻焉，以捆致其家室者也。杜氏在汉唐，其为卿相者以十数，盛矣。上推至帝尧，又弥盛矣。虽然，自尧之盛，尚不能覆露其子，使袭大宝，其余属登公辅，赐汤沐之邑，曾微百年，后之人至不能指其先世里居所在，此镛所知也。为子孙者，岂不在于自振拔乎哉？

　　和以处宗族，勤以长地材，福倍汉唐盛世可也。称不朽者，惟立德立功立言，宜追观杜氏之先，立德莫如大司空林，立功莫如当阳侯预，立言莫如岐公佑，其取法飞远也。镛既以讨寇有功，其当益崇明德，为后世程法。然后课以道艺，使其就文质，化为畔谚，以企于古之立言者。有是三者，而济以和宗教，劝地材，则于守其宗礼堂也何有？不然，昔之九望，奄然泯没于今者七八矣。虽有丹楹之座，穷九州美味之乡，其足以传嗣者几何？吁！可畏也，道记之云尔。

章太炎的大手笔"祠堂记"一出，便又引出一大堆名流将一些篇幅更加恢弘的祠堂记送来，例如，胡汉民、刘芦隐的《高桥杜氏祠堂记》，汪精卫的《高桥杜氏家祠记》，郑考前的《杜氏家祠记》，虞和德的《杜氏宗祠记》，杨度的《杜氏家祠落成颂》，何成波、谷正伦、贺耀祖，杨杰、叶开台等人的《杜氏家祠记》，冯云初、王西坤的《杜氏家祠颂并序》等。这些"记"、"颂"，全都是翠墨金泥，极尽文华之能事，将杜家之渊源和杜月笙之懿德赞美得淋漓尽致。

但是，在这些和贺词和颂词当中，有一份贺词显得格外突出，这一贺词写的是"孝思不匮"四个大字，其实这也没有什么特别的，无非也就是泛泛的颂谀之词，与众不同的是贺词的署名——国民党委员长、国民政府主席蒋介石贺。蒋介石不仅送了这份贺词，还让杨虎在大会上代他宣读了自己为杜月笙的家祠落成庆典特意呈上的一篇四言体的韵文，其词曰：

　　诗咏祀事，典备蒸尝。
　　水源本本，礼意綦祥。
　　敬宗收族，德在无忘。
　　激波砥俗，秉兹彝常。
　　元凯之家，清芳世宇。
　　孝孙有庆，服先食旧。
　　任侠好义，声驰遐迩。
　　济众博施，号曰杜母。
　　肯堂肯构，实大其宗。

爰建新祠，轮奂有容。

篮篮既饬，锵济攸从。

式瞻枚实，介福弥隆。

蒋介石的祝贺无疑是让杜月笙最感得意的一件事情了。

为了接待好嘉宾，杜月笙令自己的手下在祠堂四周加盖了彩幔席棚一百多间，摆设席面达350桌。庆祝活动的3天当中，每天开七八百桌酒席，由38个厨子侍奉，并且安排了有经验的徒子徒孙共50人专司筵席上的招待工作。在祠堂之外，杜月笙对客人路途上的照顾也非常周到，他在金利源码头自备了名为"月宝"与"波涛"的两艘汽艇，还从招商局和其他轮船公司调来了多艘轮船，专门运送贺客来回于上海、高桥之间。从高桥埠头到杜家宗祠，还有十来里路，为此，杜月笙又备了奥斯汀客车十五辆，黄包车150辆。另外，因为浦东高桥一带沿途没有路灯，杜月笙就命人临时安装了木柱，在上面高悬起汽油灯，专供夜间照明之用。此外，杜月笙为了铺张自己的排场，同时也为了表示自己的善意，他想要把高桥一带的农民也吸引来凑这个热闹。为此，杜月笙吩咐帐房预备了大批印有"杜祠落成典礼"字样的毛巾、脸盆、灯笼和纪念章等物品，并且派人到乡下四处张贴海报，宣布凡是前来送礼致贺的人，不论礼品送多少，一律发给一个纪念章，凭这纪念章，在庆典进行的三天内就可以在杜家宗祠随便吃酒、看戏，而送礼重一点儿的，每人还加发一只脸盆、一条毛巾和一个灯笼。这样一来，杜家宗祠落成大典上可真得用人山人海来形容了。

杜家宗祠落成庆典中最为精彩的段落是堂会戏的演出。这次堂会戏于6月9日、10日、11日接连演出3天。当时，上海的《申报》隆重登出了这三天的堂会戏目。

第十七章

乱世中的大"英雄"

"九·一八"事变

早在伊藤博文当政时期，日本高层就已经有了"割占南满、侵占中国"的计划。1927年的时候，日本在京都召开"东方会议"，制定了《对华政策纲领》，确立了要把满蒙从中国分裂出去，变成日本殖民地的方针。同年七月，日本内阁首相田中义一向天皇呈奏了臭名昭著的田中奏折，公然宣称："欲征服中国，必先征服满蒙；欲征服世界，必先征服中国。"在这种侵略思想的指导下，日本的陆军参谋本部以及关东军军部先后多次秘密潜入东北，侦查情况，制定侵占东北的方案。1931年6月，陆军参谋本部和陆军省制定了"满蒙问题解决方案大纲"，详细地做了侵占东北三省的具体部署。同年7月，陆军参谋本部把攻城重炮秘密调运至沈阳，对准东北军驻地北大营，做好了战前部署。

当时统治东北的张学良等人对此不以为意，未能察觉到日本人的侵略意图。他们认为己方驻扎在东北的军队有近乎20万人，且装备精良，而日本关东军只有区区几万人，根本不足为患。东北军自上而下，大都是此想法，除了例行操练以外，没有做任何的战争准备。

1931年9月18日，日本铁道守备队的河本末守中尉率领几名手下炸毁沈阳柳条湖附近的南满铁轨，反诬是中国军队所为。为了让栽赃嫁祸看起来更逼真一些，他们还在现场放置了三具穿着中国士兵服装的尸体，作为中国军人炸毁铁轨的证据。事实上，这三个人根本不是什么中国士兵，而是几天前日本人枪杀的华人乞丐。随后，日军便以此为借口，按照原计划向东北军的北大营发动了突然袭击。

当时，驻守在北大营的是东北军第七旅，他们对此毫无防备，顿时被日军打得措手不及。是夜，第七旅将官大都外出未归，仅有第七旅参谋长赵镇藩留在营中。更为荒唐的是，在战役打响后，当赵镇藩打电话向东北军参谋总长荣臻请示的时候，荣臻的答复竟然是："不准抵抗，不准动，把枪放到库房里，挺着死，大家成仁，为国牺牲。"虽然很多人都觉得这非常荒唐，但还是服从命令，把枪交回了仓库，继续回到营里睡觉。日本兵很快冲进了北大营，许多官兵连衣服都来不及穿，就被日军用刺刀杀死。有些士兵躲进床下，也被日本军用机枪扫射而死。赵镇藩见状，急忙再次向上峰请示，荣臻这才命令第七旅的官兵可以相机撤退。于是，第七旅3个团中，有两个团在日军发动进攻后不久按照指示撤离了北大营。而王铁汉的第602团因为未能及时接到撤退的命令，被迫进行了自卫反击，后经英勇抵抗，大部分突围撤走。就这样，区区500人的日军占领了东北军北大营。这就是震惊中外的"九·一八"事变。

次日，日军大规模地推进，相继占领了奉天、四平、营口、凤凰城等18座城镇。9月21日，吉林最高军政长官熙洽率部投敌，吉林遂沦落日寇之手。面对日军的步步紧逼之势，国民政府并没有认识到日军的灭亡中国的野心，而是寄希望于国际调停。但日本帝国主义的侵略野心，岂是欧美等国几句谴责就可以消除的。东北军的软弱无能，更是助长了日军的侵略气焰，10月初，日军决定扩大战果，分兵多路进攻齐齐哈尔等主要城镇。黑龙江省政府代主席马占山指挥上万名官兵在江桥等地与日寇鏖战半月，给日寇以沉重打击，然终因实力不济，被迫弃守省城齐齐哈尔，退往克山、海伦地区。12月初，日军进攻锦州等地。驻守锦州等地的东北军面对着装备精良，且有飞机掩护的日本关东军，根本不是对手，节节败退，锦州等城镇相继沦陷。张学良无奈，只得下令将几十万的东北军撤往关内，驻守在长城以南地区。就这样，在短短几个月的时间里，日本侵占东北一百多万平方公里的土地，使我三千多万名同胞成为了亡国奴。

日本猝然发动对中国东北的进攻，牵动了中国的格局。受影响最大的，就是当时防守东北三省的东北军总司令张学良。对于日本人，张学良是痛恨的。正是多年以前，日本人一手制造了皇姑屯事件，害死了他的父亲。之后，在日本人的威逼利诱之下，他毅然宣布东北易帜，服从南京国民政府的指挥，从而使战火绵延了几十年的中国基本实现了统一。张学良的这一举动是民心所望，赢得了全国上下一致的拥戴，他统辖的东北三省，也一度被认为是防御日本的长城。然而，这一次对于日本人的突然袭击，张学良却有些举棋不定。这主要基于以下几点原因：其一，张学良对于日本人的侵略野心认识不足。在他看来，日本是东亚的文明之国，尚不至于罔顾国际公约，发动对中国的侵略战争。恰是在这种思想之下，东北军上下各级军官对于日本人丧失警惕之心，防备松懈，导致战事初开，就被日军打得措手不及，节节败退。其二，张学良自认为东北军实力难以抵抗日本。虽说在当时的中国，东北军的实力在全国也是数一数二的，不仅拥有近三十万的军队，而且组建有空军、海军，然而在1930年的中原大战中，张学良受蒋介石诱惑，率军十万入关，致使东北防务空虚，实力大减。此次，面对着装备精良、训练有素的日本关东军，张学良认为自己驻守东北的这十几万人民没有能力单独对抗日本。如果贸然和日本开战，很可能会因此削弱东北军的实力和丢掉地盘。所以，他下达了不抵抗的命令，严格要求军民对于日本人的无理挑衅，要做到"打不还手，骂不还口"，不给日本人挑起战端的借口，以避免事态的升级。正在这种消极思想的左右下，日军长驱直入，很快就攻占了东北的大部分地区。

时为中国政府实际领导人的蒋介石也对日本的侵略野心认识不足，一再坚持着"攘外必先安内"的错误政策。中原大战之后，蒋介石继续坚持反共的立场，连续多次调动数十万大军对中共红军进行大规模的"围剿"。"九·一八"事变前夕，蒋介石并不甘心前两次"围剿"的失败，亲自率领30万大军进行了第三次反革命"围剿"。事实上，当时国民党内部也并不平静，各派势力争权夺利十分激烈。中原大战之后，蒋介石虽然基本实现了国家的统一，但各方势力蛰伏待机，并不是真心服膺蒋介石的统治。1931年5月，汪精卫不满粤籍国民党元老胡汉民被蒋介石囚禁，联合粤籍军政要员陈济棠等人在广州另立中央，成立"国民政府"，形成宁粤对峙的局面。此后，各地的反蒋势力也渐渐活跃起来，试图逼迫蒋介石再次下野。

"九·一八"事变爆发后，蒋介石正处于政治旋涡当中，忙于内争，根本无暇顾及外患。在日军接连攻占东北大片领土后，他仍然忙着稳固自身的统治，而对日本采取了军事上不抵抗、外交上不屈服的策略。1931年9月23日，南京国民政府发布《告全国民众书》，称要"严格命令全国军队，对日军避免冲突，对于国民亦一致告诫，务必维持严肃镇静之态度"。在日军步步紧逼之际，以蒋介石为代表的国民党政府仍然顽固地奉行不抵抗主义的政策，致使日寇很快侵占东北三省，并逐渐将战火烧向了中国内地的广大地区，给亿万人民带来极大的苦难。

积极抵制日货

"九·一八"事变之后，举国上下群情激愤，各地的民众掀起了规模空前的抗日救国高潮，北平、天津、南京等地的学生和市民纷纷举行示威游行活动，反对国民党政府的不抵抗主义，要求政府出兵抗击日寇，收复山河。素有革命的光荣传统的上海，这一时期的抗日斗争尤为激烈。

在"九·一八"事变爆发后不久，上海的工人、学生、市民就动员起来，发起了声势浩大的抗日运动。先是上海3万多名码头工人进行罢工，而后上海10万多名学生举行罢课，接着上海80万工人举行抗日大罢工，将上海的抗日运动抛向了高潮。上海各界人士也举行集会，反对日本侵占东北三省，同时致电南京政府，要求对日宣战，惩办御敌不力、失地失职的将官。10月，上海五千多名学生前往南京请愿，要求政府停止内战，北上抗日，将日寇赶出东北。

面对着上海市民汹汹之势，此时声望正隆的杜月笙自然不甘落于人后。他觉得作为上海滩头面人物，自己也应该做些什么。于是，他找来了工商界的龙头虞洽卿、王晓籁等人，商讨成立一个组织，领导上海人民的抗日运动。他的这一建议，得到了国民党上海市党部主任陶百川等人的支持。于是，在上海市党部的帮助下，"上海反日救国会"宣告成立。在第一次筹备会议上，陶百川建议将组织的名称"上海反日救国会"改为"上海抗日救国会"。原因是"抗日"比"反日"更积极一些，更能体现出上海市民的反日决心。这个建议获得了全体与会人员的支持，"上海抗日救国会"随之成立，成为当时领导上海人民抗日的主要机构之一。杜月笙、虞洽卿、王晓籁等25人被选为"上海抗日救国会"的常务委员，而陶百川则被众人推举为秘书长。

　　在如何展开行动的问题上，杜月笙建议首先从"禁止日货"开始。之所以有这个想法，是由于在之前的五卅惨案中，工商学各界联合对英国人进行经济抵制，结果取得了相当的成效，因此杜月笙便打算如法炮制。他向众人提议，在上海各个交通要道设立保管所和检查所，由检查所的工作人员搜查商贩日货，一经发现，立即没收，送归保管所封存起来，同时号召全上海的市民拒绝购买日货，以此来向日本人施加压力。他的这个建议，再次获得了大家的一致认同。

　　上海市民抗日热情高涨，对于杜月笙的这个建议自然表示欢迎。在保管所和检查所成立之后，上海许多的爱国市民和学生都自觉地加入到这些机构中，充任执行人员，负责日常的工作。杜月笙的很多徒子徒孙也加入到这一行动中来，他们充任行动的主力，以雷厉风行的姿态搅得工商界风云变色。这其中尤以天后宫桥检查所所长于松乔的影响最为巨大。于松乔原本是邮务工会的人，和陆京士是好友，后来两人又向杜月笙递上了门生帖，于是又成了同门师兄弟。于松乔在被选为天后宫桥检查所所长之后，尽职尽责，很卖力地严查过往的货物，一些藏有日货的商贩企图蒙混过关，结果一经查出，全部没收，商贩们损失惨重，欲哭无泪。接连几天，查获的日货仍然不见减少，检查所另外一名叫做刘心权的热血青年建议于松乔，抓个大的杀猴骇鸡，以此震慑那些小的。于松乔听从了他的建议，便特意地"关照"了一下上海比较有名的"合昌祥"绸布庄，结果果然从绸布庄搜出了两大箱日本产的棉纱。于松乔当即命令随行的人员将这两箱的东西运回保管所封存起来。

　　次日，一辆轿车风驰电掣般地开到了天后宫桥。车里走下了一位很有仪态的男子，他的后面还跟着两名膀大腰圆的保镖。他就是"合昌祥"绸布庄的老板，上海市纱布同业公会理事长陈松源。陈松源踏进检查所，就怒气冲冲地喝问检查所是什么人负责。于松乔挺身而出，他早就等着陈松源的到来。陈松源见到于松乔如此淡定，反而摸不清他的来路，口气缓和下来，声称检查所从他布庄里抄去的那两箱布匹纯属误会，请求归还。

　　于松乔完全不买账，表示他只是按照救国会的规定，公事公办。而且国难当头，谁贩卖日本货，谁就在帮助日本人，谁就是奸商，就是汉奸，货物就得没收。陈松源在工商界也算是德高望重的前辈，何曾受过这等侮辱，气得脸色发青，说不话来。两名保镖看不过去了，破口大骂，骂于松乔有眼无珠。于松乔反唇相讥，毫不相让。陈松源缓了缓神，见对方仍然不依不饶，不由得大为光火，命令两名保镖冲进去，把货物搜出来。两名保镖听见吩咐，冲上前去，推开于松乔，想要冲进屋去。于松乔早有防备，身子一闪，已经抓住了陈松源的衣领，一面用力将他拖进屋里去，要把他关起来。保镖们见状，慌忙掏出手枪，威胁于松乔放开老板，否则开枪了。于松乔却根本不理他们，告诉他们尽管开枪，自己为了抗日而死，重于泰山。

　　一名保镖眼见老板就要被拖进去，心一慌，扣动了扳机。

　　"啪"一颗子弹顺着于松乔的耳际划过，射在了墙壁上。枪声引来了检查所、保管所里的工作人员，大家一下子都冲了出来。两名保镖见势不妙，慌忙逃走了。陈松源被关押进了小房间里。任他大声咆哮、抗议，于松乔都视若无睹。他亲自把守在门口，不许任何人放陈松源出去。

　　保镖们回去后，将此事告知了陈家的人。陈家的人急忙四处向人求救。陈松源被关押的消息很快传遍了上海滩。纱布业在上海有着很大的影响力，陈松源身为上海市纱布同业公会理事长，自然也是上海滩有头有脸的大人物，如今居然被抗日救国会的人扣押了，顿时在上海引起轩然大波。人们在好奇此事如何收场的同时，对抗日救国会的关注也不由得多了起来。

　　没过多久，天后宫桥检查所门前热闹了起来，有围观的市民，也有闻讯匆匆乘车而来的上海滩大亨。门前的汽笛声、喧哗声此起彼伏，于松乔却一言不发，盘膝端坐在门口，恰似一尊门神。

陶百川和吴开先也来了。他们两人一个是抗日救国会的秘书长，一个是国民党上海市党部委员，都是救国会的主要负责人，现在救国会的人闹出了这么大的事情，两人岂能坐视。他们觉得于松乔的做法未免过火了。救国会虽然是以抵制日货为宗旨，但那也不过是顺势而为而已，对付小商小贩，充充门面也就罢了，又何必得罪陈松源这样的行业巨头呢？陶百川首先从法律的角度劝说于松乔："救国会是一个爱国团体，不是权力机构，松乔老弟这么做，有违法理。"

于松乔却根本不理这些，他只认得一条：既然救国会定了规矩，就得按规矩办事。陈松源藏匿日货，还带人哄抢检查所，就得关押他。陶百川、吴开先劝说了半天，也没得起任何的作用，末了，于松乔指着身边的水泥墙，字字铿锵地警告众人："如果有人想拖开我，我就一头撞死在墙上。"

他这么一说，陶百川、吴开先都知道这小子犯了牛脾气，再说也于事无补，只得叹息离开。接着，虞洽卿、王晓籁、王延松……上海滩工商界说得上话的大亨们一个接一个地到了。他们有的劝，有的逼，软硬兼施，磨了半天嘴皮子，却也没有起一点的作用。

于松乔坐在门前，不动如山，横竖只有一句话："谁要拉我，我就撞墙！"

有人不相信，想趁乱冲上前去，抱住于松乔，好让别人放陈松源出来。但他的手才一碰到对方的身子，于松乔突然奋身跃起，猛地一甩头，撞了墙壁上。他这一突如其来的举动，镇住了众人，大家再也不敢近他的身了。

陆京士恰于此时匆匆赶到。他见到血流满面的于松乔，连忙让他到医院去包扎一下。

于松乔却强忍着伤痛，倔强地摇了摇头："不！"

陆京士无奈，问他究竟谁出来说话才肯听。

于松乔回答："只有杜先生！"

于是，陆京士赶紧给打电话给杜月笙。杜月笙听了此事后，让陆京士转告于松乔，犯不着为了此事伤害了自己的性命。陆京士将杜月笙的话告诉了于松乔。不多时，杜月笙派来接于松乔去医院治疗的车子也到了。于松乔这才起身，上车离开了。众人长舒了一口气，连忙将陈松源放了出来。

事后，陈松源慑于杜月笙的面子，表示对于松乔"不予追究"。喧嚣一时的陈松源被关押事件，就这么悄然地落下了帷幕。然而，上海滩抵制日货的风潮却刚刚开始，商人们见到连鼎鼎有名的上海市纱布同业公会理事长陈松源都被抓了，他们这些身价比陈松源低上很多的人，更是不敢冒犯救国会，兜售、贩卖日货了。于是，他们或将货物退还日本厂商，或者将一些付过款的日货藏匿起来。总而言之，一日之间，上海滩商行里看不见一件日本货了。

抗日救国会展开战斗

国强则民强。在东北军奉行地抵抗政策，节节败退，日本以摧枯拉朽之势占领东北全境之际，活跃在上海的日本侨民也变得空前狂妄，不可一世。在上海市民发动反日游行，抗日救国会发起抵制日货的斗争后，日本侨民觉得这是弱者对强者的挑战，是不可忍受的侮辱。焦躁、羞怒的情绪在他们当中蔓延，他们很快组织起来，采取行动对抗市民。

在这一时期，双方之间敌意甚深，经常有辱骂、斗殴的事件发生。华界、租界里的警察对这样的事情往往是睁一只眼闭一只眼，一方面他们看不惯日本人的嚣张跋扈，同情支持中国人，另一方面，也不愿意得罪声势正如日中天的日本人，所以采取置身事外的态度。杜月笙是站在中国人这一方的。他虽然是黑帮魁首，但毕竟还是一个识得大体的人。自从日本悍然发动"九·一八"事变，发动对中国的侵略战争之后，他便在心里和日本人划清了界限。

20世纪30年代初期，上海成了日本人侵略中国内地的前沿。日本特务、浪人、侨民在这里相当活跃。他们中有些人或者公然刺探情报，或者挑衅滋事，给日军侵占上海制造舆论、借口。上海是杜月笙的老地盘，他怎能容忍日本人在自己的地盘上耀武扬威呢？他打定主意，要在上海滩和日本人斗斗法，看看究竟谁才是这片土地主宰。从抗日救国会的成立，到抵制日货运动如火如荼的进行，这当中杜月笙出力甚大。当时，上海市党部主任陶百川虽然是上海抗日救国会的秘书长，但是真正在救国会中发挥主导作用的，却是杜月笙。

1931年10月12日，日本人决定在北四川路日本小学举行"居留民大会"，对抗上海市民的反日运动。杜月笙接到消息后，猜到日本人可能会有进一步行动，就动用自己手中的资源，做了一连串的部署。下午一时许，大约三四千的日本侨民汇聚在北四川路日本小学。会场的氛围很不和谐，狂躁、冲动、激愤的情绪在众人中蔓延，最后丧失理智的他们竟然决议上电日本内阁总理、外相、陆相、海相和关东军总司令，请求用果决、强硬的手段，彻底制止上海市民抵制日货的反日运动，并且解决中日间悬而未决的种种问题。他们当中的某些人甚至表示，为了达成这些目的，居留民所有人不惧任何的牺牲。这就等于在变相地鼓励日本对上海发动战争。

大会进行了约莫两个多小时。下午三时左右，大会散场，所有的日本人意犹未尽的进行了示威游行。他们拉着旗帜，高喊口号，沿着北四川路迤逦而行。在经过英、美租界的时候，日本人呼声震天，中国人却默默无语。这更助长了日本人骄横的气焰，他们南行，决定到中国人集聚的华界示威游行。当他们经过华界闸北白保罗路及虹江路一带时，游行队伍中有几名青年见到路边的墙壁上贴有反日标语，就冲出来去撕标语。这一举动，激起了中国青年的愤怒，他们冲上前去，围住这几个日本人，高声喊打。路旁商店里的青年也纷纷跑了出来，围着日本人痛殴一顿。中国民众越来越多，"打东洋鬼子"的喊声铺天盖地，耀武扬威的日本人这时觉得害怕了，丢掉手里的旗帜，顷刻作鸟兽散。那些跑得慢的日本人可遭了殃，一个个被揍得鼻青脸肿。等到日本人被痛殴之后，华界的巡警这才慢悠悠地赶来，驱散人群。他们看不惯日本人的蛮横无理，又有杜月笙的指示，当然知道该怎么做了。同时，英租界的探目沈杏山等人也按照杜月笙的指示，出动巡捕，以"保护"为名捕去了几名日本青年。

日本人遭受到如此挫败，很不甘心，于是，商议新的行动，打算进行报复。然而，他们没有料到的是，这次的教训只不过是个开始，更大的麻烦还在后面。次日，日本人来到煤炭店、米店，却没有人愿意卖给他们。有人告诉他们，从今以后，所有店铺都不做日本人的生意。

自然，这一切都是杜月笙安排的。杜月笙神通广大，日本人刚刚谋划好新的报复之策，他随后就得到了消息。于是，针对日本人的报复行动，他又做了新的部署，进一步打压日本人。他让万墨林给上海米业公会、煤炭业公会的各主要负责人打电话，让他们一律不许供应日本人米、煤炭。杜月笙有话，各大米商、煤炭商自是无不从命，何况又是为了收拾日本人，众人更是积极响应。

煤炭、米是生活的必用品，此时陡然断绝，日本侨民顿时陷入慌乱。他们想去找米行、煤炭行老板理论，但很快发现，在这些店铺的附近，都有一些膀大腰圆的汉子在转悠。不用说，这些人大都是杜月笙的徒子徒孙了。他们奉命守在这里，有两层用意，其一，监视各大米商、煤炭商老板，看是否有人敢破坏规矩，卖东西给日本人。其二，也是为了保护商铺，防范日本人的某些过激举动。日本人不敢造次，只得去找日本驻沪领事村井，请他出面相助。

村井去找上海市长张群。张群觉得此事肯定还和杜月笙有关，就去杜公馆找了杜月笙。杜月笙看在市长的面子上，这才同意撤走了手下人，恢复对日本人的米、煤炭等生活物资的供应。

虽则如此，抗日救国会抵制日货的行动仍然在如火如荼地进行着。由于有杜月笙的支持，救国会后台很硬，消息非常灵通，一旦得到有人贩卖日货的情报，救国会的队员们立即展开行动，没收货物。而贩卖日本货的中国商人不但要被处以罚金，没收财产，还要穿上印有"卖国贼"字样的衣服，关在笼中示众。在这样的举措下，上海滩再没有商人敢和日本人有生意上的往来了。日本开设的工厂和商铺货物堆积，卖不出去，许多商店只得关门大吉。

10月中旬，日军在东北地区步步紧逼，侵占了大片的疆土，无数的同胞沦为日寇铁蹄下的亡国奴。上海市民闻讯后，非常愤怒，和在上海活动的日本人冲突不断，地方上的各种斗殴事件层出不穷。在当时的上海滩，日本人几乎成了过街老鼠，人人喊打。平日里嚣张惯了的日本人此时也不得躲在屋子里，不敢出门。

11月4日，爱国将领马占山率部在江桥地区迎击进犯的日军。鏖战半月，血染尘埃，马占山亲临前线，率兵多次挫败日军的进攻，日军死伤枕藉，遭受到前所未有的损失。虽然最终由于敌众我寡、装备简陋被迫撤离了江桥，但马占山将军奋勇抵抗日寇的威名则迅速地传遍了全国，人们倍感振奋，亲切称他为"孤胆英雄"、"爱国军人"。

消息传到上海后，杜月笙非常高兴，在得知马占山将军的队伍没有军饷、非常艰苦的时候，他当即找来自己的一些朋友，募捐到10万大洋，汇往东北，支援马占山将军抗日。杜月笙原本还打算再募捐一些款项，派人亲自送往马占山将军处，但由于日军在东北加大了攻势，马占山将军所部人马被迫退往西北边陲，杜月笙这才作罢。

东北沦陷后，大批难民入关，生活困苦，衣食一时都成了问题，全国上下的爱心人士发起募捐活动，救济数以万计的难民。杜月笙发动朋友们在上海滩组织了一个"东北难民救济游艺会"，举行义演，筹募款项救济东北难民。杜月笙朋友多，面子大，加上又是赈济难民的善举，因此，很多当时红遍上海乃至全国的名伶都愿意在他的台子上吼上一嗓子，表演一段。

同时，杜月笙又举办了上海名媛选举。这场选举历时一个月之久，杜月笙亲力亲为，每天按时到场，最后共筹得二十余万元，这些钱杜月笙悉数汇往北方，赈济东北灾民。

这一时期，是杜月笙最为忙碌的一段时间，他一方面要负责抗日救国会反日、抵制日货的活动，另一方面又要频频举行义演，筹募款项，救济难民。许多人劝他不要如此操劳，他总是厉声喝斥对方："国难当头，如果不赶紧做些什么，就真的死无葬身之地了。"

抗日要低调

上海市民轰轰烈烈的反日活动，让在沪的日本人坐立难安。他们一再向日本领事馆、内阁政府去电，请求迅速采取手段制止上海民众的抗日活动。日本外交当局的抗议函件堆积如山，上海市政府有鉴于全国汹汹的抗日热情，也不敢贸然地将自己推到广大民众的对立面上去，因此对这些抗议充耳不闻。日本政府恼羞成怒，同时也为了转移东北的视线，决心在上海制造新的事端。

1932年1月18日，在日本女间谍川岛芳子以及驻沪武官田中隆吉的策划下，5名日本僧人故意在三友实业社门前游荡，挑衅、谩骂工人义勇军，并掷石块，挑起事端。工人们十分愤怒，和日本僧人发生了冲突，结果5名僧人被揍，狼狈逃窜。在逃跑途中，5名僧人遭到了被田中隆吉收买的、伪装成工人的流氓的暴力袭击。几天后，日方声称一名僧人死于医院，鼓动几十名日本浪人趁着夜色前往三友实业社纵火。巡捕房闻讯赶到。这些暴徒不但阻挠巡捕执行公务，还依仗着人多势众，对巡捕们大打出手，结果当场打死华捕一名，打伤两人。

正所谓"恶人先告状"，这日下午，日方鼓动日侨举行了千人集会，随后举行了游行示威活动。他们沿途高呼口号，撕毁抗日标语，并捣毁华人商店、橱窗等。与此同时，日方蛮横地向中国政府提出了道歉、惩凶、赔偿、取缔抗日活动和抗日团体等四项无理要求。23日，日方军舰在黄浦江上游弋，舰队司令盐泽幸一向上海市政府提出最后的通牒：如果上海市长不对以上的四项要求做出"满意答复"，日本军舰就将展开"自由行动"。这就表示，日本海军将会介入此事。

此时，上海市长为吴铁城。他的前任张群在一个月前因学生反日运动高涨，被迫辞职。面对日本赤裸裸的威胁，吴铁城不敢擅作主张，立即向行政院请示。行政院根据蒋介石"攘外必先安内"的方针，指示吴铁城全部接受日方的无理要求，以此平息事端。

吴铁城接到这一命令后，顿感棘手。对于上海市民热情高涨的抗日救亡运动，他是亲眼所见的。从日本挑起"九·一八"事变，强占东北，到日本焚烧三友实业社，鼓动侨民闹事等事件，上海市民的反日怒潮可谓是一浪高过一浪。这个时候，如果在这件事情处理不善，很可能就会为广大民众的怒潮所吞没。然而，中央政府既然已经有了明确的指示，又不能不遵从。

吴铁城经过一番思虑，觉得此事还是由杜月笙出面为好。一来，杜月笙在上海工、商各界很有影响力，他的门生陆京士、于松乔等人还是工人运动中的领袖，由他们出面，定然会事倍功半。二来，由杜月笙出面制止抗日活动，无论其结果如何，都和上海市政府没有任何的关系。

28日上午，吴铁城给杜月笙打了个电话。在电话里，他对杜月笙说，眼下上海形势紧张，日本陈列兵舰于黄浦江上，虎视眈眈。日本驻沪总领事村井约他于本日中午12点做最后谈判。为了保全上海，他已经决定按照中央的意思，答应日本人的要求。

杜月笙听出了他的弦外之意，声称既然南京方面还有市长已经下了决定，他会全力配合的。抗日救国会虽然是以抗日救亡为目的而建立的，但若解散了，有利于政府与日本的谈判，相信大家是不会反对的。吴铁城接着说，光解散一个救国会还不够。杜月笙这才明白，吴铁城是要借助他的力量，全面地制止抗日活动，取缔一切的抗日、反日团体或者组织。

兹事体大，饶是神通广大的杜月笙此时也颇为踌躇。如果答应，那就等于打自己一记耳光。当初，正是杜月笙利用自己的影响力组建抗日救国会，提出抵制日货，为上海人民的反日、抗日运动推波助澜的。而广大的上海民众也正是看到他在抗日活动中所做的努力，才把他奉为上海市民抗日的坚实的后台和领袖。如果现在违背初衷，解散抗日团体，制止抗日活动，那上海市民怎么看自己，那些仇恨日本人的徒子徒孙们又怎么看自己？然而，吴铁城的要求，他又无法拒绝。看得出来，在这件事上，上海市政府和中央达成了一致，那就是要和日本妥协，尽量避免和日方的冲突。如果在这个时候拒绝了吴铁城的要求，那可就站到政府的对立面去了。

杜月笙明白，他之所以能够在上海滩呼风唤雨，除了自己手腕高明之外，最主要的还是在于密切的"官民合作"。因为，他就算再怎么神通广大，也不过是一个地头蛇而已，是无法和国民政府抗衡的。

考虑到这一层后，杜月笙委婉地告诉吴铁城，这件事很难办，但他会尽力而为。

吴铁城有了杜月笙的保证，顿时信心满满地去和日本驻沪总领事村井进行谈判。谈判中，他完全答应了日方提出的一切无理要求。为了表示对日本的诚意，他甚至在会议桌上就给上海公安局下达了命令，声称上海各界的抗日救国会有"越轨违法"的举动，要求上海公安局将救国会取缔。

吴铁城如此示好，所提的条件对方又全部答应，村井无话可说，只得和吴铁城达成了协议。吴铁城兴奋异常，在村井离开后，当即以最快的速度列下协议的各点，由上海市政府秘书长俞鸿钧亲自送到领事馆，交给村井。接着，吴铁城给国民政府发去电报，表示已经办妥此事。随后，吴铁城回到府邸会见上海《时报》的新闻记者金雄白，告诉他："对日交涉已经顺利取得协议，战祸可望避免。"

下午时分，《时报》的报纸以醒目的标题刊登了这一消息，还出了号外，称"中日问题和平解决"。这两则消息已经发布，原本战云笼罩的上海滩彷佛突然之间散去了阴霾，晴空万里，上海市民原本紧绷的心弦顿时放松下来，认为在近期内，上海无战事，人人可得平安。

然而，谁没有料到的是，就在当天晚上，日军兵分数路，发动了预谋已久的侵略上海的战争。上海之夜，终究无法平静。千千万万的上海市民终究无法躲过这一场浩劫。

解散抗日救国会

成立"上海抗日救国会"，杜月笙可谓功不可没，在之后救国会展开的种种行动之中，杜月笙也发挥了旁人无法取代的作用和影响力。现在，要亲手解散这一组织，杜月笙的心里可谓是百感交集。陆京士、于松乔……一个个忠心的弟子，为了救国会倾注了多少的心血，现在要解散这个组织，他们该怎么看？杜月笙转念又想，眼下中日形势危急，既然南京政府有和日本人和谈的意思，自己又何必再生事端？再说，与国家大事相比，个人的得失又算得了什么。

想到这里，杜月笙心中一宽，打电话将一众手下召集到杜公馆，向他们传达了吴铁城要求解散"上海抗日救国会"的意思。弟子们顿时一片哗然。有人大骂吴铁城无耻，祸国殃民；也有人力劝杜月笙，千万不要出尔反尔，跟着吴铁城起舞，拆自家的台；还有些人保持缄默，对此持观望态度。杜月笙见弟子们说不出个所以然来，就让他们把张啸林找来商议。张啸林虽然鲁莽，是个武夫，但有些时候，某些见解还是相当高明的。

没过多久，张啸林就来到了杜公馆。听了杜月笙的讲叙之后，张啸林也觉得此事甚为棘手。上海滩民众抗日情绪正高涨，如果这个时候踩急刹车，肯定会激起千千万万百姓抗议的。

杜月笙却道，情况紧急，无论能否说服众人，都不能够再拖宕时间了，得立即采取措施，完成市长吴铁城所交付的任务。

张啸林认为，解散救国会之事可分为两手抓，一手软，一手硬。一方面，好言劝大家解散抗日团体，停止反日活动，就说现在政府已经准备对付日本人了，我等平头百姓就不用自己出头了。另一方面，对于那些敬酒不吃吃罚酒，执意抗日，不肯解散团体的人，威逼利诱，该抓就抓，该杀就杀，不相信他们不屈服。

杜月笙也觉得他这个主意可行，就开始着手谋划解散抗日救国会一事。

很快，上海滩的街头巷尾、茶馆酒肆、车站码头，突然多了很多人。这些人三五成群，聚集在一起议论。他们谈论的都是政府即将对日本人进行谈判了。有人便道：现在既然有政府出面，那就不用我们这些平头小百姓跟日本人斗了。他的话得到了另外几人的赞同，有人趁机大吐苦水，说自从和日本人斗争以来，家里如何如何，工作如何如何。

消息很快传播开来，全上海的人都知道了，现在政府有意对日本人采取手段。既然有政府出面，那自然就不用百姓们争斗了。很多人放弃了原先激烈的态度，而把期望全部寄托于政府身上。

善良的上海市民自然不会知道，这一切都是杜月笙布下的局。他授意自己的门徒在公众场合散播政府即将采取行动的消息，以此缓和上海民民众激烈的反日情绪。

随后，杜月笙叫来了自己的几大亲信，让他们发动了所有门徒、党羽，奔赴上海各个地方，向各大抗日团体、组织慷慨陈词，劝大家保持冷静，暂时解散组织，停止抗日活动，以此来支持政府和日本人的谈判。很多人在杜月笙的威逼利诱之下屈服了，同意解散组织，停止反日活动。

杜月笙想要解散"抗日救国会"之事，传到了陶百川的耳里，顿时令这位国民党上海市党部要员坐立难安。他是"抗日救国会"的秘书长，刚刚藉此身份博得了上海市民一致的赞扬。现在杜月笙要解散救国会，这不是摆明了要拆自己的台吗？

这怎么能行？陶百川当场就想打个电话给杜月笙，诘问此事，但想到杜月笙是一个说一不二的硬角色，便打消了这个念头。他首先去找了同为"救国会"常务委员的虞洽卿。虞洽卿在工商界德高望重，陶百川觉得如果他能够站在自己这边，抵制杜月笙，那么杜月笙就不能恣意妄为了。

虞洽卿老奸巨猾，他早就知道了上海市政府要求杜月笙解散抗日团体一事。对此，虞洽卿是求之不得。他是工商界的老前辈，和日本人多有生意上的往来。"九一八"事变之后，上海市民发起了抵制日货的风潮，给他的生意带来了极大地损失。而后，迫于形势，他又和杜月笙等人组建了"上海抗日救国会"，原本认为这个机构也不过是做做样子，博取声誉而已，没有想到，杜月笙的门人完全是以雷厉风行之势，严格地执行着抵制日货的行动。在上海市纱布同业公会理事长陈松源被于松乔抓了之后，虞洽卿也不敢冒天下之大不韪，只得将日货或者退还日厂，或者偷偷地藏匿起来，总之，为此损失十分惨重。

虞洽卿此时后悔不迭，暗呼上了杜月笙的当了。因为杜月笙自己和英法等国生意往来亲密，而和日本却很少有生意上的往来，因此损失极轻。"救国会"成了他打击工商界对手的一个最佳的利器。

如今，杜月笙要亲手解散"救国会"，对杜月笙而言，不啻于自己打了自己一记耳光，而对他而言，却是利大于弊的一件事。虽然这样，虞洽卿仍然想为难一下杜月笙，于是他就答应了陶百川的请求。

数日后，在"救国会"理事会上，陶百川首先发难，他假装不知道杜月笙有意解散"救国会"一事，故意侃侃而谈，一再的赞扬"救国会"取得的成绩，同时鼓励大家再接再厉，把"救国会"的斗争坚持到底。

他的发言获得了引得众人议论纷纷，有人认为赞同他的看法，有人则认为既然政府已经决定出面通过外交途径解决此事，"救国会"就没有必要再节外生枝了。还有一部分不做发言，持观望态度。

等到众人说的差不多了，杜月笙才开口发言，他说："日寇横行中华，抗日是我等国民义不容辞的责任。当政府代表了中国，现在既然要和日本人谈判，我们就不能继续闹下去了。我们应该以国家大事为重，不可以给政府制造'麻烦'，以免让政府在外交上处于不利地位。所以，我建议解散'抗日救国会'。"

他的话音方落，立即得到了几人的拥护。这几个人都是他的亲信，在开会之前，杜月笙就私下对他们面授机宜了。这几人的大声吆喝，起了极大的鼓动作用，一些人纷纷表示赞同杜月笙的决定。

陶百川没想到事情会发展成这种局面，连忙向虞洽卿示意，让他说上几句。

虞洽卿装出一副语重心长的样子，说："国家兴亡，匹夫有责。我们是中国人，现在日本人在中华大地上横行无忌，我们岂能坐视不管。我们可不能为了一己私利，而置民族大义于不顾啊。"

他这话说得大义凛然，很多人转而支持他。就这样，两方的人争论了半天，也没有取得任何实质性的成果。

杜月笙明白，这件事情肯定是陶百川和虞洽卿挑头，只要摆平了这两个人，事情就好办了。他明白，虞洽卿是个老狐狸，其实他心里比谁都想解散"救国会"，之所以和陶百川一个鼻孔出气，也不过是装装样子而已。所以，只要陶百川服软，这件事也就可以顺利解决了。陶百川是上海市党部要员，和上海市政府、南京政府互通声息。杜月笙觉得要让陶百川改变决定，光靠自己的力量还不够，得让吴铁城出马。

于是，杜月笙打电话给吴铁城，请他出面劝说陶百川改变心意。

吴铁城便打电话给陶百川，传达了希望解散"抗日救国会"的意思。为了打消陶百川的顾虑，吴铁城还抬出了蒋介石，声称这么做是秉承了南京政府的意思。

陶百川怎么也没有想到，杜月笙解散"抗日救国会"，背后竟然还牵扯着南京政府。既然是蒋委员长的意思，陶百川也只能奉行。陶百川服软，虞洽卿唱不了双簧，也只得作罢。

"抗日救国会"再次召开了理事会，陶百川和虞洽卿两人双双借故未到。杜月笙独占发言权，做了声情并茂的发言。随后，大家经过象征性的讨论，一致同意：解散"上海抗日救国会"！

"一·二八"恐怖之夜

日本侵占东北以后，为了转移国际视线，达成在东北成立傀儡"伪满洲国"，同时迫使南京政府屈服的目的，策划在上海发动新一轮的侵略战争。之所以选择上海，有以下几个原因：

其一，上海是当时中国最大的城市，反日情绪最为激烈，占据了上海，对中国人民的抗日运动绝对是一个打击。其二，上海因其独特的地理位置，更有利于日军展开军事行动。日本军舰可以自水路，配合陆战队夹击上海。而且，假如占领了上海，日本的军舰就可以长驱直入，自长江水路，威胁国民政府的首都南京以及中国的东南沿海地区。为了达到此目的，日方做了一系列的部署。他们先是鼓动居住在上海的日侨，挑起事端，制造入侵上海的借口，后又加紧备战，多次向上海增派军队。原先日本常驻上海的军舰只有一两艘，陆战队员也只有六七百名，但到"一·二八"事变前夕，日方已增兵到数千人，军舰30余艘。

当时驻守上海的是国民革命军第十九路军。几个月前，十九路军奉命前往江西参加对中国工农红军的第三次"围剿"。战事结束后，他们又奉蒋介石之命，调防上海。其时，陈铭枢任京沪卫戍司令，蔡廷锴任十九路军军长，蒋光鼐任总指挥。全军共3万余人，分为3个师。第六十师：师长沈光汉，六十一师：师长毛维寿，七十八师：师长区寿年。他们驻扎的营地在闸北，和日本侨民的集聚地虹口仅有五六里之隔。

日军要侵占上海，首先要面对的就是十九路军。对于十九路军，日本人是相当瞧不起的。在他们看来，这支军队风尘仆仆，戴斗笠，穿草鞋，没有一身像样的军装，而全军的配备也不过是步枪和手榴弹而已，稍微说得过去的重武器也只是为数不多的轻机枪。这样的一支队伍，与其说是国民政府的正规军队，倒还不如说是一支有组织的"武装团体"。尤其听说十九路军在江西参加"剿匪"成效不大的时候，日本人更是对十九路军蔑视到了极点，认为这样的一支军队根本不堪一击。他们狂妄地认为，只要4个小时，就可以全部占领上海闸北。

在这种骄横的情绪下，日方几乎已经将上海当做盘中餐、口中肉了。在吴铁城全部答应了他们的最后通牒后，又以保护日侨为名，狂妄地要求十九路军退出闸北所有军营，让日军进驻。这样无理的要求，激起了十九路军强烈的愤怒。总指挥蒋光鼐、军长蔡廷锴召开紧急会议，作了详细的部署，要求全军做好战斗准备，同时密令全军：如果日军向我方驻地发动攻击，应该全力以赴，奋起反击。而在这之前，南京政府何应钦等人秉承蒋介石的意旨，要求第十九路军保持克制，不可对日军轻启战端，甚至已经下达了十九路军调换防地的命令。

1月28日夜间11时20分，日本海军陆战队指挥官鲛岛具重率领装备精良的日军三千多人，兵分三路，向第十九路军的闸北营地发动进攻。当时，担任警戒的是七十八师一五六旅。旅长翁照垣见到日军来攻，当即下达迎击日军、报仇雪恨的命令。十九路军的战士们奋勇杀敌，将满腔的怒火化作一颗颗呼啸的子弹向日寇倾泻而去。当电话打到真茹指挥所时，蔡廷锴将军已经睡下。在他醒后接过电话，得报日军也已大举进攻后，对电话那边说了八个字："誓死抵抗，寸土必争！"

　　蔡廷锴身负上海千万民众的厚望，亦想打出中国军人的威风来，便不假思索地下达了这样一道振奋人心的命令。这一夜，闸北地区枪声大作，十九路军战士喋血疆场，奋勇杀敌，不惧牺牲，凶狠骄横的日寇虽然动用了大炮、坦克、装甲车在内的先进武器，依旧无法突破闸北防线。

　　在这一次的战役中，尤其值得称赞的是奋战在第一线的一五六旅辖下的张君嵩团。

　　当敌人以铁甲车为掩护，从广东路、宝山路、横浜路、天通庵路等处杀过来时，张君嵩命令全团沉着应战，打响了淞沪战场上的第一枪。他们临危不惧，以手中的枪、手榴弹狠狠地教训不可一世的日军。他们子弹打光了，就和日本人短兵相接，拼刺刀、肉搏、用牙齿咬。很多战士在负伤后，仍然不愿退下前线，忍痛带伤作战。在敌人的装甲车迫近时，很多战士把生死置之度外，他们或怀抱炸药包，或身上绑着手榴弹，跃出战壕，和敌人的坦克、装甲车同归而尽。

　　经过一天惨烈的战斗，张君嵩团打退敌人的多路进攻，炸毁并截获其装甲车三辆，击落敌机一架，毙伤日军近千人。张君嵩团折损了1/3的官兵，伤亡十分惨重。

　　日军见到进攻受阻，急忙增兵十余万人，出动陆、海、空三军大举向上海进攻。敌人依仗着先进武器，动用了坦克、飞机、大炮向我据守的十九路军疯狂进攻。战事异常激烈，十九路军全体官兵拿着简陋的武器，以血肉之躯和大无畏的牺牲精神筑成了钢铁长城。军长蔡廷锴、总指挥蒋光鼐亲临前线，在枪林弹雨中沉着指挥战士们抗击日寇，保家卫国。

　　十九路军官兵英勇杀敌，歼敌万余人，迫使日军三易主帅，粉碎了日军"4个小时占领闸北"的狂妄计划，沉重地打击了日军的侵略气焰。当十九路军在上海奋勇抵御日寇的消息传出后，举国欢腾。国人之前失望、悲观、消极的情绪一扫而光，人人倍感振奋，纷纷声援十九路军的正义行动。

　　这一夜，杜月笙无眠。当闸北地区轰隆隆的枪炮声传来时，他披衣而起，忧心忡忡。日本人的狼子野心，他不是不知，只是没有想到这么快对方就将战火烧向了上海。

　　租界的这边平静依旧，租界的那边却是炮火连天。杜月笙第一次觉得，天堂与地狱的距离是如此之近。他慢慢从错愕和愤怒中平复下来，首先打电话给市长吴铁城，过问此事。吴铁城那边正窝了一肚子火，日本人白天还假惺惺地和他谈判，晚上就背信弃义，发动突然袭击，一下子就将他这位上海市长推到了风口浪尖上。如何向国民交代，如何向蒋委员长交代立时成了他心目中的难题。杜月笙打来电话，他也说不出个所以然来，只在电话里狠狠地把日本人咒骂一通，随后表示会立即将此事上报南京政府。

　　接着，杜月笙直接把电话打到了真茹指挥所，要通了蔡廷锴军长。在电话里，他对蔡廷锴将军道："国家兴亡，匹夫有责。但有用得着杜某的地方，万死不辞！"

　　第二天一大早，杜月笙驱车前去拜访了史量才，协商建立一个类似于"抗日救国会"的后援会，声援十九路军的抗日行动。对于杜月笙日前解散了抗日救国会，史量才心里颇有不满，见到他又要建立后援会，就认定了杜月笙心里肯定又在打着什么小算盘。但是想到十九路军浴血奋战，处境险恶，亟需一切的军需用品，就和杜月笙详细商讨了此事。

　　史量才和杜月笙两人都是享誉上海的风云人物，经他们号召发动，工、商、学各界人士，应者云集，很快就成立"上海市地方维持会"。史量才被众人推举为会长，杜月笙和王晓籁被推举为副会长。虞洽卿、张啸林、钱新之、徐新六等为委员。另外，工商学界的名士如陈光甫、张公权、胡筠秋、黄炎培、胡筠庵、吴蕴斋、袁履登等人皆是维持会的会员。维持会成立后的主要任务是是慰劳军队，救护难民，稳定上海的金融、工商业，联络军民，协调行动。

　　这个组织的建立，有着重大的意义。正是在维持会的大力活动之下，才保证了上海金融、工商业没有出现大的动荡。在十九路军孤军抵抗日寇的时候，也正是因为有了维持会的协调、努力，才使得各界踊跃捐献的慰劳物资源源不断地送到了十九路军的手里。"一·二八"战争爆发后，成千上万的难民扶老携幼，涌入了租界，也亏得维持会紧急动员起来，搭建了上百间的救济所，分派人手，发放食品、药品、被褥等物，妥善地安置了上万的难民。另外，维持会还在战争期间资助各社会团体组织救护队，如宋庆龄所办的国民伤兵医院以及红十字会在各地设立伤兵医院共计八十余所，收伤病员七千余人，并负责联系、分配医疗物品，使得各医院能够统一协调运作，以最快的速度、最好的药医治伤员。

十九路军的后勤部

在"一·二八"事变中，十九路军打出了中国军人的威风，激发了全国人民的爱国热忱。杜月笙利用他在新闻界的影响力，发动上海各大报社、电台，长篇累牍，日以继夜地报道了十九路军英勇抗击日寇的壮烈事迹。这些讯息一经报纸、电台、广播传出后，便如一记春雷，振聋发聩，人们都知道了，在列强横行、政府软弱退让的时候，在上海还有着这么一支勇敢的中国军队存在。

其时，国人爱国热情之高，为近代中国所罕见。人们有钱出钱，有物捐物，上至商贾闻人，下至车夫平民，全都万众一心行动起来，贡献自己的一份力量。当时在上海各大报馆、团体、机关门前，常有大批的群众聚集，捐钱捐物。

2月1日，上海《申报》报社收到了一位没有留下名字的读者捐赠的支票一万元，另附信一封，表示国难当头，舍己为公者荣，苟谋私利者耻，他虽然家境贫穷，也愿意倾其所有支援前线抗战的十九路军将士。此事经过报纸刊载后，连续几天，有很多的市民纷起效法，也匿名捐来了大笔款项。

岂止国内人民涌起捐献的热潮，就连海外侨胞汇款慰劳亦非常热烈。在"一·二八"事变后没过几天，就有大笔的汇款自海外汇到上海。爪哇、菲律宾、美国等等地的华侨汇款更是每日不断。旧金山的华侨周崧捐助军饷20万元。他还声明：如中国对日宣战，愿捐军饷100万元。

国家兴亡，匹夫有责，人同此心，心同此理，中国人好像突然从浑浑噩噩的睡梦里清醒了，以自己最直接、最有力的行动向世人宣示，中华民族是不屈的民族，是有尊严的民族。

除了捐献款项之外，他们还尽力地募集军需物资，食品、日用品、棉衣被褥、通讯器材、沙包水泥、防御工事器材等，源源不绝地运往前线。两军鏖战，军需耗损十分严重，经常是一个冲锋下来，就需要大量的钢筋水泥、麻袋沙包等物修筑防御工事。无论十九路军需要何种物资，只消战地传出消息，上海市民就会竭尽全力地捐献所需物资，而且常常超过所需。

有一次，前方遭到了敌军飞机的轰炸，很多运送物资的车辆被炸毁，亟需补充，上海工商界的各大企业立即捐献运货卡车，市民们则将自行车捐献。还有一次，宋庆龄和何香凝女士前往前行劳军，适值大雪纷飞，但十九路军的战士们依旧穿着单衣，宋、何两人百感交集，返回租界后，就找到维持会的史量才等人劝募棉衣。消息刊出后，不到5天的时间，维持会就收到旧棉衣、棉被二千余件，全新棉衣裤3万多套。

这些捐献物资有力地支援了十九路军的抗日行动。事实上，从1931年8月起，十九路军就不曾领到丝毫的军饷。蒋介石政府借口国难严重，税收减少，排斥非嫡系的十九路军，一再拖欠军饷。到"一·二八"事件爆发，军政部已经拖欠十九路军军饷近半年之久，达数百万元之巨。也是因为这个原因，十九路军的装备未能及时更换，在数九严寒的日子里仍然穿着单衣和日军作战。

现在，各界踊跃捐款，捐赠物资，对于十九路军来说，无异于雪中送炭，极大地鼓励了他们抗击日本侵略者的士气。在接到这么多的捐赠后，他们立即通电全国，并在报纸上刊登告示，表示民众所捐赠物资，一厘一毫都将用于抗日大业之上，不辜负全国人民殷殷的抗战期望。

这一期间，杜月笙尽心尽力，动员了杜门的力量，协调各方面的工作，有力地支援了十九路军。说起来，杜月笙和十九路军军长蔡廷锴还是旧识。三年前，蔡廷锴到上海考察，他的故交好友、上海警备司令杨虎设宴欢迎。杨虎特意请了上海滩的大亨杜月笙作陪，两人也就因此相熟于推杯换盏之间。在"一·二八"事变前夕，杜月笙就和上海市商会会长王晓籁等一行人乘车前往蔡廷锴的司令部慰问。在得知蔡廷锴将军打算招募义勇军，北上抗日后，杜月笙大为敬佩。

1月28日，当蔡廷锴将军率部奋起反击，打响了抗击日寇的第一枪后，杜月笙满心钦佩，亦觉得国难当头，无论如何都要助蔡廷锴一臂之力。2月1日，日军和十九路军的战火未息，杜月笙就偕王晓籁、黄炎培等十几个人，带着大量的捐款、粮米和罐头等日用品前往蔡廷锴的司令部慰劳。

杜月笙对蔡廷锴说，十九路军奋勇杀敌，保家卫国，令人钦佩。军中若有任何物质方面的需求，尽管开口，上海的百姓愿意全权负责。蔡廷锴向众人道谢。杜月笙又给蔡廷锴提了一个建议：在上海租界里设立一个专门的机构，负责和维持会等团体联络，处理后勤捐赠事宜。

6日，蔡廷锴在法租界设立驻沪办事处，任命自己的好友范志陆为主任，叶少泉、邓瑞人、杨建平、庄伟刚等人作为助手。由于各方捐赠甚多，即使这个机构十分庞大，仍然忙不过来。到了4月份的时候，各界募捐款项已经高达700万元，捐赠的其他实物则多不胜数。4月末，蔡廷锴将军召开高级干部会议，决定从驻沪办事处收到的劳军款项中拨出一部分，付清全军自上一年8月份以来就拖欠的600万元的军饷。至于剩下的一百多万元，国民党军政部原本要求十九路军全额上交，但在十九路军全体官兵以及社会各界人士的强烈要求下，才勉强同意将这些余款留作残废官兵的抚恤金。

十九路军英勇抗击日军，得到了广大民众的一致拥护，却违背了以蒋介石、何应钦为代表的南京政府对日妥协退让的既定方针。虽然蒋介石在全国民众一致要求抗日的呼声之下，调派张治中率领第五军增援上海，但那是时势所迫，不得不为。3月2日，大批精锐日军自太仓浏河登陆，形成了对十九路军的夹击之势，十九路军在这种情况下，被迫后撤。日军于次日占领了真茹、南翔，随后宣布停战。这正合蒋介石的心意，他忙请求英美等国居中调停，同时一再电令十九路军要严守秩序，不得随意对日军发起攻击。

5月5日，在英、美、法、意等国的调停下，国民党政府与日本签订了丧权辱国的《淞沪停战协定》。根据协定内容，中国军队撤出上海，日本帝国主义军队却可以长期留驻吴淞、闸北等地。随后，十九路军奉命调离上海，开赴福建。

第十八章

硝烟中崛起的黑帮政客

甘为张学良居停主

"九一八"事变之后，东北沦丧，作为东北军总司令的张学良有着不可推卸的责任，因此备受国人的谴责。很多人要求张学良下野，甚至不乏有人要求张学良自杀谢罪。1933年正月，山海关失守，日军进攻热河。张学良指挥三十多万的东北军在此布防，抵御日军的进攻。结果，战事出奇的糟糕，东北军一触即溃，致使日军在不到10天的时间里，就侵占了热河全省。国人怒潮汹涌，张学良只得致电南京政府，引咎辞职。

张学良辞职后，黯然南下，与他一同前往的还有夫人于凤至，以及秘书赵四小姐等人。他们一行人乘法国邮轮自天津出发，抵达上海。这一路的行程非常隐秘，因为张学良深切明白，由于他在抗战上的所作所为，已经无法取得国人谅解，全国上下不知道有多少热血志士想要除掉自己而甘心。

少帅抵沪，让时为上海市长的吴铁城颇为头疼。如果是在"九·一八"之前，张学良作为东北的封疆大吏，能够来到上海，吴铁城自然是无比欢迎。但今时不同往日，如今的张学良正处于舆论的风口浪尖，无论是朝是野，都有很多人想置他于死地，这个时候，不管是谁和他有了关系，都是自找麻烦。再说了，张学良带有女眷，还有大批的随从，衣食住行各方面自然不能差了。可是，倘若太过招摇，不知道会发生什么事情。无视吧，那更不行了。张学良是名震天下的少帅，现在虽然下野了，可仍然是几十万东北军的主心骨，是天下任谁也无法忽略的人物。现在张学良到沪，他这个上海市长岂能不闻不问？

就在吴铁城左右为难之际，杜月笙来了。杜月笙说，他愿意做居停主，负责少帅一行在上海的寓居之事。

杜月笙愿意接过这个烫手山芋，吴铁城可谓是求之不得，他当场表示赞同，同时又提醒杜月笙：张学良这个时候是非常人物，不比前总统黎元洪，相对而言，保卫工作的难度可是非常大的。

杜月笙拍着胸脯表示：他可以保证少帅在上海无虞。随后，又和吴铁城详细讨论了种种细节。

为什么杜月笙愿意在这个时候出头呢？这和他的性格有关。杜月笙会做人，善于攀交权贵，投机取巧。在上海经营多年，他结交的朋友多如繁星，而且个个都不是一般人。要么是知识界、工商界、金融界的精英巨子，要么就是政府党、政、军各部门的名士要员。

杜月笙和张学良其实并无深交，可对这位在而立之年就主政东北，统帅几十万军马的少帅，杜月笙也是仰慕已久的。"九·一八"事变之后，张学良奉行不抵抗的政策，率军不战而逃，致使大批国土沦丧，杜月笙虽然也和其他人一样义愤填膺，将这位不抵抗将军痛骂了一番，但其实心里仍是很想结识这位风云人物。张学良下野来沪，正处人生低潮期，杜月笙便想趁此机会结交这位权贵。因为，杜月笙认定，张学良此时虽然离职下野，比较狼狈，但凭借着他在军政部门无与伦比的影响力，终究会有东山再起的一天。

杜月笙安排张学良一行住进了福煦路181号。这里原来是个赌场，随着杜月笙涉足金融、工商界，自认为进入上流社会，是金融"闻人"，工商"精英"。此一时也，彼一时也，既然身份不比往常，过去毒、赌那些白相人的经营，就也不敢明目张胆地干了。为此，杜月笙将手上的几家赌馆、烟馆全部关了了事，只有福煦路181号这一家赌场由于张啸林的阻挠还在一直营业。1933年初，张啸林等人离开上海，前往天津、北平等地云游，杜月笙趁机把这一家赌场也关了。现在，张学良来沪，福煦路181号顿时有了用武之地，杜月笙将之重新布置、装饰了一番，充作张学良寓居上海期间的寓所。

张学良自高位重重跌下，饱尝世态炎凉。现在看见杜月笙如此仗义，心中的感激可想而知。在福煦路181号住下后，他便携夫人于凤至亲自到华格臬路的杜公馆道谢。少帅来访，杜月笙受宠若惊，忙命人备下酒宴，盛情款待了张学良一家。

在之后的几天里，杜月笙极尽殷勤，在福煦路大摆筵席，宴请各界名流，为张学良接风洗尘。于凤至喜欢看戏，他就请了上海滩的名角，举办精彩的堂会，邀请他们看戏。没过多久，张学良的内眷于凤至、赵四小姐就和杜月笙的家人姚玉兰等人建立起了亲密的友谊，几人亲如姐妹。

杜月笙对张学良的保卫工作非常重视。除了张学良自身带来大批的警卫、保镖，上海市政府派出的警察、警卫之外，杜月笙更发动了门下所有的徒子徒孙，或明或暗地担负起警卫之责。

即便如此，福煦路181号的大门前，仍然被人放下了一枚炸弹。幸运的是，炸弹地引线被人拆除了。炸弹的旁边，还附有一封信，信里要求张学良立刻离开上海，否则第二颗炸弹送来，保教张学良粉身碎骨。

杜月笙对此非常震怒，他觉得这是对方对他的公然挑战。他让人先瞒住张学良一家，随后动员自己在上海的所有党羽、门徒查访此事，看是谁吃了雄心豹子胆，敢在太岁头上动土。他发誓，如果找出这个人来，一定要把他碎尸万段，以解心头之恨。

不久，手下来报告：这件事是斧头帮帮主王亚樵干的。

闻听此言，杜月笙像泄了气似的，一下子瘫坐在了椅上。

王亚樵，安徽合肥人，身材瘦小，常年戴着一副黑框眼镜，看起来颇似一名斯斯文文的书生，然而他却是让人闻风丧胆的上海滩斧头帮帮主，民国史上的"暗杀大王"，"民国第一杀手"。他原名王小郢。因在结拜兄弟中排行老九，人称王老九。王亚樵早年曾参加同盟会，投身于革命的洪流之中。后来，因为政治上的原因被迫亡命上海。在上海，为了能够安身立命，他召集同在上海的安徽同乡组织起"安徽劳工上海同乡会"。同乡会的会员们为在乱世中求得生存，人人腰间别着一把利斧，作为防身武器。后来，王亚樵将一组织帮派化，"同乡会"也随之改称为"安徽劳工敢死队"。人们称之为"斧头党"或者"斧头帮"。

自成一派，专以恶霸、奸商、汉奸和卖国贼为敌，以斧头、手枪、炸弹为武器，竟然硬生生地在龙蛇混杂的上海杀出了一条血路，创出了赫赫声名。"斧头帮"后来变了性质，成了极具传奇色彩的黑帮恐怖组织。但因"斧头帮"扎根于下层穷苦百姓，因此成员甚众，人数最多时竟高达几十万人。据说，在当时的上海滩，几乎所有的黄包车夫都和斧头帮有关联。王亚樵也由此声名鹊起，成为上海滩的风云人物。

王亚樵极具革命理想，在拥有了斧头帮这样一支"劲旅"后，他立即挥起斧头，杀向了贪官污吏、汉奸走狗。他率领着一干兄弟，转战大江南北，行踪诡秘难测，从刺淞沪警察厅长徐国梁，到谋杀蒋介石，从枪击宋子文，到炸死侵华日军陆军大将白川义则，再到刺伤汪精卫，其所作所为真可谓惊世骇俗。

王亚樵曾经和国民党要员、安徽建设厅厅长张秋白共事过一段时间。王亚樵对于张秋白的为人非常鄙视，曾警告张秋白见到自己要避道，如果见面，定不客气。一次，张秋白在路上遇见王亚樵，躲避不及，只得硬着头皮上前打招呼。王亚樵一见大怒，厉声大骂："混账东西，竟敢和我走同一条路上。"抢起拐杖就向张秋白打去，打得张秋白抱头鼠窜。

又有一次，在某次会议上，王亚樵和上海警备司令杨虎发生了冲突。因王亚樵身材矮小，他竟然爬上了板凳，连抽了杨虎几个嘴巴。杨虎虽然是手握重兵的一方大吏，但深知王亚樵不好对付，也只得赔笑脸相迎，悻悻作罢。这件事后，黄金荣警告自己的徒子徒孙，千万不要招惹斧头帮的人。

杜月笙此时虽然独霸上海滩，统领青红两帮兄弟，但对王亚樵仍然存有几分忌惮。

可是，信誉不可失，既然答应负责张学良的安全问题，杜月笙觉得自己就应该负责到底。他叫来四大金刚之中的顾嘉棠，要他设法和王亚樵取得联系，询问此事。顾嘉棠发动几百号的党羽，找了一天，这才和王亚樵接上了头。

王亚樵给顾嘉棠的回答非常简单：张学良守土无能，失地有责，是中华民族的罪人，理应接受制裁。

这一期间，张学良也得知了王亚樵要刺杀自己的消息，对此非常惶恐。他找来杜月笙请他出面调解此事，并对杜月笙说：如果王亚樵不杀他，他愿意提供一定经费，接济王亚樵的组织。

杜月笙请他不要担心，说自己已经派人和王亚樵接洽，至于出钱消灾之事，也不用麻烦少帅。

但王亚樵却很坚持，他声明自己此举是为了民族大义，和钱财无关。他给张学良指出了三条活命之路：要么回到北方，重整兵马，和日本人决一死战；要么返回东北，自杀以谢国人；要么捐出全部财产，购买军火，接济关外的义勇军。这三条路择一而行，如不答应，第二颗炸弹就扔出来了。

这样的条件对张学良而言非常苛刻，杜月笙让人转告王亚樵：九先生不可以逼人太甚，张学良无论何罪，自有国法裁决。现在，张学良既然为杜某的座上客，杜某就应尽保护的责任。假若张学良在上海滩遇到什么不测，杜某一定尽起青红两帮的弟子，扫尽斧头帮的势力。

杜月笙的势力，王亚樵岂能不知。他也不愿意和杜月笙因此事闹得太僵，就将条件下调了一些，他让顾嘉棠带话给杜月笙：人在江湖，一诺千金，自己不能失信于江湖同道。不过条件可以放宽一点，张学良必须限期离开上海，否则，就算是鱼死网破，也只有以性命相拼了。

有了王亚樵这句话，杜月笙大为放心。杜月笙仍让顾嘉棠传话给王亚樵：张学良现在正在戒毒，最多一个月，就会离开上海。

张学良年轻时曾经染有毒瘾。起初，张学良吸食鸦片，每日还有定量，后来诸事不顺，每日吸毒以藉求精神慰藉，毒瘾就越来越大，普通鸦片已经难以满足他的需求，只能靠针筒注射吗啡，以此度日。

长期吸毒，极大地摧残了张学良的身体机能，原本风流倜傥的少帅，此时形容枯槁，胳膊上扎满了针眼，有些地方的肌肉变得硬如铁石，连针也扎不进去。杜月笙本就是老烟枪，可见到张学良的摸样，也深觉骇然。于是，他以自己力戒鸦片的例子，劝张学良戒除毒瘾，回复少帅荣光。

杜月笙的话，让张学良颇为动心。宋子文、吴铁城等人和张学良过往密切，闻知杜月笙劝张学良戒毒，也都趁机跟着劝张学良戒掉毒瘾。张学良见他们都这么劝，加上自己也觉得这几年云里雾里，事事无成，也的确应该重新振作起来，重新做人了。于是，他决定戒毒，为了表示决心，他还亲自撰写了一副戒毒联：

陋习好改志为鉴，顽症难治心作医。

帮助张学良戒毒的医生，杜月笙推荐了两个人，一人是上海疗养院院长，美籍医生米勒；另一人，则是私人医药顾问庞京周。米勒是当时黄浦江最为有名的外国医生，而庞京周曾帮杜月笙戒掉鸦片，两人在戒毒方面都十分内行。米勒全权负责张学良戒毒一事。在戒毒前，他和张学良约法三章：

张学良的夫人于凤至和赵四小姐也必须同时戒毒。

张学良卫队和亲随必须无条件地服从他的命令。

暂停张学良私人医生的工作。

在张学良答应了这些条件后，米勒正式开始给张学良戒毒。他事先告诉张学良，戒毒不是容易的事，要有超乎常人的意志。张学良却苦笑着说，他已经把东三省丢了，现在所剩下的也就只有意志了。

米勒先替张学良灌肠，给他服了麻醉药，使他安静入睡。第一天，平静地过去了，张学良居然若无其事。这一反常举动，让米勒有些非常震惊，他将此事告诉杜月笙。

杜月笙想了想，建议米勒给少帅换张床。米勒一听就明白了，给张学良换了张床，随后检查了原先那张床。结果，从床褥、被单、枕头之下，查出了许多的毒品药丸。不用说，这些都是张学良的私人医生的杰作了。他们害怕少帅忍受不住痛苦，就事先在张学良的病床下塞满了毒品。

他们好心办坏事，这让米勒又是好笑，又是气愤。他又下了一条规定：任何人不得擅入病房。

为了彻底杜绝私人医生们愚蠢的行为，杜月笙找到宋子文，请他下达一道命令：

以后有谁干涉米勒医生的治疗，或者私递药物，一经查获，立即枪毙！

这条命令一下，那些蠢蠢欲动的人马上打消了念头。

张学良的戒毒工作正式展开了。戒毒是一件需要忍受莫大痛苦的事情。在毒瘾发作的时候，张学良有时候像发疯了似地以头撞墙，大哭大叫，有的时候缩成一团，浑身抽搐，却不发一言。无论何种表现，米勒却始终狠下心来，不为所动。他甚至让人把张学良绑起来。

张学良戒毒这一段时间，杜月笙身上的担子也很重。一方面，他要负责张学良的保卫工作。王亚樵虽然已经和杜月笙达成协议，但杜月笙仍不放心，生怕这位"杀手之王"反悔。况且，想要张学良脑袋的，可不仅仅只有王亚樵一人而已。另一方面，杜月笙还得派人打发张学良的部下，东北军的将领们。原来，张学良戒毒期间，与外界隔绝，音讯全无。一些不明真相的东北军将领以为杜月笙囚禁了张学良，想要加害于他，于是就派了代表来，威胁杜月笙倘若少帅有个三长两短，就要以武力对付杜月笙等人。

经过众人的努力，及张学良本身顽强意志的坚持，一个月之后，张学良的毒瘾终于戒掉了。他精神焕发，神采奕奕，又成了昔日那个风度翩翩的少帅了。杜月笙为他举行了盛大的庆贺宴。张学良在宴会上，对杜月笙、米勒等人表示了感谢。事后，张学良还送给了米勒医生5万大洋。

次日，张学良携带着同样戒毒成功的于凤至、赵四小姐等人登上轮船，出洋考察。杜月笙亲来相送。此事后，杜月笙声誉大振，而结交张学良更成了他一笔宝贵的财富。

帮助史量才解决报业纠纷

"一·二八"事变之后，全国的抗日爱国思潮一浪高过一浪。可以说，国人的思想觉悟，和当时社会各界新闻舆论的推动是分不开的。

报纸原本应该作为民众的喉舌，为广大的老百姓说话。然而在旧中国，无论是北洋政府，还是南京政府，为了左右舆论，巩固政权，都对报界进行严密的控制。自从日本侵占我国东北三省以来，民族危机日益严重，大部分的报纸顺乎民意，在报纸上反映民众的呼声和要求，谴责国民党政府种种错误行径，大力揭露日本亡我中华的野心。

这一时期，《申报》是上海滩舆论的中坚力量。在"九一八"事变爆发之后，《申报》就立即动员记者前往采访，对事件的真相做出了及时而又详细的报道。在事变的第二天，又发表了题为《国人乎速猛醒奋起》的时评，明确要求南京政府应该停止内战，为国家民族而战。"一·二八"事变之后，《申报》的政治倾向更加明显，不但在报纸上连篇累牍地报道了十九路军英勇抗战的事迹，而且接连发表时评，抨击国民党的有关政策，将矛头直接指向蒋介石的"攘外必先安内"政策。

杜月笙非常看重舆论的力量。在上海滩崭露头角的时候，他就开始和新闻界的人士往来酬酢，建立关系。他这么做目的就是为了控制媒体，操纵舆论，为个人的声望和利益鼓噪。

杜月笙涉足报界，始于在20世纪20年代末帮助报界巨子史量才解决"报业纠纷"。

民国时期的上海滩，是全国经济最发达的地区，各行各业的竞争非常激烈。新闻界亦是硝烟滚滚，争斗更是非常的残酷。当时，《申报》和《新闻报》是上海地区发行最广，销量最好、读者最多的两家报纸。一直以来，两方都在明争暗斗，都想将对手挤下去，做上海报业里的老大。

《申报》的老板史量才雄心勃勃，一心想收购《新闻报》的股权，组建自己庞大的报业集团。1929年，他终于等到了一个机会。当时，《新闻报》的董事长、美籍人福开森因为担心国民政府的政策会对日后报纸的销量产生影响，在《新闻报》的业绩蒸蒸日上的时候，决定将自己手中的高达65%的股权出售，以获取高额利润。

史量才打听到这一消息后，认为这是千载难逢的良机，绝对不可错过，于是就暗中派人以高价从福开森的手里买下了这些股票。当股票正式过户的时候，福开森才知道原来买去股票的人竟然是多年的竞争对手史量才。福开森心里虽然万般不愿，可木已成舟，也只能将股权转让给史量才。

等到此事公开，在《新闻报》内部登时引起了轩然大波。职工们全都认为，一朝天子一朝臣，史量才兼并了《新闻报》，肯定会带来人事、管理上的种种变动，大家就此丢掉饭碗也说不定。因此，几乎所有的职员都对史量才入主《新闻报》之事持反对态度。

报社的负责人汪伯奇也对此愤愤不平。《新闻报》经过汪伯奇和父亲汪汉溪20多年来苦心经营之下，业绩蒸蒸日上，其发行量其实已经超越了当时沪上的第一大报《申报》。也正是这个原因，在汪伯奇的眼里，《新闻报》几乎就是他的私人产业。现在，史量才一跃而成为了《新闻报》的大老板，这对汪伯奇的控制权来说，绝对是一个不容忽视的威胁。

于是，汪伯奇鼓动业内同仁，发起了一场以"收回股权"为口号，抵制史量才吞并《新闻报》的活动。每天，《新闻报》都在头版发表一篇反对史量才垄断报业的宣言。与此同时，汪伯奇还努力将这起普通的并购事件变成社会事件，他联合工商界的巨头虞洽卿等人共同组成了反对史量才的联盟。国民党政府也不愿意上海滩由史量才一人垄断舆论，于是就以上海市政府的名义，公开警告《新闻报》的持股人不得将股票卖给"反对分子"，否则将以严厉的手段制裁。

一时之间，各界的反对声浪甚嚣尘上，史量才无奈，只得拜托好友杨度请杜月笙出面调停。

杜月笙早想踏足报界，只恨没有机会，现在有这个天赐良机，自然满口答应。于是，在杨度的安排下，几天之后，杜月笙、史量才、汪伯奇三大闻人相会于风景清幽的莫干山。

史量才和汪伯奇心存芥蒂，此时见面难免都有些尴尬。杜月笙却对两人说，二位都是上海滩报界的闻人，都是见过世面的人，有什么话不妨摊开来讲。

汪伯奇于是单刀直入地说，他们反对史量才，就是担心史量才将《新闻报》兼并到《申报》中去。

史量才说，他虽然收购了《新闻报》，但在报社的管理事宜上他一律不加干涉，之前是什么样子，以后就是什么样子。汪伯奇仍然担任《新闻报》的总经理，全权负责内部的一切事务。

汪伯奇却认为，虽然他信得过史量才的为人，但报社的同事们却不一定相信史量才的为人。况且，这个时候，虽然史量才言之凿凿，但如果时间久了，对方未必信守承诺。

谈判于是再度陷入僵局。

杜月笙趁机对两人说："《新闻报》原来的董事长福开森卖光了股票，当然要重组理事会了。杜某也愿意参上几股，权当做两位的公证人。至于，《新闻报》的员工们，可以让顾嘉棠带人去讲讲。"

史量才、汪伯奇原本只向杜月笙帮助调停此事，没想到他也插上一脚来。史量才心里琢磨：自己在《新闻报》立足不稳，如果有杜月笙出面，倒是可以好好地安抚一下众人的情绪。于是，他赞同杜月笙的提议，并且借花献佛，将自己手头的一些干股送给了杜月笙。

汪伯奇权衡一番，觉得有杜月笙牵制史量才也好，再加上他也不敢得罪杜月笙这位黑帮大亨，就也对杜月笙表示了欢迎。同时，他还表示愿意在董事会上推举杜月笙做报社的常务董事。

最后几人拟了一个协定：汪伯奇仍然担任《新闻报》的总经理，负责报社内部的一切事务；史量才的将部分股权转让给其他工商人士，持股数保持在百分之五十左右；杜月笙入股。

此事和平解决之后，杜月笙正式将触角伸向了新闻界。由于《新闻报》是上海滩最为著名的大报之一，再加上有史量才、汪伯奇等人报业巨头照应，杜月笙在新闻界的声望逐渐响亮。

为了在报界扩张势力，杜月笙一面想方设法地结识报界的老板、大亨，攀上交情，一面以种种手段拉拢各大报社的编辑、记者。杜月笙首先拉拢的，是《新闻报》的资深编辑唐世昌。

唐世昌踏入报界多年，在新闻界颇有名气。对于杜月笙的拉拢，开始的时候，唐世昌有些犹豫，但后来还是成了杜月笙的门生。通过唐世昌的积极活动，很多报社的知名编辑记者如汪松年、赵君豪、姚苏凤、余哲文、李超凡等人都成了杜月笙的座上客，更有人干脆直接向他递上帖子，做了他的门生。当时，新闻界凡是依附杜月笙的，都可以获得一笔相当可观的薪俸，而那些不愿依附、反对杜月笙的人，往往会因此丢掉饭碗，甚至永远消失。

通过这些手段，杜月笙摇身一变，成了上海滩新闻界较有影响力的人物之一。媒体、舆论成了他手中的一张王牌。他经常用这张王牌为自己谋求声誉利益，也常常为某些身陷丑闻的军政要员遮羞藏污。"九·一八"事变之后，杜月笙基于民族大义，再次通过他在新闻界的影响力，号召人们抗日，抵制日货，对支援前线战事发挥了重大的作用。

史量才被杀

1931年以来，日军步步紧逼，侵占了我中华大片山河。民族存亡之秋，以蒋介石为代表的国民党政府却仍然奉行不抵抗政策，对日妥协，一意孤行地发动内战。国民政府此举，激起了国人的极大愤慨。许多爱国的知识分子纷纷以笔为矛，抨击时局，批评政府的不作为政策。

蒋介石一直以来都把"攘外必先安内"作为既定的政策，见到有人公然批判自己的政策，心里非常恼怒。他悄悄地命令特务头子戴笠，让他采取行动，制止舆论界对政府的各种非议。戴笠让人闭嘴的方法十分简单，那就是杀。无论是报业巨头，还是爱国的志士仁人，只要胆敢反动政府，蒋介石下了杀令，戴笠都将无所不用其极地为自己的主子拔除眼中钉，肉中刺。

20世纪30年代初，上海滩报业巨头、《申报》老板史量才成了蒋介石的眼中钉。

史量才原名家修，江苏江宁人，曾是晚清秀才。1904年，史量才来到上海，创办了蚕桑女子学校，同时还先后在南洋中学、育才学堂等学校任教。后来又一度在《时报》担当主笔。辛亥革命之后，史量才花了一笔巨款，买下了在上海已经有四十多年历史的《申报》的经营权，成为其老板。之后，史量才大展宏图，在中国的报业史上留下了浓墨重彩的一笔。

《申报》的兴旺发达，和史量才的苦心经营是分不开的。史量才在接手《申报》时，《申报》正在走下坡路，每一期的销量只有上万份。这个成绩在报界是相当糟糕的。史量才在接手之后，立即进行了大刀阔斧的改革。他聘用陈景韩（笔名冷血）担任主笔，开辟专栏，议论时局，对国内外的大事发表看法。因为《申报》的新闻报道及时而且非常真实可靠，所发表的评论又相对公正，所以很快《申报》就成为了上海报界的权威。

为了增加销量，史量才又别出心裁地开创了我国第一个副刊——自由谈，聘用以王钝根为代表的鸳鸯蝴蝶派文人在上面发表才子佳人的小说，以此来吸引女性读者。

通过这些措施，《申报》销量大增，由当初的万余份，很快就飙升至七八万本，读者亦多达数十万人。史量才积聚起巨额的财富，成为上海滩享誉盛名的人物之一。

1929年，史量才又收购了上海滩销量最大的《新闻报》的大部分股权，成为上海的报业大王。然而，史量才并不甘心版图只限于报界，他以报业为踏板，又向金融、造纸、纺织、医药、机器制造等其他的产业进军，且都取得了不错的成绩。若论史量才在上海的影响力，恐怕就算是杜月笙也自叹不如。"上海地方维持会"成立后，群英荟萃，会长职位无比重要，必须是一位各方都服膺的人物担任。向来舍我其谁的杜月笙这个时候也不得不推举史量才出任会长一职，可知史量才在上海的人望和权力，及其在舆论界的影响力是多么的非同凡响。

舆论与政治从来都是休戚相关的。在早年的时候，史量才的报纸趋于保守，故此一直相安无事。后来，黄炎培受聘为《申报》的设计部部长。在他的影响下，史量才的思想逐渐倾向于进步。

在之后的白色恐怖时期，史量才忧国忧民，思想更加激进。他聘用一些进步文化人如鲁迅、矛盾等人，在《申报》上发表文笔犀利的文章，将矛头直接指向国民政府，批判国民党的政治、经济、军事、教育等方面的不当举措。他反对国民党政府"围剿"中国工农红军，反对国民党政府的不抵抗政策，同情社会各界的爱国救亡运动……凡此种种，都令蒋介石甚为不满。

1934年10月，史量才偕同杜月笙前往南京，拜见了蒋介石。蒋介石见了史量才后，就大发牢骚，说中央政府现在的政策是"攘外必先安内"，史先生的《申报》老是和政府唱反调，天天喊抗日，这可不好。这会危害中日关系，也会给中央政府的决策造成很多不便。

史量才对他的话不置可否，微微一笑，并不答话。

蒋介石接着说："眼下国家形势，共产党是心腹之患，日本不过是肘腋之疾而已。只有国内安定了，政府才能集中心力的对付日本。再说了，小日本虽然可恶，但国小兵少，就是让他占，他又能占多少呢？"

这话，让史量才十分不以为然，他反驳说："国家养军千日，就是为了抵御外敌的，而不是为了打内战的。现在，同室操戈，岂不是让亲者痛，仇者快？"

蒋介石恚怒，赤裸裸地威胁说："我手下有一百万的军队……"

史量才当即反唇相讥："我有一百万的读者……"

蒋介石气得说不出话，拂袖而去。这一次的会谈就这么不欢而散。

这件事后，蒋介石动了杀心，密令戴笠找个机会拔掉这个眼中钉。

戴笠跟随蒋介石已久，对这位主子的脾气可谓是了如指掌。在蒋介石对史量才下了杀令之前，戴笠其实就已经开始谋划暗杀史量才了。但是因为史量才在社会上有着极大的影响力，而且又身在上海租界里，因此就一直按兵不动。现在，蒋介石下达了命令，戴笠立即召来了特务华东区行动组组长赵理君、成员李阿大等人，和他们详细商讨了暗杀史量才的行动。

刺杀史量才绝非容易之事。史量才自和蒋介石一晤后，深知蒋介石肯定不会善罢甘休，便加强了自身的安全工作，处处提防，时时戒备，不但雇了保镖，而且换了防弹汽车。最让戴笠一筹莫展的是，要让史量才以何种方式死去才不会激起舆论的议论。史量才宣传抗日，和蒋介石意见相悖，如果突然横尸街头，国人肯定会明白这是蒋介石派人所为了。

就在戴笠左右为难之际，赵理君等人调查到了一个天大的秘密。

史量才的人生的转折点当是在三十多岁的时候花巨款买下《申报》的经营权。那个时候，史量才并不充裕，但突然之间，竟然豪掷千金，收购《申报》股权，着实让黄浦江上的人们惊诧了一回。谁也不知，这些钱是史量才的红颜知己沈秋水帮他出的。

沈秋水出身青楼，原名慧芝，长相秀丽，心思缜密，在四马路迎春坊挂牌之初，认识了她生命中的第一个男人陶骏葆。这个陶骏葆是一位粗犷的军官，家境殷实，对慧芝一往情深。但落花有意，流水无情，慧芝对陶骏葆并无好感，只是沦落风尘，有时候也不得不曲意逢迎。

后来，慧芝结识了寄身沪上的史量才。史量才风度翩翩，又是上海滩有名的才子，慧芝一见之下，顿生爱慕。而史量才也觉得慧芝虽然是风尘女子，但举手投足，一颦一笑之间都颇有些与众不同，也逐渐为之倾倒。郎有情，妾有意，原本是一对眷侣，但两人恋爱之路却并不顺畅。

陶骏葆封官受赏之后，携带大量的钱财来到上海，要强纳慧芝为妾。史量才一介布衣，如何争得过拥兵千万的将官？只得凄然和慧芝挥泪诀别。国内政治变化莫测，不久陶骏葆旋被陈其美派人枪杀。慧芝于是重新投入史量才的怀抱，同时带去了一笔巨额的财富。这些财富除了慧芝本身的金银首饰外，绝大部分是陶骏葆的遗产。人财两得，史量才身价陡增，春风得意，花下重金买下《申报》，成了报界闻人，又给慧芝改名为沈秋水，对过去之事，一概讳莫如深。

现在，陶骏葆的家人通过种种渠道，打听到了这件事，又气又恨，扬言要取史量才性命，以报其侵占家财之仇。

戴笠得到这一情况，立时意识到可以在这件事情上做做文章。他一面命人在上海散布流言，说陶氏家人已经悄悄地来到了上海，要向史量才寻仇，一面动员史量才的知交好友，让他们劝史量才离开上海，暂避风头。

史量才不疑有诈，就偕同妻子沈秋水等人前往杭州"秋水山庄"度假，对外则宣称去杭州料理一些私人事情。一个月后，史量才料想事情上海方面的事情可能已经平息，就又带着妻子沈秋水、儿子史咏庚等一行六人乘着私家车自"秋水山庄"出发，返回上海。

当汽车行至海宁翁家埠附近时，一辆黑色的轿车拦在了路中央，截住了史量才等人的去路。赵理君、李阿大等六名黑衣劲装的统特务跳下车来，围住史量才的车子举枪就射。司机黄锦才、史咏庚的同学邓祖询当场毙命，史量才立刻明白过来，慌忙大叫道：

"快跑！"

众人四散而逃。

沈秋水及另一名女眷沈丽娟体弱，跑不远处，就一人因为脚踝扭伤、一人因流弹划伤，双双仆倒于地。杀手的目标并不是她们两人，舍下她们，分成两组，向史量才和史咏庚追击而去。

史咏庚由于是运动健将，跑得极快，于此生死关头，拼尽全身的力气，猛力冲刺，竟然摆脱了杀手们的追击，保住了一条命。史量才可就没有他这么幸运了。他年纪已大，又患有胃病，根本就跑不快。他在慌乱中，躲进了附近的一座茅房。特务们追近时，他又悄悄地从后门出去，藏进了后面一个干涸的小水塘里。不幸的是，特务们最终还是发现了他。

赵理君扬手一枪，击中了史量才，李阿大随后补上一枪，子弹从口腔贯入颅内，史量才当场毙命。赵理君等人生怕史量才不死，又接连补上几枪，直到确定史量才已死，这才扬长而去。

一代报业巨头、新闻界的风云人物就这样命丧黄泉，终年54岁。

成为社会"领袖"

一代报业巨擘横遭惨死，一时天下震惊。社会各界的唁电、唁函如雪花般自四面八方飞来，痛惜史量才之死为"社会一重大损失"、"舆论界之一大创伤"，谴责暴徒如此丧心病狂，必有背景，要求当局一定要严查凶手，务必将此事调查个水落石出。上海各界为史量才举行了隆重的追悼会，杜月笙作为上海最有权势的人物之一，这样的场合自然也少不了他的身影了。

史量才之死，就如同一个照妖镜似的折射出众生百态，有人悲伤，有人惆怅，有人痛惜，也有人暗暗高兴。遗孀沈秋水目睹丈夫的惨死，心里受到了极大的创伤，从此离群索居，谢绝一切访客，终年凄惨度日。《申报》负责人黄炎培为史量才好友兼工作上搭档，两人携手合作，发表了许多脍炙人口的文章。如今史量才被国民党特务狙杀，对他而言，绝对是一个沉重打击。

就在全国民众沉浸在巨大的伤痛中时，有两人对此暗自高兴。第一位自然是那位坐镇南京，先痛下杀手，后又假惺惺地严令地方政府限期破案的蒋介石了。史量才利用其在舆论界的影响力，屡屡同情中共，抨击政府的决策，早就让蒋介石恨得咬牙切齿了。现在，戴笠除掉了史量才，就好似拔去了他眼中钉、肉中刺，更重要的是，可以藉此敲山震虎，警告一下那些"不识时务"的人。

另外一个高兴的人是杜月笙。史量才生前身兼上海市地方协会会长、上海市临时参议会议长等数职，同时又是上海滩发行量最大的两家报纸《申报》、《新闻报》的老板，德高望重，八面玲珑，真可说是上海滩的地方领袖。杜月笙虽然手中握有青红两帮几十万的兄弟，又有公董局华董、中汇银行董事长、上海面粉交易所理事长、上海华商纱布交易所所长等多个头衔，自诩为社会领袖，但他心里却明白，他和史量才相比，仍然稍逊一筹。这当中的高下，从当时上海地方的两个权威机构"上海市地方协会""上海市临时参议会"的选举中都可以明显看出来。这两个机构几乎囊括了当时上海工商、金融、教育、新闻、军政等各界的精英，影响力极大。但两次选举中，会长（议长）之职全部为史量才担任，而杜月笙则为副会长（议长）。

杜月笙并不是甘于人下的人，一直想取而代之。现在史量才死了，正好给他提供了一个天赐良机。在参加完史量才的追悼会后，杜月笙即召来了得意门生陆京士，向他表达了打算做"上海市地方协会"会长的意思。陆京士心领神会，随后就四处活动，积极游说各位委员。几天之后，"上海市地方协会"因史量才惨死，重新推举新的会长。杜月笙如愿以偿地坐上了会长的位子。

"上海市地方协会"的前身是"上海市地方维持会"。淞沪抗战打响后，由史量才、杜月笙发起，由上海工商界和文化教育界的精英人士组成的"上海市地方维持会"在四川路的中企银行大楼里宣告成立。这个组织在"一·二八"事变后的八九个月里，在稳定上海秩序等方面发挥了重大的作用。在这期间，上海工商军政各界上层人士纷纷加入"维持会"，扩充了其影响力。淞沪抗战结束时，"维持会"的影响力已经远远超过了其他的爱国抗日组织、团体。

《淞沪停战协定》签订后，按照日方蛮横无理的要求，上海市政府需要取缔一切反日、抗日的组织。"维持会"于是酝酿改组，这年10月，"上海市民维持会"正式改名为"上海市地方协会"，其性质仍为一民间组织，会长由史量才担任，杜月笙和钱新之为副会长。

这个协会名义上属于一个民间组织，但其成员几乎囊括了上海各界各业的上层领袖人物，因此是上海市长吴铁城，甚至蒋介石都不可以忽略的一股力量。

杜月笙有了"上海市地方协会会长"这个头衔，在接下来的"上海市临时参议会"议长选举中，又自然而然地被推举为"临时参议会"的议长，顺利地坐上了史量才生前的位子。

杜月笙的收获并不仅仅只是这些而已。史量才死后，《申报》群龙无首，顿时人心惶惶。史咏庚深知自己资历太浅，接掌《申报》定然不能服众。另外，《申报》由于近年来国民党政府的频频打压，境遇堪虞。在这样的情况下，连史咏庚也不敢轻易接手《申报》了。史家的人情急之下，经过协商，决定请求杜月笙出面，让他接管《申报》。在他们看来，杜月笙四面威风，八面玲珑，肯定有办法让《申报》再创辉煌。

　　史家的恳求，让杜月笙颇为意外，更让他心喜若狂。他早就有意控制上海新闻界。虽说经过长久的经营，很多报社的知名者、编辑都成了他的门生，但真正属于他且有影响力的报纸却是一家也没有。上海为中国近代报业的发轫之地，报业发展非常迅速，但杜月笙明白，在上海真正比较有影响力的报纸却也只有《申报》、《新闻报》等寥寥几家而已。所以，在史家的人提出请求后，杜月笙满口允诺，一定会全力以赴，将《申报》发扬光大，不辜负史先生的遗志。杜月笙同意从史家的人手里接管《申报》，其实还有另外一层用意：希望以此平复社会上的一些不实流言。原来，史量才死后，有很多人将矛头指向了杜月笙，认为他肯定与史案有关，甚至有人觉得，史量才之死，幕后凶手就是杜月笙。原因很简单，一山难容二虎，在上海滩有动机、有实力刺杀史量才者，恐怕也只有他杜月笙一人而已。杜月笙是何等人，对于这些流言，他知道解释也没有用，倒还不如以实际行动证明自己与此事无关。现在，史量才家属言辞恳切地要求他接管《申报》，恰是对那些不实流言的一记有力的回击。

　　杜月笙是地痞，也是商人，信奉实用主义。他非常实际，对革命、信仰、理想之类漠不关心，他觉得空谈这些，不但不会给报社带来任何的利润，反面会让自己陷入麻烦之中。所以，在他接管《申报》后，立即玩弄手段，清洗报社内的进步分子，迎合政府心意，以缓解与当局之间的矛盾。

　　黄炎培是杜月笙主要的驱逐对象。黄炎培是著名的爱国教育家，思想进步，在担任《申报》总管理处设计部部长期间，经常在报纸上发表谴责、批判当局的文章。如"一·二八"事变后，黄炎培主编的《生活》周刊就曾直接点名，批评蒋介石"满口自命为国效死的死在哪里？不但自己不曾死，对于援军尚且多方捣鬼，阴阳怪气"。蒋介石十分嫉恨黄炎培，多次破口大骂黄炎培是"反革命"，应"彻底惩治"。杜月笙想要讨得国民党当局欢心，自然容不下黄炎培了。

　　只是，黄炎培在社会上影响极大，又是《申报》的核心人物之一，杜月笙想要将他排挤出去，可绝不是一件容易的事。史量才在世的时候，申报馆成立有一个"总管理处"的机构，黄炎培为其首脑，在《申报》发挥着重要的作用。杜月笙在入主《申报》，首先成立一个凌驾于"总管理处"的机构，以此架空黄炎培的权力。这个新的机构就是"申新时商四社联营处"。

　　顾名思义，所谓的"申"即《申报》，"新"为《新闻报》，"时"指《时事新报》，"商"是《商报》，这四家报纸基本上都为杜月笙所控制。他成立这个机构，看似时为了方便管理，其实最主要的目的是要从黄炎培的手里收回《申报》的管理权，且将他永远地排挤出去。

　　杜月笙亲自出任"申新时商四社联营处"总经理，时时运用手里的权利对黄炎培进行掣肘。没过多久，黄炎培抵不住压力，只得辞职了，"《申报》总管理处"这一机构亦随之宣告解散。

　　黄炎培等进步人士被排挤出去，《申报》于是成了杜月笙的私人财产。之后，《申报》一改过去进步立场，转而保守，成了国民政府的喉舌。顺者得昌，少了当局的打压，《申报》果然销量大增，业绩蒸蒸日上，只是《申报》奉行的"不偏不党"的独立精神却日渐消失。

　　"上海市地方协会"在杜月笙的操控下也丧失了原则，不再以支援抗战为目的，转而为国民党政府效劳。杜月笙通过操纵新闻界、"上海市地方协会"身高更高，声望更盛，俨然成了"社会领袖"。

没有官衔的"外交官"

　　"一·二八"事变之后，由于十九路军战士的英勇抵抗，日军死伤惨重，陷入进退两难之境。日军司令官野村中将认为，当时驻扎在上海的军队不多，如果一味进攻，可能会给皇军带来覆灭的危险。于是，他决定暂行缓兵之计，放出停火的烟雾弹，其真正的目的是为了等待日本军部大本营的援兵。

　　但是以何种方式实现与十九路军的停火协议呢？野村中将经过深思熟虑，决定先私下里进行一次非官方的谈判，摸清中国方面的态度，再作决断。之所以选择以非官方的性质进行接触，那是因为野村中将担心，如果堂而皇之地和中国政府进行谈判，却又为对方拒绝，那就有失颜面了。

虽然己方有意，但不知对方态度如何，野村中将觉得还需要一个人来为此事穿针引线，促成停火和谈。这个人，野村首当其冲地想到了杜月笙。在上海滩，杜月笙为工商各界的代表，又和官方关系密切，他的态度基本可以代表上海市民和政府的态度，所以选择他再也合适不过了。

杜月笙分量很重，野村觉得自己也应该派出一个够分量的人和他接洽才是。但派出谁呢？野村一片茫然。

就在他一筹莫展的时候，他的一位好友、特务头子土肥原贤二给他推荐了一个人。这个人曾是北洋政府时期政界的活跃人物，现在则是杜月笙牌桌上的好友。这个人就是李择一。

李择一早年的时候曾经留学日本，因此能说一口流利的日本话。在安福系当政时期，他曾一度是长江上游警备总司令吴光新的幕僚，常跟随着吴光新出入于杜公馆。后来，段祺瑞下台，安福系风流云散，吴光新成为阶下囚，李择一顿失靠山，衣食无着，狼狈之极。

然而，就在这个时候，一个神秘人相中了他。这个人就是后来鼎鼎大名的日本陆军大将、特务头子土肥原贤二。土肥原软硬兼施，巧妙地施展手段，很快就将李择一收归自己魔下。李择一于是摇身一变，从一名穷困潦倒的小政客变成了土肥原魔下特务组织"第五纵队"的一员。

1927年，日本召开了臭名昭著的"东方会议"，之后日本特务在中国各地区的活动就日益频繁，李择一接受土肥原的命令，也开始在上海执行起一项"特殊"的任务。他的任务是接近、拉拢杜月笙。原来，日本为了侵占中国，搜集了大量的中国政治、经济、军事、矿藏、交通等方面的情报，甚至中国各界的社会名流，有权势的帮派人物都在日方的调查之中。杜月笙是上海滩的大亨之一，声名甚隆，自然也在日本人的关注之中。日本人对这位杜大亨很感兴趣，认为如果能够将杜月笙拉拢过来，凭借着他在黑白两道的势力，对皇军的大业显然会有绝大的帮助。

李择一对杜月笙并不陌生，他知道杜月笙爱赌，所以他就决定从赌场入手，在牌桌上和杜月笙成为"朋友"。

杜月笙的赌局筹码动辄过万，绝不是一般人可以参加的。但日本人看重杜月笙，竟然不计成本地支持李择一豪赌。于是，在之后一段日子里，每逢杜月笙参加赌局，李择一都如影随形，而且出手阔绰，日输十万都不皱一下眉头。李择一的"豪爽"，博得了杜月笙的好感，他们逐渐成为了吃喝玩乐的朋友。至于李择一为什么突然之间暴富了，杜月笙并没有多想，因为在他的印象里，像李择一这样的旧官僚、政客，是有很多的敛财之道的。

李择一这颗"棋子"埋藏在杜月笙身边已经多年，现在形势危急，正好派上用场。

接受野村的命令后，李择一立即动手前往华格臬路杜公馆。略一寒暄后，话题就转到了"一·二八"事变上来，李择一对杜月笙说，现在日本军方打算停火，认为中日双方可以就此问题进行面对面的谈判。

杜月笙感到非常意外，问他如何会晓得日本军方的意思。李择一有些尴尬，他不愿暴露自己当了汉奸之事，只说自己是受了日本军方所托。随后，急忙转过话题，对杜月笙说："日本军方确实有停火的意愿。如果杜先生可以从中穿针引线，说不定真的可以达成协议，消弭战乱。"

中日双方停火，是上海千千万万市民的期盼。杜月笙当场就想答应下来，但是转念一想，如果当局决心要在上海和日本干下去，自己强出头，岂不会拂了当局的意，那就太得不偿失了。杜月笙觉得，此事还得征询一下当局的意思再说，于是向李择一表示，兹事体大，得慎重考虑一下。

李择一知道他的心思，便对他说，如果愿意和谈，他可以居中斡旋，约日方的军政要员出来谈判。

这话顿时引起了杜月笙的警觉：这个李择一绝对不简单。他能够约出日本军方的重要人物，可知他与日本军方关系匪浅。那么，他所说的停火谈判，说不定真的就是日本军方的意愿。

送走李择一后，杜月笙立即召来自己的幕僚、门徒商议此事。众人意见不一。有人表示反对，认为日本人阴险狡诈，不可以相信，现在十九路军气势如虹，节节胜利，根本没有停火的必要；也有人表示赞成，认为战火烧在中国的大地上，多拖一天，中国人民就多受一天苦难。还有人警觉地提醒众人：日方此举，很可能是缓兵之计。

杜月笙也没有定见，众人商量良久，觉得此事还得报告官方，官方有了定论之后，才好付诸行动。杜月笙立即去找了上海市长吴铁城。吴铁城也不敢自作主张，急忙向国民党政府请示。

然而，国民党政府的态度却甚是值得玩味。他们对杜月笙的答复是：这个问题由杜月笙自行决定。

　　按道理说，一贯奉行"不抵抗政策"的国民党政府当局对此应该是欢呼雀跃才是。但由于屡次遭到日方的背信弃义和戏耍，当局生怕再次上当，遭受国人的谴责，于是就给了这么一个暧昧的答复。

　　杜月笙多多少少还是猜得出当局的意思，就立即着手和日方的会晤。

　　在之前，他首先去找了法国驻沪总领事葛格林，要求将会谈的地点定在法国领事馆内，同时邀请葛格林也来参加。各国之间利益盘根错节，葛格林也想了解杜月笙和日本军方密谈的内容，于是慨然允诺。

　　杜月笙之所以做这样的安排，是经过深思熟虑的。会谈地址选在法国大使馆，又积极地请法国领事介入其中，将此事公开化，其用意有两层。其一，鉴于日本人的一贯的行事作风，杜月笙担心再次出现像"一·二八"那样日方不守信誉的事情，有葛格林在旁，也好做个见证。其二，他身兼多重身份，在法租界也有职称在身。如今他约同葛格林和日方谈判，就是想以"保护法租界"的名义和日方进行谈判。这样，就算和谈失败了，他也不用承担任何的责任。而假如谈判成功了，那自然就是他杜月笙的功劳了。

　　当杜月笙把这个安排告诉李择一后，李择一深感为难。因为，日方的意思是想私下里和杜月笙进行谈判，从中打探虚实。现在杜月笙积极地请法国人介入其中，岂不是有违村野中将的初衷。

　　然而，杜月笙言出如山，要让他改变主意显然绝无可能，无奈，李择一只得将此事上报给村野中将。村野也没有料到杜月笙会玩上这么一手，但给急于休战，也只得同意杜月笙的安排了。

　　收到野村的答复后，杜月笙非常兴奋。他可没有想到，自己居然能够有机会坐到外交谈判桌上，而且是调停中日军事冲突这样的大事。会谈之日，杜月笙盛装出席，决心不给中国人丢脸。

　　会谈过程中，日方态度十分嚣张，他们诈称，日军进攻闸北营地，曾得到租界各国防军的谅解，是合法行为。之后，更蛮横地提出一系列无理的停火条件，首要的一条就是要求十九路军撤出上海。

　　杜月笙坚定立场，对此做了一一的驳斥。在日方宣称进攻闸北曾得到个国防军的谅解这一议题上，杜月笙随即征询在一旁的法国驻沪大使馆总领事葛格林，当场揭穿了日方的谎言。而对于日方要求十九路军撤出上海这一无理要求，杜月笙义正言辞地说：

　　"自一·二八开战以来，日军连遭惨败，伤亡惨重，就是撤军，也理应是日本军队撤军才是。日本侵占中国的地方，撤军是理所应当的，但中国军队驻扎在自己的土地上，为什么要撤军呢？"

　　双方各执一词，争执不下。最后，此事还是上呈南京政府。南京政府派遣上海市长吴铁城、十九路军第七十八师师长区寿年在英法美等国的参与下，和日方进行了官方谈判。最后，双方达成协议：自2月2日，双方停火三天。

　　虽然，杜月笙没有办成此事，但他做了一次没有官衔的"外交官"。参与中日停火谈判，还是让他大出了一把风头。上海市民也从这一件事上，看出了杜月笙在上海的分量、影响力是何等之大。

外交场上再出风头

　　停火协议的签订，让上海市民绷紧的心弦终于可以稍稍松弛下来。然而，让他们没有想到的是，期限还没有到，日方就再次背信弃义，撕毁协议，展开了新一轮的进攻。2月4日下午三时许，日军在补给、增援部队陆续到达之后，即以强大的火力向闸北发动了攻击。日方在这次攻击中，动用了包括坦克车、装甲车、火炮在内的各式重型武器，同时出动了几十架飞机对青云路、宝兴路、新疆路等各处进行了猛烈的轰炸，十九路军官兵死战不退，多次打退日军的猛烈进攻。

　　幸运的是，也就是在停火的这三天里，南京政府派遣第五军军长张治中率领率所部精锐第八十七、第八十八师及中央陆军军官学校教导总队共2万余人紧急增援十九路军。闸北防线及时得到了巩固，这也是十九路军能够在敌我力量十分悬殊的情况下挡住日军进攻的一个重要条件。

　　随着战事的升级，双方战况空前惨烈。中国守军在全上海广大民众的支援下，顽强地抵挡住了日军的进攻。日本方面一再地增派援军，到了2月末的时候，日军总兵力增至9万人、军舰80艘、飞机三百余架，司令官也一换再换，由之前的野村中将换成了白川义则大将。中国方面，虽然十九路军得到了张治中率军增援，但总兵力仍然只有5万人，远远少于日军，而且装备较差，很少有重型武器。即便如此，不可一世的日军仍然难进一步。

白川义则初上任，急于立功，见到这种情况，焦躁不已，寻思着破敌之策。最后，他想到假道于法租界，以奇兵突袭，自右翼包抄十九路军。这个想法非常阴险。当时，十九路军恪守各国租界公约，驻扎在闸北一线抵抗日军。十九路军将士将心比心，认为己方军队害怕挑起国际争端，不敢从外国租界进军，那么日方的人肯定也不敢从租界进军。因此，兵力的侧重点都部署在江湾、庙行等前沿地区，而真茹、彭浦等邻近法国租界的地方，防备则比较松懈。白川义则正是有鉴于此，决定派兵自法租界穿过，包抄十九路军后路。

2月24日夜晚，白川义则命令上千名兵士趁着夜色悄悄地潜入法租界辣斐德路、祁齐路一带，寄居在日本侨民的商店或者家里。在之后的两天里，日方又接连派遣大量日军进入租界，蛰伏待机。这时候，日方进入法租界的兵力已经有几千人，法租界总领事对此无能为力，只能睁一只眼，闭一只眼。日军兵力集结，打算等到人员到齐后，就按照既定计划发动对十九路军的进攻。

杜月笙耳目众多，很快就察觉到了这一情况，感觉事态严重，就立即打电话向上海市长吴铁城和十九路军军长蔡廷锴告知此事。蔡廷锴大吃一惊，连忙紧急派军加强真茹、彭浦等地区的防务。

吴铁城也连忙将此事上报南京政府。2月27日，中国政府外交部照会法租界当局，驻沪大使馆，要求立即采取措施驱逐潜伏在法租界里的日军，以免引火烧身，引起不必要的麻烦。

杜月笙对十九路军的处境忧心忡忡，也对日方的行为非常气愤，所以在外交部还没有行动之前，他就先去了法国驻沪总领事馆。见到了法国总领事葛格林，杜月笙开门见山地质问："日军进入法租界这个事情，领事先生知不知情？"

葛格林是个老油条子，见到杜月笙亲来兴师问罪，知道杜月笙手头肯定已经握有了证据，只得承认确有此事，同时又忙不迭地解释，日军骄横，气焰嚣张。突入租界的人有几千之众，而且装备精良，如果法租界当局拒绝日方要求，只恐会激怒日方，给法租界这弹丸之地招致战火。

这种陈腔滥调，欺骗小孩子也还罢了，但要糊弄杜月笙可就差得远了。杜月笙正色告诉葛格林，日军潜入法租界的事，十九路军已经知晓，而且做了严密的防备。如果日军真的敢从法租界发动攻击，十九路军一定会奋起还击，炮击租界。覆巢之下无完卵，那时，法租界一样完蛋。

葛格林无言以对，闪烁其词。杜月笙干脆直接对他道："日军违背租界公约，悍然进入法租界，事情很严重。不如邀请各国领事，以及中日双方的高级代表召开一次会议，共同商讨此事。"

葛格林原本不愿公开此事，但在杜月笙的坚持下，只得点头答应了。

翌日上午，各国政要齐聚法国驻沪大使馆内。既有坐山观虎斗的英美各国领事，也有本次事件的两国代表，日方派出的是总领事村井仓松，中方因为事关重大，派出了上海市政府秘书长俞鸿钧。而杜月笙作为和谈的发起人，也以法租界华董代表的身份参加了会议。

因为是在法租界举行的会议，葛格林觉得有必要自己先做个发言。他首先解释了召开这次会议的目的，要求各国领事就日军是否有权在租界驻扎或者通过租界进行表态。

不料，他的话音方落，村井仓松就霍然起身，声色俱厉地坚称日军有权在租界驻军，他还大放厥词，赤裸裸地对各国领事进行了恫吓威胁。各国领事慑于日寇的气焰，一个个胆战心惊，噤若寒蝉。

原本，杜月笙召来这个会议是为了联合各国领事的力量，否决日方进驻租界的非法行为。但眼下这种形势，很有可能在日方的恐吓之下，会议达成日方有权进驻租界这一不利中方的结果。如果真的出现了这种事情，那杜月笙可就难辞其咎了。欧美各国领事的窝囊行径，让杜月笙大失所望，心底也不由地顿起蔑视，他猛地一拍桌子，倏然站起，厉喝道：

"如果日本人利用租界打中国人，我杜月笙要在两个钟头内把租界全部毁灭！"

这话宛如一记雷霆，将众人震得呆立当场，面面相觑，作声不得。日本人凶残狡诈，出尔反尔是常有之事，故此，当方才村井仓松大兴恫吓之词的时候，各国代表虽然都慑于对方气焰，没有说话，但骨子里却是鄙视日方的行径的。但杜月笙却不同。杜月笙为黑帮魁首，向来重信重诺，言出必行，而今说出了这话，只怕就真的会付诸行动。杜月笙在上海滩势力如何，他们又不是不知道，万一杜月笙真的喝出了杀令。千千万的徒子徒孙一起出动，保不齐真的就把租界这弹丸之地给扫平了。

村井仓松万万料不到一向温文尔雅的杜月笙竟然会说出这样的话来，顿时张口结舌，说不出话来。其他各国领事意识到事情的严重性，于是有人就说，中日交战，和租界无关，应确保租界安全。其他人也连声附和，都认为租界应该独立于战争之外，不能将战火烧到租界上来。

　　会议在争执中结束了，日方想要通过租界攻击中国军队之要求，始终没有得到各国领事的同意。

　　白川义则得到村井仓松的汇报，在反复权衡之下，觉得此时仍不宜和各国发生直接的冲突，就又下了一道命令。于是，那潜伏多日的几千名日军，又趁着夜黑人静，悄悄地撤出了法租界。

　　这一次，竟又让杜月笙赌胜了一把。事实上，他早就分析过这当中的利害关系。各国领事虽然各怀心思，但都有苟安之心，所以，一旦自身利益可能遭受到威胁时，他们一定会想方设法地维护自身利益，即便得罪日本人也在所不惜了。

　　杜月笙正是猜到了各国领事的这一层心思，才敢兵行险着。结果，日军撤走，十九路军没有了后顾之忧，这其中的功臣自然非杜月笙莫属了。

　　葛格林生恐杜月笙的言行会得罪日方，就劝说杜月笙自行辞去法租界公董局华董的职务。杜月笙此时正为"上海市地方维持会"的种种事务忙得焦头烂额，也无暇顾及到租界公董局方面的事情，闻言便向法租界递去了辞呈，2月29日，法租界当局同意杜月笙辞职。

第十九章
淞沪会战，积极劳军

时刻关注政局变化

从1936年12月12日西安事变爆发，到1937年卢沟桥事变前夕，中华大地风云变幻，政治形势瞬息万变。在这段混乱的时期里，沪上闻人杜月笙竟然在敏感的中日关系上扮演了一回举足轻重的角色。

这一时期，日本帝国主义对中国的政策逐渐发生变化，侵华步伐大大加快了。提到这一点，就不得不先了解日本的政局。

自1929年10月美国纽约股市暴跌开始，一场空前严重的经济危机就在资本主义国家蔓延开来。这场危机涉及到金融、工业和农业等各个方面，持续了4年多时间。所有的资本主义国家都陷入了危机深渊，其中依赖外国市场的日本损失尤为惨重。

日本国内经济委靡，引发了各种潜在矛盾集中爆发，从而导致日本政局动荡。1936年2月26日，一批日本法西斯青年军官发动兵变，结果，老牌法西斯头子广田弘毅上台，日本法西斯专政正式开始。为了稳固自己的统治，日本帝国主义者决定加快侵略步伐，将危机转嫁给中国人民。

日本帝国主义对中国的侵略，真是无孔不入。除了武力征伐外，经济侵略也是很重要的手段。在中日大战正式打响前的这段时间里，日本政府派出许多官员到中国，与国民党政府谈判，共商中日政治经济合作的大计，实际上就是商议如何具体将日本的经济危机转嫁给中国人民。

与此同时，大批在中国活动的日本特务也行动起来，频频与上海滩上的大亨们接触，想通过他们实现经济侵略的野心。沪上闻人杜月笙自然是日本人结交的重要目标。

当时奉日本政府之命出访中国的高官，是日本外务省东亚课课长桑岛。桑岛主要负责与国民党政府谈判，不过他对结交上海大亨的事情非常重视，亲自委派山本和楠本这两个经验丰富的老特务去拜访杜月笙。

一日，山本、楠本二人带着翻译驱车抵达了华格臬路杜公馆。在看门人的引领下，山本一行见到了名震上海滩的风云人物。杜月笙还是惯常的打扮，一身长衫穿得整整齐齐，举手投足间，流露出一股儒雅之气。他说话也是慢声细气的，一句粗话、脏话也没有，显得文质彬彬。

这真是那个鼎鼎大名的流氓头子吗？山本与楠本疑惑地对视一眼，心里都感到很惊异：看来这个流氓皇帝很不简单啊，与他打交道恐怕不容易！两人收起来路上的轻视大意，小心翼翼地与杜月笙谈话。

杜月笙客气地与两个日本特务寒暄着，始终不露声色。早在门人通报时，他就对这两人的来意猜到了几分。至于日本人找他到底想做什么，就让他们自己说好了。

山本二人见杜老板这么沉得住气，心里也比较佩服，就不再闲话，直接说出来意：他们想与杜月笙合作，"共同维持上海的金融和治安"。日本人的话说得冠冕堂皇的，其实就是要利用杜月笙的权势、声望，从上海获取经济和政治利益。

杜月笙听后，只是笑了笑，并不表态。与日本人合作，这可不是小事。随着日本侵略步伐的加快，广大中国同胞对日本人恨之入骨，各地抗日浪潮一浪高过一浪。若是没有巨大的好处，他杜月笙绝不会做这种冒天下之大不韪的事情。不过话说回来，若是日本人能提供诱人的条件，杜月笙也并不反对与日本人合作。在他心里，个人的利益始终摆在第一位。山本、楠本游说了半天，杜月笙始终在与他们打太极，说上海商会老大王晓籁和金融巨头钱新之这类的人物，绝不会买自己这个平头老百姓的账，山本大人们应该另请高明云云。

桑岛派山本二人来时，确实交代要提供给杜月笙什么样的条件，本来他们还想压一压价，可现在杜月笙不点头，他们也沉不住气了，只好将桑岛给的条件一字不变地说出来。杜月笙心里有了底，也不再绕圈子，爽快应承下来。不过为了给自己留后路，他并没有把话说死，只表示会帮忙打招呼试试看，至于事情成不成他可不敢保证。

山本等特务在上海活动了多年，对杜月笙的能力非常清楚，只要杜老板出马，还会有办不成的事吗？于是，他们对杜月笙奉承一番后，就心满意足地告辞了。

送走了日本人，杜月笙并没有感到欣喜，他反倒有些后悔，觉得自己表态过早并不是一件好事。与日本人合作的事情，到底该如何呢？杜月笙独自一人坐在空荡荡的客厅里，反复思量着。

万墨林是杜公馆的大管家，更是杜月笙的心腹，他参与过杜月笙的许多事情。甚至一些不太重要的事情，万墨林都可以代替杜月笙做主。

杜月笙将日本人来访的事情毫不保留地告诉了这位亲信，并说出了自己的担心。要知道杜月笙处理过多少麻烦事，都是气定神闲、胸有成竹的。像这次一样忐忑不安，还真是少有。看来日本人抛给他的这块蛋糕，他确实不敢轻易接。

万墨林能当杜老板的左膀右臂，当然也很有本事了。他很有见识，又善于谋划，将杜月笙的话掂量一番后，就想出了一个办法。因为杜月笙没把话说死，就不算真正答应日本人，所以与日本人合作的事情，算不算数，杜月笙都可以根据形势变化来决定。若是不打算合作了，杜老板就发挥八面玲珑的社交手腕，这样日本人根本抓不住他的把柄。无论如何，杜月笙一点损失都没有。

杜月笙听了万墨林的分析，仔细一想，也的确是这么回事。他刚才没想到，也就是太心急了。日本人想经济侵略上海的诡计能否得逞，与杜月笙的态度还真有莫大的关系呢！

杜月笙为了牟取个人私利，打算与日本人合作。不过他一直关注政治局势的变化，尤其是蒋介石的态度，以此来决定自己的立场。

西安事变后，蒋介石迫于严峻的形势，不得不表示抗日。不过他还是坚持"攘外必先安内"政策，想与日本人妥协，以便共同对付共产党。为此他大声疾呼："和平未到完全绝望时期，绝不放弃和平；牺牲未到最后关头，绝不轻言牺牲！"这其实是在为自己打算妥协求和找借口。

蒋介石的想法，也正合日本人的阴谋。1937年初，日本新外相佐藤重申了日本对华政策的"广田三原则"。这三原则是广田宏毅于1935年8月提出的，内容包括三个方面：一，中国应彻底停止抗日，不再依赖英美，而采取亲日政策；二，中国政府应承认伪满洲国，事实上默认满洲国的地位；三，中日合作，共同镇压中国共产党领导的人民抗日斗争。

由此看来，在剿灭共产党的问题上，蒋介石与日本人是高度一致的。所以，中日双方就有了"经济合作"的平台。

日方准备派出所谓的"日本经济考察团"赴华，共商合作大计。这个考察团阵容相当强大，考察团团长为日本国家银行总裁儿玉谦次，随同成员包括大日本制糖株式会社社长、政坛要员藤山爱一郎等。

而蒋介石方面，也对此表示欢迎。在考察团到来前，中日政府已经商定，将由中国金融工商界人士与日本经济考察团合作成立一个组织——中日贸易协会。协会将设置两位负责人，人选已经确定了。日方筹备委员就是日本国家银行总裁儿玉谦次，中方筹备委员是华北金融大鳄周作民。

这本来是官方的事情，与杜月笙没什么关系。此刻，他正在密切关注蒋介石对日本人的态度呢。不料，蒋介石竟突然送了一顶中日贸易协会常务委员的乌纱帽给他，这就让杜月笙正式参与到中日邦交中来。蒋介石为何要这样做呢？

其实中方筹备委员周作民也是个能人，他早年留学日本，毕业于日本京都帝国大学经济系，与许多日本政要都有交情，如今更是身兼国民党政府财政委员会委员、北平银行同行工会主席、金城银行总经理等数职。可蒋介石并不完全信任他，认为他的影响力不够，难以代表南方的金融工商界，就决定再找一个人参与进来。而杜月笙，就是蒋介石心中最合适的人选。再说了，日本人早就看好杜月笙的能力，一直想拉拢他，也很欢迎他加入。所以，杜月笙任常务委员，也算是众望所归了。

杜月笙接受任命后，地位和声望都增进了不少。不过他却高兴不起来，以前他想过与日本人合作，可现在形势一直在变化。杜月笙一向有着敏锐的政治洞察力，他从诸多事情中嗅出了一些异常的味道。

日本经济考察团是1937年3月14日抵沪的。他们访华前的那段时间，也就是1937年1月至3月上旬，日本明显加快侵华步伐，蒋介石的态度也发生了微妙的变化。

1937年1月初，日军飞机在济南、天津等地散发传单。1月6日，中国外交部就日机散发传单之事向日本使馆提出抗议。此后中国民众抗日热情越来越高，国民党政府的态度转变也更加明显了。1月16日，国民党政府外交次长陈介表示：中日外交谈判暂不进行。2月15日，国民党五届三中全会召开，全会接受了国共合作的决议，抗日民族统一战线初步形成。此后，中日局部战争不断。虽然日本当局极力想拉拢蒋介石，但全中国都掀起了抗日浪潮，蒋介石必须坚持抗战，才能保住自己的地位，所以他绝不敢投靠日本人。

杜月笙就是从这几个月的大事中，看出了蒋介石的态度，于是，他这个中日贸易协会常务委员，就根本不热心那些事务，对日本特务的不断笼络，他也严词拒绝。日本人都搞不明白，为什么杜先生的态度会突然转变。

事实证明，杜月笙的做法是明智的。3月14日，日本经济考察团抵沪。第二天，杜月笙陪同考察团一行赴南京。3月16日，蒋介石接见了考察团众人，他首先强调"己所不欲，勿施于人"，明确要求日本停止在华北的活动。蒋介石的态度，令儿玉谦次等人目瞪口呆。

儿玉谦次等人回到上海后，中日经济合作就正式开始了。这下杜月笙可就大显身手了，他联合上海金融工商界要人虞洽卿等，在与日本经济考察团的谈判中，寸步不让，坚决抵制日本人对中国的经济侵略。最后，儿玉谦次、藤山爱一郎等人没有讨好任何好处，只好领着考察团悻悻而归。

重建抗敌后援会

在1937年上半年，杜月笙这个中日贸易协会常务委员把握住了政治局势的大方向，没有沦为日本人的汉奸走狗。他的这番爱国行为赢得了社会各界人士的称赞。此后，杜月笙在对日问题上，一直坚持民族气节，为中国的抗日战争做出了不少贡献。比如重建抗敌后援会，就是杜月笙最得意的一件事。

1937年7月7日，卢沟桥事变爆发，日本侵略军大规模进攻华北，中日大战正式拉开序幕，从此中国就进入了全面抗战时期。国难当头，全体中华儿女的爱国热忱喷薄而出，各种群众性的救亡团体如雨后春笋般涌现出来。在上海这样的大都市，抗日活动如火如荼。像杜月笙这样的人物，当然不会只做个旁观者或小角色了，他不仅要做点事，更要做大事。

此时，有个人说了句话，令杜月笙很受鼓舞，这个人就是杜月笙的老朋友许世英。许世英是中国驻日大使，他在七七事变前回国述职，因病在国内修养，正巧赶上卢沟桥事变。在这样重要的时刻，许世英病体未愈，就毅然于7月13日乘坐海轮重返日本，杜月笙专程到码头为他送行。许世英临行前说了一句颇有深意的话："恐怕你又要大忙特忙一阵子了！"这句话意味着，在抗战时期，杜月笙肩上的责任重大。

老朋友的期许，大大激发了杜月笙的爱国热情。

杜月笙虽是流氓头子，但也拥有许多正当头衔，比如中国红十字会副总会长、上海市地方协会会长等。不等他细细考虑，各方人士就纷纷找上门来了。

第一个上门的是黄炎培，他是杜月笙的浦东老乡，也是上海地方协会的秘书长。他找杜月笙，就是希望利用杜月笙在社会上的影响重建抗敌后援会。因为上海地方协会的前身就是抗日后援会。黄炎培建议，就用原来的班底将"上海地方协会"改成"上海抗敌后援会"，这样可以吸纳各党各派的人士参加，将后援会打造成全民的抗敌后援会。

这个主意真是不错，杜月笙也非常赞同，不过却没有马上答应。虽然他与黄炎培关系不错，但涉及重大问题的时候，他还是想先了解蒋介石的想法，再做出自认为最明智的决定。

黄炎培刚走，第二个人就上门了，这人是国民党上海市党部常委兼组织部长吴开先，也是杜月笙的老朋友。吴开先拜访杜月笙，也是与他商议如何才能发动民众支持前线抗战。

杜月笙听完吴开先的话，就有了这样的想法。于是，他将与黄炎培讨论过的事情，告知吴开先。吴开先也很赞同，不过他提出了一点要求，就是国民党方面想掌控上海各抗日团体，也就是上海人民的救亡运动必须在国民党许可的范围内。吴开先之所以提出这一点，实际上是蒋介石担心共产党会借助抗日活动扩大其影响，这当然是蒋介石最不想看到的。

杜月笙搞清楚蒋介石的态度后，就马上"抛弃"了黄炎培，积极建议这个抗敌后援会由上海市政府领导，并提醒吴开先：全上海只能有这一个抗敌后援会组织。这个提醒令吴开先茅塞顿开：是啊，只有这样，才能达到蒋委员长的要求！于是，吴、杜二人一拍即合，马上着手筹备组建抗敌后援会。

此时全面抗战刚刚开始，一些抗日团体只是在酝酿之中，并没有真正成立。杜月笙与吴开先商议后，就决定立即采取行动，要尽量抢在众人之前，将这个抗敌后援会组建起来。他们在华格臬路杜公馆的客厅里密谈一番后，就拟定了一份人员名单，将上海市各界最有声望的人士都囊括其中。不过，为了遵奉蒋介石的要求，他们将以黄炎培为代表的左派人士通通排除在外。

杜月笙等人的行动十分迅速。当黄炎培还在考虑如何说服杜月笙时，他已经将上海滩上的大佬们都邀集到爱多亚路中汇银行共商筹备事宜了。经过一番商讨，众人一致同意，马上成立"上海市抗敌后援会筹备会"，并当场推举杜月笙、潘公展、钱新之、虞洽卿、徐寄庼、黄涵之等人为筹备会主席团成员。筹备活动正式开始了。

在杜月笙等人的操纵下，筹备会成员中一个左派人士都没有。黄炎培晚些才知道这个消息，他非常焦急，连忙四处活动，希望能让左派人士参与进来。为此，黄炎培找上了刚从苏州监狱获释的沈钧儒。沈钧儒乃是著名的"七君子"之首，又是"救国会"的头号人物，同时还是上海滩上享有盛誉的大律师。黄炎培与沈钧儒再登杜公馆，杜月笙也不好驳了沈律师的颜面，就表面应承下来。不过他可没有真正答应，等到木已成舟，他再随便找个借口反悔也不是难事。

1937年7月22日，上海市各界抗敌后援会正式成立。大会首先选出常委121人，再从常委中复选出常务委员35人。这些人中不仅没有一个左派人物，甚至连黄炎培这个上海地方协会的秘书长也被拒之门外。担任抗敌后援会秘书长的是陶百川，他在1932年"一·二八"事变时，就是老抗敌后援会的秘书长，如今重任原职，黄炎培也无可奈何了。

抗敌后援会设立了筹募、供应、救护、宣传等各委员会，杜月笙这个主席团成员又兼任了筹募委员会主任委员一职。几天后，抗敌后援会发出了征募救国捐的宣言，救亡活动就此轰轰烈烈地展开了。

抗敌后援会是在上海市政府的领导下组建的，不过上海市党部却没法提供办公所需的经费。这个时候，杜月笙又挺身而出，他拍着胸脯保证：成立初期的一切开支，都包在他杜某人身上了！杜先生慷慨解囊，抗敌后援会的所有成员自然都要竭尽全力做好各项活动。

在抗战时期，抗敌后援会对支持前线作战发挥了不可估量的作用。这里面，当然少不了杜月笙的功劳。

热衷于募捐

上海市各界抗敌后援会成立后，推动了整个上海的抗日救亡运动。前方将士们为了保卫国家，正在浴血奋战，后方民众想献出自己的一份力量，最好的方法当然就是捐款捐物，全力做好后勤工作了。杜月笙这位抗敌后援会的主席团成员兼筹募委员会主任委员，在募捐活动中发挥了不可估量的作用。

为了发动上海各界群众踊跃捐献，杜月笙四处奔走，尽一切可能募集更多的捐款。

抗敌后援会是1937年7月22日成立的。7月29日，后援会就发表了《告全国同胞书》，呼吁全体国民慷慨解囊，支持政府的抗日救援行动。

8月7日，杜月笙奔赴电台，为募捐做了专题广播演讲。此后杜月笙频频在各大小报刊、电台发言，呼吁全体上海人"毁家纾难"、"援助政府"。8月13日，淞沪会战打响后，杜月笙更是以最高的爱国热忱，加紧募集资金，倾尽全力支持中国军队。

杜月笙出马，确实很有号召力。当时上海各界积极支持抗战，捐献非常踊跃。8月19日，杜月笙在报纸上发布告示，列出了所获各项捐助及物品的清单，截止此刻，他已经筹集到救国捐共计一百五十万余万元。

其实从抗敌后援会成立起，杜月笙就一直私人垫付所有的办公经费。在募捐活动进行了一个多月后，后援会已经拥有了一大笔捐款。秘书长陶百川就打算从中拨出一部分还给杜月笙，不料杜月笙竟坚决拒绝了。他说市民的捐款只能用来劳军，决不能装进他个人的腰包。

陶百川无法，只好建议这笔钱转为杜月笙个人的捐款。这一点杜月笙很赞同，不过他又提出了一个条件，就是这笔捐款不要写他的名字，而写成"常务委员会捐助"，这实际上是把捐款的荣誉分给了所有的常务委员。众常委即使不掏一分钱，也成了光荣的捐献人，自然更加钦佩杜月笙了。

打仗不仅要花钱，还要花大钱。杜月笙的筹款活动如此成功，蒋介石自然很满意。不过为了充分"发挥"杜月笙的能力，蒋介石还想让他多做一些事情。

一日，国民党的财政部长宋子文造访了杜公馆。他来找杜月笙，自然是奉蒋介石的命令。国民党政府打算发行5亿元救国公债，由财政部设立的"劝募委员会"全权负责，而这个委员会的办公地址，将设在上海。宋子文要在上海办这件事，就是为了借助杜月笙的力量。

蒋介石的命令，宋子文的要求，杜月笙就是再辛苦也很乐意效劳。他在杜美路有套豪华别墅，是几年前他与宋子文一起发行航空奖券时赚钱盖的，不过一直没有用过。这次，他主动提出将那套新房子借给劝募委员会办公。宋子文见他这么好说话，自然非常高兴。两人商议一番后，就将成立劝募委员会的具体事宜都计划妥当了。

8月24日，杜月笙参与了新成立的救国公债劝募委员会总会的工作。杜月笙对这项工作也非常重视，他积极为宋子文献策，建议救国公债的发行范围越广越好，除了劝工商界人士认购外，还要鼓励普通市民都购买。这一点，宋子文非常认可。

救国公债劝募委员会成立了两个劝募队，杜月笙任上海市民劝募队总队长，上海总商会会长王晓籁任上海商界劝募队总队长。不过王晓籁担心自己号召力不够，有些为难，杜月笙就兼任了上海商界劝募队的副总队长。可以说，在上海发行救国公债的事情，基本上都是杜月笙负责的。

这次5亿元的救国公债，是面向全国发行的。有了杜月笙这样的能人奔走，劝募活动非常成功。而上海的劝募活动又更加出色，仅上海一地，就募集了七千五百多万元，占了全部发行量的1/6。按照当时的汇率，七千五百多万元相当于两千三百多万美金，这可是一笔不小的数目。

抗战时期，杜月笙的募捐活动，并不只限于钱款，当时国民党军队的许多军用物资，都是他出面募集的。

淞沪会战开始后，大批的国民党军队集结到上海对日作战，许多日用品都严重短缺。10月1日，上海市党部奉国民党中央执行委员会之命，密令上海各救亡团体迅速募集皮棉背心、青布鞋袜、卫生衣裤、手套耳套及棉毯等物品。这样的要求，上海抗敌后援会自然责无旁贷。10月3日，杜月笙就在电台讲话，呼吁上海市民踊跃捐物。与此同时，他还参与组建了浦东棉花运输会，并担任常委一职，负责支援前线。

10月26日，侵略上海的日军突破大战场防线，向闸北一带进发，企图从后面包抄江湾一带的中国军队。在如此危急的形势下，谢晋元率领524团留守闸北，掩护大部队撤退。10月27日，谢晋元团进驻苏州河北的四行仓库，他们在此坚守了四天四夜，与日军展开殊死搏斗。他们的这种爱国精神，令上海市民深受鼓舞。当杜月笙得知谢晋元朝食品缺乏，就立即出面募集，他仅用了1天时间，就筹了20万只光饼送过去。谢晋元部才几百人，根本用不了这么多，不过杜月笙和上海市民的这份心意令他们深受感动。从另一方面看，在这样的特殊时期，杜月笙一天就能募集到20万只光饼，可见他不仅尽心尽力，而且确实很有能力。

杜月笙在抗战时期筹募到大量的钱款和物资，工作非常成功。这一次，他的确表现出高度的爱国热情，真正做到不计较个人得失，一心只为国家效力。他的行为，赢得了许多人的赞扬。

后来蒋介石了解到杜月笙为上海抗日后援会垫付了不少资金，就专门拨了一笔10万元的现款给杜月笙，作为"补偿"。这笔钱其实根本补不上他支出的数额，不过杜月笙为国效力后，得到蒋介石的亲自嘉奖，当然很受鼓舞。

淞沪会战爆发

就在杜月笙积极组织抗日救亡活动的期间，淞沪会战爆发了，昔日繁华无比的上海滩变成了硝烟四起的战场。

日本人侵占上海的阴谋，筹划了很久。自卢沟桥事变后，日本侵略军占领了平津，就开始筹备对上海发动大规模的进攻。日本帝国主义制订了一个极端狂妄的计划，打算"三个月灭亡中国"。上海是中国的第一大都市，是重要的金融中心，当然是他们最好的目标。

从1937年8月初开始，上海的局势就紧张起来。8月9日，日驻上海陆战队第一中队长大山勇夫和一等水兵斋滕要藏奉上级密令，蓄意制造事端。他们开着军车闯入上海虹桥国民党军用机场，并开枪打死一名阻拦他们的机场卫兵。国民党军队进行自卫还击，将这二人打死了。这就是"虹桥事件"，也是日本人进攻上海的借口。

随后几天，大批日军从上海码头登陆，日本军用飞机也明目张胆地飞入上海领空侦察。8月11日，27艘日本军舰开入吴淞口，与驻防在这里的上海保安队对峙。8月13日，已经集结的日军向上海发起进攻，用黄浦江中的军舰炮轰闸北一带，中国军民奋起反抗，淞沪会战正式打响。

这一次，蒋介石的态度非常强硬。8月14日，他在南京发表了《自卫抗战声明书》，宣布："中国决不放弃领土之任何部分，遇有侵略，惟有实行天赋之自卫权以应之。"当时驻守上海的国民党第九集团军总司令张治中也指挥部下坚决抵抗日本侵略军。

日军求胜心切，于8月14日发起总攻，并派遣大批空军赴上海协同作战。8月15日，日本又组建了以松井石根为司令官的上海派遣军，再增援2个师团的兵力赴上海。

在如此严峻的形势下，国民党方面也投入了大量的兵力。在整个淞沪会战期间，中日双方投入的兵力超过百万，其中国民党军队投入了六十多万人，日本军队投入了三十多万人。

这场战役规模很大，战斗异常惨烈。直到11月12日，国民党军队撤离，上海沦陷，历时3个月的淞沪会战以日本人的胜利告终。在这艰难的3个月中，沪上闻人杜月笙的情况如何呢？

早在上海局势开始紧张时，杜月笙就尽量待在法租界了。8月11日，日本军舰开入吴淞口后，无数的上海市民就彻底慌乱了。此后的几个月，成千上万的华界居民纷纷奔涌至租界避难。他们携家带口，背着大包小包，如潮水一般扑来。

租界的巡捕们根本拦不住，只好放任这些难民进入。于是，华界的房屋街道变得空空荡荡，而租界内却拥挤不堪。难民中有钱有势、能找到人投靠的，毕竟是少数。大部分人只能露宿街头，甚至连温饱也解决不了。

杜月笙身为上海抗敌后援会的筹募委员会主任委员，他劝捐的活动一直没有停止。如今越来越多的中国同胞陷入困境，其中一些人已经在死亡线上挣扎了。如何收容、安置这些难民，是件刻不容缓的事情。杜月笙就打算为难民们做点事情。

杜月笙拥有多重身份，其中与慈善有关的就有好几个。他以中国红十字会副会长的名义，向租界内的各慈善团体发出倡议，希望大家能竭尽所能，救济难民。9月9日，杜月笙又以上海市地方协会会长的身份，参加了上海市救济会。当时淞沪会战已经持续了近1个月，难民越来越多。上海市救济会的办公处设在仁济堂，一百多位工作人员忙得筋疲力尽，也顾不过来所有的事情。看到这种情况，杜月笙就主动将浦东同乡会二楼办公处借给救济会使用。在他的支持下，救济工作才逐渐正常进行。

慰问张治中

淞沪会战期间，杜月笙异常忙碌，他身上肩负着好几项责任，每一项都是既漫长又艰巨的大工程。这些事情牵涉到方方面面的关系，杜月笙为此已经几个月没有真正休息过了。杜公馆的电话从来没有这么忙碌过，无数的电话打进来，请杜先生处理这个事情，出任那个职务；又有无数的电话打出去，杜先生吩咐门徒，联系朋友，将一个个承诺变成行动。

在杜月笙的所有活动中，劳军是最重要的事务之一。他曾亲赴前线慰问张治中将军，并为其解决了一个大难题。

张治中，生于1890年，是黄埔系的骨干成员，国民党陆军二级上将。张治中是蒋介石的心腹爱将，曾追随其多年，直到1949年新中国成立前夕，他因对蒋介石彻底失望，才宣布脱离了国民党阵营，转投人民阵营。

张治中是安徽巢湖人，不过他对上海这座城市很有感情。1932年"一·二八"淞沪抗日之战打响后，张治中主动向蒋介石请战，被任命为国民政府第五军军长兼第八十七师师长，于2月16日带兵奔赴淞沪战场。在2月15日深夜，他曾留下一封遗书，信中写到："正是国家民族存亡之秋，治中身为军人，理应身赴疆场荷戈奋战，保卫我神圣领土，但求马革裹尸，不愿忍辱偷生，如不幸牺牲，望能以热血头颅唤起全民抗战，前赴后继，坚持战斗，抗击强权，卫我国土……"当时他与日寇浴血奋战，沉重打击了日本侵略者。

时隔5年，淞沪战场再燃战火。张治中任国民党第九集团军总司令兼左翼军总司令，守卫苏州河以北河口，沿黄浦江至江口以西的地区，再次擎起了抗日的大旗。张治中不仅自己为国效力，而且要求儿女们报效国家。他的女儿张素我，曾就读于南京著名的金陵女子文理学院，1935年赴英国留学。1937年抗战开始后，张治中发出多封电报将还未毕业的女儿召回国，要求她投身在抗日救亡运动中去。

在"八·一三"会战中，国民党政府投入了六十多万军队，其中不乏有名的爱国将领，不过张治中则是其中最有名的一位。杜月笙当然对张治中钦慕已久。说起来杜、张二人也很有缘分。张治中于1932年和1937年两次请缨，参加淞沪战役。而杜月笙则两次劳军，为守护上海滩的将士们做好后勤工作。1932年那次，杜月笙去慰问了驻守上海的国民革命军第十九路军总指挥蒋光鼐、军长蔡廷锴等人。这一次，杜月笙决定亲自去张治中军营慰问。

如今上海重兵集结，后勤完全跟不上，国民党所有部队都缺乏军需物资，除了食品和衣服鞋袜外，连牙刷、毛巾类的日用品都不足。杜月笙这个上海抗敌后援会的筹募委员会主任，使出了浑身解数，恨不得有三头六臂才好。在他的倡议下，处境也很艰难的上海市民们都踊跃支持抗日部队，他们尽可能地节约出自己的生活用品捐献出去。

没用几天，杜月笙就派人将这些捐助来的物品整体装车，包括部队急需的大米、面粉、毛巾等，共装了满满三辆卡车。然后，杜月笙就带着管家万墨林等人，到张治中的军营慰问。

此时前线的形势非常紧张，张治中几乎是不分昼夜地指挥作战，他和手下将士们都疲惫不堪。不过众将士的士气都很高，虽然军需不足，他们连肚子都吃不饱，但打起仗来还是勇猛无比。

杜月笙带着3大车东西来慰问，无疑是雪中送炭。军营的将士们都齐声欢呼，对这位大名鼎鼎的上海大亨充满感激。张治中早就听过杜月笙的大名，虽然他知道杜月笙是混黑道的，肯定做过不少见不得人的事情，不过他也知道杜月笙一向慷慨好施，在危难关头总会挺身而出，为国为民效力。从这一点上，张治中与杜月笙是英雄重英雄，彼此都很仰慕对方。

杜月笙送来这么多慰问品，赢得了张治中的真心感谢。杜月笙也觉得很有成就感，他一向都想结交张治中这样的人物，如今有了机会，他自然要抓住。于是，在临走前，杜月笙又诚心对张治中提出：若张将军还有什么需要，只管提出来，若杜某人能办到的，一定尽力解决。

张治中目前就有一样急需的东西，不过一般人也弄不来。但他听过杜月笙的能耐，心想：说不定杜先生真能弄来呢？于是，张治中就抱着试一试的想法，对杜月笙提出了自己的要求——他要一批通讯器材。如今战场形势瞬息万变，通讯器材不足，严重影响了各部队间的联络，对打仗很不利。所以，这样东西，的确是张治中最急需的。

杜月笙却对张治中的要求傻眼了！其他东西，他都能想办法弄来，可这个东西，如今上海根本买不到，也不可能从外地买。可是他从来都是说话算话的，怎么能在张将军面前失信呢？于是，杜月笙拍着胸脯表示：无论如何，自己也要帮张将军搞到这些东西。

有了杜月笙的这句话，张治中几乎是感激涕零。

杜月笙回到杜公馆后，就开始发愁了。张治中要的东西是作战用的，需要一部电话总机，十架分机和四部机器脚踏车。这些东西只有政府机构和大公司、大工厂才会需要，所以世面上很难找到。杜月笙抱着一线希望，打了好些电话，派出最得力的门生去四处购买，可惜最终都没有找到。

既然买不到新的，那是不是可以用现有的顶替一下呢？杜月笙在无计可施之时，突然萌生出这样一个念头。此时，他的得意门生陆京士正好在旁边，杜月笙就把这个想法说出来。

"这事可不好办。"陆京士满脸为难地说。

是啊，在这样的特殊时期，那些大机构事务繁杂，谁也离不了通讯工具。杜月笙面子再大，也不能让人家做这样的事情啊！

"就拆中汇银行的总机好了。"杜月笙长叹一口气，轻轻地说道。

陆京士大吃一惊，旋即又感动不已。中汇银行是杜月笙自己的产业，平时业务联系很频繁，若是没了电话总机，对一个银行的影响有多大，可想而知。

"京士，你马上给银行经理打电话，叫他把总机拆了，马上送到抗敌后援会去。他们暂时就用那几台分机办事，以后我再想办法。"杜月笙语气平和却又坚决地吩咐道。

陆京士见杜月笙已经下定了决心，只好照做。中汇银行方面，经理虽然万分不情愿，但这是杜先生的吩咐，他只好服从了。

就在银行那边忙着拆总机时，陆京士突然想到了一个人，这个人或许能解决问题。陆京士说的人叫杨志雄，也是杜月笙的老朋友，他曾在西门子上海公司担任过总顾问，如今虽然离职了，但在公司里的还很有影响。

陆京士建议去找找杨志雄，杜月笙也认为是个好办法，于是，两人立即驱车赶往杨家，面见杨志雄。杨志雄见杜月笙如此重视这件事，就是再为难，他也要想想办法了，就马上出门去拜访西门子洋行的老板。

不过洋行老板也没办法，他的仓库里只有一件现货，这是别人早就订购的，最近几天就会取走。杨志雄既然来了，就不想空手回去。他告诉老板，这是"军务急需品"，今天他必须买回去。这个时候，还有谁的事比军务更重要呢？洋行老板无法，只好将那套通讯器材卖给了他。至于老板如何向订购者交代，杨志雄可不管，他用最快的速度将这批器材送到了杜月笙那里。

杜月笙如获至宝，他一边吩咐手下马上准备车辆送货上前线，一边打电话给中汇银行，吩咐他们"不用拆总机了"。

这天深夜，杜月笙亲自将通讯器材送到了张治中的军营。张治中是什么心情，可想而知。后来无论政治局势如何变化，杜月笙的这份情谊，他都铭记于心。

结交张发奎

日本侵略者为了早日攻占上海，为"三个月灭亡中国"铺平道路，他们不断对上海发起猛攻。为了保卫家园，中国军民团结一心，与日寇展开了殊死的搏斗。在国民党正规军中，除了张治中的第九集团军担任左翼外，还有张发奎的第八集团军担任右翼，他们的责任特别重大。

为了给张治中买到通讯设备，杜月笙绞尽了脑汁。为了张发奎，杜月笙又做了些什么呢？

同张治中一样，张发奎也是个很有威名的沙场老将。他生于1896年，15岁从军，16岁考入广东陆军小学并加入了同盟会。17岁时凭着《吴起将兵与士卒同甘苦论》一文，从三千多名同学中脱颖而出，升入武昌第三陆军中学。

张发奎是个天生的将才，曾参加过北伐战争，在攻占汀泗桥、武昌城等战役中都立下大功，由此升任为第四军军长。他还是个著名的爱国将军，卢沟桥事变后，张发奎曾公开表示："如果这次再不能对日作战，我决定入山为僧，今后用不问世事。"

"八·一三"淞沪会战打响后，张发奎奉命驻守苏州河以南及浦东地区。张发奎与张治中都属于第三战区（沪杭地区），这一战区的总司令就是蒋介石。这两位张将军，都不是等闲之辈。8月13日，日军进攻上海，张发奎在浦东指挥作战，击退了日军的数十次进攻。除此以外，他还亲自指挥炮兵轰击日军司令部和日军旗舰"出云号"，打得日本人心惊胆战，他由此被誉为"神炮将军"。

杜月笙虽然每天忙忙碌碌，但对战争形势非常关注。浦东高桥是他的出生地，杜氏家祠就建在那里。如今浦东有张发奎这位神炮将军坐镇，杜月笙一定要大大地表示一番才行。

杜月笙对张发奎比对张治中更加尽心。当张发奎刚到浦东前线时，杜月笙就想去拜会。不过他事务繁杂，实在抽不开身，就派心腹弟子陆京士代为前往，想问问张发奎军中缺什么，这样他好马上想办法去筹集。

如今战事紧张，张发奎比杜月笙更忙，他哪有功夫与陆京士闲话。不过陆京士代表上海群众来慰问前线官兵，张发奎当然要客气一些了，他于百忙中抽出一点时间接见了陆京士。

张发奎长年带兵打仗，对上海的权势人物并不熟悉，他不认识陆京士，与杜月笙也没什么交情。此时军中的物资还比较充足，他也不需要杜月笙去募集。所以，当陆京士转达了杜月笙的心意后，张发奎也不好拒绝上海人民的热情，他想了想，提了一个陆京士不大明白的要求：多来几位朋友，为前线弟兄们打打气。

陆京士满腹疑惑的回去转告了杜月笙，杜月笙也有些纳闷。若是张发奎兵力不足，可以向蒋介石请求增援啊。他杜月笙的手下虽然人数不少，可都是些地痞流氓，打架还可以，打仗可不行，要是上了战场，岂不都当了炮灰？张发奎也不至于提这种要求啊，他到底想做什么呢？

杜、陆二人讨论了半天，也没弄清楚张发奎的意思。于是，杜月笙就向吴开先请教。吴开先长期与国民党高层接触，见识自然不差。他想了想后，就向杜月笙提议：可以在上海报界多做宣传，这不就是为前方将士打气嘛！杜月笙也觉得吴开先的主意好，就立即将自己的几个心腹召集到杜公馆，商议宣传之事。

上海报业界最有名气的是《申报》，其他比较知名的报纸如《商报》、《新闻报》、《时事新报》等，向来都以《申报》马首是瞻。所以，只要掌控了《申报》，就可以领导上海报界了。

《申报》是1912年史量才创办的，1934年11月13日，史量才被国民党特务暗杀后，《申报》就由杜月笙的浦东老乡黄炎培负责。

于是，陆京士就奉命去找黄炎培，他一边对黄先生客气地说明来意，一边时不时地暗示威胁。也就是，黄炎培若不交出《申报》，就没有好果子吃。黄炎培对杜月笙的手段可是比较清楚的，他胳膊拧不过大腿，最后只好将报社拱手相让了。

陆京士游说成功后，就立即跑去杜公馆汇报。杜月笙与几个心腹大将又密谈了一番，将具体的宣传计划都拟定出来了。第二天，一个名叫"申新时商四社连营处"的组织就在上海诞生了，它的总经理就是杜月笙。这个机构的实际作用，就是操纵《申报》、《新闻报》、《时事新报》和《商报》这四家上海最知名的新闻媒体。

从这以后，国民党驻沪部队英勇抗敌的事迹，就登上了上海各大主要媒体的头条。为了增加报道的可信度，吸引上海市民的眼球，杜月笙甚至派出了"战地记者"，从各军搜集抗日将士们的真人真事，并及时刊登出来。

杜月笙的这个做法，可谓一举三得。上海市民们最关心战场形势的变化，所以每天的报纸都销售一空，即使加印不少，也照样卖完，这样报社的收益增加了不少，可谓一得；报上刊载的那些英雄事迹，大大鼓舞了上海人的爱国热情，他们捐款捐物的热情也更高了，可谓二得；前线官兵们从报上看到自己的事迹，又得知上海市民的支持，他们的士气也更高了，打起敌人来更是用使不完的劲，可谓三得。

除此以外，杜月笙个人也有不少收获。他为上海市民提供了了解最新战况的平台，由此就得到了全上海人更多的赞誉。而这段时间以来，上海驻军们也通过报纸认识了他这个上海大亨，于是他又赢得了前方将士的尊敬。一时间，杜月笙的人气，比国民党的头号人物蒋介石还要旺。

张发奎原本是一句敷衍话，没想到杜月笙竟然做出这么大的事情。看着军中士气高昂，他这个总司令自然乐得合不拢嘴，对杜月笙，也是既感激又佩服。

杜月笙这次又办了件漂亮事，他自己都也没想到能有这么好的效果。在得意之余，杜月笙也没有忘形。他想着光是精神支持前线将士还不够，怎么着也应该送点实用的物资去慰问一下才行。

此时，杜月笙手里又筹集了不少物资。他命人将食品、香烟、毛巾等物装了满满的三卡车，亲自押送到张发奎的军营。这一次，杜月笙受到了最隆重的接待。

虽然战场上硝烟滚滚，炮声隆隆，但总司令张发奎带着所有暂时没上场的士兵迎接杜月笙等人。见到这样的场景，杜月笙也激动无比。他杜月笙没有上前线杀过一个敌人，却得到了所有将士的尊敬，这份光荣可不是一般人能有的！

杜月笙从前线返回，一路上都有炮弹炸出的大坑。他想到张发奎的前线指挥部也满是弹孔，实在不安全。再说张发奎不可能一直呆在一个地方指挥，若是送一辆装甲汽车给他，不就解决了大问题吗？

杜月笙想到就做到，他派陆京士立即去想办法买装甲汽车。这个买车的钱，则由杜月笙本人自掏腰包。其实，抗敌后援会筹到的捐款也不少，不过汽车是送给张发奎个人的，所以用后援会的钱就不太合适了。

在这个时候，要购买装甲车也很困难。不过，这可难不倒陆京士。他既然是杜月笙的得意门生，自然也是个大能人，凭着他那庞大的关系网，几天后，一辆崭新的装甲车就买到了。

这辆车花去了杜月笙1万多大洋，不过他却不图名，竟然用抗敌后援会的名义，并邀请了钱新之、吴开先、潘公展、陆京士等人一起去给张发奎送车。

张发奎接见了这些上海滩上的头面人物，推辞一番后，就收下了这辆装甲车。这车对他来说，确实很有用，因此张发奎对杜月笙特别感激。

不情愿的支援

在淞沪战场上，国民党军队是抗日主力。而在其他地方，中国共产党领导的军队也是抗日的重要力量。为了给驻沪的国民党军队提供后勤支持，杜月笙施展出全部手段，尽一切可能满足国民党军队的要求。对共产党，他就没有这么积极了。不过，共产党在抗战期间战绩辉煌，这就使得杜月笙不得不重视与共产党的关系。所以，即使他不太情愿，也采取了与共产党合作的态度，并为共产党提供了一次有力的支援。

抗战初期，战场形势一直对中方不利。日本为了在3个月内灭掉中国，不断增加兵力，而负责正面战场的国民党军队，虽然全力御敌，却始终无法与装备精良的日军相比。所以开战以来，国民党军连连失利，士气不高。即使有杜月笙这样的人带领广大同胞全力做好后勤保障，积极支援前线，也无法挽回国民党军的败势。

日军占据了优势，就迅速扩大战场，防守侧翼的板垣征四郎带领日本第5师团，与日本关东军参谋长东条英机的察哈尔兵团联合，向绥远地区发起进攻。从1937年9月1日起，地处华北屋脊的山西开始硝烟四起。

山西属于蒋介石划定的第二战区，晋系军阀阎锡山是这一战区的司令官。他判断日军会沿着晋绥线进犯大同，就着手布置了"大同会战"，准备将战线控制在雁门关以内。不料战场形势对中方特别不利，9月13日，日军攻陷了大同，继续向雁门关、平型关一带进攻，太原告急。阎锡山的大同会战计划宣告流产后，就立即开始着手部署平型关会战。可惜他部署的多数兵力还在雁门关，远水解不了近渴，最后，整个第二战区的平型关战役基本是失败了。

不过在平型关战役中，与国民党军合作的共产党军队却打了一个漂亮的伏击战。日军第5师团的将领板垣征四郎非常狡猾，他派属下的第9旅团去靠拢平汉线的日军主力，以此吸引阎锡山的主力，而他的第21旅团却突然袭击平型关。平型关是晋东北的咽喉要道，若被日军攻下，太原就彻底保不住了。

日本人的算盘打得很好，却没料到共产党早就在平型关等着他们了。1937年9月25日，八路军一一五师3个团在平型关伏击日军第5师团21旅团的辎重队，击毙日军一千多人，缴获了大批军用物资。这就是平型关大捷。

虽然整个平型关战役是失败的，但八路军的平型关大捷却是实实在在的大胜仗。这是抗战爆发以来，中国军队的第一次胜利，它对全国人民的士气是巨大的鼓舞。

平型关大捷的消息传到上海后，杜月笙的心情比较复杂。在抗战初期的低谷中，能听到这样振奋人心的消息，他当然也很激动。不过这个胜利是共产党取得的，他又有些不是滋味了。想一想他杜月笙日日为国民党军队鞍前马后的效力，结果打胜仗的竟然是没得过他一丁点儿支持的八路军。这叫他心里怎么会平衡呢？

要不要趁着这个机会，为八路军做点什么呢？

杜月笙的这个想法刚刚萌生出来，就被他自己否定了。现在去和共产党结交，已经太晚了！从10年前的"四·一二"反革命政变起，他就彻底站到蒋介石一边，将共产党作为敌人了。杜月笙做人，一向都会给自己留后路，可在对国民党、共产党的问题上，他是把宝都押在蒋介石身上了。所以，现在再来改善关系，可不是一件容易的事，更何况，他还要看蒋介石的态度呢。

就在杜月笙有些踌躇的时候，八路军驻沪代表潘汉年来到了华格桌路杜公馆。潘汉年登门造访，是想请他帮忙的。杜月笙乃是上海抗敌后援会的主要负责人，掌管着后援会的所有善款和物资。抗敌后援会支持的应该是所有的抗日力量，不能仅限于国民党军队。八路军也是一支重要的抗日力量，潘汉年希望他能为八路军提供一些支援。

平型关大捷后，晋北的形势进一步恶化了。原来八路军作战英勇，又有当地百姓的支持，日军屡屡失误后，就变得更加疯狂起来。为了消灭八路军，丧心病狂的日军使用了毒气弹！

这时军备物资本来就缺乏，而防毒面具更是奇缺。因此，在日本侵略军毒气弹的攻击下，八路军伤亡惨重。若这样继续下去，那后果将不堪设想。潘汉年的意思，就是请杜月笙想法支援一批防毒面具。

杜月笙并没有马上答应潘汉年的请求，这件事他还要好好考虑一下。此时全体中国人的抗日热情都高涨起来，若是不支援，肯定会遭到舆论界的谴责；若是支援，这笔款子数额不小，加上防毒面具是买给共产党的，不知蒋介石会不会有想法呢？

杜月笙自己拿不定主意，就将一些心腹和众多好友都请到杜公馆，共商此事。援还是不援？在场众人也分成了两派。最后，黄炎培、王晓籁和钱新之等"支援派"占了上风。

黄炎培虽不是抗敌后援会的骨干，但他说的话还是有一定效果的。他认为"抗敌后援会"就应该支持前线的所有将士，哪里有危难，后援会就应该支援哪里。如今国共合作，共同抗日，众人都无法驳斥黄炎培的话。于是，为八路军购买防毒面具的事情就确定下来了。

1937年10月，上海抗敌后援会拨出一笔善款，从荷兰进口了1000套防毒面具，捐赠给晋北前线的八路军将士。虽然这一次支援杜月笙不算太积极，但他从大局出发，有力支持了晋北八路军的抗日行动，为抗日战争作出了不小的贡献。

第二十章
组建军队，为党国效力

与戴笠携手作战

自淞沪会战打响以来，杜月笙就进入了他一生中最忙碌的时期。年满50岁的杜月笙，已经从多年的打拼生活中练就了一身炉火纯青的做人做事本领。此时战争形势复杂多变，前方将士们在奋勇杀敌，杜月笙则领导上海人民投入轰轰烈烈的抗日救亡运动中。他身兼数职，却游刃有余。即使最难办的事情，到了他这里，也能顺利解决。1937年的上海滩，若是少了杜月笙这位大亨，将会是什么场景，谁也不敢去想。

这段时期，杜月笙的能力，得到了最大程度的展示。说他有三头六臂，绝对不夸张。他不仅将后勤工作做得特别漂亮，还直接参与了部分军事行动。杜月笙这么一位流氓老大，竟然直接参与了前线的抗日战争，实在是令人既惊讶又佩服。是谁将他推上了炮火连天的战场呢？

这个特殊的人物，就是著名的军统局长戴笠，一个与杜月笙一样传奇的人物。戴笠，字雨农，1896年生，浙江省江山县人。他早年曾在浙江军阀周凤岐部下当兵，后来脱离部队在外面混了几年。他的辉煌人生，是从30岁以后开始的。1926年，他进入黄埔军校，毕业后就当了蒋介石的侍从副官，从此平步青云。

戴笠是个少有的天才，他在情报方面无师自通，蒋介石的庞大特务机构，基本上都是他一手组建的。1930年，戴笠领导建立了"十人团"，这是国民党的第一个特务组织调查通讯小组。1932年，他组建了"力行社"和"中华复兴社"。"中华复兴社"就是"蓝衣社"，戴笠任特务处处长。后来蓝衣社解散，其中的特务处就转化成了赫赫有名的军统局。

戴笠这个特务头子，为人冷酷无情，手段残忍歹毒，制造过许多血腥的事件，令无数人闻风丧胆。他被人称为"蒋介石的佩剑"、"中国的希姆莱""中国最神秘的人物"。这"神秘"二字，恰如其分地体现了戴笠的特殊身份。因为戴笠所从事的工作见不得光，所以他为人很低调，普通人甚至不知道蒋介石手下还有这号人物存在。

戴笠与杜月笙，一个如此神秘低调，一个如此风光耀眼，从表面上看来，他们就像两个极端，八竿子也打不着。可事实上，他们的交情却非常好。当然，这一切也是基于二人政治立场一致，都效忠于蒋介石。

杜、戴二人很早就相识了。大约在1921年至1923年期间，戴笠刚刚脱离周凤岐的部队，在上海滩上做流氓，就与杜月笙有过接触了。只不过当时戴笠只是个小混混，而杜月笙已经成为颇有实力的大流氓了。1927年蒋介石下野后，戴笠所在的秘密调查机构也解散了。落魄的戴笠就跑到上海滩发展，这时杜月笙为他提供了不少帮助。不过随着蒋介石的重新上台，才潦倒几天的戴笠就再次得势了。此后，杜、戴二人的联系一直很密切。

戴笠是身份特殊的军统王，是蒋介石最亲密的心腹，自然深得蒋介石的宠信。也恰恰因为这特殊的职务，使得他在国民党政府中地位很尴尬。国民党高层的许多人士都不喜欢戴笠，对这个杀人如麻的恐怖特务头子是又恨又怕。而戴笠一向很有野心，他可不甘心一直隐在幕后，就寻找一切出头的机会。

1937年8月13日，淞沪会战爆发，戴笠的机会也来了！

由于中日双方都在淞沪战场投放了大量的兵力，所以蒋介石感觉这场仗不可能速战速决，将会是一场持久战。如此一来，六十多万国民党军队的后勤保障就成了巨大的困难。光靠杜月笙等人发动上海市民捐助是根本不能解决问题的。于是，戴笠就趁机向蒋介石建议：从上海本地人中组建一支游击队，来配合正规军作战。游击队不仅熟悉地形，而且不需要蒋介石花军饷，这的确是个好办法！于是，蒋介石就立即指示戴笠去找杜月笙，命他们二人筹建游击队。

戴笠这么做，其实有着自己的私心。他领导的都是特务，人数不多，做的事情基本上都是情报或暗杀，这样很不利于自己的前途。在这样的战乱年代，拥有一支自己的武装部队，才叫真正的有实力。比如桂系军阀白崇禧、晋系军阀阎锡山等，蒋介石都要让他们几分，这一点就是戴笠最羡慕的。所以，这个上海游击队，就是戴笠想为自己组建的武装部队。而杜月笙在上海滩上只手遮天，手下门生众多，只有得到他的支持，戴笠的这支游击队才能组建起来。

8月15日，是淞沪会战的第3天。此时战役已经进入白热化阶段，大批日本军机在黄埔滩上空盘旋，惊天动地的轰炸声不时响起，无数的房屋被炸得千疮百孔，昔日繁华的大上海已经变得满目疮痍了。位于华格臬路的杜公馆，也同样处在浓浓的硝烟之中，被炮弹震得摇摇晃晃。

这天晚上，杜月笙一边不停地打电话，将急需处理的事务吩咐下去，一边忧心忡忡地思索着战争的发展趋势。情况很不乐观啊！杜月笙长长地叹了口气，坐在沙发上闭目养神。

就在这时，他的老朋友戴笠走了进来。杜月笙与戴笠关系非同一般，所以，只要是他上门，根本不需要通传就可以直接进来。戴笠此行，就是为了筹建游击队的事。他已经得到了蒋介石的首肯，准备招募1万人，所有的武器装备都由国民政府出资配备。

戴笠对自己的计划信心满满，听得杜月笙也有些心动了。一直以来，只要是为蒋介石办事，他都是"义不容辞"。如今蒋介石竟然让他参与正规军的作战，足以说明他深得宠信。在上海大亨中，除了他杜月笙，还有谁能拥有这样的荣耀呢？再说了，成立武装游击队，也有利于扩大杜月笙的势力范围，对他的前途大有好处。

所以，杜月笙与戴笠在这件事情上一拍即合，他们打算在抗日战争中大显身手。

苏浙别动队

1937年8月15日，杜月笙与戴笠在华格臬路杜公馆密谈一番后，就开始积极筹备组建游击队的各项事宜。虽然杜月笙是上海滩上的大能人，没有他搞不定的事情，但组建游击队可不容易，杜月笙耗费了许多精力，才做好了这件事。

在戴笠的建议下，他们将这个游击队命名为"别动队"，并成立了筹备委员会，称其为"苏浙行动委员会"，于是，这支游击队的全名就叫"苏浙行动委员会别动队"。

因是非常时期，队伍必须用最快的速度组建起来。于是，在杜月笙的一番活动下，仅用了3天时间，筹备委员会的各路人马就到齐了。至于筹备处，就设在上海三极无线电学校内。这里距离杜公馆比较近，对公务繁忙的杜月笙来说，它是最理想的地点了。

诸位委员都是重量级的人物，除了杜月笙和戴笠外，还有政府要员新任上海市长俞鸿钧，新任广东省政府主席吴铁城，金融工商界巨头贝祖诒、钱新之，军警界的实权人物吉章简、蔡劲军等。

有了这么多能人的参与，筹备活动进展非常顺利。武器装备、行动经费、与各方面打好招呼之类的事情，杜月笙等人都轻松解决了。不过招募别动队队员却是个大难题。

按戴笠的想法，招募的人越多越好，招募到1万人，还只是他的最低要求。这下，杜月笙也开始叫苦了。

要说杜月笙在上海各界都拥有庞大的势力，又是青帮老大，他的手下怎么会缺人呢？只要他一声号令，就会有无数的人抢着替他卖命。就是招十万八万，都不是难事。可这一次，他真的遇上大难题了。

杜月笙一向头脑冷静，对自己的底细是非常清楚的。他手下的众多喽啰，都是些流氓混混，只擅长打架闹事、坑蒙拐骗，这样的人要是上了战场，一点战斗力都没有，只会被日本人打死。至于其他愿意听从杜月笙吩咐的人，大多是些只会游手好闲、吃喝玩乐的花花公子，就是上了战场，也会吓得腿脚发软。

　　这些人都不顶事，从哪里才能招到人呢？

　　杜月笙为此愁得茶饭不思。如今军械、弹药、粮饷都准备好了，却找不到人拿枪，他都感到哭笑不得了。

　　戴笠催促了杜月笙好几次，见他实在没有办法，不禁也有些着急了。要是这个别动队不能尽快组建起来，对淞沪战场就一点用都没有了，那他也无法向蒋介石交代啊！不过戴笠是情报界的天才，他的头脑自然特别灵活。戴笠将自己熟知的几位杜门大弟子在心中过滤了一遍，竟然很快就锁定了两个人：陆京士和朱学范。

　　这两个人是杜月笙的得意门生，都很不简单。朱学范是中国著名的劳工运动领袖，曾担任过许多工人团体领袖职务，当时他是上海市总工会的主席。而陆京士的头衔更多，在1932至1940年间，曾担任过全国邮务总工会第一、第二届常务委员兼总务部部长，国民党上海特别市党部执行委员，淞沪警备司令部军法处长、中国劳动协会理事长等。

　　戴笠看中的，就是陆京士和朱学范二人的工会领导人身份。既然那些地痞流氓、纨绔子弟上不了战场，就从工人中招募队员吧。上海这个大都市里，有一百多万工人，从中招募几千或一万人，肯定不成问题。再说工人们都很有爱国热情，能吃苦耐劳，既有满身力气，又讲组织纪律，是最合适的人选。

　　杜月笙一听，也觉得这个主意不错。就立即打电话将两位爱徒召来，把招募工人组建别动队的事情告诉他们。朱、陆二人听了，也觉得这件事可做，就马上分头去行动了。

　　除了在工人中招募队员外，杜月笙觉得帮会里还是应该有人进别动队，不然以后蒋介石问起来，岂不是说他杜月笙没有出力？于是，他吩咐手下，尽量从青红帮中挑选一些相对比较合适的会员加入武装队。

　　在杜月笙等人的努力下，别动队招募行动也进行得十分顺利。这支1万多人的队伍，大部分是帮会会员和各厂工人，剩下的少数人是从社会上招募的爱国青年，包括学生、店员和失业青年等。按照戴笠的要求，他们被编为5个支队和1个特务大队，分派到沪西、浦东、苏州河一带，配合国民党正规军作战，同时还负责清查抓捕间谍、汉奸等任务。

　　这5支别动分队中，有3支是杜月笙及其门徒招募的。

　　第一支队由二千多名青帮红帮两帮的会员组成，支队长何行健是杜月笙的门生；第二支队由二千多名上海邮务工会的工人组成，支队长就是陆京士；第三支队由上海海员工会成员和部分码头工人组成，共计二千多人，支队长就是朱学范。

　　剩下的两个支队，其中第四支队由戴笠领导下的京沪特工组成，支队长是骨干特工张业；第五支队由高中以上的学生军训总队组成，支队长是陶一珊。

　　1937年9月，杜月笙和戴笠的别动队还在组建时，蒋介石专门为别动队颁布了番号，将其纳入国民党的军队编制之中。如此一来，别动队就成了名声言顺的抗日武装队。

　　组建完成后的别动队机构完整，最高权力机构就是苏浙行动委员会，委员有杜月笙、戴笠、俞鸿钧、吴铁城、刘志陆、宋子文、张治中、杨虎、贝祖贻、钱新之、吉章简、蔡劲军、俞作柏、张啸林等15人，杜月笙、戴笠、刘志陆伟常务委员，戴笠兼任书记长。下设机构有机要、总务、侦谍、军事、技术、调查、交通、宣传等，共计8个小组，组长余乐醒、汪祖华、谢力公等均为军统局的骨干特工。最基层的就是5支别动分队，由刘志陆任总指挥，刘志陆乃是国民党军队的高级将领，很有指挥才能。

　　别动队的武器装备很不错，除了蒋介石专门拨给的外，杜月笙还自掏腰包买了5000支快慢机枪，戴笠也派手下特工从日本在上海的兵工厂三洋、三菱等抢了一些，戴笠的老朋友、西北战区司令胡宗南也支援了一些。总体来说，别动队的枪支弹药十分充足。

　　但是，这支队伍是在短短的1个月里招募的，根本没有作战经验，哪里是正规军的对手？戴笠也不敢把他们就这样拉上战场，于是就在青浦和松江设立了短训班，在佘山成立了教导团，将别动队的骨干们都拉过去轮训了一番。青浦特种技术训练班，就是这样诞生的。

青浦特种技术训练班

"浙沪军事委员会别动队"成立之后，为了整合这数千人的"乌合之众"，戴笠和杜月笙煞费苦心，他们向中央军事委员会申请调来了数千名军事和政治干部，并从黄埔军校派遣了一批毕生生来充实"别动队"，以提升这支队伍的作战素质。就在这时，戴笠在这支队伍中发现了新的问题。

虽然经过他们的一番努力，懂得军事作战的中高级军事干部在这支队伍内部已经占到了相当大的比例，但是外来"长官"与"别动队"在相处上存在很大的困难，生活习惯、饮食习惯、风土人情等各个方面都存在着较大的差异。后来，戴笠在浏览"别动队"人事档案的时候意外发现在这支队伍中有相当数量的青年知识分子、中学生、大学生，戴笠拿着卷宗呆呆地思索了一会儿，然后高兴地走出办公室的门。他想出了一个令自己满意的好主意，他要迫不及待地去落实自己的构想。

第二天，在"别动队"驻扎的营区，由总部张贴的一纸通告已经悄然地挂在军营门口的白色墙壁上：

党国历来爱才、惜才，鄙人为党国效忠当然更要爱才、惜才。近来鄙人发现"别动队"卧虎藏龙、人才济济，故昨夜久思未眠，今日决定广邀具有一技之长或能言善辩、知书达理之士参加鄙人精心打造的"青浦训练班"，一则可以提高有志之士的军事作战素质，避免因指挥不利、作战不当带来的伤亡，二来为有能力之人提供一个学习的机会，以期今后更好的为党国效忠，为抗日而奋斗！

上海特务处：戴笠亲笔

戴笠雷厉风行，说做就做。很快，在戴笠的授意下，"军事委员会苏浙行动文员会青浦特别训练班"组织委员会挂牌成立，这个训练班既是戴笠和杜月笙为提高"别动队"作战素质而设，亦是戴笠自己谋私利之举，他试图在这支队伍内部发掘具有从事特务工作潜质的人才，以期经过这期培训将这些人领上"道儿"，壮大他精心打造的"特务王国"。

青浦特种技术训练班由余乐醒任副主任兼教务主任，并全权负责筹办。余乐醒是湖南醴陵人，曾是早期的中共党员，具有赴法勤工俭学经历，攻读化学与机械专业。归国后一直任军校教官，1927年被中共派赴苏联莫斯科中山大学学习，专门学习情报业务和秘密保卫工作。毕业后叛离共产党投降国民党，经戴笠介绍加入军统。他是军统元老，戴笠视其为智囊，对其十分器重，这次更是将自己想出的"创意"交与他去落实。

就这样，青浦训练班开始选拔、招收学员，设计各类课程。几天后，戴笠又在松江开办了一个几乎完全一样的培训班。这次戴笠决定由谢力公出任副主任兼教务主任。谢力公是广东梅县人，1930年5月南京中央军校第八期学员，抗日战争结束后曾任国防部保密局香港站少将站长。

两个训练班都由戴笠自己担任主任，足以看出戴笠对训练班的重视。训练班教员和管理人员确定之后，戴笠开始着手在"别动队"内选拔合适的人才。

这次，戴笠选择了自下而上的选拔方式，先由班内投票选举，然后按照排、连、营、团的顺序依次竞赛，最后由团部确定参加训练班的人员，按照"别动队"总部分配的名额对选拔出的人员再进行遴选，将名单上报总部，总部会随机抽取部分人员进行信息的核实。

戴笠建议将训练班分为侦察、行动、爆破、刺杀、窃取等几个小组，他还在每个小组都安插了自己的亲信，让他们仔细观察，将发现的人才及时记录并上报"上海特务处"备案，以备后用。

经过会议讨论，上海特务处决定将培训期定为3个月，但是由于后期组建"忠义救国军"、参加淞沪会战等原因，这两期训练班仅仅持续了不到一个月就草草地结束了。青浦训练班举办的地点是青浦县的西溪小学，开课的日期是1937年9月27日，前后共有408名学员前来学习和训练。在10月4日举行的开学典礼上，戴笠驱车赶往，亲自主持，并做了长达5个小时的演讲。

培训期间，戴笠前后数次赶往西溪小学观摩培训和训练，并和具有潜质的学员单独谈话，还为一些学员签名，嘘寒问暖，以显示他对人才的尊重和爱护。10月中旬，戴笠还饶有兴致地专程来到培训基地讲了一门政治课。在这堂课上，他大肆鼓吹国民党式的爱国主义，号召有识之士能够投身到为党国服务的行列中来，投身到为保卫国家和民族尊严的战争中来，"在这烈火搬的熔炉中锤炼自己，让自己百炼成钢"！

　　此后，戴笠曾经效仿"青浦训练班"在全国各地举办了许多培训班。在戴笠以后的军统生涯中，"训练班"时常出现，并在戴笠的棋局中扮演者重要的角色。

　　青浦训练班草草收场之后，"别动队"就被拉上了淞沪战场。在这场战役中，"别动队"显示出的战斗力让戴笠和杜月笙都十分吃惊，当然他们很清楚这支队伍能够发挥出惊人战斗力的原因：其一，虽然这些人没有经过太多的正规军事训练，但是戴笠和杜月笙已经在他们中间安插了足够的组织力量，军官所占的比例甚至比正规军队都要高出许多；其二，日军进攻上海，蒋介石已经派出重兵和日军在淞沪地区展开大规模会战，但是难掩溃败之势，战场上的节节败退激起了全体中国人民的不满，"别动队"自然也不例外；其三，虽然为这支队伍配备的武器杀伤力并不是很强，但是他们配备的是"手枪"，队伍中作战能力强的基本上是"青红帮"的成员，他们平时就经常会因帮会之事进行"火拼"，他们对上海的地形、建筑分布十分熟悉，所以在作战中显示出了足够的灵活性。

英勇战斗

　　淞沪会战期间，杜月笙与戴笠一起负责组建的苏浙别动队也开赴了抗日前线，与日本侵略者展开了英勇的搏斗。

　　1937年9月才组建完成，后来进行训练也不到1个月。1937年10月，这支杂牌武装队就走上了战场，他们分布在上海南市和苏州河两岸，配合国民党正规军对日作战。

　　按说这支队伍的作战能力是比较差的。他们被仓促武装起来，几乎没有接受过什么作战训练，根本不会打仗。可事实上，他们的战斗力大得惊人，令杜月笙和戴笠都特别意外。其实仔细分析一下原因，也就并不会觉得奇怪了。

　　首先，虽然别动队是杂牌军，人员情况复杂，三教九流的都有，但队伍中从大到小的所有领导人，都是杜月笙和戴笠等安插的"正规军"，比如黄埔军校的军官、久经战场的老兵等。有这些人的领导，别动队就不会是一盘散沙了，兵力自然强了不少。

　　其次，虽然许多别动队员连作战武器都不大熟悉，机关枪、大炮等重型武器根本不会用，但他们配备的基本上就是操纵简单的手枪，这个用起来很方便。而杜月笙的那些帮会会员，平日里经常参与帮会的"火拼"，都惯用手枪，于是，他们就成了战斗力最强的别动队员。

　　第三，队员们的主要任务是配合正规军，所以他们的活动范围基本上在上海市区。这些人大多是上海本地人或在上海生活多年的人，他们熟悉地形，在与日寇的巷战中行动非常灵活。

　　第四，从整体上看，淞沪战役中，日军占据优势，蒋介石的正规军节节败退，令全国人民都很失望。而战场前沿的上海人，即使是地痞流氓，也有一腔热血，为了保卫自己的家园，他们都愿意上战场打日本人。

　　别动队参战初期，伤亡不大。队员们满怀着高昂的爱国热情，顽强抗击日军。他们不同于正规军的优势，也充分发挥出来了。比如来自青红帮的队员们擅长巷战，来自上海各工厂的队员们则很会修筑防御工事。来自军统局的队员们手段就更多了，提供情报、设置陷阱等，这些都对抗战很有帮助。

　　刚开始，武装队主要负责运送弹药粮草、运送伤员等后勤工作。不过很快，他们就正式与日军硬碰硬了。别动队员出现大批伤亡，也是从这时开始的。

　　1937年11月5日，10万日军精锐部队突袭杭州湾金山卫。这里国民党军队防守薄弱，日军突袭成功，并顺利登陆，接着就包抄淞沪南线的中国军队。此后，中方在淞沪战役中开始全线溃败，战火彻底蔓延到了上海市区。

　　蒋介石在淞沪战场投入了六十多万兵力，如今他见形势对己方特别不利，就打算放弃上海，以保存实力。11月8日，蒋介石下达了全面撤退的命令。苏浙别动队则担负起掩护国民党主力军撤离上海的重任。

其中第三、第五支队配合国民党第五十五师的一个旅，在上海南市掩护撤军。从11月8日深夜开始，至11月11日国民党军主力部队全部撤离上海，别动队员们奋战了三天三夜。在这硝烟滚滚的战幕下，在敌寇的疯狂进攻下，别动队人人奋不顾身，顽强抵御敌人的枪炮。有的队员子弹打光了，竟与日军展开了肉搏战。一批又一批的队员，壮烈牺牲在淞沪战场上。在他们的努力下，日军虽重兵出击，最终也没有攻下上海南市。这一战果是用那些别动队烈士们的鲜血换来的。

南市区位于上海浦东，第一、第二支队也在这里担任掩护任务，伤亡都很大。5支别动分队中，有3支是杜月笙的徒子徒孙们组成的，因此杜月笙的损失最大。他虽做过不少坏事，但对自己的门徒一向优厚，如今他都无颜向帮会和烈士家属交代了，以致日日悲痛不已。此后，直到杜月笙去世前，每逢想起此事，杜月笙都悲痛欲绝，深深怀念那些为国捐躯的门生。

另外，第四支队渡过苏州河去，掩护国民党主力军撤退。这一支别动分队是由军统特工组成的，伤亡比南市更惨重，以致戴笠领导的军统局很长时间都没法恢复元气。

11月11日，国民党主力成功撤出上海。这天下午，一批圆满完成掩护任务的别动队员纷纷奔向法租界。杜月笙早已分派人手，在各个路口等着他们。按照法租界的规定，华人不得携带武器进入租界。于是，在法国兵或巡捕们的监督下，别动队员们挨个交出枪支弹药，恢复自由身，去与家人亲友团聚。这善后的工作，杜月笙早就安排好了。不过看到许多走上战场的门生都没有回来，他神色黯然。

国民党军队撤离后，还有不少别动队员们继续顽强作战。

其中第三和第五支队就撤离得最晚。这两个支队共有五千来人，支队长分别是朱学范和陶一珊，其中陶一珊任总指挥。在陶一珊的领导下，他们又奋战了几天。将士们不分昼夜的作战，可口粮却供应不上，还是戴笠派出自己的侦查组长周伟龙送去了2万个面包，才解了燃眉之急。

11月13日下午，国民党政府发布所有部队撤离上海的命令。别动队也接到国民革命军事委员会的通知，批准他们撤离。不过别动队的直接上级是戴笠，他没有下命令，队员们就坚持不撤。此时，敌众我寡，日军的火力又猛，别动队员又牺牲了不少人。直到11月13日晚上，戴笠发出撤离命令，队员们才全部转移进法租界。杜月笙依旧安排人手迎接他们。

11月14日凌晨，上海南市沦陷。在这场中日大战中，坚守到最后一刻的，不是国民党军队，而是这支不被看好的杂牌军。就是这么一支不起眼的小队伍，连续作战几天几夜，为主力部队顺利撤退做出了重大贡献。

上海沦陷后，苏浙别动队第一、第二支队在队长何行健、陆京士的带领下，奔赴浦东，组建成了抗日游击队。他们在8年抗战中，发挥了重要作用。

第三支队则分成了两组人马，一组在队长朱学范的领导下撤入租界，成为地下工作者，继续抗日活动；另一组由俞作柏率领，撤离到安徽，参加当地的抗日行动。

第四支队是戴笠的特工队，两千多人几乎全部壮烈牺牲了。偶有幸存者，重新回到军统工作。

第五支队是陶一珊领导的青年学生队，他们也转为地下，继续战斗。

后来，一部分别动队员辗转迁移至安徽祁门、浙江遂安等地，与其他抗日组织整编，组成了忠义救国军。他们在戴笠的领导下，继续进行抗日斗争。

日本人抛出橄榄枝

抗战爆发后，杜月笙就没有清闲过一天。他每日奔走在各种抗日救亡战线上，募款筹物、推销公债、组织抗日武装队……他为抗日救国，立下了不朽功勋，从这一方面来看，杜月笙是一位当之无愧的民族英雄。不过，杜月笙如此爱国，对日本侵略这可就大大不妙了。为了拉拢他，日本人想尽了办法，什么手段都出来了。

像杜月笙这样的上海滩流氓皇帝，势力已经深入到上海这座大都市的每一个毛孔。他虽然不是将军，可只要他一声号令，就会有无数的人替他卖命；他虽没有三头六臂，可只要他"闲话一句"，上海滩上就没有他办不成的事。

这样的人物，若是归顺了日本人，那日本军队无异于"如虎添翼"，占领上海的时间肯定会提前，以后统治上海也会更加容易。于是，他在日本人眼里，就成了一块肥肉。

早在卢沟桥事变前，日本人就无数次地拉拢过杜月笙。1937年初，日本帝国主义打算加大对中国的经济侵略，不仅派出了大批政府官员赴华与国民党政府交涉，还密令潜伏在上海的大批特务加紧活动，尽量收买上海滩上的知名人士做汉奸。杜月笙自然是日本特务的头号游说对象。

当时来华与国民党政府谈判的桑岛，是日本外务省东亚课课长。他亲自委派了两个老特务去拜访杜月笙。后来日本经济考察团赴华，考察团团长、日本国家银行总裁儿玉谦次也多次派人拉拢杜月笙。不过杜月笙立场坚定，日本人的诡计一直没有得逞。

日本人虽然在杜月笙这里碰了不少壁，但始终不肯善罢甘休。淞沪会战打响后，杜月笙不仅积极支援前线抗日，还参与组建武装队上战场。这对日本人的侵华行动十分不利，不过杀了杜月笙对他们并没有什么好处，反而会激起上海人民更强烈地反抗。所以，日本人最明智的做法，还是拉拢杜月笙。

这一次，日本人更是下足了血本。日本的侵华活动涉及到方方面面，争取杜月笙，竟然成了他们的一项专门行动，甚至还列出了专门的活动经费。当时的日本驻沪总领事馆，位于上海的日本陆军部、海军部特务机关，都参与了此事。

经过一番周密查探，日本人几乎掌握了杜月笙的所有资料，包括他的性格喜好、家庭情况、身世背景、社交活动等一切信息。日本人将这些东西分项整理出来，并由专业人员分析研究，最后形成一份详尽而完备的报告，递交到日本当局。通过这份专业的分析报告，日本当局认为，拉拢杜月笙大有希望，因为杜月笙根本不可能离开上海！

日本人的分析非常全面，主要内容有三点。第一，上海是杜月笙发迹的地方，他所有的事业都在这里，若是离开上海，他就要放弃辛苦打拼多年的事业，杜月笙绝对不会这么做；第二，杜月笙有个庞大的家庭，他的妻妾子女加起来有好几十人，这些人只跟着杜月笙享福，从没吃过苦，所以他们绝对不希望杜月笙放弃现在的富贵；第三，在上海滩上，从高层的权势人物，到底层的贫民乞丐，都与杜月笙有着千丝万缕的联系，若是没了杜月笙，很多人都会大受影响，他们对杜月笙有着特殊的感情，所以，整个大上海，都不会允许杜月笙离开的。

日本人认为自己的分析非常科学，就断定杜月笙绝对不会离开上海。于是，他们在武力进攻大上海的同时，又对大海大亨杜月笙进行了"狂轰滥炸"，威逼利诱手段使尽，不达目的誓不罢休。

在一些二流角色游说杜月笙失败后，日本高层的几位重量级人物也亲自出马了。其中一位叫坂西利八郎，是日本陆军中将，他在日本政界被誉为"首屈一指的中国通"。他曾为张作霖当过顾问，后来一直参与日本的侵华行动。从抗战开始，坂西利八郎就被日军参谋本部派到中国来活动。

坂西利八郎曾多次造访杜公馆，并当面向杜月笙承诺，等日本皇军占领上海后，将给予其许多政治、经济上的特权，条件就是杜月笙要支持日本军队，不再参加抗日活动。

坂西利八郎这样说，也是看准了杜月笙当时经济窘迫。事实也确实如此，杜月笙这个抗敌后援会的领头人物，在筹款的同时，自己也垫付了不少资金。杜月笙势力大，交际广，能弄到钱，不过他手里的现钱却不多，那些垫付的钱，基本都是借来的。仅1937年8月，杜月笙就向各大银行和数位富豪借款共计三百多万元。

坂西利八郎想用利诱来笼络债台高筑的杜月笙。不料杜月笙根本不吃他那套，他也不便当面得罪这个阴险的日本高官，就对其虚与委蛇，大打太极拳。结果，坂西利八郎耐性都被杜月笙磨光了，只好怒气冲冲地走了。

杜月笙好不容易打发了坂西利八郎，另一位日本权要又登门了。这个人是土肥原贤二，侵华日军的头目之一，他在中国犯下了种种暴行，简直是罄竹难书。土肥原贤二出自坂西利八郎门下，不过比起老师的手段，他这位学生算得上"青出于蓝而胜于蓝"。

土肥原贤二见杜月笙不吃软的，就来硬的。他气势汹汹地来到华格臬路杜公馆，一开口语气就特别强硬。土肥原贤二先将日本人的分析报告搬出来，直言杜月笙根本不可能离开上海，只有与日本皇军合作，才是唯一的出路。接着，他又威胁杜月笙，若是不合作，就将遭到日本人的报复。

土肥原贤二在杜公馆里如此蛮横霸道，根本不把杜月笙放在眼里。杜月笙是何等人，哪里咽得下这口气？不过杜公馆位于法租界内，土肥原贤二行动自由，杜月笙也无法将其拒之门外。思来想去，杜月笙竟然拿土肥原贤二没有办法，他只能当好自己的家，在如此威胁下也绝不服软。土肥原贤二又丢下几句狠话，才扬长而去。

不过这件事情并没有完，土肥原贤二的威胁，并不只是说说而已。第二天上午，日军飞机就飞到辣斐德路辣斐坊16号上空盘旋。这里是杜月笙的四夫人姚玉兰的住所，也是杜月笙经常会见各方客人、商谈事务的地方。此时他正与心腹弟子徐懋棠商议事情，就发现情况很不对劲，因为那架日本军机久久不离开。他想起前一日土肥原贤二的话，一下子就明白过来，看来日本人不达目的不会罢手啊！

杜月笙忧心忡忡，感觉上海这个地方不能再待了。

徐懋棠见他脸色不好，就询问到底发生了什么事情。杜月笙也不瞒他，将土肥原贤二的威胁和盘托出。徐懋棠也想不出好办法，不过他建议杜月笙暂时搬家，先渡过眼前的危机再说。正好徐懋棠在蒲石路有幢公寓，是座十八层楼的洋房，他就主动提出请杜月笙和姚玉兰暂时搬到那里去住，以避开日本人的耳目。

杜月笙考虑了一下，就马上和姚夫人收拾一下，搬进了十八层楼的公寓大厦。

无论日本人使出什么样的手段，杜月笙也坚持住了自己的立场，没有去接日本人抛来的"橄榄枝"。离开上海的想法，这时就已经埋在杜月笙心底了。

罗网中脱逃

1937年11月12日，淞沪会战结束，上海成为沦陷区，日本对上海的殖民统治正式开始。杜月笙又被日本人盯上了。这一次，日本人是势在必得，他们一定要利用杜月笙来统治上海人民。为了防止他离开上海，日本人布下了天罗地网。

日本人早已多次拉拢过杜月笙，可惜都没有成功。如今他们占领了上海，就对杜月笙采取了新的手段，目的只有一个，就是不让他离开上海。

浦东高桥是杜月笙的老家，杜家祠堂就建在那里。日本人占领浦东后，就立即派出一队宪兵专门保护祠堂。这其实也是日本人的一个诱捕计划，在他们看来，杜月笙骨子里是个很传统的中国人，又很相信风水，若是要离开上海，一定会去家祠拜祭祖先的。只要杜月笙来了这里，就会落入他们的手里。

此外，沿江一带，日本人也布下了重兵，杨树浦和十六铺等重点地方，都有日本兵把守。杜月笙想逃离上海，肯定要去法租界码头上船。日本人已经沿途布控了，到时候他们闯入租界，也要拦下杜月笙，绝对不允许他逃走。

与此同时，日本人还请杜月笙的老兄弟张啸林去做他的工作。上海沦陷时，张啸林已经逃到莫干山避暑去了。他可不管什么爱国、大义，只顾着自己的性命。后来日本人找到他，许以重权厚利，张啸林竟然就这样投靠过去，当了汉奸。如今，他又来游说杜月笙，和他一起当汉奸。

在抗日问题上，杜月笙的立场十分坚定。即使形势再恶化，他也从未动摇过。

上海沦陷后，虽然正面战场停战了，但局部的小战斗还时有发生。戴笠和杜月笙组建的苏浙别动队就坚持作战到11月13日夜才全部撤离。

当时蒋介石提出了封锁长江的计划，要阻止日本海军沿江西侵。杜月笙带头响应，将自己名下大达轮船公司的轮船开出几艘，凿穿船底，沉入了长江。其他的轮船公司也纷纷响应，效法杜月笙。长江航道被堵塞，日军的进攻也延迟了好些时间。这也是杜月笙为抗日所做的一大贡献。

如今日本人设下重重封锁，又派出张啸林游说，杜月笙也没有妥协。杜月笙与张啸林是结拜兄弟，一起在黄埔滩上混了这么多年，虽然有过不少矛盾和摩擦，但杜月笙也不忍心看着好兄弟去做汉奸。于是，他奉劝张啸林同自己一起去香港避难。张啸林贪恋上海的权势和日本人给的好处，拒绝了杜月笙。

张啸林走后，杜月笙的脸色很不好看。目前的形势很严峻，日本人是绝对不会放过他的。可他杜月笙绝不能当汉奸，离开上海是唯一的办法。

　　当时杜月笙住在法租界内，日本人不能公然到这里来抓人。除了他以外，上海的各界名流几乎都住在这里。杜月笙就是大上海的风向标，他有什么打算，很多人都会跟从。

　　这一时期，位于华格臬路的杜公馆，依旧宾客满座，热闹非凡。一日晚间，杜月笙将陆京士、朱学范和徐采丞三位门生召集过来，秘密商谈今后的打算。

　　陆、朱二人是杜月笙的得意门生，都做过苏浙别动队的支队长，在战场上杀过日本人。如今若不是杜月笙护着，可能日本人早就要了他们的命。所以，他们都主张离开上海。

　　徐采丞支持杜月笙离开，不过他自己倒不用走。他经常与日本人做生意，还比较混得开。日本大财阀三井、三菱等都和他有些交情；日本驻沪特务机关长川本大作也和他有不少接触，从他那里获取过许多情报。当然，徐采丞是杜月笙的弟子，杜月笙想了解日本人的情况，他都会坦言相告的。

　　徐采丞告诉杜月笙一个消息：日本人打算12月份成立一个"上海市民协会"，人员名单都列好了。其中会长是杜月笙，委员有王晓籁、陆伯鸿等上海工商界的名流巨富。杜月笙叫弟子们来，就是要商量如何离开上海。听到这个消息，当即表示，法租界不能再待了，必须马上离开上海！

　　陆京士告诉他，许多门生都愿意放弃在上海的家业，跟着杜先生走。这一点，令杜月笙欣慰无比。不过，这也使他发现了新的问题。

　　看来，驻守在杨树浦、十六铺的日本兵，要抓的不是他杜月笙一个人，而是跟着他走的那一群人啊！上海滩上的各方势力都跟着杜月笙走了，那日本人统治上海就更加困难了，这是日本人绝对不愿意的。

　　杜月笙要走，但不能和其他人一起走，这样目标太明显了。于是，他吩咐手下们分散行动，他自己则单独离开，连杜公馆里的太太儿女们也不带。

　　此时，法租界内还住着宋子文、上海市长俞鸿钧、金融界大佬钱新之等人，他们都是要离开的。这购买船票的事情，就由宋子文去办理。杜月笙周围有许多日本人监视，他实在抽不开身。

　　临走前，杜月笙还做了两件事。

　　第一件，就是去拜访老大哥黄金荣。如今张啸林做了汉奸，杜月笙希望黄金荣和自己一起走，以免他也被日本人拖下水。此时黄金荣都70岁了，年纪大了，故土难离，也受不了旅途的辛苦，就坚持留下来。不过他向杜月笙承诺，自己绝不会当汉奸的。

　　第二件，就是杜月笙要清点自己欠下的债务。自抗战爆发以来，为了筹款支援前线，杜月笙这个抗敌后援会负责人以私人名义向银行和富豪们借了不少钱。如今他要离开上海，这债暂时还不上，不过以后总要还的。杜月笙可从来不会欠钱不还。他让管家万墨林等人盘点了一下，总额竟达四百多万。

　　万墨林看着这么大的数目，有些忧心。不料杜月笙爽朗一笑，对在座的各位心腹说了一句意味深长的话："这算什么困难！我出趟门，等抗战胜利了回来，用不了多久，就能把这四百多万债还上。"

　　不论杜月笙这样说是出于什么考虑，他的话后来还真应验了。抗战胜利后，解放战争又开始了。国民党发行的钞票一再贬值，后来还发行了面值达50万元一张的金圆券。杜月笙真的就还清了那四百多万元的债务。

　　将手头的事情逐一安排好后，杜月笙就静静等待离开的时机。11月25日晚，他接到宋子文的电话，说船票买好了，是法国邮轮"阿拉密司"号，26日晚上从公和祥码头上船。

　　公和祥位于法租界百老汇路南，离外白渡桥比较近，距闸北、引翔两区也不远。日本人若是派人阻拦，杜月笙想顺利上船可不容易。于是，家人、弟子、朋友们议论纷纷，有的要他乔装改扮，有的要他多带些人手，甚至还有的建议请法租界巡捕房出面护送。

　　杜月笙谁的话也没听，他只带了一个仆人，乘坐一辆普通的小汽车前往码头。日本人准备了不少方案，却没想到杜月笙会如此行事。于是，杜月笙顺利上船。

　　1937年11月26日晚，当"阿拉密司"号载着杜月笙、宋子文等人驶往香港时，荷枪实弹的日本兵还守在杜家祠堂、杨树浦、十六铺等地。等他们发现情况不妙时，杜月笙已经顺利到达了香港。

第二十一章
避难香港，重打天下

"中国的杜月笙"

杜月笙在上海的名气很大，几乎半个中国的人都知道上海有位神通广大的杜先生。这次杜月笙为了不做汉奸，离开自己的老巢上海远赴香港。如今的杜月笙，自然不是上海的杜月笙了，不过却成了"中国的杜月笙"。

杜月笙的影响，扩大到了全中国。这并非夸大其词，从他离开后的大上海局势就可以看出一二。

1937年11月26日晚，杜月笙成功离沪。他身后的上海滩，陷入了更加混乱的状态。日本人布下了重重封锁，没想到杜月笙、宋子文等人竟然从他们的眼皮底下逃走了，简直是"奇耻大辱"！

几天后，杜月笙等人抵港的消息传到了上海的日本军部，侵华日军的几员主将几乎气得发狂。日本沪战统帅永野修身、陆军指挥官松井石根、特务机关长川本大作、日军大本营情报部长土肥原贤二这几位军要，除了重责手下办事不利外，更是对杜氏门徒及相关人员采取了残酷的报复手段。

中汇银行和恒社周围布满了日本特务或宪兵，每天都有好几位银行职员或恒社社员被逮捕。他们遭到了日本人的严刑拷打，有不少人竟被折磨致死。

杜月笙在上海留下了不少人，弟子朋友们的惨况很快就传到了香港。他悲痛欲绝，却又鞭长莫及，只好尽量想办法托人营救。

幸好没过多久，日本人就不再残酷折磨杜月笙的人了。这并不是日本人心软，而是没有了杜月笙的上海滩，已经彻底乱了套，连各个租界都不得安宁。英法等驻沪领事都警告日本人，不得再刁难杜月笙的人。

旧时的上海是座复杂的城市，这里虽然有众多的达官要人、富商巨贾，但占据上海人口绝大多数的，还是三教九流的下层人民。一直以来，都是帮会在统治底层百姓，维持着相对的稳定。青红帮是上海最大的帮会，它们控制着其他的各类小帮会。因此，杜月笙就是统治下层人民的土皇帝。就是在租界内，洋人们要维护统治，除了靠巡捕房，也要借助帮会，甚至巡捕房里也有不少人是帮会成员。

如此一来，几乎所有上海居民的衣食住行，都与杜月笙有着密切的关系。那些高层权贵只能掌控大局，根本管不了那些鸡毛蒜皮的小事。杜月笙一走，他们就束手无策了。

杜月笙及青红帮中的部分骨干人物离开上海后，一些平日里还算收敛的地痞流氓就没了约束。抢劫、盗窃、杀人案频频发生，众多小帮小派不断进行"火拼"，所有的上海人都不得安宁。日、法、英、美等国的驻沪权要，都管不了上海的治安。

这期间，一个小帮会的争纷，居然使得所有租界居民都想逃离上海。

这件事情，说起来也不算大，但它与每个人都有关系。在当时的上海租界内，还没有化粪池这种东西，所以居民们的排泄物，每天都由粪夫们用担子挑走。当粪夫虽然比较脏，可在底层百姓眼里，却是个好职业。粪夫除了向居民收取清洁费外，还能把粪当肥料卖出去获利，这样他们不用一分本钱，就有两份收入，进账可不少。于是，许多人都眼红这个行当，争着抢着当粪夫。

争斗的人多了，粪夫就形成了一个帮派。其中最厉害的人物，就成了"粪头脑"，即粪帮帮主。这个人从挑粪业中牟取利益，也负责维持粪帮的秩序。

以前法租界的"粪头脑"叫范开泰，他死得比较早，后来他的老婆史金秀继承了夫业。金秀是上海滩的第一位女白相人。杜月笙比较欣赏她，所以金秀这个"粪头脑"的地位很稳固。

杜月笙离开上海时，金秀已经病死了，她的儿子小范继承了母业。小范是个没什么能耐的纨绔子弟，以前靠着杜月笙，粪夫们都不敢抢他的饭碗。如今杜月笙一走，小范就镇不住了。于是，法租界内的全体粪夫都闹起来。他们分化成几个小团体，用武力争抢"粪头脑"之位。至于小范，根本没有威慑力，早就被他们抛在一边去了。

粪夫们乱战了几天，租界居民可被害惨了。租界人口爆满，却没了挑粪工。于是，家家户户都臭不可闻。法国驻沪领事馆也臭气熏天，总领事气得直跳脚。

要是杜月笙在上海，哪里会出现这种情况啊。这一刻，从达官权贵到贩夫走卒，所有的人都深刻意识到，上海不能没有杜月笙。

于是，在重重压力下，日本人只好放弃了对杜氏众人的报复。他们知道杜月笙对上海很重要，可万万没想到，竟重要到这样的地步。

此时，杜月笙与好友钱新之一起，住在香港的九龙半岛饭店。他通过各种渠道，随时掌握着上海发生的一切情况。上海是他的根据地，杜月笙人是离开了，但这块地方是绝对不会丢下的。没想到，他还没出手，日本人、法国人等都快撑不下去了，不得不向他妥协。这令杜月笙既意外，又有些得意。

杜月笙在香港生活得很不习惯。他以前是混黑道的，危机意识特别强，稍有风吹草动，就无法安宁。所以，杜月笙基本上不会一个人在房间里睡觉，即使没有夫人在旁，他也会叫个男伴在房间里作陪。他身体不是太好，平时操心的事又多，结果又养成了一个怪癖，就是每天晚上都得有人为他捶腰捶腿，直到他睡着为止。

他这些毛病到了香港，根本没法解决，加上语言又不通，所以杜月笙天天都休息不好，心情也很郁闷。如今杜月笙在香港虽不算普通人，但比起上海，差了太多，他的这种失落感特别明显。让杜月笙走出低谷，重新扬名的，是他的老朋友许世英。

许世英是中国驻日大使，抗战开始时，他正好回国述职。6天后，他就重返日本了。当时杜月笙去码头为他送行，他就鼓励杜月笙为抗日救亡多做些事。后来，杜月笙的确没有辜负他的厚望，为抗日立下了不朽功勋。

1938年1月20日，中日交恶，许世英奉命回国。他专程绕道香港拜访杜月笙，对这位老友再次给予厚望。这一次，许世英都做好了全盘计划。他打算在汉口筹建一个赈济委员会，救济中日大战中的难民，希望杜月笙能加入进来。

这次，杜月笙并没有爽快应承下来。他有两个顾虑，第一，就是他从来不想做官，对于官场，他早就看透了，若是请他去做官，无非就是要利用他，用完了还会一脚踢开；第二，就是他现在人在香港，怎么负责汉口的赈济工作呢？

许世英很了解杜月笙的顾虑，他早就想好的对策。赈济委员会称得上是一个慈善机构，所以杜月笙加入，不算做官。另外，许多沪上富豪都跑到了香港，杜月笙在这里开展赈济工作，再合适不过了。

在许世英的百般劝说下，杜月笙最终还是接下了这个重任。许世英回汉口不久，就为杜月笙争取到了一个职务：赈济委员会常务委员兼港澳救济去特派委员。

杜月笙当了这个慈善官后，又发挥了巨大作用。在他的努力下，募款活动更加顺利，许多人因此受益。这段时期，除了底层的贫苦百姓外，沦陷区的许多社会名流也陷入了窘境，幸亏杜月笙等人及时救济。

其中前清两广总督张鸣岐，家里已经揭不开锅了，他为了一家老小的性命，打算豁出去做汉奸。幸亏杜月笙雪中送炭，才令他保全了名节。为此，张鸣岐恨不得焚香叩首来感谢杜月笙。后来，他特意挑了唐代大诗人杜甫的名句，装裱成对联，托人带给香港的杜月笙。

香港的"杜公馆"

杜月笙暂居香港后，虽是避难，却依旧事务繁忙。他先是在九龙半岛饭店住了一段时间，可后来抵港的人越来越多，他要处理的事情也日渐增加，住在饭店里很不方便。于是，杜月笙就派人找房子，后来定下了位于九龙柯士甸道113号到115号的双开间门面房。这座三层楼房，就成了香港的"杜公馆"。

香港杜公馆的房东，是澳门的烟赌大亨高可宁，素有"澳门杜月笙"之称。高可宁家财万贯，被港人誉为香港四大家族之一。杜月笙看中了他在香港的这套房子，除了满意其宽敞漂亮外，还在于它是三层楼房，与上海华格臬路杜公馆比较相似，这样住起来习惯一些。

在香港物色房子的时候，杜月笙就开始将妻妾子女都接过来。当初杜月笙孤身离沪，一个家人都没带。他抵港后，就立即想办法接出家人。他在上海的学生门徒负责护送杜家大小抵港。不料，杜月笙的庞大家属团，意见不一，最后竟然有好几位没有赴港。

坚持留在上海的是杜月笙的原配夫人沈月英。近些年来，杜月笙一直很冷落她，沈月英就干脆天天抽大烟打发时间，结果弄得烟瘾越来越大，一刻也离不得鸦片。因为鸦片抽多了，她身体也很差，根本不愿意长途颠簸去香港，所以众人苦劝了多次后，她还是留了下来。

陈氏夫人这些年与杜月笙的矛盾也不少，她在上海享福惯了，也不大愿意去香港，最后虽然不如沈月英态度坚决，却也留了下来，说看看风向再定。

孙氏夫人一向贤惠大度，她无心争宠，将一腔心思都放在两个儿子身上。当时她正在英国照顾两个留学的儿子，所以她是不会去香港的。

杜月笙在上海时，家里也是他说了算，哪位太太都不敢驳斥一句。可如今他到了香港，上海的太太们就各自当家了。他虽然气得暴跳如雷，却也鞭长莫及。最后，只有四夫人姚玉兰、长子杜维藩、长女杜美如等人到了香港。

姚玉兰等人是香港杜公馆的最早住户。后来陈氏夫人也来了，不过没住多久就又回了上海，此后直到杜月笙离开香港，她也没再来过。

虽然杜家人不齐全，但香港杜公馆住的人还是不少。

杜月笙抵港不久，他在上海的那班人马就陆续过来了。除了大管家万墨林等留守上海外，"小八股党"的前三号人物顾嘉棠、芮庆荣和叶焯山，上海杜公馆的老秘书翁左青和新秘书胡叙五，杜门大弟子沈楚宝、林啸谷、朱学范、郭兰馨和张子廉等，都入住了香港杜公馆。杜月笙很快就为他们分配好了工作，翁左青负责文电和账房，胡叙五专任贴身秘书，张子廉负责联络香港的红帮会员，其余人等，则随时受命处理各类事务。

杜月笙是青红两帮的大佬，红帮的关系已经由张子廉负责了，那青帮呢？这事还真不需要他操心，香港的青帮头目就自动上门了。这个人就是李裁法。

李裁法以前也在上海滩上混，只不过是青帮中的末流小角色，无缘得到杜老板的赏识。他曾在新光大戏院做过售票员，由此认识了杜月笙的四大金刚之一、"小八股党"中的芮庆荣。李裁法后来跑到香港打天下，并很快发迹了。

李裁法虽在香港混出了名堂，却一直很崇拜上海的杜月笙。如今杜月笙来了香港，他就放弃当香港大佬，心甘情愿做了杜先生的马前卒。而为他穿针引线的，就是芮庆荣。此时，已有不少帮会骨干通过各种渠道抵达香港。于是，杜月笙的香港青帮势力很快就壮大起来。

杜月笙在香港的局面打开后，名气逐渐传出去，好友们就一拨一拨地赶来投奔，这些人都入住了杜公馆三楼。较早入住的有老革命党张骧先、与北洋要人交好的赌场奇才吴家元、刚刚回国的驻日大使许世英等。后来，杜月笙又派人将前监察使杨千里也接进了杜公馆。

随着这些人的入住，香港杜公馆可以说是群英荟萃。

许世英在书法上很有造诣，他闲极无聊，就临摹了八幅王羲之的《圣教序》，赠送给杜月笙。杜月笙虽识字不多，却研习书法多年，那"杜镛"两个字就写得特别好，不明内情的人见了，绝对会认为出自名家之手。所以，许世英的这份礼物，他特别喜欢，当即就命人装裱好了，悬挂在客厅两壁。

杨千里乃是江南名士，曾和于右任一起办过《民吁报》，文采自然非同一般。杜月笙有时连秘书都不用，就请杨千里为他处理重要文稿、题词题字。杨千里也很乐意效劳，他后来还借用大诗人杜甫的名句，为杜月笙题写了一副对联：三顾频烦天下计，一生好作名山游。这次，杜月笙又喜滋滋地将其悬挂在了客厅中间。

如此一来，杜公馆的客厅就成了雅室。任一个粗鲁流氓走进去，也会变得斯文不少。杜月笙处于芝兰之室，自然受益匪浅。

除了这些常住户外，还有不少短期住客，比如杨志雄和杨管北。这二人是杜月笙的智囊人物，杜月笙在上海和香港间有不少事务，都是靠他们两边奔走。于是，二杨便轮流返沪，每次只有一个留在香港，入住的自然是杜公馆。

香港杜公馆的习惯与上海一样，杜月笙一家都住二楼，客人们住三楼，办公、会客、吃饭等都在一楼。此时杜月笙还担任两项职务，即中国红十字会副会长和赈济委员会常务委员。

红十字会的秘书郭兰馨是杜月笙的得意门生，此刻就住在杜公馆，杜月笙就将红十字会的事务都交给他去处理。至于赈济委员会的港澳事务，杜月笙则交给另外一位门生林啸谷去处理。

这两大机关都设在杜公馆后，每天往来这里的人就更多了。杜公馆虽然宽敞，但也有个容纳限度。于是，就有一部分人搬出了杜公馆另立门户，腾出来的地方自然很快就又住上了人。比如芮庆荣，他的家眷也来香港后，一家子人就出去住了。不过他与同样住到外面的顾嘉棠一样，每天都来这里报到。杜月笙的许多机密事情，都少不了他们的参与。没有住过杜公馆，却也经常上门的，还有杜月笙的一大帮老朋友，如秦待时、江倬云、庞京周、毛和源等。

杜公馆每天人满为患，却也其乐融融。到了中午，杜月笙都要开一大桌饭，家人朋友、秘书门生等一起入席，同桌而食。若是人多，就马上加菜加饭。此时，沪港间的交通比较便利，轮船、飞机日日往来两地，许多上海菜就顺利走上了香港杜公馆的餐桌。

当杜月笙在香港杜公馆与众多亲友推杯换盏时，抗战形势又发生了变化。

日本人的停战计划落空后，就改为扶植汉奸成立傀儡政权，采取"以华灭华、以华制华、以战养战"的侵华新战略。1938年1月16日，日本内阁总理近卫文麿发表对华声明，宣称"帝国尔后不以国民政府为对手"，将与"新政府"合作。这个所谓的"新政府"，就是日本想扶植的傀儡政权。他们计划招降一批亲日派，来组建这个政权。

在20世纪二三十年代的中国，最亲日的就是北洋军阀统治时期的皖系军阀段祺瑞。

1920年7月，直系吴佩孚与皖系段祺瑞闹分裂，结果皖系战败，许多皖派要员都困在北京，逃无可逃。当时美英法等国驻京使馆的领事们联合起来，拒绝收容他们，只有日本使馆愿意庇护，这才令他们安然脱险。所以，他们对日本人很感激。

1926年，段祺瑞政府垮台后，皖系的多数重要人物就退出了政治舞台，闲居在平津京沪一带。这些人其实都很有官瘾，当初是迫于形势才下台的。如今日本人叫他们"重出江湖"，当然个个都非常乐意。

不过中国人民绝不希望日本人的傀儡掌权，蒋介石也不希望出现一个新政府来取代自己，于是，戴笠就奉命去"粉碎"日本人的这个阴谋。戴笠是军统局长，最擅长的就是暗杀，可这些昔日元老，虽然被闲置了12年，但还在社会上有很大的影响，若是都被特务暗杀了，肯定会引起很大的风波。戴笠考虑良久，最终决定请杜月笙将他们都接到香港去安置。于是，戴笠特拨了一笔经费给杜月笙，就将这件大事托付给他了。

杜月笙接手这项任务后，就四处活动起来。这事确实不好办，否则戴笠也不会想到请他出山了。日本当局为了组建伪政权，连汉奸名单都确定好了。这批"未来汉奸"一向都与日本人交情深厚，就是杜月笙想解救他们于"水火"，他们还会怪杜月笙坏了自己的升官梦呢。更何况，他们现在已经处于敌伪特务的严密监视下，杜月笙想把他们接出来，也非常艰难。

这一次，杜月笙动用了大量的关系，派出了许多门生及老友，他们频繁穿梭于港沪、港津之间，居然真的将榜上有名的大部分"准汉奸"弄到了香港。傀儡政府损失了大批重量级人物，仅剩下几个末流角色，日本人气得暴跳如雷，却也无可奈何了。

再说香港这边，杜月笙几乎将整个段祺瑞内阁都端过来了。昔日的交通总长曾毓隽、财政总长贺德霖、外交总长颜惠庆、陆军总长吴光新、临时参政院副议长汤漪等，全部入住杜公馆，每天受到杜月笙的盛情款待。此时，国民党的驻日大使许世英还住在这里，他曾任过段祺瑞北京临时政府的第28任国务总理，如今见到众多老同事，就以半个主人的身份每日与大家欢聚畅饮、谈天说地。

看着这么一帮子人相处融洽，杜月笙既高兴又得意。这一次，他又漂漂亮亮地完成了使命。

悼念亡妻，抚慰爱子

杜月笙在香港照样神通广大，因此香港的杜公馆日日宾客盈门，杜先生依旧忙得团团转。不过他旅居香港的这段时间，上海的杜公馆却发生了一件大事，就是他的原配夫人沈月英病逝了。

杜月笙是个很重亲情的人，这一点，与他幼年的经历有关。他自小就失去了母亲，接着唯一的妹妹被送了人，后来父亲也病死了，最后相依为命的养母也失踪了。杜月笙就成了一个彻底的孤儿，即使有年迈的外婆疼爱，可老太太连自己都顾不了，哪里能照顾这个可怜的外孙呢？杜月笙发迹后，曾不惜任何代价，也要找到失散多年的妹妹，可见他对家人、对亲情是多么渴望。

杜月笙与沈月英结婚后，夫妻二人也甜蜜了很长一段时光。不过，随着杜月笙地位不断提高，势力不断壮大，不仅在外面风流快活，还将姨太太一个又一个的娶进门。此后沈月英就成了独守空房的怨妇，她除了吸鸦片烟来排遣精神上的空虚无聊外，甚至还用红杏出墙来满足寂寞的心灵和身体。

杜月笙自己可以随便玩女人，却绝对不允许夫人出轨。他大发雷霆后，就彻底冷落了沈月英，甚至将她幽禁起来，不准她见外人。沈月英原本就有了鸦片烟瘾，如今整个人心如死灰，对什么事也不再关心，就完全颓废了，变得整天都离不了鸦片。

杜月笙虽然冷落沈月英，但在他心里，她还是自己的夫人、家人。所以，他到香港后，也要接沈月英过去。可惜沈月英就是不愿意去，杜月笙也只好随她了。

沈月英的鸦片越吸越多，身体也越来越坏。1938年，她旧疾复发，竟然好几次严重到病危。杜月笙也很担心沈月英的病情，就派长子杜维藩夫妇回上海侍疾尽孝。于是，这一年，杜维藩好几次往返于沪港间。

杜维藩是杜月笙最疼爱的儿子。杜月笙对他的喜爱超过了所有的儿子。

杜月笙有10个子女，最宠爱的就是长子杜维藩和长女杜美如。杜月笙是个很迷信的人，按他自己的说法，他喜欢这两个孩子，是因为他们给自己带来了好运。他曾说："维藩和美如出世，脚步走得最正。"这说的也是实情。杜维藩生于1916年，此时杜月笙刚刚发迹，与黄金荣、张啸林一起成为上海滩上的三大亨；杜美如生于1930年，此时杜月笙已经从流氓大亨中脱颖而出，打入了上海的上流社会，成为金融、工商、军事、政治等方方面面的重要人物。

在杜月笙的严格要求下，杜维藩走的是正道，他不仅很有学识才干，同时还是一个孝子，对母亲沈月英很有感情。他与妻子返回上海后，就没日没夜地侍奉在母亲身边。眼见母亲身染沉疴，已经到了药石无医的地步，他心疼得没办法。不过终究无力回天，沈月英还是在1939年去世了。

1939年9月，杜维藩在上海办完母亲的丧事后，穿着一身重孝再次赴港。他上一次见到父亲，还是1938年初。如今时隔1年多，杜月笙明显憔悴衰老了许多。可见沈月英之死，杜月笙也很悲痛。

以前杜月笙一直冷落这位夫人，可如今人已经死了，他又开始怀念沈月英的好处。两人毕竟是结发夫妻，当初又情投意合，自然有许多值得回忆的事情。

在杜月笙的几位夫人中，真正跟着他过过苦日子的，只有沈月英。当年他只是青帮中的一个末流小角色，又不善于筹划生计，家里经常揭不开锅，夫妻俩饿肚子成了常事，但感情却特别好。他也没想到，当日的患难夫妻，如今竟然会弄成这样。

杜维藩这次赴港，对父亲是有些怨恨的。母亲多年的寂寞和凄凉的晚景，使他内心极为不平。不过，见到同样忧伤的父亲，他又有些恨不起来。

一天晚上，杜月笙推掉一切交际应酬，将杜维藩叫到自己房里详谈了一次。空落落的房间里，只有父子二人。杜月笙娓娓道来，将自己悲苦的童年、与沈月英的患难恩爱，都毫无保留地告诉儿子。在儿子们面前，他一向是位严厉的父亲。这一次，他却向长子忏悔，自己对发妻没有尽到责任，不是一个好丈夫。

父亲的伤感、内疚，终于化解了杜维藩的悲痛和怨恨。这一晚，父子二人闲聊家常，一起回忆家庭趣事，两颗沉痛的心都得到了慰藉。

此后，杜月笙对所有的子女都更加疼爱。以前他除了严厉教导外，就是大方供给一切开支。如今，杜月笙会尽量抽出时间来，与子女们一起玩一玩，说会闲话。在经历了沈月英之死后，杜月笙对亲情更加珍惜了。

为吴开先保驾护航

1938年至1939年间，杜月笙在香港的日子过得精彩纷呈。虽然经历了夫人沈月英去世的打击，但他也更加重视家庭亲情，从而收获了更多的天伦之乐。不过，杜月笙的大部分精力还是放在繁杂的公务上。他天生就不是一个小打小闹的人物，只要他一出手，总是要做好一件大事。比如吴开先重返上海，杜月笙就为他保驾护航。

当时上海乃是沦陷区，吴开先怎么会往这个"虎穴"里跳呢？这与头号大汉奸汪精卫有莫大的关系。

汪精卫的一生中做过两件大事，第一件是刺杀清王朝的摄政王载沣，第二件就是投靠日本帝国主义组建了伪国民政府。

汪精卫早年是主张革命的，他在1907年曾跟随孙中山远赴南洋。他做过的最勇敢的那件事，发生在1910年。当年3月，汪精卫策划炸死摄政王载沣，不料事情泄露，他被判终身监禁。当然，汪精卫没有在监牢里度过余生，他的牢狱生涯只有1年半，就因1911年10月的武昌起义而结束了。

重获自由后的汪精卫结识了袁世凯，此后他就不再追随孙中山的革命步伐了，只不过他始终混迹在国民党队伍中。1927年蒋介石在上海发动"四·一二"反革命政变时，汪精卫则在武汉发动了"七·一五"反革命政变，同样残杀共产党人和革命群众。

后来为了将各党派联合起来共同抗日，汪精卫曾与蒋介石短暂合作过一段时间，不过汪精卫从来就没有抗日的诚意。1937年卢沟桥事变时，汪精卫任国防最高会议副主席、国民党副总裁、国民参政会议长，地位比蒋介石要低，他就更不愿意抗日了。

这一时期，全国人民都在积极抗日，而汪精卫却冒天下之大不韪，主动向日本侵略者投诚，当了民国第一号汉奸。

1937年11月20日，蒋介石将国民党政府从南京迁往重庆，12月13日，南京沦陷。12月29日，汪精卫从重庆跑出来，一路奔逃至越南河内，然后发表"艳电"，公开向日本投降。汪精卫的卖国行为激起了全国人民的齐声声讨，一时间，舆论的矛头都指向了这个大汉奸。

1939年1月1日，国民党中常会举行临时会议，通过了"开除汪精卫党籍及撤销其一切职务的决定"。蒋介石曾对汪精卫还抱有一丝希望，于2月派国民党中央委员谷正鼎赴河内劝其回重庆复职，不料汪精卫拒绝了。蒋介石认为必须尽早除掉这个汉奸，否则后患无穷，就命戴笠派特务去暗杀汪精卫。

戴笠领导的军统局，策划过许多暗杀事件。不过这次杀汪精卫太重要了，戴笠特别重视，就派出了最优秀的特务陈恭澍、余乐醒、王鲁翘等共计18人。3月21日，这个阵容强大的特务团队在河内刺杀汪精卫，却意外失手。此后，日本人对汪精卫的保护更加严密，蒋介石只好暂时放弃了暗杀计划。

1939年5月3日，汪精卫在日本人的保护下秘密回到了上海，准备在这里建立伪国民政府。

上海被日本人占领已经一年多了，汪精卫在这里筹建日本人的傀儡政权，最合适不过了。上海是中国的第一大都市，金融、工商及军政界的许多要人都住在这里，许多重要机构或团体的总部也设在上海。上海沦陷时，像杜月笙、宋子文这样的人都逃到香港，但是留在上海的还是占多数，加上有些赴港的人后来又回了上海，于是这里的达官贵人多得如过江之鲫。只要汪精卫将这些人组织起来，一个冠冕堂皇的伪国民政府就成功组建了，其阵容不会比蒋介石的国民政府逊色多少。

日本人对汪精卫的筹建大计，自然是全力支持了。除了为汪精卫提供全方位的安全保护外，日本人还做了不少事情。比如他们准备了一幢宽敞豪华的花园大宅，地址是极斯斐尔路76号，作为汪精卫召开"伪国民党全国代表大会"的会场，这也是后来汪伪政府的特务机关大本营。另外，日本人从搜刮来的财物中每月拿出4千万来作为汪精卫的筹建经费。

汪精卫以前一直在国民党政府中身居高位，他的关系网自然相当庞大。如今他既有靠山，又有经费，就频频在上海上流人士中活动，蛊惑他们加入自己的伪政府。汪精卫颇有口才，经他一番鼓吹，一些国民党上海市党部的人员和上海滩上的富商巨贾们，还真被迷惑了，打算依附他。

眼见汪精卫在上海的势力不断壮大，远在重庆的蒋介石可坐不住了。于是，吴开先就临危受命前往上海，以便稳住国民党在上海的组织，不让汪精卫的阴谋得逞。

吴开先是执行这个任务最合适的人选。他以前是上海市党部主任委员，后来一路升迁，于1939年调到军事委员会第六部任职。他对上海的情况非常熟悉，与许多要人都打过交道。这次他去上海，携带了十来封机密信函，包括蒋介石写给沪上著名实业家虞洽卿等人的问候信，以及孔祥熙写给上海银行界大佬李馥生、秦润卿等的信件。

赤手空拳地进入沦陷区去完成秘密使命，这可是一件既艰难又危险的事情。吴开先也不是一个逞匹夫之勇的人，他首先想到的，就是请沪上闻人杜月笙帮忙。

吴开先从重庆出发，经昆明、河内到香港，专程去拜访了杜月笙。老朋友相见，自然都很高兴。杜、吴二人寒暄一阵后，就进入房间密谈。吴开先也不隐瞒，将自己的使命和盘托出。

杜月笙一听，原来老朋友要去执行秘密任务，就立即吩咐手下，要对吴开先的来访严格保密。至于为吴开先提供帮助，他是非常乐意的。还没等吴开先提出来，杜月笙就主动请缨了。

杜月笙仔细为吴开先分析了一下此行的艰险。上海是沦陷区，吴开先身份特殊，又携带了机密信件，旅途都不太安全。就是他顺利到达上海，也不适宜抛头露面去联系那些沪上名流。这些事情，就全部由他杜月笙来解决了。首先，那些信件和密码，将由杜月笙派人秘密运送到上海，吴开先轻装回沪就可以了。其次，杜月笙会写信给黄金荣和金廷荪，请他们出面联络那些沪上名流，这样吴开先要笼络那些人，只需找黄金荣和金廷荪就可以了。

吴开先早就预想到的麻烦和危险，就这样被杜月笙轻松解决了。本来吴开先马上就要走的，可杜月笙硬是让他住了下来。这可不是杜月笙要耽误他的时间，而是香港杜公馆里就有与上海方面联系的专用电台，可以轻松地联系上抗敌后援会的人。这样吴开先从香港到上海的一路行程，根本不用操半分心，杜月笙全给他安排好了。

吴开先在香港逗留两日后，就在杜门弟子的护送下顺利返沪。船到吴淞口时，已是夜深人静了，令吴开先万万没有想到的是，杜月笙的大管家万墨林竟坐在一艘汽艇上，等候他多时了。由此可见，为了吴开先的安全，杜月笙花费了多少心思。

吴开先在万墨林和众多保镖的护送下，平安抵达了法租界。他在这里一直都有住所，万墨林事先已经派人整理过了，汽车、保镖等也为他配好了。万墨林一直将他送进门，并秘密交给他一个小册子，上面是恒社八百弟子中在沪成员的电话地址和职业。

杜月笙早就交代过万墨林，吴开先可以全权指挥这些恒社成员。要知道，杜月笙的这些门生，分布在政府机构、银行工厂、茶楼酒馆、戏院旅社等各个行业，吴开先要是用他们来设个交通站、居住点，甚至是秘密的联络机关，都特别容易。这可是将自己的一部势力完全送给吴开先使用了。能为吴开先做到这个地步的，除了杜月笙，绝对不会有第二人。

第二天，吴开先就在保镖的护卫下，分别拜访了黄金荣和金廷荪。黄、金二人早就接到杜月笙的电报，四处去联络各位达官大佬。几天后，吴、黄、金三人秘密聚到一起，仔细商讨了一番，最后决定分两次宴请那些名士，以避开敌伪的耳目。宴请地点，就设在南洋桥金廷荪的府邸。

两次宴叙，都是以金廷荪的名义，吴开先借着这个机会，把蒋介石和孔祥熙的密信顺利送到了虞洽卿等金融工商界人士手中，并向他们传达了国民党中央抗日到底的决心，同时也揭露了汪精卫、陈公博、周佛海等卖国汉奸的真面目。

听了吴开先的这番话，虞洽卿等人也开始后悔自己的草率糊涂。如今全国都在抗战，他们若是听了汪精卫的话，就成了汉奸，以后在中国哪里还有容身之处。于是，众人纷纷表示绝对不加入汪伪政权。

在杜月笙的大力帮助下，吴开先轻轻松松地完成了这项原本困难的使命。他在沦陷后的上海住了一年多，也平安无事，这自然得益于杜月笙派人保驾。

1939年夏天，已经在上海活动半年多的吴开先，回了一趟重庆。这次，他又先去香港见了杜月笙，对其给予的帮助再三表示感谢。当然，吴开先心中的感激，早已无法用言语来形容了。

为朋友出力，杜月笙是从来不要人谢的。他客套一番后，又向吴开先提了一个建议，就是重庆方面可以在上海设立一个总的机构，全面负责所有的事务。他这样说，是很有依据的。上海虽然沦陷了，但租界都是自由的。国民党中央的许多活动，可以在那里展开。

吴开先听了，也认为很不错。他回到重庆后，先向蒋介石汇报了自己在上海的工作情况，尤其提到杜月笙给予的无私帮助，接着就说出了杜月笙的这个建议。蒋介石对杜月笙也特别满意，就爽快采纳了他的建议。没过多久，国民党中央就在上海设立了统一委员会。

杜月笙这次为吴开先保驾护航，既粉碎了汪精卫的阴谋，又赢得了蒋介石的赞誉，可谓一举两得。

救济老友，却打开了财路

杜月笙客居香港期间，时刻关注着政治局势的变化。他人在香港，可眼光主要盯着上海和重庆方面。上海是他的根据地，自然不能放松；而重庆是国民党中央的驻扎地，他要时刻看着那边的风向，来决定自己的政治立场。不过，重庆方面，若是有以前的老朋友下马了，杜月笙也会全力救助。令杜月笙没想到的是，他救济了老友，却意外打开了一条财路。

被杜月笙救济的这位朋友，叫刘航琛。

刘航琛，1897年生，是民国金融史上的一个重要人物。他来自四川泸州的一个中药业世家，家境颇为富有。因为刘家人都信奉天主教，所以刘家药铺名叫"爱人堂"，取教义中"我爱人人，人人爱我"之意。

刘家成为泸州的巨富，是因为刘航琛的祖父刘敬亭。刘老先生精通中医，对各种花草的药性都特别熟悉。他曾买到一套蒸馏器，用以提取药材中的有效成分。不料老先生一时兴起，将从药材、花草中提取出来的有效成分与香精混合，竟然发明了一种带有花香的低度甜酒，称之为"百花酒"。这种百花酒一面世，就卖得特别火爆。于是，刘老先生干脆开起了酒厂，百花酒的品种也细化了不少，有兰花、玫瑰等多种香型。此后，酒厂就成了刘家的主要产业。

刘航琛从小养尊处优，不过也接受了良好的教育。他18岁就娶了泸州富豪李春潭之女，19岁考上了北京大学理科预科班，接着他就带上新婚夫人及众多仆人，浩浩荡荡地上北京求学去了。刘航琛在北京大学一共呆了8年，包括3年预科和5年北大经济系的学习。这段求学生涯，为他日后在金融业的发展，奠定了良好的基础。

1923年，刘航琛回到家乡，在泸县中学当了校长。他不当官，是因为刘家的祖训就是子孙都不能做官。按刘敬亭的想法，在这样的乱世里，给谁做官都不是好事，反正家里有钱，只要子孙们衣食无忧就行了。

刘航琛本想安心当个小小的校长混日子，可四川军阀刘湘却看中了这位北大才子。1926年，占据重庆的刘湘部被改编成国民革命军第二十一军。刘湘手下会打仗的人才不少，可会管钱的却没有。打仗是花大钱的事，没有一个管钱的人，刘湘就经常闹亏空。为了请到刘航琛，刘湘要了个小手段，派人刁难刘家的酒厂。结果，刘航琛马上就意识到，没有政治靠山，家财万贯也难行路。此后刘航琛就辅佐刘湘，成了他的心腹智囊。

刘航琛确实很有理财本事，他不仅将刘湘的财务打理得井井有条，从以前的亏空转为盈利，还趁机自己做起了生意。到了抗战爆发前夕，刘航琛已经拥有数家银行、公司和工厂了。

刘航琛与杜月笙相识于1933年，不过他们只是交际场上的玩友，在事业上并没有多少接触。杜月笙自赴港避难后，就没有见过他。他们最后一次相见，是1937年8月13日淞沪会战爆发当天。当时刘航琛在华格臬路杜公馆的麻将桌上，刘湘一个电话打过来，他就火急火燎地直奔上海北站，坐上了前往南京的列车。后来杜月笙去了香港，分隔两地的刘、杜二人，就真正断了音讯。

按说刘航琛与杜月笙没有多深的交情，可在1939年他仕途不顺，走霉运时，伸出援手的，偏偏就是这位交情不深的杜老板。

刘航琛在官场上混不下去，与他的"伯乐"刘湘病逝有关。1937年抗战爆发后，刘湘满怀报国热情地带着川军去抗日。可惜上海、南京陆续沦陷了，刘湘所属的第七战区已经被日本人占领。他这位沙场老将，出师未捷，满腹伤怀，竟然于1938年1月20日病逝于汉口。

刘湘死后，张群等人先后担任过四川省主席一职，这些人对刘航琛还不错。1939年8月1日，刘湘的部将王缵绪当上了四川省主席，之后的情况就完全不同了。刘航琛时任四川省财政厅厅长，他一向心高气傲，只听从国民党中央和刘湘的指挥，对其他人就没那么恭敬了。王缵绪是个脾气火爆的人，他能有今天，都是从枪林弹雨中拼出来的。所以刘航琛对他不屑，他也看刘航琛不顺眼。后来因为一宗盐税纠纷，两人彻底反目了。王缵绪曾在公众场合扬言，只要碰见刘航琛，就一枪毙了他。

刘航琛毕竟是个文官，哪里敢跟拿枪的将军硬碰，也没法去讲道理，就干脆抛下一切事务，跑到外地去躲开王缵绪。他从重庆一路逃亡到昆明，再从昆明逃到越南河内，打算最后逃到南洋去。

一天，他正躺在河内的一家旅馆里，竟然有个身材魁梧的大汉找上门来。刘航琛以为是王缵绪派来追杀自己的，吓得脸色都变了。可仔细一看来人，他悬着的心就马上放下来了，原来这人是杜月笙手下的头号干将顾嘉棠。只要是见过杜月笙的人，没有不认识顾嘉棠的。顾嘉棠此行，就是奉杜先生之命，邀请刘先生到香港"小住"的。

刘航琛与杜老板只不过是泛泛之交，如今杜月笙自己远走香港，却还关心着这个落魄流浪的普通朋友，并派出自己的心腹大将去迎接，刘航琛为此感激涕零。他见顾嘉棠千里迢迢来河内接自己，哪里好意思拒绝，就放弃了逃往南洋的打算，跟着顾嘉棠去了香港。

刘航琛一到香港，就得到了杜月笙的热情接待。为了保证他的安全，杜月笙安排他住进了香港圣斯酒店，并命顾嘉棠做他的贴身保镖，住在他的隔壁房间。刘航琛家境富有，自小就锦衣玉食过惯了，于是杜月笙专门找了几家餐馆，轮流服务，刘航琛每天都能吃到一桌上等的鲍翅全席。杜月笙的这份体贴，更令刘航琛感激不已。

刘航琛在香港好吃好喝地住了3个多月，然后去了一趟南洋，不过没多久就又回了香港。杜月笙则继续好好招待他。

1939年8月，重庆中央的行政院长孔祥熙突然给刘航琛发了个电报，说有要事商量，请他立即回渝。刘航琛的所有亲人和大部分产业都在四川，如今他在外流亡了近两年，也特别想回去看看。他要回重庆，杜月笙也不挽留他，命顾嘉棠跟随，继续做他的保镖。

杜月笙的好意，刘航琛不好意思再接受。他知道杜月笙事务繁重，根本离不开像顾嘉棠这样的心腹，怎么能让顾嘉棠去做自己的保镖呢？刘航琛一再推辞，但杜月笙还是坚持让顾嘉棠跟着他回了重庆。

杜月笙派出顾嘉棠，其实既是一片苦心，也是一着险棋。虽然顾嘉棠身手不错，但年纪也不小了，并不能算最优秀的保镖。四川是王缵绪的地盘，只要是他还想杀刘航琛，派再好的保镖也没有用。杜月笙派出自己的心腹，就是想让王缵绪顾忌到他的势力，不敢轻易下手。当然，若是王缵绪不给杜月笙面子，执意要杀刘航琛，那顾嘉棠也就性命堪忧了。所以，杜月笙心里也没有底，他是拿顾嘉棠的命在赌。

孔祥熙也不说原因，就急忙忙地将刘航琛召回了重庆。刘航琛心里没底，回渝后一直提心吊胆，而顾嘉棠则尽职尽责，寸步不离地跟着他。刘航琛为了表示对杜月笙的感激，也天天好吃好喝地招待顾嘉棠。刘、顾二人绷紧神经过了四十来天，王缵绪也没有派来杀手，孔祥熙也没有召见刘航琛。

直到1939年9月下旬的一天，孔祥熙才打来电话，请刘航琛到重庆国府路范庄孔公馆一叙。于是，刘航琛就带着顾嘉棠一起去见孔祥熙。他这时才发现了杜月笙的又一苦心，原来顾嘉棠也是很有身份的人，刘航琛能去的地方，顾嘉棠都能进去。

在孔公馆里，刘航琛意外见到了两年来天天躲避的敌人王缵绪。原来，孔祥熙将这对仇家叫到一起，是要劝他们和解的。孔院长的面子，谁敢不给？再说了，王缵绪与刘航琛有不少矛盾，却没有血海深仇，所以在孔祥熙的调解下，两人就握手言和了。

刘航琛解除了性命之忧，自然对孔院长感激不已。孔祥熙从来不做赔本的买卖。他知道刘航琛在香港是杜月笙保护着的，他将刘航琛叫回来，就是想借机与杜月笙做一笔生意。

自南京沦陷，国民党政府迁都重庆后，躲避战乱的人也从四面八方涌到了这里。于是，重庆这座战时陪都的经济出现了畸形的繁荣，鸦片生意更是异常火爆。孔祥熙手下正好有一批"特殊"的烟土，说它特殊，是因为它是已经交过税，却又被查获的鸦片。交了税就算合法的，可被政府查获了，又是违禁品，所以根本不能在市面上销售。若是销毁了，这么一大批赚钱的东西，国民政府也舍不得。于是，孔祥熙就揽下了这桩事，决定给这批鸦片找个好出路。

照孔祥熙的意思，这批东西可以加工成麻醉药品，不过为了避免麻烦，应该全部销到国外去。这样的事情，找杜月笙合作再好不过了。于是，孔祥熙将刘航琛和顾嘉棠叫到一起商量此事。顾嘉棠只看杜月笙的态度，他是不会自己表态的；刘航琛则爽快答应，一定要努力说服杜月笙。

做这项买卖的风险很大，困难也超乎想象，刘航琛想害自己的恩人吗？其实，他真是想报恩的。他在香港呆了那么久，见到杜月笙交游广阔，公务繁多，花钱如流水，也很为老朋友担心。毕竟杜月笙在香港开销大，却没有收入，这老本再多也支撑不了多久。所以，刘航琛想为杜月笙抓住这个赚大钱的机会。

于是，在刘航琛盛情邀请下，杜月笙飞赴重庆，与孔祥熙达成了这笔大生意。这样一来，他重操旧业，在香港做起了毒品生意。当大批大批的吗啡远销海外时，杜月笙日渐干瘪的荷包又鼓得满满的。

第二十二章

遥控上海地下工作

成立"统一委员会"

吴开先受命在上海执行秘密任务期间，杜月笙虽在香港，却照样为他提供了大力支持，使得吴开先的工作进展非常顺利。1939年夏天，吴开先回重庆向蒋介石汇报，杜月笙顺便向吴开先提了个建议，结果蒋介石就马上同意在上海设立一个总机构，以便国民党中央统一指挥上海各机构或组织。他们决定成立的这个机构，就叫上海工作统一委员会。

上海统一委员会，自然少不了杜月笙的参与。国民党中央政府的几位重要人物，还特地以老朋友的身份邀请住在香港的杜月笙赴重庆小聚几日，以便商议此事。

朋友盛情相邀，又有重要事情商谈，杜月笙自然不能推辞，就欣然飞往重庆。此时吴开先也在重庆，正准备返沪，听闻杜月笙来了，自然马上赶去相见。他乡逢故友，杜月笙也倍感亲切，就与吴开先及戴笠等几位老友把酒言欢了几日。

杜月笙来渝，自然是为了要事。在朋友小聚几日后，他就等来了有关统一委员会的消息。国民党中央已经确定了要成立这个机构，连人事命令都发布了。上海工作统一委员会设常务委员5人，分别是戴笠、俞鸿钧、蒋伯诚、杜月笙和吴开先。委员有钱新之、潘公展、陆京士、冯有真、吴任沧、童行白等人。委员会秘书长则由常务委员吴开先兼任。

这些常委或委员的身份都比较显赫，且全部是杜月笙的老熟人、老朋友或门生弟子。相比较而言，蒋伯诚与杜月笙的关系要疏远一点，他曾任国民党陆海空军总司令部总参议，经常担任蒋介石的军事代表，去上海的次数也比较多，所以，他与杜月笙也算得上是"玩场知己"。

这5个常务委员中，要推选出一个主任委员来。吴开先、戴笠、俞鸿钧三人都与杜月笙关系特殊，就一齐推举了他。蒋伯诚虽有些心高气傲，却也知道上海是杜月笙的地盘，所以也支持杜月笙。于是，经蒋介石、陈立夫首肯后，"众望所归"的杜月笙就成了上海工作统一委员会的主任委员。

杜月笙一向不愿意做官，但这个职务不算正式官员，地位又在上海市原市长俞鸿钧、上海市原党部主任吴开先、军统局长戴笠和军事代表蒋伯诚等人之上，看起来很有面子，很是荣耀，他自然就乐意接受了。

按理说，统一委员会的常务委员应统一起来处理事务，可事实上却不可能实现。5个常委，分布在3个地方，其中戴笠和俞鸿钧在重庆，杜月笙在香港，只有吴开先和蒋伯诚在上海；其他的委员们也是分布在好几个地方。

趁着当时在重庆的人还比较多，杜月笙这个主任委员就主持召开了统一委员会的第一次常务委员会议，地点就设在重庆的戴笠公馆里。经过详细商讨，一个初步的"统一方案"就出炉了。

方案规定，原中央驻沪各单位，仍由以前的主管机关全权管理，不过各单位的负责人必须每月向上级部门汇报一次，然后这些情报再报到统一委员会，经整理后再将它们提供给各有需求的单位。方案尤其强调，所有驻沪单位必须接受统一委员会的指示。这实际上就是情报的综合利用，人力物力的统一调度，只不过最高大权由统一委员会掌控。

除了确定方案外，杜月笙等人还解决了一件同样重要的事情，就是建立沪、港、渝三地间的无线电通讯网。这个事情至关重要，不过并不难办，只要在三地分别设置一个专用的秘密电台就可以了。香港的电台，自然就设在香港杜公馆里。

会议结束后，杜月笙与钱新之、吴开先、蒋伯诚等人一起飞赴香港。吴、蒋二人将从香港转去上海。上海毕竟是沦陷区，吴、蒋二人此行任务艰巨，危险性自然更高。这一切，还是要靠杜月笙来为他们铺好路。

吴、蒋二人抵达上海时，杜月笙已经安排好了两员大将来协助他们工作。一个就是大管家万墨林，统一委员会每月都要开一次会，要在日本人的眼皮底下做好这件事可真不容易，万墨林就是负责确定开会时间地点和负责通知联络的，这样吴、蒋二人也能少操心一些。另一个人是杜门弟子徐采丞，他与日本方面联系密切，凭着这一层特殊身份，他也能为统一委员会提供不少机密消息。

总的来说，万墨林负责对内联络，徐采丞负责对外联系。内外的关系网都被杜月笙安排好了，吴开先与蒋伯诚的负担也就去了大半。除此以外，杜月笙还利用自己与法租界的特殊关系，专门发电，请法国路透社上海分社为吴开先等人的活动提供便利。

上海工作统一委员会正式开展工作后，万墨林果然非常卖力。为了避开日伪的监视，他将会议地点一改再改，力求绝对安全。华格臬路杜公馆、辣斐德路姚玉兰的十八层楼公寓、南洋桥金廷荪家，都当过秘密会议场所。徐采丞则游走在日本人和汪伪官员中间，将情报源源不断地提供给统一委员会。

在杜月笙及其属下的大力协助下，统一委员会在上海做出了很大的成绩。其中最大的成就，就是在他们的劝导下，上海金融工商界的知名人士，没有一个人当汉奸。

为何说劝导工作是最大的成绩呢？这得从它产生的影响说起。

当时的上海是中国的金融中心，这些金融大亨、实业大王，几乎掌握了全中国的经济命脉。若是他们投靠了日本人，那后果将不堪设想。当然，这样的肥肉，日本人怎么会放过呢？汪精卫就使尽了手段去拉拢，可惜他最后连一个有实力的人物也没收买到。

大亨们有的离沪赴港，然后奔赴重庆去参加抗日；有的因为种种原因没法离开，也坚持不入浊流，坚决不与汪伪政权合作。

中国的抗日战争是一场持久战，需要庞大的物资支援。那些离沪的大亨们，在西南大后方陆续建立了一系列的战时工业，为长期抗战提供了有力支持。当时日军封锁了中国的全部海岸线，这样一批工厂发挥的作用，实在无法估量。

由于这些实业家以前都在上海设有工厂，那里的工人技术最好、最熟练，如今厂子建在西南，专业工人十分缺乏。于是，杜月笙再次出手，将上海的工人运到大后方去。

要从沦陷区运出大批的技术工人，又是一件难事。不过这同样难不倒杜先生。他的徒子徒孙中，就有不少上海各工会的领袖。此时，他的两位得意门生、上海工会的领头人物陆京士和朱学范都不在上海，不过另一位门生周学湘能做此事。

周学湘也是上海工会的重臣元老，名气不在陆、朱二人之下，此时正是上海总工会的地下负责人，并创办了一个比较秘密的组织"工人协力会"。周学湘很有爱国热情，他接到杜月笙的通知后，就立即行动起来。没过几天，他就召集了数百名机器、纺织、造纸等各行业的熟练工人。这些人同样满腔热血，愿意去大后方支持抗战。

工人招募到了，如何离沪又是一个大问题。

杜月笙干脆给上海的所有恒社成员下了一道命令，要求他们全体出动，出钱出力，分水陆两条线护送工人们出沪。其中水陆就是从上海乘船抵港，然后由杜月笙再派人送入内地。而陆路则是从上海乘火车，经浙赣铁路、萍乡铁路，抵达江西、湖南，然后再走山路经贵州入川。

这两条路都是千里迢迢，非常艰苦。可杜月笙硬是将工人们都安全送到了西南大后方。这样的任务，也只有杜月笙才能完成。

1941年，重庆方面发行美金胜利公债，杜月笙代表统一委员会向上海市民发出筹募倡议。除了普通百姓外，那些留在租界内的富商巨贾们都积极响应，踊跃捐助，因此，上海工作统一委员会仅从他们这里就募得了一大笔善款。这也可以说是统一委员会劝导工作的一大效果。

后来，吴开先曾总结过上海工作统一委员会的成功经验。他认为，有两个人物功不可没。一个就是国民政府行政院院长孔祥熙，孔祥熙人称财神爷，是个金融奇才，他与沪上的金融工商界名人都很有交情。吴开先曾多次带着他的亲笔信去拜访那些金融巨子，结果商界名人都立场坚定，不做汉奸。另一个人物，当然就是杜月笙了。杜月笙做了多少事情，吴开先是一清二楚的。他曾再三强调杜月笙是这次使命的"第二大功臣"。

策反高宗武

上海沦陷期间，客居香港的杜月笙一直与上海方面联系密切。他这位上海流氓皇帝，远程遥控上海滩上的各派势力，竟然同样得心应手。这一时期，头号大汉奸汪精卫的心腹高宗武叛汪投蒋，而杜月笙，则是促成此事的重要中间人。

高宗武，1905年生于浙江乐清。他早年曾留学日本，于1931年毕业于日本九州帝国大学，是个典型的"日本通"。高宗武年轻有为，很早就进入外交领域，主要负责对日外交工作。他任国民党外交部亚洲司司长时，年仅29岁，是当时国民政府中最年轻的高级外交官。

早先高宗武深得蒋介石的器重。他刚刚从日本学成归国时，正好赶上蒋介石成立国防设计委员会，于是，高宗武就以日本问题专家的身份，被聘为国防设计委员会专员。抗战全面爆发后，蒋介石又给高宗武布置了特殊任务，即到香港负责对日情报工作。不料，高宗武这时却当起了间谍。他是个心高气傲的人，初入政坛便进入了政府高层，自信心因此极度膨胀，对蒋介石也就不算多忠心。

高宗武在日本帝国大学的同学，不少都是日本政坛的重要人物。比如犬养健，就是日本前首相犬养毅的儿子，他就职于日本的情报部门——梅机关。梅机关是日本人1939年在上海成立的统管华中地区的特务机构，它级别非常高，直属于日本内阁和陆军部，首任机关长是影佐祯昭。

高宗武通过犬养健，与影佐祯昭搭上了关系。由于蒋介石坚持抗日，日本人只好放弃了对他的拉拢，准备物色一个亲日的人选。汪精卫就是高宗武推荐给影佐祯昭的。后来汪精卫从重庆叛逃到越南河内，再回到上海，都是影佐祯昭一手策划的。由此可见，汪伪政权的成立，高宗武"功不可没"。

等蒋介石发现自己派出去的外交官在帮助日本人扶植汉奸政权时，高宗武已经彻底站到了汪精卫的阵营里。蒋介石气得大发雷霆，差点就叫军统特务去暗杀高宗武了。

高宗武跟随汪精卫频繁赴日，秘密与日本内阁举行谈判。结果，汪精卫签下了丧权辱国的卖国条约。眼看着汪精卫的南京伪国民政府组建成功，高宗武却又后悔了，感觉自己走错了道路。一方面，他毕竟是中国人，本来是想"和平救国"的，可事实上，他不仅要忍受日本侵略者的骄横跋扈，还要签订彻底卖国的条约，这滋味可不好受啊！另一方面，汪伪政权内部矛盾重重，权力争夺很激烈，高宗武、陶希圣等这样的"元老"人物也大受排挤。所以高宗武失望之余，也有了另谋出路的想法。

高宗武心情苦闷，想重新回到蒋介石的旗下，却又拉不下脸皮，就去向自己的长辈黄溯初请教。黄溯初是高宗武父亲的挚友，从高宗武留学到做官，黄溯初都提供了许多帮助。如今，高宗武最信任的人，就是他了。

这个黄溯初乃是老日本留学生，与日本人关系很深。他经历比较丰富，早年曾在梁启超手下负责过财政经济事务，后来又自己兴办实业，是近代温州有名的实业家，并在民国时期创办了瓯海医院和温州师范学校。同时，黄溯初既是国民党元老，也是一个爱国诗人，抗战时期他写过几百首气壮山河的爱国诗篇。黄溯初经商的时间比较长，不过后来商场失利，他就长期住在日本，处于半隐居的状态。

此时高宗武特别彷徨，就专程跑到日本长崎晓滨村去拜访黄溯初。黄溯初虽旅居海外，却一直忧心国内战事。他曾为自己"时难不归空许国"而深感惭愧，也曾感叹"世乱他乡何独留"。黄溯初的态度，就是坚持抗日救国。所以，他极力劝高宗武重回国民党阵营，一定不要做汉奸。老先生苦口婆心地劝说，高宗武思想上已经松动了，可他心里顾虑重重，最终并没有爽快表态。

为了挽救这个误入歧途的故人之子，更为了抗日的大局，黄溯初决心策反高宗武。此时，他自己不方便回国，就将此事托付给温州同乡徐寄庼。

徐寄庼是一位著名的金融学者，当时住在上海租界内。要知道当时上海的著名金融名士都很有爱国立场，坚持不当汉奸。徐寄庼收到老友从海外寄来的密信的，也很重视这件事。

不过，徐寄庼自觉能力有限，那么，谁能做好这件事呢？他脑海中出现的第一个人物，自然是沪上大亨杜月笙。

当时杜月笙旅居香港。不过，他在上海的门生可不少，其中徐采丞就是最为活跃的杜门弟子之一。

徐寄庼慎重考虑后，学得通过徐采丞找杜月笙最合适。于是，他专程去见了徐采丞一面，二人密谈一番后，徐寄庼又写了一张字条，请徐采丞带给香港的杜先生。字条上写着："高决反正请速向渝洽。"当时是1939年10月底。徐采丞见过徐寄庼后，意识到事情紧急，就马上赶去香港，向杜月笙汇报。

杜月笙拿着纸条沉思了半晌，最后判定，这件事值得做！

杜月笙以前就与高宗武打过交道。当时高宗武被蒋介石派到香港工作，他却趁机往来于沪港之间，向日本人投降求和。当时香港的《华侨日报》隐隐察觉了高宗武的这些活动，就登报揭露出来。这令高宗武颜面扫地，就扬言要告《华侨日报》。

高宗武是国民党的高级官员，小小的报社哪里惹得起？于是，他们就请杜月笙出面调解。这样，杜月笙就与高宗武见了个面。高宗武心里有鬼，也不敢真的去打官司，就顺着杜月笙的意思，表示不再追究报社的责任了。

杜月笙结合以前对高宗武的认识，仔细分析了一下他的心思。感觉这个高宗武真是报着和平救国的打算，才投靠汪精卫的。他推测，高宗武的本意，应该绝不愿意去做汉奸。这样一来，策反高宗武，应该很容易。若是高宗武出了汪伪阵营，不仅断了汪精卫的一条臂膀，甚至还能将汪精卫与日本人签订的秘密条约带出来。毕竟，高宗武是直接办理日汪交涉事务的人，那些东西对他来说，根本不是秘密。

要是把密约弄出来交给蒋介石，他杜月笙岂不是抗日的头等功臣了！

杜月笙一想到这，就兴奋得直拍大腿。于是，他做出了一个惊人的决定，他将搭乘最近的一班飞机去重庆谒见蒋介石，亲自向他汇报此事。而徐采丞则在香港暂住几日，等着杜月笙带回消息再返回上海。

1939年11月5日，杜月笙从香港直飞重庆，去向蒋介石请示高宗武反正之事。杜月笙谒见最高领袖，必须有人陪同才行。这个陪同人员，身份也很显赫，他是蒋介石的留日同学张群，时任国防最高委员会重庆行营主任，成天不离蒋介石左右。杜月笙经张群引导，晋见蒋介石后，就带着"秘密进行"的指示，立即返港了。

若能将"日汪密约"弄出来，将令全世界震惊！当杜月笙搭乘中国航空公司的飞机返港时，仍激动得心潮澎湃。

不料乐极生悲，飞机飞到半路，竟然遇到了日本的军机。日本人一看是中国的民航，就立即集中火力扫射。民航机被打得上串下跳，狼狈逃奔。幸亏飞机师技术高超，总算成功避过了敌机的轰击。后来日本军机追了一阵子，感觉这个飞机打不下来，就放弃目标飞走了。

杜月笙等人有惊无险，逃过了大劫，按说是非常幸运的。可惜，20世纪30年代的民航飞机，舱内设备很简陋，甚至没有空气调节装置。当飞机上下翻腾的时候，杜月笙被折磨得几乎喘不过气来。后来飞机抵达香港机场，杜月笙是被人用担架抬下来的。

杜月笙大难不死，休养了好几天，才从医院回到杜公馆。不过他只是暂时康复了，病根却永远落下了。

杜月笙还躺在医院时，就把徐采丞叫到跟前，气喘吁吁地交代了两件事：一是邀请黄溯初先生立即来香港见面；二是转告万墨林，只要高宗武反正，就一定要把他的家眷安全护送到香港。

徐采丞领命返沪不久，黄溯初就真的漂洋过海回国了。他一到香港，就去拜访了杜月笙。杜月笙与他详谈了高宗武之事后，也向他介绍了大陆目前的局势。按杜月笙的想法，大陆战火纷飞，黄溯初现在回去太危险了，于是他就好心提出要资助黄溯初赴美。不料黄溯初归心似箭，婉言谢绝了他的好意，毅然回到大陆，后来辗转到达重庆，住进了温州同乡谢侠逊家里，以便随时了解前线战况。

从黄溯初这里，杜月笙收获特别大。高宗武三次赴日的经过，中日密约的谈判地点，参加人选等，他都摸得一清二楚了。当时黄溯初怕说的有遗漏，还特意写了一份详细的报告送给他。有了这份东西，策反高宗武之事就板上钉钉了。

于是，杜月笙拿着报告二度飞往重庆谒见蒋介石。有了上次的突发情况，这次他专门带上了庞京周医生同行。此行非常顺利，杜月笙汇报完毕后，蒋介石就写了一封亲笔信，托杜月笙转交给高宗武，同时他吩咐杜月笙尽快采取行动，以免贻误时机。

杜月笙回到香港后，就立即派最得力的心腹将信送到上海高宗武手中。高宗武见到蒋介石的亲笔信，他一直悬着的心也彻底落到了实处，明确表达了自己重回国民党的意愿。

经过杜月笙的几番奔波，策反高宗武的事情终于圆满成功了。他的下一步任务，就是要帮助高宗武成功离沪。

陶希圣一家虎口脱险

杜月笙两赴重庆谒见蒋介石，又多方周旋，终于成功策反了高宗武。当他全力营救高宗武离沪时，也顺便救出了同样叛离汪精卫阵营的陶希圣，并将陶希圣的一家老小也从敌伪的严密监视下救了出来。

陶希圣原本是个学者，曾在上海大学、上海法政大学、东吴大学等名校讲授法学和政治学。1937年，抗战爆发后，他才挟笔从政，与周佛海一起在武汉创办了"艺文研究会"。从此，他开始写文章分析国际问题，用艺文评论的形式表明国民革命与抗战建国的立场。

陶希圣的评论很有影响，他也由此在1938年担任了第一届国民参政会参政员。不过，周佛海乃是仅次于汪精卫的大汉奸。因着他的影响，陶希圣也站到了汪精卫的阵营里。1938年底，汪精卫从重庆叛逃至越南河内时，陶希圣也跟着去了，并成为了汪伪政权的"股肱大臣"。

1939年8月，陶希圣就任汪伪政权的中央常务委员会委员兼中央宣传部部长。这个职务虽然比较高，却没有太大的实权。他与高宗武一样，感觉前途晦暗不明，并对选择投靠汪精卫充满了悔意。

陶希圣与高宗武私交甚密，高宗武反正之事也没有瞒着他。于是，二人决定一起逃离上海。当杜月笙通过高宗武得知了陶希圣的态度后，也爽快承诺，将全力营救二人及其家属。

1939年底，杜月笙的得意门生徐采丞与高、陶二人取得联系，告知他们离沪之事已经安排妥当了。不过高、陶两人为了表示自己反汪的诚意，决定多留几天。

他们多留几天，确实很有必要。当时汪精卫正在上海与日本人密谈"日支新关系调整要纲"，确定12月29日完成谈判，12月31日举行签字仪式。高、陶二人都是密谈的直接参与者，深谙其中的内幕。他们决定等密约签订后，将文件原本偷出来再逃跑。这份东西，就是他们给国民党中央的献礼，也是揭露汪精卫卖国阴谋的铁证。

高、陶二人愿意冒这样的风险去盗出文件，杜月笙自然非常高兴，他吩咐在上海的所有手下，必须全力配合高、陶二人的行动，并随时准备营救他们。

此时，陶希圣的异常行为，已经引起了汪精卫、周佛海等人的警惕。当时汪精卫举办的"伪国民党全国代表大会"，参加的人并不多。在新成立的中央党部中，只设置了三大机构，即外交、宣传和警卫三个部。陶希圣是宣传部长，汪精卫兼任外交部长，周佛海任警卫主任，李士群和丁默邨为警卫副主任。在1940年元旦前后，就有人悄悄通知陶希圣，说丁默邨正在极斯斐尔路76号的汪伪特务机关大本营里策划暗杀他呢。

陶希圣见形势已经非常紧急，就与高宗武商量尽快离开上海。1940年1月4日，高、陶二人成功盗取"日汪密约"原本后，在杜门弟子的全力护送下顺利逃到了香港。

提起这离沪的经历，还是比较凶险的。陶希圣因不想在卖国条约上签字，就于元旦前后装病在家休养。高宗武就以探病为幌子，上门密商逃跑的事。1月4日上午，高宗武拿着万墨林为他买好的船票，顺利登上了美国轮船"胡佛总统"号。而陶希圣则单独行动，先乘车去南京路国泰饭店，然后在饭店后门乘坐万墨林等人准备好的出租车，赶到黄埔江码头，再顺利上船。

高、陶二人顺利脱险，自然是杜月笙等人费了无数心血才有的成果。相比较而言，陶希圣的夫人和孩子脱险，真算得上是惊心动魄。

原来，为了便于监控，汪精卫夫妇与周佛海、陈公博、陶希圣等几家人都住在愚园路。陶希圣的夫人和5个孩子都留在家里，因而他逃跑就没有引起汪精卫等人的怀疑。

陶希圣离沪前，已经写好了几封信。1月4日中午，他乘坐的轮船已经开到了公海了。陶希圣见自己真正安全了，就在船上发电报给妻子报平安。1月5日清晨，陶夫人拿着那几封信送到汪精卫等人处，令汪、周等人特别惊骇。于是，陶家母子6人就被便衣特务们严密监视起来了。

1月5日一整天，陶家的厨子都被调走了，陶夫人母子连饭都吃不上，幸好3个大点儿的孩子还能正常上学。陶夫人是位很有胆识的女子，她联系不上前来救援的人，就打电话给汪精卫的夫人陈璧君，要求与其见面。

陶夫人见到陈璧君后，就很"诚恳"地与她详谈了一番。陶夫人说自己只是一个相夫教子的乡下妇人，根本不懂丈夫的那些政治事情。不过，她又提醒汪夫人，若是陶希圣打算逃跑，又怎么会留下家眷在上海呢。陈璧君一听，也觉得有些道理。

陶夫人见她神色松动，就趁热打铁，自告奋勇去香港"劝回"丈夫。陈璧君也是个精明人，这个要求她是不会答应的，就敷衍说要看汪精卫的意思。于是，陶夫人又提出，自己只带2个小点儿的孩子去香港，3个大孩子都留在上海。这下陈璧君总算动心了，她立即去找汪精卫商量。

汪精卫坚持不让陶希圣的家属离沪。恰好这时仆人送来一封陶希圣的亲笔信，说若汪精卫不保全他的家眷，他就要走极端。这下汪精卫可慌了手脚，赶紧派人护送陶夫人和2个孩子上船去香港。

连哄带吓，陶希圣的家眷总算逃出了3人，可还有3个孩子留在上海，这令陶家人忧心忡忡。这下，只能靠杜月笙出马了。

救孩子的事情，杜月笙早与陶希圣商量好了。陶夫人一抵港，就立即发电报给汪精卫的夫人陈璧君，上面写着："希圣好，可偕返上海。"以此来令汪精卫等人放松对陶家3个孩子的监控。

汪精卫成立伪政权后，事务也非常多，哪有精力一天到晚盯着陶家的几个孩子。陶夫人的电报一到，他的心就放下了大半，于是，又把注意力放在别的事情上去了。当时像他一样成立伪组织的还不少，王克敏在北平成立了"华北临时政府"，梁鸿志在南京成立了"维新政府"。三大伪政权都要争利益，于是日本人决定在青岛召开三方面会议，协调三方利益。因此，汪精卫就带着几个心腹去青岛开会去了。

汪精卫离开上海后，监视陶家人的特务也松懈下来，正好给杜月笙救人制造了最佳机会。

此时陶公馆门前正在修路，整日机器轰鸣，尘土飞扬。于是，陶家的公子小姐们，就以此为借口，到姑母家小住几日，这位亲戚就住在沪西，几个孩子去那里住，也合情合理。

陶家子女离开了监控严密的愚园路，万墨林等人行动起来就比较方便了。万墨林原来住在法租界华格桌路杜公馆里，上海沦陷后，他就搬进了杜美路的那幢大厦去住。大厦旁边，正好有个煤球厂。厂子里煤尘弥漫，即使是对面的人，也不易看清面孔，这正好便于万墨林行事。

一日早上，陶家3个孩子照常乘车去上学，几个特务们也照常开车跟随。不料3个孩子被送到煤球厂后，就消失了踪影。原来，他们分乘3辆车，驶向不同的方向，最后都到了轮船码头。

按照事先的约定，孩子们装作互不相识，各自上船，即使有1个被抓住，其他人也不能关照。幸运的是，3个孩子都成功登上了意大利邮轮。直到邮轮开到公海上，孩子们才重聚到一起。

1940年1月20日，陶家的3个孩子顺利抵达香港，与父母弟妹团聚。1月21日，没有了后顾之忧的陶希圣就在香港公布了"日汪密约"。

"日汪密约"公布

在1940年1月发生的"高陶事件"中，杜月笙是一个举足轻重的幕后英雄。他费尽心思，出动庞大的门生弟子团来做这件事情，其目的，不仅是要策反高、陶二人，更要得到那份极端机密的"日汪密约"。

1940年1月4日,高宗武和陶希圣逃离上海时,根本不敢携带那份极端机密的文件。这份东西,由高宗武的内弟沈稚泰拍摄成底片,交给了高宗武的夫人秘密收藏起来。后来高夫人被杜月笙的手下安全护送到香港,这份底片也随着她顺利到了香港。

高宗武夫妇将底片一共冲洗了两份,一份送到重庆国民党中央,一份经由他们夫妻共同署名后,交到了杜月笙手里,再由杜月笙转交给国民党中央通讯社发表。只要这份文件发表出来,杜月笙立的这个大功就算圆满了。不料,临发表前,居然又出了点波折。

这么重要的东西,中央通讯社自然非常重视,因此,在发表之前,他们慎重检查了好几遍。这么一细查,还真发现了一些问题。原来"密约"全文的前面,高宗武写了几百字的序言,用以介绍获取密约的经过。这样做本来是更有力的佐证,可中央通讯社特别谨慎,指出上面没有加盖高宗武的图章,缺乏可信度,而且文件前面加个人序言,有些不妥,不合手续。

高宗武夫妇得知后,不禁愕然。他们冒着生命危险带出这份文件,逃离上海时又特别仓促,根本顾不上携带图章。高氏夫妇的解释通讯社并不认可,依旧在图章问题上纠缠。结果双方就僵持起来了,高宗武满腔热忱的反正,遇上这样的事,心都要凉了。杜月笙见再这样下去,可能会弄出大麻烦来,就赶紧想办法。

杜月笙仔细考虑了一下,认为这事若请示重庆方面,可能会贻误时机,只能在香港就地解决此事。当时国民党在港的最高级官员就是吴铁城,也是杜月笙的老熟人。找他出面,再合适不过了。

这一次,杜月笙可没去和老朋友攀交情。他要了一个噱头,叫上一两个心腹,在吴铁城面前导演了一出好戏。

这天晚上,杜月笙正在吴公馆与吴铁城闲聊,就有两个人来找杜月笙。他们满带怒容,扬言受高宗武所托,要把全部文件都收回。杜月笙装模作样地安抚了几句,可两人根本不听,一再要求杜月笙把文件还给他们。杜月笙只好为难地看着吴铁城,这下吴铁城可急坏了,赶紧亲自给中央通讯社打电话,嘱咐他们将序言和密约全部照发。

杜月笙小露一手,就轻松达到了目的。

1940年1月21日,"日支新关系调整要纲"暨附件全文的摄影全份,在国民党中央通讯社发表。此文件一经登出,就成了轰动全世界的大新闻。

1月22日,香港《大公报》刊登了高宗武、陶希圣致该报的信,以及"日支新关系调整要纲"全文。同一天,重庆、昆明、上海等地及国外的许多报纸,都全文刊载了汪精卫的这个卖国条约。

当密约内容被媒体公开披露后,全体中国同胞都认清了汪精卫的卖国贼嘴脸,也看透了日本人企图灭亡中国的狼子野心。即使以前被汪精卫蒙蔽、对日本人还抱有一丝幻想的人,如今也彻底清醒了。中国人坚持抗战的决心,比以前更加坚定了。

公布"日汪密约"的影响是深远的。因为它,国民党的抗日态度也更加积极了。1月23日,蒋介石发表了《"日汪密约"告全国军民书》和《告友邦人士书》,呼吁全国上下团结一致,抵御日本侵略者,也呼吁国际社会支持中国人民的抗日战争。

此时,欧美各国对中日之战的态度明显积极起来。他们认清了日本侵华的野心后,纷纷发表声明,表示要维护《九国公约》,绝不承认汪精卫的伪政权。

1940年2月13日,美国国会通过了一份对华贷款3000万美元的提案。3月7日,美国联邦进出口银行决定向中国提供2000万美元贷款。除了经济支持外,美、英、法等国也从欧洲战场抽调兵力,增强了远东地区的防务力量。

最狼狈的自然就是汪精卫等人了。其实高宗武等人公布的"日汪密约",并不是原文。当时汪伪政权与日本人密谈,戒备森严,连一张小纸条也不能从会场带出来。不过高宗武全程参与了密谈,他每天回去后,就根据记忆,将内容一条一条地写下来,所以内容与原文完全一样。汪伪特务能监视高、陶的行踪,却监控不了他们的大脑。这也是密约能被轻易"偷走"的原因。

当密约内容通过媒体昭告天下时,汪精卫、周佛海等人正在青岛开会。在日本人的领导下,汪精卫、王克敏、梁鸿志等三个伪政权的首脑人物聚到一起,商讨合并事宜。三方为了各自的利益,讨论得异常热烈。这时,密约曝光的消息突然传来。汪精卫的脸色难看到极点,几乎说不出话来。周佛海则抱头大哭起来，连呼"我对不起你们"。

负责主持会议的日本人，有犬养健、矢野合清水等。犬养健这个专业特务，此时也不得不佩服高宗武的能耐。战后犬养健出版了一本回忆录，名为《长江还在流着》，书中提到这样一句："高宗武等，此次殊表现其国际大间谍之最高技能，因而使得对方的周佛海，不能不为之大哭。"

由此可见，日本人当时也无可奈何。他们已经成了全世界的公敌，战争形势对他们越来越不利了。因此，他们不仅不能怪罪汪精卫等人办事不力，还要抚慰这些汉奸，竭力维持住傀儡政权。不过，经此一事，汪伪政权就彻底成不了气候了。

密约公布后，高宗武和陶希圣都站到了舆论的风尖浪口上。上海极斯斐尔路76号、汪伪政府的特务机关大本营派出大批特务赴香港暗杀高、陶二人。保护高、陶二人的安全，就成了杜月笙的又一责任。

此时，高、陶二人想法不一。高宗武原来与蒋介石非常亲近，如今回去觉得比较尴尬，再加上图章事件，他感觉国民党已经不再信任自己了，就决定去美国留学深造。赴美的护照及手续等，都是杜月笙为他办好的。对杜月笙的多次相助，高宗武特别感激。在得知杜月笙高空遇险得了气喘病后，他更是愧疚难安。高宗武到美国后，曾为杜月笙四处寻访名医，并经常邮寄药品。他与杜月笙的联系一直没有断过。1949年，国民党撤退到台湾，杜月笙一直为自己的去向而苦恼。高宗武专门从美国跑到日本，寻到了一处适合气喘病人居住的地方，然后就劝杜月笙一家迁居日本。杜月笙最终去了香港。杜月笙病逝时，高宗武悲痛万分，特意请好友李毓田代为吊丧。杜月笙的骸骨最后在台湾入土为安，而高宗武62岁时又专程赴台，到杜月笙墓前致哀。这些虽是后话，但足以证明杜月笙对高宗武的影响之深。

与高宗武避居海外，不问政事相反，陶希圣则真正又回到了国民党政府中，他后来还到委员长侍从室工作，蒋介石发表的《中国之命运》一文，就是他起草的。1949年，蒋介石跑去台湾时，陶希圣也跟着去了，直到70岁才退出政坛。

陶希圣住在香港期间，由杜月笙的人严密保护起来。当时他所住的九龙根德道，只有唯一的一条马路贯通。每天这条路上都有各式各样的人穿梭，这些人，就是杜月笙派来的保护者。陶希圣一家的日常饮食，从购买到端上餐桌，都是陶夫人亲自动手。汪伪特务们想暗杀、下毒都没有机会。

于是，特务们把主意打到杜公馆，准备等陶希圣到杜公馆赴宴的时候下手。可能是汪伪政府太不得人心，那个奉命杀陶希圣的特务，竟然直接跑到杜公馆，将自己的任务报告给杜月笙。

密约曝光，高、陶二人又杀不了，以致汪精卫对杜月笙恨之入骨。因此，他将暗杀的重点目标，换成了杜月笙。负责执行这个任务的，就是76号的特务头子李士群。

李士群乃是民国十大汉奸之一，时任汪伪特工总部副主任，是个很阴险奸诈的角色。他专程跑到广州坐镇，派杀手去香港暗杀杜月笙。可惜杜月笙的防范措施做得特别好，杀手根本找不好下手机会，只好悻悻地回去复命。

汪精卫见杀不了杜月笙，心里实在咽不下这口气，就又派人赴港，向香港警署告密，说杜月笙是"流氓"，希望香港当局将他驱逐出境。

杜月笙耳目众多，多少听到了一点风声，不过他并没有将这点小事放在心上。谁知过了几天，香港警方真的跑到杜公馆来搜查了。杜月笙这才意识到情况不妙，就赶紧找老友王新衡想办法。

王新衡是国民党派到香港区的区长，他派人出去一查探，才知道就是汪精卫搞的鬼。于是，王新衡就与杜月笙商议，干脆将这件事闹大，让香港总督也知道。当时香港是英国人的殖民地，总督都是英国人。汪精卫在国际上很不得人心，香港总督若是知道了，肯定不会容许他在自己的地盘上捣鬼了。

王、杜二人商议后，又将俞鸿钧找过来。俞鸿钧任上海市长时，曾招待过香港总督，两人关系还不错。三个人一讨论，最后就有俞鸿钧出面，向港督送上了一份备忘录。上面说明杜月笙是中国政府的高级官员，著名的社会领袖，现任国民政府赈济委员会的常务委员，还是中国红十字会的副会长，中国交通银行的常务董事……俞鸿钧向港督介绍了杜月笙的众多头衔，港督哪敢怠慢这样的人物，就立即下令停止搜查，并亲自上门道歉，同时还表示以后绝不会发生同类事情。

汪精卫的报复就这样失败了。此后直到1944年汪精卫病逝，虽然他一再找杜月笙的麻烦，但一次也没有得逞过。

万墨林被抓

杜月笙在香港遥控着上海的地下抗日工作，对汪伪政权给予了沉重打击，为抗日做出了巨大贡献。汪伪特务将杜月笙视为心腹大患，自然也想尽办法破坏他的抗日活动。抓捕万墨林就是汪伪特务们打击杜月笙的一个重要手段。

由于各种抗日活动都少不了杜月笙的参与，所以作为他左右手的万墨林，也是各项活动中不可或缺的重要角色。尤其是在上海，杜月笙不在，所有的事情都由万墨林负责。

汪伪特务盯上他，是理所当然的。万墨林被抓，也并不值得奇怪。只是在他被抓时，杜月笙等人正忙得不可开交，所以被这个变故打击得措手不及。

万墨林是1940年12月被抓的，这一年来，杜月笙所做的事情，都是轰轰烈烈的。

1940年1月发生的高陶事件，令"日汪密约"曝光，从而激起了全国人民团结抗战的决心。看到这样的景象，军统局长戴笠就有了一个新的构想，他想把所有帮派的会员都组织起来，组建成一个庞大的抗日团体。要知道，像青帮、红帮这样的大帮派，不仅会员人数多，而且分布范围广，世界各地都有，若是将他们的力量集中起来，实力绝对不可小觑。

戴笠的这个想法，自然要经过杜月笙才能实现。杜月笙听了他的话后，也认为此事可行。于是，二人一拍即合，再度携手。

召集帮派，当然要杜月笙出面了。而杜月笙人在香港，所以他们就决定先在香港办一次宴会，将在港的青红帮骨干都聚集到一起。

1940年夏，由国民党在港的最高级官员吴铁城发帖，将香港红帮大佬梅光培、沪上青帮大佬杜月笙等人都邀请过来。众多帮派头面人物齐聚一堂，在觥筹交错间，就商定出了一个大计划——成立"中国民国人民行动委员会"。

杜月笙与戴笠在香港初战告捷后，信心倍增，立即开始着手召集全国的帮派领袖到重庆聚会。要将三山五岳的龙头老大都聚到一起，肯定需要花点时间。于是，杜月笙去重庆的时间就比较充裕了。有了气喘病后，他就不愿意坐飞机了。这次时间多，就轻轻松松地走河内、昆明到达重庆。

杜月笙在路上花的时间多，所以众多龙头、寨主们都早于他到了重庆。杜月笙一到，"人民行动委员会"成立大会就正式开始了。虽然帮派队伍比较杂乱，但青红帮名气最大，所以最后当上"绿林总舵主"的还是杜月笙。

此后，杜月笙这位总帮主就领导人民行动委员会进行各种抗日活动。帮会弟兄人多势众，为国家做了不少有用的事情。比如协助政府推行兵役、组织各地的劝募活动、打游击战等。他们做得最轰动的一件事，是一次捐献了20架飞机。

这一次，杜月笙在重庆呆的时间比较长，他的工作进展非常顺利。正当他志得意满时，却传来消息说万墨林被捕了，而且正遭受着酷刑折磨。万墨林不仅是他的左右手，更是知道许多机密的人。若是万墨林撑不住，将秘密泄露出去，那后果将不堪设想。于是，杜月笙和戴笠火速赶回香港，准备营救万墨林。

万墨林被捕，与杜月笙这段时间的活动有直接关系。

1940年11月19日，汪精卫筹建的伪政权得到日本人的正式认可。于是，他们共同发表了日、"满"、"华"共同宣言，宣布南京汪伪政府成立。

为了壮大声势，汪精卫特意邀请了德、意、日三个法西斯国家的驻沪外交官、侨领、使馆人员等近百人，参加"还都庆典"。这批人在数百名日军、伪军的护卫下，从上海乘坐专列前往南京。

当时杜月笙与戴笠正领导着帮会兄弟们开展抗日活动，听得这样的消息，自然不能放过打击汪伪的大好机会了，就决定炸掉这趟专车。戴笠手下有一支武装队，叫"忠义救国军"，它其实就是当初的苏浙别动队余部改编的，其中不少人就是杜月笙的徒子徒孙。炸车的任务，就是他们去执行的。

当满载汪伪贵宾的列车行驶到浒墅关时，上海忠义救国军的地下工作者詹宗象与薛尧二人就引爆了炸药。在一阵惊天巨响之后，列车全部被炸毁，车上死伤数百人。杜月笙得到捷报，还与戴笠好好庆贺了一番。

专列爆炸的消息传到南京，汪精卫颜面尽失，对那些地下工作者恨之入骨，对杜月笙，更是恨不得食其肉，寝其皮。同时，汪精卫也暗暗责怪警卫主任周佛海的工作不力，决定亲自领导特工工作。因此，他撤销了"特工委员会"，然后在自己的"军事委员会"名下设立了一个"调查统计部"，这实际就是将特工大权揽到了自己手中。此后，特工行动，都由李士群具体去负责。

李士群是个很厉害的角色，策划刺杀杜月笙未遂后，他就总结了经验教训，认为是杜月笙的手下太强悍，才令杀手找不到机会。这一次，李士群手握大权，就使出浑身解数来对付杜氏门徒及与之相关的人员。

在李士群的指挥下，汪伪特务的业绩非常"显赫"。重庆和共产党在沪的地下工作者、忠义救国军的骨干、杜门的相关人等，纷纷陷入了极斯斐尔路76号的汪伪特务机关大本营。在特务们的残酷折磨下，部分意志薄弱的人就做了叛徒。

李士群见杜月笙利用帮会能遥控整个上海滩，也想效仿。可惜，上海的青帮头面人物都只听杜月笙的，李士群使唤不了这些大佬，只好将一个次等角色拉过来。这个人叫吴四宝，是杜月笙好友季云卿的司机，也是杜氏门徒中的小角色。李士群与他结拜为兄弟，然后把他哄进76号当了"警卫大队长"。

刺杀杜月笙，一直是汪精卫派给李士群的任务。如今李士群已经做好了一些准备，决定开始行动了。不过这次他行动的第一步，不是派出杀手，而是设计抓捕杜公馆的大管家万墨林。

1940年12月21日，三青团上海支团部干事长吴绍澍手下的情报员朱文龙，通过秘密电台联络万墨林，请他传递一项"重要情报"。这个朱文龙，早已被李士群收买了，联络万墨林，就是要诱捕他。在上海沦陷后，万墨林就成了上海各方抗日组织的总交通站长。他成功处理过许多事情，为人非常机敏。朱文龙联络了他两次，都没把他引出来。直到第三次联络，万墨林才出来，二人将接头地点定在国际大饭店前门，这里是英国人的地盘。

21日下午4点左右，万墨林刚与朱文龙接上头，就被几个彪形大汉绑走了。他曾向附近站岗的美国宪兵呼救，可绑架他的人拿出英租界准予缉拿的许可证，美国人也无法，只能眼睁睁地看着他被带走。

万墨林被带到76号后，遭受了严刑拷打。特务们什么手段都使尽了，可万墨林是个有骨气的人，一个字也没招出来。

戴笠是军统局长，自然很清楚特务有多少手段，他很担心万墨林的情况。杜月笙更是忧心如焚，若万墨林没了，他在上海的势力将大受影响。同时，戴、杜二人最担心的，还是万墨林泄密，那几乎能使全上海的地下工作站被摧毁。76号是汪伪的特务老巢，戒备森严，就是杜月笙要杀人灭口，也没有机会。所以，在万墨林泄密前将他救出来，是唯一的办法。

可如何能从汪伪特务大本营把人救出来呢？

汪精卫对他恨之入骨，李士群又是负责暗杀他的特务头子，所以杜月笙想从汪伪政权高层托关系可没门路。好在他还有一个得力弟子徐采丞与日本人关系密切。杜月笙就亲自打电话给他，再三叮嘱他一定要在日本人身上下功夫，逼迫76号放人。同时，杜月笙也通知所有在沪的恒社成员，一定要全力营救万墨林。

杜月笙做完这些事后，感觉希望还是渺茫。而万墨林又必须尽快救出来，这件事还是要到汪伪高层去拉关系。他得知汪精卫夺了周佛海的特工领导权后，就马上决定从周佛海身上找机会。

杜月笙不便出面，就与钱新之一起去请周佛海的老相识李北涛帮忙。李北涛只需要跑跑腿就行了，自然愿意卖杜先生一个人情。于是，李北涛携带着杜月笙准备的厚礼，专程去南京拜访了周佛海。

周佛海根本没有任何政治立场，他所做的一切，也都是为了自己的私利。如今李北涛携厚礼上门，又软硬兼施地转告了一番杜月笙的话，他的心思就活动开了。加上周佛海也感觉出汪伪政权坚持不了多久，而杜月笙在上海势力那么大，他就是不要抓地下工作者的那份功劳，也得卖杜月笙一个面子，好为自己留条后路。所以，周佛海满口应承下来，并马上打电话到上海76号特务营，要求保全万墨林的性命，并予以善待。

当李北涛离开南京时，万墨林已经在周佛海的斡旋下转押到了四马路总巡捕房的监牢。这个地方，可比特务营强多了。总巡捕房的督察长刘绍奎是戴笠的直接下属，与杜门也很有关系。万墨林在这里过得比较舒服，只是没有自由罢了。

李北涛得知万墨林的事情已有转机后，就决定帮忙帮到底。他留在上海，准备买通日本人，把万墨林偷送到香港去。不想他的计划被周佛海知道了，周佛海虽然答应帮忙，可若是万墨林跑了，他也没法向汪精卫交代。

于是，周佛海一个电话，将万墨林又弄回了76号。不过，周佛海承诺，一定优待万墨林，等时机成熟，就送他出去。此后，杜月笙的人再怎么走关系，也没法将万墨林弄出来。不过万墨林也没再受过拷打，只是出不来。周佛海要这个手段，可谓两边都讨好。汪精卫不能找他的麻烦，杜月笙救不出人来也要感激他。

万墨林被关了近半年，杜月笙等人一直在设法营救。直到1941年5月，杜月笙听闻国会议员金鼎勋与日本高层关系密切，就马上叫徐采丞去请他帮忙。徐采丞叫上几个颇有身份的朋友一起到金鼎勋府上去说情，金鼎勋果然爽快答应帮忙。

一日，金鼎勋去找日本兴亚院的高等参谋冈田和日本巨商坂田二人，向他们陈说杜月笙在上海的巨大价值，汪精卫抓了他的亲信实在不太明智。冈田和坂田考虑了一下，也认为得罪杜月笙弊大于利，于是，就向汪伪政府施压，要他们放了万墨林。兴亚院是日本的决策机构，汪伪政府哪里敢得罪，只好将万墨林安然无恙地放了出来。

杜月笙等人营救万墨林的行动，历时半年多，终于大功告成了。

中储券血案

抗战初期，沦陷区的金融业特别混乱。汪伪政府发行的"中储券"和国民党政府的"法币"，同时在市场上流通。两者在竞争中发生尖锐冲突，以致引发了一波又一波的血案。最后双方都杀红了眼，没法收手，还是杜月笙出面，才平息了这场银行界的大屠杀。

"中储券"即"宁钞"，是汪伪政权在沦陷区发行的货币。"中储券"发行前，市面上流通的货币已经种类繁多了。其中比较重要的，除了国民党政府发行的"法币"外，南京和北平的两个伪政府、日军侵略军也发行了货币，它们分别称之为"华兴券"、"银联票"和"军用票"。

"华兴券"是梁鸿志的南京伪维新政府发行的。1939年5月16日，伪维新政权在南京成立了"华兴商业银行"。"华兴券"就是这个伪国家银行发行的。它虽然成功在市面上流通，但信用太低，只能打个九折或八折来使用，而且它并没有流通多长时间，就宣告停用了。

"银联票"是王克敏的华北"临时政府"发行的。王克敏早年曾任中国实业银行行长、国民党政府财政总长兼盐务署长、北平政务委员会委员。华北沦陷后，王克敏就成立了汉奸政权，并通过伪国家银行"中国联合准备银行"发行了"银联票"。这种钞票主要在华北沦陷区流通，是伪政府强行发行的。

"军用票"则是日本侵略军在中国沦陷区发行的一种"军用钞票"，它可以购买市场上的各种用品，币值与日元相等，不过只在中国流通。

1940年11月19日，汪精卫的伪国民政府在南京成立后，就将发行货币当做首要任务来抓。1941年1月6日，汪伪财政部长周佛海与日本顾问一起成立了"中央储备银行"，发行"中储券"。无论是"华兴券"、"银联票"，还是"中储券"，其发行目的，都是要配合日本侵略者，加强对沦陷区人民的经济掠夺。而"军用票"自然就是日本军队直接掠夺中国人民的一种工具。

汪伪的"中央储备银行"成立不久，就在上海设立了分行，将推行"中储券"的重心放在上海这座中国第一大都市。

上海沦陷初期，在币制上基本没有什么变化，市场上流通的钞票都是国民党政府的"法币"。它们由国民党中央银行、交通银行、农民银行3个大银行和中南、通商、浙兴、四明4个小银行发行。"中储券"流入上海时，国民党的中央、中国、交通和农民四大银行的上海分行都在租界内正常营业。

"中储券"一面世，就遭到了整个上海金融工商界及全体上海市民的强烈抵制。当时，上海的银行钱业公所发表声明，拒绝与"中储行"的任何业务往来；所有商店、公司也统一拒绝使用"中储券"；就是菜市场上的小商贩，也不收"中储券"。

为了推行"中储券"，汪伪政府决定采用武力。在汪伪警政部长兼特工部长李士群的指挥下，大批全副武装的特务带上"中储券"，奔赴全上海的各大小公司、商店等处购买货物。若是店员拒收"中储券"，黑洞洞的枪口就顶到脑门上了。与此同时，黄埔滩上的各银行、钱庄也收到了汪伪"特工总部"的恐吓信。他们若是不接受"中储券"，马上就会有暴徒上门捣乱。在这样的暴力推行下，"中储券"终于在上海流通开来，并逐渐占据了上海市场。

汪伪的这一行径，严重威胁到国民党政府的"法币"地位。眼看着法币被挤出上海市场，重庆方面就密令戴笠的军统局采取行动，以对抗汪伪政权。于是，军统局上海行动小组受命出击，暗杀"中储行"的主要人物，以阻止"中储券"的发行和流通。

上海行动小组暗杀的第一个目标，就是季翔卿。他是汪伪"财政部长"周佛海的直接下属，时任"中储行"上海分行专员兼驻沪推销主任，专门负责"中储券"在上海的发行工作。季翔卿肩负"特殊使命"，汪伪特务对他的保护特别严密。军统几次找机会下手，都没有成功。

1941年1月30日，是季翔卿干女儿的生日，他要去参加生日聚会，这下军统特工可等到了下手机会。这天上午8点左右，季翔卿从法租界恺自迩路（今金陵中路）芝兰坊7号走出来，刚准备坐上自家的小汽车，就有两个军统特务窜出来，对着他连开数枪。季翔卿的太阳穴被击中，连眼镜都飞出去老远，当场就气绝身亡了。

季翔卿被杀的消息传到了李士群的耳中，他气得暴跳如雷。不过还没等他有所防备，军统特工的第二次行动又开始了。

2月20日上午10点左右，"中储行"上海分行的营业大厅遭到两颗手榴弹袭击。在短短的两三分钟里，就有数十名银行职员、保镖等，或死或伤。这一切，都是3个军统特工干的。

"中储行"发生血案后，大批日本宪兵和租界警务处的人员都四处搜索，捉拿凶手。不过这件案子是谁做的，他们心里都很清楚。这凶手根本没法抓，他们只能做做样子，安抚一下人心而已。

此案之后没几天，军统又开始了第三次行动。在短短的20天里，就有数位"中储行"上海分行的重要成员被杀，包括"中储行"上海分行设计科长楼侗、"中储行"上海分行帮办总会计卢杰、"财政部"科员冯德培、稽核科主任万鼎模等。

此事对"中储行"造成了沉重打击。许多职员都吓破了胆，根本不敢去上班；而银行的业务更是糟糕，几乎到了关门倒闭的地步。"财政部长"周佛海也气得直跳脚，亲自将特务头子李士群等人召集过来，商议解困办法。

在76号特工的保驾护航下，"中储行"上海分行竟然接连遭到这样的厄运，李士群早就满腹怒火了。于是，他向周佛海建议，要对军统特工"以血还血，以牙还牙"。

1941年3月21日夜里11点多钟，正是大部分人沉入梦乡的时候，76号汪伪特工大本营里却灯火辉煌。随着李士群的一声令下，一大批全副武装的特务分乘两辆汽车，开赴法租界霞飞路1411弄10号的江苏农业银行宿舍。

看门的茶房以为是法租界的巡捕来检查，就毫无防备地打开了大铁门，不料闯进来的竟然是一群冷血的杀手。茶房及宿舍里的11名银行职员被拖到一起，遭乱枪扫射而亡。等租界巡捕闻讯赶来，凶手早已逃之夭夭了。

3月22日凌晨3点多，76号的"警卫队长"吴四宝带着另外一批特务坐上两辆汽车，闯入了沪西极司菲尔路（今万航渡路）96号的中国银行职员宿舍。这里的一百八十多名银行员工都被抓进了76号魔窟。到了早上，这些人质又被转移了地方关押起来。汪伪特工对他们进行百般折磨，甚至还采用抽签的方式，将人质分成3人一组，抽到的3人会被拉出去一起枪毙。

江苏农业银行和中国银行，一夜之间遭此大劫，几乎引起了沪上的地震，整个上海商业都陷入了混乱中。而正杀到兴头上的汪伪特工，仍不肯罢手，他们又把黑手对准了中央银行的驻沪机构。

3月24日，李士群专门命76号特工总部的化验室主任制作了2颗定时炸弹，分别投放到了法租界亚尔培路（今陕西南路）逸园跑狗场和公共租界白克路（今凤阳路）上的中央银行驻沪办事机构。随着两声巨响，中央银行驻沪的两个办事处被炸得惨不忍睹，职员伤亡惨重。

周佛海、李士群等人得报后，得意洋洋，而戴笠等人闻讯后，气得暴跳如雷。于是，军统又开始对汪伪银行施以报复。

此时"中储行"的高级职员都被汪伪特工严密保护起来了，不过百密必有一疏，军统总会找到下手的机会。一天深夜，在静安专路戈登路（今南京西路江宁路）口大华医院的头等病房里，就发生了一起血案。正在这里养病的"中储行"上海分行业务科长被3个军统特工用斧头活活砍死了，死状非常恐怖。

这一次气得直跳脚的，是周佛海等人。于是，他们再一次对军统"以血还血"。

一日，汪伪特工又"光临"了沪西极司菲尔路（今万航渡路）96号的"中行别业"，抓走了中国银行的部分高级职员，并挑出其中职位比较高的3人枪毙了。汪伪特工这一次行动就在光天化日、众目睽睽之下，他们杀人后的第二天，汪伪的《中华日报》还刊出了这样的大标题："以三抵一，信守诺言！"

军统特工自然继续报复，与汪伪特工你来我往，双方都不甘示弱。这场特工战，使得上海的金融界如同遭遇了12级地震。数场血案之后，国民党和汪伪的银行职员都人人自危，宁可丢掉饭碗，也不愿意出家门了。一时间，整个上海滩，谈起"银行"二字人人色变。

这场恶斗无休无止，其实对国民党和汪伪都不利。其中国民政府的损失更大一些，毕竟沪上金融界的根基是国民党的银行。若是两方银行同归于尽，戴笠也无法向蒋介石交代，可这件事如何摆平呢？戴笠思忖良久，觉得还是要请杜月笙出面才行。

在香港九龙柯土甸道的杜公馆里，戴笠将自己的烦心事告诉了老朋友杜月笙。戴局长登门，绝对不会只想诉个苦，杜月笙不用多想也明白他的心思，就爽快答应帮这个忙。只要杜月笙开了口，这件事就一定能办成。戴笠得了这个承诺，松了一大口气。

杜月笙人在香港，可在上海的眼线特别多，所以上海发生的一切，他都清清楚楚。要想摆平这件事，其实就是要军统和汪伪两方特务达成协议，都不再屠杀对方的银行职员。戴笠这边不用担心，而汪伪那边，就要找个合适的人选了。杜月笙与李士群没什么交情，不过李士群手下的"警卫大队长"吴四宝却与杜门中人有莫大的关系。吴四宝就是最合适的中间人。

吴四宝也是杜月笙的门生，只不过是个末流小角色。杜月笙的门生太多，能入他眼的毕竟是少数，像吴四宝这样的，连杜公馆的门都进不去。吴四宝以前是杜月笙好友季云卿的司机，他曾千方百计地巴结上杜月笙的一个心腹弟子高兰生。高兰生绰号"花会大王"，吴四宝想通过他结识杜月笙，以便提高自己在帮会中的地位。不料吴四宝拍马屁拍得不好，杜月笙并不喜欢他。所以，他碰了一鼻子灰后，只好老老实实的做小弟，虽然他心里对杜月笙有些怨恨，但更多的却是对杜老板这种大人物的羡慕。

上海沦陷了，吴四宝风光起来。汪伪特务头子李士群拉拢不到杜月笙的骨干弟子，就将他拉进了76号，还封他为"警卫大队长"。吴四宝发迹后，曾试图在上海滩上抢杜月笙的地盘，不过他发现杜老板人不在上海，势力却仍然相当大，他根本惹不起，只好放弃了这个念头。

杜月笙派去找吴四宝的人，就是"花会大王"高兰生。吴四宝对杜月笙又恨又怕又崇拜，当高兰生奉杜月笙之命来请他办事时，他又觉得倍感荣幸，仿佛身价都高了不少。另外，吴四宝当了这个汉奸警卫队长，也担心风水轮流转，汪伪政权垮台，他就遭殃了，因此，他一定要为自己留一条后路。于是，杜先生吩咐的事情，吴四宝自然要马不停蹄地去办。

当初李士群拉吴四宝下水时，就与他结拜为兄弟了。所以，吴四宝就带着杜月笙下达的任务，直接去找这个把兄弟。他本以为自己要费尽九牛二虎之力才能劝服这位兄弟，没想到李士群答应得异常爽快。原来李士群也有自己的小算盘，他见汪伪政权不景气，也想给自己留条后路。上海是杜月笙的地盘，若是以后杜老板重返上海滩，肯定会对看不顺眼的人下手，他李士群可不希望成为杜月笙的敌人。再说，这场特工大战，对汪伪政权的打击也很大，周佛海等人也早就有收手的心思了。所以，吴四宝当这个中间人，李士群正好借机休战。

吴四宝游说成功后，就专门派了一个心腹去香港，直接向杜月笙汇报，以便邀功讨好。杜月笙最会做人，自然大大嘉奖了他一番。于是，在杜月笙的调停下，军统和汪伪特工总部都发出了停止行动的命令，一场惨烈的银行血战终于结束了。

第二十三章

铁血除奸，大义灭亲

上海除奸行动

当汪伪政府与日本侵略者勾结，在上海滩上四处拖人下水当汉奸时，国民党政府也采取了行动。这就是由戴笠的军统局去暗杀那些身份显赫的汉奸和日本人。在这场除奸行动中，杜月笙又一次扮演了举足轻重的角色。

军统局驻沪工作站地位非常高，它直属于军事调查统计局，由军统局长戴笠亲自指挥其情报工作的"行动"部分。戴笠要在上海开展除奸行动，自然要与杜月笙合作了。两人商量一番后，就决定成立一个"行动小组"。虽然军统局上海站的站长周道三精明能干，但戴笠认为还应该再有一位杜月笙的人加入，有了杜门的势力，行动开展起来就会更加顺利。于是，陈默就在杜月笙的推荐下加入了军统局。

陈默乃是杜月笙的得意门生之一。既然杜先生推荐他入军统，他自然有过人之处。陈默曾受训于军校高校班，在抗战爆发前任上海警备司令部稽查处经济组组长。他既有军事训练的底子，拳脚枪法比顾嘉棠等人更出色，又有精明的大脑，思维敏捷且缜密。他去当特工，的确再合适不过了。杜月笙看人一向特别准，这次也不例外，陈默加入军统不久，就成了军统中的核心人员之一。

陈默于1937年底加入军统，他第一次执行任务，就完成得非常漂亮。1938年1月14日，上海两特区法院院长范罡在威海卫路155弄20号的自家门口被一颗突然飞来的子弹击中，当场毙命。范罡是著名的"强盗律师"，即专门为强盗开脱罪名的，享誉上海滩已经十多年了，因此他遇刺身亡的消息引起了巨大的轰动。第二天，上海的各大报纸就刊载了此事，甚至还加了评论，说刺客的暗杀手法干净利落。这个刺客就是陈默。

陈默初战告捷，令戴笠非常满意。此后，陈默就成了上海除奸行动小组的负责人。他领导行动小组与忠义救国军老干部密切合作，对汪伪政权给予了沉重的打击。

为了配合陈默等人的行动，杜月笙还派出了另外两位心腹爱将从旁协助。一位是徐采丞，因他与日本梅机关交往密切，于是就由他在上海设立秘密电台，负责沪港两地的联络，直接向杜月笙汇报各项工作。另一位就是杜公馆的大管家万墨林，他专门负责与上海的所有地下工作者联络。虽然万墨林智勇双全，但杜月笙还担心他不了解地下工作的特殊性，就专门将他召到香港，由军统特工对他进行了为期一周的临时特训。万墨林返回上海后，对地下总联络员的工作游刃有余。

有了众多精兵强将的加盟，上海除奸行动小组取得了累累硕果。从1938年1月至1939年底，行动小组暗杀的日本人和大汉奸共计62人，制造的爆炸纵火等重要破坏工作共有22次。这些活动令日本人和汪伪政权闻风丧胆，令许多大汉奸惶惶不安，也使得一些想做汉奸的人重新坚定了爱国立场。

在众多活动中，比较精彩的有火烧日军运输舰事件。淞沪会战时，日军的一些运输舰受损。在占领上海后，日本人就将运输舰卢山丸号运到杨树浦瑞熔造船厂去修理。不料卢山丸号刚刚修好，就被除奸小组放火烧毁了。同时被毁的，还有顺丸、沅江丸、南通丸、音户丸，以及部分用于水上运输的军统小汽艇共计二十多艘。这一事件，令日军损失很大。

当初日本人为了占领上海，派出了几十万精兵强将。可他们将上海变成殖民地后，却根本没有安全感。个中原因，自然是除奸小组的成员无孔不入，时刻都有人要日本人的命。日军某宪兵补充队长高英三郎，因病住进了日军的野战医院，不料杜氏门徒竟然混进来下毒，将他毒死了。"上海市政府"顾问池田正治和喜多昭次是著名的日本间谍，他们二人大白天在四马路上行走，也中弹而亡了。当时人群熙熙攘攘，根本找不到刺客的蛛丝马迹。这两件事令许多日本人绷紧了神经，日本在上海的统治举步维艰。

汉奸们的下场也好不到哪里去。日本人在1937年12月成立了一个所谓的"上海市民协会"，原计划是要杜月笙当会长的，可杜月笙11月底就跑到香港去了，同时逃离上海的还有王晓籁等一批上海滩金融大佬。"上海市民协会"成立后，又陆续成立了一些与之相关的组织，一批大小汉奸参与其中，堂而皇之地当起了会长、委员等职务。这批人，上海除奸行动小组当然不会放过了。

在很短的一段时间里，"上海市民协会"会长尤菊荪，"上海市民协会"委员杨福源、顾馨一，"上海市政督办公署"秘书长任保安，"上海市政督办公署"检查处处长范耆生等，加上伪绥靖第三区的特派员中本达雄等人，都陆续遇刺，或伤或亡。一时间，已经下水或准备下水的汉奸们心惊胆战，有些人为了保命，在报纸上发布声明，宣布退出"市民协会"等伪政权机构。

在众多被杀或被盯住的汉奸中，杜月笙的老朋友也不在少数。毕竟在上海滩上，金融、工商、军政界和帮会中的所有人物，基本上都与杜月笙有些交情。

上海公共租界的督察长陆连奎，就是青帮中的重要人物。他曾拜在大亨黄金荣的门下，后来又投靠了洋主子，凭着投机钻营的手段，他在上海滩上也混出了点名堂。当年杜月笙将势力伸入英租界时，就与他亲密合作过。陆连奎做了汉奸，自然没有好下场了。一日，各大小报纸突然登出一则消息：公共租界督察长陆连奎在自己开的"中央饭馆"门口被暗杀了。

法租界巡捕房的副探长曹炳生曾是杜月笙的部下。他在上海沦陷后就变节了，结果被除奸小组的人在马路上暗杀了。

杭州人俞叶封在上海滩上的地位只比黄、张、杜三大亨低一点。他曾与杜月笙合作开办公司，一起捞钱，两人关系很亲密。可抗战爆发后，俞叶封就跟张啸林当了汉奸，并替日本人在上海搜购军需物资。这样的人，自然是军统的重要暗杀目标。

刺杀俞叶封，军统策划了两次才成功。第一次是1938年6月24日，不过刺杀失败了，此后除奸小组就决定从长计议。特工们监视了很久，发现俞叶封爱听戏，就决定从这一点下手。1940年1月15日晚上8点左右，俞叶封正在公共租界牛庄路的更新舞台花楼看戏，遭到了飞弹袭击，死在更新舞台的包厢里。

眼看着这些下水的老伙伴、老朋友一个一个被除掉，杜月笙不禁开始为自己的老兄弟张啸林担忧起来。张啸林这个汉奸，可比俞叶封的名气要大，他将会有什么样的下场呢？

大亨的不同选择

1937年10月下旬，淞沪战场上，战局对国民党军极为不利。于是，蒋介石打算撤出主力部队，放弃上海。像杜月笙、黄金荣、张啸林这样的人物，蒋介石当然不希望他们被日本人利用，就邀请三大亨去香港。不料，三亨各有各的打算，并不是每个人都愿意跟着蒋介石的。

三大亨中，只有杜月笙跟随蒋介石的态度最坚决，也只有他去了香港。黄金荣年纪大了，故土难离，另外，他对日本人也抱有一丝幻想，认为他们不敢把自己这个上海大佬怎么样。所以，黄金荣坚持留下来，不过他对蒋介石明确表态，自己绝对不会做汉奸。只有张啸林，心里早已打好了小算盘。他想等着蒋介石走了，杜月笙也走了，黄金荣又不管事，自己就可以趁机独霸上海滩了。

淞沪会战期间，当杜月笙在上海滩上忙得晕头转向时，当黄金荣在自己的豪华"养老院"里忙着抽大烟、打麻将时，张啸林却显得特别轻松。他避开硝烟滚滚的淞沪战场，跑到浙江避暑胜地莫干山享清福去了。

张啸林在莫干山有一座别墅，周围翠竹无边，号称"林海"，住在这里，恍如世外桃源，哪里还能感受到一丝战火的气息？至于是否投靠日本人，张啸林并没有想好，他的目标是黄埔滩上的头把交椅。上海若沦陷了，就是日本人的天下，与日本人合作，是早晚的事情。张啸林潜意识中，还是有这个打算的。

淞沪会战接近尾声时，国民党军队陆续撤离上海，胜利在望的日本人也开始积极筹备统治上海的各项事宜。沪上三大亨，都是他们拉拢的目标。

相比较而言，日本人最想拉拢的还是杜月笙，因为他们都深切认识到，杜月笙的能力是三大亨中最强的。可惜，日本人对其软硬兼施，什么手段都使出来了，杜月笙就是不上他们的贼船。于是，日本人只能一边继续做工作，一边严密监视杜月笙的行踪，以防止他逃离上海。

黄金荣虽然年纪大，不管事了，但徒子徒孙众多，在日本人眼里，还是很有价值的。于是，他们在杜月笙那里碰壁后，就转过来争取黄金荣。不料无论日本人使出什么花样，黄金荣都以"病"为由，拒绝下水。

日本人碰壁两次，才退而求其次，找上了在莫干山"林海"别墅中逍遥的张啸林。对日本人上门，张啸林是早有思想准备的。他早就想做个汉奸官，过过官瘾，以便在名气、声望和权势上超过杜月笙。日本人见了他的态度，非常欣喜。不料双方商议时，眼高于顶的张啸林一张口就要当个"浙江省政府主席"或"上海市市长"。这下连日本人都吓住了，因为在他们看来，张啸林可没有那么高的身价。

张啸林见自己的"满腔抱负"，日本人根本满足不了，也就冷却了做官的心。他仔细一想，觉得官衔再大，也不过是个虚名，都不如钱财实在。于是，张啸林就决定不做汉奸官了，而是耐心等待机会，准备大发一笔汉奸财。

1937年11月12日，上海沦陷。许多沪上大亨纷纷外逃，而张啸林却从浙江莫干山别墅回到了上海，准备开辟自己的新天地。张啸林回来没几天，日军大本营特务部长土肥原就造访了张公馆，并将日军中的实力派人物、日本联合舰队总司令兼第一舰队司令永野修身引荐给张啸林。此后，这两个日本侵略军头子就经常到张公馆，与张啸林密谈。

黄金荣和杜月笙的众多门徒也并非个个都有骨气。其中一部分人就根本没有立场，只要对自己有利，就要抓着机会向上爬。他们见张啸林颇受日本人器重，就纷纷改换门庭，依附到张啸林旗下。一时间，张啸林势力大涨，日本人对他也更加重视了。

没过多久，日军上海派遣军司令官松井石根就与张啸林达成了协议。张啸林与日本人的合作，主要是经济方面。当时上海沦陷，国民党军撤走，而共产党的游击队却依然活跃在上海周边的各个乡村里，敌伪运往上海的物资经常被游击队劫走，以致上海的物资供应困难。于是，在日本人的授意下，张啸林组建了一个"新亚和平促进会"，并自任会长，将门生弟子们都拉进来充作会员。然后，张啸林就分派众多会员去外地为日本皇军办货。

张啸林替日本人出面，到中国老百姓那里收购粮食、棉花、煤炭、药品等物资。他在完成任务的同时，自己也要大捞一笔。在战乱的时代里，张啸林拥有特权，所以他的投机生意特别赚钱。比如他从越南河内低价收购煤炭运至上海，然后又从上海运到华中高价卖出，接着又低价从那里购买粮食和棉花等物资。张啸林购买货物，不仅强行要低价，甚至还派出手下武装抢夺。如此一来，他进货的成本就特别低，利润也特别大。这样倒一次手，张啸林就可以赚一大笔。

张啸林从越南河内办货时，见到那里到处都是三轮车，这也是河内特有的交通工具。张啸林觉得很实用，就带了一辆回上海。后来上海黄包车业的领袖、青帮大亨顾竹轩从中发现了商机，就从张啸林那里将三轮车借去做样品，派人仿制了一大批。此后，三轮车就在上海滩风行起来了。

张啸林的独门生意不仅做得大，而且涉及的范围也广。他曾与东北的日军汉奸合作，成立了"霖记木行"，他自任董事长，专门在辽宁沈阳一带倒卖木材。

张啸林大发国难财，不仅没有一丝羞耻之心，甚至还对日本人感激涕零。他授意手下郑子褒去拉拢上海文艺界和新闻界的要人，要他们在媒体上，为日本侵略军粉饰太平，甚至大唱颂歌。

1939年，一直专注于发汉奸财的张啸林，因替日军收购和运销军需物资立下大功，终于如愿以偿的当上了汉奸官。这一年秋天，他被日本特务机关任命为"浙江省主席"。

张啸林既发财又升官的日子并没有享受多久，国民党军统的上海除奸行动就已经开始了。随着他的心腹手下俞叶封等人先后遇刺，张啸林的好日子也过到头了。国民党当局已经将他定位为大汉奸，除掉他已经是当务之急了。

诛杀张啸林

在杜月笙远走香港、黄金荣闭门隐居后，张啸林与日本人勾结，既捞满了腰包，又做了大官。此时，他春风得意，俨然已是上海滩上的头号大亨了。不过，军统局的除奸行动也轰轰烈烈地展开了。上海除奸行动小组的负责人，就是杜月笙的得意弟子陈默。眼看着结拜兄弟就要被杜门弟子"除奸"，杜月笙有些不忍，却也无可奈何。

为了挽救张啸林，杜月笙曾努力了两次。

第一次是1937年11月底杜月笙离开上海前，当时张啸林刚从浙江莫干山别墅避暑归来。此时杜月笙已经决定去香港，而张啸林则决定留在上海滩上大干一场，打响自己的名头。兄弟俩志不同道不合。

当时杜月笙一进张公馆，就与张啸林亲亲热热地打招呼，可是张啸林态度非常冷淡，不仅如此，还将杜月笙一直奔忙的抗日大业嘲笑了一番。杜月笙见张啸林这个样子，就感觉情况不妙，他也顾不得自己热脸贴人家冷屁股的滋味，立即言词恳切地劝他同自己一起去香港。

不过张啸林已经是吃了秤砣铁了心了，杜月笙怎么劝说都改变不了他的主意。在他看来，杜月笙跑路去香港，才是傻瓜。杜月笙在这里有房有地，开了银行，办了工厂，所有的势力都在上海，却要丢下自己的地盘，跑到香港那个人生地不熟的地方去。虽说国民党政府暗中支持杜月笙，可政府能给他多少好处？何况如今势力最大的，不是国民党，而是日本人。想杜月笙这样的做法，张啸林是绝对不会效仿的，只会觉得杜月笙在做蠢事。

杜月笙劝了半天，也没法把张啸林从"发财路"上拽回来，只好忧心忡忡地去了香港。他隐隐感觉到，张啸林以后可能要倒大霉。

第二次是1939年，杜月笙已经客居香港近两年了，他一直忧心张啸林的事情，就请留在上海的朋友和门生弟子再去劝说张啸林。当时张啸林不仅赚得钵满盆盈，而且日本人已经同意让他做"浙江省政府"的主席了。他更不会听人劝说了，所有上门游说的人都空手而归。

见到这样的情况，杜月笙的心情异常复杂。可事情已成定局，他根本挽回不了了。

此时军统的除奸行动已经卓有成效，一批大小汉奸遭到了应有的惩罚，比如伪上海市民协会常务委员会主席顾馨一遇刺身亡，伪上海市财政局局长周文瑞、伪和平运动促进委员会委员长李金标等也遭到暗杀。当时的上海滩，汉奸们是风声鹤唳，草木皆兵，他们天天都提心吊胆的，生怕稍不留神就掉了脑袋。

张啸林本来没感觉到危险，如今他还保持着以前的习惯，就是每年夏天都要到浙江莫干山的"林海别墅"去避暑。1939年秋，张啸林避暑归来，才发现上海滩的形势很不对劲，许多和他一起"下水"的汉奸都被暗杀了。报纸上隔三差五的就要登出一个头条：某某人遇刺身亡。这些血淋淋的事实令张啸林恐慌起来，他再也不敢到公开场合露面了。不过他是一个爱玩的人，每天晚上都要到大新公司五楼的"俱乐部"去玩一会。

这时，除奸小组的枪口，已经对准了张啸林。

张啸林的心腹俞叶封喜欢听戏。1940年初，当红名伶新艳秋到更新舞台唱《玉堂春》，于是他每天都去捧场。1月15日，是新艳秋在上海的最后一场演出。这天晚上，俞叶封自然要来更新舞台捧场，他戏瘾很大，不仅自己来，还强行拉上了张啸林一同捧场。张啸林虽然十分小心，但拗不过俞叶封的热情，就答应了。于是，俞叶封在更新舞台的花楼上订好包厢，早早就去等候张大帅驾临。

也该是张啸林运气好，当天晚上，他突然有点急事，就没有去更新舞台。而俞叶封正在包厢里看戏，台上也正演得热闹，却突然有人抱着机关枪闯进了包厢，一阵枪声过后，俞叶封倒在血泊中了。等附近的军警赶过来查看，他早已气绝身亡了。

张啸林很快就得知了这件事，这回他真的吓破胆。他略一思索，就明白这次暗杀是针对自己的，好在他命大，逃过了一劫。此后，张啸林就真的不敢出门了，他整日窝在自己的公馆里，遥控手下们活动。

不过安分了一段时间后，张啸林又坐不住了，因为他天生就是个不喜欢受束缚的人。于是，张啸林又时不时地跑到大新公司五楼俱乐部去过过赌瘾。但是，他是做足了安全措施的。每次出门，他都要带上十几个保镖，分乘坐三辆汽车，让人摸不清他具体坐在哪辆车上。

即使这样做还是不够安全。一天晚上，张啸林的三辆汽车刚开到善钟路（今常熟路）、霞飞路（今淮海路）口时，遇上红灯停了下来。除奸队员早就埋伏在街角了，他们直接对着张啸林坐的那辆车猛然射击。

在这种万分危急的时刻，张啸林的司机阿四反应十分迅速，他一脚踩上油门，闯过红灯溜之大吉了。双方人员的反应仅差了这么一秒半秒，却令张啸林又一次侥幸逃脱。

从那以后，张啸林是真的不敢出门了，他彻底安下心来，就待在公馆里。张公馆外也加强了警戒。前后门都有日本宪兵守着，日夜巡逻，一刻也不间断。而张公馆里面，张啸林一下子就雇用了二十多个保镖。这些人不仅身手好，而且枪法特别准，他们也分成几批，24小时不间断地守护在张啸林身边。

军统方面，两次刺杀张啸林都失败了，这令局长戴笠大为光火。他将刺杀张啸林的事情交给陈默直接负责。

陈默知道，此时张啸林身边犹如铜墙铁壁一般，想要再次暗杀，难上加难。恐怕只能靠收买他身边的人，从内部来下手了。

经过一番缜密侦查，林怀部进入了除奸小组的"法眼"。

林怀部是山东人，绰号"五和尚"，他的父亲在北洋军阀时期当过旅长，所以他受父亲培养，也练得一手好枪法。他原先在法租界当巡捕，后来在张啸林司机阿四的引荐下进了张公馆，不过他并不受重视，只当了个小小的门卫。

直到张啸林被暗杀了几次，想多找一些身手和枪法都好的贴身保镖，林怀部才有了出头机会。他在阿四的推荐下，走到了张啸林面前，当场就连发三枪，都打中扑克牌的红心，因此得到了张啸林的器重。

张啸林不出大宅，保镖们总能出来。于是，当林怀部外出时，除奸小组的人就找到了他。在对他晓以民族大义，及付给5万块银元的酬劳后，林怀部爽快接受了暗杀张啸林的任务。

1940年8月上旬，军统上海区区长陈恭澍与除奸小组负责人陈默一起，专门约见了林怀部。三人密谈后决定，林怀部在近日找机会下手，等他得手后，军统总部会设法疏通，确保他平安无事，以后就安排他重回法租界巡捕房工作。此时，窝在公馆里的张啸林，自以为不出门就可以高枕无忧了，没想到死神正在逼近。

1940年8月14日，张啸林的学生、时任伪杭州锡箔局局长的吴静观造访张公馆。张、吴二人正在楼上密谈，司机阿四在院子里擦车，保镖们懒洋洋地分散在四周。林怀部见机会难得，就故意上前去找阿四的茬儿，结果两人就在院子里大吵起来。保镖们见近段时间平安无事，也放松了警惕，都围在旁边看热闹。

张啸林是个火爆性子，此时他正与学生说要紧的事情，听见下面院子里吵吵嚷嚷的，脾气一下子就上来了。他几步走到窗前，一把推开窗户，也不看下面出了什么情况，就骂吵架声音最大的林怀部。不料林怀部不甘示弱，竟然还嘴，这下可惹恼了张啸林，他从窗口探出小半截身子，冲着这个不听话的保镖大吼：

"你个龟孙子，不想干了就给老子滚！"

林怀部等的就是这个机会，他猛然拔出手枪，对着张啸林的脑袋就是一枪。他的枪法很准，张啸林面部中枪，当场就倒地毙命了。事情发生得太突然，周围的保镖们都还没反应过来。

林怀部怕张啸林还没死，又提着枪冲上楼去查看。见伪杭州锡箔局局长吴静观正在打电话报警，他甩手一枪，将吴静观也打死了。等他查看完毕，确定张啸林已死后，就立即飞身下楼逃走。不过其他保镖已经拦住了所有的出口，法租界的巡捕也赶到了张公馆大门口。林怀部见逃不掉了，就干脆把枪扔在地上，大喝一声："大丈夫一人做事一人当！"接着就从容被逮捕了。

后来，在军统的斡旋下，法租界当局只判处了林怀部15年徒刑。不过，他在牢里的生活很不错，并且在抗战胜利后就被释放了。

张啸林被暗杀的消息传到香港时，杜月笙正与王新衡一起喝咖啡聊天。他的秘书翁左青手里握着上海方面的加急电报，匆匆赶来向他报告此事。杜月笙顿时脸色煞白，接着就双手捂脸，失声大哭起来，那毕竟是和自己一起打天下二十多年的兄弟啊！

不过，张啸林的下场，也是他咎由自取。只不过除掉他的，是杜月笙的门生陈默。从江湖义气上说，杜月笙感到很抱歉，但他并不愧疚，因为陈默除掉的，是汉奸张啸林，已经不是他的兄弟了。

傅筱庵投敌

张啸林做了汉奸，结果被军统的除奸小组除掉了。当杜月笙还在为这位结拜兄弟的下场黯然神伤时，他的另一位老朋友傅筱庵也下水做了汉奸。

傅筱庵乃是上海滩上最会投机钻营的人物。他生于1872年，名宗耀，字筱庵，浙江镇海人。20岁时进入上海浦东英商耶松船厂当工人，他精明过人，善于逢迎，为了向上爬，专程去夜校学习了英语，后来果然晋升为领班，管理工人的工资发放。傅筱庵从那时起，就开始在财务上做手脚，一边克扣工人工资，一边虚报支出冒领钱财来获利。他用非法得来的钱在浦东买房，然后又出租赚钱。

此后，傅筱庵在沪上权贵中上窜下跳，四处讨好，以便提升自己的身份地位。一个偶然的机会，他认识了上海商务总会总董严信厚的公子严子均。由于他谄媚的功夫着实了得，搭上严公子后，又趁机认严老爷的小妾杨氏为"干娘"，结果就顺利得到严老爷的青睐，赢得了管理严家房产经租业务的机会。

严氏家业大，房产多，傅筱庵的出头机会也多了，于是他又巴结上了清朝邮传尚书盛宣怀。他拜盛宣怀为"干爹"，结果又获得了招商局科长、董事，以及所属华兴保险公司副经理、经理等头衔。中华民国建立后，盛宣怀成了通缉犯，跑到外面避难去了，他在上海的房产，就全部交给傅筱庵代管。

傅筱庵从严氏和盛氏两家的产业中，牟取了不少私利，一跃而成为上海滩上的大富商。此后，他借着民国的东风，在各类军阀政府中都官运亨通，财源也滚滚而来。他曾依附袁世凯和北洋军阀，历任北京政府国务院高等顾问、财政部驻沪特派员、中国银行监理官、上海造币厂和中国烟酒公卖局监督、上海总商会会长等职务。

国民党政府时期，傅筱庵照样如鱼得水。1927年蒋介石发动"四·一二"反革命政变时，他以上海总商会的名义发表通电，"竭诚拥护"蒋介石。1928年，傅筱庵估错了政治方向，差点翻不了身。他支持直系军阀孙传芳，结果遭到南京国民政府的通缉，只好逃到大连去避难。当时大连已经是日本人的地盘，傅筱庵从那时开始，就与日本人攀上了交情。

杜月笙与傅筱庵早就相识了，两人都是上海滩上的重要人物，自然经常打交道。论起交情来，傅筱庵最好的"酒肉朋友"有两个，一个是张啸林，另一个就是杜月笙。杜月笙经营的许多非法买卖，都有傅筱庵参与。两人狼狈为奸，一起赚黑心钱。

当傅筱庵跑到大连避难时，就经常与杜月笙、张啸林联系，想请老朋友帮忙活动活动，好让国民党早日撤销通缉令。经杜、张二人的多方奔走，傅筱庵后来得以顺利返沪。

"九·一八"事变后，国民党撤销了通缉令，傅筱庵重返上海滩，又开始在中国通商银行、美国钞票公司、英商耶松船坞及机器制造厂等处担任要职。此后，傅筱庵主要在上海金融界大显身手，可惜他只会拍马屁，正事却做不了，结果将金融界搅和得乱七八糟，最后还被赶下了台。

1931年，傅筱庵刚回上海，就召开了中国通商银行股东大会，决定将资本改为以元为单位。原有资本250万两白银，则折算成350万元。没过多久，董事会改组，傅筱庵、谢光甫、张啸林、杜月笙等都为新任董事，其中傅筱庵为董事长兼任总经理。通商银行改革后，业务和钞票流通范围都扩大了，通过设在各地的兑换处，大量的白银流入了通商银行的银库里。

1933年，国民党政府下令"废两改元"，即通行货币由白银全部改换成纸钞。这个政令一发出，就引得银价大涨，这就使得许多帝国主义国家到中国大肆收购白银，导致白银滚滚外流。

傅筱庵在白银外流中充当了很不光彩的角色。他积极支持将银库的白银兑换给外国人，结果仅1934年下半年，各银行库存的现银就减少了2.5亿元。这样做的后果是非常严重的，白银外流，就引起了通货紧缩，利率猛涨，而物价惨跌。1935年初，上海爆发了前所未有的大风潮，无数工商企业纷纷破产倒闭。

傅筱庵害惨了一大批人，也毁了通商银行的根基。企业商人都破产了，根本没有能力还银行的贷款。而通商银行的大客户都是关系户，如北洋政府财政部、汉冶萍煤铁公司等，他们的贷款长期收不回来。如此一来，庞大的中国通商银行竟然成了空壳。

资金周转不了，傅筱庵又发挥攀龙附凤的本事，四处告贷，拆了东墙补西墙，结果窟窿越补越大，最后根本无法收拾了。不仅如此，傅筱庵为了欺骗社会舆论，显示银行"资产良好"，还下令在福州路、江西路转角处建起了一座高耸的"中国通商银行大厦"。这栋楼由陶桂记营造厂垫资兴建，1935年，楼已经盖好了，傅筱庵根本没钱付款，就找借口拖延。建筑工人们拿不到血汗钱，就坐到总行大门口讨薪。这件事闹得全上海都知道了，傅筱庵精心设置的谎言也被揭穿了。

傅筱庵再次告贷，根本没有了门路。1935年端午节前夕，他这个董事长兼总经理被赶下台。他留下的烂摊子，则由杜月笙和张啸林等人来收拾。

没过多久，通商银行再次改组，成为"官商合办银行"，杜月笙任董事长，张啸林任副董事长，傅筱庵也被请回去，当了一个常务董事，不过他再也没有实权了。

从1935年下半年到1937年抗战爆发前，傅筱庵在上海滩上混得很狼狈。淞沪会战结束，上海沦陷后，他没有像其他一些大亨那样逃离上海，而是决定留下来，打算靠着以前与日本人建立的交情，重新在上海滩上扬眉吐气。

日军占领上海后，为了更好的统治这座中国第一大都市，他们一直在四处物色汉奸人选，准备组建伪政权。不过像杜月笙这样最有影响力的一批人都逃离了上海，日本人一时也难以找到有分量的角色。

1937年12月初，日军上海派遣军司令官松井石根物色到了小人物苏锡文，并由他在浦东成立了"上海大道市政府"。这个伪政权是为征收鸦片烟税而设的。

1938年1月1日，松井石根找到了邵式军，由他任"苏浙皖税务总局"局长，接收原国民党财政部税务署和江苏省税务局在租借内的各项事务。邵式军其实也不算什么名人，不过他的外祖父乃是清朝邮传尚书盛宣怀，也是傅筱庵的"干爹"。

由邵式军开始，盛宣怀的子孙后辈及故交门生等不少人都进入了伪政权。比如盛宣怀的侄子盛幼盒，打着宏济善堂的招牌征收大烟税。盛宣怀的孙婿周文瑞，周文瑞的亲家尤菊荪等，都加入了日本人筹建的"上海市民协会"。

盛宣怀一家在日本人面前得宠，傅筱庵出头的机会也来了。他与盛家一向关系亲密，不只因为他是盛宣怀的"干儿子"，还因为他曾打理过盛家产业，与盛家上下都打过交道。当松井石根正要物色一个有声望的人来出任"伪上海市市长"时，周文瑞就积极推荐了傅筱庵。松井石根派手下一调查，得知傅筱庵当过中国通商银行的总经理，又做过上海市商会会长，的确是个好人选，就马上登门拜访了他。

此时，傅筱庵赋闲在家，天天从周文瑞等人那里打探消息，正等着这个机会呢。日本人主动上门，他自然顺水推舟应承下来。

傅筱庵于1938年1月投靠了日本人，10月16日，他正式就任伪上海市市长，苏锡文任伪上海市市政府秘书长。周文瑞、李鼎士、董光孚、王如松等人分任伪政府的财政、建设、地政、货物地方税等局的局长。傅筱庵的心腹吴麦汀等也加入了伪政府。没过多久，一个以傅筱庵为核心的伪上海市政府，就组建得像模像样了。

傅筱庵投敌做了汉奸，根本没有任何愧疚感，他春风得意，以市长的身份穿梭在日本人和英法租界当局之间，俨然是一位颇有权势的政府大员。

上海除奸小组怎么会放过这样一个大汉奸呢？傅筱庵从下水开始，就离死期不远了。

除掉傅筱庵

1938年10月16日，傅筱庵公开叛国投敌，就任伪上海市市长。此后，他这位伪市长过足了官瘾，帮助日本人残酷压制中国同胞，并趁机为自己牟取私利。而军统的除奸小组，一直将他定为重要暗杀目标。1940年10月10日，当了两年伪市长的傅筱庵，最终被除奸小组除掉了。

傅筱庵投敌后，仅当了两年的伪市长，却做了不少罪恶的勾当。在他的累累恶行中，有两件事，最令人不耻。

第一件是他与上海各租界的交涉。

傅筱庵从当上伪市长，就真的将自己当成了政府高官。他带着秘书、保镖等一大群随行人员，频频造访英法租界当局。英国大使寇尔、美国大使詹森、法国大使戈斯默等，都是他的访问对象。

"傅市长"致函租界当局，要求租界内的居民、商店等，一律悬挂伪政府的五色旗，决不能挂国民党政府的青天白日旗。11月4日，距傅筱庵就任伪市长还不到20天，他就迫不及待地下令在上海海关大钟的旗杆上挂出了五色旗。

傅筱庵与租界的交涉并不只是一面国旗，而是要拿到国民政府在租界内的一切权力。

以前国民政府与相关各国签订过"上海租界法院协定"。因此，在公共租界内，设有江苏高等法院第二分院；在法租界内，设有第三分院。伪政府多次提出接收这两个法院，均被租界当局以先前的协定为依据，坚决拒绝了。

伪政府在租界碰了壁，傅筱庵这个伪市长就向租界当局提起强烈抗议，并再次要求撤销国民政府的协定，由伪政府接收租界内中国法院的管辖权，同时还要求租界交出越界筑路的警权。

此时军统的除奸小组已经盯上了这批汉奸。其中伪苏浙皖税务总局局长邵式军，伪市政府的几个伪局长周文瑞、李鼎士等，都遭到刺杀。傅筱庵也几次遇袭，险些中枪。于是，他就以此为借口，令工部局（即租界内的市政委员会）缉拿"恐怖分子"，连罪犯名单都开出来了。若是工部局不照办，他就唆使日本人派出宪兵大队直接去租界抓人。

傅筱庵的行为激怒了各租界内的华人居民。1939年3月16日，上海各团体致电国民政府，请政府出面，就租界内悬挂国旗和日本宪兵在租界抓人之事，向英美法三国大使提出抗议。可目前国际局势日趋紧张，大使馆和工部局都想息事宁人求得妥协，所以只能令华人居民大失所望了。傅筱庵抓住机会，进一步要挟工部局，以达到目的。

傅筱庵替日本人做走狗，在中国同胞面前作威作福，实在无耻之极。1939年4月25日，汪精卫从越南河内回沪，傅筱庵这个伪市长也忙前忙后的迎接。

傅筱庵做的第二件事，牵涉到银行方面。

当初，傅筱庵这个中国通商银行总经理被人赶下台，一直很不甘心，总想找机会夺回宝座。上海沦陷时，杜月笙任中国通商银行的董事长，他到香港避难前，对通商银行的各项事务都做了简单处理。

当时，中国通商银行的绝大部分资产都被转移了，其中大部分库存现金和所有重要单据、债券等都存到了上海的美国花旗银行；另有10万元现金被杜月笙带到了香港，150万元现金被转移到重庆的国民政府中央银行；还有742万元的有价证券则寄存到香港美国大通银行。

杜月笙离沪时，将中国通商银行大权交给了胡梅庵。胡梅庵胆子太小，怕做了汉奸的傅筱庵会对自己不利，就把大权交给自己的内弟、银行经理李祖基。上海沦陷期间，中国通商银行都由李祖基负责，不过银行里已经没有多少资产，所以李祖基只要勉强维持就行了。

傅筱庵本想夺回中国通商银行，可经杜月笙一番处理，银行已经成了一个空架子，他只好恨恨地暂时罢手。他对杜月笙怀恨在心，就想破坏杜月笙的中汇银行来施以报复。不过他刚刚有点行动，在香港那边的杜月笙就得到了消息。于是，杜月笙直接发电报给傅筱庵，对他严厉警告一番。杜月笙在上海仍然很有势力，傅筱庵也惹不起，只好放弃了其卑鄙的打算。

傅筱庵夺不回中国通商银行，就开始想其他的赚钱门路。他在金融界混迹了多年，深切体会到赚钱最多最快的，莫过于办银行。于是，他将周文瑞、邵式军等人召集起来商议此事，几个人一合计，决定官商合作办银行。他请日本兴亚院的财务官小原正弘出面，与华兴银行达成了合作协议。

他们先在苏州成立了一家"苏民银行"，周文瑞任总经理；接着又在杭州设立了"浙民银行"，董事长为邵式军，不过他用了个化名叫邵肖烯；然后又在上海河南路设立了"中亚银行"，董事长为盛幼盦。这三个银行都是傅筱庵策划的，由周文瑞全权管理。傅筱庵想通过这几个小银行，达到重回金融界、重当金融大佬的目的。

当傅筱庵这个伪市长在上海滩上耀武扬威的时候，军统局已经将他定为重点暗杀目标了。1940

年，上海租界内的一批大小汉奸先后被暗杀。汪伪76号特务大本营的特务头子李士群就与傅筱庵联合起来，共同向上海公共租界工部局施压。傅筱庵以伪市长的身份向工部局提出抗议和警告，李士群则号令汪伪特工暗杀租界当局的重要人物。

1940年1月6日，工部局总办、英国人菲利浦在坐汽车回寓所途中遭一群"黄包车夫"袭击，他中了8枪，好在没伤及性命。这起刺杀案令工部局大恐，只好不断满足伪政府提出的各项要求。

通过"租界内的恐怖事件"，傅筱庵达到了政治目的，他在得意之余，也更加重视自身的安全问题。位于上海虹口的一所花园洋房是日本军部为他提供的市长官邸。这里戒备森严，岗哨林立。除此之外，傅筱庵还雇用了23名保镖，这些人都是他的亲信或心腹，是绝对可以信任的。在他的卧室周边，也分布着层层守卫。所以，无论白天还是晚上，刺客想要下手，都难以找到机会。

1940年8月14日，军统局收买了张啸林的贴身保镖，除掉了这个大汉奸。对于防守严密的傅筱庵，军统也决定从内部下手。这一次，他们没有买通傅筱庵的保镖，而是买通了傅家的厨子朱升源。

朱升源是山东人，少年时曾向一个变戏法的王姓师傅学过飞刀，后来他将这手飞刀绝活用在当厨子上。当年傅筱庵被国民党通缉，跑到大连避难时，朱升源正好在大连附近的一条轮船上跟着舅舅学厨师。

一日，朱升源走在大连街头，正巧遇上一条野狗疯狂地追一个路人。他一飞刀过去，正中野狗的脖子，野狗当场就断了气。这位惊魂未定的路人就是傅筱庵，他向朱升源道谢后，两人就攀谈了一会。

傅筱庵见朱升源体格强壮，身手了得，又得知他现在做厨师，就立即邀请他到傅家当厨师。傅筱庵的算盘打得很精，他请了朱升源，既有了厨师，也有了个好保镖。而朱升源见他是个大老板，跟着他肯定比在轮船上要好，自然也很乐意。

从此，朱升源就成了傅家的厨子，并且一干就是十来年。傅筱庵对他非常信任，他也尽心尽力地做好本职工作。本来他对傅筱庵很忠心，可上海沦陷后，傅筱庵一门心思要当汉奸，朱升源虽是个粗人，但民族尊严、爱国心还是有的，他再三劝说傅筱庵不要去当汉奸，可这个主子哪里听得进去。朱升源对此，既失望又痛心。

傅筱庵当上伪市长后的所作所为，身为傅家忠仆的朱升源都看在眼里。军统局长戴笠原本没打算暗杀傅筱庵，而是想借助他来暗杀汪精卫的。可戴笠派去与他联系的许天民却遭傅筱庵出卖，被汪伪特工抓进了76号特务大本营。

虽然傅家待他不薄，但朱升源见了傅筱庵的卑劣行径，也非常不满。军统局上海区区长陈恭澍为暗杀傅筱庵做准备时，无意中发现了朱升源的情况，就决定从他这里下手。

1940年夏天，傅筱庵官邸附近开了一家状元楼酒家。这里的饭菜特别合朱升源的口味，于是，他很快就成了这里的常客，并与酒家老板杜茂交上了朋友。

没过多久，杜老板就邀请朱升源一起去看马戏团表演。听说马戏团来自山东，压轴节目是"飞刀美人"，朱升源就特别有兴趣。当晚两人兴致勃勃地看着节目，到了"飞刀美人"上场时，朱升源竟然发现，表演飞刀的老艺人就是当年教过自己的王师傅。

师徒在后台相见后，抱头痛哭了一场。王师傅告诉了朱升源家人的情况，原来那些亲人都已惨死在日本人的屠刀下了。朱升源悲痛欲绝，杜茂与王师傅就从旁劝说他为国效力，说像伪上海市长这样的大汉奸，真是该杀。于是，朱升源为军统刺杀傅筱庵的事情，就这样确定下来了。

1940年10月10日晚上，傅筱庵在戒备森严的伪市长官邸中酣然入睡。朱升源这个为傅家服务了十余年的"义仆"，凭着所有人都对他不设防的优势，顺利进到傅筱庵的卧室。他再次发挥了自己的飞刀绝技，一菜刀下去，就砍死了这位沉浸在升官发财梦中的上海市伪市长。

朱升源一刀命中，几乎没有发出任何声响。他完成任务后，就顺利逃离了傅公馆。直到第二天早上，官邸里的人才发现傅筱庵身首分离地摊在床上。日本军部得知后，派出大批宪兵在官邸附近搜查，可朱升源、杜茂等人早已逃之夭夭了。

傅筱庵防来防去，不料最后没被枪弹打死，却被厨子的菜刀砍死了。上海除奸小组又一次从内部下手，成功暗杀了一名大汉奸。

第二十四章
杜月笙到哪都转得开

香港沦陷，艰难救人

杜月笙客居香港期间，与重庆方面一直保持着密切联系。由于牵涉的事务繁杂，他经常往返于港渝之间。1941年12月，他正在重庆活动，不料太平洋战争爆发了，接着香港也沦陷了。杜月笙只身在重庆，他的家人和门生故旧基本上都留在上海和香港了。在这样的情况下，如何救出这些人，真是一个天大的难题！

1941年12月8日，是世界近代史上最重要的日子之一。这一天，日军偷袭美国设于太平洋珍珠港的海军基地，同时轰炸英美、军队，发动了太平洋战争。也是这一天，马尼拉、新加坡都遭到日军袭击。同一天，驻守在北平、天津和上海的英美军队，都遭日军袭击，被解除了武装。而中国香港也在这一天沦陷，进入了长达3年零8个月的黑暗期。

香港沦陷得太突然，杜月笙离沪几年，已经在香港打开了市场，如今他在那里的一切又化为乌有了。银行、公司、钱财等没了，杜月笙都不担心，只要他的根基不毁，在哪里都可以东山再起。可若是亲人、朋友、门生弟子都没有了，他的根基就毁了。一时间，他如同在油锅上受着煎熬，一种前所未有的恐惧袭上了他的心头。

不过杜月笙毕竟是见惯了大风大浪的，他虽然心急如焚，却很快就冷静下来。他通过秘密电台四处打探消息，得知香港启德机场还没有被日军占领。若是此时能派出一架飞机，就能救出不少人。为此他专程找戴笠商议此事。

可惜此时重庆飞往香港的民航已经停止了，飞机虽然能想法找到，但飞行员却不容易找。因为民航驾驶员本来就不多，在这样的特殊时刻，谁也不愿意豁出性命飞去香港，所以，杜月笙和戴笠都为此犯难了。

好在天无绝人之路，正在二人发愁的时候，戴笠的老朋友阿伍找上门来。阿伍是一位港商，他家几代经商，好容易积攒下了万贯家财，其中大部分财产都存在香港的银行里，若是不能及时运出来，那几辈子的心血就全没了。为此，阿伍甘愿冒险回香港，去抢救财产。

阿伍到戴笠府上救助，也是有备而来的。他早年学过飞机驾驶，并且技术优良，还拿到了临时驾驶证。如今戴笠有飞机，阿伍愿意当驾驶员，这么难办的一件事，居然就可以解决了。于是，阿伍去熟悉飞机及航线，杜月笙和戴笠则加紧拟定营救人员名单。

一架飞机虽然不小，但需要救出来的人太多了。僧多粥少，杜月笙也只好忍痛割爱，先救出他和戴笠都认为最紧要的人员。这一回，杜月笙又发挥了大公无私的精神，凡是他的人，包括家属在内，都放在后面考虑。这一点，戴笠都佩服不已，不过形势不由人，他们也没时间顾虑这些了。于是，陶希圣、颜惠庆、许崇智、陈济棠、王新衡等，都上了第一批营救人员名单。

12月8日深夜，杜月笙和戴笠也与香港启德机场取得联系，将营救人员名单通过电报发给他们，要求他们通知到各人，让这些人12月9日中午以前都赶到机场集合，等飞机一到，民航飞行员就替换下阿伍，马上起飞前往重庆。

阿伍是12月9日一早驾驶飞机出发的，从这一刻开始，杜月笙的心就始终是悬着的。直到9日傍晚，飞机安然返回重庆，他的心才放下来。不过等飞机上的人都走出来，他傻眼了：这些人虽然也是需要营救的重要人物，却不是名单上的那些人。

陶希圣等人与重庆方面失去联系，下落不明，杜月笙心里沉甸甸的。他鼓起了那么大的勇气，连老婆孩子都舍弃了，也要先救出蒋介石政府的要员。不料，名单上的人一个也没有救出来，他的心里既失落又恐慌。这些人情况不好，那么杜月笙的家人、门生也必然面临着危险。此时，他与香港的杜公馆断了联系，根本不知道那边的情况。

此时的香港，究竟是怎么一番景象呢？

日本人发动太平洋战争不仅蓄谋已久，而且准备得极端机密。不然，美军的珍珠港基地也不至于被轰炸得那么惨。而统治香港的英国总督，做梦也没有想到日本人会突然袭击这里，香港市民们自然更没有想到。

12月8日早上，当日军飞机来袭时，凄厉的警报声四起，而香港人还在不慌不忙地洗漱、吃早餐，该做什么就去做什么。之前香港有过几次防空演习，以致让他们误以为这一次也是。直到九十点钟，警报声依然在响，很多人才意识到情况不妙。于是，香港很快就乱成一团。当香港政府下令统制粮食时，许多市民已经将大小商店的食品抢购一空了。

因为整个香港都陷入了混乱，所以启德机场方面根本联系不上杜月笙开出的名单上的人，只好将一些能够联系上的国民党重要人物送上了飞机。

杜月笙从这些被救人员口中得知了香港的情况，心里更加焦急。可如今再派飞机，又没有飞行员了。

人，必须要救。可办法，就得另外想了。

帮会联合

1941年12月8日，日军袭击香港后，驻守在香港的英军因为作战能力太差，于12月11日就全部撤离了香港。12月12日，香港就成了日本人的囊中物。杜月笙想要从空中救人的希望破灭了，只好从陆路上想办法。

这一次，他想利用无处不在的帮会力量，打通一条从香港到重庆的安全通道。可如何将帮会联合起来，也是一个大问题。不过杜月笙毕竟是帮会大佬，在这方面特别有经验，所以这个联合帮会的事情也并不难做。

杜月笙人在重庆，要想团结帮会力量，除了原来的青帮、洪门外，还得拉拢四川的重要帮派——哥老会。

四川哥老会，俗称袍哥会。杜月笙十多年前就与袍哥会打过交道。20世纪30年代初，杜月笙刚刚组织了恒社，并将这个民间社团的势力迅速扩大了。蒋介石此时正为兵力发愁，就找杜月笙想办法。当时在上海招兵费用太高，他们一商议，就决定到重庆去招，而负责此事的就是杜月笙的恒社。

重庆乡下大多在山林地区，这里信息闭塞，对社会政局的变化几乎一无所知。许多家境贫苦的青年都愿意参军，既为了解决温饱，也希望通过立军功来改变自己的命运。因此，恒社在此招兵非常顺利，蒋介石和杜月笙都高兴不已。

为了鼓励重庆青年踊跃参军，恒社专门将上海的著名戏班子带到那里演出。结果，戏班子演得火爆，恒社在重庆也大出风头。这下，四川的地头蛇——袍哥会可坐不住了，他们可不能容忍上海的帮会跑到自家的地盘上撒野，就决定给恒社一点颜色瞧瞧。

当时戏班子的当家花旦名叫马媛媛，艺名"一枝花"。她除了戏唱得好，还是一位年轻貌美的佳人。她在台上一颦一笑，就引得台下的不少登徒子垂涎三尺。袍哥会就找了个借口，派人扮作"一枝花"的仰慕者，将她骗到僻静巷子里迷奸了。等戏班众人和恒社成员赶到时，歹徒早已不见踪影，只好将昏迷在地的"一枝花"送回了戏班。

恒社这次确实是大意了，他们在上海一向威风八面，哪里有人敢打他们名下戏班的主意。可这里是重庆，他们感觉事情不寻常，就仔细追查此事。不料"一枝花"的事情还没有查清楚，戏班子又出了更大的事情。戏班的一个名角儿常春恒正在戏台上唱《开天辟地》，竟被一个突然窜出来的家伙开枪打死了。戏院乱成一团，而凶手也逃之夭夭了。

恒社见在重庆呆不下去了，只好结束招兵工作，匆匆带着戏班回了上海。赔偿受害者、死难者的费用，都由恒社掏了。杜月笙对掏钱倒不在意，可吃了这么大的哑巴亏，他实在心有不甘。不过上海离重庆山长水远，他也犯不着跑去与袍哥会交恶，只好将这口气咽下了。他与四川袍哥会的芥蒂，就此结下了。

不料山不转水转，1940年，杜月笙组织"人民行动委员会"时，又不得不与袍哥会攀上关系。

这个人民行动委员会，其实就是国民党支持下的中国各大小帮会的联合。抗战爆发后，军统局长戴笠和杜月笙一起组建了苏浙别动队。他们在奔忙之余，发现各界群众的抗日热情都很高，就想以抗日的名义，掌控社会的力量，尤其是国内外帮会的力量。于是，在蒋介石的授意下，"人民行动委员会"就诞生了，负责组织的依然是戴笠和杜月笙。

此时，国民党中央迁都重庆，随之而来的，除了普通拖家带口的逃难者外，还有大批流浪汉、流氓等。这些人到了重庆后，大多加入了当地帮会——袍哥会，于是袍哥的力量迅速膨胀起来。它原本就是一个体系严密的组织，如今人员增多，势力范围也迅速扩大了。重庆、成都、绵竹、涪陵等城市都有它的分支机构，其触角伸到了西南地区的每一个角落。

当人民行动委员会组建时，上海青帮、华北洪门、杜月笙的恒社、田得胜的袍哥会等陆续加入，并成了主要力量。按照杜月笙的想法，这个联合帮会的"总舵主"之位，非他莫属，可事实却出乎他的意料。上海是杜月笙的势力范围，自然不用担心；而华北洪门的大佬张树声，虽然对杜月笙敬重，但他的势力也不弱；另外袍哥大佬田得胜，在西南的地位和声望绝不逊于杜月笙，所以叫他服从杜月笙是不可能的。

戴笠见各派势力相互争斗，乱成一锅粥，与当初的设想大相径庭，就与杜月笙商量解决办法。最后，这个人民委员会虽然名义上是杜月笙当龙头老大，实际上是各派大佬集体领导，杜月笙、田得胜、张树声、韦以发等较有实力的人都是常务委员。委员会的秘书长一职，则由军统特务、重庆卫戍司令部稽查长赵世瑞担任。

香港沦陷前，杜月笙曾数次去重庆与戴笠商讨人民委员会的各项工作。为了提高这个"联合帮会"的"战斗力"，戴、杜二人真是煞费苦心。如今，为了营救陷落在香港的众多亲友门生，杜月笙也只能依靠人民委员会的力量了。

戴笠与杜月笙周密筹划一番后，就以两人的名义，向从全国各地流亡到重庆的各帮派首领发出了请帖。等到人员聚集，在宴席之上，戴、杜二人轮番上台，慷慨陈词，向大家介绍香港的局势，说明营救任务的紧迫和艰难，希望大家能团结起来，同心协力营救被困在沦陷区的同胞。

国难当头，先不说众帮会首领们都想趁机立功，就是为了在帮中弟兄面前挣个脸面，或单纯地只是抱着一腔爱国热忱，他们也愿意效力。于是，在戴笠和杜月笙的号召下，所有头领们歃血为盟，并立下军令状，誓死也要精忠报国。

戴、杜二人见到这样的场面，自然激动不已。为了充分发挥联合帮会的力量，军统特务徐芮林、金坡和杜门弟子于松桥也加入其中，专门负责联络工作。

各帮会头子的势力深入到全国各地，如今将他们的力量集中起来，从重庆经贵阳、桂林、韶关、龙川、沙鱼涌、大埔到香港的陆路交通线，就彻底贯通了。一场千里大营救行动，也就此拉开了序幕。

二次营救

杜月笙避难重庆后，一直牵挂着困在香港的亲人、朋友、弟子们。为了将他们都救出来，杜月笙费尽了心力。空中救人行不通了，他又使出浑身解数打通了陆路交通线。接下来，他就开始指挥第二次营救行动。

香港已经彻底沦陷了，要在日本人的眼皮子底下将这么多重要人物救出来，其难度可想而知。为了营救行动能够万无一失，杜月笙还想出来一个非常大胆的计划。

原来光是有了交通线，救人行动还是困难重重。若是他们要营救的人员根本出不了香港，那这条安全线就一点作用都没有了。看来，还必须有人去与日本人打好关系，做好内部接应才行。杜月笙慎重考虑一番后，就向戴笠提出了他的惊人计划：他要让徐采丞直接向日军驻沪特务机关提出救人请求。杜月笙会向日本人表明：沦落到香港的许多朋友，都是经他怂恿才去的，如今香港沦陷，这些人来不及撤离，不仅经济上陷入了窘境，而且连人身安全都无法保证，可以说，他们时刻经受着死亡的威胁。日本人都知道，杜月笙一向最讲义气，从来只会雪中送炭，绝不做对不起朋友的事。于是，杜月笙就打算以这一点为由，请求日本特务机关帮他把朋友们从香港救到上海法租界去。

杜月笙要请日本特务帮忙救人，这件事猛一听犹如天方夜谭，可仔细一考虑，又的确很有可行性。日本人不欣赏杜月笙的义气，却看中他的势力。虽然杜月笙参与了许多抗日活动，令日本人恨之入骨，但他在上海、在中国的影响力，又使得日本人一直对他抱有幻想，总想找到利用他的机会。再说了，日本政坛各派势力矛盾重重，在侵华政策上观点并不一致，杜月笙的这个计划，正好利用了他们的政治分歧。

戴笠仔细考虑后，也同意杜月笙的计划。于是，杜月笙马上发电报给上海的徐采丞，除了交代任务外，还一再叮嘱他要见机行事。徐采丞既然能在日本人中间混得如鱼得水，自然能力非常，如今杜先生又慎重嘱咐，他做起事来也更加小心翼翼了。

自杜月笙离开上海后，徐采丞就是他的"驻沪外交官"，专门负责与日本人打交道。日本驻沪陆军军部部长川本与徐采丞私交深厚。此外，上海的许多日本人和汪伪要人也都与他小有交情。上海自沦陷起，就一直处于侵华日军和汪伪的联合统治下。日军兵力有限，而汪伪又根本不得人心，所以他们统治上海困难重重。徐采丞就往往利用他们的管理漏洞，钻他们的空子，替杜月笙办事。

在徐采丞的多方奔走下，杜月笙的疯狂计划真的实现了。不知出于哪方面的考虑，日本特务机构竟然暗中支持杜月笙的营救行动。徐采丞公然包了一艘轮船，准备去香港接人。

在营救行动展开前，徐采丞居然还借到了一架日本军用飞机，满载着食品、药品等物资，从上海直飞香港去慰问那些落难的朋友。不过飞机半路上出现故障，只好在台北迫降，直到三天后，飞机修好了，才重新起飞抵达香港。

香港的杜门亲友通过秘密电台得知徐采丞要来，无不精神振奋。此时，他们中的许多人家都陷入了三餐不继的困境，就连香港杜公馆也不例外。杜月笙在香港的旅馆、酒店、银行等都被日本人收去了，杜夫人姚玉兰也只能靠典当首饰细软来维持生计。在徐采丞滞留台北的3天里，香港这边的诸人等得望眼欲穿，甚至有些人又开始绝望了，以为战事恶化，飞机根本来不了香港。好在3天后，徐采丞终于出现了。

1942年2月6日，徐采丞到达香港，而他包好的轮船，则定于2月8日驶抵香港。时间紧迫，他一下飞机就火急火燎地赶到香港杜公馆。徐采丞直接告诉众人，马上回去收拾行装，准备8日上船。这句话比什么安慰都管用，众人立即各回各家做准备去了。

2月8日，轮船准时抵达香港，要营救的人，也早就齐齐地等在码头上了。在日军严密封锁的香港孤岛上，杜月笙却用这艘船一下子救出了三百多人。这些人身份显赫，沪上名流巨贾、国民党政界要员等不在少数。

这批从香港直接抵沪的被救人员，主要还是杜月笙与戴笠早先拟定的营救名单上的人，如颜惠庆、陈友仁、曾毓隽、李思浩、唐寿民、林康侯、刘放园、潘仰尧等。此外，还有杜门的一些亲友、苏州老乡等。他们到达上海法租界后，继续得到杜月笙的大力资助。日本人的势力没有进入法租界，所以他们已经彻底安全了。

虽然一船救出了三百多人，可杜门亲友太多了，还有许多人没有上船，其中包括陶希圣、蒋伯诚等国民党方面的重要人物，以及四夫人姚玉兰、杜家大公子杜维藩等。

陶希圣等本来应该能上船走的，不过香港沦陷后，他们四处躲藏，暂时与杜公馆中断了联系。当徐采成抵港时，他们根本不知晓，所以错过了上船的时间。

而最先知道消息的姚玉兰竟然没有走，是有她不得已的苦衷。香港杜公馆，就是香港杜门亲友弟子们的联络站，若是她走了，全香港的杜门相关人员就没法联络了。所以，别人可以找地方避风头，也可以收拾包裹就走路，姚玉兰却必须守在杜公馆里，直到所有要营救的人员都走了，她方能最后一个离开。杜月笙在朋友面前是最讲义气的，为此他不惜牺牲自己的老婆，向姚玉兰下了死命令：若是陶希圣等人不能脱险，她就不能离开香港。

　　姚玉兰不走，是作为杜月笙在香港的代表。而杨虎的夫人陈华也主动留了下来，表示要与姚玉兰一起共度患难，这令姚玉兰感动得热泪盈眶。顾嘉棠、芮庆荣等杜门干将，以及杜公馆的秘书胡叙五等人也没走，他们留下来，则是奉杜月笙之命，做好营救工作的。

　　杜月笙的长子杜维藩不走，则是他自己主动要求的。香港沦陷当天，他正在香港的交通银行办公，后来回九龙的轮渡也停了，他只好在朋友吕光家里躲了几天。徐采丞抵港时，杜维藩已经回到杜公馆。不过上海那边还有许多麻烦事，他暂时不想回去，就将两个儿子送上了船，自己留下来了。

　　除了这些人外，还有一个自己想法逃脱的，那就是王新衡。抗战期间，他是军统香港特别区的少将区长。香港沦陷后，他就成了日军的头号目标，只能到处东躲西藏。杜月笙第一次派阿伍驾驶飞机来接，他虽然知道消息，但根本无法安全到达机场。不过后来他运气也不错，阿伍有个弟弟在香港政府管渔民，于是王新衡在阿伍的帮助下，化装成渔民躲过了日本人的抓捕。后来，他在香港渔民的掩护下，终于顺利逃离了香港。

　　随着日军对香港的统治日益加强，秘密电台根本不能再用了。于是，香港与重庆彻底断了联系。

　　此时，人民委员会的陆路交通线终于发挥了巨大作用。从重庆到香港的路线是通的，但香港这边根本无法联系上营救他们的人，就只好设法自救了。于是，杜门弟子陆增福自告奋勇前去探路。他一路颠沛流离，历尽艰辛，终于抵达了广东惠阳，与重庆来接应的人取得了联系。

　　杜月笙心忧成疾，气喘病发作，已经卧床好几天了。陆增福的电报发到了重庆，他的病也好了大半，马上就神采奕奕。

　　陆增福这个前锋冒着生命危险打开了通道，后面的人就方便多了。顾嘉棠、芮庆荣等几位杜门大将就成了第二拨走陆路交通线的人。杜公馆里的人见线路彻底安全畅通了，才放心动身。为了避开日本人的注意，他们分成好几批出行。

　　姚玉兰、陈华两位贵夫人，则通过各种手段，拿到了日军民政部发出的"还乡证"。接着，两位夫人化妆成广东的乡村妇女，穿上破烂衣衫，在杜门中人的保护下，经广东、广西等省，通过重重关卡，吃尽了苦头，于1942年的阴历大年初三抵达了重庆。

　　杜月笙见到历尽沧桑的夫人，也不禁喜笑颜开。

　　随着姚玉兰等人顺利抵达重庆，这一场千里大救援也成功结束了。与杜门相关的在港人员基本上都成功逃了出来。在这一庞大的营救工程中，杜月笙功不可没。许多虎口逃生的人对他感激涕零。这些交情，自然又是杜月笙以后再打天下的资本。

乐极生悲

　　南京沦陷以后，国民政府迁都重庆。国民政府除了将政府的机构部门迁往重庆外，还将东南地区的大量工矿企业迁往重庆。为了控制和管理金融，国民政府同时命令将中央银行、中国银行、交通银行、农民银行四家银行的总行迁到重庆，并准许各省地方银行在重庆设立分支机构。后来，随着战事的发展，很多沦陷区的富豪、大亨们不愿意做日本帝国主义统治下的亡国奴，也携带着巨款来到重庆，在重庆或设厂、或投机金融，大发利市之财。重庆因此几乎成了全国的金融中心。

　　杜月笙到重庆后，见到银行业务十分繁华，利润丰厚，便也有了建一家银行的想法。虽然杜月笙在上海、香港都开过银行，但要在重庆开设一家银行，却绝非容易之事。这是因为，无论是在上海，还是香港，国营大型银行只有一两家而已，其他的都是豪绅、大亨开设的私人银行。银行虽多，竞争虽大，但都不过是汪洋里的鱼虾而已，杜月笙也不会放在心上。可是，重庆不同。在重庆大银行比比皆是，就说中国、中央、交通、农民这四家银行，莫不是资本在几千万之上，且其背后还有国民政府的支持。在这种情况下，无论是谁，想要在重庆开一家银行，在金融界有所作为，都不得不好好地斟酌一番了。

但杜月笙就是杜月笙，一旦有了想法，立即着手实施。他了解到国内的大银行中只有中国通商银行因为种种原因滞留香港，没有迁来重庆后，即决定在重庆创办中国通商银行重庆分行。这第一步，自然是申请营业执照了。国民党中央政府对金融控制严密，没有营业执照，不但会将资产全部没收，其负责人也会受到严厉的制裁。杜月笙去找了蒋介石，求他帮忙。杜月笙明白，若要在重庆金融业界做出一番成绩，还得需这位大人物点头才行。对此，杜月笙还是有一定的把握的。莫说有戴笠这位知交好友照应着，就是他和蒋介石本人也是交情匪浅。

杜月笙首先备下一份厚礼，拜托戴笠代为进言，双方约好日子。到了这天，杜月笙穿戴齐整，就去了总统府门房。递上名片，卫士见是杜月笙，就说："委座传话下来，如果是杜先生来了，就不用通报了，请直接进！"这话让杜月笙非常高兴，心想自己在委员长的心里还算是个人物。

事实上，他在蒋介石的心里也的确是个"人物"。在戴笠将杜月笙之事告诉蒋介石后，蒋介石心里先是一惊，心忖：这位杜大亨，又要搞什么名堂。随之，又是一喜：也好，可以好好地会一下这位"老朋友"。蒋介石明白，在这种兵荒马乱的年月，像杜月笙这样势力通天，通吃黑白两道的人，绝对有着可以利用的地方。尤其是戴笠领导军统，展开锄奸活动以来，杜月笙发动门下成千上万的徒子徒孙，提供了很多重要的情报，这都让蒋介石看到了杜月笙的能力。杜月笙来访，刚好给了他一个拉拢对方的机会。为此，他发挥自己的专长，大打人情牌。不但给予杜月笙直接觐见之权，还让岗哨对之开绿灯——免检，以示坦诚。

果然，只这一手便让杜月笙感恩戴德，死心塌地。杜月笙刚到门口，蒋介石已经满面堆欢地迎了出来，热情地招呼他坐下。杜月笙惊喜交加，自认为深受恩宠，心情也就放松下来。一阵寒暄之后，杜月笙便将自己打算在重庆开设中国通商银行分行之事告诉了蒋介石。

蒋介石当场表示支持，还说自己也想入个股。蒋介石入股，通商银行的分量可就重多了，杜月笙自然非常乐意。这一次相见，宾客皆欢，宋美龄亲自拿出50万大洋的支票交给了杜月笙，作为入股资本。蒋介石打算留杜月笙在他的总统府吃饭，但杜月笙考虑到蒋介石诸事繁杂，就推说自己另有要事离开了。

有了蒋介石的支持，后面的事情就好办多了。杜月笙拿着蒋介石写的亲笔信，去找了财政部长孔祥熙。孔祥熙见信，当场批准了杜月笙开办银行的要求。经过一段日子的忙碌，中国通商银行重庆分行终于开业了，注册资本1000万元。银行的地址在林森路48号，紧挨着中华贸易信托公司。那里原本是一家装潢豪华的综合性旅馆，后来因为老板前往其他的地方，就把这栋大楼以低价出售给了杜月笙。杜月笙买过来后，重新布置了一下，就将它变成了通商银行的营业大厅。

中国通商银行重庆分行举行了隆重的开业大典。林森路宾客云集，杜月笙的一些老朋友，生意上的新伙伴，纷纷到场祝贺。众人的拥簇中，宋美龄亲来剪彩，大长杜月笙颜面。随后，杜月笙举行宴会，宴请金融界的各巨头，签订了转账互惠合同，与众人共掌金融权。

通商银行分行开张之后，凭借着杜月笙四通八达的人脉关系，再加上骆清华、庞安民等人的尽心尽力地辅助，业务兴隆，存款数目暴增。通商银行的兴旺发达，也带到了杜月笙其他产业的兴盛。中华贸易信托公司倚通商银行为外援，方便了转账业务，增强了公司的信誉，从而吸引了大量的顾客，其业务自然也是芝麻开花节节高了。

此外，杜月笙还积极地利用银行的存款，开设工厂，设立分公司，扩展业务。当时，纺织工业在中国发展势头良好，杜月笙于是就寻思着开设一家纺织公司。他通过学生把自己的这一想法透露给专管纺织纱布业的管理局局长。局长起初并不愿意，但经不过杜月笙再三的请客送礼，只得同意了。没过多久，"中国纺织公司"正式成立了。杜月笙自任董事长。

后来，杜月笙还设立了面粉厂、造纸厂等，他的公司或者分公司遍及西南数省。当然，这么多的公司，杜月笙不可能一人兼理，他的徒弟们这时候就派上了用场。杜月笙挑选了精明强干的弟子，让他们到各地去任经理、董事等职务，帮忙管理公司，扩展杜氏的势力。

经过几年努力，杜月笙成为西南金融、工商界的头面人物，声名赫赫。然而，恰如一句古语所说：盛极而衰，乐极生悲。就在他意满志得，威风八面的时候，一件祸事却骤然降临到他的身上：他被绑架了。

一日，杜月笙兴冲冲地坐着新买的"别克"轿车到银行办事。办完事，回到停车处，却发现车子连同司机不翼而飞了。停在自己车位的是一辆军用"雪佛兰"，一名满脸虬须的大汉坐在"雪佛兰"车里，嘴里叼着香烟，优哉游哉。

就在杜月笙万分疑惑的时候，两名壮汉突然出现在他的身前，一左一右，架起他的胳膊，将他推进了"雪佛兰"里。那名虬须的大汉立即扔掉香烟，一踩油门，"雪佛兰"如风驰电掣般疾驰而去。

杜月笙自知自己生平做了不少缺德事，仇家很多，开始以为对方是寻仇的，便有些害怕。但听到几名汉子只是求财时，便松下了一口气。这几名绑匪开口勒索40万。40万，这对平常人而言几乎是天价了。但杜月笙为了稳住对方，也想从对方口中探知其身份，就慨然表示，愿意每人奉上30万，共90万。

三名绑匪一听，乐坏了，觉得遇上了财神爷了，对杜月笙的态度也就和善了很多。当下，有人给杜月笙松绑，一再地向杜月笙赔礼道歉。甚至，还有人帮杜月笙点上香烟，帮他按肩松背。由于杜月笙身上没有带足够的现金，绑匪们就要求让杜月笙的家人把钱送来。但杜月笙担心会惊扰到家人，就让他们随着自己到一个朋友处去取钱。

这个朋友就是刘航琛。刘航琛是酿酒世家出身，是国内有名的实业家，时为重庆市中心中央饭店的老板。杜月笙之所以要绑匪们和自己到中央饭店去取钱，也是想让刘航琛辨认一下这几个吃了雄心豹子胆的家伙究竟是何方神圣。刘航琛为中央饭店的老板，交游甚广，可是眼观六路，耳听八方的人物，或许见过几个劫匪也未可知呢。

遗憾的是，这几名绑匪都是上海来客，刘航琛眼生得紧。他见到几人跟随在杜月笙的身后，还以为他们都是杜月笙的朋友呢，连忙热情地将几人招呼进楼上的雅间，一番寒暄之后，自己也陪坐一旁。杜月笙和刘航琛谈笑风生，非常热络，三名绑匪却是如履薄冰，战战兢兢。他们相互交换了个眼色，决定如果杜月笙有什么出格的举动，就对两人下手，大不了以命抵命。

杜月笙看见几人神色有异，猜到了对方心里所想，连忙将自己的来意告诉刘航琛。对此，刘航琛并没有起疑。他人在江湖，总会有有求于人的时候，而像杜月笙这样和国民政府高层多有往来的传奇人物，正是自己日后可以倚重的朋友。于是，他慨然应允了，随即离席去筹措现洋。

刘航琛走后，杜月笙招待绑匪好吃好喝，他故意装出一副热络的样子，和对方东拉西扯，企图从他们口中探出一些情报。但这几个人口风甚紧，只管大吃大喝，对于绑架之事却是一字不提。

没过多久，刘航琛回来了，带来了10万元现洋和一张80万元的支票。绑匪们见到还有支票，唯恐有诈，面有难色。杜月笙知道他们担心什么，就又亲自领着他们到银行提取了现金。经过一番折腾，一共90万的现洋全部交到了三名绑匪的手里。绑匪们对杜月笙大生好感。所以，当杜月笙提出送他们上码头时，他们满口答应了。

杜月笙之所以作此安排，还是想从他们那里套出幕后指使之人是谁。堂堂的青红帮老大，海上闻人杜月笙竟然让几个小毛贼给绑架了，还被敲去了一笔，这个耻辱从来就不曾有过，这让杜月笙如何能甘心呢？

果然，在江边码头，几名绑匪露出了马脚。他们不小心地向杜月笙透露了一个讯息：他们绑架用的"雪佛兰"车是他们从一个朋友处借来的，等事情办好之后，那个朋友会来江边取走。

杜月笙将此默记于心。此外，杜月笙还有了意外的收获。他知道了那名虬须大汉的名字，沈八。沈八的一位旧交好友金久林意外地出现在江边，而这个金久林却是黄金荣的徒弟。为什么金久林会在这里出现，难道此事……杜月笙心头掠过一丝不详的感觉。

送走沈八后，杜月笙立即给家里打了一个电话，让虞彪监视"雪佛兰"，看究竟谁和这件事有关。不久，虞彪回来报告说，"雪佛兰"回到了金久林的寓所。这更证实了杜月笙心里的猜想，他更加不安。恰在此时，失踪了三天的"别克"和司机回来了。司机告诉了杜月笙，那天，他在外边等杜月笙，一辆"雪佛兰"开过来，和他攀谈了会儿，给了他根香烟。哪知，他抽了香烟后，就觉得昏昏欲睡。接着，就恍惚见到一个人跳进车里，开着"别克"就跑，挟持他到了一个院子里，关押了几天。直到今天，对方才同意让他开着车离开。

又过了两天，沈八来到了杜府，说了很多感激的话，并给杜月笙带来了一封信。信是黄金荣写给他。黄金荣在信中说，他在上海生计困难，故此派遣兄弟来借款。杜月笙这才明白原来绑架自己，勒索走90万大洋的人竟然是往昔的恩师黄金荣，不由得又气又恨。

原来，上海沦陷以来，日军横征暴敛，予取予夺，搞得上海人心惶惶，鸡犬不宁。黄金荣虽然曾经是上海滩的头号大亨，此时也遭到了日方的打压，搞得自家鸡犬不宁。黄金荣的几个徒弟甚至因此断送了性命。黄公馆生活日渐拮据，黄金荣一筹莫展。在得知杜月笙在重庆发了大财之后，黄金荣就寻思从这个徒弟那里"借"点钱来。所以，就派了沈八前往重庆找金久林同办此事。

起初，杜月笙心里非常恼火，他甚至打算将此事告诉蒋介石，请蒋介石出面收拾黄金荣，报一箭之仇。但转念一想，如果自己吃瘪这件事传到了老蒋的耳朵里，岂不是大煞自己的面子，那可就得不偿失了。后来又想到，黄金荣、林桂生也算对自己有过知遇之恩，这些钱权当是还他们二人的恩情了。这么想着，心里就释怀了。又过了一段时间，他就把这件事给忘记了。

投机黑市

杜月笙寄身重庆，上有蒋介石、孔祥熙为照应，下有杨管北、骆清华为辅助，投机取巧，百计钻营，其开办的银行、工厂业务兴隆，生意红红火火，利润也如雪球一般滚滚而来。他名义下的产业，多的不知几许，他户头下的财产，多的也不知几许。所以，90万元的款项在旁人看来是一个天文数字，但在杜月笙看来，却不过是小菜一碟而已。外借的那些钱，在杜月笙回到别墅后不久，就让虞洽卿把一张90万元的支票送到了中央饭店，还给了刘航琛。

战争年代的中国，有人会因一日三餐而发愁，却也有人卖弄手段，大发国难之财。杜月笙更是当中的"佼佼者"，他走到哪里，就发到哪里，简直是财运亨通，有如神助。当然，助他的不是神，而是人。莫说和国民党政府高层的这一层关系，就是杜月笙的门生、门徒，也是各个不凡，他们要么是公司或银行的经理、董事，要么就是政府部门的公务员，在国民政府出任重要的职务。有着这么一张自上而下的关系网，杜月笙在抗战大后方的金融、工商业界想不出彩都难。

杜月笙无疑是一个野心勃勃的人。在他插手工商业界，干得风生水起，赚得盘满钵满之时，他犹不满足，又将手伸向了证券交易市场，大作投机买卖。

卢沟桥事变之后，国民政府为了稳定后方金融秩序，支付日益庞大的财政开支，先后制定一系列诸如发钞、增税、募债之类的战时经济政策。随着战事的发展，由于物资匮乏，国民政府大肆增发"法币"，再加上一些不法商人囤积居奇，造成货币一再贬值，物价疯狂地上涨。太平洋战争爆发后，日军切断了国际交通线，并对国民政府统治区域进行经济封锁，使得这一现象更加恶化。

国民政府为了遏制通货膨胀，采取了一系列的措施，其中就包括发行黄金、美金储蓄券的方案。1942年2月，国民政府和美国签订了《中美财政援助协定》。由美国向中国提供5亿美金的贷款作为援助。然而由于国际交通阻碍重重，这笔贷款始终无法转换成急需的物资。在这种情况下，国民政府决定发行美金储蓄券，吸引国统区内的游资，以解燃眉之急。后来，又增发了黄金储蓄券。国民政府原本打算以此两种储蓄券来减少境内"法币"的流通量，从而达到抑制通膨的目的，但由于没有固定其汇率，反而加速了"法币"的贬值，造成新一轮的经济混乱。一些投机商人便趁机倒卖"法币"或者"储蓄券"，从中赚取利差，大发利市之财。

杜月笙觉得这正是渔利的好机会，也加入到投机者的队伍当中。由于杜月笙人脉极广，耳目众多，能够及时了解各地的利润差额，故此，他赚的机会要远比赔的机会多得多了。有一次，重庆美金储蓄券的黑市价格看跌，一美元只能换取"法币"30元左右，许多手握大量美金储蓄券的人觉得不如将之抛出，换成"法币"，存入银行赚取利息更为有利。杜月笙却利用他设立在上海、重庆的秘密电台，了解到此时上海美金储蓄券的黑市价格却在上涨这一讯息。杜月笙立即意识到，这又是一个发财的好机会。于是，他命人在重庆购进了大量的美金储蓄券，然后让人把这些储蓄券带到上海去销售，如此一来一往之间，杜月笙就赚取了一笔惊人的财富。

投机渔利，不光让杜月笙牟取了巨额的利润，也成为他拉拢、结交权贵的一个手段。当时，国民党中央银行总经理张公权和杜月笙交好，两人经常往来酬酢，互通情报。张公权有一堂妹，嫁给上海一个大资本家为妻。上海沦陷以后，由于日本帝国主义的打压，民族资本主义企业步履维艰，生存困难。这位资本家的企业也亏损严重，资本蚀光，濒临破产的边缘。

张公权的堂妹没办法，只得只身前往重庆，请求哥哥助一臂之力。张公权见堂妹前来，自是万分高兴，嘘寒问暖，盛情款待。这位堂妹也是个聪明人，见到众人兴致很高，就不忍扫了众人的兴头，只字不提来此求援的目的，只是说了路上的所见所闻以及其他一些无关痛痒的话。

第二天，杜月笙来访。张公权就将堂妹介绍给了杜月笙，并告诉杜月笙堂妹是从上海过来的事情。听闻堂妹是从上海来，杜月笙心里顿生感一种"他乡遇故知"的感觉。

杜月笙一个劲儿地追问着上海发生的一切。堂妹趁机将上海民族工商业，遭受日本帝国主义压迫，奄奄一息之事告诉了众人。众人听得嘘唏不止。堂妹又把自家企业亏损，来重庆请求援助之事说了出来。在座的人，无不深表同情。张公权夫妇当即决定将自家百万元的积蓄借给堂妹，以解燃眉之急。杜月笙觉得这是一个卖人情的好机会，便对张公权等人道："上海与重庆之间，美金储蓄券兑换'法币'的汇率差额极大，而且上海至今仍在看涨，不如让小妹从这里低价购进一批美金储蓄券，到上海卖出，这样就可以赚取一笔大财了。"

这当然是一个好主意，但张公权考虑到自己是国民党政府要员的身份，就有些犹豫了。因为，国民政府曾经三令五申，严禁政府官员从事投机交易。

杜月笙见到他面有难色，已经料到了对方难处，就进一步地表示，这件事不用张总经理出面，可由他一人包办。他出资，先在重庆买好美金储蓄券，然后让堂妹带往上海。在上海，他自有人接应。堂妹只要把东西交给他在上海的人，其他的事情就不用操心了。堂妹只需等着收利就行了。

一切有杜月笙罩着，又不用自己出面，张公权觉得这是一个无本万利的好生意，就答应了杜月笙的建议。众人对杜月笙感激万分。事后，杜月笙为了博取张公权的欢心，和四明银行董事长吴启鼎凑了一份巨额的款子，在重庆购进大量的美金储蓄券，交给堂妹，让她带回上海。堂妹回到上海后，早有杜月笙的驻沪私人代表徐采丞前来接应。他已接到了杜月笙的电报，奉命行事。徐采丞接到美金储蓄券，在上海代为销售，大大地发了一笔。徐采丞随后遵照杜月笙指示，将底本汇回重庆，所获的利润全部交付堂妹，帮其一家渡过了难关。

此事后，张公权对杜月笙甚为感激。为此，他多次宴请杜月笙、吴启鼎两人，以表谢意。

通济公司挂牌营业

1942年左右，中国的抗日战争处于最困难的时期。在抗日的大后方，由于日本帝国主义的经济封锁，以及国民党政府不当的战时经济政策，导致国统区内物价暴涨，民生凋敝，人民的生活陷入了水深火热之中。而在抗战前线，由于日军占领了缅甸、仰光等地，切断了英美援助中国的交通线——滇缅公路和滇越公路，加上苏联方面忙于卫国战争，已经无力从新疆向中国进行物资援助了，使得中国军队陷入了非常不利的境地，一切的军用所需，如枪支弹药、棉衣、药品等物资十分匮乏。有些部队，甚至在数九寒天的时候，也没有一件像样的棉衣御寒。

为了缓解各方面危机，国民政府行政院长兼财政部长孔祥熙采取了一系列相应的措施。在国统区内，实施限价政策，企图稳定物价，又大力地鼓励富人、大亨们开办银行，设立工厂，试图以此来活络经济，促进国民生产。而在沦陷区内，则想办法吸收战区的物资，弱敌强己。当时，日本帝国主义为了改善本国天然资源不足的局面，实行了"以战养战"的政策，在沦陷区内残酷压榨，大肆搜刮物资。无论是林木矿藏，还是农具棉纱，甚至是一口铁锅，一个铁钉，无不罗掘一空。在这样的情况下，很多人纷纷响应政府的号召，想方设法争取敌伪物资，并设法输往国统区。然而由于各地军匪横行，交通线路障碍重重，要平安地将物资输送过境，十分不易。

杜月笙愿意啃这块"硬骨头"。他基本上每日都通过秘密电台了解全国各地的经济情况，从中捕捉商机。一次，杜月笙在上海的私人代表徐采丞向他报告，重庆棉纱的价格几倍于上海，可以从上海低价收购一些棉纱，运往重庆，高价出售，从中赚取暴利。杜月笙权衡了一下，觉得可行，尤其在国军军需匮乏的时候，有这么一大批棉纱运来，不啻于雪中送炭。既能够赚取暴利肥己，还能够就此解决后方所需，何乐而不为呢？

　　然而，此事说来轻松，办起来却不容易。其一，因为是在同日伪区做交易，很容易背上"汉奸"的罪名。其二，从上海到重庆的路上，危险重重，匪帮、各地驻扎的部队多如过江之鲫，无论得罪了哪一个，都可能吃不了兜着走。于是，杜月笙去找戴笠商议了此事，希望能拉他入伙。之所以选择戴笠做自己搭档，除了因为戴笠是自己多年的知交好友之外，另外一个重要的原因是，戴笠其时身兼国民政府军统局长、财政部缉私署署长、战时货运管理局局长、军事委员会水陆交通统一检查处处长等要职，杜月笙想要运送棉纱，就需和这些部门打交道，需要借助戴笠的力量。另外，戴笠的势力盘根错节，神通广大，又是蒋介石身旁的红人。万一遇上了突发之事，有戴笠在旁策应，不看僧面看佛面，再大的事情也能够大事化小，小事化了。

　　杜月笙见到了戴笠，直截了当地把打算营运棉纱的想法告诉了他，并表示棉纱行业牵涉较广，不是自己一人可以揽下的，所以希望戴笠能够入伙，两人携手合作，一起发财。戴笠知道，杜月笙是个很有本事的人，在敛财方面很有一套，几乎是干一行，赚一行。所以当他听到杜月笙拉自己入伙做棉纱的生意时，立刻就意识到这肯定又是一杯肥羹。然而，想到要与敌伪沦陷区交易，事关重大，无异于与虎谋皮，就有些犹豫了。但杜月笙告诉他，不用为此事担心。日本军部的人派系林立，矛盾重重，只要能够好好地利用这一点，钻这个空子，不愁事情办不成。

　　戴笠思忖良久，还是觉得应该将此事知会国民政府。国民政府最后给出了答复：争取日伪地方的物资，对中国抗战大局有着积极的意义。杜月笙既然愿意挑起大梁，政府自然是万分支持。

　　1943年新春伊始，经杜月笙建议，"通济公司"正式挂牌营业。公司地址在重庆林森路49号"中华贸易信托公司"的楼上大厅。"通济"按照杜月笙的说法，是取"通商济困"之意，以此明确公司建立的宗旨。开业这天，林森路上宾客云集，锣鼓喧天，除了戴笠、杜月笙两人邀请来的重庆各界的社会名流之外，更有行政院长孔祥熙与宋霭龄的二女儿前来捧场。通济公司成立之后，由杜月笙担任公司董事长，杨管北担任总经理，徐子为担任副总经理。

　　通济公司的注册资本，达到了千万之巨，除了国民政府授意的中央、中国、交通、农民四家银行共同承担的部分外，还有一部分的资本来得并不干净，是杜月笙操起"白相人"的旧业，吃黑劫掠过来的。

　　当时，杜月笙从杨管北那里得到了一个消息：不日，将有一名客商携带三根金条路过林森路。战争年代，黄金价格极高，三根金条价格更是不菲。杜月笙本就是以青帮瘪三、流氓起家，做惯了杀人越货的无本生意。现在，见到有肥羊送上门来，顿起歹意。他叫来了一干门徒、党羽，悄悄商议了夺财之事。杜月笙又给戴笠打了电话，请他动用军警的力量，暗中予以配合。

　　这日，长衫客商怀揣着金条，乘坐一辆黄包车路过林森路。在一个转角处，突然闪出了几名彪形大汉。这些人二话不说，将黄包车挟持到了弄堂里。长衫汉子还没有说话，那些人拳脚猝起，"噼噼啪啪"地一阵耳光，只打得那长衫汉子眼冒金星，头重脚轻。自然，他身上的那三根金条也被对方给夺去了。这些金子价值不菲，长衫汉子深知如果丢了这些东西，对自己而言将意味着什么，当下顾不得身上的伤势，起身拦住了几名歹徒，央求他们将金子还给自己。

　　这下子，可激怒了那几位歹徒。他们从腰间摸出了锋利的斧子，架在了长衫汉子的脖颈上。汉子眼里露出了恐惧，再不敢动弹半分。那几名歹人趁机剥光了他身上的衣衫，将他撵出了弄堂。他刚一出弄堂，一辆军用的"雪佛兰"开到了他的面前停下。车上走下了两位军警。他们对着他叱呵，责问他为什么赤身裸体。汉子一时语塞，正寻思着要不要把自己被人抢劫之事告诉对方时，那两名武装军警已经不由分说架起他，把他塞到了车里。

　　在车里，汉子立时被对方五花大绑，嘴里还被塞上了毛巾。汉子意识到了不妙，拼命地挣扎着，但在两名身强力壮的军警面前，任何反抗都显得徒劳。"雪佛兰"像离弦之箭，飞驰而去。

　　过了几十分钟后，车子来到一片芦苇丛的前面停下。早有两人已经等在这里接应。"雪佛兰"将五花大绑的汉子交给两人后，调转车头，疾驰而去。等待车子走远后，这两人拖着汉子走进了芦苇丛中。芦苇丛的那边，是一个极深的湖泊。两人先在汉子的身上绑上两块沉甸甸的铁板，接着乘舟到了湖中央，最后手一推，那汉子便笔直地沉到了湖里。

　　杜月笙得到了这笔不义之财，非常高兴，当下派人将这三根黄金拿到中央银行兑换成现洋。三根黄金，重约三十几两，换回了5000块大洋。杜月笙随后把这些大洋汇入通济公司的账目上，作为公司的注册资本。就这样，通过这些黑的、白的集资方式，通济公司实力日日大增。

通济公司成立后，所经营的主要是棉纱生意。而这一时期，国民党军队恰好正在因为棉衣、军装之事而发愁，杜月笙于是和戴笠商议，打算和国民党后勤总部达成交易，将棉纱卖给他们。戴笠将此事告诉了蒋介石。蒋介石拍手称赞，责令国民党陆军后勤总部遣一要人，专门处理交易事宜。国民党要员郭兰馨受命代表国民党陆军后勤总部，负责和通济公司接洽。

杜月笙还在戴笠的协助之下，在上海、淳安、重庆三地设立通济公司分公司，以此来提高工作效率。在上海的分公司，又被称为"民华公司"，由杜月笙的私人驻沪代表徐采丞担任经理，负责日常事务。淳安分公司由王艮仲负责，重庆分公司由骆清华负责。三地之间有秘密电台互为联络。

虎口里拔牙

通济公司开张之后，立即开展了业务。杜月笙发电报给徐采丞，将公司成立之事详细告知，并嘱咐他要"从国家大局角度着想"，让他设法从沦陷区搞到一批棉纱运往上海，接济抗战后方。徐采丞接到电报后，顿觉得此事颇为棘手。中日战争进入相持阶段以来，中方军需补给困难，而日方又何尝不是。日本人实行"以战养战"的策略，对物资管理非常严苛，而上海又是日本帝国主义重要的补给站，想要从这里运送一批棉纱到抗战后方，绝非易事。

不过，杜门中人向来视杜月笙的话为圣旨。虽然事情风险很大，但徐采丞还是爽快地答应了。在随后的几天里，徐采丞和杜月笙通过秘密电台反复磋商此事。最后，徐采丞决定从日本军部的"松机关"着手。日本帝国主义在侵华战争期间，组建了庞大的特务机关。无论是内阁、外交，还是陆军、海军诸部门，都建立有各自的特工组织。而其中比较有名的除了内务省成立的"特高课"外，就属日本侵华陆军参谋总部成立的"梅"、"兰"、"竹"、"松"四大特务机关了。

这些特务组织之间，因为分属的部门不同，故此派系分明，竞争十分激烈。在上海地区，较为活跃的是"梅机关"和"松机关"。"梅机关"因其成立时间最久，活动范围最广，故势力亦最大，很为军部所倚重。相较之下，"松机关"则建树寥寥，颇受冷落。"松机关"的特务首脑小野三郎对此忿忿不平，常想着能够建功雪耻。徐采丞正是看到了这一点，所以才决定从"松机关"打开缺口。

徐采丞通过渠道了解到，当时日军由于战事紧急，急需一批重要物资，"松"、"梅"两大特务机关正为此事发愁。徐采丞敏感地意识到这或许是一个机会，于是，他去拜访了小野三郎，对他说："听说贵军急需一批重要物资，不知道通济公司可否承担这个光荣的任务呢？"

小野三郎正为此事焦虑，听了这话，异常高兴，表示如果通济公司能办好此事，他一定会请求军部重重奖赏。徐采丞却说："奖赏倒不必了，只是通济公司在上海有一批货想要运往重庆，可否请日方行个方便？"听到了"重庆"二字，小野三郎心里不禁"咯噔"一跳，犹豫起来。徐采丞见他面有难色，知道他在担忧什么，就对他说："这件事对阁下而言，只有益处，没有害处。贵方物资紧缺是事实，如果'松机关'能够搞到物资，那可就是大功一件！"

小野三郎贪功心切，就答应了。徐采丞致函杜月笙，将物物交换之事详细告知了杜月笙，请他在国统区内搞到一批日方需要的物资，好和日方交换棉纱。杜月笙觉得这件事事关重大，就告诉了戴笠。很快，戴笠带回了国民党中央的指示：不可以和日方交换物资，物物交换等于资敌。这也就是说，上海的那批棉纱只能用钞票购买了。杜月笙立即和徐采丞取得联系，将国民政府的指示传达给了他。徐采丞接到指示后，又去找了小野三郎，对他说："这是通济公司第一次和日方的合作。所以，希望日方能够表现出十足的诚意来，允许重庆方面用钞票购买。"

这个条件在小野三郎看来，非常过分，他之所以答应对方要求，就是因为对方承诺可以物物交换，搞到军部所需物资，现在重庆方面用钞票购买，对方承诺成了泡影，怎让他不生气呢？徐采丞不愧为杜月笙得力的部下，凭借着自己的三寸不烂之舌，继续劝说着小野三郎："重庆方面本来抗战意志坚决，现在愿意和日方交易，就说明对方已经有意缓和双方的关系。这次日方吃点亏，交易成功，下次重庆方面顾全中日关系的大局，肯定也愿意'物物交换'的。"

小野三郎经他这么一说，态度再度发生动摇，沉吟不决。

　　徐采丞加紧攻势，暗示小野三郎："就算您不答应，也没有关系。重庆方面还有另外的门路。"言下之意，似乎在上海还有其他的机关正和重庆方面接洽。小野三郎顿时想到了"梅机关"。小野三郎急于立功，又不愿意"梅机关"白白占去功劳，于是就答应了徐采丞的条件。

　　办成了这件事，徐采丞非常高兴，当即拍电报向杜月笙告知此事。杜月笙闻讯后，也是欣喜万分，回电报大赞了徐采丞一通，指示他尽快办妥这件事。徐采丞于是派人在上海搜购棉纱，没过多久，第一批货共约3000件棉纱已然到位。徐采丞发电报给杜月笙，告诉他货物已经准备妥当。

　　接到徐采丞的电报后，杜月笙便和戴笠一起商议运纱的路线。3000件纱是个不小的数目，各方觊觎，要想平安地从上海运到重庆，可不是一件容易的事。从上海到重庆，迢迢几千里，地形复杂不说，就是盘踞在各方的势力，也是错综复杂。既有日伪方面的敌对势力，又有国民党政府方面的势力，还有啸聚山林、杀人掠货的汪洋大盗和盗匪山贼。倘若稍一不慎，很有可能会人财两空。经过反复的探讨和比较，杜、戴两人最后终于确定了运输路线：自上海界首集经洛阳，再往西安，最后到达重庆。

　　之所以选择这条线路，是因为盘踞在这些路上的军政要员大都是杜月笙的旧识，甚至不乏其知交好友。如当时的陕西省主席祝绍周，和杜月笙便是知交好友，陇海铁路局副局长周啸潮的顶头上司杨虎也一度是杜公馆上的座上客。自界首集到洛阳以东，时属于第一战区辖区。第一战区的司令长官蒋鼎文更是杜月笙的老朋友，而界首集附近的驻军将领是第十五集团军司令何柱国，何柱国原为张学良部下将领。凭借着张学良和杜月笙的关系，料想何柱国也不会不买他杜月笙这个面子。

　　杜月笙和戴笠马上行动起来，给这些人一一打了电话，请他们提供协助。蒋鼎文、何柱国等人非常爽快，都愿意提供方便。一切安排妥当，杜月笙就发电报给徐采丞，让上海方面发货，同时派杨管北、徐子为、朱惠清三人前往界首集接货。3000件棉纱在荷枪实弹的日军护送下，浩浩荡荡地发往界首集。和日军随行的是杨志雄和杜月笙的账房先生王国生。

　　有日军押送，这一路还算平静。但到了亳州时，日军却不愿意向前走了。原来，从界首集到亳州正南的十尖河，有一个延绵上百里的"三不管"地带。在这里汇聚有不少的土匪强盗、亡命之徒。他们人数不多，武器也算不上精良，但行踪飘忽，仗着熟悉地形，专门以劫掠为生。日军虽然装备精良，但是对于这一区域，仍是非常忌惮，所以，日军小队长权衡了一下，觉得没有必要冒此风险，就将货运送到日军占领的亳州城外的一段无人区交货。

　　亳州城里驻扎的是伪军郝鹏举部。郝鹏举投降汪精卫伪政权后，和国民党部队仍然保持着接触。杜月笙知道运纱车要经过这一区域，就拜托一位国民党高级军官出面摆平郝鹏举。这名军官见杜月笙赏识，又收到对方两支美国产的最新式手枪，自然乐得效力，当即打电话给郝鹏举。郝鹏举原本听说有一笔物资要从自己辖区经过，已经决定要狠狠地榨上一笔，所以对军官的话不以为然。军官软硬兼施，警告他如不合作，就要把他暗通国军之事捅到日本军部处。郝鹏举最怕这点，只好按兵不动，眼睁睁地看着3000件棉纱从自己的眼皮底下远去。

　　日军交货离开后，杨志雄、王国生等人继续押运着货物向前走。到了"三不管"地区时，果然遭到了几十名劫匪的袭击。杨志雄仗着枪法精湛，和匪徒们周旋了一会儿。然而，由于寡不敌众，很快就陷入了绝境。恰在此时，杨管北等人带领着国民党军队赶到，经过一番激烈的交火后，所有的匪徒都被打死。杨管北随后接手，负责将货物运回重庆，杨志雄、王国生等人返回上海。

　　一路护送货物的，除了地方上的国民党军队外，还有洪门弟子。虽然国民党各地驻军都可以给杨管北等人提供便利，但杜月笙还是担心会在护送途中出现什么纰漏，于是就修书一封，拜托威震豫皖鄂三省的洪门大佬明德清，请他派人帮忙。在杨管北奉上的一盘金条之后，这位洪门前辈咧嘴笑了："杜老板有话，兄弟哪敢不从命呢？"随即，命令几十名得力的洪门弟子随行，一路护送杨管北等人。有了洪门明德清这块金字招牌，果然一路上都平静了很多。虽然也在路上遇见几拨打劫的毛贼，但都让洪门弟子轻易地打发了。

　　就这样，在各方势力的共同协助下，第一批的棉纱安全地运到了西安。在西安，国民党陆军后勤部立即将这批棉纱收购，做了军队的冬装。之后，重庆陆军后勤财物总部按照棉纱价格付款，全部存入杜月笙通商银行的账下。杜月笙和戴笠大赚了一笔，其他人也获利不小。

蒋介石听说棉纱运到，非常高兴，下令嘉奖杜月笙。几天后，郭兰馨带领着一排士兵，抬着一个巨大的匾额，吹吹打打地来到通济公司为杜月笙贺功。匾额上是蒋介石亲自题写的几个鎏金大字：后方功臣。

这个匾额，等于肯定了杜月笙在抗日战争中所做的贡献。杜月笙非常高兴，命人将它悬于正堂最显眼的地方。为了表示庆贺，杜月笙宴请了通济公司全体员工，并且每人奖赏了两块大洋。

河沟里翻船

通济公司第一笔生意成功，获利非小。杜月笙尝到了甜头，即找来戴笠、骆清华、杨管北等人，开始商量下一步的行动。众人兴致颇高，经过一段激烈的讨论之后，大家一致决定：再从上海沦陷区内收购3000件棉纱，运回重庆，资助国军抗日。虽然目的说得冠冕堂皇，但大家还有一个心照不宣的目的，那就是大赚一笔，赚得越多越好。不久，上海方面徐采丞发来电报，表示3000件棉纱已经购齐，准备发货。但就在这时，一个不幸的消息从天而降：洛阳沦陷了。

消息传来，杜月笙等人深受打击，忧心忡忡。上次发货成功，走的就是洛阳这条线，现在洛阳沦落敌手，之前的路线自然不能再走，可是要走哪一条路呢？从上海到重庆，近五千里的路程，如果没有一条安全的通道，会十分凶险。通济公司几位主要的决策者再次开会，共同商讨对策。

众人意见不一，有人认为洛阳被占，线路被切断，只能另想办法。也有人觉得，洛阳虽然被占，但日本军方并非铁板一块，只要疏通好关系，从洛阳过境，也未必不可能。

杜月笙觉得棉纱生意获利丰厚，如此轻易放弃，未免可惜。于是，拍案决定：线路改道，棉纱生意继续。洛阳被占，杜月笙选定浙江淳安，决定避开敌占区，自水路运送货物到重庆。

为什么会选择淳安这条路呢？这是杜月笙经过深思熟虑的。当时，淳安划归于第三战区，而第三战区的司令长官顾祝同曾是杜府的座上客，和杜月笙的关系很是熟稔。淳安一带的驻军长官如第二十三集团军司令唐式遵、补给司令戴戟等人也是他相熟的朋友。杜月笙认为，如果对方知道是他的货物从此经过的话，肯定会乐于放行，并提供一定的协助。而且，淳安是军统特务活动的重要据点，有戴笠这一层关系，料想也不会发生什么大的风波。

至于押送货物的人选，杜月笙选定徐子为和朱品三。徐子为是通济公司的副经理，而朱品三为杜月笙的得力门徒。杜月笙也是想以这两个人的身份明确告诉别人，这些货物姓"杜"，旁人休得觊觎。在临行之前，杜月笙还特意嘱咐了两人一番，告诉他们如果有什么情况，要及时和他联系。

徐、朱两人原本以为杜月笙安排妥当，路上又有顾祝同、唐式遵这些"老朋友"照应着，定然不会出现什么差错。然而，让他们万万没有料到的是，杜月笙的这些所谓的新老"朋友"见到了这大宗的面纱，个个红了眼，人人都想雁过拔毛，捞上一把。徐、朱二人更险些因此丢掉了性命。

徐、朱两人到上海后，徐采丞早已经准备好了3000件的棉纱。两人生怕夜长梦多，当即将货物装船，按照杜月笙的指示，循着水路前行。30多艘货轮满载棉纱，浩浩荡荡，溯江而上。开始的时候，风平浪静，但是到了太原就遇到了麻烦。国民党设立在太原一处哨所拦住他们，不许通行。朱品三见势不妙，拿钱开路，就去求哨所的所长，请其放行。没想到，这位哨所所长和以往遇到的官员大不相同，任朱品三好说歹说，他只回了一句：没有首长的命令，任何人不得通行。最后，朱品三死皮赖脸地强塞给所长6000元钱，这才被放行。

麻烦一个接着一个，当船行至洋浦口时，国民党设在此地的货物管理局以违反货运为由，将几十艘的轮船全部扣下。朱品三无奈，就买了很多贵重的礼物去拜会管理局的周所长，又请周所长和他手下一些长官上堂子、下酒馆，活络关系。几天下来，朱品三虽然囊中大出血，但也和周所长等人搞好了关系，称兄道弟。在酒酣耳热之际，周所长终于松口答应放行。朱品三好像等到圣旨一样，连忙带领着众人离开。然而，当船即将驶出洋浦口的时候，周所长领着他的人追了上来，又将货轮拦住，要求上船检查。原来，这位周所长非常贪婪，虽然几天来朱品三已经"孝敬"不少，但在他看来，仍然是少了。所以，虽然嘴上和朱品三称兄道弟，但心里一直想着这位"兄弟"能够将价钱再翻上一番。现在，看见对方的船就要离开自己的辖区了，以后再想敲竹杠就不容易了，于是当即变脸，亲自领着兵船追赶了上来。

朱品三没料到对方有此一招，真是又气又恨，便皮笑肉不笑地说："所长阿哥，船里有什么，兄弟不是早就已经向你报告过了吗，你又何必多此一举，费事检查呢？"

周所长却板着面孔，硬邦邦地说："不让检查，这些船不许移动一步。"

见对方如此不识抬举，朱品三决定来硬的。他假意招呼周所长上船，商谈此事。周所长大喜，认为又有红包可以拿了。没想到，刚登上船，对方黑洞洞的七八支枪对准了他，缴了他的武器。

朱品三眼里冒着寒气："不想死的话，就按照我说的做！"

周所长贪财，但更怕死，当下乖乖地按照朱品三的吩咐，将脑袋伸出舱口，吩咐手下人放行。三十多艘的大船，像一群被赦去了死罪的囚犯一般，一艘接着一艘，飞也似地驶出了洋浦口。

然而，让朱品三等人没有想到的是，另外一个麻烦正在等着他们。淳安附近有一个场口镇，驻扎有一支国民党部队，由于国民政府欠饷多日，军中之人已是人心惶惶，个个饿得嗷嗷直叫了。驻军长官俞主任向上级反映，请求尽快拨饷，但上级却回答："无饷可拨，尔部自想办法，就地筹饷。"

这可愁坏了俞主任。场口镇并非富庶的地方，想要筹募出这么多人的军饷，谈何容易啊。恰在这时，朱品三、徐子为等人押送的几十艘棉纱货轮到了这里。俞主任仿佛在黑暗中陡然看见了一丝曙光，急忙派兵拦下货船，告知徐、朱二人上级让他们就地筹饷之事，要他们按照规矩，交出20%的钱和棉纱，充作军饷。这么高的"买路钱"，徐、朱二人知道杜月笙肯定不会答应，就一口拒绝了他。这下子可惹恼了这位俞主任。他随即命令手下全副武装登上货轮，连船带货，全部扣留。朱品三、徐子为二人见到这种情况，知道对方肯定不会善罢甘休，就赶紧给重庆的杜月笙发去急电，向他求救。杜月笙没想到一路之上竟然会有这么多的波折，就让杨志雄从上海赶往淳安，想办法解决此事。后经杨志雄多方周旋，给了当地驻军很多的好处，对方这才同意放行。过了场口镇，船队就驶进了淳安境内了。

淳安，正是杜月笙老朋友、第三战区司令长官顾祝同的辖区。当时，第三战区军需物资也是非常匮乏，顾祝同见到有这么大的一笔物资送上门来，怎肯放过，当即打电话给杜月笙，要求无论如何要以低价买下这批棉纱。杜月笙是生意人，当然不愿意让利出售，但肉在砧板上，刀操在顾祝同手里，杜月笙远在重庆，鞭长莫及，也是无可奈何了。为此，杜月笙还向戴笠求助，让他想想办法。戴笠在蒋介石面前告了顾祝同的状。蒋介石诘问此事，顾祝同趁机大诉苦水，搞得蒋介石也不好在这件事上过于认真了。后来，此事不了了之，那3000件棉纱自然也没有运到重庆去。

但这并不是事情的终结。几月后，杜月笙派徐子为到上海办事，没想到才到淳安，就在富春江边被人绑架了。绑架他的人是国民党的一支杂牌军队。最后，通济公司汇出了7万元"法币"，对方才将徐子为放了出来。

原本想从沦陷区运出棉纱大大地赚上一笔，没想到偷鸡不成蚀把米，不但生意没有做成，还被人狠狠地敲了一笔竹杠。杜月笙自此以后，心灰意冷，再也不做棉纱生意了。

吴开先被捕，蒋伯诚被禁

上海沦陷期间，吴开先和蒋伯诚领导着上海工作统一委员会，开展了大量的抗日活动，对日本侵略军和汪伪政权予以了沉重的打击。其实，这些功劳都不能算吴、蒋二人的，因为出力最多的，是远在香港的杜月笙。后来杜月笙迁居重庆，仍然遥控着上海方面的许多活动。若是没有他运筹帷幄，统一委员会的工作哪里有这么顺利。

不过，日本人和汪伪政府在数次失利后，也采取行动打击统一委员会。结果，统一委员会的两位领导人都遭了厄运，其中吴开先被捕了，蒋伯诚则被软禁了。

说起吴开先的落网，与他自己的麻痹大意有很大关系。

1939年5月，汪精卫刚刚从河内跑回上海筹建伪政权时，吴开先就受蒋介石派遣，到上海从事地下工作。当时他的主要任务，就是稳住国民党在上海的组织，不让其被汪精卫拖过去。当时，杜月笙动用了许多关系，又派出万墨林等几员大将及恒社的所有在沪成员，为他保驾护航。在这么强大的阵势下，吴开先才得以毫发无伤地圆满完成了在上海的工作。

上海统一委员会成立后，吴开先再返上海滩。这一回，又有杜月笙的不少门生故旧帮忙，他的工作同样特别轻松。此外，军统还特地派了一个女特工，与吴开先扮作夫妻住在一起，既保护他的安全，也配合他的工作。吴开先工作上不用操什么心，又有年轻漂亮的女特工做"老婆"，日子过得十分逍遥。

当然，在日本人和汪伪的眼皮子底下做事，吴开先也不得不提高警惕。他很少正儿八经地找蒋伯诚、万墨林等人，却经常以打麻将的名义，将统一委员会的骨干人员约到自己"家"里。常到他家打麻将的除了蒋、万二人，还有国民党中央通讯社上海分社主任冯有真、国民党中统负责人徐恩曾的驻沪代表陆鸿勋等。

在一片麻将的哗啦声中，吴开先等人就将各项事宜商议妥当了，至于具体行动的事，多半都由万墨林出面去联系相关人员。

吴开先聚赌的时间长了，居然发现了赌的另一桩好处，那就是编织关系网，收买人心。为了笼络下属，吴开先也阔绰了一回，他拿出一笔钱，分送给几个亲信做赌本，然后邀请他们带着家人来玩。没想到他阔气了一回，却惹上了大麻烦。

给他带来麻烦的，是一个叫沈守良的人。这人抗战前在国民党上海市党部当过门卫，当时替吴开先管理一些杂务。因为吴开先特别大方，所以沈守良这样的小角色也分到了一笔赌本。沈守良连赌了数天，运气都特别好，竟然发了一笔横财。他一直小心谨慎做人，可如今发财了，心也花了，就放开手脚吃喝玩乐起来，彻底忘记了自己的身份。

当沈守良花天酒地时，汪伪特工已经盯上了他。一天，他喝得醉醺醺地从饭店里出来，坐上了一辆停在饭店门口的黄包车。等他酒醒时，发现自己已经在76号的秘密审讯室里了。

沈守良对吴开先比较忠心，咬紧牙关，什么也不说。可汪伪特务带着他"欣赏"了一番那些刑具，他的脸色就变了。汪伪特务几鞭子抽下去，沈守良就什么都招了。

根据沈守良的口供，汪伪特务们很快找到了吴开先与女特工的秘密住所。这天深夜，好几个汪伪特务潜入了吴开先的住所。

和吴开先扮夫妻的女特工比较机警，她一听到动静，就穿好衣服，摸出了枕头下的手枪。吴开先猛然从睡梦中惊醒，女特工什么也没说，就推开衣柜，将他塞进了一条暗道里。吴开先这才知道，这所房子还有这样的密室。他顺着密道向前走，就隐隐听到外面传来的枪声。于是，他也全神戒备起来。

此时，闯入房子的汪伪特务，已经被军统女特工击毙了2个。女特工趁机跑到院子里，在假山林木间穿梭，以引开汪伪特务。不过她最终寡不敌众，中弹身亡了。

吴开先慌慌张张地跑出密道，发现出口竟然是片庄稼地。当时正值春天，万物刚开始吐绿，田地里的幼苗都短短的，根本没有能藏身的地方。而汪伪特务来抓人，是做足了准备的。为了确保行动成功，他们还特地请日本宪兵大队予以配合。汪伪特务闯入室内抓人，而日本宪兵则在外围戒严，防止有人逃脱。所以，吴开先跑到这里没一会儿，就被日本宪兵直接拘捕了。

吴开先被捕的当天，万墨林就将这个消息汇报给远在重庆的杜月笙。杜月笙当时就急了。要知道，吴开先在上海的许多事务都是他的人去执行的，如今吴开先被捕，那他在上海的势力就会削弱。先不说吴开先是他的老朋友，就凭这一点，他也要全力营救才行。于是，杜月笙立即发电报给万墨林和徐采丞，命这两个得力干将"不惜一切代价，全力营救"。

吴开先是重庆中央派到上海的最重要人物之一，又是日本宪兵抓获的要犯，所以对他的看守特别严密。吴开先被直接关进了汪伪76号特工大本营，除了审讯人员，其他人都不能接近他。杜月笙想派人营救他，实在太难了。

正当杜月笙为营救吴开先倾尽全力的时候，统一委员会的另一位重要人物蒋伯诚也落入了日本人的手中。这下，杜月笙要营救两个要人，难度实在太大。他为此忧心如焚，又不得不努力想办法。

蒋伯诚落网，主要是他的身体不大好，以致让敌人钻了空子。蒋伯诚自奉命赴沪领导地下工作后，就特别注意人身安全。像他这样的重庆中央大员，日本人自然非常重视，将他列为第一号通缉对象。不过蒋伯诚的姓名、身份、住所经常更换，所以，汪伪特工和日本宪兵都摸不着他的踪迹。

1944年，蒋伯诚突发脑血管破裂症。此时，他住在福履理路的曲园。这个地方绿树成荫，曲径通幽处才是他的住所，所以这里是既雅致又安全。本来他在这里安心养病再好不过了，可是蒋夫人耐不住冷清，总想到热闹地方逛逛，结果就引起了汪伪特务的注意。

蒋伯诚的夫人名叫杜丽云，以前是个评剧演员，她喜欢逛街买东西、听戏、看电影，就是不愿意呆在静得吓人的家里。蒋伯诚病倒后，根本就管不了她。蒋夫人天天打扮得花枝招展的，汪伪特务盯梢起来都特别方便，而蒋夫人却浑然不觉。

此时蒋伯诚的寓所，只有一个叫王阿四的人经常造访。蒋伯诚有什么任务要安排，都交给王阿四去处理。除此之外，也只有几个知根知底的仆人住在这里，平时都很少外出。若是外人不知道，很难找到这里。可若是敌人已经摸清楚了底细，那瘫在床上的蒋伯诚就只有束手就擒了。

一日，蒋伯诚正躺在床上昏睡，日本宪兵就尾随着蒋夫人找到了这里。他们几乎没费什么劲，就破门而入，将不能行动的蒋伯诚逮捕了。

这下杜月笙彻底心焦起来，他一天好几个电报，发动所有的关系来营救吴、蒋二人。可这两人乃是日本人和汪伪眼中的"重犯"，要想救出他们，谈何容易啊。

秘密交易

眼看着吴开先和蒋伯诚都落入了汪伪特务手中，杜月笙急得团团转，可是他派出去营救的门生故旧，却都没有什么收获，这下他真的一筹莫展了。吴、蒋二人是统一委员会在上海的最高领导者，他们身上牵涉着许多政治机密，若是被日本人和汪伪利用了，那后果将不堪设想。

杜月笙最后终于把人给救出来，不过付出的代价也非常大，除了钱财外，他还与日本人达成了一桩秘密交易。

吴、蒋陆续被捕后，在上海直接负责营救工作的是杜月笙的两大干将：万墨林和徐采丞。万、徐二人虽然都很有能力，但要从汪伪76号把"重刑犯"救出来，就相当吃力了。当然，他们在杜老板手下当差多年，也不是白混的。救人分几步进行，每一步做什么，他们心里都一清二楚，绝对不会慌乱无措。

万、徐二人虽然无法让76号放人，却能将手伸到76号内部，买通一部分特务，这样吴开先等人就可以少吃些苦头，性命也能保住。做好这些后，他们才四处打探消息，调查吴、蒋被捕的最高指挥者到底是谁。

不查不打紧，一查吓一跳。原来这件事幕后的最高策划者，竟然是汪精卫和侵华日军的高级将领野村中将。

原来，早在吴开先在上海秘密负责党部工作时，野村中将就注意上这个重庆中央的重要人物了。上海的抗日活动沉重打击了日本占领军，野村中将早就想抓吴开先了。后来，他从日本特务那里得到情报，说吴开先离沪后，又与蒋伯诚一起回了上海，两人领导着上海工作统一委员会，将抗日行动扩大化了。这下野村可坐不住了，他将汪精卫找来，两人秘密一商议，决定由汪伪特工出手，日本宪兵配合，共同抓捕吴开先和蒋伯诚这两个国民党的重要人物。

蒋伯诚是中风后被捕的，日本人为了从他口中套出有用的消息，动用了各种审讯手段，不料蒋伯诚很硬气，什么也没供出来。不过，蒋伯诚的身体就彻底垮了，他半身瘫痪，言语不清，再也治不好了。

吴开先被关进76号后，因为他早先就在上海工作过多年，所以日本人对这个要犯更加重视，严刑逼供倒是其次，日本人最希望的，还是拉拢他下水做汉奸。最早负责审讯吴开先的，是陈恭澍。这个人原本是国发党军统局上海的特工区长，后来投靠了76号，成了汪伪特工中的重要人物。

吴开先刚刚入狱时，也很有骨气。他与陈恭澍也是老相识，见陈做了汉奸，就继续称呼其为"陈区长"，加以嘲讽。结果陈恭澍羞愧难当，面子上下不来，只好灰溜溜地走了。吴开先还曾两次企图自杀，以保全名节，不过都被看守人员阻止了。

后来，76号的特务头子李士群派了吴开先的两位老同事来游说，吴开先竟然思想上慢慢转变了。

这两个人是原上海市党部委员汪曼云和蔡洪田，他们在上海沦陷后并没有离开，而是投靠了汪伪政权。如今，吴开先在牢房里见到昔日的同事，颇为感慨，心理防线也慢慢松动了。

在汪、蔡二人的关照下，吴开先在狱中的生活很不错，只是没有自由罢了。而李士群则直接告诉吴开先，日本人已经表态了，他的路只有两条，要么死，要么降。吴开先已经没勇气去死了，不过投降了会有什么后果，他心里也很清楚，就尽量敷衍，以拖延时间。

万墨林和徐采丞通过各种途径，获取了蒋伯诚和吴开先在狱中的情况。他们也大为着急：蒋伯诚身体不佳，性命危在旦夕；而吴开先始终有叛变的打算。无论哪一条，都是相当危险的。杜月笙得知后，发往上海的电报更勤了。万、徐二人也感到了前所未有的压力。

76号听汪精卫的，而汪精卫又听日本人的。看来要救出二人，只能从野村中将身上下手了。万墨林和徐采丞也分头行动，各想各的法子，然后再一起商量。

徐采丞一向负责与日本人打交道，就请了老朋友颜惠庆出面说情。这位颜先生的身份比较显赫，他毕业于上海同文馆，后来赴美国弗吉尼亚大学留学，回国后历任圣约翰大学英文教授、商务印书馆编辑、清朝驻美使馆参赞等。北洋军阀时期，颜惠庆担任过政府总理。南京国民政府成立后，他先后任驻英大使、驻苏大使，及出席国际联盟大会的中方首席代表。抗战爆发后，他一直在上海从事慈善和教育工作。

颜惠庆履历显赫，交际甚广，与许多日本重要官员都有接触，这其中就包括了野村中将。徐采丞登门拜访，直接以此事相托，颜先生也很愿意帮忙。不过，凭着政治直觉，他认为这次出面成功的希望不大。于是，颜惠庆坦言告诉徐采丞，野村中将不是一个好说话的人，他还是要做好另外的打算。

颜惠庆坐上小汽车，亲自去野村中将家拜访。二人寒暄一番后，话入正题，结果真如颜先生所料，在释放吴开先、蒋伯诚二人的问题上，野村先生态度坚决，毫无商量的余地。颜先生只好失望而归。在颜家坐等消息的徐采丞，就更加失望了。

至于万墨林这一头，他是杜月笙的代表，几乎能领导所有在上海的杜氏门徒。因此，他在任何消息方面都特别灵通。徐采丞空手而回时，他已经想出了一个办法，就是贿赂野村的夫人，想通过吹枕头风来达到目的。

野村夫人并不喜欢呆在中国，她经常向丈夫表示，想回日本去。野村与夫人感情很好，对夫人的心愿，他能理解，却无法满足。在他的心里，自然是政治前途更重要。

野村夫人有个女仆，叫松下芳子，是她从日本带来的，两人关系很亲密。恰好松下芳子一次外出时，被街头的两个小流氓调戏，正好万墨林的手下弟兄救了她。以后松下芳子就经常到恩人万墨林家拜访，还与万墨林的太太交上了朋友。

为了营救大计，万墨林就决定从这个日本女仆身上下手。他们夫妇一起做通了松下芳子的工作，然后将一套名贵的首饰交给她，请她转交给野村夫人。

不料野村夫人是个特别传统的日本女人，对丈夫的事情半点也不插手。所以，万墨林的这套首饰送上后，也没起到什么效果。

万墨林等人还没有想出新的办法，世界反法西斯战争形势的变化就为他们提供了好机会。

太平洋战争刚爆发时，日军的攻势非常凶猛。可仅仅半年，形势就发生了变化。1942年6月，日军大举进攻中途岛，结果惨败。8月7日，美军从瓜达尔卡纳尔岛登陆，与日军展开了长达6个月的争夺战。此后，日本在太平洋战场上的主动权就丧失了。

吴开先和蒋伯诚被捕后，相比于其他被捕人员，他们的待遇已经好了很多。这并不是因为日本人仁慈，也不仅仅在于万墨林等人托关系四处活动，而是如何处置这两个要犯，牵涉到日本对重庆中央的政治策略。

1944年7月，日本东条英机内阁倒台，继任的小矶国昭内阁面临着比前任更加严峻的政治局面。于是，日本政府对重庆国民政府的政策也发生了转变。8月，日本新成立的最高战争指导会议决定，对外政策"以斡旋德苏和解及对重庆进行政治工作为中心课题"。这就标志着日本与重庆的敌对关系已经彻底发生变化了。9月5日，该会议出台了《实施对重庆政治工作方案》。5天后，日方又宣布："同意蒋介石返回南京，建立统一政府。"同时，日本人还表示，蒋、汪"两者间的调整是中国的国内问题，由两者直接谈判"，日本政府将不会干涉。这表明日本人不再看好汪伪政权，打算加强对蒋介石的诱和活动。

此时，日本的形势不好，汪伪政府的大员们也开始寻找退路。其中一些人就为营救吴开先和蒋伯诚积极奔走起来。野村中将也开始努力向重庆国民党方面表示"友好"。于是，野村通过夫人，再通过女仆之口，向万墨林等人传递着这样的信息：只要重庆中央愿意和谈，释放吴、蒋二人不成问题。

除了野村与万墨林等的秘密沟通外，日本有关方面还专门派出代表，在江苏宜兴张诸镇附近会见了上海工作统一委员会的另一位负责人吴绍澍。此时吴绍澍是国民党江苏区的监察史，日本人将徐采丞、万墨林等营救吴、蒋二人的情况告诉了他，以此来试探国民党对"反共"及"和谈"的态度。

日本人从吴绍澍这里没有探到自己想要的东西。因为当时日本已经是强弩之末，汪伪政权的不少要人也重新站到了国民党这边，重庆方面占据了绝对优势，所以，蒋介石对日本人在这个时候抛出"橄榄枝"一点兴趣也没有。

在不长的时间里，杜月笙就分别从万墨林和吴绍澍那里获得了基本相同的信息。日本人的条件，能不能答应呢？此时蒋介石并没有明确表态，而上海仍然是日本人的占领区。就当时的形势来说，即使只是为了他在上海的势力，也要把吴开先和蒋伯诚救出来。毕竟，这两个人牵扯到的杜门子弟太多了。

这样的大事，杜月笙一个人肯定做不了主，于是，他与陈立夫、戴笠等几位国民党的重要人物密商此事。经过一番仔细的探讨，他们觉得，日本人的条件可以接受，虽然代价比较大，但能救出吴开先二人，也不算吃亏。再说了，国际形势一直在变，现在与日本人达成协议，以后情况变了协议也可以不执行。

于是，在经历了多方奔走无效后，杜月笙等人与日本人进行了一场秘密交易，他们答应了日本人的"和谈"及"反共"条件，将吴开先和蒋伯诚换了回来。

蒋伯诚出狱后，身体不好，就找了个清静地方疗养去了。而吴开先重获自由后回到重庆，杜月笙特地大摆筵席为他"压惊"。随后陈立夫、戴笠等也设宴相邀。一时间，从沦陷区归来的吴开先，风光无限。

许多不明真相的人，将他当成了抗日英雄。可国民党内的抗战派和一些爱国人士却对他起了疑心，毕竟大家都知道吴开先被捕之事，他莫名其妙被释放后，许多人都怀疑他已经做了汉奸。

吴开先在出尽风头，又备受争议的时候，竟然丝毫不知道避讳，继续用自家的电台与上海方面的国民党地下电台联系。此时上海方面的电台早已被汪伪特务控制了，于是很多人又开始议论起来，说重庆中央正在与日本人和谈，吴开先就是重庆这边的代表。

当时抗战仍是政治大局，这种话传出去，对国民党政府很不利，蒋介石为此气恼不已。杜月笙见吴开先的麻烦大了，就赶紧派手下物色了一处清静的别墅，将吴开先请去休养以避风头。

杜月笙的这一招比较高明，吴开先对他感激不尽，蒋介石也解决了麻烦。抗战胜利后，吴开先又当上了上海市社会局的局长，他对杜月笙这位出生入死的老朋友，自然感恩无比。

第二十五章
负重任向淳安进发

饱暖思淫欲

杜月笙避难重庆，照样过着花天酒地的奢侈生活。他交友遍天下，在重庆也不乏交好之人。财经界的有如刘航琛、康心如、康心之等川帮富贾巨商们，军政界的有杨虎、范绍增等人。所以，杜月笙刚一到重庆，就受到了重庆朋友们的热烈欢迎，人人都争着当他的东道主。四川军阀范绍增便一再相邀："杜兄，我在重庆的房子多得是，我陪你去看，你喜欢住那幢，就住那幢。"

范绍增之所以对杜月笙格外照顾，是因为他们在上海的时候，就已经相熟。范绍增原名舜典，号海廷，绰号"范哈儿"，自幼讨厌读书，喜欢舞枪弄棒，13岁的时候，加入"袍哥"。后来加入同盟会，成为国民革命的一分子。在随后的几年，由于时局变化，范绍增逐渐拉起了一支几千人的部队。1923年，四川袍哥首领、国民党重要的军事将领杨森回到四川，收编了范绍增部队，任命范绍增为第四师第八旅旅长。之后，范绍增转战四川，为杨森卖命。

"四·一二"反革命政变后，范绍增秘密发展袍哥势力。杨森对他起了疑心，准备将他除掉。范绍增闻讯后，连夜逃走，不久，即发表讨杨通电，率军进攻杨森。不料大败，防地尽失，范绍增于是投靠了四川另一个有名的军阀刘湘，成为刘湘手下第四师师长。之后，范绍增因功一路升迁。到了1942年，范绍增更是荣膺为第十集团军副司令，荣耀一时。

范绍增和杜月笙的第一次见面是在1929年。当时，范绍增为采购军火，携带着一笔巨款到上海，拜会了其时已经名著沪上的大亨杜月笙。其实，早在这之前，他们就有两次的交集。一次，是范绍增还在杨森的部下当师长的时候，就曾因为出售鸦片和采购军火和杜月笙搭上了关系。第二次，是在1928年前后，范绍增此时已经投入了刘湘麾下。那个时候，是上海滩黑帮最为猖獗的一个时期，当时杜月笙请上海滩的吗啡大王陈坤元担任经理和技术指导，在上海设立吗啡工厂，聚敛不义之财，为了躲避舆论和特务的视线，杜月笙还特意将工厂设立在范绍增的防区邻水县，由范绍增提供保护。这两次范、杜虽然都未曾谋面，但通过书信往来，两人皆有英雄相惜之意。所以，当范绍增来访的时候，杜月笙作为"神交"已久的朋友，盛情款待了他。

杜月笙知道范绍增好赌，就把他请进了自己的赌坊里，另找了几位上海滩的名流大亨作为牌友。几位大亨赌注惊人，动辄过万之数。没过多久，范绍增就输了80万元给杜月笙。范绍增非常爽快，二话没说就填了一张80万元的支票递给了杜月笙，然后什么也没发生似的，和旁人聊起天来，谈笑风生，镇定自若，丝毫没有半点沮丧的神情。杜月笙看在眼里，心里暗赞，十分敬佩范绍增的豪气干云，气度不凡，也深深觉得这样的一个人实在值得结交。于是，他扬手点燃了那张80万元的支票。

众人皆是一惊。杜月笙笑道："朋友聚在一起，玩上两把，热闹热闹而已。绍增兄，你不必当真。"

范绍增此时恍如大梦初醒，心里感慨万千。他走南闯北这么多年，还从来不曾遇见向杜月笙这样一个有情有义之人呢！80万元，绝非一个小数目，在当时几乎可以开一家银行了。但杜月笙却在弹指之间，烧了它，顾全了两人之间的友情，这让范绍增如何能不感动。范绍增袍哥出身，本就好侠重义，见杜月笙如此这般，笃定他是"我辈中人"，就提议要和杜月笙义结金兰，同生共死。这恰遂了杜月笙的心意，两人当下燃起香烛，拜了几拜，结成了兄弟。

此事之后，两人关系日深。次年，范绍增差人送了200担的烟土给杜月笙。1933年，范绍增奉刘湘之命令，出川攻打洪湖的贺龙所部红军，结果所部一个团被歼灭，范绍增也负了伤。杜月笙闻讯后，非常担心，特意派门徒张松涛前往汉口，接范绍增到上海治伤。

范绍增早就怀念上海滩的花花世界，就以治伤为名，向刘湘告假一个月，随着张松涛到了上海。到上海后，杜月笙专门派人把他送到了白渡桥共济医院疗伤。这所医院是上海滩最有名的外科医院之一。果然没过多久，范绍增便痊愈了，保住了自己的右臂，对杜月笙也更加感激了。

范绍增喜欢女人，一生有妻姜四十余人，在上海养伤期间，他也不忘寻欢作乐，风花雪月。在某次的聚会上，范绍增认识了舞女黄白瑛，大为倾心。虽然屡屡大献殷勤，但对方却不为所动。这成了范绍增心头的一个遗憾。在临走时，杜月笙问他此行玩得痛不痛快时，范绍增就把这桩心事告诉了杜月笙。杜月笙当时只是笑笑，什么也没有说。没想到范绍增回重庆后不久，便接到了黄白瑛的电话。

原来，杜月笙在得知范绍增心事后，就派人找到了黄白瑛，软硬兼施，逼她就范。黄白瑛深知，如果在上海滩得罪了杜先生，绝对不会有什么好下场，无可奈何之下，只得答应了杜月笙的要求。随后，杜月笙专门包了专机，把黄白瑛送到了重庆，了却了范绍增心中的遗憾。

这件事后，范绍增和杜月笙关系更加亲密了，在随后的几年里，两人一直书信往来，保持着联系。杜月笙到重庆后，范绍增大为欢喜，便一再邀请杜月笙住在自己家里。杜月笙时为交通银行常务董事，为了办公的方便，就委婉地拒绝了范绍增的盛情邀请，住在交通银行二楼的招待所里。

后来，姚玉兰、杜维藩等家人相继逃出香港，移至重庆，交通银行不便于家人居住，杜月笙的另一位朋友刘航琛便邀请杜月笙一家入住他在汪山的一幢别墅里。杜月笙见那里清幽静雅，别有一番情致，就答应了。

刘航琛在汪山有两套别墅，相距不过一两百步而已。杜月笙一家住在其中的一幢。刘航琛一家住在另外一幢。杜月笙喜欢赌博，闲来没事，便到刘航琛家里玩上几把，有时候，还把顾嘉棠、叶焯山、范绍增等人邀到汪山别墅。这里环境雅致，本是绝佳的居处，但范绍增却不这么觉得。他总觉得这里静悄悄地，不够热闹，丝毫没有豪赌的氛围。

范绍增觉得大家都是赌坛里的英雄，一掷千金，豪气干云，如果没有三五个妖冶的美女陪侍在旁，未免缺少几分的刺激和激情。在汪山别墅，妻子、儿女窥伺在旁，显然不行，所以，还不如让杜月笙住进市区自家的房子里。

于是，范绍增再度相邀，坚决要求杜月笙住进他在市区的范公馆里。来龙巷的范公馆处于闹市，门前车水马龙，川流不息，是重庆首屈一指的高级会所。范绍增爱赌爱玩，在这里大摆赌局，麻将、牌九、梭哈种种名堂应有尽有。杜月笙喜欢热闹，加上这里又有他最爱的赌博，于是来龙巷的范公馆便成了杜月笙每日必到之处。

出入于这个赌窟的，有政府高层的军政要员，如杨虎、吴启鼎等人；有财经界的大腕，如有刘航琛、康心如、康心之等人；也有像杜月笙这样寄居重庆的阔佬大亨们。众人皆是赌坛中的好手，往往一掷千金，当时，范公馆的规矩是每人每天必须带赌本5万元。

至于赌窟的豪华，更是令人咋舌。公馆内有大小套间数个，供客人住宿休憩，又设有豪华舞厅、烟榻、赌场、餐厅等设施，满足各色人的需求。范绍增豪爽好客，凡是来范公馆的客人，除了赌博输赢自理之外，其他的诸如吃喝玩乐方面皆由范绍增免费招待。除此之外，范绍增还经常邀请重庆各地有名的交际花或者舞女来此为众人助兴。一个个穿着旗袍的妖冶女郎，穿花拂柳，莺莺燕燕，更让赌坛中的一众"英雄"们兴致高涨，放浪形骸。

在赌、色方面，杜月笙和范绍增二人可谓不相伯仲。在通济公司遭逢挫折，第二次棉纱生意失败后，杜月笙一度意志消沉，于是，来龙巷范公馆便成了他每日消遣，排解抑郁的地方。

前线吃紧，后方紧吃

日军在中华大地上燃起战火，民族危机进一步加深。当时社会上悲观情绪泛滥，很多人认为东南的广袤地区难以坚守，而西北才是中国未来生命之所系，于是，纷纷呼吁政府开发边疆，以西北作长期抵抗的根据地。国民党政府对此深以为然，多次组织考察团对西北地区的矿藏、农业、水利、交通等各个方面进行视察。当然，国民党政府将西北问题提上议事日程，还有另一层的目的，就是希望通过开发大西北，重新对割据于中央政府之外的西北诸侯如马步芳、马鸿逵等军阀施加影响力。国民政府迁都重庆以后，起初几年，蒋介石忙于战事，就把开发西北的计划搁置下来。随着抗战相持阶段的到来，蒋介石再次将目光投向了大西北，计划用20年的时间将西北建设成抵御外辱的钢铁长城。为此，在1942年8月中旬，他从重庆启程，飞赴兰州，对甘肃、陕西、宁夏、青海四省（自治区）做了近一个月的巡游。10月初，国民政府再次组织中央官员以及地方工商界的领袖考察川陕地区，杜月笙亦有幸获邀。

这次川陕之行，名为"考察"，实则是游山玩水。杜月笙虽不在官场，但也懂得个中的"奥妙"，就携妻带子，一路之上，花天酒地，公费享乐。他们这些人顶着"中央大员"的名头，胡吃海喝，肆无忌惮。地方上的官僚视他们为"钦差大臣"，各尽手段，极尽奉承巴结之能事。杜月笙权尊势重，知交满天下，这一路上，更是受到了各地长官、大亨们无比盛情的款待。

首站便是成都。车队行到成都外二十余里的龙泉驿时，国民党四川省主席张群已经特地派其副官于此欢迎了，国民党川康绥靖主任邓锡侯、川陕鄂边区总司令潘文华、成都警备司令严啸虎等人亦在城门外迎接。当晚，张群便主持了所谓的"联合公宴"，邀请川地的名流百余人为杜月笙一行接风洗尘。钟鼓馔玉，杯泛流霞，精美的菜肴源源不断地端了上来，旁边更有川地的名伶助兴，杜月笙等人便在推杯换盏中度过了靡靡的一夜。

翌日，张群又设了"家宴"款待杜月笙等人。在这场所谓的"家宴"中，张群几乎请遍了成都有名的小吃师傅来他的府上做菜。成都本就是有名的美食之都，川菜源远流长。师傅们各施手段，什么怪味鸡、麻婆豆腐、龙抄手等风味小吃层出不穷。众人大快朵颐，连声叫绝。

之后，四川的另一位重要人物刘文辉也邀请杜月笙一家赴宴。刘文辉是四川著名的军阀，雄踞四川20多年。早年同刘湘争霸，刘湘死后，蒋介石任命张群为四川省主席，刘文辉曾经联合四川一些实力派将领共同抵制。虽然张群后来还是做了四川省主席，成了四川最高的军政长官，但刘文辉的势力，及其在川地的影响力仍然不容小视。

杜月笙收到了刘文辉请帖，欣然赴约。宴会的地址设在浣花溪。四周松柏青青，修竹摇曳，间以潺潺溪水，为这场宴会增添了几分古代文人墨客相会的意趣。

接着，众人离开成都，过梓潼，便到了南郑地界。驻防南郑的是国民党川陕鄂边区警备副司令祝绍周。祝绍周是杜月笙的故友。四一二政变时，祝绍周任国民革命军第二十六军第二师的参谋长，也参与了政变。期间，同杜月笙结下了深厚的友谊。祝绍周的婚事，也是经由杜月笙和上海的另一大亨俞叶封撮合而成的，因这层关系，祝绍周与杜月笙两人关系极深。杜月笙来南郑，祝绍周为尽地主之谊，也设下"联合公宴"为杜月笙等人接风。

祝绍周为了凸显与杜月笙私谊深厚，宴席特意别出心裁地排成"U"字型，而他和杜月笙的席位就在"U"的底端。上菜的时候，精选几十名清秀的士兵，分成两派，逐次上菜，还有军乐伴奏在旁。及至晚上，自然又是花样百出的"家宴"，杜月笙遍尝南郑的名菜佳肴，十分快意。

离开南郑，车队又经留坝、凤县到达宝鸡。宝鸡警备司令、第八战区副司令长官胡宗南特意派遣代表率领着一批"民众"在车站欢迎。熙熙攘攘的各界"民众"拿着彩旗，呼喊着口号，欢迎杜月笙等人的到来。这样大出风头的机会，杜月笙从来都不愿错过。只不过这次途经空气稀薄的秦岭，竟意外地引发了哮喘病。这一路上，杜月笙只觉得气短胸闷，浑身难受，此时见到了这等场面，也只得顾全身子，让车子直驱住处，只派了随从出面"答谢"。略作休息，只待病情稍减，杜月笙便又纵情于食、色的享受之中。

尚在宝鸡逗留时，国民党陇海铁路局副局长周啸潮便亲自率领着一列花车前来，要接杜月笙去西安小住几天。周啸潮曾任国民党淞沪警备司令部的参谋长，杜月笙在上海时，结交官场，便和他有过许多往来。杜月笙于是携着家人登上花车，向西安而去。花车一到西安，车站边锣鼓喧天，鞭炮齐鸣，早有国民党大员领着地方工商各界的杰出人物在此恭候，迎迓的人潮达上万人。杜月笙笑逐颜开，和众人接连合了影，这才驱车直驶向老朋友、时任国民党西北公路局局长何竞武的住处"四皓庄"。

四皓庄房屋精美雅洁，是绝佳的居处。何竞武还交代下来，凡是庄内的仆役、房屋等，皆由杜月笙自行支配。四皓庄是精舍雅阁，房间不多，杜月笙随从的人员大多数被安排住在西京招待所。

秦岭一行，杜月笙哮喘复发，虽然在宝鸡调理了几日，但仍然时有发作。来到西安，杜月笙原本打算谢绝一应的酬酢宴请，静静地休息几天，但人面在前，情面于后，杜月笙也不忍心拂了一干朋友们的意。于是，在西安停留的两个多月里，几乎天天赴会，酒宴不断。上自国民党陕西省主席熊斌、八战区副司令主座胡宗南等西北政要，下至青帮、洪门、袍哥会等组织的大小头目，无不接踵而来，轮流请他吃饭。

主人们为了表示盛情，人人挖空心思，力求在菜肴上推陈出新，精美绝伦，博得杜月笙青睐。据说，当时西北鲜鱼较少，甘肃、陕西省政府有时举行宴会，因为实在找不到鲜鱼，便以木雕鱼，供众人解馋。杜月笙爱吃鲜鱼，为了满足其口腹之欲，陕西省的权贵们不惜动用各种交通工具，从外地捕捉鲫鱼，放养在清水中，小心翼翼地运回西安。宴请杜月笙的时候，厨师们便会献上两道做法不同、口味迥异的鲫鱼。除此之外，还有人别开生面地请他吃"皇帝火锅"、"西餐"等中外美食佳肴。

西安之行后，杜月笙原本还打算继续自己的"考察"之旅，但这时一个算卦的先生对他说："如果往西北走的话，会有性命之忧！"杜月笙本来就是迷信之人，现在听见算卦的先生如此说，自然是深信不疑，当下就收拾行李，带着妻子姚玉兰等人自西安回到了重庆。

这一次所谓的"考察"之行，至此草草地结束。在这三四个月里，杜月笙等人除了满足私人的食色之娱外，半点建树也没有，而消耗掉的的民脂民膏，则不知有几。民族危亡之际，前线后方真可谓是冰火两重，前线战火纷飞，将士浴血，而在后方，国民政府挥霍浪费，胡吃海喝，个个吃得脑满肠肥。这也就不难理解为什么当时社会上会流传着这么四句话：

前线吃紧，伤师失地；后方紧吃，醉生梦死！

倒卖黄金储备券

1940年代，国民党政府为了抑制日益严重的通货膨胀，发行了以6个月为一期的黄金储蓄券。原本发行这种储蓄券的目的是稳定物价，但由于国民政府没有建立起完善、强有力的货币金融体系，再加上四大家族利用手里的权利，以公谋私，亦官亦商，横征暴敛，大发国难财，使得控制"通胀"举措终以失败而告终，黄金储蓄券更成为了不法官僚、商人们投机生财的一种方式。杜月笙寄身重庆，也曾多次参与黄金、美金储蓄券的投机之中，大发利市之财。

抗日胜利前夕，国民党政府为了缓解财政压力，打算抬高黄金价格。当时，黄金的价格为每两2万"法币"，财政部的几位巨头坐下来商议，决定把黄金价格从每两2万"法币"提高到每两3.5万"法币"，价格几乎翻了一倍。这当中可以赚取的利润，财政部的几位高官自然是心照不宣。此事原本绝密，但财政部的总务司长王绍斋却将这个消息透露给了杜月笙。

王绍斋原本是杜月笙的得意门生。在香港的时候，杜月笙派他前往吴铁城处的"荣记行"当总务处长，为两人传递消息。后来，香港沦陷，王绍斋又随同杜月笙到了重庆。杜月笙到重庆后，开疆辟土，笼络权贵，很快就站稳了脚跟。为了让自己的势力渗透入政府部门，杜月笙通过各种途径，将王绍斋介绍到了时为行政院长兼财政部长的孔祥熙手下工作。王绍斋精明能干，又很会察言观色，没过几年，就成了孔祥熙的得力爱将，出任财政部总务司长一职。

王绍斋深知，若没有当初杜月笙的大力举荐，没有他动用关系，为自己多方张罗，定然就不会有自己的今日。于是，知恩图报，投桃报李，利用职务之便，频频向杜月笙提供内幕消息。杜月笙也因此赚了好几笔。这一次，王绍斋有幸参加财政部会议，共同决策黄金提价之事。散会之后，王绍斋觉得这样一个大好的赚钱机会，也应该让杜月笙知道，就马上驱车去了汪山别墅。

王绍斋的话，杜月笙是相信的。但他觉得私自抬高黄金价格，扰乱市场秩序，毕竟是违法行为，因此一直犹豫不决。王绍斋却劝他说，这件事幕后主使是行政院、财政部的首脑，有他们在背后撑腰，肯定没事。而且，日后大家回到上海，需要不少的钱，现在有这个天大的赚钱机会在眼前，不好好地赚上一把，更待何时？杜月笙觉得他说的有理，就同意了。在王绍斋临走的时候，杜月笙还一再地叮嘱他："这件事很严重，千万不要给别人讲。万一事情穿帮，可就追悔莫及了。"

送走王绍斋后，杜月笙立即打电话，叫来了亲信顾嘉棠、杨管北、李祖永等人，告知财政部决定将黄金提价之事。这件事既然绝密，几人自然是稳赚不赔，所以大家都兴致很高，决心趁着这个好机会，大发一笔横财。李祖永却有些担心，害怕大家抢购黄金储蓄券会闹出事端来。杜月笙却认为，这是一个千载难逢的机会，值得冒险一赌。只要计划精密些，口风紧些，想来也不会发生什么意外。

众人纷纷点头称是。李祖永也改变之前的种种担忧，决定放手干上一把。于是，在杜月笙、杨管北的筹划下，众人决定大量购买黄金储蓄券。杜月笙旗下所控制的中华信托公司、大业钞票印刷公司以及其他行业也尽量吃进黄金。为了分散别人的注意，杜月笙还建议大家分头行动，化整为零。杨管北、李祖永两人身兼职务，不便出面，就让杨管北的表弟舒开怡代为购买，杜月笙则让贴身秘书胡叙五拿着中国通商银行1000万元的支票，去购买民约500两的黄金储蓄券。

这日下午，中央银行门前，高级轿车往来穿梭，锦衣华服的客人们络绎不绝，大家蜂拥进了中央银行，声嘶力竭地吆喝着要购买黄金储蓄券。少则五两、十两，多则一百两、两百两，银行的职员们对此暗暗惊奇，一个个忙得焦头烂额。这些抢购黄金储蓄券的人，不用问自然都是知道黄金牌价内幕的人了。本来，知道此事的，也不过财政部寥寥几个高级官员而已，但由于人人都想赚上一笔，又想施惠于朋友、家人，结果一传十，十传百，掀起了一股抢购黄金储蓄券的风潮。截止到中央银行打烊，库存的80万两黄金储蓄券几乎抢购一空。

杜门中人，除了主人杜月笙、姚玉兰等人狂买了大笔的储蓄券外，就连仆人、司机也得到消息，各倾其所有，买了几十两黄金。

翌日，中央银行黄金提价的消息传出后，宛如平地一声惊雷，轰然炸开。于是，整个重庆沸腾了，社会各界举行集会，强烈谴责官商勾结，大发国难之财。一些团体甚至联名上书，要求政府严查此事，将幕后之人一一揪出，交由国法制裁。蒋介石当然知道个中奥妙，原本想将这件事压下来，后来却发现各界群情汹涌，民愤腾腾，尤其是一些舆论更是借题发作，把矛头直接对准了他本人。蒋介石大为恼火，指示有关部门严查此事。

没过几日，此案就有了眉目。舒开怡等人因为购进黄金数目巨大，引起了调查人员的注意。调查人员根据这一线索，顺藤摸瓜，很快，牵连此案的杜月笙、王绍斋、李祖永等人先后浮出水面。于是，重庆市法院院长张肇昆亲自签发了逮捕令，将王绍斋、李祖永、舒开怡等人抓捕到案。至于杜月笙，因为牵连甚广，和蒋介石、戴笠都有关系，法院顾全他的面子，只给他送去了一张传票。

饶是如此，仍让杜月笙感到抬不起头来。他自诩是抗战功臣，从上海到香港，再到重庆，为民族抗日尽心尽力。既是很多党国要员的知交好友，又是党国"领袖"蒋介石的座上客，真可谓是十足体面，八面风光。可是，没想到这一次偷鸡不成蚀把米，晚节不保。杜月笙忧愤交加，将自己锁在屋子里，谁也不见，只一遍遍地绞尽脑汁，寻思还有什么人可以在这个时候拉上自己一把。

后来，杜月笙想到了戴笠。戴笠是蒋介石身边的红人，又是他多年金兰兄弟。杜月笙认为只要戴笠肯在蒋介石面前美言几句，这件事说不定还会有回旋的余地。戴笠很够义气，闻听杜月笙身陷囹圄之后，便频频地在蒋介石面前进言，给杜月笙说了不少好话。蒋介石也正想要借助杜月笙的力量，顺利接收上海，就面见了杜月笙。

蒋介石密召杜月笙

抗日战争后期，随着战事的逐渐明朗，蒋介石已经开始着手安排人手，接收城市，抢占胜利果实了。上海为全国的工业生产中心、国际金融中心，自然也是蒋介石心目里的重中之重了。蒋介石明白，杜月笙在上海的势力根深蒂固，影响力无人可以替代。战争胜利之后，要顺利接收上海，还需要借助杜月笙的力量。所以，在一段时间里，蒋介石对杜月笙还是十分的倚重。虽然自黄金舞弊案后，心里逐渐开始厌恶杜月笙，但并没有直接表现出来。

就在杜月笙身陷黄金舞弊案的漩涡之中时，蒋介石适时地会见了杜月笙。这次会见对杜月笙而言，意义极大，因为正是因为这次的会见，重庆法院才了解到杜月笙和党国领袖蒋介石之间千丝万缕的关系，才不得不屈从于压力，放杜月笙等人一马。这次的会见，也多亏了戴笠为之进言。

正当杜月笙一筹莫展的时候，戴笠来了，告诉他，蒋委员长召见。这让杜月笙觉得非常意外。如果是在平常，杜月笙自然会觉得这是莫大的荣耀。然而，当此特殊的时刻，委员长召见，怎不让杜月笙忧心忡忡。戴笠却安慰他说，不用担心，这次委员长召见他是有其他的事情。至于是什么事情，戴笠却讳莫如深，只是问他记不记得奎恩丁·罗斯福来访的事情。

杜月笙自然记得。奎恩丁·罗斯福是美国总统富兰克林·罗斯福的孙子，1944年秋天的时候，他带着几名随从来到了汪山别墅，拜访杜月笙。杜月笙朋友满天下，杜府也时常有贵客盈门，但外国人来拜访，还是第一次。在得知对方竟然是二战领袖、美国总统罗斯福之孙后，杜月笙连忙将他们迎到了府中。奎恩丁·罗斯福当时在美国国防部任职。他是奉美国中央情报局之命，来华收集情报的。他听说重庆有一位声名赫赫的闻人杜月笙，决定前来拜访。奎恩丁·罗斯福告诉杜月笙，世界形势已经发生了极大的变化，在欧洲方面，德军节节败退，希特勒覆亡在即；而在亚洲，日军虽然猖獗，但是也已经是江河日下了。美国不久就会在西太平洋登陆。这些消息让杜月笙非常高兴，有美国出兵，小日本看来是真的蹦跶不了几天了。

奎恩丁·罗斯福还告诉杜月笙，他这次来中国还有一个目的：那就是搜集情报，在抗战胜利后，协助蒋介石政府接管各大城市，遏制共产党军队的活动空间。其实在二战尚未结束时，美国总统罗斯福已经开始构筑战后世界的蓝图，企图建立以美国为主导的世界新秩序。在欧洲，英法等国皆为盟国，且在战争中实力已经被严重消弱，不足为患。而在亚洲，战后的区域强国自然是中国无疑。只是中国国内形势复杂，国共两党争斗不休，皆有领导未来中国之可能。蒋介石政府和美国政府关系密切，美国又一向视共产主义为洪水猛兽，故此美国政府决定扶植国民党政府掌握中国政权，从而使中国成为美国在亚洲地区防堵苏联的一个重要堡垒。为此，美国政府已经开始做了一系列的部署，譬如向国民党政府提供5亿美元的援助，帮蒋介石训练全副美军装备的整编师等。奎恩丁·罗斯福来华正是为了在中国搜集情报，为日后扶植蒋介石政府做准备。奎恩丁·罗斯福来华后，人生地不熟，于是，他就去拜访了身在重庆的杜月笙，希望能够取得杜月笙的支持，达成合作。

杜月笙无贵不交，见自己受到美国方面的重视，欣喜万分，就满口应允了。当然，杜月笙不会白白地答应美国人。他以"经费困难"为由向奎恩丁·罗斯福申请了一笔经费，用以支援上海及东南地区的杜氏门徒。这对奎恩丁·罗斯福而言，不过是小事一件而已。而后，宾客两欢，杜月笙大摆筵席，为奎恩丁接风洗尘。饭桌上，两人谈笑风生，恍如多年未见的好友一般。

与奎恩丁相识的情境，历历在目，只是这和委员长夤夜召唤又有什么关系呢？杜月笙百思不得其解。杜月笙思忖之际，总统的府邸到了。府邸周围，戒备森严，戴笠先行进去通报，然后领着惴惴不安的杜月笙进了客厅。出乎意料的是，蒋介石并没有诘问关于黄金交易案的内幕，只是亲切地招呼杜月笙坐下，又寒暄了几句，然后很快进入了话题。

蒋介石首先询问了杜月笙在上海青帮兄弟的情况。杜月笙不无伤感地告诉他，自从上海沦陷以来，兄弟们的日子并不好过。一些兄弟要么是让鬼子汉奸给杀了，要么让汪伪政府给收买了，总之是死的死，逃的逃。好在大多数的兄弟都转入地下，仍然坚持为党国的"千秋大业"而奋斗着。

听到杜月笙还有操控上海的实力后，蒋介石目光灼灼，说出了这次召见杜月笙的目的：抗战胜利在即，希望杜先生能够回到上海，做一些有益的工作，配合国军和同盟军顺利接管上海。蒋介石还告诉杜月笙，政府最近接获密报，了解到日本人很有可能会在撤退前破坏上海。因此，要求杜月笙回到上海后，务必要动员一切力量，保护上海电厂、码头等一切公共措施。

杜月笙原本担心蒋介石追问黄金交易案一事，没想到竟然被委以重任，顿时觉得轻松不少，拍着胸脯向蒋介石保证："委员长尽管放心，杜某一定尽力而为，不辜负委员长的厚望。"

从总统府出来后，戴笠笑着问他是否还担心法院传票的事情，杜月笙一笑而过，知道这次既然被老蒋委以重任，那么重庆法院自然就不敢拿自己下手了。杜月笙还明白，老蒋所以不追究黄金舞弊案一事，那是因为他还有用得着杜月笙的地方。毕竟，上海是中国最重要的城市之一，又是他苦心经营了多年的地方，政府有些办不成的事，他杜月笙却有可能办得成。蒋介石如果想让各方势力为自己效命，就不得不首先拉拢杜月笙。

离开重庆

蒋介石的这次召见，让杜月笙化险为夷，也让他顿时有了"从头收拾旧山河"的决心。在回到汪山别墅之后，他就召集了顾嘉棠、叶焯山等亲信，告诉他们有重要任务，让大家做好准备随时出发。众人有些莫名其妙，询问他到底有什么任务。杜月笙觉得委员长吩咐下来的事情是党国的重要机密，如果提前告诉众人，难免会泄露出去，便故作神秘，笑而不答。众人心里更疑惑了，但既然杜月笙如此吩咐了，就都打点好行囊，做好出发的准备。

5天后，国民党政府总务局局长陈希曾亲自来到汪山别墅，给杜月笙送来一本电报密码。之后，是一段漫长的等待。直到两个多月后，戴笠才差人给杜月笙送来一封密信，让他们即日出发。6月25日，杜月笙带领着顾嘉棠、叶焯山、杨志雄、私人医生庞京周、秘书胡叙五等一行十余人，自重庆驱车到海棠溪，然后一路南下，向贵阳方向疾驶而去。在车上，杜月笙告诉了他们此行的任务。众人想到马上就可以回到阔别已久的上海，兴致高涨。顾嘉棠问杜月笙是不是直接回上海。杜月笙告诉他，这一次东南之行的目的地是浙江淳安。

杜月笙之所以不直接回到上海，而选择去淳安，是有多方面的考量的。

其一，上海阔别已久，虽说有徐采丞等弟子打点一切，但过了这么多年，上海市民对自己这位曾经的大亨究竟是何种看法，杜月笙多少有些吃不准。其二，上海现在还是沦陷区，龙蛇混杂，日本帝国主义、汪伪政府、国民党、共产党等诸方势力都蠢蠢欲动，如果现在贸贸然地进入上海，难免成为各方注目的焦点。其三，淳安属于国民党第三战区，其总司令顾祝同等人都是杜月笙的好朋友。收复上海，事关重大，免不得要请顾祝同等国民政府的大员们出面帮助。

所以，杜月笙选择先去淳安。在淳安联络当地国民党要员、汪伪政府的高级官员以及留在上海的党徒们，密谋策划，遥控上海，配合戴笠的"忠义救国军"同共产党的军队争夺淞沪地区。

汽车沿着川黔公路徐徐南行。在贵阳城外，车子戛然而止。一辆黑色的"雪佛兰"停在公路的中央。车中走下一人，正是戴笠。戴笠的出现，让杜月笙非常意外。几天前，杜月笙临走之前，还想着跟这位老朋友告别，然而戴笠却于几天前就已经不知去向。杜月笙感叹戴笠神龙见首不见尾，满怀着惆怅和遗憾离开，却没有想到竟然会在几百里外的贵阳城外遇见他。

"雨农！"杜月笙惊呼，内心欣喜大于惊奇。

戴笠笑容可掬地走了过来，拉开车门，坐了进去，吩咐司机："不进贵阳城了，直接去机场。"

杜月笙问戴笠，怎么会在这里出现。戴笠告诉杜月笙，之所以会在这里出现，是要和众人一起去淳安，另外帮杜月笙引见几位外国朋友。外国朋友？杜月笙一怔。在重庆，除了和罗斯福的孙子有过一面之缘外，其他的外国朋友，他可就真的想不起来还有谁了。

轿车在崇山峻岭中前行，不久，就到了机场。这是国民政府为了战争需要修建的军用机场，虽然位置很偏僻，但也恰是因为这样，才免于日军的轰炸。

下了车子，戴笠带领着众人直奔候机室。候机室早有几个美国人等在那里，见到戴笠等人来到，忙迎了上来。戴笠做了介绍。杜月笙这才知道，戴笠所说的"外国朋友"竟然是美国中央情报局的特派员、有准将头衔的梅乐斯。梅乐斯早年在美国海军学院学习，毕业后入海军服役。后来，两度来华，在美国驻华海军部门任职。1942年，梅乐斯被任命为美海军驻华顾问组组长，兼任美战略情报局远东协调主任，并且还获得了海军准将军衔。同年12月，在国民政府的要求下，梅乐斯与戴笠合作，成立了中美合作所，任副所长，专门帮助国民党训练特工。抗战胜利在即，美国方面在华活动日益频繁，梅乐斯和戴笠有长久的合作关系，在此重要的时机，当然也想插上一脚来。

众人乘坐的是美军的C-46型军用运输机。虽然是当时美军赫赫有名的军用运输机，但舱内的乘坐条件却不容乐观。因为空间狭小，舱内的空气非常污浊，再加上飞机起飞时巨大的轰鸣声，让杜月笙感到有些吃不消。他有哮喘病，这样的坏境对他的身体无疑是一个极大地考验。戴笠眼尖，看见了杜月笙的反常，当即让飞机暂停，又命人从贵阳机场办公厅里拿来了一张藤木大椅。藤椅放在过道中间，两侧由顾嘉棠和叶焯山稳稳扶住。杜月笙端坐藤椅之上。有此"特殊"待遇，杜月笙果然感到舒适了很多。

飞机自贵阳起飞，经过芷江，到达了衡阳。衡阳当时为日军占领。杜月笙、戴笠等人想到要从敌占区飞过，心里都很紧张。好在飞机上配备有降落伞，梅乐斯于是教起大家如何使用降落伞。杜月笙、顾嘉棠等人都是第一次接触到降落伞，学的很慢，显得非常笨拙。如果在往常，杜月笙可能早就觉得厌烦，丢到一边了。但此时觉得性命要紧，就一遍又一遍地重复着怎样系上安全带，怎样打开伞具等动作，直到完全掌握，这才长吁了一口气。

到了衡阳上空，众人把心提到了嗓子眼，生怕会被敌人发现，派遣战斗机来拦截。就在这时，美国人爱刺激、好冒险的性格特点显露无遗，梅乐斯吩咐驾驶员将飞机降低高度，减慢速度，他要拍摄几张衡阳的照片。梅乐斯的这个荒唐主张，吓得杜月笙、戴笠等人出了一身冷汗，人人都在心里咒骂他，但嘴上又不好说不来，只能一个个屏息静气，任由梅乐斯"胡闹"。

驾驶员将飞机降低高度，开始在衡阳上空盘旋。梅乐斯拿出照相机，连拍了十几张的照片后，这才心满意足地吩咐飞机离开。飞机重新冲上了青天，继续向东南飞行。让杜月笙等人紧张得半死的日本飞机没有出现，于是舱里又开始活跃了，之前的忧虑一扫而光。

又经过了一个多小时的飞行，飞机降落在福建的长汀机场。陆京士等人早已恭候多时了。当晚，杜月笙等人在陆京士的安排下，在永安休息。永安是当时国民党福建省政府的所在地。趁着休息的空档，杜月笙还抽空去拜访了国民党福建省主席刘建绪。次日一早，杜月笙一行人登上轿车，再度出发，按照原计划，前往福建、江西的交界处——铅山。

铅山在江西的东北部，景色秀美，气候宜人。抗日战争时期，第三战区的总司令部曾驻扎于此。后来，随着东南战事吃紧，一大批的学校、银行、工厂相继迁入，铅山这个无名小城，一跃成为了南方重镇，工商业非常繁荣。

杜月笙等人不辞辛劳地赶赴铅山，是为了见一个人：顾祝同，第三战区的司令长官。

蒋介石对淞沪之事，非常在意，在杜月笙等人离开重庆后不久，即电告第三战区顾祝同，杜月笙、戴笠等人身负党国重任，不日就会抵达铅山，要求他妥善接待，共商光复上海之事。顾祝同也知道上海是蒋介石的一块心病。

这一次，蒋介石派遣心腹戴笠亲自前来，就可以看出他对上海的重视。顾祝同不敢怠慢，每日关注着戴笠、杜月笙等人的行程。这天，闻知杜月笙等人到了铅山，便亲自率领着侍从前往汽车站迎接杜月笙等人。随后，顾祝同把一行人接到司令部下榻，大摆筵席，为众人接风洗尘。经连日奔波劳累，顾祝同的殷勤款待可谓正逢其时。众人胃口大开，大快朵颐，这一场宴会下来，已经是黄昏时分。梅乐斯兴致极高，邀众人一起去观赏铅山夜景。杜月笙心里牵挂着另外一件要紧之事，便推说自己旅途劳累，让戴笠陪着他去了。顾祝同见到杜月笙忧心忡忡的样子，心里已然明白了几分，便也没有去，而是命令自己的副官陪着梅乐斯、戴笠等人去铅山欣赏夜景，自己则留下了陪伴杜月笙。

杜月笙心里牵挂的是上海的事情。虽说在上海经营多年，门徒千万，可是那毕竟是很多年前的事情了。几年战争，物是人非，弟子被杀者有之，逃亡者有之，背叛者有之。现在的自己，在上海滩到底还有多大的能量，有多大的影响力，这一切都是未知之数。

蒋介石这次交付的任务，不可谓不重，如果事情办成，那当然是大功一件，党国的功臣。可是，万一事情办砸了，恐怕蒋介石断然不会放过自己。

杜月笙这么想着，越想越觉得心乱如麻。顾祝同知道他在担心些什么，就安慰了他一番。随后，两人就如何顺利接收上海做了详细的讨论。杜月笙设想的行动方案是，一是动员留在上海的青帮弟子，尽快建立一支队伍，协助盟军登陆；二是利用汪伪政府中的杜月笙门生，让他们在行动时，配合国军以最快的速度接收上海，不给共军可乘之机。

顾祝同非常赞同这个方案。在随后的两天里，杜月笙和顾祝同又就如何稳定物价、应付意外骚动，维持治安方面做了更为细致的讨论。第三天，杜月笙、戴笠、梅乐斯等人离开铅山，赶往淳安。

为了掩人耳目，众人商定，分成两拨，自两路向淳安进发。杜月笙一行坐上顾祝同的私人轿车，直奔淳安。梅乐斯和戴笠则绕道上饶，自玉山一带向淳安进发。

西庙的谋划和憧憬

杜月笙因为没有绕道，所以比戴笠、梅乐斯等人先到了淳安。淳安位于新安江的北岸，是个美丽的小城。洛阳沦陷时，通济公司的运货路线被切断，杜月笙于是改道淳安，在这里设置通济公司的分公司，以便于物流运输。此外，淳安还是戴笠与杜月笙组建的"忠义救国军"的总部所在地。戴笠的军统局55号站也设在这里。杜月笙一行到淳安后，55号站的负责人林基早已经接到了戴笠的电令等候在这里，他把杜月笙等人安排在市郊的西庙。

西庙又叫贺庙，是后人为了纪念淳安的开县鼻祖贺齐而修建的，后来又几度经过翻新、重建，西庙渐成规模，殿阁重重，古柏森森，格局雅致，环境清幽，亦逐渐成为达官贵人、高人隐士们栖居的好去处。"忠义救国军"成立后，戴笠就将总部大院设置在西庙。

杜月笙住进西庙不久，就派人和上海方面联系。他召来门徒陆京士，让他到上海联系"大小八股党"的骨干以及恒社的成员，把青帮兄弟以及一些社会上的无业游民召集起来，拉起一支部队，用车子运送到安徽屯溪训练，以方便日后策应盟军登陆。杜月笙又让顾嘉棠找来"通济公司"分公司的小职员潘东初，让他去一趟上海，通知徐采丞秘密来西庙，商谈大事。

徐采丞是杜月笙在上海的私人代表。通济公司成立后，杜月笙便是通过徐采丞才将沦陷区的物资运往了重庆。后来，杜月笙在上海开办了民华公司，便以徐采丞为经理。民华公司名义上是通济公司的分公司，其实是连接国统区和日伪政府物资交流的一个点，而徐采丞也俨然成了沟通重庆政府、汪伪政府和日本人的中间人。杜月笙要策动、联络汪伪政府中的门生马柏生、徐朴诚等人，就需要一个中间人，徐采丞无疑是最好的人选。几天后，潘东初回来向杜月笙报告，徐采丞病了，不能亲自来淳安，要杜先生以电台联系。潘东初还带来了一个消息，上海已经被新四军重重包围，日军败亡在即，徐采丞请问如何处置。

这一路行来，戴笠多次向杜月笙分析了上海的形势，所以对新四军包围上海的消息，杜月笙一点都不觉得惊讶。他只是着急，戴笠、梅乐斯都不在身边，上海之事可就靠自己一人定夺了。日本人、汪伪政府、新四军、青帮、大小八股党……各种势力纵横交错，就像一个巨大的棋盘摆放在眼前，而自己正是这个棋手。一子错，满盘皆输，杜月笙深感责任重大，一时之间踌躇不决。良久，才鼓足勇气，向徐采丞发去了密电，下达了两条命令：

一、通知留守上海杜公馆的万墨林，让他立即联络在上海"大小八股党"和恒社成员马祥生、杨顺铨、朱景芳等人，争取在短期内将青红帮弟子组织起来，拉起一支队伍，为策应盟军登陆做准备。

二、由徐采丞立即秘密联络他在伪军中任头目的两个门生马柏生、徐朴诚，让他们把所属的两支部队交由戴笠的"忠义救国军"指挥部领导，阻止新四军入城，为国民党政府抢先占据上海戴罪立功。

电报发出后，杜月笙顿感轻松。不久，戴笠、梅乐斯等人也从上饶地区赶到了西庙。杜月笙惴惴不安地将擅自发报一事告诉了戴笠。戴笠却大笑称赞杜月笙处变不惊，有大将之风。说着，从怀里拿出了一份电文递给了杜月笙。杜月笙一看，原来是蒋介石任命周佛海为"军事委员会别动队上海行动总指挥"的手令。周佛海本为汪伪政府的大汉奸，抗日战争的中后期，他意识到靠山日本已不可靠，就又投向了重庆政府方面，并多次为蒋介石送去了情报。抗日胜利前夕，他更是屡次派人秘密前赴重庆，和蒋介石互通声息，一再地表"忠心"。蒋介石刚好要借重周佛海的力量，就这样，臭名昭著的大汉奸摇身一变，成了国民党政府接收上海的大员。

利用汪伪政府尽快地接收上海，抢占地盘，在这一点上，杜月笙可以说是与蒋介石不谋而合。在随后的几天，杜月笙和戴笠、梅乐斯等人在具体的细节上做了进一步谋划。等到一切布置妥当后，众人便整日无所事事地在淳安游山玩水，等候时机。

随着盟军的节节胜利，日本败亡的态势也越发明朗。杜月笙开始做起当上海市长的美梦来。当上海市长是杜月笙的夙愿。虽然过去在上海也是名噪一时的地方领袖，但杜月笙明白，只有得到官方认可，当上市长，政事民事两手抓，才是真正的雄霸上海滩。

抗日战争期间，杜月笙所作出的贡献是不容置喙的，从筹募物资，到锄奸杀贼，再到组建"忠义救国军"，几乎每一件事，都有杜月笙付出的心血、努力。杜月笙觉得凭着这些功劳，再加上自己在上海滩的影响力，上海市长这个位子不敢说十拿九稳，但至少也有八成是属于自己的。因为对市长职位太过在意了，杜月笙平常在言语、行为之中不经意地透露出了自己的心思。顾嘉棠、叶焯山等人知晓他的心思，便到处放出口风，大造舆论：抗战结束后，国民政府将会任命杜月笙为上海市长。活跃在上海的陆京士、徐采丞等人也随之起舞，四处宣传。

俗话说：三人成虎。这个消息以讹传讹，很快便传遍了上海滩，到了最后，大家都相信杜月笙在不久的将来将会是上海光复后的第一任市长。上海的各大闻人见风是雨，马上行动起来，前来巴结杜月笙这位"未来市长"。一时之间，西庙门前，门庭若市，华盖云集。汪伪汉奸代表、青红帮兄弟，以及上海滩的工商巨头、大亨老板们怀揣着各自的目的，纷纷来访。杜月笙也俨然以一副"市长"的派头，接见各方来客，答复各种问题，还不时地向蒋介石发报，提出建议，并征询"总统"意见。甚至，他还在人事方面下了一番功夫，打算组建自己的领导班子。

这一段时间，杜月笙每日自早到晚，迎来送往，处理各种事宜，忙得是不可开交。虽然很忙，但心里着实痛快。每每想到继任上海后的种种风光，杜月笙就算是在睡梦中，也会笑出声来。

第二十六章
江山已改，雄风不再

胜利好还乡

就在杜月笙积极酝酿，准备有所"建树"的时候，日本帝国主义在8月15日宣布无条件投降。全中国四万万的民众无不欢欣鼓舞。

时局变化得太快，反倒让杜月笙有些难以适应。他费了好长的时间，才理出头绪来。他招来门人，迅速做了如下的安排：徐子为速速回到上海，通知马柏生、徐朴诚两人采取行动；向徐采丞发报，一切欲来淳安的人员都留在上海待命。

第二天，杜月笙、戴笠、梅乐斯三人聚在一起，商议了接收上海的计划，并命令陆京士立即出发，往上海维持秩序，相机处理种种事宜。随后，军统特务和地痞、流氓变成的所谓"忠义救国军"浩浩荡荡地向上海市中心进发，同时汪伪政府的汉奸周佛海、马柏生、徐朴诚等人将部下伪税警团、伪保安团等几十万的伪军交由戴笠指挥。就这样，上海轻而易举地被杜月笙和戴笠夺取了。

上海顺利接收后，杜月笙觉得时机已到，便召集亲信，宣布于次日返回上海。次日，恰是阴历七月十五，是杜月笙58岁的生日。顾嘉棠、叶焯山等人一起哄嚷嚷，要求杜月笙在西庙过了生日再启程。杜月笙经不得众人的劝说，就又在西庙耽搁了一天。

这次的生日，虽然比不得往年隆重，但也算得上是宾客如云。戴笠、金廷荪、叶绰山、庞京周等旧交好友，以及身在淳安的同仁大都前来出席。叶绰山、庞京周等人还请来了一台戏班子，吹吹打打，热闹非凡。杜月笙归心似箭，不愿意在淳安多做停留，生日庆贺活动便一切从简。客人前来拜寿，一律不收礼，也不宴请，只请众人吃一碗长寿面了事。

次日，杜月笙等人乘船离开西庙，沿着富春江东下，直赴杭州。想到很快就可以回到上海，船上众人兴致极高，一路欢声笑语，很快就抵达桐庐。当地的一位贺司令让参谋拿着名片，邀请杜月笙等人在桐庐停留数日。杜月笙一行是高高兴兴地上岸，去参加贺司令的盛宴。席间，杜月笙认识了曾任暨南大学日文教授的袁文彰。袁文彰此来桐庐，就是为了来拜访杜月笙。他盛情邀请杜月笙乘坐他带来的小火轮一同上路。杜月笙大喜，小火轮比轮船要快上许多，这样就可以早日回到久违的上海了。

杭州九月，风光旖旎，杜月笙原本打算在杭州留上一日，去西湖畅游一番，却没料到这里的应酬更多，大汉奸、汪伪浙江省主席丁默邨率领着一干人前来迎接，执意要杜月笙多住几日，让他略尽地主之谊。但杜月笙心有顾虑，又归心似箭，就婉拒了他的要求。丁默邨无奈，只得亲自将杜月笙等人送到了沪杭铁路站，看着杜月笙离开，这才讪讪离去。

杜月笙坐上列车没一会儿，胡叙五神色慌张地走进车厢，低声说戴笠刚刚派人送来了一封密信……

杜月笙见他神色凝重，已知不妙，便问他发生了什么事。胡叙五告诉杜月笙，戴笠在信中说，蒋介石已经命令钱大钧为上海市长，吴绍澍为副市长。杜月笙闻讯，面色倏然大变，连忙接过信。信里字字醒目，与胡叙五所说一字不差，杜月笙顿时心里凉了半截。原本以为上海市长的位子非自己莫属，没有想到峰回路转，市长的位子竟然成了他人囊中物。为上海做了那么多的事情，到头来竟然是为他人做嫁衣，这让杜月笙心里十分憋屈。

笛声长鸣，列车像一条复苏的大蛇缓缓向前行去。车厢里气氛有些沉闷，戴笠的密信好像一块沉甸甸的巨石压在众人的心口。众人静默无言，都在心里问一个问题：为什么不是杜先生，而是钱大钧、吴绍澍？尤其是吴绍澍，他何德何能，竟然坐上了副市长的大位？

对于钱大钧，杜月笙并无过多的想法。但吴绍澍，杜月笙每每想起，总觉得心里颇不是滋味。

想当年，吴绍澍投奔杜门之时，是多么的谦卑有礼，毕恭毕敬，没想到这才几年，吴绍澍长袖善舞，笼络权贵，竟然真的从一条虫变成了龙，在上海张牙舞爪，气焰熏天。杜月笙要他放过吴开先，他阳奉阴违；杜月笙要他选自己门下的弟子出任上海代表，也被对方断然拒绝。虽然两方面没有公开破裂，但早已是面和心不和了。如今，吴绍澍大权在握，怎能不让杜月笙忧心忡忡。

但杜月笙也明白，虽然如今两人矛盾重重，但双方谁也不想首先撕破脸皮，吴绍澍没有这个胆量，而他杜月笙也没那份气魄。吴绍澍虽然薄情寡意，但却是个聪明人。他知道杜月笙是什么样的人，想当年刀劈傅筱庵、怒杀张啸林，其手段之毒辣，之干脆利落，真令人心惊胆战。杜月笙有白相人的底子，如果把他逼得急了，只怕是什么事情都做得出来的。也是因为这点，吴绍澍在表面上对杜月笙仍然十分恭敬。每逢杜月笙有什么寿诞喜事，吴绍澍都来送礼，而且见面的时候，毕恭毕敬，情真意切，丝毫不似作伪，有时候连杜月笙都不禁心有触动。

半月前，杜月笙在淳安的时候，吴绍澍也曾来拜会。本来杜月笙对他观感不佳，但吴绍澍见面即称杜月笙为"先生"，自称"学生"，态度谦卑有加，说的是委婉动听，拿来孝敬的又是非常丰厚的礼品，这让原本满腹牢骚的杜月笙对他也不由得减少了几分成见。

列车在飞驰，日夜思念的上海也越来越近，杜月笙心里不禁生出了几分期待：再怎么说自己也是吴绍澍的恩师，他应该不会亏待自己吧。

杜月笙心里又是期待，又是惶恐，久久不发一言。车中庞京周、叶焯山等人都知道他在烦闷什么，便上前去安慰他。庞京周说收复上海，先生劳苦功高，蒋介石一定不会忘记的。现在，之所以没有晋职在身，是因为有更重要的职位在等着先生。叶焯山也劝杜月笙，不用担心，上海方面徐采丞已经派人传了信来，说周佛海已经下了命令，要举行几万人的盛大仪式欢迎先生。还说了上海政府在从火车北站到华格臬路的十字路口上，搭起了鲜花锦簇的牌匾，恭迎杜月笙回到上海。杜月笙听了众人的话，豁然开朗，心头的阴霾一扫而光。

正当杜月笙还沉湎在衣锦还乡的美梦中时，一盆冷水迎头浇了下来，击碎了他憧憬了千遍万遍的回乡梦。原来，在列车停驻梅陇站的时候，杜月笙的一名门徒气喘吁吁地跑来见他。他告诉杜月笙，上海市政府已经下令取消了原本为欢迎杜月笙的仪式，解散了欢迎的群众，同时还拆了搭起来的鲜花牌楼。不止如此，在列车停靠的北站，还广泛地张贴了传单。传单上的大字尤其醒目："打倒恶势力！""杜月笙是恶势力的代表！""打倒杜月笙！"

这个消息就宛如一记鞭子狠狠地抽在杜月笙的脸上。他懵了，只觉得胸口气短，似乎哮喘又要发作了。没想到，阔别10年之后，等来的不是上海市民盛大的欢迎仪式，而是反对他的标语、传单。顾嘉棠等人也懵了，他们也没有料到竟然是这种结果。然而，更让顾嘉棠等人吃惊的是，那个在背后操纵着一切，反对杜月笙的人，竟是吴绍澍。

"王八蛋！"众人咬牙切齿，只恨不得能将吴绍澍碎尸万段。

列车继续前行，显然北站是不能去了。

杜月笙为了避免尴尬，只得命令在西站下车。车到西站时，天下起了蒙蒙细雨。几十名荷枪实弹的兵士分作两排警戒着，万墨林、黄国栋等人在西站迎接，杜月笙的徒弟周祥生雇了一个乐队吹吹打打，多少不致场面太过冷清。除此之外，上海市政府、汤恩伯的九十四军以及淞沪警备司令部仿佛没有得到消息似的，没有一个人来参加欢迎仪式。

虽说有几十名徒弟热热闹闹地捧场，但杜月笙终究觉得凄凉，向众人挥了挥手，便默默登上了车子扬长而去。

忘恩负义的弟子

　　杜月笙没有想到回上海竟然会是这般光景，更没有想到，在自己衣锦还乡时，给自己当头一棒的人，竟然是自己的门生吴绍澍。背叛，一种从不曾有过的凄凉感觉涌上了心头。吴绍澍为什么要这么做，这是他一个人的主意还是与他人合谋？如果是合谋，那对方又是什么人？……一个个的问题萦绕在杜月笙的脑海里，他试图找出答案，却百思不得其解。

　　吴绍澍，字雨生，枫泾镇人，早年就读于上海法科大学，受进步思想影响，加入了共产主义青年团，也参加过学生运动。"四·一二"之后，吴绍澍经受不住考验，背叛革命，投奔了国民党，出卖了中共上海市委组织，致使中共在上海的势力遭受到了极大的损失。如此行径，令人齿冷，吴绍澍自觉得在上海已经呆不下去，于是就仓皇地逃往汉口。汉口龙蛇混杂，局势也不太平。吴绍澍待了几日，混不下去了，只得重回上海，求救于杜月笙，恳求杜月笙能将他收为门生。当时，杜月笙势力已经极盛，吴绍澍就是想通过杜月笙这一层关系，在汉口打开局面。杜月笙接到吴绍澍的拜师帖后，当即修书一封给汉口的青帮领袖，让他们收留吴绍澍。吴绍澍回汉口后，大肆吹嘘与杜月笙的师徒关系，因此名气陡涨，逐渐地掌握了汉口青帮的势力。后来，吴绍澍参加了陈立夫主导的"CC"派，成了当中的一份子。

　　与吴绍澍一起加入"CC"的还有吴开先。吴开先也是杜月笙的弟子，二人又刚好是同乡，因此在一段时期内，两人关系极好。几年后，吴绍澍去了南京，担任国民党中央党部民众训练部民训处长，在政府中地位日益显赫。为了实现更大的野心，吴绍澍又投靠朱家骅和"复兴社"的康泽，尽心竭力为二人效劳。"CC"派与"复兴社"向来明争暗斗不断，吴绍澍、吴开先这一对昔日"CC"系中的兄弟也自此分道扬镳。友情不再，二吴之争更是愈演愈烈。

　　吴开先也是了不得的人物，在上海辛劳了几年，受到陈立夫的赏识，被提拔为中央组织部副部长，更被任命为上海市党部主任，专门负责国民党上海市的党务事宜。吴开先一时权倾上海，被人称为"党皇帝"。他在上海和杜月笙互为依靠，互相提供便利，各取所需，大发横财。

　　然而，好景不长，几年后，日军侵占上海，杜月笙仓皇逃出上海，前往香港。吴开先也有离沪避难之心，但蒋介石却电令他留在上海，坚持抗战。正所谓，人为刀俎，我为鱼肉。日军进入上海后，抓获吴开先，原本打算将他一刀杀了了事，但当时中日战争进入了相持阶段，日本帝国主义改变了侵华策略，由过去的军事进攻为主，政治诱降为辅改成了以政治诱降为主，以军事进攻为辅。吴开先为国民党党部要员，日方认为留他一命，或许日后有用得着的地方。另外一个方面，吴开先为了保命，不惜以大量的金银财帛贿赂日方军官，买通各个关节，有他们为吴开先开脱，吴开先这条老命就算保住了。1942年秋，吴开先还接受了日本人的任命，秘密地前往重庆和蒋介石进行谈判。为了掩人耳目，吴开先首先南下去了柳州，随后前往重庆。

　　蒋介石政府早就有心和日本帝国主义媾和。现在，日方派吴开先来重庆谈判，正中蒋介石的下怀。他热情地招待了吴开先，并想方设法地为吴开先开脱。这一举动自然激起了各界人士的强烈反对，重庆的舆论报纸也纷纷加以谴责。蒋介石为了平息舆论，只得下令解除吴开先中央组织部副部长的职位，让他闲居在重庆市郊。这个处罚微乎其微，但吴开先的日子并不好过。每天，他都够发现别人在他房屋的四周贴上"大汉奸"、"卖国贼"之类的标语，而且舆论上一波又一波的谴责、辱骂，更是让他如坐针毡。吴开先无奈，只得去找杜月笙帮忙。

　　重庆不比上海，不是杜月笙一手遮天的地方。吴开先找杜月笙，是想让他以"恩师"的身份出面制止吴绍澍，不要在报纸上发表文章抨击自己——在报纸上连篇累牍地声讨、攻击吴开先的人，正是吴绍澍。杜月笙问明白了前因后果之后，也觉得吴绍澍太过分了，就答应了吴开先的要求。

　　杜月笙让朱品三去把吴绍澍找来，以"老头子"的身份教训了吴绍澍一顿，批评他不应该对吴开先落井下石，并警告吴绍澍以后要是再有这样的举动，他是不会坐视不管的。

　　这些话，让吴绍澍心里颇不是滋味，虽然他在杜月笙面前仍旧表现出一副毕恭毕敬的样子，但心里非常不满。他心里原本就看不起白相人出身的杜月笙，当初在走投无路之时拜在杜月笙门下，也只是权宜之计而已。现在，他大权在握，功成名就，又何必继续看杜月笙脸面呢？

自此以后，杜月笙和吴绍澍两人嫌隙渐生，貌合神离，师生情谊更是如夕阳晚照，早已经不复当初了。吴绍澍对杜月笙的话阳奉阴违，不理不睬，甚至时常表现出对恩师的不满情绪。对此，杜月笙除了自怨自艾外，别无办法。抗战胜利前夕，国民党第六次全国代表大会即将召开，在上海代表人选一事上，杜月笙和吴绍澍两人各有盘算，互相抵触，矛盾也随之公开化了。

当时，杜月笙自觉自己在上海的势力已非昔日可比，便竭力地向上海政府部门渗透自己的势力。国民党全国代表大会召开在即，他打算推荐得意门生陆京士作为上海地区代表参加会议。于是，陆京士便按照杜月笙的指示，给上海市党部主任吴绍澍打电话，请他助一臂之力。但吴绍澍另有打算，他不愿意杜月笙再次把手伸到上海来，就派了自己的人出席了代表大会。对杜月笙方面的解释则是"自家兄弟，谁出席都是一样的"！

这件事后，杜月笙明白，吴绍澍这个往昔的弟子，已经不可能和自己走一条道了。只是，杜月笙无论如何也想不明白，吴绍澍和自己貌合神离也还罢了，又为什么要狠狠地捅自己一刀？这么多年来，还是第一次被自己的徒弟如此背叛。

但杜月笙的心里，仍旧存有几分期待，总希望对方这么做，是受人唆使，或者有着什么不为人知的苦衷。回到上海后，风光不减，依旧华盖满庭，宾客云集，但杜月笙心里最想见的仍然是吴绍澍。他希望有奇迹出现，希望这个徒弟能够亲口对自己说，其实这一切都并非是他的本意。

然而，接连几天，连吴绍澍的影子也没有看见。杜月笙心里的些许期许终于消散不见。杜月笙急了，他顾不得颜面，亲自乘车前往吴绍澍的府邸拜会这个徒弟。但到了府门前，被守护在门边的卫士拦住，对方告诉他："吴副市长外出未归，请回！"

杜月笙颜面顿失，讪讪而回。几天后，吴绍澍突然来回访，这让杜月笙大喜过望，连忙出外相迎。不料，吴绍澍只淡淡敷衍了几句，说是有公务需要处理，便急急忙忙地告辞而去了。

杜门中人，个个义愤填膺，破口大骂。顾嘉棠、叶焯山等人更嚷嚷着要教训吴绍澍。杜月笙知道，此时不宜节外生枝，拦住了他们，只说他有应付的办法。

于是，杜月笙亲自下了请帖，邀请吴绍澍到赵培鑫家赴宴。之所以选择在赵培鑫家里，是因为杜月笙明白，如果在自己家里设宴，吴绍澍是断不会来的。杜月笙还安排了一些和吴绍澍相熟的恒社兄弟相陪，这么安排是为了不让吴绍澍过于尴尬。

这天晚上，吴绍澍如约前来。这让杜月笙心里不禁多了几分期待。然而，接下来的酒宴，却让他吃得颇不是滋味。吴绍澍坐在那里，愁眉紧锁，不苟言笑。众人见他如此，心里凉了半截，也不知道该说些什么了。杜月笙满腹苦水，一肚子的疑问，然而顾及师道尊严，终究无法拉下脸皮一问究竟，只得静等吴绍澍，希望他能说上几句。可惜，直至深夜，吴绍澍都无任何的解释，闭口不谈与师门纠葛之事。宴席中人只觉得寒气逼人，场面之尴尬，气氛之僵冷，为众人所未见。

杜月笙心里苦闷，旋即哮喘发作，众人劝他退席，但杜月笙执意坚持，只让人拿来药止病，为的还是希望吴绍澍能好言好语赔罪师门。此番折腾，杜月笙面色凄苦，众人望之凄然，也盼着吴绍澍能够有所表示。但吴绍澍仍旧冷脸相对，对这一切视若无睹。

夜深，席散，吴绍澍仿佛得到解脱一般，急急告辞离去。杜月笙一番苦心，就此付诸于流水。顾嘉棠等杜门中人，个个咬牙切齿，愤愤不平。顾嘉棠表示，要找出吴绍澍的拜师帖子，以师门的规矩教训他。这番话提醒了杜月笙，连忙打开柜子，去找那份帖子，但翻遍了几千份的拜师帖，偏偏不见吴绍澍那张。众人相顾愕然，顾嘉棠勃然大怒，称这肯定又是吴绍澍买通了杜门里的内奸，将那张帖子偷了去。杜月笙闻言，气得脸色发青，一恨吴绍澍忘恩负义，做得太绝，二恨杜门出了内奸，吃里扒外。顾嘉棠暴跳如雷，发誓要在三天之内找出内奸，清理门户。然而，三天很快就过去了，一无所获，顾嘉棠岂肯罢休，打算继续追查下去。杜月笙见杜门中人人心惶惶，便亲自劝说顾嘉棠。顾嘉棠这才息了肝火，免去了干戈。

商议对策

吴绍澍背叛师门，让杜月笙非常恼火。在起初的时候，他还抱着冤家宜解不宜结的心态，希望能够化解矛盾。然而，他的善意并没有换来吴绍澍的回心转意。吴绍澍对杜月笙仍然步步紧逼，除了散发传单、标语，抨击上海滩的大小帮派外，还煞费苦心创办了《正言报》，报纸上连篇累牍的都是"打倒恶势力"之类的文章，明眼人都知道，这都是针对杜月笙的。

俗话说，事不过三。吴绍澍的一再挑衅，也让杜月笙越来越难以容忍。他决心要动用一切力量，扳倒对方，要让吴绍澍明白，在上海滩得罪了他杜月笙会有什么下场。只是仍然有一个问题像一片阴云在脑海里挥之不去，那就是吴绍澍为什么要背叛师门，他这么苦苦相逼，究竟是何道理。

杜月笙不知，随着抗战胜利的到来，社会格局发生了变化，上海作为昔日帮派林立，龙争虎斗的"三不管"地区，其实也正在悄然地发生着变化。在过去，十里洋场势力组成相当复杂，法租界、公共租界、华界三地分立，治权又分属于不同的部门。这就给黑帮势力的成长提供了土壤。

杜月笙成名之初，上海滩的黑帮势力已经非常强大。1924年，杜月笙取代黄金荣，成为了上海滩黑帮的第一重要人物。杜月笙长袖善舞，笼络权贵，使得黑帮的力量有了进一步的发展，成为了独立于租界当局之外的另一股重要力量。租界各种势力的角逐，恰好也给了黑帮以生存的空间。杜月笙个人所拥有的极大能量，也使得他成了当局各方极为倚重的一个重要人物。就是在这样的背景下，杜月笙才得以在龙虎相聚的十里洋场奠定"教父"地位，独霸上海滩。

抗日战争期间，中国政府陆续收回了列强在中国的租界地。法国当局也在1946年将上海法租界的行政权归还于国民政府。这样，上海的治权就重新归于中央。日本投降后，蒋介石尚需要借重帮会的力量顺利接收上海，因此对杜月笙等帮会领袖还是相当客气的。但正所谓，兔死狗烹、鸟尽弓藏，上海顺利接收之后，杜月笙等帮会人物也就失去了利用的价值。蒋介石素来醉心于"天下一统"，做中华民国名副其实的领袖，又怎么会容许杜月笙等人在上海卷土重来呢？

所以，蒋介石才会在杜月笙前往上海的途中，急急忙忙地做出了一系列的部署。他任命钱大钧为上海市长，吴绍澍为副市长，又亲自点名任用了廉洁公正的宣铁吾为上海市警察局长，这样就把杜月笙完全地排除在权力之外了。从这一层面上来说，对付杜月笙其实是蒋介石的主意，只不过是借吴绍澍的手来执行而已。当然，吴绍澍也有自己的盘算。现在他受蒋委员长赏识，出任上海市副市长，大权在握，八面威风。但吴绍澍也明白，上海非比其他地方，这里是杜月笙的老巢。如果想在上海有所作为，就必须首先扫除杜月笙这个障碍。

这就是吴绍澍为什么会三番五次将矛头对准杜月笙的原因。杜月笙是何等聪明的人物，静下心来，将这几日发生的事情细细回想一遍，理清头绪，马上就明白了大概。想通了这点，杜月笙心情顿时轻松了许多，当下通知亲信们到顾嘉棠的家里开会，商议对付吴绍澍的办法。

杜月笙之所以选择召集众人在顾嘉棠的家里商议对策，这是经过深思熟虑的。因为他明白，现在吴绍澍处处针对自己，只怕在杜公馆附近早就布满了暗哨，有无数的眼睛在盯着自己的一举一动。与其如此，还不如去顾嘉棠的家里，这样也能够起到掩人耳目的效果。

是夜，顾嘉棠家里济济一堂，杜月笙的亲信叶焯山、万墨林、庞京周、胡叙五等人全都聚集在这里，谋划重霸上海滩的计划。众人都对吴绍澍的忘恩负义之举非常气愤，顾嘉棠等人更是要求杜月笙一声令下，便要率领兄弟们灭了吴绍澍。杜月笙却认为，现在吴绍澍风头正盛，蒋介石也对他刮目相看，如果这时候吴绍澍出了什么意外，别人很容易就会怀疑到自己头上。因此，绝对不可以一时冲动。众人有些泄气，都觉得不能就这么轻易地放过吴绍澍。杜月笙却笑着安慰大家："君子报仇，十年不晚。只要抓住机会，就能一举打倒吴绍澍，要他永世不得翻身。"

而后，杜月笙又询问了留守在上海的万墨林等人，在他们还没到上海之前，吴绍澍在上海有什么举动。万墨林告诉杜月笙，日本投降后，吴绍澍还没有当上副市长之前，就已经在上海大刀阔斧地干上了，先后接收了几处房产。当上副市长之后，更加不可一世，将汪伪政府能够接收的资源全部接收了。现在，吴绍澍身兼上海市党部主任、上海市军事特派员、上海市政治特派员、上海市副市长、上海市社会局长等重要职务，真的可以说是权倾上海，一手遮天了。

听到万墨林的这些报告，杜月笙敏感地意识到，要扳倒吴绍澍，只靠他自身的力量还不够，必须得借助国民政府内部的力量将他打倒。吴绍澍深得蒋介石的赏识，风头正盛，所以，要收拾吴绍澍，还得想办法让他失去蒋介石的信任。蒋介石治国，自诩"法治"，十分反感手下贪赃枉法、徇私舞弊，收受贿赂。吴绍澍此次接收上海，底子真的会那么干净吗？在查抄汪伪政府大员的家的时候，难道就没有沾半点便宜，收受好处？……

　　杜月笙虽然势力有所收缩，党羽没有以前那么多，但门下弟子虽少却精，很多人或是工商界的头面人物，或则在政府部门的任职。杜月笙相信，凭这些弟子，想要在这一次的恶斗中稳住阵脚，反守为攻，从吴绍澍身上查出点什么，应该不是什么难事。

　　杜月笙下的第二步棋是在各个重要的部门安插人手。上海社会结构复杂，要管理好上海这座城市，光靠吴绍澍一人之力显然是不行的，他必须和下属各个部门大力配合，协力合作，这样才能确保社会稳定有序地运行。吴绍澍执掌上海，不是急着想建功立业，证明给蒋介石看吗？那么，只要处处对吴绍澍加以掣肘，让他无法展开工作，蒋介石见他庸碌，必然会心生间隙。虽说吴绍澍极力排斥用杜月笙的人，但杜月笙深信，吴绍澍只手难以遮天，总归有孔可入。此外，杜月笙还有一个"重磅炸弹"。这就是戴笠。戴笠和他是金兰兄弟，又是蒋介石面前的红人，只要在关键时候请这位老友出马，狠狠地给予吴绍澍重重一击，吴绍澍想不垮台都难。

争夺地盘

　　杜月笙这次回来，心里倒颇有几分"物是人非"的感觉。上海，多么熟悉的地方，如今虽然没有了十里洋场，但是明争暗斗、钩心斗角却是愈演愈烈了。世事难预料，泥鳅变成龙，吴绍澍这个昔日的门下客，如今风风光光成了上海副市长，而他却不得不仰人鼻息。杜月笙心里的恼火可想而知。但杜月笙就是杜月笙，多年来的历练，让他的机心变得如同大海一般深不可测。在商议好对付吴绍澍的策略后，他并没有立即发起对吴绍澍的反击，而是韬光养晦，等待时机。吴绍澍好大喜功，抢占功劳，他便处处回避，绝口不提八年抗战的功勋劳绩，上海的各界名士邀请他参加各种宴会，他也一一谢绝，每天只待在顾嘉棠的家里，闭门不出。而且，每当有人在他面前提起吴绍澍的时候，他非但没有丝毫的怨愤，反而大加称赞，赞扬吴绍澍在上海滩的"丰功伟绩"。

　　吴绍澍也是聪明人，怎会不明白杜月笙是什么样的人。所以，杜月笙越是如此，他心里越是担忧。于是，他加大了火力，展开了持续不断的凶猛攻击，下定决心要将杜月笙打倒。但杜月笙底子硬，身段软，绵里藏针，吴绍澍一时也拿他没有办法。门面上坍不了台，两人便开始由虚入实，在实际的利益上针锋相对。第一个回合，就落在地盘的争夺上。

　　日本帝国主义投降以后，国民政府接收上海。这里的接收，不光是权力的接收，管理权、治权的接收，而且包括房屋、汽车、金银珠宝等财产的接收。上海自开埠以来，就是中国最为富庶的地方。日军侵占上海之后，汪伪政府、日本人在这片土地上作威作福，竭力搜刮百姓的财富。无数的民脂民膏造就了汪伪政府大员，日本军官们奢靡的生活。房屋别墅，精美雅致，金银器具，满目琳琅，无论是公共财产，还是私人财物，其价值都相当的惊人。

　　战后，这些财产名义上收归于政府所有，但是明眼人都知道，当中还有不少的一部分都落入私囊。国民政府的接收大员，名义上要将敌方的财产登记在案，收归国有，但查封的项目、登记的数目，则全在个人了。接收大员们如何会不懂得这个道理，于是纷纷以"接收"为名，行"劫收"之实。副市长吴绍澍当然也明白这个道理，所以在日军投降后，他就马上以政府的名义，指挥亲信大行"劫收"，将一些比较招摇，引人注目的建筑、财产登记在政府名下，至于一些隐晦、不大为人所知的财产则全部纳入个人囊中。

　　吴绍澍下手虽快，攫夺虽狠，但终究比不上杜月笙。日军刚刚投降，杜月笙人尚在淳安，就已经指使他与戴笠联合经营的"地下先遣军""挺进队""别动队"等，进入上海，抢夺地盘。杜月笙还让万墨林在杜美路26号的一处私宅里设立总部，指挥亲信们进行"劫收"。这一场"劫收"下来，杜月笙名下的财产已经达到了一个天文数字。

　　杜月笙回到上海后，与吴绍澍矛盾激化，表面上谦虚退让，暗地里则亲自坐镇，与吴绍澍争权夺利。在这场"劫收"大战中，杜月笙略占上风，门下的顾嘉棠、叶焯山等人都发了一笔横财。在对于汪伪大员罗洪义的房产接收上，则可以明确地看出杜月笙和吴绍澍两人愈演愈烈的争端。

　　罗洪义本为杜月笙的弟子，抗战期间，沦为汉奸走狗，靠着替日本人做毒品生意，积蓄了巨额的财富。抗战胜利后，罗洪义狼狈逃亡他地，他所留下的房产、财产就成了众人所觊觎的目标。吴绍澍早有鲸吞之心，只是鉴于罗洪义为杜月笙的徒弟，自己又不便于和杜月笙公开矛盾，所以就一直迟迟没敢有所行动。但又担心会落入他人之手，于是吴绍澍想出了一个主意，他放出风声去，声称他将要以政府名义查封罗洪义房产，以此试探杜月笙的反应。

在徐采丞将这个消息报告给杜月笙后，杜月笙十分生气，他觉得与其让吴绍澍占了房产，还不如做个水水人情，将房产送给徐采丞呢。于是，他让徐采丞去和陆京士联系，以民华公司的名义将房产买下来。所谓"买"其实是"占"，因为徐采丞完全不需要付任何的钱。杜月笙还交代徐采丞，如果有人问起，开一张空头支票便罢。徐采丞受此厚礼，喜不自胜，连声感谢。

杜月笙不光给自己的亲信、心腹谋取利益，对于故交好友也是竭力帮助，大施恩惠。杜月笙有一位至交名叫范绍增，就在这次接收行动中得到了杜月笙的恩惠，净赚了三千多两黄金。

范、杜二人多有往来。杜月笙去重庆的时候，就曾在范绍增的私宅里下榻，得到过对方的大力扶助。抗战胜利后，国民党政府官员大发"劫收"之财，范绍增也想浑水摸鱼，捞上一把，就来到上海，请杜月笙协助一臂之力，帮他顶一个仓库。仓库在当时也是众人"劫收"的一个热点，因为仓库里储藏实物较多，价值不菲。

故友开口，杜月笙哪能拒绝呢？只是仓库都由敌伪物资管理局局长刘攻芸掌管着，杜月笙也不能盲目答应下来，越权行事。于是他答应摆下宴席，邀请刘攻芸，在饭桌上为范绍增说项。

刘攻芸也是曾给杜月笙投过拜师帖的弟子，敌伪物资管理局局长的位子，也是杜月笙为了牵制吴绍澍而竭力为他争取的。因此，刘攻芸对于杜月笙向来钦佩，一直十分感激。饭桌上，几人无意中谈到了吴绍澍，自然免不了一通臭骂。酒酣耳热之际，范绍增拐弯抹角地表示，希望可以顶一个仓库。未等刘攻芸表态，杜月笙已经抢着说了："现在，这些东西都抓在攻芸手里，你想要，还不是他一句话的事！"见到杜月笙这么说了，刘攻芸也只得同意了。

几天之后，刘攻芸果然帮范绍增搞到了一个日本人留下的仓库。仓库内物资丰盈，棉纱、布匹、蜂蜜、皮毛等物堆积如山，数量之多，连范绍增也觉得吃惊。据他粗略估算，将这些东西卖出，就可以获利三千两黄金。得此便宜，范绍增喜不自胜，多次向杜月笙表示感谢。

杜月笙毫无顾忌地在上海大搞"接收"活动，可气坏了吴绍澍。自己身为上海的副市长，又身兼多项要职，应该是"接收"敌伪物资的主事之人，然而杜月笙却大行"接收"，喧宾夺主，这让吴绍澍的面子多少有些挂不住了。可是他无法以此对杜月笙下手，因为杜月笙也是国民政府间接认可的"接收"大员，接收汪伪物资，也无可厚非。还有一层，杜月笙弟子众多，关系网络复杂，万一把他逼急了，难保他不会做出什么出格的举动。如此思索再三，吴绍澍决定，还是先在政府的重要部门抢占职位，将杜月笙的势力排除出去。为此，两方又开始在政府职权部门展开了一场龙争虎斗。

杜月笙坐镇杜公馆，运筹帷幄，他通过各种的手段，将自己的心腹、亲信安插在政府的各个要害部门。吴绍澍不甘示弱，连日来召集手下开秘密会议，商讨改组政府部门人事的事宜。他先是下令改组了国民党上海市党部和三清团支团部，紧接着又下令改组社会局。在改组的过程中，吴绍澍大力排挤杜门中人，启用了很多和杜月笙有厉害冲突，而和自己关系密切的人。

为了彻底打倒杜月笙，吴绍澍在蒋介石到上海视察的时候，还封锁了消息，坚决不给杜月笙以任何与领袖会晤的机会。1945年10月，蒋介石到上海视察，吴绍澍千方百计地在老头子面前表现。他在飞机场举行隆重的欢迎大会，安排了极为丰盛的接风宴席，还在跑马厅举办了所谓"胜利庆祝大会"，这一切都让蒋介石十分满意，对他大为嘉奖，吴绍澍得到了党国领袖的亲口赞许，十分风光。蒋介石在上海驻跸数日，会见了不少上海滩的头面人物，然而，独独杜月笙不在其列。这一切自然都是吴绍澍在搞鬼。他以"安全"、"保密"为由，将这件事做得滴水不漏。杜月笙虽然耳目众多，这一次居然也被蒙在了鼓里。当蒋介石乘飞机离开上海之后，杜月笙才恍然觉察，原来老头子来过上海。杜月笙的心里对吴绍澍更加怨愤了。

戴笠怒了

俗话说："贫不与富斗，民不与官斗"。吴绍澍的穷追猛打，让杜月笙左支右绌。虽说作为青帮闻人，海上的大亨，见惯了风风雨雨，争权夺利，倒也无惧吴绍澍会要什么手段，但吴绍澍头上的一系列"荣衔"仍然压得他喘不过气来。尤其是上海副市长的这个身份，执掌上海要枢，纵是谁人也不敢小觑。所以，在与吴绍澍争斗前期，杜月笙只是韬光养晦，蛰伏待机。

1945年10月下旬，杜月笙步步为营的局面因为一个人的到来而得以改变。这个人就是戴笠。戴笠和杜月笙有金兰之义。淳安一别之后，戴笠就回到了重庆。中日战事才结束，国共两党烽火再起，种种事宜需要重新安排，戴笠作为军统头子，顿时忙得不可开交。他这次来上海，也非是为了私谊，而是为了公事。他要在上海建立军统局上海总站，但到了上海后，苦无落脚之处，于是就想到了老朋友杜月笙。

戴笠没有直接去找杜月笙，而是派了"上海统一工作委员会"秘书长、军统局上海总站站长王新衡先去杜公馆拜访杜月笙。王新衡也曾和杜月笙有过一段交情。上海沦陷以后，在杜月笙、戴笠等人的积极筹措之下，"上海统一工作委员会"宣告成立，直接受行政院辖制。第一任秘书长为吴开先。后来，吴开先在上海被捕，这一职位便告空悬。王新衡向戴笠请缨，希望可以走马上任，稳固这一重要机构。戴笠对此并无异议，只是让他去征询一下杜月笙的看法。因为杜月笙手下人才如云，陆京士、朱学范等都是名噪一时的工会领袖，王新衡要坐上"上海统一工作委员会"秘书长这个位子，必须得到杜月笙的点头才行。王新衡于是去找杜月笙。没想到，杜月笙满口应允，并给王新衡提供了不少的帮助，这让王新衡相当感动，尤其感谢杜月笙的知遇之恩。

故人相见，分外开心，杜月笙殷勤地招待了王新衡，表示愿意竭尽全力帮助军统在上海建立特务总站。最终，杜月笙将自己在杜美路上的豪华私宅让出，做军统的落脚之处。杜月笙担心军统人手不够，还把得意门生陈默、亲信万墨林派到了杜氏大厦做管家，协调军统在杜美路上生活、食住等各项工作。

没过几日，戴笠也到了上海。他的到来，让杜月笙倍感振奋，他觉得自己几乎看到了吴绍澍的结局。戴笠对杜月笙的慷慨相送十分感激，在听说吴绍澍背叛师门、忘恩负义之事后，颇为震怒，决定找个机会好好地挫一挫吴绍澍的气焰。为此，戴笠采取了一连串的行动。

首先，戴笠在上海滩为杜月笙大造舆论，宣扬杜月笙抗战的功劳。杜月笙原本打算摆下酒宴，为戴笠接风洗尘，但戴笠坚决拒绝，而是把杜月笙请到了军统总部，参加他的"庆功宴"。在宴会上，戴笠当着上百号的人物，慷慨激昂地讲述了杜月笙在抗日战争里立下的种种功劳。从捐钱捐物支援十九路军抗日，到帮助军统组建"忠义救国军"，再到创办通济公司为国军将士筹措军需物资，再到抗战胜利后帮忙接收上海，戴笠口吐莲花，极力宣扬。

这些天来，杜月笙多方受到吴绍澍的打压，尤其是抗战的功劳，更被对方挤压得一丝不剩。这一点杜月笙最上心，也最伤心，想他悠悠十余载，竭尽忠诚，抗日救国，从上海到香港，再到重庆，四处奔波，寄人篱下，其良苦用心，又有几人知道呢？吴绍澍只字不提杜月笙在抗战中的功劳，对杜月笙打击甚大，现在戴笠如此隆重地为他摆下了"庆功宴"，杜月笙真可谓是挣尽了颜面，胸中的块垒、郁气，霎时间一扫而光。

戴笠这么大张旗鼓地为杜月笙举行"庆功宴"，还有一个目的，就是希望能够以此来警告吴绍澍，让对方明白，他戴笠现在护着杜月笙。此时的吴绍澍已经自大成狂了。在他看来，自己执掌要枢，举足轻重，虽不敢说在全国呼风唤雨，但至少上海是他吴绍澍的天下。正是因为这种傲慢，使得他对戴笠很不屑，对戴笠的警告也置若罔闻。戴笠素来骄横，何曾受过这般冷待，顿时怒不可抑，决心找机会施以重拳，好好教训吴绍澍。

机会很快就来临了。杜月笙一直都在派人暗中查吴绍澍的底，经过一段时间的努力，事情终于有了眉目。上海光复以后，许多汪伪政府官员、大汉奸为了躲避国法制裁和人民的审判，纷纷畏罪潜逃，这其中就有汪伪统税局局长邵式军。邵式军前后任职8年，贪污受贿，家财高达数亿，富可敌国，是上海汪伪汉奸里头最富的一个。抗战胜利后，邵式军只身逃走，但他留下的大量财富却神秘失踪了。杜月笙探到查封邵式军府邸的正是上海新任副市长吴绍澍，猜想此事定然和他有关。杜月笙命陆京士将搜集来的材料整理好，然后亲自交给了戴笠。

戴笠来上海，除了建立军统在上海的总站之外，还肩负着在上海地区肃奸的重责。在得到了杜月笙反映的材料之后，戴笠立时意识到了当中的猫腻。他派人找来了邵式军的妻子，询问个中详情。邵氏告诉戴笠等人，邵式军家里财富惊人，豪宅别墅里堆满了名贵的皮毛衣饰，古董字画，以及各种奇珍异玩，装金银珠宝、钻石钞票的保险箱就有四只之多。戴笠听了后，问她能否将这些东西写下来。妇人思忖了一会儿，要过纸笔，下笔如飞，将所有家财开列出来。在她的列出单子上，那四只保险箱，一只装满了金条，一只装满了美金，一只装满了钻石珠宝，一只装满了日本债券。

有此把柄，戴笠觉得是时候给吴绍澍点颜色看看了，就命令爱将毛森带领着"忠义救国军"的人封锁爱棠路，彻底地搜查上海市党部的办公大楼。这里原本是邵式军的宅邸，后来被吴绍澍查收，成为了上海市党部办公的地方。经过掘地三尺式的搜索，邵式军妻子所说的那四只箱子被搜了出来。四只箱子，三只箱锁已经毁坏，其内空空如也。而另外一只，则完好如初，箱子里装的是一文不值的日本债券。邵式军妻子的话得到了证实。

戴笠立即把这一情况上报给了最高当局。当局指示戴笠，要严查到底。这正是戴笠所需要的答案。

吴绍澍闻讯后，惶恐不安，为了保住头上的乌纱帽，他不得不低下傲慢的头颅去杜美路，恳求戴笠放自己一马。起初的几天，戴笠一直避而不见，有意让吴绍澍吃闭门羹，挫其威风。直到吴绍澍声称要飞往重庆打点此事时，戴笠才答应见面。

吴绍澍请求戴笠网开一面，免予查办，好让他在党国保全颜面。

戴笠一听，一声冷笑："像你这种人，不办天理难容！"

听戴笠这么说，吴绍澍知道求他已经是无望了，就赶紧向老东家朱家骅求援。朱家骅也不敢得罪戴笠，以种种借口搪塞了。吴绍澍满面愁苦，打算买机票飞往重庆，打点上下。然而航空公司却没有人肯买票给他。因为戴笠已经下达了死命令，任何航空公司不得卖票给吴绍澍。

吴绍澍这下子算是走投无路了。他只得努力搞好市政工作，希望以此讨得蒋介石的欢心。然而，杜月笙岂肯给对方这个机会。他一方面指使门下弟子散布流言，中伤吴绍澍，同时又鼓动工厂工人到党部和社会局去闹事，给吴绍澍制造麻烦。杜月笙还联络工商界的朋友对吴绍澍加以抵制，不肯与其合作。危机从四面八方涌来，吴绍澍竭力处理种种事宜，忙得焦头烂额。偏生在这时，戴笠又在蒋介石面前参了他一本，给了吴绍澍一记重拳。

吴绍澍无计可施，也只能听天由命了。不久，中央传来对吴绍澍的处分电令，先是撤去了他上海副市长的职务，又免掉了他社会局局长之职，而改之以和杜月笙交好的吴开先继任。

接收，劫收？

吴绍澍的垮台，表明了在当时上海滩，杜月笙虽然声势不复往日，但百足之虫，死而不僵，如论个人手段、掌控的能量，杜月笙可以说是雄风犹在。吴绍澍的下野，是权力斗争的牺牲品。虽说因为中饱私囊，贪赃枉法而被革区去副市长之职并不冤枉，但在当时国民政府极度黑暗，大小官员贪污成风的状况下中招落马，多少显得有些讽刺。

这种讽刺在于所谓的"执法者"，其实也是"违法者"。戴笠等人以收受贿赂、中饱私囊之罪名扳倒了吴绍澍，但其实他和杜月笙两人所贪污的财产真不知是吴绍澍的多少倍呢。

抗日战争胜利后，国民政府向各大城市派出了特派员或者接收委员，接收敌伪的各种物资。本来，这些物资都是敌伪从百姓身上搜刮来的，应该还之于民，但接收的大员们哪管这些，他们见到有此捞肥发横财的机会，就一个个像饿虎扑食一样，见什么抢什么，甚至不惜互相倾轧。他们的所作所为，祸国殃民，被民众们讥为"劫收大员"。

国民政府的各个部门，如国防部、海军总司令部、经济部、粮食部等部门为了争抢利益，各自设立所谓的"接收"机构，大行"劫收"。每个机构哄抢"敌产"，各不相让，通常是一方人马在"敌产"上贴上封条，另一方撕下，换上自己的封条。有些时候，甚至不惜火拼，刀枪相向。

这些"劫收"大员们，各施手段，大发横财。白天，他们忙着到处强占房产、轿车、店铺、仓库等敌伪物资，除了少数秉公登记在案外，其他的则以各种名义收归私人囊中。到了晚上，他们也不闲着，换上便衣，驱车往来，出入于灯红酒绿之所。有色中饿鬼者，不光劫财，还劫色。敌伪机关的女秘书、敌伪官员的娇妻美妾，也被"接收"过来。

时任国防部长的何应钦，向来以"廉洁正派"自居，在这场"接收"的活动里，大玩手段，企图掩人耳目，鱼目混珠。他表面上公正无私地向民众公布了"接收"的武器弹药、飞机、舰艇等物资数目，暗地里却将那些隐形的物资，如军粮、罐头食品、布匹呢绒、医药器材等全都收归囊中。

军政部长陈诚利用职务之便，也是大贪特贪，其搜刮的财富难以计数，便是他的部下亲信揽入私囊的财物也是相当的惊人。如陈诚一手提拔的装甲车教导总队队长石祖黄就在北平、天津"劫收"了几处日军高级将官的住宅，还在南京大动土木，建造起一座富丽堂皇的公馆。陈诚的参谋处长谢士炎也在此间发了一笔横财。在"接收"行动中，伪武汉警备司令为了免于罪责向他大行贿赂，先以12名日籍少女色诱谢士炎，拉他下水，然而再向其赠送精美的洋房三幢，别克牌轿车三辆，金条200余根。

第十一战区的司令长官孙连仲负责接收平津地区。在这些地方，他巧取豪夺，明压暗欺，罗掘了大量的财富。他自己发财之余，也不忘施惠于亲朋友好。他让胞侄孙敬亭出任天津市政府参事，到天津劫收。孙敬亭到了天津后，想方设法地搜刮财富。他听说原皇协军某部司令戚文平劫夺了几十箱子银块，秘密藏在一个地下室里，便以十一战区名义予以查封。其结果，自然落入他私人囊中了。武清县伪县长柳世平任职期间，搜刮了不少民脂民膏。孙敬亭侦知后，玩起了两面手段，一方面谴责柳世平罪大恶极，要依法严惩，一方面又给出暗示，拿钱免灾。柳世平为了保命，就乖乖地把大部分的家财"孝敬"给了孙敬亭。

上海在战时一直是日军重要的补给站，敌伪产业占了东南沦陷区的半数以上，因此也成为各方势力虎视眈眈地重要目标。上海市政府、重庆派员、军统特务、流氓地痞，以及被策反的伪政府要员一个个像闻到了腥儿的猫，全都行动起来，得私肥己，唯恐落后于人。

杜月笙、戴笠等人派出党羽，到处"接收"敌伪机关的银行、工厂、仓库等资产，又以"肃奸"之名，肆意拘捕豪绅，勒索钱财。就拿戴笠来说，他名下的产业，光是上海一地，就足以令人瞠目。房产、轿车自不待言，工厂、轮船公司、医院甚至图书馆等也有数家。

国民政府"接收"大员们的胡作非为，让老百姓十分的愤怒，他们讥讽这伙人是"五子登科"——条子（指金条）、房子、女子（汉奸的妻妾）、车子、票子，更不无悲愤地编了一首民谣："想中央，盼中央，中央来了更遭殃。"这一轮的"劫收"风暴，致使民怨滔滔，蒋家王朝气数将尽了。

第二十七章

是祸躲不过

丁默邨求援

在抗击日寇，保家卫国的峥嵘岁月里，涌出来的热血英雄数之不尽，但叛国投敌的汉奸也比比皆是。在战端初开的几年，他们以日本人为靠山，作威作福。到了战争后期，这批人陡然发现自己多年的靠山居然是一座冰山，行将崩溃。为了逃脱惩罚，他们一个个又想方设法地寻求新庇护。

于是，杜月笙变成了众人眼里的"护身符"。这主要有两个原因：其一，杜月笙手眼通天，和蒋介石、戴笠、宋子文等党国的高层有着紧密的联系。如果杜月笙愿意出面为之说项，自然会起到事半功倍的效果。其二，杜月笙介于官民之间，身份特殊，他不像国民党政府那样囿于政治上的利益，他只会关心个人的利益。而且，很多汉奸都和杜月笙互通声息，求他出面相助，终归会容易的多。抗战胜利后，杜月笙回到上海，扳倒了忘恩负义的上海副市长吴绍澍，这更让这群害群之马看见了杜大亨的能量。所以，当国内舆论口径一致地呼吁"严惩汉奸"之时，这些人便一个个来到杜府，请求杜月笙仗义出手，搭救他们。

第一个来杜门"拜访"的是丁默邨。丁默邨，湖南常德人，早年曾经加入过中国共产党。1927年，蒋介石在上海发动四一二反革命政变，大肆捕杀共产党员。丁默邨在白色恐怖时期，背叛了革命，投向了国民党一边。并加入了陈果夫、陈立夫两兄弟领导的"CC"系统，开始了其特务生涯。因他反共不遗余力，残酷地诋毁和迫害共产党和进步人士，所以，很得蒋介石政府的欢心。在短短的几年时间里，他就一路迁升，先是担任了国民党组织部调查科上海区直属情报小组组长，两年后，又当上了国民党军事委员会"调查统计局"第三处处长。

淞沪抗战的枪声打响后，日本帝国主义迅速灭亡我中华的野心未能实现。日本军部于是制定措施，双管齐下，一方面从本土调集精锐部队，赴华参战；一方面，收买、分化国民党内部，对蒋介石集团进行政治诱降。果然，在敌人的威逼利诱之下，国民党副总裁、国民参政会议长、国民政府的二号人物汪精卫首先发表"艳电"，公开投降了日本。汪精卫的叛国行为，所带来的影响非常恶劣，很多党政要员纷纷效法汪精卫，投降日本，丁默邨也就是在这一时候为汉奸头目李士群所拉拢，作了大汉奸的。丁默邨投敌后，开始频繁地和日本大本营特务部长土肥原贤二接触，并提出了对付"蓝衣社"、军统以及共产党潜伏分子的《上海特工计划》。这个计划得到了土肥原贤二的支持。土肥原贤二派遣得力部下晴气庆胤来到上海，帮助丁默邨、李士群建立了"特务总部"，因为其社址位于极司菲尔路76号（今万航渡路435号），故又称为"76号"。丁默邨、李士群分别为76号的正副主任。

76号成立后，丁默邨、李士群两人大力经营，心甘情愿地充当日本帝国主义者的鹰犬，疯狂地搜捕沦陷区的抗日爱国志士，制造了一起又一起的流血惨案。76号成为当时令人谈之色变的杀人魔窟。丁默邨也因为他的这些"功绩"，受到了日本主子的赏识，被任命为汪伪政府的社会部部长，伪浙江省省长，权势、荣耀一时无两，丁默邨可谓风光到了极点。

到了抗战后期，法西斯国家节节败退，国际间正义的力量日益增强。丁默邨意识到日本主子命不久矣，便开始筹谋后路。他暗中悄悄地同戴笠、顾祝同等人搭上关系，通过两人向蒋介石保证："决心以原样的浙江归还中央，决不让共产党抢去。"对于蒋介石而言，共产党是心腹大患，丁默邨能做如此表示，可谓难能可贵，于是就任命他为"浙江军事专员"，戴笠也吸收他成为军统的一份子。丁默邨为求保命，暗中与重庆政府互通声息，也确实做了几件事。抗日战争胜利后，丁默邨更是尽心竭力维持浙江的安定秩序，在肃清浙江境内的"奸匪"之后，这才由国民党政府轻轻松松地接收了浙江。

丁默邨自诩有"功"于党国，心忖就算蒋介石不赏自己个一官半职，至少保命是没问题的。然而，他怎么也没有想到，抗战胜利后，国内舆论汹汹，一直要求"严惩汉奸"。丁默邨明白，虽然自己中途反水，转向了国家，但身上这层汉奸的皮却是怎么也脱不下来的。眼见局势千钧一发，蒋介石已经有了惩办自己之意，丁默邨万般无奈只得来沪上，向杜月笙求救。

到上海后，丁默邨先给杜公馆打了个电话，探了一下口风，然后约定了时间，亲自来拜访杜月笙。杜月笙与丁默邨有过几面之缘，交情泛泛。杜月笙回上海时，路过杭州码头，丁默邨曾来相迎。原本，丁默邨还设下了酒宴款待杜月笙一行，但杜月笙一则考虑到丁默邨的汉奸身份，二则也是由于归心太切，就婉拒了丁默邨的宴请。杜月笙还记得那个时候，丁默邨精神抖擞，容颜焕发，一副大员的派头。可是，这次相见，杜月笙可是真真吃了一惊。丁默邨头发花白，容颜憔悴，一副老态龙钟的摸样，仿佛在一夕之间苍老了十年不止。

杜月笙亲切地将丁默邨及其随从迎进了屋里，吩咐家人准备饭菜，要为他接风洗尘。

丁默邨坚决拒绝，说他已经在五洲大酒店包下了一桌酒席，务必请杜先生赏光。

杜月笙见他这么说，也只得作罢。随后，众人驱车到了五洲大酒店。丁默邨有事要求杜月笙帮忙，因此这一桌酒席可谓心意满满，下足了功夫。对于这些，杜月笙并不感兴趣，他感兴趣的是丁默邨来找他的原因。

"杜先生，这一次你无论如何也得帮我啊！"丁默邨开门见山，道破了这次拜访杜月笙的目的。

杜月笙已隐约猜到了他这次来的目的，只故作不知，细细询问了一番，这才面有难色地道："默邨兄要杜某帮忙，杜某自然是极愿意效力的。只是，这件事老头子动了肝火，杜某又无官无职，只怕有心无力啊！"丁默邨一听急了，忙大力地奉承了杜月笙一通，接着吩咐手下拿来一个皮箱。他对杜月笙说，他这几年收藏了一些玉器，请杜先生鉴赏鉴赏。

杜月笙明白好事近了，近身一看，吃惊得半天说不出话来。丁默邨的皮箱里，只放着三四件珍玩玉器而已。然而，每一件都以上等美玉精雕细琢，样式精美，一看就知道是无价之宝。

杜月笙贪婪地把玩、抚摩着这些珍宝，魂不守舍。丁默邨瞧在眼里，心中暗喜，就把这几件东西当做礼物送给了杜月笙。杜月笙假意推辞了一下，就收下了。两人各得其所，心情大好，便推杯换盏，直到黄昏。

收人钱财，替人消灾。杜月笙接受了丁默邨的礼物，自然要为对方出力。他处心积虑地疏通关系，又拜托义弟戴笠、吴开先等人想法帮丁默邨一把。虽说后来丁默邨被国民党政府关押，并被处以死刑，但在牢狱之中，得到了相当程度的优待，这也算是杜月笙尽一份人事了。

大义灭亲：罗洪义被捕

同一时期，杜月笙昔日的弟子罗洪义也风尘仆仆地赶到杜门。他来找杜月笙的原因和丁默邨相同，也是因为当局清算卖国汉奸一事来求杜月笙救命的。这个罗洪义是杜月笙旧派的门生。杜月笙的弟子大致可以分为新旧两个时期。早年的弟子，如"大小八股党"顾嘉棠、叶焯山等人，属于旧派弟子。这是杜月笙早年闯荡江湖所倚重的一支武装力量，成员主要是青帮弟子、流氓、地痞等。这些人为杜月笙效力，凭的是血气之勇和一双拳头。新派的弟子，指的是杜月笙后期招收的一批门生。如陆京士、朱学范、唐寿民等人，他们都有一定的职业，甚至是社会上名人、军政界的高官。这些人在杜月笙麾下起着智囊和幕僚的作用。

罗洪义正是杜月笙早年在租界招收的门徒之一。那个时候，上海是冒险者天堂，也是罪恶的渊薮。西洋人、帮派、流氓在这里横行无忌，种种势力犬牙交错。要在这样的一个地方打出一片天来并不容易，但杜月笙硬是在一干兄弟们辅佐下纵横在十里洋场。在早年创建基业的过程中，罗洪义赴汤蹈火，生死相随，可谓贡献良多。日本人侵入上海后，顾嘉棠等人跟随杜月笙离开上海，远赴香江，罗洪义却留下了下来。他觉得上海虽然凶险，但毕竟有基础在，而香港就不同了，人生地不熟的，一切都要从头开始。

起初，罗洪义的日子并不好过。日本人进入上海后胡作非为，像罗洪义这样的大户，成为日本人重点"关注"的目标。很快，罗洪义的钱财就被日本人搜刮干净了。罗洪义无奈，只得把私藏的鸦片拿出卖了。买家是"宏济善堂"的盛文颐。盛文颐为盛宣怀的侄子，开设的"宏济善堂"名为善堂，实则是专门贩卖烟土的机构。这次交易后，盛文颐很赏识罗洪义，就让他做了"宏济善堂"的二当家，帮忙照看生意。虽说在乱世，烟土生意做起来不大容易，但"宏济善堂"每日的进账数目仍然是天文数字。罗洪义着实大赚了一笔。

然而，在里面待了不过一年，罗洪义便觉得厌烦了。收入虽然可观，但终究是给别人打下手，怎比得自己当老板来得畅快。于是，他就拿着自己的积蓄，又借了一笔款子，开了家酒店。表面上，这是一家酒店，迎来送往，招呼天南地北的客人。实际上，则是充满着肉欲和交易的窑子。或许是罗洪义善于钻营，酒店生意越来越红火，在业内的名气越来越大，许多日本人也来到了这里寻欢作乐。

如此来来往往，罗洪义就和很多日本人熟络起来。有个日本军官屡次受他好处，觉得应该投桃报李，就把他推荐给了汪伪政府，说他是个人才，打算给他谋个一官半职。没过多久，汪精卫就亲自下令，让罗洪义做了"禁烟总监部"的副部长。

汪伪政府成立的这个机构，名为禁烟，实则是替日本人贩卖鸦片。日本人为了征服中国，无所不用其极，推行"鸦片毒化政策"正是日本征服中国计划中最毒的一环。日本的特务头子土肥原贤二曾经提出一个令人发指的主张：利用鸦片、麻醉品作为侵略武器征服中国人民。日本军方甚至断言，"中国只要有40%的吸毒者，那它必将永远是日本的附属国"。烟毒肆虐，危害极深，日本人的用心非常险恶：一是为了获取巨额的资金，作为日军进行军事侵略的费用；二是为了摧毁中国人的精神和意志，摧残中国人的身心健康，从而使中华民族成为真正的东亚病夫，以利于其统治。于是，在这种信条之下，日本人在沦陷区内广泛建立起专门的鸦片贩卖机构。碍于国际观瞻，日本人也不敢堂而皇之地贩卖鸦片，便假以"禁烟"之名，行贩烟之实。

1939年3月，日本驻上海武官原田奉命成立了"禁烟局"，实际上要以军事途径向中国人民推广鸦片。罗洪义正是在这种背景下，被日本人委以重任的。罗洪义当上副部长以后，有日本人撑腰，鸦片生意自然是越做越大了。所赚取的巨额财富除了绝大部分上缴日本政府，部分归于汪伪政府外，其他的都入了他自己囊中。这笔财富非常的可观。抗战胜利后，上海最富有的两人，一人是邵式军，另一人就是罗洪义了。

罗洪义也算得上重情重义，在汪伪政府任职几年，也念念不忘师门。杜月笙初去重庆的时候，各种活动经费比较紧张，罗洪义还寄去了一大笔款项。当杜月笙在重庆打开局面后，插手黄金、美金交易时，罗洪义还通过万墨林联系杜月笙倒卖黄金、美金等，赚取高额利润。因此，两人虽然经年不见，但联系仍然十分密切，在重庆、汪伪两方互为照应，牟取利益。在沦陷区内，有罗洪义照应，杜月笙在上海办起事情来就顺利很多。而罗洪义也恰有杜月笙照应，才得以在戴笠领导的军统的"肃奸"行动中幸免，保住一条性命。

1941年秋，军统奉命前往上海除掉大汉奸罗洪义，当时戴笠并不知道杜月笙和罗洪义有师徒关系，因此就对军统下了格杀罗洪义的死令。军统行事，说到办到，为达目的可以不择手段。戴笠一声令下，军统在上海的机关立即行动起来。恰在这时，军统有一个人同万墨林交好，就把这件事告诉了他。万墨林一听，大吃一惊，连忙向重庆方面发报，请杜月笙拿个主意。杜月笙亲自上歌乐山拜会戴笠，为罗洪义说情。戴笠看在杜月笙的面子上，就网开一面，回报蒋介石说，上海方面防备森严，不好下手，容日后再想办法。蒋介石听了，也只得作罢，戴笠于是撤回了必杀令，罗洪义得保一命。

抗日战争胜利后，罗洪义领着妻儿家小逃往外地，原想着能够隐姓埋名，就此躲过国法的制裁。然而，没有想到，他坏事做绝，又是沪上名人，很多人都认得他，有几次都差点被人抓住。罗洪义觉得与其在外地担惊受怕，还不如回到上海，期盼杜月笙顾念师徒情分，帮帮自己。

忆及往日之情，杜月笙觉得有必要帮这个弟子一把，就把罗洪义留在身边，让他在恒社里打打下手，主持"监察处"的工作。罗洪义担心自身声名狼藉，会拖累杜月笙。杜月笙却安慰他说，"监察处"是恒社的秘密机构，主要任务是注意入社成员的言语动向以及社会上各方的动态，是不需要抛头露面的。因此，根本不用担心行踪暴露，拖累恒社的事情。

罗洪义听他这么说，便答应了。自此，罗洪义便在杜公馆住下了，每天足不出户，除了和杜月笙、顾嘉棠等人时有见面外，其他人几乎都不知道他的存在。这件事做得神不知鬼不觉，罗洪义原本认为如此定能掩人耳目，躲过一劫。然而，世上没有不透风的墙，没过多久，就有人向上海市长钱大钧检举，说大汉奸罗洪义正躲在杜月笙家里。又有人在报上撰文，含沙射影地指责杜月笙包庇汉奸。钱大钧原本想将这件事掩盖过去，以此来维持与杜月笙的关系，但舆论界越吵越凶。钱大钧再也无法坐视不管了。于是，他给重庆方面发报报知此事，请蒋介石拿个主意。蒋介石正欲收揽民心，听闻这个消息，立即命令戴笠将罗洪义抓捕归案。

戴笠早知道罗洪义躲藏在杜月笙家里，之所以迟迟没有动手，主要还是为了顾全和杜月笙的兄弟之情。蒋介石亲自下达了命令，戴笠顿时陷入了两难的境地。抓吧，肯定会折了杜月笙的面子。不抓，又有违蒋介石的命令。戴笠踌躇了一阵，还是决定先派个人去探一下杜月笙的口风。杜月笙见到戴笠派来的人，已经明白是怎么回事了。杜月笙还是想保罗洪义。来人见状，便回去向戴笠报告。戴笠听了，颇不开心，他觉得杜月笙没有体谅他的苦衷，于是就派心腹沈醉传话给杜月笙：究竟是要他这个朋友，还是非保罗洪义不可？如果杜月笙顾全和他的交情，就交出罗洪义，否则的话，他为顾全友道，可以放杜月笙一马，只是从今以后，他和杜月笙不再有朋友的情份。

沈醉把戴笠的话一五一十地告诉了杜月笙。杜月笙听后，脸上陡然变色，他虽然想保全罗洪义，但他更不愿意失去戴笠这个朋友。半响，杜月笙才表示他收留罗洪义，一来是顾念师生之情；二来，当年的地下工作，只要他有事情交代，罗洪义从不推辞，多少也有些微劳。他还告诉沈醉，罗洪义在汪伪政府任职一事他并不知情。现在罗洪义既然已经因为汉奸案被指控，戴笠又指明要这个人，莫说罗洪义在他这里，即使令罗洪义逃到天涯海角，他也要把他捉回来，交给戴笠归案。随后，杜月笙叫出罗洪义，安慰了一番，劝他投案自首。

罗洪义知道杜月笙此时已是无能为力，山穷水尽，只得深深地拜别杜月笙，跟随着沈醉而去。

罗洪义被抓走后，杜月笙自觉得有些歉疚，就拜托戴笠，请他在法院代为求情，希望能够减轻对罗洪义的处罚。

1949年，国民党政权土崩瓦解，罗洪义开释出狱。此时，杜月笙已经避难香港，罗洪义于是也赶到了香港，陪侍在杜月笙身旁，请安侍疾，一如往昔，一直到杜月笙逝世。

周佛海告急

罗洪义被押赴重庆受审，接近一月，杳无音讯。杜月笙非常担忧，就派了顾嘉棠坐飞机去重庆打探消息。没过几日顾嘉棠就回来了，告诉杜月笙，罗洪义无碍，只是被判了几年牢而已。这次回来，顾嘉棠还给杜月笙带来了一封信——大汉奸周佛海写给他的告急求援信。

周佛海，湖南沅陵人，早年曾留学日本京都帝国大学。回国后，参加了由陈独秀领导的共产主义小组，并作为中共代表参加了1921年的中国共产党第一次全国代表大会。周佛海根本不是坚定地共产主义者，1924年国共实现合作之后，便脱离了共产党，加入了国民党，任国民党宣传部秘书。1927年，国民党政府发起了反共清党的反革命活动，周佛海主动献计献策，从而得到了蒋介石的赏识，随后几年，逐年升迁，先后任南京中央陆军军官学校总教官、政训处少将处长、国民党政府训练总监部政治训练处处长兼总司令部训练主任等职。抗日战争爆发后，更出任国民党中央宣传部部长之职，一时间，简直成了国民党当局最炙手可热的人物之一。

南京沦陷后，周佛海对抗日形势悲观失望，就投降了日本，成为了日本扶植的汪伪政府的第三号人物，位于汪精卫、陈公博之下。做了汉奸之后，起初几年，周佛海心甘情愿地做日本人的走狗，对国家、人民做下了许多罪恶滔天之事。1940年代以后，世界局势发生了极大地变化，世界反法西斯阵营大大增强，英美等国先后对日本宣战。在国内战场上，日本帝国主义陷入了中国人民全民抗战的汪洋之中。在这种情况下，周佛海敏感地意识到，日本这个靠山已不可靠了，应该为自己另谋出路了。于是，他秘密地接触军统特务陈克祥、彭寿等人，表达了自己决定立功赎罪的心意。陈克祥、彭寿等人将此事上报军统头子戴笠。戴笠也早有在汪伪政府内部发展势力的心意，得到周佛海的亲笔信函，自然是喜不自禁，但考虑到事关重大，就飞往重庆，向蒋介石面禀此事。蒋介石闻讯大喜，当即同意了周佛海的请求，并给周佛海回了一封信，在信中称："顷闻君有意回头，不胜欣慰；望君暂留敌营，戴罪立功。至君今后政治前途，余绝对予以保证，望勿过虑为要。"戴笠害怕周佛海出尔反尔，还把周佛海的母亲和岳父从湖南接到了贵州息烽，以"奉养"的名义软禁起来，并要其母亲给周佛海写信，鼓励儿子为中央政府办事。

周佛海接到蒋介石的亲笔信后，十分高兴，当即以实际行动向重庆政府表达诚意。他在汪伪政府内部设立秘密电台，用陈克祥、彭寿等人带来的电台密码，和重庆方面取得联系。在之后的一段时间里，周佛海把一些重要的情报通过电台秘密传送给重庆政府，并替重庆政府切切实实地做了几件大事。他听从戴笠的命令，在汪伪政府安插军统特务，又设法营救、保释被日军抓捕的一些国民党要人等。1943年9月，他又遵照戴笠指令，设计铲除了作恶多端的汪伪政府76号的特工头子李士群。

抗战后期，周佛海再次遵照戴笠命令，千方百计地争取主政上海。上海是中国最重要的城市，在政治、经济上有着无可取代的作用，如果能在战后顺利地光复上海，那可绝对是大功一件。1945年8月，周佛海获悉日本帝国主义即将投降，立即通过秘密电台向重庆方面表示，愿意竭尽忠诚，帮助国民政府顺利接收上海。他的这一表现，赢得了蒋介石的欢心。蒋介石任命他为"上海行动总队"的总司令，要他全权筹划、铺排政府军进入上海之前的种种事宜。

周佛海接到任命后，欣喜若狂，立即回电，向重庆政府表达了感激之情，并率领部下迅速展开行动，涤清隐患，恭迎国民政府接收上海。在国民政府顺利接收上海后，周佛海还以美金、金条贿赂进驻的政府大员，请求他们能够在重庆方面美言几句，希望可以保住一命，苟且偷生。

抗战胜利后，国内"清算汉奸，惩处罪犯"的呼声声浪浪涛天，这让周佛海心惊胆战，生怕有朝一日会老命不保。这一天，戴笠来到了他的府邸，声称奉蒋委员长之命令，要接他前往重庆休养一段时间。周佛海闻听这话，顿时面色如土，他当然明白所谓的"休养"，其实就是软禁。

在离开上海之前，周佛海觉得有必要好好地巴结一下蒋介石身边的大红人——戴笠。他知道，这些年来，戴笠已经成为了蒋介石手里的一根拐杖，身上的一柄佩剑，是万万离不开的。如果能够有戴笠在蒋介石面前进言，那分量可就重多了。于是，在当天夜里，他筹集了一箱子的黄金、美钞，借以保存重要文件之命，让人抬到了戴笠下榻之处，希望能够以此重贿收买戴笠。然而，让他万万没想到的是，戴笠命人打开保险箱点算了箱中财务，做了登记之后，又让人封存起来，上交给了中央银行。戴笠之前借由吴绍澍接受邵式军贿赂一事扳倒了吴绍澍，现在自然不敢重蹈覆辙。

周佛海得知戴笠拒绝自己的贿赂，心里更是忐忑，万般无奈，只得带着家人随军统特务乘飞机回到了重庆。到了重庆，周佛海一家便被特务软禁在军统缫丝厂乡下办事处。周佛海惶惶不可终日，不久便一病不起，住进了"四一"医院。他的妻子杨淑慧也搬进医院伺候他。

后来，顾嘉棠奉杜月笙之命，到重庆打探罗洪义的消息。周佛海听说顾嘉棠来了重庆，仿佛看见了一根救命稻草似的，连忙让亲信罗军强请顾嘉棠前来相见。罗军强告诉他，军统特务监视森严，不允许任何人进来。周佛海就给杜月笙写了一封几十页的长信，又让罗军强打点了一些金条和美金一并交给顾嘉棠，让顾嘉棠带回上海，交给杜月笙。

杜月笙接到信后，颇觉为难。杜月笙原本以为凭借着自己与戴笠等人的关系，要保住周佛海、丁默邨等人是轻而易举之事，但眼看连戴笠都快无能为力了，那自己又能做些什么呢？但是，接受了人家那么多金银珠宝，如果撒手不理，恐怕也不大合适。杜月笙寻思良久，也想不个所以然来。最后，只得让顾嘉棠给社会局局长吴开先打个电话，打算去和吴开先商议此事。

是夜，杜月笙去了吴开先府邸。杜月笙将周佛海求援一事详细告知，并拿出了周佛海写的亲笔信交给了吴开先。周佛海在信里请求杜月笙向外交部长王宠惠求情，设法保住他一命。杜月笙深知此事关系重大，非自己一人可以摆平，于是前来拉拢吴开先和他一起出面。

吴开先是明白人，当然明白这个时候涉入此事，倘若处理不善，很可能连自身都搭进去。但考虑到杜月笙的深情厚谊，吴开先只得硬着头皮答应了。次日，顾嘉棠、叶焯山两人带着杜月笙和吴开先联名写的亲笔信函飞赴重庆，面见外交部长王宠惠，将信交给了他。杜月笙、吴开先，一个为社会名人，一个为社会局局长，有他们二人联名写信求援，王宠惠自然无法拒绝了。

王宠惠、杜月笙等人的努力，虽然没有改变周佛海被重庆最高法院判刑的命运，但他无论是被软禁在重庆期间，还是被关押在南京老虎桥监狱期间，都受到了相当程度的优待。这不能不说是杜月笙等人的功劳。

1946年10月，最高法院在南京开庭审理周佛海的案子。周佛海为求保命，拿出蒋介石写给他的亲笔信函。此事曝光后，舆论哗然，蒋介石十分恼怒，他最怕别人指责他在抗战期间与汉奸有来往。11月，最高法院判处周佛海死刑。周佛海不服判决，提出抗告，其妻杨淑慧也再一次呈请高院再审，但都被最高法院驳回。杨淑慧于是求情于蒋介石。蒋介石心软，就指使司法部改判周佛海为无期徒刑，但没过多久，重病缠身的周佛海就在牢狱中一命呜呼了。

"得意门生"朱学范

1940年代中期，由于时局变化，一些杜门中人先后离开了师门，另觅出路。先有吴绍澍之叛，后又有朱学范之变。工会领袖朱学范的离开，对杜月笙影响最为重大。究其原因，一则是因为当时杜月笙仍然视共产党为"洪水猛兽"，忧惧尤深，朱学范陡然之间转向了共产党，这对杜月笙来说极为震撼。其二，朱学范是杜门少有的杰出人物，儒雅、多智、能言善道，论才能，当不在陆京士之下，向来是被杜月笙倚为左膀右臂的重要人物。这个和自己有18年师生之谊的优秀弟子突然之间和自己分道扬镳，怎能不让杜月笙伤心失望？

朱学范，浙江嘉善人，早年就读于上海教会学堂圣芳济学院。毕业之后，参加了邮局招生考试，获得录取，成为了一名邮务生。后来，陆京士发起筹组全国邮务总工会，朱学范积极靠拢陆京士。因他才华横溢，能力突出，很快就脱颖而出，成了和陆京士齐名的邮务业领袖。在上海邮务工会理事会选举上，他和陆京士双双当选为常务理事，而后又一起拜作杜月笙的门生。有了杜月笙的庇护，果然顺风顺水，一路扶摇直上，不久朱学范就当上了全国邮务总工会的常务理事。有这一层光环，朱学范在邮务行业中名气大涨，几乎可与陆京士比肩。1936年，上海工潮风起云涌，抗日救国的罢工游行活动此起彼伏。陆京士由于忙于处理工会种种事务，分身乏术，无法去参加在日内瓦举行的世界第二十届国际劳工会议，于是就推荐朱学范为代表参加会议。这是朱学范第一次参加世界性的大会。随后几年的国际劳工会议，朱学范一直以中国代表的身份参加。这些经历，使他一跃成为了国际知名的工运领导人物。

抗战期间，朱学范跟随着杜月笙颠沛流离，先到香港，后又辗转到了重庆。在这期间，朱学范当选为中国劳动协会理事长。1938年，经国民政府社会部批准，中国劳动协会代表中国工人加入国际工会联合会。如此一来，中国劳动协会不仅是全国性的劳工团体，而且还是国际性劳工团体之一。朱学范作为"劳协"的理事长，名利兼收，成为了各方竞相拉拢的对象。

中国劳动协会代表着中国工人，工人阶级的力量又一向为共产党所看重。朱学范由是也成为了中国共产党极力争取的一个重要人物。朱学范为杜门中人，又是反共的死硬分子陆京士的知交好友，要争取他可并不容易。世上无难事，只怕有心人。共产党坚持不懈，想尽办法争取他。

首先，请进步人士沈钧儒接近朱学范，促进其思想觉悟。沈钧儒是共产党的老朋友，早年在上海的时候，曾任上海法科大学（后改为上海法学院）教务长，而朱学范曾是法科大学夜间部的学生。从这一层关系上来说，沈钧儒和朱学范有着师生之谊，有沈钧儒出马，自然会事半功倍了。

接着，共产党又派出了一个重要人物接近朱学范，他就是易礼容。易礼容是最早加入中国共产党的进步人士之一。他加入工会以后，尽心尽力，埋头苦干，很快就取得了朱学范的信任。易礼容知道朱学范看重个人名望，就利用手中资源，频频为朱学范张罗、宣传。报纸上、各大演讲场所，常常能够看见朱学范的身影，左派人士莫不对他赞叹有加。朱学范当然知道这是什么人的功劳，对易礼容更为信任。后来，更推荐易礼容做了中国劳动协会的秘书长。

在沈钧儒和易礼容两人的影响下，朱学范的思想逐渐发生了变化，倾向于左派。1945年8月，第二十七届国际劳工大会在巴黎举行，朱学范作为中国劳工代表赴法参加会议。解放区职工联合会主任邓发接受党的指派，也一道前往。这一次巴黎之行，计有三四个月之久，朱学范和邓发朝夕相处，也对中国共产党有了一番新的认识，和共产党的距离当然也更进一步了。

然而，真正地使朱学范倒向共产党一边的，并不是左派的努力，而是国民党迫害打击所致。在参加世界劳工大会后，朱学范对于国外的劳工组织有了深刻的了解，他希望可以在中国也建立起独立于党派之外，实实在在为中国的老百姓服务的工会组织。他的这个想法虽然符合民众的利益，但却难以为一心搞独裁的蒋介石政府所容许。

1946年1月，朱学范、邓发等人从国外回到重庆。此时，国内正掀起了轰轰烈烈的反压迫、反内战的民主运动。各大民主党派、组织也纷纷发表声明，反对内战。朱学范认为在这样的关头，中国劳工协会也应该明确自己的政治主张，于是就发表了"主张民主、反对内战"的二十三条政治主张。这恰和国民党蒋介石的政治利益背道而驰，国民党政府操纵的《中央日报》不敢刊登，朱学范只得在共产党的协助下，在《新华日报》上刊登了《二十三条》。《二十三条》发表后，引起了国人强烈的反响，民主人士纷纷大加赞扬。国民党当局对之却是横加指责，对朱学范也是多番揣测，变着法子来弹劾、打击他，希望他能够有所"收敛"。

这一年，是抗日战争胜利的第一个年头，是决定中国命运的关键一年，同时也是政治上最为黑暗的一年。蒋介石政府，搞独裁，破坏和平，大肆地屠戮、镇压进步民主人士。1946年2月，制造了"校场口惨案"，6月制造了"下关惨案"，7月又杀害了民主人士李公朴和闻一多。朱学范对此非常气愤，多次批判当局的所为。国民党政府越来越无法容忍朱学范的所作所为，就加紧了对中国劳动协会的迫害，打算给朱学范一个下马威。

1946年8月初，国民党为了打击"劳协"而成立的所谓的"重庆总工会"向重庆市政府"检举"，声称发现"劳协"驻渝办事处内部潜伏共产党，图谋不轨，又污蔑"劳协"徇私舞弊，肆意克扣美国援助中国劳工救济基金。重庆市政府便以此为借口，展开了对"劳协"的打击活动。

8月6日晨，国民党重庆市总工会头子在几百名军警的协助下，分五路包围了"劳协"驻渝办事处的各个机关单位，强行以武力"接收"了重庆工人福利社，以及劳动协会分会等单位，并大肆搜捕被指认为共产党的工会干部和会员42人。结果，除了易礼容等6人侥幸躲过一劫外，其余的包括福利社主任周颖在内的38人悉数被捕，这就是当时震惊全国的重庆"八六事件"。

事件发生后，国人震惊，舆论哗然，朱学范发表了措辞激烈的谈话，公开指责重庆工工会"挟词诬陷，阴谋攫夺"，并表明要诉诸法律解决。国民党当局为了坐实朱学范等人的罪名，还特意指示重庆总工会、警局上演了一出"查获证据"的好戏。10日，重庆总工会偕同警局、地方保甲长清点"劳协"封存文档。国民党政府刻意安排，有心栽赃，这一查点，自然是"收获"多多：在封存的机密文件里发现了很多"通共"的"反动"文件，其内容除了有中共中央指示潜伏在"劳协"的地下党搜集情报、掀起工潮、运送弹药外，还有控制工人、反美反政府等大量骇人听闻的信息。

国民党政府又操纵报纸，连篇累牍地对这一事件进行渲染、报道，大肆给中国劳动协会泼脏水，污蔑思想倾向进步的劳工领袖"别有用心"。消息刊出后，朱学范十分气愤，他积极奔走，动员国内外一切舆论力量，举行记者招待会，通电海内外，陈述事实真相，控诉国民党政府的残暴做法。朱学范的正义举动，得到了全国工人及国际工会的同情和支持。世界工联、美国劳工联合会等组织也纷纷来电支持"劳协"的抗争。国民党政府未曾想到此事会掀起如此大的风波，连忙出来灭火，声称这只是重庆市总工会与"劳协"内部的冲突而已，无关政治。为了拉拢朱学范，蒋介石甚至亲自出马，逼他就范，但朱学范坚持信念，不为所动。之后，国民党政府迫于国内外舆论的压力，不得不释放了被捕人员。

在这场闹剧之初，杜月笙也认为这不过是重庆市总工会与"劳协"的争权夺利而已，并没有放在心上。当国民党报纸刊出被捕的共产党员后，杜月笙这才意识到了问题的严重性。蒋介石对于共产党是什么态度，杜月笙岂会不清楚，现在自己的得意弟子牵扯入了共党案子里，顿时令他慌了手脚。如果是普通弟子，何足怜惜，就算是弃卒保车也是有可能的。但是，朱学范却不同。朱学范能力突出，是杜门最出息的弟子之一，且投入杜门长达18年之久，和师门情意深重，因此，于公于私杜月笙都不愿意失去这个徒弟。

为此，杜月笙多次召朱学范长谈，希望他能改变态度，不要再和共产党有任何瓜葛。同门师兄陆京士更是苦口婆心，一再向朱学范剖析利害关系，要他改变立场，报效党国。至于杜门的其他师兄弟，也多对朱学范之变故持将信将疑的态度，认为他这么做必有苦衷，也没和他反目。

但是，此时的朱学范在共产党的影响下，思想已经发生了极大的转变。另外。现实的处境也容不得他与国民党靠拢。于他而言，如果说国民党对他无中生有的指责和谩骂，只是让他感到寒心、失望而已，那么，国民党政府诬陷"劳协"徇私舞弊，污蔑他贪赃枉法，则是对他的威胁。所以，虽有杜月笙等人的再三劝说，但朱学范却心坚如铁，坚称自己正在遭受国民党政府的迫害，且告诉杜月笙，时势所迫，唯有先离开上海，到香港去躲避风头。

杜月笙对朱学范去港之事并不赞同。他相信朱学范的为人，表示不相信朱学范会贪污，因此，他建议朱学范留下来，主动投案，还自己一个清白。朱学范此时对国民党政府已经不抱任何的希望了。几日之后，在共产党的协助之下，朱学范秘密离沪，去了香港。

师徒二人分道扬镳

朱学范去香港，杜月笙心中虽然不甚乐意，但也只好尊重他的选择。朱学范到了香港之后，即宣布将中国劳动协会迁至香港，继续其业务。朱学范同民主党人士进行了广泛的接触，曝光国民党政府的黑暗真相，痛斥蒋介石政府反民主措施及其一党"国大"。朱学范的这些做法，激怒了蒋介石政府。蒋介石政府强迫"劳协"进行改组，以安竹庭为理事长，以沈鼎、水祥云、康济民、刘兆祥为常务理事，秘书长一职也正式改由沈鼎担任。就这样，"劳协"领导机构完全为国民党反动分子所篡夺，而对"劳协"有着重大贡献的朱学范则被排除在领导层之外。

国民党政府以政治手段干涉"劳协"事务，这让朱学范深为不耻，也更坚定了他弃暗投明的想法。他得益于香港独特、自由的社会体制，发表了很多的文章，抨击国民党政府。1947年3月，他在《密勒氏评论报》发表了文章《中国工人要分裂吗？》，将批判的矛头直接对准了蒋介石政府。这篇文章发表后，在社会上引起了极大地反响。为了抗议国民党政府筹组"劳协"，朱学范还越过国民党社会部，以中国劳动协会的名义申请参加第三十届国际劳工大会，且获得该会审查通过。该会还通过决议支持以朱学范为首的在香港的"劳协"为中国工会正式代表，而将国民党政府派出的代表团排除在会场之外。

朱学范的这一做法，等于剥夺了国民政府工会在国际上的合法地位，这在国民政府看来，是难以容忍的"悖逆"行为。于是，在国民政府的指示下，由其所控制、操纵的一些地方工会爆发出了极其强烈的抗议和驳斥。一些亲国民党政府的报纸也连篇累牍地刊登各地工会的声明，声讨朱学范的行为。京、沪、平、津、渝等地的工会和邮务团体等组织联合声明，抗议朱学范。他们声称，香港为中国行政权未及行使之地区，香港的工会和中国没有联系，因此朱学范在香港的中国劳动协会为"冒名"组织，不应该代替中国出席国际劳工大会。他们又称，朱学范的"劳协"理事长的职务已经被解职，所以他已经丧失了作为的中国工会代表的资格。最后，他们要求国际劳工大会机构重新裁定与会代表。

除此之外，国民政府为了能够如期代替朱学范参加国际劳工大会，还采取正反两方面的措施。一方面，宣布参加日内瓦大会的政府代表、劳工代表、雇主代表的名单，作正面的准备。另一方面，为了限制朱学范在世界工联的活动，国民党外交部竟然吊销朱学范所持有的外交护照。

然而，国民党政府也明白这样的做法不得其要，关键还是在于如何阻止朱学范赴欧与会。眼见会议之期将至，国民党政府一筹莫展。在这个时候，杜月笙主动请缨，打算亲自到香港劝说朱学范。杜月笙觉得朱学范重情重义，和忘恩负义的吴绍澍不同，如果自己去劝说，说不定会顾念十几年的师生情谊，答应自己的要求。杜月笙打定主意，立即起程。当时正值数九寒冬，天寒地冻，杜月笙不顾气喘重症，带领着亲信顾嘉棠、私人医生庞京周等人登上了货轮，赶赴香港。

刚到香港，朱学范便热情前来相迎，这让杜月笙心头一热，也让他更增了几分说服朱学范的信心。然而，当他委婉地要求朱学范回上海工作时，朱学范却拒绝了。他告诉杜月笙说："先生的命令，弟子怎敢不从，弟子又何尝不愿意回上海工作。只是，现在国内政治紧张，弟子又背负有贪污的罪名，情节重大。回到上海，只怕不但难以发挥任何作用，说不定还会有生命危险。"

他这么说，杜月笙也不好再劝了。多少年风风雨雨，这个弟子对他始终如一，忠诚、尊重。即便现在两人出现了政见上的分歧，但杜月笙看得出来，朱学范对自己还是相当尊崇的。这样的一个弟子，如果真的由于师命断送了性命，那可就追悔莫及了。

在这种情况下，一向多智善断的杜月笙也不免踌躇，这件事就这么耽搁下来了。另一方面，和朱学范关系深厚的陆京士一直在等待着杜月笙的消息，接连几日，仍然不见香港方面的动静，陆京士非常焦急，就趁着杜维藩南下侍奉杜月笙之际，写了一封长信，让杜维藩带上，转达朱学范。在这封信里，陆京士言辞恳切，劝慰朱学范，要他"悬崖勒马，回头是岸"，并表示只要他能够"迷途知返"，一定有人愿意帮他缓解局面的。陆京士还在信里以忠义劝告朱学范，强调："万不能逞个人意气，而自毁前程，陷于不忠不义！"

接到这封信，朱学范心里十分感动，他知道陆京士虽然和自己政见不同，但这位十几年的老朋友是真心为自己着想的。但是，对国民党政府，朱学范是完全死了心了，任杜月笙和陆京士百般劝说，他始终不为所动，只借口说回到上海有危险，坚持要留在香港。

这一时期，朱学范和陆京士书信往来频繁。在给陆京士的信里，朱学范痛陈处境的险恶，以及内心的忧惧，字里行间，无不流露出种种无奈和彷徨。一方面是师门的深情厚谊，一方面是反动派政府高高举起的屠刀，这让他如何抉择？朱学范内心的纠葛和矛盾，杜月笙又岂会不知，但除了百计安慰以外，又可以做些什么呢？终于，杜月笙答应了朱学范的要求，同意他暂时留在香港。杜月笙自己则先行返回上海，等到一切安排妥当之后，再召他回去。

几天后，杜月笙离港，回到上海，为朱学范安排联络。朱学范彷徨无计，也只有在香港静候师音。然而，时过不久，一件突发事件打破了朱学范那仅有的一点幻想，使他彻底和国民党政府决裂，投向了共产党这一边。一日，他刚从朋友家出来，乘人力车返回住处，途经庄士顿道英国海军俱乐部门前时，一辆轿车突然从后面冲来，将朱学范撞得飞了出去。所幸朱学范并没有伤着要害，只是左肩骨折，在医院治疗了三个月，就痊愈出院了。朱学范明白，这肯定是国民党政府所为。自己在香港结交不少民主人士，又和共产党关系紧密，这怎不会引起蒋介石的嫉恨。只是，他万万没有想到，到了香港，蒋介石居然也不肯放过自己。

此事经由香港《华商报》报道后，各界人士对于国民党当局的凶残手段极为愤怒，国内外慰问电如同雪花一样纷纷发来。身在延安的中共领导人来电慰问，并送来了抚恤金支持"劳协"的斗争。相比于国民党政府的冷酷无情，中共的表现令朱学范内心非常感动，更坚定了他与国民党政府决裂的想法，也更增强了他与反动派作斗争的决心和勇气。

1947年5月，朱学范离开香港，前往捷克，出席了在布拉格举行的世界工联理事会会议。不久，又赴瑞士日内瓦参加国际劳工大会。在赴欧的过程之之中，朱学范念念不忘杜月笙的师门恩情，他屡次写信给陆京士，解释自己赴欧之事。他在信中告诉杜月笙、陆京士等人，他赴欧其实有不得已的苦衷。当时，国民政府吊销了他的护照，并且正和香港政府交涉，要求把他引渡回内地。他曾经询问过律师，如果只是贪污罪行的话，他罪不至死，但如果因为政治原因而被政府强加以贪污之名，那他如果回到重庆，就真的是死路一条了。面对险恶的处境，他不能不离开香港，赴欧也只是给自己一条活路而已。

接到朱学范的信，杜月笙心里五味杂陈，纵然对这个弟子有万般的不舍，但总不能将他推入万劫不复之境吧。况且，此时既看不到国民党政府勃兴、一统天下的端倪，也看不出共产党政权崩溃瓦解的半点迹象，国共博弈，鹿死谁手，犹未可知。虽然自己还抱着国民党政府这株大树，但戴笠死后，自己在国民政府的势力遭受重创，今后如何，还真的是一个未知之数，又何必强求他人呢？自此以后，师徒两人便分道扬镳，各在天一方。

第二十八章

强弩之末

杜月笙"吃瘪"

杜月笙重返上海滩后，重整恒社，组建"新建会"，又扳倒不肖门生、上海市副市长吴绍澍，真可谓是威风八面，权势熏天。然而，恐怕任谁也想不到，威名远播的杜月笙竟然也会"吃瘪"。

杜月笙作为上海闻人，权势通天，其触角伸向工、商、军、政等各个领域，个人关系网络四通八达，求他办事的人，想要巴结他的人自然也不在少数。所以，杜门的人由于长时间的目见耳闻，已经对"送礼"、"收礼"这样的事情司空见惯了。尤其是杜月笙的账房先生，他管理着杜门的钱财，对这样的事就更加习以为常了。但有一件事却令他至今印象深刻。

那天，杜家突然来了一位很有派头的客人。那人三十来岁，西装革履，手中拿着一个精致的礼盒。他到杜府之后，绝少言谈，只说自己是老板派来送礼的，然后就急急忙忙离开了。这让账房先生有些诧异，送礼的人他见过不少，但这么神神秘秘的人还真没见过。礼盒红木镶嵌，雅致非凡，一看就知是出自名家之手，礼盒已经如此贵重，当中的礼物更是可想而知。杜门有规矩，所有礼品未经主人许可是不得打开的。于是，账房先生赶紧把它送到了杜月笙的手里。

杜月笙对此见怪不怪，他在上海滩身份显赫，地位崇高，每天上门来送礼的人不知有几。政府官员有之，帮派领袖有之，财经名人有之，军政精英有之，如今有人给他送礼，何足为奇？

然而这一次，杜月笙脸上还是露出了一丝讶异的神色。虽说收过不少的礼物，但像这么精致的礼盒，还是第一次遇见。杜月笙按捺住内心的期待，小心翼翼地打开了礼盒。出乎意料的是，礼盒里并没有所期望的礼物，只有一张红色的帖子和一个叠放的整整齐齐的红纸包。

杜月笙拿起那张帖子，定睛看去。眼光刚落在帖子上，杜月笙顿时脸色变得惨白。只见那张帖子上面有寥寥数字："老杜，兄弟手头紧，特向你借5万美金，明日来取！"

这显然是有人盯上了杜月笙，要向他敲竹杠了。杜月笙眼睛冒火，气得肺都快要炸了，顾不得看那落款是谁，已经一把撕碎了那张帖子，破口大骂。事不关己，账房先生就冷静得多了，他上前拾起那些碎纸，细细拼对，发现那大开狮子口，胆敢在太岁头上动土的人原来叫焦大奎。

这个名字非常陌生，杜月笙想了半天，也想不出这个人究竟是何方神圣。他又让账房管家拿来杜门客人的花名册，想从中查出些蛛丝马迹，结果却一无所获。杜月笙烦躁至极，这时才想起那盒子里还有一物，就是那个红纸包。杜月笙心中一动，赶紧拿出那个纸包，想要打开，看看里面包着什么东西。纸包包得相当严实，一层裹着一层，杜月笙拆了两层，没了耐心，就交给了账房先生，让他接着拆。账房先生小心翼翼地拆了一层又一层。在拆完最后一层的时候，账房管家呆住了。杜月笙也呆住了。那红纸包里包裹着的竟然是一堆粪便。

臭气扑面而来，杜月笙仿佛被人劈面打了一鞭似的，脸上热辣辣地疼，气得说不出话来。账房先生也觉得无地自容，连忙唤来下人，打算让其把这堆"礼物"扔出去。杜月笙制止了他，这样的丑事如果传出去，可就太有损他的颜面了。

堂堂大亨，纵横半生，何曾被人这么羞辱过？杜月笙咬牙切齿，决定要布下天罗地网，让对方有来无回。他给警察局打去电话，将此事告知了警方。警察局的黄科长是杜月笙的门生，闻此讯息，也是大怒，把胸膛拍得咚咚响，对杜月笙表示，只要姓焦的小子敢来，担保让他来得去不得。他告诉了杜月笙他的计划：让警察局的兄弟化装成各种生意人，埋伏在杜公馆的四周，等那姓焦的小子前来取钱，杜先生只消发一个讯号，众人一拥而上，不怕他不束手就擒。

杜月笙觉得这个计划可行，便让人准备好5万美金，然后信心满满地睡下了。

翌日，焦大奎果然如期而来，和他一起来的还有4个西装打扮、身材魁梧的汉子。在看到杜公馆门前、弄堂口边上那些形形色色的生意人时，焦大奎敏感地意识到，这些人绝非寻常人，定然是杜月笙的埋伏。虽然看破了这点，但焦大奎却丝毫没觉得害怕，率众有恃无恐地闯入了杜府。

杜月笙早就在等着他们呢，他倒想看看这些吃了雄心豹子胆，敢向他敲竹杠的人究竟是何方神圣。焦大奎等人也冷睨着杜月笙，脸上居然没有半点的紧张和怯懦。如此情形，杜月笙反倒有些吃不准了，心里有些忐忑不安。

焦大奎开门见山，没有半句客套："我们是来取钱的，请杜先生把钱交出来吧！"

杜月笙假意装作客气的样子和几人周旋，暗里寻思着如何向门外叫卖的"生意人"传递信号。

焦大奎看出了杜月笙的心思，向几名手下使了个眼色，几人一拥而上，将杜月笙围在中间。焦大奎拔出手枪对准了杜月笙的脑袋，那几名手下撩开衣服，只见每人的身上都挂着六七颗手榴弹，另外还各有两支左轮手枪。如此阵势，纵是纵横半生的杜月笙也不禁骇然失色，内心大惧。

生死悬之一发，杜月笙也唯有从命，乖乖地将5万美金奉上。但他的心里却另有着盘算：只等焦大奎走出杜府大门，他安全了，就要痛下杀令，命令门外埋伏的人，将这几人乱枪打死。

焦大奎也是个厉害角色，心思缜密，他深知杜府门外是龙潭虎穴，只怕是进的容易，出不容易。于是他就胁迫杜月笙，以杜月笙为人质，要杜月笙"送"他们一程。杜月笙心里暗骂，却也无计可施，只得随同着几人出了杜府大门。杜月笙被几人围在中间，又被枪顶住了腰眼，不敢轻举妄动，门外虽有数十名化装成生意人的便衣警察，却也不敢出声求救。警察鉴于杜先生在对方手中，也是无计可施。

这时，一辆汽车呼啸而至，焦大奎等人挟持着杜月笙上了车子。司机一踩油门，汽车风驰电掣般离开弄堂。那些便衣警员见苗头不对，慌忙跳上早就准备好的汽车，紧紧跟在其后。

几辆车在大街上追逐，杜月笙努力保持镇定，寻思着脱身之策。汽车很快驶到乌鲁木齐路口，六辆大粪车当街拦住了去路。焦大奎带着那几人骂骂咧咧地下了车，看样子是去找对方算账了。杜月笙一个人坐在车里，真是等也不是，离也不是。他想趁此机会逃走，却又怕被对方发现。

就这么在车里待了十几分钟，却迟迟不见焦大奎等人回来。杜月笙顿时明白了一切。原来，那几辆大粪车根本就是焦大奎早就安排于此的，焦大奎等人下车后，就迅速地撤离了。

等到警车赶到时，焦大奎等人早就消失得无影无踪了。这就样，杜月笙和警察局精心布下的局都落空了。终年打雁，竟然给雁啄瞎了眼睛。杜月笙一肚子的闷气，失财又失意。

这件事让杜月笙郁闷了好久，然而让他更郁闷的是，这样的事还不止一次。

这年深秋，上海市长钱大钧在上海国际饭店举行了生日宴会，杜月笙受邀出席。大厅里，宾客云集，社会各界的党政要人、商贾巨头齐聚一堂，觥筹交错，十分热闹。杜月笙满脸堆笑，握着酒杯同众人推杯换盏，非常热络，他的风头甚至盖过了这天的寿星钱大钧。席上众人纷纷举杯，向杜月笙敬酒，极力奉承。杜月笙借着酒兴，向众人夸下海口：承蒙各位朋友抬爱，杜月笙在上海滩也算挣得了几分的薄面。杜某敢说一句，在这上海滩，就没人敢和杜某作对。如果有人敢向杜某敲一次竹杠，杜某就服了他。

他的这话引来了众人的喝彩。就在众人正卖力溜须拍马的时候，国民党的一位元老却语带讽刺地冷笑着说："你杜老板出入前呼后拥，保镖一大堆，自己又带着枪，当然没有人敢动你一根毫毛了。"这几句话原本不过酒席间的笑谈之言，但杜月笙听来却是十分刺耳。他霎时间变了脸色，"刷"地一声摸出身上的"勃朗宁"扔在桌上，离席而去。

保镖们忙紧随其后，要保护他，却被杜月笙一阵痛斥，不许他们跟着。杜月笙是想以此实际行动来证明，纵然自己孤身一人，手无寸铁，在上海滩也没有人敢打他的主意。

众人目瞪口呆之中，杜月笙意气风发地登上了一辆轿车，扬长而去。车子行到霞飞路的时候，戛然停住，司机摸出一把手枪，对准了他的心窝。杜月笙受此惊吓，酒意顿消，他实在想不到自己的包车司机，竟然会有此一手。司机劫走了他手上的钻石戒指，并留下了话，要杜月笙将20年前勒索去的金佛放到愚园路第十八根电杆下的垃圾箱里。

司机说完跳下车，闪入小巷，消失不见了。杜月笙只觉得头晕目眩，半天才缓过神来。

流年不顺啊，先是被人勒索了5万美金，现在竟然变生肘腋，连司机也在光天化日之下公然勒索财物。"自作自受"的滋味，杜月笙这番可谓是尝到了。

被抢走的那枚钻石戒指，是蒋介石送赠，其价虽然说不上多么惊人，却极其意义。因为这毕竟是党国领袖所赠之物。杜月笙在得到这枚戒指后，视如珍宝，一直戴着，没想到竟然会被人抢走。有一事让杜月笙不解：既然对方已经劫走了戒指，又为什么还要向自己勒索金佛呢？他又凭什么肯定自己会听他的话，将金佛送出去呢？

谜如棋局，越想越觉得难以自拔。无论对方是人是魔，杜月笙已经决定绝不让对方活着回去。计议已定，杜月笙忙回到了杜公馆，叫来保镖，把金佛交给他们，让他们依计行事。

保镖们拿着金佛，按照杜月笙的吩咐，将金佛放到愚园路第十八根电杆下的垃圾箱里，然后他们远远地躲在一旁，守株待兔，静等对方现身。他们从杜月笙那里得到的命令是，无论来者是什么人，一律乱枪打死。众保镖紧握着手枪，个个屏息凝神，目不转睛地注视着前方，只等对方出现。

时间一分一秒地过去，对方还没有现身，保镖们等的有些不耐烦。就在这时，从垃圾箱里跑出了一只黄狗，它的嘴里吊着的正是那个黄包。保镖们心觉疑惑，却也顾不得这许多了，一起开枪。乱枪过后，那狗倒在血泊之中，当场毙命。保镖们过去，拿起布包一看，大惊失色，包里的金佛早已经不翼而飞，只有几个馒头和一张纸条。这未免太不可思议了，众人再去垃圾箱一看，才恍然大悟。那垃圾箱的后面，掩藏着一个洞，直通墙的另一侧。那洞不大不小，可容一人通过，显然狗从此洞出，那人也是自此洞偷梁换柱，逃之夭夭的。

保镖们垂头丧气地回去，将此事告诉了杜月笙。杜月笙听后大怒，每人赏了几个耳光。但事已至此，也已经无可挽回了。保镖递上了黄包，杜月笙心念一动，掰开那几个馒头仔细检查，果然在一个馒头里发现那枚钻石戒指。再看那张纸条，只见纸条上写着"物归原主，前事两讫"，落款则是"南市李剑军"几个字。杜月笙凝神回想往事，很快便明白了事情的原委。

原来，在多年以前，杜月笙曾经敲诈了一位南市姓李的老板，从他的手里夺得了一个金佛，并一度迫得李家倾家荡产，流落街头。没想到，时至今日，李家后人来向自己报仇，夺回了金佛。

一年之内，杜月笙接连两次坍台，真可以说是丧尽了颜面。从此以后，他谨言慎行，再也不敢说大话了。杜月笙明白，在上海滩，虽然自身权势无人能及，但树大招风，总会有人要坍他的台，觊觎他的财富，也总会意想不到的事情发生。

万墨林再度入狱

杜月笙荣归上海滩，集数十名衔于一身，身重上海，名传海外，势力发展到了巅峰。就在杜月笙意气风发地筹谋重霸上海滩之时，麻烦事也是接踵而至。他接连两次被人敲诈了钱财，面子上多少有些挂不住。但破财免灾，至少保得性命无忧，阖家平安。杜月笙怎么也没想到，一件更大的麻烦事正在等着他呢。而且，这一次向他施以重拳的，不是别人，正是上海新任的上海警察局长、淞沪警备司令宣铁吾。

宣铁吾，字惕我，浙江诸暨人，黄埔军校一期生。在校期间成绩优异，是学校里的风云人物。后来，因受到蒋介石的赏识，被收为贴身侍卫，而后更被提拔为办公室的侍卫长。抗日战争时期，任第三战区第十集团军第九十军军长，兼钱塘江北岸守备司令。也恰是在这一时期，蒋介石的大公子蒋经国奉蒋介石之命在溪口闭门读书，宣铁吾便常常前去拜访。两人时常纵论国事，彼此交换对时局的看法。两人在很多事情的看法上往往不谋而合。他们都认为国民党的腐败已经深到了骨子里，要想起死回生，力挽狂澜，就必须以严厉的手段打击贪污腐败，打击流氓黑势力，还要打击像戴笠那样为非作歹的特务机构。

这些观点虽说并没有击中国民党腐朽的要害，但蒋经国、宣铁吾等人的励精图治之心，却可以从中窥见一二。抗战胜利后，蒋介石积极筹谋，经略天下，将蒋经国、宣铁吾等人视为肱骨，他们打击腐败、铲除流氓黑势力的想法得到了蒋介石的大力支持。

蒋介石原本就是个玩弄权谋的老手，在他需要借助帮会、流氓势力的时候，对帮派领袖如杜月笙等人和颜悦色，相当客气，一旦目标达成，对方没有了利用的价值，就弃之如履。借助杜月笙的势力成功接收上海后，杜月笙的存在成了他在上海实施绝对统治的一个阻碍。所以，他需要一个强有力的亲信给杜月笙一个教训，要他明白上海是国民政府的上海，不是杜月笙的上海。这个人，蒋介石选定为宣铁吾。于是，在钱大钧举荐上海警察局长的时候，他亲笔勾掉了蔡劲军的名字，而改为宣铁吾。

宣铁吾对蒋介石的意图心领神会，加上打击帮会、流氓也是他的夙愿。所以，他走马上任伊始，就将矛盾对准了上海滩的大小帮会。他召开新闻发布会，直截了当地向上海市民宣布："上海是贪官和流氓集中的地方，警察局将集中全力予以整顿打击。凡清、洪帮中人物，本人一律不见，一律不用！"刀斧锵锵之声盈于耳中，杜月笙满心苍凉，却是无人诉说。他当然知道，宣铁吾摆明了是冲着自己来的。而且，宣铁吾胆气如此之壮，显然他的后台很硬。宣铁吾的后台是谁，杜月笙不想亦知。亦是因此，杜月笙才感到空前的乏力，无可奈何之下，也只得告诫众门生，千万要避其锋芒，切莫授人以柄。

但宣铁吾大权在握，弓已满张，岂会引而不发？杜月笙虽老道圆滑，但要找一个人的麻烦，总比躲麻烦要容易的多。宣铁吾将矛头顿准了杜月笙的管家万墨林。

万墨林追随杜月笙已有几十年，在杜门的影响力可以说是无人能出其右。靠着杜月笙的荫庇，万墨林开米行，办工厂，声势很盛。当时，上海最大的一家米行，正是万墨林所开的"万昌米号"。抗战期间，和杜门过往甚密的吴开先当了上海社会局局长。在他的支持下，万墨林当选了上海市农会理事长，兼上海市米业同业公会理事长，从而成为了上海米业的头号人物。

这原本是个荣耀无比的职称，但由于当时通货膨胀严重，物价飞涨，米价更是涨幅惊人。粮米是百姓生活的必需品，一日三餐，半点离开不得，现在价格不断上涨，百姓个个怨声载道，于是，上海米业的领头人万墨林自然而然地成为了众人的心中的"罪魁祸首"。

上海有个滑稽戏演员筱快乐针对这一情况，编了一套套地戏词，戏称万墨林为"米蛀虫"，天天在电台、剧场表演，指名道姓地大骂"米蛀虫"，猛烈抨击万墨林。这套戏词抨击时弊，又说出了老百姓心里所想，于是，很快就红遍了上海滩，几乎人人都能哼上几个段子，臭骂"米蛀虫"一顿。

嘲讽、咒骂铺天盖地般汹涌而来，万墨林心里自然是万般不快，杜月笙的心里也颇不是滋味。自从几十年前在上海滩，由穷困潦倒的"水果月生"摇身一变成了青帮的大亨之后，何曾有人敢说他杜月笙及杜门弟子半句不是。现在，连万墨林都被骂上了，杜月笙心里的憋屈可想而知。那段日子，杜月笙忧心忡忡，每日待在十八层楼，很少出去见客。万墨林见连杜月笙都如此忍气吞声，自己更不敢轻举妄动了。

万墨林不愿出头，但他的一众朋友们可不干了。他们见自己的朋友受此欺辱，都感到非常愤怒，于是他们便给筱快乐提出了警告。

没有料到，筱快乐也不是一个好惹的角色。见到对方公然威胁自己，他非但没有收敛自己的行为，反而将这些人的警告编进了新的段子里。电台将这些段子播出后，立即引起了广大听众的强烈反响，电台的收听率更是节节攀升。

万墨林的朋友见筱快乐如此不识时务，气坏了，当天晚上就纠集了十几人冲进了筱快乐的家，逢人便打，遇东西就砸。筱快乐碰巧不在，躲过一劫，筱快乐的妻子被打成重伤。

次日，此事见诸报端，顿时引得满城沸沸扬扬。杜月笙知道，这下祸事大了。他愤怒地询问万墨林，问这件事和他有没有关系。万墨林有苦说不出，这件事原本和他没有半点关系，但他又摆脱不了嫌疑，他只能告诉杜月笙，他没有做这件事。杜月笙也相信万墨林尚不至于如此鲁莽。然事已至此，追究责任已经无补于事，杜月笙只得亲自出马，想办法平息这场风波。

杜月笙首先亲自前往筱快乐家里慰问。筱快乐家里损失多少，他一律照价赔偿，随后又将筱快乐的妻子以及其家里受伤人等无论轻重全部接到医院检查治疗。筱快乐一方面慑于杜月笙在上海滩的威势，另一方面见到杜月笙纤尊降贵地做了许多，便不再追究这件事。

杜月笙原本认为这件事至此已经了结，但事情的发展却出乎他的意料。上海警察局长宣铁吾趁此机会，给万墨林发了拘票，其罪名是"经营私运，垄断市场，操纵米价高涨"。此事旋即经由报纸传遍了上海滩，震惊之余，人人都在议论此事。杜月笙忧愤交加，大感颜面扫尽，只得请蒋伯诚、钱新之等人出面斡旋。宣铁吾早就想找个机会挫挫杜月笙的威风，任蒋、钱两人好说歹说，宣铁吾就是不买这个面子。杜月笙又授意麾下控制的报纸，发表文章称："米价上涨，乃是共产党捣乱所致，并非任何人得以左右！"

宣铁吾随即发文回击："万墨林囤积居奇，哄抬米价之事，证据确凿，绝非任何人制造舆论可以蒙蔽。"并表示"治乱世用重典，政府为民除害，杀一儆百，责无旁贷"。

言下之意，万墨林便是处以死刑也是情有可原。杜月笙从宣铁吾的话里，嗅出了一丝不同寻常的气味。他明白，在这个时候，如果还和宣铁吾硬碰硬，针尖对麦芒，只怕讨不得好果子吃。无奈之下，杜月笙又使出了"以退为进"的招数，让万墨林投案自首，他再想办法从中营救。

万墨林见连杜月笙都这么说，不禁心生黯然，但事到如今，也只有走一步算一步了。于是，回家收拾了一些随身之物，当天就到警察局投案自首了，旋即被收监入狱。

这一手，出乎宣铁吾的意料之外。原本他认为杜月笙将面子看得胜过一切，一定会想方设法阻挠司法，保住万墨林。到那时，他就另有打算了。然而，令他没有想到的是杜月笙竟然让万墨林主动投案自首，这反而让宣铁吾颇费踌躇，不知杜月笙到底打的什么主意。

杜月笙当然不会就这么让自己的心腹银铛入狱，他这么做不过是为时势所迫，不得不为。在送走万墨林后，杜月笙立即展开行动，营救万墨林。他一面向曲艺界打招呼，让他们不要再骂"米蛀虫"，一方面收买警备司令部医务所一位姓冯的所长，从他那里拿到万墨林"病危"的报告。有了这份报告，万墨林就能以"保外就医"的形式开释出狱了。宣铁吾在接到这份报告后，当然明白杜月笙等人的把戏。他传来那位姓冯的所长，严厉诘问此事。任凭宣铁吾如何措辞，冯所长只说："万墨林病危，再不救治，就会死在牢中了。"宣铁吾无计可施，好在他原本也只是想杀杀杜月笙的威风，现在目的既然已经达到，便顺势释放了万墨林。同时还公布了一则新闻，称"万墨林是交保就医，并非无罪释放"，以此来为自己辩解。

万墨林病危是假，救他出来才是真。这件事后，杜月笙、宣铁吾两人对彼此都有进一步的认识。杜月笙明白，今非昔比，上海滩已经不是当初那个自己要风得风，要雨得雨的上海滩了。宣铁吾也见识到了杜月笙的能量。对宣铁吾而言，现在就同杜月笙彻底决裂，显然绝非上上之策。于是，在他释放万墨林后不久，脸色一变，接连称赞杜月笙是"奉公守法"的好公民，还将自己一帧放大的照片送给了杜月笙。杜月笙当然明白宣铁吾这是在故作姿态，但他仍然装出一副恭恭敬敬的样子，将这帧照片配上镜框，悬挂在最显眼的地方。

这件事至此告一段落。万墨林被逮，说明了当时的杜月笙虽然看似如日中天，实际上已经在走下坡路了。

被迫让出"国会参议长"

自从发动内战之后，蒋介石受到全国民众的一致谴责。为了稳固政权，也为体现其"民主政治"，蒋介石于1946年撤销了上海临时参议会，下令"民选"参议会议员，并举行参议长的选举。所谓民选，不过是糊弄一下不知内情的普通民众，内行人都知道是怎么一回事。本来，参议会只是一个民意机关，没有多大的实权，但杜月笙为了展现自身的影响力，也决定参选，角逐参议长之席位。他相信，凭借自己的"民意基础"，一定能当选。

当时，上海划分为31个行政区，参议员由各选区以及社会团体推选。杜月笙早有图谋，预先已经通过各种渠道安排多位杜门子弟以及恒社门生在各区里任职，其中很多人还身居要职，地位相当显赫。至于社会团体，杜月笙的势力就更大了。参议员选举的结果，没有丝毫的意外，杜月笙以最高票当选为参议员。与他一同当选为参议员的杜系弟子如万墨林等竟有30人之多，由此也可以看出所谓"民选"的本质。

参议员"民选"结束，接着就要选举参议长了。这个位子杜月笙是志在必得。于是，杜月笙一系的门生纷纷开始为杜月笙摇旗呐喊，大力鼓吹"参议长职位非杜先生莫属"。

就在杜月笙以为胜券在握的时候，一盆冷水兜头浇了过来。国民政府最高领袖蒋介石放出消息：他希望参议长一职由潘公展出任。潘公展之前一直担任中央宣传委员会主任委员，是蒋介石的亲信。若论声望，在上海滩，杜月笙自然要胜过对方许多，但潘公展有蒋介石力挺，杜月笙便是再怎么了得，也只能退位让贤了。话已经放出，如果这个时候突然宣布放弃竞选"参议长"之职，那不是坍自己的台吗？

杜月笙并不死心，指示门徒在报纸上加大舆论攻势，企图以此改变蒋介石的主意，然终究无济于事。杜月笙黔驴技穷，也只能听命行事了。为了保住颜面，杜月笙又想出了一个"绝妙"的主意：他先以全票当选为参议会议长，然后再藉由身体的原因让位给潘公展。这不失为两全其美的法子，一来不至于拂逆蒋介石的意思；二来，也不至于损害他杜月笙的个人颜面。

很快，杜月笙将这一想法传达给杜门中人。于是，杜系一派的党徒纷纷行动起来，游说号召，拉票买票，干得是风风火火。但他们面临着一个阻碍，这就是吴绍澍。吴绍澍虽然已经被杜月笙等人拉下了副市长之位，但他当时仍旧是上海市党部、团部的负责人，仍然有极大的势力。吴系的人也掌握着很大一部分票数。杜月笙想要全票当选，首先就得克服吴绍澍这个阻碍。

王先青追随杜月笙多年，又自认为和吴绍澍有多年的交情，便想从中斡旋，说服吴绍澍不要和杜月笙作对。事实上，杜月笙等人的忧虑是有道理的。因为吴绍澍自从被杜月笙拉下马后，一直愤愤不平，早就想寻找机会报一箭之仇。现在，他探知了杜月笙的计划，便想趁机给杜月笙难堪。

王先青去了吴绍澍的家里，将自己的想法告诉了吴绍澍。他说："杜先生这么多年来，为党国立下汗马功劳，可谓劳苦功高。现在，他有意以全票当选参议长，再退位让贤，吴兄方面可否投杜先生一票呢？"

吴绍澍早就猜到了王先青的来意，就假意答应了。王先青信以为真，兴冲冲地跑去给杜月笙报喜去了。杜月笙却深知吴绍澍其人，淡淡一笑，对此颇不以为然。但是王先青说得言之凿凿，便又有几分相信了。他让人准备好洋洋洒洒几千字的发言稿，打算到时发言，风风光光地退位让贤。

这天，漫天白雪，上海市参议会在正始中学大礼堂举行成立大会。正始中学是杜月笙开设在上海西区法华镇的一所全日制中学，校舍宽大宏伟，冠盖上海的大小学校。上海市长吴国桢和杜月笙熟络，见没有会场，就请求杜月笙借用正始中学大礼堂作为上海市参议会临时会场。当杜月笙穿着一身长褂出现在大礼堂时，礼堂里顿时掌声大起，杜月笙抱拳致敬，感谢各界朋友的抬爱。吴国桢趋前亲迎，将他让上主席台，和潘公展、徐寄庼等人坐在一起。

一切就绪，大会正式开始。首先由所有当选议员举行宣誓典礼。紧接着，由大会主席上海市长吴国桢发表讲话，阐述参议会成立过称及其意义。第三个环节，就是杜月笙最期待的正副议长选举了。

经过不记名投票之后，便是唱票环节了。杜月笙紧张得只觉得心脏快要从心窝里蹦出来。然而，让杜月笙万分尴尬的是，从一开始便是"空票，空票"的声音。这显然是对杜月笙"全票通过"的赤裸裸的抗议。杜月笙羞愤交加，脸上一阵青一阵红，他明白这肯定又是吴绍澍在捣鬼了。

好在，很快又有了"杜镛"的名字，并且一直唱票到底，这多少让杜月笙挽回了一点颜面。经过统计，除却四十多张空票外，其他的全都是杜月笙的名字。杜月笙毫无疑问当选为上海首届参议长。

随后，杜月笙按照编排好的"剧本"，上台发表演讲，其内容大致是：议长之职，责任重大，杜某才疏学浅，加上身体屡弱，实在难以胜任，因此请求各位准予杜某辞职，各位另选贤能。

杜月笙的发言，引得台下一片混乱，知道内情的人沉默不语，而不知道就大声嚷嚷，乱成一团。吴国桢害怕这么闹下去无法收拾，无法完成蒋介石交代下来的意旨，便当场同意了杜月笙的请求，并当众宣读了杜月笙的"诊断书"，证明杜月笙确实身体屡弱，以平息"众怒"。

于是，进行了第二轮选举。在这次的选举中，按照吴国桢等人的设计，潘公展顺利当上了上海市参议会议长，徐寄庼担任副议长。

此事后，王先青大骂吴绍澍反复无常，出卖师友。他受吴绍澍的欺骗，让杜月笙在议会选举上丢了颜面，自觉得对不起杜月笙，就断然和吴绍澍绝交了。

蒋经国"打虎"

在国民党历史上，曾进行过两次货币制度的改革，一次是1935年的"法币改革"，一次是1948年的"金圆券改革"。虽然这两次都是国民党政府为维护其统治所进行的币制改革，但两者区别很大，前者处在国民党统治阶级的上升阶段，有其推动历史发展的一面，客观上适应了商品经济的发展，起了统一货币、发展经济和便利人民的作用；后者却完全相反，它是在国民党反动统治全面崩溃前夕进行的，发挥的完全是阻碍历史进步的作用，"金圆券改革"实际上可以被看作是蒋家王朝的统治总破产的先声。

1948年，国民党统治区的经济出现了全面崩溃的局面，国民政府希望可以借改革币制来封冻游资，从而减少钞票的发行数量，缓和物价的上涨，削弱通货膨胀的程度。

不能否认，国民政府的初衷是好的，可是，如果再看货币改革的内容，则不难看出，"金圆券改革"其实就是一个大骗局，是国民党反动派逃离大陆前对人民进行的最后一次财政大掠夺。

金圆券改革的主要内容是：以金圆券取代法币，法币须在当年11月20日前兑换为金圆券，金圆券1元折合法币300万元；禁止黄金、白银和外币的流通、买卖或持有。所有个人和法人拥有之黄金、白银和外币，应于当年9月30日前兑换为金圆券，违者一律没收并予惩处；严格管制物价，以当年8月19日价格为准，不得议价。实施仓库检查并登记，从严惩处囤积居奇者。

以敛财为目的改革注定是不得民心，不会有什么好结果的，所以，有人一开始就做出了这样的判断：和1935年的"法币改革"相比，"金圆券改革"是一次历史的倒退，是注定要失败的。《中央日报》也将这一改革比喻为"割除发炎的盲肠"，"割得好则身体从此康强，割得不好则同归于尽"。《华盛顿邮报》更是直率地指出："由于内战关系，军队的人数日增，任何方式的币制改革，都将注定失败。而且，除了内战以外，其他足以使这个改革能成功的条件，亦不具备。"

虽然金圆券改革从一开始就注定了失败的命运，但蒋介石对待这件事还是相当认真的。为了能够取得此次币制改革的成功，他专门在各重要经济区域设立经济管制督导员。

作为全国经济中心和金融中心的上海区当然最为关键，蒋介石对这一区域的经管督导员进行了特别任命，不仅央行总裁俞鸿钧来当这个督导员，还让自己的儿子蒋经国以经济管制副督导员的身份前去协助。蒋经国名义上的工作是协助，但实际上却是担任主管，相形之下，俞鸿钧却成了他的协助。

蒋经国不负父望，金圆券改革刚刚开始，就带领着他一手组建的经济勘建大队来到了上海。

如果想将事情做得更好，必须要充分调动起群众的热情，为此，蒋经国在上海挑选了一万多名青年，于1948年9月25日召开了大上海青年服务队的成立大会。会上，蒋经国鼓动队员们："对付那些抵制币制改革的巨商、富户、官僚们，要拿出武松打虎的勇气。"就因为这一号召，蒋经国到上海督导推行"金圆券改革"的活动才被形象地喻为"打老虎"。

组建青年服务队还不够，蒋经国还设立了密告箱，鼓励老百姓告发，同时还在每周二和周四公开接见市民，广泛听取意见。蒋经国一再鼓动自己的"打虎队"和上海市民，对投机富豪的打击一定要毫不手软，并且声明："只打老虎，不拍苍蝇。"

蒋经国义正言辞地表示："本人此次执行政府法令，决心不折不扣，决不以私人关系而有所动摇变更。投机家不打倒，冒险家不赶走，暴发户不消灭，上海人民是永远不得安宁的。凡为资本家辩护的，就是资本家的走狗。我们一定要使上海不再是投机家的乐园，而为上海人民的上海。"

头顶"太子"身份坐镇上海，蒋经国自然是怀着大干一番的想法的，他真心希望通过督导币改和经管，在上海这一国内外瞩目的中心城市建功立业。不过，蒋经国还是太幼稚了，尽管他自称"改革币制的方案，此乃挽救目前经济危局的必要办法，但问题是在于能否认真执行既定的方案，否则无论方案如何完整，还是失败的。督导上海方面的经济管制工作，因为自己从来没有做过经济方面的工作，一点也没有经验，所以恐难有所成就。但既做之，则必须确实负责，认真去完成应负的责任"，但他怎么也没想到上海的巨商、富户、官僚们根本就不想成全他，甚至一点面子都不给。

上海资本家对币制改革的观望不定与消极抵制，令蒋经国感到颇为恼怒，他痛责："若干商人在当面对你说得好好的，而背后则是无恶不作。银行多做投机买卖，不晓得发了多少横财。现在要他们将外汇拿出来，都不大情愿。上海有少数商人，实在太坏了。"

尽管如此，蒋经国并不气馁，还时常微服出巡，发现贪赃受贿的官员即严惩不贷，将一批批违法商人游街示众。

蒋经国到上海之后，凡触犯法令者，商号吊销执照，负责人法办，货物没收，并枪决了犯勒索罪的淞沪警备部科长张亚民、官员戚再玉、囤积居奇的商人王春晳等。蒋经国还召国民政府行政院善后救济总署执行长兼上海分署署长、轮船招商局理事长刘鸿生训过话，也曾将江浙财团的核心人物、中国银行董事长、中央银行初期监事会主席、上海银行业联合准备库主席、金圆券发行监理委员会主席李铭批驳得"面红耳赤，神色颓唐"，并且曾将国民党军事委员会农产调整委员会主任委员周作民斥责得"垂头丧气，情绪紧张万分"。

蒋经国要用实际行动证明，自己此番来上海"打虎"，绝不仅仅是做样子给大家看的，而是痛下决心要挽救混乱不堪的上海地区的经济局面的。

期间，蒋经国接到南京的电话批准严办大的投机商人。这更增强了蒋经国的决心和信心。蒋经国很快即开始行动，逮捕违反法令者64人。

法币、黄金、白银、美金……上海市民半个世纪的积蓄，就这么在一夜之间消失了。仅宁波帮大佬刘鸿生一人，就被小蒋活生生"劝"出了800根金条和250万美金。

杜维屏被抓

随着和杜月笙的矛盾的不断加深，黄金荣无时无刻不在找机会惩治杜月笙，结果小蒋"打虎"就成了黄金荣杀人的一把刀。

就当时的情形，黄金荣对于钱财的争夺已经比不得杜月笙那么活跃了，特别是在币制改革后掀起的抢购风潮中，杜月笙的表现非常突出，而黄金荣却逊色了不少。

这不仅因为黄金荣的势力已经不如杜月笙，就是想去趁机捞钱也不如杜月笙那样便利，还因为黄金荣想借此机会来惩治一下杜月笙，想让杜月笙做被打的"老虎"。

黄金荣知道，蒋经国这次"打虎"是下了决心，而如果能够打到一只杜月笙这种级别的"老虎"，也算是一个很大的收获了。黄金荣决定将杜月笙暗中策动徒众抢购物资的不轨行为透露给蒋经国，特别是将杜月笙三儿子杜维屏在证券交易所中从事的投机活动暴露出来。

黄金荣命人备好请帖，让黄振世给蒋经国送去。当时，黄振世也在蒋经国手下的经济勘建大队中做事，与蒋经国是说得上话的。

让黄金荣没想到的是，蒋经国没给他这个面子。看过请帖，蒋经国说："黄老先生的情，经国领了，赴宴的事情嘛，我实在是抽不开身，麻烦你代为转告，请老太爷不必费心了，经国非常感谢他的邀请，等有了时间，我会亲自到府上去拜见。"蒋经国以公务繁忙为由回绝了黄金荣。

黄金荣当然不能就此放弃，数日之后，他再次令黄振世将请帖递到蒋经国的手中。这一次，蒋经国接受了邀请，答应次日赴宴。可等到第二天，黄金荣迎来的客人并不是蒋经国本人，而是他的部下吴绍澍和蒋恒祥。他们说，蒋经国因为临时有要事而不能前来，特向黄金荣表示歉意。蒋经国不亲自来，揭发杜月笙的事情显然是不便对这两个手下人说的，因为这可是他与蒋经国两人之间的秘密。如果别人知道了，说他黄金荣暗中向蒋经国揭发杜月笙，明里争不过杜月笙，就企图暗中借小蒋之手来打击人家，那他黄金荣可就太没面子了。

左请不来，右请不来，黄金荣很是着急。后来，还是他的管家程锡文出了一个好主意："我看，让大少奶奶去请他合适，大少奶奶交际手腕好，小蒋先生会听她的。"听了程锡文的话，黄金荣茅塞顿开，一拍大腿说道："对呀，我怎么就没想到呢？"程锡文说的大少奶奶就是黄金荣的儿媳李志清。

程锡文的建议是完全正确的，两天之后，蒋经国出现在了黄府的宴会上。黄金荣见蒋经国不给自己面子却给李志清的面子，索性在蒋经国来到府上的时候自己也退居二线，而让李志清出面去招待蒋经国。

席间，自然会谈到当前正在推行得轰轰烈烈的"打虎"之事。蒋经国一再表示自己真心"打虎"、决不手软的坚定态度，李志清则趁机对蒋经国大肆恭维了一番，令蒋经国十分受用。

酒过三巡，李志清见火候已到，就谈起了证券交易所的事情——她的儿子黄起予就是证券交易所的经纪人，而她则是幕后的老板，因此，李志清对交易所里的事情是了如指掌的。

谈到这个话题，蒋经国自然会询问一番交易所的投机黑幕，李志清就势将交易所里的不法行为悉数讲了出来，她还着重对蒋经国说："交易所是杜家爷叔负责的，由他的三公子维屏少爷管理，我的儿子想申请执照当经纪人，要花十根金条，向杜家爷叔再三求情，还是花了五根金条。"

蒋经国此时正想拿下几个过硬的人物进行开刀，杀一儆百，使得币制改革和经济管制能够顺利推行，一听得李志清如此说，当即表示定会详查此事。

目的已经达到，黄金荣的心情放松了许多，就等着看下面的好戏了。

离开黄公馆，蒋经国立即命手下人去调查中汇银行经理杜维屏在证券交易所进行投机的事情。结果，证据确凿，杜维屏被逮捕，并以"囤货炒股"的罪名判了8个月的徒刑。

蒋经国向杜月笙这只"老虎"举起了棒子。

杜维屏被捕入狱的消息一经传出，杜月笙感到自己大有威风扫地的感觉。当《中央日报》上刊登的杜维屏戴手铐被捕的照片放在他面前时，他感到这个面子失得太严重了，而外界甚至有谣言称杜月笙也已经被蒋经国扣押了，这让杜月笙更加难以接受。

杜月笙很是生气，自己与蒋介石的关系一直不坏，对蒋介石的政策也一贯都是全力地拥护，且他与蒋经国的私交也不错，虽说自己的行事不太检点，但比起其他人来也算不上是最突出的。如今蒋经国突然间竟冲着自己来了，显然是受到了别人的鼓动。

早在这次币制改革的前夕，蒋介石就曾把杜月笙、刘鸿生等亲信人物召到南京去商谈，要求他们对币制改革进行合作。蒋介石讲话时那一脸严肃的表情令杜月笙预感到一种不良的征兆，为此，他曾将家中之人全部召集到锦江饭店，要求每人都服从政府，谨慎从事，将黄金、白银、外币等全部兑换成金圆券。可以说，总体上来讲杜月笙对于币制改革的推行还是比较配合的。也正是因为有了这种态度，他无论如何也没有想到，蒋经国"打老虎"竟然会打到自己的头上来。

谁鼓动的？他已经闻听，黄金荣曾经多次邀请蒋经国到府上去赴宴，后来蒋经国果真去了黄府，与李志清之间密谈了很久。自己与黄金荣素有不和，这一回，一定又是中了黄金荣的暗算了。既然如此，当然也得表示一下回敬了，于是，也派了一些门徒想方设法地去做一些令黄金荣感到不愉快的事情。黄、杜之争更加激烈了。

"和为贵"

杜维屏的被捕对杜月笙的触动是非常大的，可是对外，杜月笙却还是很硬气地讲："怕什么，我有8个儿子，缺了维屏，绝不了杜门。"他还在《商报》上刊登了公开信，表示："二十年来，镛之拥护领袖，服从政府，如所周知……币制改革，只能成功，不许失败，为心所企求，经国先生执法如绳，不枉不纵，深致敬佩，何致以事涉私情，有所非议。"

面子话说得漂亮点是必须的，私下里该办的事还是要办的。杜维屏出事之后，杜月笙立即打电话邀请钱新之、陆京士等一批要人来寓所议事，第二天又筵请黄炎培、刘鸿生、盛丕华、徐采丞等各界名流前来商量。

大家都建议杜月笙采取反击的策略，以彼之道还施彼身。于是，杜月笙吩咐徒子徒孙们四处活动，收集蒋氏姻亲豪门在上海囤积居奇的情报。

1948年9月下旬的一天，蒋经国在浦东大楼召集上海工商业人士开会，再次严申毫不手软地打击投机倒把的决心。没有想到的是，蒋经国的一番慷慨陈词话音刚落，杜月笙就站起身来说道："犬子维屏自当法办，杜某毫不怨言，不过，我也有一个请求，如果蒋先生真的有决心查处上海囤积货物从而牟取暴利的黑幕，那么一定要去扬子公司查一查，这样才能够服众。"

这番不冷不热的话让蒋经国心里大为惊骇，因为扬子公司的董事长和总经理，就是宋美龄的外甥、自己的表兄弟、前行政院长孔祥熙的儿子孔令侃。

查别人容易，查孔令侃蒋经国心里还真没底。孔家的势力实在太大，而且与蒋家和宋家又存在着盘根错节的关系，伤害孔家就意味着伤害蒋家。

装傻吗？肯定不行，蒋经国当即表示一定查办扬子公司。蒋经国这次确实是下了决心的，他真的就要动一动孔令侃。

可是，碍于各方关系，蒋经国在实际办理的时候还是有些手软，不像处理杜维屏那样利落，仅仅是查封了扬子公司，却并没有逮捕孔令侃。

即便这样，孔令侃也还是不依不饶，马上向姨妈宋美龄求援。宋美龄立即赶到上海，把蒋经国找来，让蒋、孔二人言归于好，但事与愿违，蒋经国和孔令侃却互不示弱，商谈不欢而散。

自己调节无效，宋美龄急忙给正在北平视察的蒋介石打电话，说上海出了大事，要他火速返回处理。当时北平的战事对于国民党来讲已呈焦头烂额之困局，蒋介石到北平就是专门去督战的。然而，国事要紧，家事也不能耽搁。接到电报后，蒋介石将北平的战事全都托付给傅作义，立即坐着专机急急飞赴上海。

1948年10月8日，蒋介石抵达上海。到上海后的第二天早晨，蒋介石单独召见蒋经国，说了句"和为贵"后，就让他撤销对于扬子公司的查办。蒋经国前番来势猛烈的"打虎"行动也就前功尽弃了。

蒋介石的座机驾驶员衣复恩后来也回忆说："扬子公司事件落幕后的某日，宋美龄搭总统座机要从上海回南京，坐机停在上海龙华机场，宋美龄特地在机上约见蒋经国。蒋太子急匆匆登机与宋美龄见面，关门密谈片刻，蒋经国脸色沉重步出机舱。自那天起，上海'打虎'成为历史名词。"

关于此事，蒋经国在日记中记载说："清晨拜见父亲，报告上海情况。目前有许多问题尚未解决，但亦不忍报告，盖不愿烦父之心也。"对于扬子公司舞弊案，他一反其公开查处的表白，在日记中写道："××公司的案子，弄得满城风雨。在法律上讲，××公司是站得住的。倘使此案发现在宣布物资总登记以前，那我一定要将其移送特种刑庭。总之，我必秉公处理，问心无愧。但是，四处所造成的空气，确实可怕。凡是不沉着的人，是挡不住的。"

蒋经国的亲信贾亦斌曾亲历此事。蒋经国决定对孔令侃放手不管之后，贾亦斌立即找到蒋经国在上海逸村的寓所，一进门就告诉蒋经国，他是专为孔令侃的案子而来的，并且向蒋经国关切地质问："此案若不办理，岂不真如报纸所说，是'只拍苍蝇，不打老虎'的骗局？"然而，这一段时间里，蒋经国被诸多棘手的事情缠绕得心烦意乱，特别是蒋介石有关扬子公司一事对他的训话，更是令他垂头丧气。因此，这会儿见贾亦斌总揪着这件令他避之唯恐不及的事不放手，不禁认为这个最为亲信的人一点儿也不体谅自己的苦衷，遂气得喊起来："孔令侃又没有犯法，叫我如何办他？"见这位信誓旦旦"秉公执法"、声称与贪污腐败势不两立、一度极其强硬的人突然变得这么软弱，甚至无视事实，为大经济罪犯辩护，一种从未有过的失望，驱使贾亦斌"啪"地一拍桌子站了起来，也对蒋经国吼道："孔令侃没犯法谁犯法？你这话不仅骗不了上海人民，首先连我都骗不过！"

实际上，即使没有扬子公司一案，即使没有宋美龄和蒋介石的干涉，蒋经国要长期在上海实行限价政策也是不可能的，因为强令限价违背了经济规律。限价之后，工厂因原料来源缺乏而减产停工，这就导致商店进货困难，只能以销售存货来勉强维持，同时，外地物资和原料因限价也不愿运进上海，这使得对于民生至关重要的大米入沪数量从每日数千石剧降为每日数十石。这些情况必然导致市场和民心恐慌，从而引发抢购风潮。抢购之风一起，限价政策势必会受到强烈的撼动。

蒋经国上海"打虎"无疾而终。当杜维屏回到杜公馆时，受到了盛大的欢迎。杜月笙非常得意地说了句："强龙终究斗不过地头蛇。"

蒋经国离开上海不久，1948年10月底开始，上海市面上就掀起了前所未有的抢购狂潮。杜月笙的管家回忆："凡属官价出售的东西，不论穿的用的吃的，从黄金到粮食都抢购一空，黑市物价一日三变，仍然不受限价的约束，于是金圆券的价值直线下降，蒋家政权的威信扫地……当时市面上传言，这抢购风潮就是杜月笙和与他有关的各方面合谋搞起来的，真相如何，我不清楚。"

大亨也闹饥荒

　　为了钱财，杜月笙可以黑吃黑，贩卖烟土，杀人掠货，也可以投机倒把，扰乱经济秩序。然而，很多时候，他却可以为了兄弟、朋友，一掷千金，使钱如流水。正如他说的：存钱再多不过金山银海，交情用起来好比天地难量。在他看来，钱财只不过是一种手段，而不是最终的目的。

　　因为有太多需要使钱的地方了，所以杜公馆的开支一直非常大。在抗战之前，杜月笙贩卖烟土，所获甚大，盈利丰厚。饶是如此，有些时候仍然不得不向亲朋好友借钱，以维持杜公馆庞大的开销。抗战胜利后，杜月笙回到上海，身兼七十荣衔，却仍需时常向外借债。债额之大，触目惊心。

　　这一时期，杜月笙的八子二女早已成家立业，已经无需他大把地花钱了。另外，因为身体的原因，他居住在十八层楼静养，甚少会客，规模小，开销少，之前豪赌风流，夜辄过万之事，也是早已洗手不干了。按理说，需要用钱的地方少了，杜月笙的经济状态应该越来越好才对，他为什么仍然拮据，继续地向外借债呢？

　　其实，他把钱财用在了存交情，搏声望上了。天有不测风云，人有旦夕祸福，朋友有难了，总要接济；发生天灾了，总得捐出一笔款子救济难民。抗战胜利后，天灾人祸不断，先别说国共内战的是是非非，就说广东、广西、湖南、苏北等地区豪雨成灾，几百万灾民灾民嗷嗷待哺，政府拿不出钱来，赈灾募捐之事，必然落在民众的头上。杜月笙自诩为沪上闻人，地方领袖，自然要牵这个头了。

　　杜月笙一生主持过的劝募赈灾活动，多不胜数。但凡人有如此场合，无论是否有国府的召唤，杜月笙都义不容辞。杜月笙凭借其强大的号召力，也往往能够筹募到一笔相当可观的款子。民众响应他的号召，踊跃捐款，作为带头人的他，当然更得有所表表现了。而他自恃身份，所捐数目也一定得和身份匹配。久而久之，这一笔开销也就非常惊人了。

　　那杜月笙的收入到底从何而来呢？

　　杜月笙的一位朋友吴开先给出了答案。他说："抗战之前，杜先生的钱，是'取之于土（烟土），用之如土（粪土）！'"那个时候，上海滩烟土泛滥，杜月笙联合张啸林、大小八股党开三鑫公司，做烟土生意，大发横财，过手的铜钿真的可以用天文数字来形容。抗战胜利后，杜月笙跻身金融、工商界，个人身价、社会影响力远非昔日可比，其财产来源大致在三个方面。

　　其一，公司股份、利润、分红。杜月笙身兼七十多个头衔，虽说大部分都只是挂名而已，并非是真正的掌舵人，但仍有几家是属于杜月笙个人的产业，其盈亏荣损都和杜月笙有着直接的联系。然而，由于杜月笙在经营方面算不上个中翘楚，所以获利也就并不是那么尽如人意。这些钱对于杜公馆庞大的开销来说，可说是微乎其微，不值得一提。

　　其二，调节各种纠纷所收的"好处费"。杜月笙面子大，办法多，经常能够解决一些别人难以解决的问题。20世纪二三十年代的时候，由于劳务、劳资等问题引起的纠纷时有发生，杜月笙大都会通过自己的势力解决这些问题。他帮助对方解决问题，对方自然也得有所表示了。不过一开始，杜月笙主要是为了顾道义、"存交情"而出手相助的，所以很少收受酬金，有些时候甚至还会倒贴铜钿。后来，随着社会背景的变化，上海财产分配、商务方面的纠纷增多，于是，通过帮人解决遗产官司、商业纠纷之类的事情以获得谢金，就成了杜月笙收入来源的一个方面。

　　中国自古以来便有重男轻女的思想存在。男子一般被认为是光耀门楣，延续香火的主体，而女人则沦为男人的附庸，被视为传宗接代的工具。在这样的思想作祟下，女子是无法和男子一样享受财产继承权的。中华民国建立后，仿效西方的财产继承制度，也赋予女人以继承财产的权利。这是一种进步，同时也带来了另一个问题，那就是导致了因财产分配而引起的纠纷案件屡出不穷。面对这样的情况，双方也只能各请律师，对簿公堂，寻求法律途径解决了。然而，律师要价颇高，往往是三七、四六开，甚至五五对分。这个数目太大，对于诉讼方来说，简直有些难以接受。当然，如果最终胜了，那也罢了，但有些时候，可能是竹篮打水一场空，最终什么也得不到。而且，一场官司下来，要走的程序很多，需要花钱的地方很多，等到官司结束，手里的钱也就所剩无几了。所以，一般在这个时候，众人都会想到杜月笙，请他出面调解。

　　杜月笙也不是什么人都会答应的。如果对方身家丰厚，事后会给自己一笔可观的酬金，那么出手帮帮对方也无妨。倘若对方无法给自己太多的实惠，他是不会在对方身上大费力气的。

酬金的数额，杜月笙不会像律师那样直白地开出"三七"、"四六"的数字，他甚至不会提醒对方此事。但对方也都心如明镜，明白这一笔谢金是无论如何少不了的，而且数字也不可能太寒碜了。

其三，恒社门生的孝敬。恒社的门槛很高，不是想加入就能加入的。出入于恒社门庭的，大都是当时社会上的名流、金融精英、工商巨子、军政要员，不能说人人腰缠万贯，但至少都是的有头有脸的主。对于吸收恒社门生，杜月笙自有一套标准。那些才华横溢的、有前途的人，杜月笙会想法设法吸纳对方加入恒社，为自己效力。对这些人，杜月笙会竭尽全力帮他们，甚至倒贴铜钿也无所谓，因为他明白这些人一朝功成名就，那就是他最大的财富。

当然，还有一部分人，他们靠着父祖的余荫，继承大笔财富，腰缠万贯，挥金如土。他们没什么本事，加入恒社只不过是为了求得杜月笙的荫庇，给自身镀一层金而已。对于这些人，杜月笙是要收上一份"压帖子钱"的。所谓的"压帖子钱"，就是能够把"帖子压得住"的钱，数额的多少，需要和自身的地位、名声、身家相匹配。名望越大，身价越高，给的钱自然也就越多。这些钱成为杜月笙重要的收入来源。

虽说还有这几项收入，但和战前贩卖烟土相比，实在是天渊之别。杜月笙对钱的概念模糊不清，舍得花钱，却不善于理财，如此时日久了，杜府财政上的窟窿也像雪球一样越滚越大了。

第二十九章

日暮途穷

别了，上海

1949年的前4个多月，杜月笙都在上海忙着筹款救济难民。难民越来越多，也说明国民党的形势愈来愈坏。杜月笙时刻关注着局势的变化，也早已敏锐地感觉到国民党败势难免。

随着国民党军队的节节败退，蒋介石早在1949年1月21日就被迫宣布"引退"，离开南京了，李宗仁代行"总统"职务。

不过蒋介石根本不交出大权，他在下野前就做好了充分的准备。在政治上，他对国民党的党、政、军的人事都做了重大调整，所有要职都安排自己的亲信担任；在经济上，他用各种手段，将各大银行和老百姓的存款洗劫一空；在军事上，他建立了海上连锁，将台湾作为自己最后的落脚点。

所以，蒋介石只是名义上离开了总统宝座，实际上却坐镇溪口，在幕后操纵着国民党政府的一切事务。

蒋介石引退后，代总统李宗仁愿意和谈，企图与共产党划长江而治。

为了迅速结束内战，实现真正的和平，中国共产党积极响应李宗仁的和谈。不过蒋介石的狡猾奸诈和不讲信用，共产党是早就见识过了，于是，毛泽东同志在声明中提出了"和平谈判的八项条件"。

4月1日至4月20日，周恩来和张治中分别代表共产党、国民党进行了和谈磋商，双方达成了《国内和平协定》最后修正案。不料最后国民党却拒绝在和平协定上签字，由此彻底揭穿了国民党假和谈的骗局。

4月初，中国人民解放军第二野战军和第三野战军在西起鄱阳湖口，东至江阴要塞的千里长江北岸线做好了渡江作战的准备。

4月20日，和谈失败。4月21日，中国人民革命军事委员会主席毛泽东和中国人民解放军总司令朱德联名发布了向全国进军的命令。这一天，渡江战役开始。人民解放军百万雄师横渡长江，兵分三路作战。国民党苦心经营的长江防线不堪一击，顷刻瓦解。

4月23日，人民解放军占领了国民党的统治中心南京，国民政府覆灭。

国民党军队战败，国民党政府在大陆垮台。他杜月笙该何去何从呢？

解放军兵临江南时，杜月笙也与一些著名人士多次接触，商讨时局。大家都劝他留下，周恩来还特地通过黄炎培想约杜月笙面谈。杜月笙有些心动了，他也考虑过留下来。

可是这个念头只是在他脑海中闪了一下，就被他马上否定了。

他的双手沾满了共产党员鲜血，留下来，他实在不敢。

而蒋介石，会容许他留下来帮共产党做事吗？

早在1949年4月10日，已经下野的蒋介石就在上海召见了杜月笙。他先对蒋经国逮捕杜维屏一事作了一番解释，说自己当时正在前线，并不知情，不然绝不会允许这种事情发生。杜月笙听了，连忙表示感谢，其实心里却很明白蒋介石是在演戏。

这些年来，他为蒋介石奔走效力，办了许多国民党政府不好出面办的事。他这个"上海皇帝"坏事做尽，其中有不少是为国民党做的。可蒋介石过河拆桥，利用完了就一脚踢开他，连他的儿子也给抓进了监牢。虽然最后事情了结了，可他与蒋介石的梁子也结下了。所以现在蒋介石这般安抚，杜月笙也根本不相信这是好心。

果然，蒋介石话锋一转，就提到了1927年杜月笙组织的共进会在四一二大屠杀中的作用，还专门提到了被活埋的汪寿华。这是杜月笙的死穴，所以他明知蒋介石在威胁自己，也不敢留在上海了。

这是蒋、杜二人的最后一次见面。蒋介石离开前，还"好心"嘱咐了一句："如果上海实在守不住了，你就找个适当的时机去台湾吧！"

请杜月笙去台湾，蒋介石倒是诚心实意的。不过，杜月笙已经看透了这位下台总统不讲情面的嘴脸，很清楚自己要是去了台湾，也只能仰其鼻息，哪天他再无利用价值了，末日也就来临了。

所以，台湾是不能去的，而上海又不敢留，他能去哪里呢？无所不能的杜老板，第一次为自己的前途犯了难。

不过局势变化不等人，共产党占领南京后，杜月笙就要加快做打算了。他权衡再三，终于选择了香港。

香港当时还在英国的殖民统治下。对杜月笙来说，这是一个好地方，回大陆、赴台或出国，都很便利。他虽然不想去台湾，但也不敢和蒋介石正面决裂，这条后路，是一定要有的。他不去台湾了，给蒋介石的理由是：台湾气候既潮湿又闷热，很不利于他的哮喘病。

他早年也去过香港很多次，抗战时期还在那里生活了几年。在他看来，跑到香港，对国共双方都若即若离，是最好的选择。

真正要离开上海了，除了心头的不舍，杜月笙还有许多事情要做。

一般人要跑路，也就是携财物带眷属而已，可杜月笙不一样。他的妻妾子女就有二十多口，保镖、佣人一大群，亲戚朋友一大堆。这么多人，加上每人每户携带的物品，阵容绝对不小。

杜月笙本来打算坐飞机一步到香港的，可是一来人数太多，飞机根本无法装载所有人；二来他的哮喘病太严重了，根本不能坐飞机，最后只好坐船。这样也好，所有的人都能一起走了。

临走前，杜月笙还要交代好所有的事情。他在上海滩混了这么多年，牵涉的事务既多又杂，门生弟子也多。一一交代下去，也是一件很费精力的事。

即使要操心这么多事，杜月笙还是没有忘记去拜访自己的老兄弟——黄金荣。

自张啸林死后，杜月笙很珍惜与黄金荣的情谊，他也希望能劝服黄金荣一同去香港。

黄金荣退下来后，就一直过着隐居生活。每天就是泡泡澡堂子，抽几管大烟，打几圈牌。杜月笙能在这个时候上门探望，他心里非常高兴。不过他已经八十多岁了，故土难离，所以杜月笙怎么劝，他也不同意去香港。他很干脆地表示，自己已经风烛残年了，顺其自然吧。

杜月笙看着老态龙钟的黄金荣，落下了两滴心酸泪，然后就默默地离开了。这是他们的最后一次见面。

1949年5月1日，中国人民解放军解放上海前夕，杜月笙就带着一大帮人，登上了荷兰渣华公司的万吨级客轮"宝树云"号，逃往香港。随同逃港的，除了杜家众人，还有金廷荪一家、万墨林一家、顾嘉棠一家、朱文德一家等。

在汽笛的长鸣声中，杜月笙呆坐在客舱里，一股悲怆之情瞬间涌上心头，两行热泪沿着那瘦削沧桑的脸缓缓流下。

别了，上海！

香港发挥"余热"

1949年5月3日，"宝树云"号客轮驶抵香港，闻讯赶来迎接他的，只有在港的少数家人亲友。寥寥数人的欢迎场面，在喧嚣嘈杂的码头上，显得毫不起眼。

来到香港的杜月笙，还是那个跺一跺脚，就能使整个上海滩抖三抖的杜老板、杜先生吗？

　　杜月笙经历了两天两夜的旅行，身体疲惫不堪，心境黯然无比。他实在没有精力去关注迎接他的有多少人，是哪些人。所以，在几句短短的寒暄之后，杜月笙一家就住进了香港杜公馆——坚尼地台18号。

　　不过杜月笙再怎么没心情，登船迎接的一个风度翩翩的青年还是引起了他的注意，这个人就是被称为"香港杜月笙"的李裁法。正是因为这个人，杜月笙才在香港发挥"余热"，找回了一些昔日的尊荣。

　　说起李裁法，还是得提一提20世纪30年代杜月笙的风光。那时杜月笙凭着庞大的势力、显赫的地位，成了中国黑社会的"偶像"。各地的黑道一号人物都被人称为"某地杜月笙"，比如"天津杜月笙"、"广州杜月笙"等，李裁法就是"香港杜月笙"。

　　李裁法的经历与杜月笙有些相似，他早年也是混在上海街头的小瘪三，后来加入了青帮，成了通字辈的人物后，就逐渐风光起来。不过他的名气，怎么能与名震黄浦江的杜月笙相提并论呢？他所做的事也不过是给大流氓们做"包打听"，为赌场看场子之类。

　　不过李裁法也有一手绝活，就是秘制吗啡。他在吗啡工厂里混了很多年，精通吗啡提炼的技术。不过毒品交易的利润再丰厚，也装不进他这种小角色的腰包。

　　李裁法不甘心一直做个小角色，就打算带着几个把兄弟出去闯荡一番。八·一三淞沪会战爆发后，李裁法就跟在上海的大亨富豪们到了香港。

　　李裁法不仅有胆识，也很有头脑。他打定主意在香港发展后，就豁出血本去结交本土人士，逐渐建立了自己的关系网。半年多后，他虽然没有成名，但也在香港站稳了脚跟。

　　李裁法虽然走黑道，但也是个爱国者。香港沦陷后，他曾与军统局香港区区长王新衡在马路上相遇。王新衡关照他说："沦陷后的香港秩序，你要尽力维持；我们陷在香港的人，请你设法救援。"

　　李裁法将王新衡的话牢记在心，他还真做了不少事。他曾发动青帮兄弟协助陈策将军维持战乱期间香港的治安，也曾协助盟军作战。日本人占领香港后，日本宪兵队看中了他的帮会背景，将他拉过去做侦缉队长。他就利用这个身份，遥奉重庆方面军统头子戴笠的指令，暗中挽救抗日人士。先后掩护杭州市长周象贤、外交部长魏道明的双亲、陈策将军的夫人、国民党港澳方面党务负责人沈哲臣等一百多人安全撤离。

　　他做了这么多事，自然引起了日本方面的怀疑，日军决定逮捕他。李裁法听到风声后，就立即离港赴沪，然后绕道去重庆。跑到西安时，盘费就不够了。他冒昧给杜月笙发了个电报，不料杜月笙马上就电汇了2万大洋过来，这令李裁法不胜感激。

　　抗战胜利后，李裁法重返香港。他成了抗日英雄，名气、地位都今非昔比了，事业也进入了黄金期。

　　1949年5月，杜月笙定居香港时，李裁法是丽池花园游乐场老板、东方体育会主席、北角街坊福利会副理事长、跑鹅区街坊福利会监事长、华侨子弟学校校董、孔圣会名誉会长、广东省政府参议员……

　　他经营的游乐场，有餐馆、舞厅、游泳池、高尔夫球场等，被美国《生活》杂志誉为远东规模最大的游乐场。于是，李裁法又拥有一个"夜总会皇帝"的名号。拥有如此多头衔的李裁法，成了名副其实的"香港杜月笙"。

　　李裁法对杜月笙始终有一份特殊的感情。他在上海混时，杜月笙就是他的偶像，后来他又得到过杜月笙的不少关照，所以一直视其为恩人。现在恩人来了香港，他这位东道主是一心报恩，乐意效力的。

　　杜月笙若是在上海滩上，绝对比李裁法名头响亮得多。可如今他避难来港定居，还能"言话一句"，整个香港都围着他转吗？显然是不可能了，杜月笙也很清楚。加上他本就是一个病人，需要静养，所以在港的众多门徒和友人们也互相告诫，尽量不去打扰他。这样一来，香港杜公馆就显得格外冷清了。

　　不过，李裁法经常过来拜访，对他毕恭毕敬，嘘寒问暖，这些都使杜月笙感到宽慰。于是，他对李裁法的事也上了心。

杜月笙赴港时，上海的大批富商巨贾也跑路到香港。聚集这里的逃难客越来越多了，香江就呈现出畸形的繁荣。

李裁法开办的丽池，无论装潢、设备、侍应和游乐，都是一流的，的确堪称香港最高级地游乐场所。而他又很有经商头脑，不时办个香港小姐选举什么的，就吸引了大批逃难来的豪客。顾客盈门是好事，可上海客人多了，原来的粤菜部就不合上海人的口味了。

上哪去请上海大厨呢？这事还要靠杜月笙来搞定。

杜月笙交代一声，万墨林就写了封信寄回上海。没过多久，上海滩上的头号大厨、上海德兴馆的大师傅们，就带着全套班底及家眷搬来了香港，进驻了丽池新设的沪菜部——德兴堂。

一时间，丽池游乐场上海客云集，李裁法日进斗金！

丽池生意好到令人咋舌，自然有人眼红。英国籍的犹太人查理，就斥资1000万在丽池附近创办了天宫夜总会。他本人有"香港舞厅大王"之称，与李裁法的"夜总会皇帝"之号，可谓针锋相对，旗鼓相当。

天宫摆明了要与丽池斗，在开业当天，查理下了血本做宣传，声势非常大。"白相"就是玩耍的意思，白相朋友们都好新鲜，自然就离开丽池，大批大批地涌入天宫。

望着空荡荡的游乐场，李裁法一筹莫展。这天晚上9点多，他接到坚尼地台18号杜公馆的电话：杜先生今晚要来捧场，让他留好座位。

杜月笙来香港后一直闭门养病，这是他第一次出门，就是为了捧李裁法的场。这份雪中送炭的恩情，令李裁法无比感激。他安排了最好的座位，并亲自带人在丽池大门口，恭候杜先生大驾光临。当晚杜月笙带着家人朋友来到游乐场，他如普通游客一般欣赏各类节目。而"杜先生到了丽池"的消息，很快传开了。天宫里的客人一哄而散，纷纷回到丽池，争睹杜先生的风采。

丽池的生意重新红火起来，并且长盛不衰。刚刚开张的天宫则从此一蹶不振，不久后，查理再也维持不下去了，只好关门。杜月笙关照丽池，在香港的上海人都很给面子。此后，丽池就成了上海白相朋友们的大本营了。

丽池生意好转后，李裁法就有了新的构想，他想在九龙青山开一家最顶级的酒店，布置务求能奢华到令最有钱有势的人都心驰神往，甘愿一掷千金去享受。李裁法打算自己出资一半，另一半就找几位上海大亨、巨富来分摊入股。他把这个想法告诉了杜月笙，并希望杜先生能出任董事长，领导大家。

经过"丽池事件"，李裁法对杜月笙感激涕零，同时他也深刻认识到自己与杜月笙的差距。这个董事长，他是诚心诚意请杜先生担任的。

杜月笙对李裁法的计划很有兴趣，爽快答应帮忙找人入股，不过却婉拒了董事长一职。杜月笙表示要再捧李裁法的场，推他做董事长，自己只当个董事。

杜老板身在香港，同样能办事。他只打了几个招呼，花了几天时间，就邀到了好几位声势显赫、财力富足的股东老板。李裁法还真被尊为董事长了。没过多久，李裁法构想的那座奢华绝美的酒店就拔地而起了。

这座位于香港九龙的青山酒店，坐落于海滨，设有供客人享受的私家海滩。它一共只有20多间房，不说里面布置得如何华美，仅那悬挂的诸多世界名画，就引得世界各国的不少艺术家专程造访。它烹调的西餐，也美名传中外。通往酒店的马路，也是青山酒店私有的，路边种植了各类奇花异草。

这样一座酒店，源自李裁法的构想，也离不开杜月笙的多方筹划。

在香港卧病2年多，他仍然是响当当的杜老板。从大陆跑路到香港的诸人，还是要来坚尼地台18号找杜先生。

一日，坚尼地台的杜公馆里又来了一位愁容满面的客人。这位客人名叫胡文虎，是南洋的华侨巨商，虎标永安堂的大老板，星系各报的创办人，堪称香港名胜的虎豹别墅的主人。这样一个人物，还要来求助杜先生？

原来胡文虎遇上了一件尴尬事。经人介绍，他结识了一位上海女郎叶桂芳。这位叶小姐是个风流荡妇，她的丈夫当时在美国，她不仅与胡文虎交往，还养了个叫彭文龙的小白脸。叶小姐攀上胡老板，自然是看上他的钱财了，彭文龙也是个贪财的角色，于是两人就合演了一出"仙人跳"。

胡文虎就掉进了这样的陷阱，叶桂芳撕破脸来勒索他，而且开口就要二三十万港币。她还扬言，如果胡文虎不给钱，自己就去九龙轮渡上跳海自杀。轮船上那么多人，她真跳下去了也会被救上来，到时她一番哭诉，胡老板的名声可就毁了。

胡文虎在香港是有头有脸的人物，面子自然看得很重，但无端被人讹去几十万，他虽掏得起，心里也不愿意。所以就把事情的前因后果都告诉了杜月笙，希望杜先生能帮他出个主意。

杜月笙在上海时，不知处理过多少这样的事。胡文虎的大麻烦，对他而言，真是"闲话一句"就能搞定。

他先问清楚了是谁介绍胡文虎与叶桂芳相识的，然后就叫李裁法去摸一摸情况。李裁法对杜先生的话奉若圣旨，自然要好好表现一番。他很快就查明了自己手下一个叫陈彼得的门生，与叶桂芳的姘夫彭文龙要好。这出"仙人跳"把戏当然就显出原形了。于是，李裁法让陈彼得传话给彭文龙，说胡文虎是杜先生的八拜之交，你们的把戏，杜先生已经晓得了，现在杜先生很生气，你们要是吃了豹子胆，就要赖到底吧！

话一传过去，彭文龙和叶桂芳就逃得没了踪影。胡文虎这场天大的麻烦，就这样让杜月笙一句话消除了。

如此看来，离开了黄埔滩的杜月笙，还是杜月笙。他照旧一言九鼎，在香港发挥着"上海皇帝"的余威。

顾虑重重

杜月笙是在上海解放前夕跑到香港的。

1949年5月27日，上海正式解放了。走进大上海的人民解放军严守纪律，不拿群众一针一线，在马路边吃自带的干粮；不入民宅，露宿在人行道上。他们的行为，不仅得到了上海市各阶层人民的拥戴和赞扬，而且在国际上扩大了中国共产党和人民解放军的政治影响。

上海，从前是个租界林立、纸醉金迷、畸形繁荣的中国大陆第一大都市，然而刚刚解放的上海，却是一个千疮百孔的烂摊子。国民党军队撤离时，许多与国民政府及海外机构有关的人员、财产和机构也撤离了。许多富商巨贾、大亨闻人也卷财携眷跑路了。此时的黄埔滩，一片萧索，一地荒凉。

陈毅是新任的上海市长，他就职后所办的第一件事，便是公开致电旅港的上海金融工商领袖五大巨头，即杜月笙、陈光甫、李馥生、宋汉章和钱新之，恳切希望他们能够和新生的人民政府合作。

杜月笙5月3日抵港，他虽然蜗居在香港杜公馆里养病，却时刻关注着上海的局势。陈毅发出友好声明，他自然是知道的。可是，他会做出怎样的决定呢？

上海方面发出声明没几天，陈光甫就造访了坚尼地台18号。他可是上海滩上大名鼎鼎的金融巨子，很得蒋介石的器重，他在国民党经济界的地位仅次于"国舅爷"宋子文。他同时也是杜月笙的私交密友。

陈光甫登门，告诉了杜月笙一个消息：北京的中国银行已经派人来了香港，要和杜月笙、陈光甫、张公权、宋汉章等金融界领头人物见面，想与他们商讨股份的事情。

杜月笙等几个在香港的金融巨头，都是原中国银行的大股东。他们逃离上海时，来不及处理手头的股份，所以他们在该行还各占有不少股权。现在中国银行要改组，就要召开股东大会。这些股东身份特殊，所以中共专门派人赴港，邀请他们回北京参加改组会议，同时也希望能把他们争取过来。银行家们都拿不定主意，就向杜月笙请教。

这天晚上，杜月笙、陈光甫、张公权、宋汉章等人就齐聚青山大饭店。大家各有各的想法，讨论了半天也没个定论。杜月笙一向都不会先表态的，这次也不例外。最后众人都等着他做决定，他才缓缓说道："我们都是老朋友了，立场应该一致，决不能窝里斗，丢了脸面，让外人看了笑话。"

这一点，大家都很赞同。杜月笙又接着说："如今时局不定，今后是去台湾，还是回大陆，也很难说。反正现在我们都是无家可归的人啦！"

众人听了，都有些心酸和茫然，静静地听着杜先生下面的话："共产党派人请我们回去开会，这是给我们面子，我们也不能驳了人家的情面，这个礼尚往来还是要的。"

这句话可就有些让人听不懂了。有人迟疑地问："杜先生是说要回去？"

"不，现在还不能回去，"杜月笙笑着说出自己的主意，"我的意思，就是出具委托书，派代表回北京开会。"

这一招，的确是个两全其美的妙计，进退都留了余地，这也正是杜月笙的人生哲学。

上海是杜月笙的出身地，那里有他所有的辉煌和荣耀，他比谁都想回。可时局不明，他只会继续观望。

此时留居香港的上海金融界人士，分成了三派。一派是敌视共产党，决定留在这里重新创业或期待着"国军"再打回去的；一派是已经被中共争取过去，积极准备返回大陆的；还有一派就是摇摆不定的，不过他们大多想回上海老家，尤其希望杜月笙能带着他们重返上海滩。后两派人占了很大的比例，于是，一时间回大陆的呼声越来越高了。

在这样的情况下，杜公馆的门槛也快被各方人士踏破了。王晓籁、刘鸿生、吴蕴初等上海金融工商界巨头，属于已经拥护共产党的一派，都下定决心准备回大陆的。于是，他们每天出入杜门，对杜月笙进行轮番"轰炸"，希望能劝服杜月笙和他们一起回去。因为只有他回去了，继续做他们的靠山，他们才会觉得有底气。为了达到目的，王晓籁和刘鸿生二人几乎声泪俱下。

杜月笙什么风浪没见过，他自己要是不愿意，这些人就是把眼泪哭干，嗓子喊破，他还是不会动心。他帮蒋介石反共多年，双手沾满了共产党人的鲜血，他要是回去了，共产党能放过他吗？这个问题，他想过无数次了，心里始终没有底。所以，他只会静观时局变化。

上海市长陈毅的邀请，杜月笙没有理会；王晓籁等统战分子的劝说，杜月笙没有动心；他的老友章士钊亲赴香港，杜月笙会被打动吗？

章士钊与杜月笙的交情，已经持续了很多年了。

杜月笙跑到香港时，章士钊已经认清大局毅然投诚了中国共产党。为了挽回与杜月笙的交情，他受中共派遣，专程赴港，劝说上海各界名流回大陆，最关键的还是劝服杜月笙。

章士钊以杜月笙老友和中共代表的双重身份赴港，他频繁出入坚尼地台的杜公馆，使出浑身解数来劝说杜月笙。章士钊曾是知名大律师，学识和口才都是顶呱呱的，他滔滔不绝地讲述天下局势、国际动向、毛泽东领导的新政府……可惜躺在病榻上的杜月笙，始终不为所动。

眼看着共产党在积极做杜月笙的工作，上海各界居港人士也人心思归，国民党自然坐不住了。章士钊等人天天跑杜公馆时，驻守香港的国民党要人如吴开先等，也天天跑杜府，他们自然是劝杜月笙去台湾了。

吴开先等人以为自己说服杜月笙的希望更大，不料突然有一天，台北的一家权威报纸登载了一篇措辞激烈的社论。社论中出现的"政治垃圾"、"经济蝗虫"等新名词，引起了各方的高度关注，这些词语隐隐都指向杜月笙。王晓籁等人就拿着报纸去劝杜月笙，说社论中的"经济蝗虫"就是指他暗中操纵上海金融和物资等，他要是去了台湾，哪里有立足之地。

杜月笙剪下这篇社论，让秘书边读边讲解。他虽然没什么文化，但社论说的是什么，他还是弄得清楚的。为此，他大受刺激，对蒋介石也很失望。

是左是右？杜月笙举棋不定，依旧在徘徊观望。不过这决定，他早晚都是要下的。

放弃回归上海的念头

共产党和国民党都在努力争取杜月笙，而杜月笙呢，也在努力试探双方会给他什么样的待遇，权衡着自己如何决定才最稳妥。

对台湾方面，杜月笙是既失望，又不愿与蒋介石反目。在上海时，蒋经国就连他的儿子也敢抓。由此看来，一旦他没了利用价值，蒋介石就会马上除掉他。来香港后，台湾又出了那么一篇轰动一时的社论，暗指杜月笙是"政治垃圾"、"经济蝗虫"。虽然后来蒋介石专门派人安抚他，给足了他面子，但杜月笙还是寒了心。

杜月笙心里清楚，蒋介石现在还重视他，努力争取他，不过是想利用他稳住那些留居香港的上海金融工商界大亨们，不希望这些人被共产党争取过去。蒋介石是什么样的人，杜月笙以前就很清楚，现在更不敢对他抱一丝希望了。

1950年5月，王新衡被国民党召去台湾工作。临行前，他来向杜月笙辞行，并问有没有什么话需要转告的。杜月笙让他转交国民党最高当局一封信，表明自己会坚持"民国十六年时之反共及效忠领袖态度"，并表示会竭力完成最高当局下达的任何任务。后来五新衡很快又返回了香港，并常驻香港，负责香港方面的重要事宜。这可能就是国民党最高当局看了杜月笙的信后，才改变主意，命他留在香港，与杜月笙合作，同时也监督杜月笙。

不过杜月笙再怎么表忠心，也不说去台湾的事。他还曾对蒋介石派来的说客说，自己风向已定。

他的风向是什么呢？是回大陆吗？

对大陆方面，杜月笙时刻都在关注着共产党的政策，他尤其关注的就是黄金荣的命运。黄金荣是他的结拜老大哥，两人一起合作几十年，共同参与了许多反共行动。所以杜月笙认为，共产党如何对黄金荣，也会如何对他杜月笙，黄金荣就是他最好的参照。

上海解放时，黄金荣已经八十多岁了，年迈多病，又喜欢泡澡堂子和抽大烟，他实在不愿意挪窝，无论家人和杜月笙如何劝说，都不打算离开上海。

他不走，除了故土难离，还有自己的一番小心思，那就是他一直坚信自己运气好，以不变应万变，什么时候都能化险为夷。

当年日本人占领上海时，闻人大亨们纷纷外逃，杜月笙都跑都香港避难去了，张啸林没走却做了汉奸，只有他黄金荣在上海滩兜来转去，日本人和汪精卫也没敢把他怎么样。抗战胜利后，汉奸张啸林被除掉了，他黄金荣照样在上海活得有滋有味。他虽然没有杜月笙那么风光，但蒋介石也不敢得罪他。何况杜月笙的儿子还被蒋经国抓进了大牢，只有他，始终稳如泰山。

再者，曾任淞沪警备司令的杨虎，在解放前就与中共的地下党建立了联系，并奉命做上海各帮会头子的工作，尤其是稳住黄金荣。他与黄金荣是老朋友了，所以他说的话，黄金荣都比较相信。杨虎曾向黄金荣传达了中共的意见，说只要黄金荣拥护共产党，不再做坏事，就可以既往不咎。

为了表示自己已经痛改前非、弃暗投明了，黄金荣做了不少工作。首先，他上交了四百多名青红帮头目的花名册，并告诫手下门徒收敛行为，不得再作恶；其次，他写了一份交代国民党财产的报告，并将挂在黄家花园"四教厅"内的那块蒋介石亲笔题写的"文行忠行"匾额也摘下来砸碎了。这些举动，都表示他对国民党蒋介石是不会再报任何幻想了。

上海解放后，人民政府没有食言，确实是优待黄金荣。龙门路均培里一号的三层洋楼还是黄公馆；大世界、黄金大戏院、荣金达戏院等，还是黄金荣的财产。黄金荣不仅继续住着洋楼，而且每月从各处戏院获得不菲的租金。他的日子，过得平静而又安逸。

不过黄金荣的好日子并没有过太久。他做过那么多坏事，许多百姓对他恨之入骨。当时上海市民对新政府不杀这个大恶霸很想不通，他们致书许多部门，要求严惩黄金荣。为了平息民愤，军管会和上海市政府做了不少工作。他们召开市民座谈会，向百姓宣传党和政府的有关政策，解释为何不杀黄金荣。同时，他们也要求黄金荣坦白过去犯下的罪行，向上海人民交代，并认罪道歉。

1951年5月20日，由秘书龚天健代笔，黄金荣签名的"悔过书"在《文汇报》、《新闻报》发表。它的原件题名"自述悔过书"，发表时改名为"黄金荣自白书"。在文中，黄金荣承认了自己以前犯下的罪恶，愿真诚地向人民请罪，希望求得政府的宽大处理。

"悔过书"发表后，黄金荣又逍遥了起来。不过政府和人民虽然宽恕了他以前的罪行，却不能容忍他现在的恶习。黄金荣晚年有三大嗜好，就是抽大烟、泡澡堂和搓麻将。泡澡没什么问题，但大烟和麻将却是新政府明令禁止的。黄金荣鸦片瘾很大，又不想想戒掉，就偷偷地抽，他家里还藏了不少上好的烟土。而他的二儿子黄源泰，还在家里私藏枪支。

有人向政府举报了这两件事。当大批的烟土和一大捆步枪被搜出来时，黄金荣也无话可说了。政府认定他有罪，不过没有把他关进大牢，而是罚他每天早晨到大世界游乐场门口扫街。

上海大亨黄金荣扫大街！这个消息迅速传遍了整个大上海。许多人专程跑到大世界门口，争着观看昔日的黄老板如何扫大街。而远在香港的杜月笙，也通过报纸看到了黄金荣扫街的照片。

从黄金荣的"自白书"发表，到黄金荣扫大街的照片，杜月笙心里不免生出兔死狐悲的感慨。这上海，真是不敢回啊！

从这以后，杜月笙就彻底放弃了回上海的念头。香港，成了他人生最后的居所。

接二连三的打击

杜月笙既不决定回大陆，也不打算去台湾，又不想长期定居香港。他在香港只是暂居，观望海峡两岸的形势。不过，作壁上观并不是这么轻松惬意的事情，杜月笙就遭受了一连串的打击。

首先还是经济问题。他卖掉杜美路大楼的45万美金，是赴港前就存在香港了。而他到香港并没有带什么钱，只能吃老本，所以这45万美金就要维持杜家上下几十口人的开销。除此之外，他还有一笔10万美金的财产，这时当年他为子女们预存的教育费，如今由宋子良代管用于投资。

花销太大了，杜月笙不得不考虑生计问题。正好他有个做生意的朋友是四川人，四川丝茧产量大、价格低，因时局不稳，那价钱又是一低再低，于是这位四川朋友决定筹集巨资收购，然后用中航公司的飞机运到香港出售，这样利润至少能有八倍到十倍。这种投机生意，在当时确实能很容易做成。这位朋友也是热心想帮杜月笙赚一大笔钱，所以就好意劝他入股。

杜月笙想了想，这的确是个千载难逢的好机会，朋友也很靠得住，生意又是稳赚不赔的，只要拿出十万美金入股，数日之后，就有三五十万到手了。于是，他欣然加入。

朋友告诉杜月笙，当时中国人民解放军已经攻下了巴东，川边形势比较紧张，不过成都和重庆还不受影响。那些丝茧已经收购了大部分，都放在成都，就等中航公司的飞机逐批运送至香港了。

杜月笙正做成赚钱美梦，不料一次意外事件打破了他的幻想。1949年11月9日清晨，"两航"总经理刘敬宜、陈卓林，带着一百多名员工及12架飞机（中航10架，央航2架），飞向了北京和天津，这就是著名的"两航起义"。两航共有一百多架飞机，国民党本打算陆续将两航的飞机都迁至香港，杜月笙的四川朋友也就是借着这样的机会运送丝茧。不料两航起义，通往香港的航线中断，丝茧只能堆在成都，再也运不出来了。四川朋友破产了，入股的顾嘉棠等人也倾家荡产，杜月笙的10万美金自然打了水漂。

这个打击实在太大了，杜月笙急得哮喘病发作。除了钱外，这个毛病也很让他头疼。他来香港后，照样中西医兼用，经常为他看病的医生有7位，其中4位中医，3位西医。这几人都是香港医学界的泰斗，西医是戚寿南、吴必彰与梁宝鉴，中医是苏州沧浪亭主人、名画家、名医师吴子深，旅港名医丁济万、陈存仁，杜月笙的门人朱鹤皋。名医们各有各的医法，到底用谁家的药方，家人们都不敢做主，只能由杜月笙自己决定。而那些亲眷故交前来探望，也很热心地帮他介绍各种医师和各类偏方。最后，就弄得杜月笙吃药越来越多，越来越杂。

杜月笙的病反正好不了，钱也能维持一段时日，所以这还不算最大的打击。可惜没过多久，就发生了一件令他很郁闷的事情——他的秘书胡叙五离开了。

胡叙五是在抗战初期，经进步人士黄炎培介绍就任杜月笙秘书的。从那时起，他就一直跟随杜月笙，是杜月笙的得力助手。杜月笙还有一个得力助手叫翁左青，分析事理、出谋划策、处理文墨也很在行，不过比不上胡叙五。作为秘书，胡叙五还掌管了杜月笙的许多机密，所以杜月笙既离不开他，也不敢让他离开，怕他知道的事情太多了，会被共产党利用。

旅居香港后不久，胡叙五就突然动了思乡之心，经常说要回上海。杜月笙亲自劝了他好几次，也没有说动。于是，杜月笙又让杜维藩和万墨林去劝他，这两人与他比较谈得来。不料二人苦劝了好几次，胡叙五还是去意坚定，他辞去秘书职务，然后悄悄回了上海。

杜月笙没念过几天书，缺了秘书实在不方便。幸亏早年为他做过秘书的邱访陌也在香港，杜月笙将他请来接替了胡叙五的工作，邱访陌干得比胡叙五还要好。

令杜月笙意外的是，没过多久，胡叙五居然又从上海来了香港，并仍旧住进了杜公馆。杜月笙一向很敬重文人，国学泰斗章太炎、大教育家黄炎培都是他的座上客，他对秘书们一向很亲热，以"某某兄"呼之。不过这次，他对胡叙五再也尊敬不起来了，二人的关系变得很冷淡。除了这种"吃回头草"的做法令他很不满意外，胡叙五跑了一趟大陆，也给本就处在风尖浪口的杜月笙带来了偌大的麻烦。共产党一直在争取他，蒋介石也一直在笼络和监控他，胡叙五来这么一手，不仅令国民党忌惮，连他的许多朋友都以为胡叙五回沪是为他与共产党牵线搭桥去了。

杜月笙碍于多年的情面没有赶他走，不过胡叙五在杜公馆就成了闲人，于是他想拉杜维藩一起做生意。杜维藩一家六口住在新华街，开销太大，已经到了变卖首饰的地步。杜维藩当然想赚点钱，就问胡叙五想做什么生意，不料他的打算居然是想学当年的杜月笙捞偏门。这个杜维藩可不敢做，同时他还劝胡叙五不要做。不过胡叙五不听，后来他与别人合伙做了一次，结果就被人家骗走了一笔钱。

上海方面的消息也越来越令杜月笙感到不安。杜月笙在香港每天都看上海报纸，一天，他在报纸上发现，中国通商银行大楼已经改成了"工人文化宫"，汪寿华的血衣正在里面展览，这就一下子揪紧了他的神经。果然，几天之后，当年杀害汪寿华的凶手马祥生和叶焯山就被公审处决了。杜月笙是这起案件的主谋，见了他们的下场，不免有了兔死狐悲之感。在这样的情况下，杜月笙的哮喘病更严重了，他喘得几近窒息，大汗淋漓，全身湿透。所有的中西医药都失去了效力，为了保命，他只好用氧气罩、氧气筒。这些笨重的东西，害得他八九个月都无法外出。

这次犯病，还引发了杜月笙对死亡的恐惧。他发现自己的生命是那么脆弱。于是，他的卧室外存放着成行的氧气筒，杜公馆里一刻也不能少了医生。只有这样，他才能稍微安心地吃饭和睡觉。不过那些名医们都很忙，哪里能一天到晚住在杜公馆呢？所以有时杜公馆打了电话，却一时半会没有医生赶来，这样杜月笙就感觉很不安。

好在他名望高，医生们大多与他很有交情，都比较尽心，尤其中医师朱鹤皋和他的介弟朱鹤龄，都是杜氏门徒，对杜月笙很细心，朱鹤皋甚至经常在杜公馆里睡沙发，整夜守候着杜月笙。

除了这些，家人的离散就更令杜月笙担心了。当初杜月笙来香港时，把全家大小几十口人都带来了。可是过了一段时间，家里人口就不齐全了。

其中二夫人带着老五、老六两个儿子跑去了台湾，兜了一圈后转到香港，不几天就又带着两个儿子回了上海，此后就留在上海再也没有出来了。

金廷荪全家大小几十口都搬到了香港，是不打算回去的。不料金夫人思乡情切，竟然与丈夫闹翻了，她将三个儿媳妇带回了上海，只有大儿媳快要生产了，才留在香港。杜家二小姐杜美霞是金家四少奶奶，自然回了上海。后来，金夫人自己又跑来香港，那三个儿媳妇却留在上海了。

中汇银行易主

杜月笙逃离上海时很仓促，手头的许多事情都没有处理完，其中就包括中汇银行。

中汇银行是他在20世纪30年代创办的，总经理是浦拯东，副总经理是徐懋棠和杜维藩。抗战胜利以来，中汇银行就有两个大客户，一个是上海的鱼市场，是杜月笙一手创办的；一个是大东书局，董事长是杜月笙。有了这两个实力雄厚的大客户，中汇银行对其他小储户根本不感兴趣。

上海解放前夕，这两大客户的老板杜月笙和唐承宗都撤资跑路去了香港，这就导致中汇银行资金枯竭，几近倒闭。杜月笙其实希望银行关门，不希望储户们再存钱进去，怕将来共产党把这些钱全部没收了。

人人都知道中汇银行是杜月笙开的，所以都愿意把钱存入中汇银行。于是，中汇银行存户猛增，业务异常繁忙。

不过杜月笙可高兴不起来，他不希望用自己的名望为共产党恢复经济出力，担心这样会引起蒋介石的不满。于是，就决定关停中汇银行。

当初撤离时没来得及停业，现在就必须派人回上海处理相关事宜了。此时总经理浦拯东早已辞职了，杜月笙就派副总经理徐懋棠返沪。徐懋棠是杜氏门徒，他在杜月笙的荫庇下享福多年，现在好容易逃到香港，哪里有这个胆量再回那个"龙潭虎穴"去？杜月笙见他推三阻四，非常生气，不过情况紧迫，也就只能派自己的爱子杜维藩回去了。杜维藩不能拒绝父亲的要求，只好独身回了上海。

1949年底，杜维藩奉命返沪，共产党并没有为难他，不过双方展开了一场没有硝烟的较量。

杜维藩回来后继续去爱多亚路中汇银行办公，他本想尽快结束银行业务，不过他很快就发现，银行里他已经做不了主了。

当时，拥护中国共产党的银行职工主导着整个中汇。杜维藩要结束业务，而大部分中汇员工则坚持维系银行业务，两方明争暗斗，互不相让。新政府也用杜家大少爷返沪之事做积极宣传，这样中汇的业务又进一步扩大了。

杜月笙等人赴港时，中汇的定期存款只有7亿，折合成港币就是三千多块，这对一个银行来说，几乎等于零。而杜维藩返沪后几个月就发现，银行存款已经有了一百七十多亿，折合港币八十多万。中汇在上海市民中的信用很高，不过银行的情况其实不大好。此时上海刚刚解放，谈不上什么放贷业务，只是吸收存款，还要给储户付利息，银行实际上是在亏本运作。在春节时，银行还给辛苦工作的每位员工发了三个月的"红利"，这红利其实也是老本，是中汇银行的所有职工联合起来要求杜维藩发的。

杜维藩无力结束银行业务，又亲眼看到以前嚣张跋扈的许多恶霸都被压上囚车，去接受清算、斗争、公审，更感到心惊肉跳。杜家的罪恶，比那些囚车上的人都大，如今许多杜氏门徒也遭到清算和公审，他哪里还敢再留上海，就一心想着如何尽快离开上海。

杜维藩留上海期间，还做了一件事。1950年春，一直留居上海的林桂生病逝了。她曾是黄金荣的正室夫人，后来黄金荣娶了露兰春，她就搬离了黄公馆，与黄金荣彻底了断了关系。杜月笙当年受过林桂生不少恩惠，与她感情很亲近。所以当年他不惜得罪黄金荣，为桂生姐在西摩路买下了一套房子。此后林桂生就一直住在这里，直到去世。远在香港的杜月笙得知了林桂生的死讯后，非常伤心，他立即发电报给留在上海的杜家账房先生黄国栋，命其转告杜维藩去料理丧事，替自己举哀。于是，杜维藩一手操办了"寄娘"林桂生的丧事。

杜维藩跑去和中汇银行的干部拉关系，他谎称父亲打算"增资"来扩充中汇业务，说杜月笙手头有一笔卖房的款子，可以调拨到中汇来。杜月笙卖房的事，中汇的人基本都知道，所以杜维藩也不算说假话。为了争取杜月笙回上海，当时上海军管会就批准了杜维藩"回一趟香港"的请求，不过也有条件，就是必须得有一位保人，担保他在指定的期限内再回上海来。

杜维藩为了找借口脱身才说"增资"的，他去了香港就不打算再回来了。所以，这个保人可不容易找。正在杜维藩苦恼不堪时，刘寿祺却主动找上门来。刘寿祺的父亲刘春圃是杜月笙的好友，刘寿祺也是在杜月笙的提拔下，坐上了华丰面粉厂经理之位。刘、杜两家人两代交情都不错，所以刘寿祺愿意帮这个忙。即使杜维藩坦白告诉他，自己去了香港就不会再回上海了，他还是愿意相助。在刘寿祺的担保下，杜维藩终于领到了通行的路条。这令杜维藩及在香港的杜月笙等人都欣喜若狂。

杜维藩返沪半年后，顺利回了香港。一直担心儿子安危的杜月笙终于放下了悬着的心，他的身体也好了一点。儿子不在这段时间，他也承受了巨大的压力。除了担心儿子，无法向儿媳妇和孙子孙女们交代以外，舆论压力也将他再一次推到了风尖浪口。许多人都说杜月笙派儿子返沪，是在为投共铺路，用不了多久，他就会重回上海滩了。此时中共为了争取杜月笙，也为他安排了一个新"职位"，就是中国银行董事。虽然杜月笙哪里都没去，但他派了中行香港分行的经理郑铁如去北京参加中国银行的董事会。所以，那些流言就越传越广，甚至以"权威"著称的美联社还发表了电讯，来证明这一"事实"。这些事情，给杜月笙造成了极大的困扰和心理压力。他的亲朋好友纷纷上门探问情况，病榻上的杜月笙只好一遍又一遍地向众人解释。杜维藩回香港，所有的谣言就不攻自破了。

儿子回来不久，杜月笙就在坚尼地台杜公馆里召开了中汇银行的股东大会。中汇银行是杜月笙办的第一个事业，也是维持时间最长的。股东们基本都是至亲好友，包括金廷荪、顾嘉棠、徐懋棠等人。

杜维藩先向众人汇报了半年来上海中汇银行的各项情况。坦承自己本想结束业务，不料根本做不了主，共产党还用他做宣传，将银行发展得更加欣欣向荣了。同时，他也提到了银行虽存款额大，却没有什么贷款业务，以致亏本运行的情况。

在场的各位股东，想到银行已经不再属于自己了，都比较失落。心情最复杂的还是杜月笙，上海的各家公私银行存款都在减少，只有中汇的储户迅速增加，存款额极度膨胀，可见"杜月笙"三个字的含金量，这令他感到骄傲，也感到惶恐——他实在不想树大招风。不过，这些事情已经不是他能左右的了。

第三十章

病逝香江

最后一次创业

杜月笙避居香港后的日子越来越艰难。所有的时局动向、舆论流言等，只令他心情越来越抑郁。

杜月笙从来就不会理财。他发迹前好赌好玩，为人也比较仗义，所以兜里从来留不住隔夜财。从他发迹，原配沈月英进了上海八仙桥钧复里杜公馆起，杜家就有了专职的会计、出纳和账房先生。几十年来，杜月笙和几个夫人，以及少爷、小姐们都没有管过家用账。他的钱来得容易，去得也快，反正杜家人是不用操心的，只管花就是了。

如今到了香港，会计、出纳、账房都没有人了，杜公馆的开销又大，就必须有人负责管账。不料，几十口人的杜家，竟然找不出一个"账房"，最后只好由卧在榻上艰难喘气的杜月笙亲自担任了。

当初卖房的那45万美金在上海就花了一些，带来香港时其实只剩30万左右，这些钱可撑不起杜公馆的庞大开销。杜月笙大手大脚花钱惯了，他命女儿杜美如管支票，哪里要用钱，他吱一声，杜美如就撕下一张支票，就这样支票一张接一张地撕，杜月笙很快就吃不消了。

看来节流的事情，他是做不来了。那么，就只能在开源上想办法了。

这时，徐学禹拜访了杜月笙。徐学禹是中国航联保险公司的总经理，公司总部原设在上海，业务一直做得很不错。如今他也逃难到了香港，就想在香港恢复这个机构，成立航联香港分公司，他希望杜月笙能加入进来。他告诉杜先生，自己已经打听好了，要在香港设立联航分公司，就要照香港政府的规定，缴纳5万美金的保证金。

杜月笙听了徐学禹的计划，也比较动心，对缴纳保证金的事，也很赞同。抗战时期，他到香港避难，当时汪伪政权的人就曾向香港差馆（警署）告密，说杜月笙是无业游民，要香港政府将他驱逐出境。后来香港方面查实，此事纯属诬告，不过他还是受了一肚子的气，并让王新衡等人跑前跑后地费了不少周折。有了这样的"切肤之痛"，杜月笙慷慨允诺5万美金的保证金由他负责，并对徐学禹说，上海朋友在香港成立一个事业机构是件好事，以后自家人办事也有个头衔和职业，不会被香港政府当成无业游民，勒令出境了。

有了杜先生的大力支持，中国航联香港分公司很快就成立了。杜月笙为董事长兼常务董事，徐学禹、杨管北、宋汉章、钱新之为常务董事，前中华实业信托公司副总经理、华孚保险公司总经理沈楚宝任总经理，杜维藩任财务经理。

杜月笙办过不少实业，他的头衔一大堆，那么多的事情他都能处理得游刃有余，可这一次，他这个中国航联公司董事长终于有了力不从心的感觉。保险公司的业务一直毫无起色，使得杜月笙完全失去了创办事业的雄心壮志，而杜公馆每月数万港币的开销，一直是有增无减，这让他感到了前所未有的忧虑。

看来公司短期内是绝对不会盈利了，于是杜月笙又把目光投向了其他生意。不久前，他投资的四川丝茧生意刚赔了10万美金，这让他很难再提起做生意的念头。不过，环境所迫，他不得不硬着头皮再考虑此事。这一次，杜月笙比以前任何时候都谨慎了。

当时，逃到香港避难的人非常多，主要都是一些有钱的纨绔子弟。他们以为国民党有美国人撑腰，很快就会打回大陆去，这样他们就又能回去享福了。于是，这些人根本就没有做过长远打算，拿着逃难带来的钱财大肆挥霍，日日花天酒地。正是这些人，造成了当时香港的畸形繁荣。当然，随着新生的人民政权越来越稳固，这些人回不了大陆，吃光了老本后，也只有落魄潦倒了。不过香港一下子涌入了这么多人，自然也会有不少商机。

一天，一位同样逃难香港的朋友就找上了杜月笙，劝他在香港投资开一家影戏馆，说现在香港的市面越来越热闹了，开戏馆一定可以赚大钱。杜月笙想都没想就拒绝了，他说自己在上海几十年都没有开过戏馆，哪里会在香港开戏馆。

又有一次，刘鸿生想在九龙开一家规模很大的织布厂，连计划书和预算表都做好了，希望杜月笙投资合营。不料杜月笙考虑半晌后，还是拒绝了。他的理由是，九龙离深圳太近了。当年日军占领香港，就是从深圳攻打九龙，几乎是跨一步就能打进来，如今的局势与当年很相似，若共产党打过来，九龙的工厂就没了。其实，杜月笙最担心的还是赔了老本，一大家子人就真的揭不开锅了。

这一时期，逃到香港的上海人很多，许多人都是吃着老本，徘徊观望两岸局势。在国民党的大力宣传下，他们认定了"共产党闹不长"、"过些时候还是回上海"。有一部分人热衷"炒金"，弄得倾家荡产。也有极少数人沉下心来做事业，干贸易工作，经常来坚尼地台请安的恒社弟子袁国梁就是其中一个。他一有机会就做点小生意，赚点钱来补贴家用，毕竟，谁家也没有那么多老本吃。

一次，袁国梁来探望杜月笙。师生二人寒暄了一会后，杜月笙终于拉下脸面，向弟子诉起苦来："坚尼地台这边无论怎么省，每月也要五六万港币才撑得住。我几十年也没算过家用，如今却越算越心焦。"袁国梁只能好言宽慰，说无论将来情况如何，生活总是能解决的。

"你最近做点啥生意？"杜月笙冷不防问道。

袁国梁愣了愣，答道："有时候做点股票，有时候做做棉布。"

"赚铜钿吗？"杜月笙很热切地望着他。

袁国梁苦笑了一下："香港不比上海，眼光不大容易轧得准。"

尽管如此，杜月笙还是关照他，帮自己留心一下，有机会就帮着做两票。杜月笙的话，袁国梁自然满口应承。

不过杜月笙又开玩笑似地嘱咐了一句："顶好眼光轧准点啊！"这还真不是开玩笑，他的确赔不起了。

袁国梁做股票生意，总会有赔有赚。他是真心想为杜先生效力，可"眼光轧准点"令他很有压力，做起事来也不敢放开手脚了。很快，他就看准了一支股票，这一进一出间，能赚上几千美金。他打算帮杜月笙买50张股票，却又担心万一赔了该怎么办。于是，他决定自己垫付本钱，若是赚了，就算杜先生的，若是赔了，反正没问杜先生要押金，就算到自己名下了。

当他含糊其辞地告诉杜月笙买了50张股票时，杜月笙立即拿出押金给他。他就说自己手头正好有一笔余钱，押金就先垫付好了。这次做生意，袁国梁比平时紧张多了。他天天战战兢兢地盯着那支股票，生怕出一点差错。后来等股票涨到一定程度了，他就立即向杜月笙请示，接着就马上抛售出去，帮杜月笙赚了几千美金。

这几千美金是杜月笙到香港后的第一笔进账，他赚到了铜钿，有了点信心，就拿出押金，鼓励袁国梁放心大胆地去做。

袁国梁这才慢慢放开手脚，不料第二次就蚀了近3万港币！虽然这个钱杜月笙还承受得起，但袁国梁比赔了自己的本还难受，他怕无法向杜月笙交代，就决定掏腰包填上这个窟窿，再贴上五千港币，谎称这次又赚了。

当袁国梁来到坚尼地台杜公馆时，杜月笙的哮喘病刚好轻了一点。袁国梁就把"利钱"奉上，并介绍了一下这回的投资情况。不料杜月笙听了大笑不止，并说道："国梁，把你的钱收回去。告诉我，这次蚀了多少？"

袁国梁惊愕不已，难道杜月笙躺在病床上也能未卜先知？

杜月笙笑着解释道："我只是大致估算了一下，这票生意要是赚了，就不止三五千港币，若是赔了，数目肯定不会少。你想让我开心，赚了九千也会添成一万，怎会只有五千呢？赔了你就会算成自己的。你说我讲得对不对？"

杜月笙的一番话，使得袁国梁在惭愧之余，更十分感动。于是，他只好老实交代，"赔了两万多港币"。

杜月笙与他将这次的账目算清楚后，就明确表示不要他代理做生意了。此后，杜月笙再也没有做过什么事业，杜公馆的家用照旧如流水般地花着，他既担忧又无奈。

最后一次婚礼

1950年6月，当杜月笙躺在病榻上，消磨着残余的生命力时，他又做了一件令所有人吃惊的事情：他要与孟小冬正式结婚。

孟小冬与杜月笙的情缘持续了几十年。当年十来岁的孟小冬在上海登台唱戏，就结识了大她19岁的杜月笙。孟小冬在杜月笙60大寿时走进了杜家大门。这中间的三十来年，杜月笙一直默默支持着孟小冬，无论是她的事业，还是她的婚姻。正是有了杜月笙多年的付出，才赢来了晚年病榻的红颜相伴。

杜月笙的前几位夫人都跟着他享尽了荣华富贵，而孟小冬从进门开始，就整日与茶炉药罐为伍，照料他这个风烛残年的病老头子。其他夫人们都儿女成群，而孟小冬却无儿无女，形单影只。

这位饱经沧桑、卓尔不群的奇女子，在杜月笙老病之年、落魄之时，毅然踏进杜家大门，在他床前尽心侍疾，却毫无半分怨言。这些都令杜月笙感动不已，他越发觉得自己辜负了孟小冬的一片深情，有时他甚至觉得在这种时候，让孟小冬进杜府实在是一件残酷的事情。可是，杜月笙又哪里舍得放开那一腔柔情的孟小冬呢？他躺在床上既痛苦又幸福，这种矛盾的心情，搅得他日日不安。

孟小冬从进杜门就没有发过一句怨言。她心里也很苦，每天照顾病人，可无人来关心她。其他妻妾都有儿女绕膝，只有她，什么也没有。所以，她在杜月笙面前强颜欢笑，背后无人时却凄凉落泪。在香港的杜公馆里，她是如此孤寂，如此郁闷。她与姚玉兰住在一个屋檐下，同侍一夫，发生矛盾也就在所难免了。虽然当初姚玉兰很真诚地希望她留下来，可真正生活在一起了，又有哪个女人愿意丈夫的爱被他人分享呢？

于是，在坚尼地台的杜公馆里，饭桌上也越来越不齐整了，几十口人分成了好几处吃饭。成了家住在外面的子女们，基本就不回来吃饭了。住在这里的夫人、少爷、小姐们，也关起门来各吃各的。往往姚玉兰就在自己房里吃饺子，孟小冬也窝在屋里冲牛奶吃洋点心。不过孟小冬还要负责将杜月笙的病号饭送过去，并服侍他吃下。拥挤的杜公馆，实际上就是一个由许多小单位凑成的大杂院。

杜月笙日日喘个不停，伴在身旁的孟小冬也日渐憔悴，眉宇间总带着忧郁之色。杜月笙对孟小冬，既怜惜又感激，不过他不敢直接表露出来。因为孟小冬向来傲气，吃什么苦她都不会皱眉头，却最受不得别人的同情、怜悯，所以杜月笙只能将这份感激和愧疚藏在心底，在平时的生活中尽量满足孟小冬的一切需求。

当初孟小冬进杜门，没有仪式，没有请客，就这样住进来了。虽然杜家上下都承认了她这位夫人的身份，可说起来，她还是没名没份。别的事情，孟小冬都不太计较，偏偏这一点，她是最在意的。孟小冬平时沉默寡言，却一直将这件事放在心里。

1950年，杜月笙曾打算全家迁到法国定居，他在房间里盘算着，自己一家带上顾嘉棠和万墨林两家，一共要办27张护照。当时众人都在场，孟小冬忽然淡淡地说了一句："我跟着去，算丫头呢还是算女朋友呀？"这轻轻地一句话，令他猛然想起一件最重要的事情还没有办，就是他与孟小冬的婚礼。

杜月笙决定将出国的事情延后考虑，马上举办婚礼。这个决定遭到了很多人的反对。他们反对的理由无非是几条，一是杜月笙现在身体不好，经不起折腾；二是时局不好，大家是来避难的，何必破费；三就是他们早就是夫妻了，还办什么婚礼。除了亲戚朋友的反对之外，家人的反对更激烈，姚玉兰甚至搬出了自己的几个儿女轮番劝说杜月笙取消这个形式主义的婚礼。她的心思，杜月笙也很清楚，无非就是财政紧张，要节省开支，再就是万一杜月笙死了，说不定还少个人分遗产。

不过这次杜月笙的态度特别坚决，什么人劝说都无效，他表示一定要完成这最后的心愿，为了孟小冬，也为了他自己。最后，大家只好按他的要求去办。

鉴于杜月笙还有一位过世的原配和三位夫人，仪式就不举行了，只办婚宴。而杜月笙身体欠佳，喜宴地点就定在坚尼地台杜公馆里。这里地方小，所以请的客人也只有杜月笙的至亲好友。这些杜月笙都同意了，在他看来，这个婚宴的意义才是最重要的，也是孟小冬最在意的。

尽管准备得既仓促又简单，杜月笙还是尽最大努力办好它。他坚持要最好的酒席，于是万墨林渡海到李裁法的九龙饭店，点了900港币一桌的酒菜，还将九龙饭店的大司务都拉到杜公馆来做菜。婚宴开了10桌，楼下不够用，又临时借了楼上陆根泉的客厅。受邀的亲朋好友们无一人缺席，他们一起见证了这场罕见的婚礼。

这天，63岁的杜月笙穿戴一新，再做新郎。而孟小冬穿着一件崭新的滚边旗袍，忧郁的脸上也露出了难得的笑容。杜月笙在港的儿子、媳妇、女儿、女婿们都一一上前，正式磕头见礼。杜月笙命子女们即刻起，都如杜美霞一般，称呼孟小冬为"妈咪"，称姚玉兰为"娘娘"。"妈咪"受礼后，也送给晚辈们每人一件礼物，女儿、媳妇们是手表一只，儿子、女婿们是西装料子一套。

杜月笙在行将就木之际，终于和"冬皇"孟小冬正式结为伴侣。

自知死期将近

1951年盛夏来临时，杜月笙的身体状况似乎有所好转。正好他的老友吴开先要从台北来香港，杜月笙心情很好，就约定7月27日为他接风洗尘。

这天一大早，杜月笙就等着吴开先上门。他发现自己头发有些长了，就命人请了剃头师傅到家中来理发。头发理短了，杜月笙显得很精神。

下午1点，吴开先如约来访，杜月笙特意到客厅亲自迎接他。杜月笙一直犯病，很少离开氧气筒，连房门都难得出一回，而这次，杜月笙不仅亲迎，而且上酒桌陪席，一同开怀畅饮的还有大律师秦联奎。

众人吃着酒菜，说说笑笑之际，秦联奎突然说了一句："月生哥，你这几日胖了不少啊！"杜月笙听得一愣，他摸了摸自己的面颊，然后皱着眉头说："这恐怕不是胖，是肿了吧。"一时间，席上有些冷场。不过很快，众人就异口同声地说他近几日确实胖了。万墨林还说，杜月笙今日精神饱满，闲谈了两个多钟头，现在又坐席一个多小时，确实是好气象。不过众人再如何佐证，杜月笙都提不起兴致了。

他面带忧色地吩咐长子杜维藩，去拿一面镜子来。镜子到手后，他仔细端详着镜中的那张脸。过了半晌，他才放下镜子，招呼大家喝酒吃菜，不过所有人都能看出他已经是强颜欢笑了。果然，只过了片刻，杜月笙就站起身来，说有些倦怠，要休息一会，请客人们自便。

看着他蹒跚的背影，满座宾客不禁面面相觑。杜先生到底怎么了？

这一天是农历六月二十一日，再过23天，就是杜月笙64岁的生辰。

第二天上午，杜月笙将朱文德叫进房间密谈。他说自己有10万美金，放在美国宋子良那里。杜月笙命朱文德写信给宋子良的手下席德懋，请他开一份股票经营情况的清单，并尽快寄到香港来。朱文德很快就办好了此事。

7月28日晚上，恒社门生袁国梁来看望杜月笙，并留下来陪着他吃饭。不料面才吃了一点，杜月笙就放下了筷子，并无奈地苦笑着说："吃不下去了。"

袁国梁见他不舒服，就想扶他回卧室休息。不料更可怕的事情发生了，杜月笙努力动了动身体，却怎么也站不起来，腿也动不了。袁国梁惊骇不已，赶紧半抬半扶地将他送回卧室的床上。杜月笙躺下后，自己也开始震惊了，一种临近死亡的感觉，迅速蔓延到全身。他不停地喃喃自语道："不对了！不对了！这次不对了！"

一时间，坚尼地台杜公馆陷入了前所未有的混乱状态。孟小冬、姚玉兰等住在这里的杜家众人，都围在杜月笙的床前，而住在外面的三夫人和成了家的几个儿子女儿等也迅速赶来。不过他们除了打电话请医生，就只能坐在那惶惶不安地等待了。那些得知消息的亲戚朋友们，也匆匆赶来。

中西医两位医生先后赶到，不过二人检查之后，都没有发现杜月笙有什么明显症状，询问杜月笙哪里不适，可他自己也答不上来，就是觉得腿脚发软，根本就动不了。医生们不能对症下药，中医丁济万只好开了一付固本培元的常用养生贴，而西医的优势在于能救急，于是陆医师就留下来通宵守夜。

一大批人都挤在客厅里，个个愁眉不展，忧心忡忡。他们互相安慰：杜先生只是旧病复发，没有大碍。不过这话连他们自己也不相信，所有的人都隐隐感觉到：杜月笙这次可能真的凶多吉少了。

7月29日凌晨1点左右，守在客厅的朱文德突然被杜月笙叫进了房间。他出来之后，就神色惊惶地告诉大家，杜先生让他发电报到台北，请陆京士马上来香港。

陆京士在台湾公务繁忙，而这时杜月笙请他火速赴港，只能说明一件事，那就是杜月笙自己已经感到油尽灯枯了。

朱文德在29日一大早就发了电报，只有四个字——尽速飞港。

7月30日，杜月笙一切如常，但他却命人再发急电到台北，电文内容是他口述的，也只有四个字——病危速来！

7月31日，杜月笙接到了台北陆京士的复电，说他定于8月1日飞抵香港。

得到这个消息，杜月笙显得精神好了些。这天中午，杨志雄来探病，杜月笙提出要与他单独谈话。等房间里再无其他人了，房门也关上了后，杜月笙很认真地说："今朝，我要告诉你一个决定。"

杨志雄连忙正襟危坐，肃穆恭听。杜月笙接下来的一句话，吓了他一跳。

"我不想活了。"杜月笙说这话的时候，神色肃然，丝毫不像开玩笑。

杨志雄惊得连安慰的话都说不出来，杜月笙一直在病中，心情不好是自然的，可他从来没有说过自己都不想活的话啊！

杜月笙接着又说了一句莫名其妙的话："除非京士明天能到，我还有希望。不然，就是死期了。"

当时正刮着台风，风力很大。杜月笙等人在屋里都能感觉到地动山摇之势。陆京士能如期赶到吗？

杨志雄心里没底，只好戏谑着宽慰杜月笙："月生哥，你要跟老天爷打赌呢！"

杜月笙没有理会这句话，却慢慢道出了心里的苦涩：这次来港后，事事不顺，存在香港的钱已经花光了。如今共产党将大陆整治得越来越好，等着国军打回去就更没有希望了。他早就知道，钱没了，他的死期就到了！

杨志雄连忙劝道："杜先生一向义气，这几十年有多少人受过您的恩惠。凭着这样的交情，杜先生有了困难，谁不会争着帮忙？这钱的事，您就别操心了！"

杜月笙满目凄然，却又很坚定地告诫杨志雄，不要跟着大家一起乱搞，救他一命，其实是在增加他的苦恼。

这是杜月笙与杨志雄的最后一次密谈，也是最推心置腹、坦诚相见的一次。

第二天就是8月1日，台风依旧肆虐，香港暴雨不停。因着这极端恶劣的天气，台北松山机场全线停航，陆京士终究无法如期赴港。他在机场发急电，说自己会8月2日抵港。

杜月笙为自己设定的最后一线希望终于破灭了。他躺在榻上，再也没有一丝生气。

曲终人寂灭

1951年8月1日晚，香港下着骤雨，病入膏肓的杜月笙躺在床上，面如死灰，神情沮丧。陆京士原定8月1日赴港，却因为天气而改为8月2日。雨依旧下个不停，狂风刮得门窗发出刺耳的声音。

至亲好友们都忧心忡忡地围在病榻前，嘴里说着连自己都不相信的安慰话。杜月笙扫了众人一眼，长叹一声："我许了个愿，若京士今天能来，我的病或许还有救；他来不了，我就知道我这病是不会好了。"不等大家再好言劝解，他就不耐烦地挥了挥手，于是满室寂然。

8月2日一早，风雨虽然没有停，但明显小了许多。杜公馆的电话打到了香港启德机场，机场方面告知，台风已经离境，航班恢复了，这天上午就有一班飞机从台北飞抵香港。不过台北滞留旅客太多，陆京士有没有上飞机，香港方面就不知道了。挤在客厅里的众人商量后决定，暂不将这个消息告诉杜月笙，万一他再受打击，身体可受不了。

而杜月笙坚信今天陆京士一定会到，在这股信念的支撑下，他的精神也好了许多。他还坚持要呆在客厅里，等着陆京士来。到了吃午饭的时候，杜月笙也留在客厅里与大家同桌而食。他不停地看向大门口，希望能看到陆京士的身影。

幸好，大家还没动筷子，杜公馆的电话就响了，是朱文德从启德机场打来的，说陆京士已经到了。这个消息令杜公馆里的所有人都非常振奋，大家放下碗筷，一起坐等陆京士到来。

当陆京士一行抵达坚尼地台时，受到了前所未有的热烈欢迎。两条腿软得几乎不能动的杜月笙，也在旁人的搀扶下，颤巍巍地站起身，他那期盼的目光一直投向门口。

陆京士是杜月笙的心腹，二人相识二十多年，这份交情不是一般人能比的。陆京士为了赶上飞机，几乎一夜未眠，又大半天水米未进。当一身风尘的陆京士看着多时未见、已经病得形销骨立的杜月笙时，不由得快步上前，握住那只皮包骨头的手，两颗热泪在眼眶里滚来滚去，他尽量强忍着，不让它们落下来。当时，杜月笙的七子杜维善在台湾求学，就住在陆京士家里。儿子还没有赶回来，倒是这个门生丢下繁重的工作，在台风刚过时飞抵香港。这样的情谊，谁人会不感动？

杜月笙邀请陆京士入席一起吃饭。由于太过激动，杜月笙的手根本拿不住饭碗，只听"当啷"一声，那碗已经掉在地上摔碎了。众人刚刚有点笑颜的脸，马上都变得惨然。

"再添一碗饭来！"

"快打扫打扫！"

"碎碎（岁岁）平安啦！"

……

在慌乱而生硬的话语声中，杜公馆里的人们吃完了最郁闷的一顿午餐。

从8月2日下午到8月16日，杜月笙就再也没有离开过床榻。他期盼着陆京士到来，已经耗费了他巨大的精力。如今人已经盼来了，他精神上一放松，躺下后就再也起不来了。陆京士则每日伴在榻前，尽心侍奉，用最大的努力来报答先生的知遇之恩。

杜月笙一生朋友无数，可到了临终前，他的心里、眼里仿佛就只有一个陆京士。

杜月笙一生女人无数，娶进门的太太也有五位，可是这一刻，他的心里也只有一个人，就是孟小冬。这个女人，是他用情最深、恋得最苦也最久的人。不过他的付出没有白费，在最后的日子里，这位情深意重的女子始终陪在他身旁。

"京士！""妈咪！"无论有没有事情要交代，杜月笙都会叫上几声。仿佛他少叫一声，就少了一次机会。这十几日里，他的哮喘不时发作，身体的各个器官都在逐渐衰竭，饮食睡眠也脱离了正常轨道。吃不下东西，还能靠汤药吊着，而几乎完全睡不着觉，就是一种残酷的折磨。他被病痛折磨得奄奄一息，睡眠严重不足，可又实在睡不着。有时，旁人见他闭目良久不动，以为他睡着了。不料，仅过了片刻，他就会有气无力地唤几声，"京士！""妈咪！"

陪侍床前的陆京士和孟小冬也很痛苦。陆京士丢下所有的事情，专程前来，这样没日没夜的守候，令他疲惫不堪。孟小冬从进杜家门开始，一直在照顾这个病人，从没有停歇过，而她自己身体也不好，早就支撑不住了。无论如何，为了杜月笙，他们都甘愿如此。身体的疲惫还比不上心理的伤痛，看着日薄西山的杜月笙，他们每个人的心里都痛苦不已。

8月4日一早，杜月笙安睡一会后醒来，感觉神智清楚，呼吸也比较顺畅，连氧气罩也没用。守候一夜的陆京士、孟小冬、姚玉兰和杜维藩诸人都很高兴，不料杜月笙说了一句话，却让众人的心都凉到了谷底。

"京士！趁着我今天精神好，和你说说怎么办我的后事。"

夫人儿女们都怔住了，孟小冬更是掩面而泣，奔出了卧室。陆京士满腹凄然，却又无言以对，只好肃然听命。

　　等到所有人都退出了房间，杜月笙神色坦然而平静地与陆京士商讨自己的身后事。杜月笙要求丧事一切从简，只提出了三个要求。第一条是要穿长袍马褂入殓，这是他穿了大半辈子的衣服，死去也要这样穿；第二条是要有一口好棺材，这并不是杜月笙死了还要出风头，而是为了满足他的第三个要求，就是尸骨不能埋在香港，要先葬在台湾，将来上海"光复"了，再将他的棺材起出来，带回上海去，葬在他的出生地高桥。

　　树高千丈，叶落归根。上海，始终是杜月笙魂牵梦绕的地方。

　　杜月笙对身后事的安排非常仔细，尽量不忽略任何一个细节。他想到自己身份特殊，死了之后说不定各方会有一些变故，这样灵柩的存放也是一个问题。于是，他嘱咐遗体入殓后，先存放在东华医院的义庄。东华医院主席李应生是杜月笙多年的朋友，他早年曾给杜月笙做过法文翻译，此时他已在香港定居多年了，有一定的势力，保证杜月笙灵柩的安全是没有问题的。

　　8月6日，陆京士、钱新之、金廷荪、顾嘉棠、吴开先和徐采丞6人，遵照杜月笙的指示，再参考台北好友的建议，草拟了三份遗嘱，一份是对国家、社会的公开表白，一份是训勉子孙后代的，一份是关于遗产分配的。

　　8月6日晚上9点，杜月笙留在香港的3位夫人和4子3女，都聚在杜月笙的病榻前。陆京士代表杜月笙宣读了遗嘱稿，他本以为这么多的妻妾子女，会为了遗产争破头，不料竟然无一人提出异议。

　　从8月2日至8月16日，杜月笙5次被死神拉走，又被众人用强心针、人工呼吸、输血等各种方法救活过来。不过他活着更受罪，整个生理系统都瘫痪了，腿不能动弹只是一方面，他的大小便都不受控制了，氧气罩也缓解不了他的哮喘。这些都折磨得他生不如死。

　　在杜月笙一心求死，生命也将彻底耗尽的时候，8月16日下午2点15分，在台湾求学的杜维善在陆京士夫人的陪同下抵达香港，为父亲送终。2点30分，时任国民大会秘书长的洪兰友奉蒋介石之命，抵达了坚尼地台杜公馆。他向昏迷中的杜月笙转达了"总统的慰问"。不想杜月笙竟然听得清清楚楚，还积聚最后的力气睁开双眼，紧盯着洪兰友，清晰地说出了他在这个世界的最后一句话："好，好，大家有希望！"

　　1951年8月16日下午4点50分，杜月笙终于走完了这段漫长的死亡历程，结束了复杂的一生。此时，距他64岁的生日还有不到24小时。

　　杜月笙去世后，家人和亲友们遵照他的遗嘱，为他买了一口价值15000港币的楠木棺材，并在阴阳先生的建议下，于8月19日上午10时入殓，下午2点15分在万国殡仪馆大礼堂门前发引，他的灵柩在一千多位亲人及朋友的护送下，暂时停放在香港东华医院义庄。两年后，杜月笙的灵柩在台北南郊下葬。

　　自此，这位昔日在上海滩上呼风唤雨的"流氓皇帝"，就在台湾入土，他想落叶归根、葬在高桥的心愿，始终没有实现。

【参考文献】

［1］张岂之主编.中国历 樊高等教育出版社，2001年7月第1版.

［2］傅湘源著.青帮大亨.上海大学出版社，2008年4月第1版.

［3］陈达萌著.戴笠大传.华文出版社，2009年7月第1版.

［4］王正平著.历 飞险 档那嗦毂锂群众出版社，2007年5月第1版.

［5］傅湘源著.上海滩野 樊上海大学出版社，2008年4月第1版.

［6］何虎生著.蒋介

［7］胡根喜著.顾竹轩与黄金荣.陕西人民出版社，2010年3月第1版.

［8］沈寂著.上海大亨.学林出版社，2009年6月第1版.

［9］杨帆著.三大黑道帮主.华文出版社，2010年4月第1版.

［10］白希著.梦断上海滩.团结出版社，2006年1月第1版.

［11］史海编著.风残黑枭:四大帮主的最后结局.中共党史出版社，2010年4月第1版.

［12］耘地著.上海滩枭雄杜月笙.华文出版社，2002年3月第1版.

［13］徐铸成著.杜月笙正传哈同外传.三联

［14］白希编著.黄金荣全传.中国国 广播出版社，2004年2修订版.

［15］杨帆著.杜月笙全传.华文出版社，2009年5月第1版.

［16］刘联珂著.中国帮会 樊团结出版社，2004年11月第1版.

［17］李昭主编.邪教会道门黑社会.群众出版社，1999年9月第1版.